Silvia Regelein

So läuft Ihr Unterricht

Der Ratgeber von A bis Z
für die Unterrichtspraxis in der Grundschule

Oldenbourg

PRÖGEL PRAXIS 206

Die Deutsche Bibliothek – CIP-Einheitsaufnahme

Regelein, Silvia:
So läuft Ihr Unterricht : Der Ratgeber von A bis Z für die
Unterrichtspraxis in der Grundschule / Silvia Regelein. – 1. Aufl. –
München : Oldenbourg, 1997
  (Prögel-Praxis ; 206)
  ISBN 3-486-98732-1

© 1997 R. Oldenbourg Verlag GmbH, München

1. Auflage 1997   01   00   99   98   97

Die in diesem Buch verwendete Schreibung und Zeichensetzung
entspricht der neuen Regelung nach der Rechtschreibreform.

Lektorat: Stefanie Fischer
Herstellung: Fredi Grosser
Satz: Greipel-Offset, Haag/Obb.
Zeichnung auf S. 382: Eduard Wienerl
Zeichnungen auf S. 145, 337, 338, 379: Günther Wankmüller
Zeichnungen auf S. 48, 272, 437: Erik Liebermann
Foto auf S. 307: Susanne de Haën
Druck und Bindung: Schneider Druck GmbH, Rothenburg ob der Tauber
Umschlagfoto: Pressefoto Michael Seifert, Hannover
Umschlagkonzeption: Mendell & Oberer, München

ISBN 3-486-**98732**-1

Inhaltsverzeichnis

Vorwort: Möchten Sie bei sich selbst Schüler sein?

Nicht nur Schlagwörter in der Presse wie „Chaos in der Schule" weisen darauf hin, dass unsere Arbeit im Vergleich zu früher schwieriger geworden ist:

- Die Veränderungen in der Familie (vgl. dazu z. B. *Maria Fölling-Albers:* Schulkinder heute. Weinheim: Beltz 1992) führen dazu, dass die Grundschule zu ihren pädagogisch-didaktischen Aufgaben noch sozialerzieherische übernehmen und „sich vermehrt um gestörte, geschwächte, auffällige, unangepasste, aggressive, antriebsschwache, ängstliche, vereinsamte, verlassene, trennungsgeschädigte Kinder kümmern" muss. *(Hans Rauschenberger:* Wenn ein Kind auf dem Schrank sitzen bleibt ... In: Die Grundschulzeitschrift Sonderheft 1992, Seelze: Friedrich Verlag).
- Der Wertepluralismus erschwert sowohl die Erziehung im Elternhaus als auch in der Schule. Doch Unterricht und ein allseitiges Fördern der Kinder sind „unausweichlich mit Anstrengung und Disziplin verbunden und beides muss die Schule einfordern, auch wenn es den sonstigen Lebenserfahrungen der Schüler zuwiderläuft".
  (Hermann Giesecke: Was ist mit der Schule los? In: Die Welt 21. 7. 1995)

Beim Lamentieren im Lehrerzimmer können wir zwar „Dampf ablassen", aber das reicht nicht. Wir können weder Kinder und Eltern ändern noch die Gesellschaft, in der wir leben. Etwas bewegen können wir vor allem bei uns selbst. Deshalb will dieser Ratgeber Sie zu professionellem Handeln in kleinen konkreten Schritten ermutigen, um Ihnen Ihre Arbeit zu erleichtern. Viel wichtiger als der Aufbau einer Unterrichtsstunde oder ein vergessener Hefteintrag ist die Frage „Fühle ich mich in der Schule wohl?". Denn nur wenn es Ihnen gut geht, kann Ihnen und den Kindern die Schule Freude machen.

Professionelles Handeln erfordert, täglich auf's Neue die rechte Balance zu finden zwischen

- Planung, Kontinuität und Improvisation,
- Freiheit und Verantwortung,
- individuellem und sozialem Lernen,
- nötiger → *Lenkung* der Kinder und Fördern ihrer → *Selbstständigkeit*,
- Hinnehmen und geduldigem Abbauen von Schwächen,
- pädagogischem Anspruch und durch die Realität erforderlich werdenden Notlösungen,

- den z. T. widersprüchlichen und oft überzogenen Erwartungen von allen Seiten und den eigenen Möglichkeiten (→ *Lehrersein*).

So erfordert es der Alltag in jeder Minute, sich unter maximaler Ablenkung blitzschnell und flexibel zu entscheiden: **Was ist der Situation, dem Kind, der Klasse und mir selbst angemessen?** Besser als unreflektiertes Reagieren ist die Kenntnis vieler Handlungsmöglichkeiten und erprobter „Rezepte", aus denen ich bewusst auswählen kann. Dabei ist wichtig:

- Bedenken Sie, dass es kein optimales → *Lehrerverhalten* gibt, das in allen Situationen „richtig" ist.
- Fangen Sie mit dem an, was Sie anspricht, was Ihnen wichtig ist.
- Nehmen Sie sich nicht zu viel auf einmal vor, sondern setzen Sie sich monatliche Schwerpunkte, die Sie für sich konkret formulieren und als Spickzettel auf Ihr Pult legen, z. B.: Ich achte auf klare → *Anweisungen*. Ich teile meine Gefühle und Meinungen als → *Ich-Botschaften* mit. Ich will ruhig und gelassen bleiben …
- Freuen Sie sich bereits über kleine Erfolge und teilen Sie diese auch den Kindern und Kolleginnen mit: Geteilte Freude ist doppelte Freude.

Hinweise zu diesem Buch:

- Die alphabetische Ordnung der Stichwörter erspart Ihnen zeitraubendes Suchen in der Fachliteratur zum Lösen Ihres Problems.
- Die Stichwörter sind praxisbezogen und zur raschen Information komprimiert ausgeführt. Da wegen der gebotenen Kürze nicht Pro und Contra gegeneinander abgewogen werden konnten, habe ich meine Erfahrungen, meine Meinung dargestellt und die Literaturpassagen angeführt, denen ich zustimme.
- Querverweise zeigen Zusammenhänge im pädagogischen Netzwerk auf.
- Wer tiefer schürfen will, findet Hinweise auf verwendete und weiterführende Literatur.
- Die Elterninformationen wollen Ihnen Argumente für Gespräche mit Eltern geben.

Zur Auswahl der Stichwörter:
In diesem Band habe ich die Begriffe aufgenommen, die ich im Laufe der Zeit fachübergreifend als wichtig erfahren habe. Für die Fachbereiche Deutsch und Mathematik sind eigene fachspezifische Bände in Vorbereitung.

Ich danke allen Kindern und Kolleginnen, mit denen ich im Lauf der Jahre zusammenarbeiten durfte. Besonders wertvoll waren für mich die vielen

Gespräche und die anregende Zusammenarbeit mit *Monika Gorbahn* und *Regina Leuchtenstern.*

Ihnen wünsche ich anregende Stunden beim Nachschlagen, Überfliegen, Durchlesen, Vor- und Zurückblättern und vor allem beim erfolgreichen Erproben in Ihrer Klasse: Geben Sie „Ihren" Kindern Wurzeln <u>und</u> Flügel.

Wenn Sie mir schreiben wollen, hier meine Anschrift:
H.-v.-Brentano-Str. 15, 90427 Nürnberg

Silvia Regelein

Abschreiben

Richtig abschreiben lernen

- Wichtig: Gründliches Einüben und konsequentes Überprüfen der richtigen Abschreibtechnik in <u>allen</u> Fächern!
- Voraussetzung: Textvorlage mit klarer, in Sinnabschnitte gegliederter Schrift. Eine Tafelanschrift (→ *Tafel*) ist besser zu lesen als ein Text auf Folie.
- Benennen und Einprägen der vier Schritte <u>Lesen, Einprägen, Schreiben, Überprüfen.</u>
- 1. Schuljahr: Wortweises Abschreiben eines Satzes einüben.
  ab 2. Schuljahr: Abschreiben von Sinneinheiten und satzweises Abschreiben.

<u>1. Schritt: Lesen und Verstehen</u> *(Zuerst lesen.)*
Die Kinder lesen den Satz an der Tafel laut und strecken für jedes Wort einen Finger.

<u>2. Schritt: Einprägen über verschiedene Lernkanäle</u>
(Alle Wörter genau anschauen und merken.)
- Die Kinder lautieren oder buchstabieren jedes Wort langsam und schreiben mit ausgestrecktem Arm und einem zusammengekniffenen Auge (um die Vorlage an der Tafel „zu treffen") in der Luft nach.
- Mit dem Finger die Wörter auf den Tisch schreiben und leise mitsprechen.

<u>3. Schritt: Schreiben</u> *(Schreibe das Wort auswendig.)*
Die Kinder schreiben und sprechen dabei leise mit. Wer fertig ist, legt den Stift ab und wartet, bis alle Kinder das Wort geschrieben haben: *„ Wenn wir zusammen lernen, müssen wir auf jedes Kind Rücksicht nehmen und warten."*

<u>4. Schritt: Überprüfen</u> *(Ist jedes Wort richtig?*
Überprüfe jeden Buchstaben.)
- Kontrolle mit der Tafel: Jeden Buchstaben vergleichen und unter jeden richtigen einen Punkt setzen, falsche Buchstaben berichtigen und nicht unterpunkten. Unterpunktet ein Kind falsche Buchstaben, sollten Sie oder ein Helfer mit ihm einzeln üben.
- Partnerkontrolle: Zum Schluss überprüft nochmals der Nachbar und macht über richtige Wörter einen Haken.
- Einüben des Sich-Selbst-Verstärkens (→ *Verstärkung*)

8

Hilfen bei Schwierigkeiten

• Ein Blatt als Vorlage
ist besser als die Tafel, da das Kind den Text nicht von der Vertikalen in die Horizontale übertragen muss (Störfaktor!). Vormachen und Einüben: Die Vorlage unter die Heftseite legen und sie Zeile für Zeile vorziehen.

• Portioniertes Abschreiben mit Musik
Eine Kassette mit klassischer, beruhigender → *Musik* ist das Signal, dass jetzt nicht mehr geredet wird.
Ich schreibe die erste Zeile an, während die Kinder leise mitlesen. Wenn ich mich umdrehe, beginnen die Kinder zu schreiben, langsam, mit schöner Schrift. Wer fertig ist und die Zeile überprüft hat, legt den Stift in die Heftmitte und lauscht auf die Musik. Es wird gewartet, bis jeder die Zeile geschrieben hat. Erst dann schreibe ich die nächste Zeile an usf.
Vorteile: Ordentliche Hefteinträge; für die langsamen Schreiber häuft sich kein unübersichtlicher „Berg" an, der sie entmutigt.

Vom Nachbarn abschreiben

Bei Lernzielkontrollen und → *Probearbeiten*
• jedes Kind alleine an einen Tisch setzen;
• die Testblätter in zwei Varianten A und B austeilen;
• eine platzsparende Trennwand (geknickter Zeichenblockdeckel DIN A3) zwischen die Nachbarn stellen. Erklärung: *„Ich kann nur wissen, was jedes Kind kann, wenn es alleine arbeitet. Nur so kann ich sehen, ob ihr noch weiter üben müsst oder ob ihr etwas Neues lernen könnt."*

Aggressives Verhalten

Es „muss davon ausgegangen werden,
dass viele Kinder niemals Gelegenheit hatten,
ein verständnisvolles Miteinander-Umgehen
zu beobachten und zu erlernen."
Georg E. Becker, S. 126

Aggressives Verhalten ist das absichtliche, verbale (→ *Beleidigen*) oder tätliche Belästigen, Beeinträchtigen oder Verletzen einer Person oder das Beschädigen von Sachen.

Agressives Verhalten hat für das Kind immer einen Sinn:
- als spielerischer Kampf um z. B. seine Stärke auszuprobieren und sich am Siegen zu freuen;
- als Abwehr einer Bedrohung um z. B. Angst oder Verletzungen zu vermeiden;
- als Reaktion auf eine Frustration (unbefriedigtes Bedürfnis) um z. B. eine Niederlage oder eine Demütigung auszugleichen;
- als Auskundschaften von Freiräumen und Grenzen;
- als entstellte Liebessehnsucht um z. B. Aufmerksamkeit, Anerkennung und Zuwendung zu bekommen (nach *Rainer Winkel:* „Ey, ich AIDS dich an" – Die fünf Sinnperspektiven aggressiven Verhaltens in der Schule. In: Pädagogik Heft 3/1993, Weinheim: Beltz).

Zur Persönlichkeit aggressiver Kinder

- Motorische Unruhe (→ *Hyperaktive Kinder*), mangelndes Entspannungsvermögen, angespannte Körperhaltung;
- undifferenzierte Selbst- und Fremdwahrnehmung, Wahrnehmungsverzerrung: Aggressive Kinder fühlen sich schnell von jedem und allem bedroht. Sie interpretieren mitunter bereits langen Blickkontakt, schnelle Bewegungen oder zufällige Berührungen als Angriff und reagieren mit „Verteidigung" und „Notwehr".
- Übertriebene Selbstbehauptung und Mangel an kooperativem Verhalten;
- unzureichende Selbstkontrolle;
- Mangel an Einfühlungsvermögen;
- Gewalttätigkeit und eine immer niedriger werdende Hemmschwelle: „Während man früher aufhörte, wenn das Opfer am Boden lag, tritt man ihm heute noch ins Gesicht." *(P. Struck* S. 38)
- Fehlendes Unrechtsbewusstsein bzw. Unfähigkeit zu Schuldgefühlen.

Aggressives Verhalten „belohnt sich selbst" durch die Beachtung der Umwelt (→ *Verstärkung*) und ist deshalb schwer zu verändern.

Mögliche Ursachen

- Familie

„Viele Familien sind heute in eine Existenzkrise geraten und ‚produzieren' psychisch und nervlich gestörte, sozial oft irritierte und verwahrloste, teilweise auch vernachlässigte und misshandelte Kinder ... Wir müssen ... bei etwa 15 % der Kinder ... eines Jahrgangs damit rechnen, dass sich ihre Eltern nicht in dem für die Entwicklung der Kinder nötigen Ausmaß um sie kümmern ... *(K. Hurrelmann)*

- Unangemessenes → *Lehrerverhalten*
* Über- oder Unterforderung, Bevorzugungen, persönliche Herabsetzungen, Misserfolgsbetonungen;
* Nichtbeachten grundlegender → *Bedürfnisse,* zu wenig → *Bewegung;*
* aggressives Lehrerverhalten als Modell, z. B. Wutausbrüche, verletzende → *Lehrersprache,* starres Reglementieren, fehlende → *Wertschätzung* der Kinder.
* Das Nicht- bzw. verspätete Einschreiten bei aggressivem Verhalten regt andere Kinder zum Nachahmen an. (vgl. *Tausch* S. 103)

- Gesellschaft
Eine Ursache allein kann Gewalttätigkeit nicht erklären. Der Kern des Problems liegt in der Gesellschaft: Auflösungserscheinungen im sozialen Bereich; Gewalt im → *Fernsehen,* in der Sprache, durch Vorurteile und Diskriminierung, im Straßenverkehr, im Sport; ein allgemeiner Wertewandel (→ *Werte*) zu mehr Egoismus und zu rücksichtsloser Vorteilssuche des Individuums sind Signale dafür, „dass die Grundkonstruktion der Kommunikation und der Beziehung von Menschen zueinander in eine Krise geraten ist." *(Klaus Hurrelmann:* Gewalt, eine soziale Krankheit der Gesellschaft. In: Bayerische Schule Heft 12/1995. München: Bayerischer Lehrerinnen- und Lehrerverein)
„Wenn sich das Verhalten der Kinder ändern soll, muss sich das Verhalten der Erwachsenen ändern." (*J. Korte* S. 96)

Intervention: Das Ergreifen von Sofortmaßnahmen

- **Das aggressive Verhalten stoppen**
Sicher kennen Sie diese Situation: Als Pausenaufsicht sehen Sie, dass ein Junge einen anderen „im Schwitzkasten" hat und ihm die Luft abdrückt. Was ist zu tun? Bisher war ich mit einem scharf geäußerten *„Stopp, Christian!"* erfolgreich. Da das Kind für Vernunftsargumente oder Appelle in diesem emotionsgeladenen Moment nicht zugänglich ist, wird möglichst wenig geredet.
Wenn das Kind von seinem Opfer nicht ablassen sollte:
* Ablenken des Täters
* Mit lauter, tiefer Stimme: *„Lass das!"*
* körperliche Gewalt, z. B. den Täter vom Opfer wegziehen (Da manche Kinder eine enorme Kraft entwickeln, müssen Ihnen evtl. zwei starke Kinder helfen.)
* Ein unbeteiligtes Kind holt eine Kollegin oder die Schulleitung zu Hilfe.

• Die erste Stellungnahme von Ihnen

Nach dem Versorgen und Trösten des Opfers erwarten die Kinder von Ihnen eine Stellungnahme, die echt und dem Ernst der Situation angepasst sein muss, aber auch den späteren Zugang zu dem aggressiven Kind nicht verschütten darf.

Mit einer → *Ich-Botschaft* können Sie Ihren Ärger zeigen, z. B.: *„Ich bin wütend, dass unsere Schulordnung nicht eingehalten wird. Ich muss erst überlegen, was wir tun. Wir sprechen später darüber.“* (Handlungsaufschub). Der sachliche Hinweis auf die Schulordnung ist besser als eine verletzende Du-Botschaft (*„…, dass du schon wieder jemanden angegriffen hast.“*). Außerdem haben Sie Folgen (→ *Strafen*) zwar in Aussicht gestellt, ohne sich jedoch vorschnell festzulegen. Lassen Sie sich auf kein weiteres Gespräch ein und versuchen Sie auch nicht die Schuldfrage zu klären. Das würde in der aufgeheizten Situation zu nichts führen.

Auch bei Störungen im Unterricht erfolgt kein sofortiges Gespräch zwischen Kind und Lehrerin, um den Unterrichtsfluss nicht mehr als nötig zu unterbrechen. Es sei denn, die anderen Kinder sind emotional so aufgeladen, dass sie in einem Kreisgespräch ihre Meinung loswerden müssen.

Das Gespräch

Sprechen Sie möglichst bald getrennt mit den betroffenen Kindern. Bitten Sie zuerst das Opfer, den Hergang aus seiner Sicht zu erzählen. Kurzfristig geht es dabei vor allem um Zuwendung für das Opfer. Langfristige Ziele sind, sein Selbstwertgefühl zu erhöhen, seinen sozialen Status zu stärken, es zum Umgang mit → *Angst* und Konflikten zu befähigen. (vgl. *Knopf* S. 73)

Im Bewusstsein, dass Sie für das Kind ein Modell zum Regeln von Konflikten sind (Selbstinstruktion: *„Tief durchatmen und ruhig bleiben.“*), sollten Sie im Einzelgespräch mit dem Täter

- das Kind nicht schimpfen, sondern es ruhig bitten, den Hergang zu erzählen und seine Gefühle dabei zu schildern (*„Was hast du dabei gefühlt?“*)
- selbst nicht viel reden, sondern es durch → *aktives Zuhören* zum Nachdenken anregen (*„Du ärgerst dich, weil …/ Du hast Angst … – Du findest also … – Ich verstehe.“*).
- das Kind anregen, sich in das Opfer hineinzuversetzen (*„Was hättest du gefühlt, wenn dir das passiert wäre?“*) oder ihm sagen, was Ihnen das Opfer berichtet hat.
- das Kind Alternativen suchen lassen (*„Ich denke, du hast dich falsch verhalten. … – Was hättest du anders machen können?“*)
- dem Kind sagen, wie es möglichen Schaden wieder gutmachen kann

(*„Meinst du, du kannst ... die Hand geben und sagen ... „Es tut mir leid. "*)
Wenn der Täter zustimmt, sollten Sie das Opfer einweihen (*„Du, der Christian wird sich bei dir entschuldigen. Ich fände es gut, wenn du seine Entschuldigung annimmst. "*)
Besser als eine → *Strafe* ist eine logische Folge, die aus dem aggressiven Verhalten abgeleitet werden kann, hier z. B. am nächsten Tag die → *Pause* nicht im Hof zu verbringen oder ... (ein oder zwei Alternativen zur Wahl anbieten).
„Gerade schwierige, aggressive Kinder verfügen meist nur über ganz wenige Handlungsmuster. Je mehr sie durch Strafandrohungen ,an die Wand gedrängt' werden, desto aggressiver werden sie, da sie sich unsagbar eingeengt fühlen." (*Gabriele Ackermann, In: Horst Bartnitzky/Reinhold Christiani, Hrsg.:* Die Fundgrube für jeden Tag. Frankfurt a. M.: Cornelsen Scriptor 1995, S. 274)

Prävention und langfristige Maßnahmen

Modellverhalten der Lehrerin (→ *Lehrerverhalten*)
Um Gewalt vorzubeugen ist eine positive Grundstimmung wichtig, die den Kindern Angenommensein, Sicherheit, Geborgenheit, Selbstsicherheit (→ *Selbstbild*) und Sozialfähigkeit vermittelt. Vielfältige Sozialkontakte (→ *Offener Unterricht*) und ein lebendiges *Schulleben* steuern egoistischem Verhalten entgegen.
Ständiges Kritisieren, Ermahnen und Schimpfen dagegen bewirken ein gereiztes, aggressionsförderndes Klima. Wenn Ihnen Verhaltensweisen missfallen, sprechen Sie dies klar und sachlich an. „Es ist besser, eine pädagogisch-therapeutische Grundhaltung aufzubauen, als z. B. aggressiv zurückzufighten, resignierend aus dem Feld zu gehen oder alles in sich reinzufressen. Diese Grundhaltung ist durch vier Merkmale gekennzeichnet:
Sie bemüht sich nämlich um Verstehen, sie hält Widersprüche aus, sie gestaltet Bezichungen möglichst offen und freundlich und sie tritt entschieden ... für bestimmte Grundwerte eines freien, gerechten und humanen Umgangs ... in der Schule ein." (*Rainer Winkel:* Unterrichtsstörungen und Disziplinschwierigkeiten. In: *Johannes Bastian,* Hrsg.: Vor der Klasse stehen. Lehrerautorität und Schülerbeteiligung. Hamburg: Bergmann und Helbig Verlag 1987, S. 99)

Klare → *Regeln* zur positiven Orientierung
Sowohl zu starke als auch zu geringe → *Lenkung* kann Aggressionen hervorrufen.
• Sagen Sie den Kindern, welche stummen Zeichen (→ *Körpersprache*)

Signale zum Aufhören sind (z. B. ernstes Ansehen, Kopfschütteln oder Sprechpause). Bei Erfolg das betreffende Kind verstärken!

- Verhaltenssteuerung durch neutrale Signale, schriftliche Instruktionen (z. B. ein Kärtchen geben: Bitte hinsetzen!), oder Hinweisreize (z. B. ist das Anziehen von Hausschuhen ein Hinweisreiz dafür, dass das laute Pausenverhalten zu beenden ist).
- Isoliertes Üben positiver Verhaltensweisen, z. B. im → *Rollenspiel.*
- Achten Sie zusammen mit den Kindern auf → *Ordnung* im → *Klassenzimmer* und Schulhaus. Denn bereits bestehende Beschädigungen verführen zu weiterer Beschädigung.
- Durch Übertragen von Aufgaben → *Verantwortung* lernen (→ *Klassendienste*).

Gezieltes → *Verstärken* von positivem Verhalten (→ *Disziplin*)
Erfolgserlebnisse vermitteln: Alle Fälle, in denen sich Kinder an die abgesprochenen Regeln halten, sowie auch zaghafte Versuche in die erwünschte Richtung sollten deutlich hervorgehoben werden (z. B. Lobesbrief).

Ein gutes Klassen- und Schulklima (→ *soziales Lernen*)
- Fördern sozialer Sensibilität durch → *emotionales Lernen*; Lernen des gewaltfreien Lösens von Konflikten, auch im → *Rollenspiel*, beim Sprechen über Vorlesegeschichten und Texte (z. B. Klassenlektüre: Renate Welsh: Sonst bis du dran! Arena Taschenbuch, ab 9 Jahre).
- „Männliches Gehabe und Gewalt – auch in der Sprache – muss … verpönt werden." (*P. Struck* S. 181)
- Zeugen, die aggressives Verhalten beobachten, sollen zum Helfer des Opfers werden (→ *Helfen*) anstatt tatenlos zuzuschauen. Dazu wird ein Notzeichen als Hilferuf eines Opfers vereinbart, z. B.: „*Hilfe, (Name eines Umstehenden)!*" (Das persönliche Ansprechen ist wichtig!) Mögliche Hilfen besprechen und einüben, z. B. den Täter zum Loslassen bewegen.

Wichtig ist, dass die Kinder ein Verantwortungsgefühl für einander entwickeln.

Ventile schaffen
Sprechen Sie mit den Kindern über negative Gefühle wie Hass, Wut, Ohnmacht … (→ *emotionales Lernen*) und überlegen Sie gemeinsam Ventile, wie man sie „ablassen" und unschädlich machen könnte, z. B.:
- Ballen der Fäuste, stummer Indianerschrei (so tun, als ob man sehr laut schreit ohne einen Laut von sich zu geben), Aufstampfen …,
- aber auch Aussprechen von Gefühlen und sagen, was einem missfällt.

14

- Übungen zur → *Entspannung*, sportliche, musische und handwerkliche Tätigkeiten wie Töpfern.
- Der rosa Kreis: Die → *Farbe* Rosa beruhigt. Setzen Sie ein überdrehtes Kind vor einen Kreis aus Tonpapier (warmes, kräftiges Rosa, aus DIN A2 geschnitten) und lassen Sie es den Kreis ansehen. (*Christina Buchner*: Stillsein ist lernbar. Konzentration – Meditation – Disziplin in der Schule. Freiburg i. Br.: VAK, Verlag für Angewandte Kinesiologie 1994, S. 55)
- Wutecke: Boxsack oder Zeitungen, die ein Kind, das sich nicht unter Kontrolle hat, zerreißen oder zerknüllen kann.
- Ringkampf nach Regeln: In der Turnhalle auf einer Matte kämpfen notorische Raufer gegeneinander. Regeln: Ohne Schuhe, ohne Brille, dem anderen nicht ins Gesicht greifen, nicht treten, wenn einer am Boden liegt. Die Lehrerin zeigt das Ende – wenn der Erste am Boden liegt – mit einer Glocke an. (nach *Heike Kilian*: Richtig streiten kann man lernen. In: Die Grundschule Heft 10/1994, Braunschweig: Westermann)

Bei schweren psychischen Störungen müssen die schulpsychologischen Dienste hinzugezogen werden.

Was Eltern wissen sollten

- Vermeiden von Erziehungsfehlern:
  Permissivität und Mangel an Grenzen.
  Inkonsequente Pendelerziehung: Wechsel zwischen Gefühlsausbrüchen und übertriebenen → *Strafen*;
  Überforderung im Blick auf schulische Leistungen;
  ein Macho-Verhalten fördernder, frauenfeindlicher Erziehungsstil.
- Das Kind braucht Sicherheit, Wärme und Geborgenheit, damit es auf die Berücksichtigung seiner Bedürfnisse vertrauen kann und nicht darum kämpfen muss. Dem Kind vormachen, wie es seine Wünsche angemessen äußern kann.
- Die Eltern dürfen kein Vorbild für Gewalt geben, sondern müssen selbst soziale Tugenden wie Trösten, Helfen, Rücksichtnahme, Toleranz, Einfühlungsvermögen und Mitgefühl zeigen.
- Der Aggressivität nicht nachgeben, sondern z. B. ruhig sagen: *„Das klingt, als wäre es dir wirklich wichtig. Sobald du so weit bist, dass du in normalem Ton davon reden kannst, können wir uns darüber unterhalten."* (*J. Nelsen* S. 69). Auch bei Jungen ist rücksichtsloses, verletzendes Verhalten nicht zu dulden (*„Na, er ist doch ein Junge!"*).
- Das Kind nie als Person (*„Du bist böse, schlampig …"*) kritisieren, son-

dern nur sein konkretes Verhalten tadeln („*Ich finde es nicht gut, wenn ...*").

- Kinder, die ihre Wut an Sachen auslassen, brauchen verstärkt Bewegung, Sport und Spiel. Bei mutwilligen Sachbeschädigungen werden die Eltern zur Verantwortung gezogen (Haftpflichtversicherung!), doch sollte das Kind an der Wiedergutmachung beteiligt werden.
- Gewaltfreie Sprache von Eltern und Kind: Wenn das Kind flucht, soll es aus dem Zimmer gehen („*Ich möchte das nicht hören.*").
- Den Kindern keine Entscheidungen abverlangen, für die sie noch zu jung sind. Elterliche Unsicherheit führt zu Unsicherheit bei den Kindern. Notwendige Gebote und Verbote (evtl. aufschreiben) werden begründet, das Einhalten wird konsequent beachtet und gelobt.

Georg E. Becker: Lehrer lösen Konflikte. Weinheim: Beltz 1983

Klaus Hurrelmann u. a.: Gegen Gewalt in der Schule. Ein Handbuch für Elternhaus und Schule. Weinheim: Beltz 1995

Hartmut Knopf, Hrsg.: Aggressives Verhalten und Gewalt in der Schule. Prävention und Umgang mit Konflikten. München: Oldenbourg 1996

Jochen Korte: Faustrecht auf dem Schulhof. Über den Umgang mit aggressivem Verhalten in der Schule. 2., erg. Auflage. Weinheim/Basel: Beltz 1993

Jane Nelsen, Lynn Lott, H. Stephen Glenn: Der große Erziehungsberater. München: dtv 1995

Franz u. Ulrike Petermann: Training mit aggressiven Kindern. 6. veränderte Auflage, Weinheim: Psychologie Verlags Union 1993

Rosemarie Portmann: Spiele zum Umgang mit Aggressionen. München: Don Bosco 1995

Peter Struck: Erziehung gegen Gewalt. Ein Buch gegen die Spirale von Aggression und Hass. Neuwied: Luchterhand 1994

Reinhard u. Anne-Marie Tausch: Erziehungspsychologie. 5. gänzl. neu gestaltete Auflage. Göttingen: Verlag für Psychologie Dr. C. Hogrefe. 1970

Jamie Walker: Gewaltfreier Umgang mit Konflikten in der Grundschule. Grundlagen und didaktisches Konzept, Spiele und Übungen für die Klassen 1 – 4. Frankfurt a. M.: Cornelsen Scriptor 1995

Aktives Zuhören

Reden ist Silber, Schweigen ist Gold.

Wenn Kinder oder Eltern Probleme haben, kann aktives Zuhören wesentlich besser zur Klärung beitragen als logische Argumente, Ratschläge etc., die dem anderen nur zeigen: Ich traue dir nicht zu dein Problem zu lösen. Du bist nicht so klug wie ich. (→ *Gesprächsführung*)

Beim aktiven Zuhören

- schweigen Sie und lassen Ihren Gesprächspartner sprechen.
- zeigen Sie durch „bestätigende Reaktionen", dass Sie aufmerksam zuhören, und ermuntern so den anderen zum Weiterreden (z. B. verbal: „Oh. – Aha. – Hm."; nonverbal: Ansehen, Nicken, Lächeln). Mit dieser „Sprache der Annahme" zeigen Sie Respekt und Vertrauen zum anderen.
- regen Sie den anderen durch offene Fragen („Türöffner") zum Sprechen oder zum Weiterreden an (z. B. *„Gibt es etwas, über das du mit mir sprechen möchtest? – Möchtest du noch weiter darüber sprechen?"*) Wichtig: Die Äußerungen werden nicht bewertet. Vielmehr ist zu akzeptieren, dass andere Menschen anders empfinden als man selbst oder als man es gern hätte und dass jeder das Recht hat auch unerwünschte Gefühle zu äußern.
- versuchen Sie das Gesagte zu „entschlüsseln" und wiederzugeben, wie Sie die Äußerung verstehen. Durch diese Rückmeldung erfährt der andere, ob Sie ihn richtig verstanden haben oder nicht.

Vorteile aktiven Zuhörens

- Aktives Zuhören „fördert das ‚Aussprechen', das ‚laute Denken' und ‚Durchdenken beim Schüler' " (*T. Gordon* S. 75) und hilft so „die Situation zu klären, tiefer vorzudringen und sich von zweitrangigen Problemen zu entfernen." (*T. Gordon* S. 74)
- Kathartische Entspannung: Indem das Kind auch heftige, unangenehme Gefühle zeigen darf, wird es leichter mit ihnen fertig und kann sich davon befreien.
- Aktives Zuhören fördert die Beziehung zwischen Lehrerin und Kind: „Wenn ihnen ein Lehrer zuhört, wissen die Schüler, dass ihre Meinungen, Gefühle und Ideen verstanden worden sind. Daher öffnen sie sich viel leichter den Idecn, Meinungen und Ansichten des Lehrers." (*T. Gordon* S. 75)

Wann kann aktives Zuhören helfen?

- Wenn ein Kind ein Problem hat, das ihm oft selbst nicht bewusst ist. Es zeigt sich mitunter in verschlüsselten Äußerungen, z. B. *„Wann ist endlich Pause?"*. Manche Lehrer sehen darin einen Angriff auf ihren Unterricht und reagieren unwirsch. Aber hinter dieser Frage kann stehen: Ich habe Hunger. Ich kann nicht mehr still sitzen (→ *Bedürfnisse*). Ich verstehe den Lernstoff nicht. Ich möchte meiner Freundin etwas sagen...

- Wenn Sie auf Widerstand stoßen und das Kind nicht so will wie Sie.
- Um einem unselbstständigen Kind zu helfen selbstständiger zu werden: Wenn ein Kind z. B. sagt *„Ich kann das nicht zeichnen"*, reden viele dem Kind gut zu *(„Das kannst du doch. Versuch es mal.")* und nehmen das Problem nicht ernst. Oder sie zeigen dem Kind, wie es zeichnen muss, nehmen so dem Kind das Problem ab und fördern weitere Unselbstständigkeit (→ *Selbstständigkeit*). Angemessen wäre z. B.: *„Du ärgerst dich, dass dir das noch nicht gelingt. – Du überlegst, wie das gelingen könnte ... ."*
- Bei Klassengesprächen über Konflikte und emotionsgeladene Themen (→ *emotionales Lernen*)

Thomas Gordon: Lehrer-Schüler-Konferenz. Wie man Konflikte in der Schule löst. Hamburg: Hoffmann und Campe 1977

Anfangsunterricht

„Geborgenheit kann zustande kommen, wenn Vertrautes sich fortsetzt, die neuen Anforderungen und Bedingungen deutlich gemacht werden und Verlässlichkeit und Orientierung möglich sind."
Bildungsplan für die Grundschule in Baden-Württemberg, LPH1/1994, S.35

Der Anfangsunterricht ist nicht an den 45-Minuten-Takt gebunden, sondern berücksichtigt die Aufnahmekapazität der Kinder. Aufgaben für die ersten Schulwochen:

Einführen in die neue Umgebung

Die Lehrerin als neue Bezugsperson
Nur zu oft wollen viele Kinder gleichzeitig Ihre Aufmerksamkeit, Hilfe und Zuwendung und tun sich schwer eigene → *Bedürfnisse* und Wünsche zurückzustellen. Malen Sie sich einen roten Punkt auf Ihre Handinnenfläche und zeigen Sie diese stumm dem ungeduldigen Kind. Es weiß: Rot heißt warten. (vgl. *Angelika Roßdeutscher*, in: Flohs Ideenkiste Nr. 2, München: Domino 1993, S. 25) Erste → *Regeln* werden nötig. z. B.: *„Es kann immer nur ein Kind reden, damit ich es verstehe."* (→ *Ruhe*)

Die neuen Kinder (→ *Klassengemeinschaft, soziales Lernen*)
Ein Plakat (Schiff, Blume, Haus, Ballon ...) mit dem Foto jedes Kindes außen an der Klassenzimmertür zeigt: Hier ist meine Klasse. Das Ken-

nenlernen braucht Zeit: An mehreren Tagen stellen sich jeweils einige Kinder im Sitzkreis vor, erzählen von sich, von ihren Vorlieben und Abneigungen und fertigen ein Ich-Poster als Schmuck für's Klassenzimmer an. Sprechen Sie die Kinder betont häufig mit ihrem Vornamen an als Modell für die anderen. Beschriftete Tennisbälle als Namensschilder regen zur Vorsicht an (*„Wer schafft es, dass sein Ball liegen bleibt?"*), lassen sich beim Luft-, Tisch- und Rückenschreiben einsetzen sowie bei Fingerspielen und Bewegungsübungen. (vgl. *Rita Nusko,* in: Flohs Ideenkiste Nr. 6, München: Domino 1995, S. 18)

Das neue → *Klassenzimmer*
Es soll zum Lernen anregen und ansprechend ausgestaltet sein, z. B. mit Bildern von den Schulanfängern, die sie bei der Schulanmeldung gemalt haben, Bildern der Patenklasse, Karten mit allen Buchstaben und den passenden Anlautbildern an der Rückwand, mit → *Büchern,* Spielen, Handpuppen, ersten Freiarbeitsmaterialien und was am Anfang gebraucht wird. Doch keinesfalls darf das Zimmer überladen sein: Leere Pinnwände, Regale und Tische regen die Kinder zum eigenen Ausgestalten an. Weitere Leseanreize: Wortkarten an den Gegenständen im Klassenzimmer, z. B. Tür, Tafel, Fenster, Schrank, Regal, Tisch, Stuhl etc.

Das neue Schulhaus
Erkunden Sie mit den Kindern schrittweise, wo die Toilette ist, wo sich das Sekretariat als erste Anlaufstelle für Probleme befindet, wo der Hausmeister die Getränke ausgibt, wo Schulleitung, Lehrerzimmer, die Patenklasse und Turnhalle sind.

Der neue → *Schulweg*
Nicht immer können wir uns darauf verlassen, dass Eltern mit ihren Kindern den Schulweg abgehen. Deshalb das Überqueren einer Straße mit und ohne Ampel einüben und ggf. das Verhalten an der Haltestelle und im Schulbus trainieren.

Einführen in schulisches Lernen als tragfähiges Fundament
Anfangs erfordert fast jede Aufgabe, jede Tätigkeit das Einführen einer neuen → *Arbeitstechnik* oder Verhaltensweise. Folgerungen:
- Die Zahl der neu zu erlernenden Techniken, Fertigkeiten und Verhaltensweisen muss sparsam dosiert werden, um die Kinder nicht zu überfordern.
- Wählen Sie nur die → *Regeln* aus, die für den Anfang besonders wichtig sind, wie z. B. das Zuhören, das Befolgen einer → *Anweisung,* das Sich-zu-Wort-Melden (→ *Gesprächsregeln*), das Fragen und Um-Hilfe-

Bitten. (→ *Helfen*) Machen Sie die erwünschten Verhaltensweisen vor und geben Sie klar an: *„Wir machen das so …"*

- Überlegen Sie genau, wie Sie eine Regel oder Arbeitstechnik einführen, damit sie verstanden wird und sich einprägt. Sie muss so eingeführt werden, dass sie in Zukunft zwar erweitert werden kann, aber nicht grundsätzlich geändert werden muss. Denn von Anfang an darf nur Richtiges gelernt werden.

Nach und nach werden gleich bleibende → *Rituale* als Orientierungshilfe eingeführt, z. B. gleicher Beginn und gleiches Ende jedes Schultages (→ *Tagesbeginn*) , Bekanntgabe des → *Tagesplans*, Würdigen und Kontrollieren der Kinderarbeiten (→ *Hausaufgaben, Hefte, Freiarbeit*), wiederkehrende Redewendungen (→ *Lehrersprache*), die das Vorhaben der Lehrerin verdeutlichen, ohne dass jedesmal die geforderten Tätigkeiten von neuem besprochen und begründet werden müssen.

Individualisierendes Lernen

- Häufige Gelegenheiten zum individuellen Ausdruck und zum individuellen Gestalten, beim → *Erzählen*, Rollen- und Puppenspiel, Betrachten von Bilderbüchern, Malen, Basteln, Singen, Musizieren und Tanzen.
- Handelndes Lernen mit allen Sinnen, z. B. bei Erkundungsgängen, Spielen, gemeinsamen Vorhaben und fachorientierten Aufgaben.
- Häufiges Lernen in Kleingruppen, in denen Sie das Kind als Individuum ansprechen und zu ihm eine Beziehung aufbauen können. → *Anweisungen* und Aufträge formuliere ich bewusst im Singular, also z. B. nicht *„Nehmt eure Wachsmalkreiden."*, sondern *„Nimm deine …."*
- Fortsetzen von Vertrautem: Greifen Sie möglichst viel von dem auf, was den Kindern aus der Zeit vor und außerhalb der Schule vertraut ist. Knüpfen Sie an die Arbeit im Kindergarten an durch das Wiederholen dort erlernter Lieder und Spiele. Lassen Sie die Kinder über ihre bisherigen Erfahrungen berichten, denn das Aufarbeiten von Erfahrungen ist mitunter wichtiger als das Vermitteln von neuem Lernstoff.
- Aufbau eines positiven → *Selbstbildes*, von emotionaler Stabilität (→ *emotionales Lernen*) und von Erfolgszuversicht beim Lernen: Seien Sie geduldig, wenn den Kindern nicht alles gleich auf Anhieb gelingt, und mäkeln Sie nicht herum. Wichtig ist die Grundeinstellung: *„Jetzt ist es noch nicht so gut gelungen, aber du wirst es bald lernen."*

Vermeiden von Schwierigkeiten und Problemen

- Sagen Sie Kindern und → *Eltern* klar, was Sie von ihnen erwarten. Viele Probleme entstehen schlichtweg aus Unkenntnis.

- Haben Sie Vertrauen zum Kind. Wenn etwas nicht so läuft, wie Sie erwarten, so liegt das nicht daran, dass das Kind nicht will, sondern daran, dass es aus welchen Gründen auch immer nicht anders kann.
- Geben Sie den Kindern und sich Zeit. Eine Fülle von Problemen entstehen durch unnötigen Zeit- und Leistungsdruck.

Was Eltern wissen sollten

Elternabend vor den Sommerferien
- Information der Eltern über verkehrsgerechtes Verhalten (→ *Schulweg*): Den Weg mit den günstigsten Straßenüberquerungen auswählen, auch wenn er länger ist; immer den gleichen Weg mit dem Kind gehen.
- Betreuung von Kindern: Fragen Sie, wer bereit ist andere Kinder zu betreuen und wer eine Betreuung braucht.
- Dem Kind keine Angst vor der Schule machen und Äußerungen vermeiden wie „Nun beginnt der Ernst des Lebens."

Elternabend in der ersten oder zweiten Schulwoche
Erläutern Sie ein auf Ihre Schulordnung abgestimmtes Merkblatt:

Unser Elternabend am _____: Hinweise und Tipps für Sie!

Ein geregelter, ruhiger Tagesablauf Ihres Kindes ist wichtig!
- Die Schultasche <u>am Abend vorher zusammen mit dem Kind</u> packen (Papiertaschentücher nicht vergessen!).
- Gemeinsam das Mitteilungsheft, die gespitzten Stifte und die Schulsachen überprüfen.
- Bereitlegen der Kleidung: An Tagen mit Sport muss sich das Kind selbstständig umkleiden können. Deshalb: zweckmäßige Kleidung, kein Schmuck, keine Uhren, keine Ohrringe und -stecker wegen Unfallgefahr.
- <u>Zusammen mit dem Kind</u> planen, was es in der Pause isst und trinkt.
- Das Kind am Morgen nicht selbst wecken, sondern vom Wecker wecken lassen. So lösen Sie keine negativen Gedanken aus und das Kind lernt sich an Tatsachen zu orientieren.
- Am Morgen in Ruhe frühstücken und dabei nicht über die Schule reden („Hoffentlich hast du … Heute darfst du nicht…").
- Das Kind am Mittag nicht zum Erzählen drängen, sonst wird es sich verschließen. Wichtiges erzählt es von selbst!

Der Schulweg

- Das Kind nur bis zum Schultor begleiten und dort wieder abholen.
- Überprüfen, ob es sich verkehrsgerecht verhält.
- Bei späterem Unterrichtsbeginn als acht Uhr das Kind so losschicken, dass es etwa fünf Minuten vor Unterrichtsbeginn in der Schule ist.

Erkrankung

- Bitte nicht in der Schule anrufen, sondern einem anderen Kind (Nachbar, Freund) einen Zettel mitgeben oder ihm telefonisch Bescheid sagen. Spätestens am dritten Tag muss in der Schule eine schriftliche Entschuldigung vorliegen.
- Einen Unfall in der Schule oder auf dem Schulweg mit anschließendem Arztbesuch bitte umgehend wegen der Unfallversicherung melden.
- Bei Erkrankung der Lehrerin kann sich der Stundenplan ändern. Die Änderung wird schriftlich mitgeteilt und soll zur Kenntnisnahme unterschrieben werden.

Schulsachen

Alle Schulsachen (auch Stifte …), Turnzeug und Kleidung (Jacken, Mützen, Handschuhe) bitte mit dem Namen oder den Initialen versehen, es geht so viel verloren!

Ausgeliehene Bücher bitte sorgsam behandeln. In der Schultasche sollen nur die zu den Hausaufgaben benötigten Dinge sein; einmal in der Woche „ausmisten".

Hausaufgaben

- Es wird nur aufgegeben, was in der Schule erarbeitet und geübt wurde.
- Dauer der Hausaufgaben: Nicht länger als eine halbe Stunde. Wenn das Kind so lange konzentriert gearbeitet hat – Pausen nicht mitgerechnet –, kann es abbrechen. Bitte im Mitteilungsheft notieren!
- Vergessene Hausaufgaben sollen nachgeholt werden (Vermerk im Heft).
- Während der Hausaufgaben braucht das Kind einen ruhigen und aufgeräumten Platz, ohne Musik und Fernsehen.
- Überprüfen, dass das Kind Mitteilungen der Schule übergibt und die ausgefüllten Abschnitte am nächsten Tag mitbringt.

Ferien
Termine: ...
Bitte die Ferientermine bei der Urlaubsplanung beachten. Für Ausnahmefälle, nicht aber für Urlaub ist eine Befreiung vom Unterricht möglich.

Das Kind muss seine Rolle als Schulkind erst lernen. Es muss lernen,
- Rücksicht auf die anderen Kinder zu nehmen,
- auf die Lehrerin und die anderen Kinder zu hören,
- sich zu melden, bevor es etwas sagen will, und auf den Aufruf zu warten,
- den anderen ausreden zu lassen und nicht zu unterbrechen,
- Anweisungen der Lehrerin zu befolgen,
- seine Schulsachen in Ordnung zu halten,
- sich Hausaufgaben und Aufträge zu merken.

Es lernt dies leichter, wenn Sie
- Ihrem Kind zuhören, es ausreden lassen und dies auch von ihm fordern,
- ihm helfen und es anleiten, ohne ihm die Arbeit abzunehmen,
- nur das vom Kind fordern, was wirklich wichtig ist.

Bei Schwierigkeiten bitte immer zuerst mit der Lehrerin sprechen.
Sprechstunde: ... (Erläutern, dass es stört, wenn Eltern unangemeldet vor Unterrichtsbeginn oder in der Pause mit Ihnen sprechen wollen.)
Telefon: ... (Eine Ihnen passende Uhrzeit angeben, da manche Eltern zu ungewöhnlichen Zeiten anrufen.)
Wenn sich Anschrift, Telefonnummer oder das Sorgerecht für das Kind ändern, dies bitte umgehend mitteilen.

Sigrid Bairlein/Christel Butters: Schulanfang – Hilfen für Lehrer. Donauwörth: Auer 1996
Marianne Franz/Silvia Regelein: Leseschule. Lehrerband mit Kopiervorlagen. München: Oldenbourg 1995
Andreas Langer, Hrsg.: Ich übernehme eine 1. Klasse. München: Oldenbourg 1996

Angst

Angst macht dumm!
Hans Zulliger

Eine bestimmte Belastung bewirkt nicht bei jedem Kind Angst, da die gleiche Situation von jedem unterschiedlich erlebt und verarbeitet wird. Doch erleben viele Kinder folgende Situationen als Angst einflößend:

- Schreien der Lehrerin;
- Prüfungssituationen und → *Probearbeiten;*
- unerwartetes Aufgerufenwerden ohne sich gemeldet zu haben;
- öffentlich bloßgestellt, vor der Klasse mit einer missglückten Leistung oder Verhaltensweise lächerlich gemacht zu werden;
- Rempeleien und Schlägereien in der Pause oder auf dem Schulweg.

Angst wird → *verstärkt,* wenn Angstäußerungen durch Lehrer und/oder Eltern übermäßig beachtet werden.

Förderliches Lehrerverhalten zum Vermindern von Angst

- Für Angstauslöser sensibel sein!
  Sich-Einfühlen in ängstliche Kinder und Situationen überprüfen, z. B. → *Probearbeiten, Noten,* Elternerwartungen, eigenes Verhalten, soziales Verhalten der Kinder untereinander. Gerade leistungsschwache Kinder brauchen Ihre positive emotionale Zuwendung und → *Wertschätzung.*

- Verständnisvolles → *Lehrerverhalten*
  In einer vertrauensvollen Atmosphäre können Kinder auch Situationen bewältigen, die bei einem negativen Klima bedrohlich wirken. Das Kind braucht die Gewissheit, dass Sie an seinem Wollen und Können nicht zweifeln und ihm helfen Hindernisse zu überwinden.

- Gesprächsangebote und einfühlendes Verstehen (→ *aktives Zuhören*)
  Oft kommen Kinder mit ihrer Angst bei Erwachsenen nicht an *(„Du brauchst doch keine Angst zu haben!")*. Wenn jedoch Angst nicht akzeptiert wird, flüchtet das Kind oft in körperliche Beschwerden. „Wenn Angst nicht verdrängt wird, wenn man sich gestattet real so viel Angst zu haben, wie diese Realität Angst verdient, dann wird gerade dadurch ... manches von dem zerstörerischen Effekt der unbewussten und verschobenen Angst verschwinden." (*Theodor Adorno:* Erziehung zur Mündigkeit. Frankfurt 1981: Suhrkamp 7, S. 97)

Freundlichkeit, Verständnis, Ruhe und Sicherheit im Gespräch entspannen das Kind. Das Ausreden von Angst, Ungeduld, drängendes Überreden und Kritik dagegen vermehren die Angst. (*Tausch* S. 112)

- Stabilisieren des Selbstwertgefühls (→ *Selbstbild*)
durch individuelles → *Fördern*, Herausheben individueller Fähigkeiten
(*„Das hast du selbst geschafft!“*), → *Verstärkung, Ermutigung, Lob,*
Anleitung zum Selbstbekräftigen (*„Das hab ich gut gemacht!“*),
durch Hervorheben von Kindern, die sich wenig ängstlich zeigen. Setzen Sie ängstliche Kinder neben selbstsichere Kinder
(→ *Modellverhalten*).

Unterrichtliche Maßnahmen zum Vermindern von Angst

- Angst als Thema des Unterrichts (→ *emotionales Lernen*)
Gespräch, Rollenspiel, Kummerkasten, freier Aufsatz, Lesen (z. B. *Jill Tomlinson:* Die kleine Eule, Ravensburg: Otto Maier 1987; *E. Stein-Fischer:* Geschichten vom Mut-Haben und Mut-Brauchen. München: 1986),
Kunst (z. B. Bildbetrachtung „Der Schrei“ von *Edvard Munch*).
Dabei könnten die Kinder erfahren, dass sich Angst zwar durch Gegenkräfte wie Wissen, Vertrauen, Hoffnung, Liebe, Mut mildern lässt, aber zum Menschsein dazugehört, also „normal“ ist.

- Entspanntes Lernen
Kinder, die sich nicht gemeldet haben, nicht unerwartet aufrufen oder an die Tafel schicken. Das → *Aufrufen* vorher ankündigen (z. B.: *„Es melden sich noch zwei Kinder. Wenn sie dran waren, bitte ich dich, dazu etwas zu sagen.“*)
Bei → *offenem Unterricht* können Kinder angstfrei und in ihrem persönlichen Lernrhythmus ohne Leistungsüberforderung lernen.
Einüben von Techniken der → *Entspannung.*
Vermeiden von Wettbewerben.

- Klare Strukturierung des Unterrichts und kleine Lernschritte geben den Kindern Sicherheit (→ *Tagesplan*).
Transparenz von Leistungsanforderungen;
Einüben von Strategien zur Vorbereitung auf → *Probearbeiten* (3./4. Schuljahr) und zum Verhalten in Prüfungssituationen;
Probearbeiten und Misserfolge nicht überbewerten.
Setzen angemessener Maßstäbe durch Lehrer, Eltern und durch das Kind selbst.

Was Eltern wissen sollten

- Die Ängste des Kindes anhören (Bedroht es jemand? Tun die Eltern selbst etwas, was es ängstigt?), gemeinsam nach Lösungen suchen und diese in kleinen Schritten angehen.
- Sich durch Ängste nicht zum Erfüllen von Sonderwünschen manipulieren lassen. Eltern können trösten, helfen und ermutigen mit Ängsten fertig zu werden, aber sie können dem Kind die Auseinandersetzung mit seinen Gefühlen nicht abnehmen.
- Selbst nicht zu ängstlich sein! Kinder übernehmen häufig das Angstverhalten der Eltern. Wenn Schulanfänger sich nicht von den Eltern lösen können, sollte das Klammern und Schreien nicht überbewertet werden. Wenn die Eltern außer Sicht sind, kommt das Kind meist gut in der Schule zurecht.
- Übertriebener Ehrgeiz und Leistungsdruck schaden ebenso wie Verwöhnung.

Reinmar du Bois: Kinderängste erkennen – verstehen – helfen. München: Verlag C. H. Beck 1995

Jane Nelsen, Lynn Lott, H. Stephen Glenn: Der große Erziehungsberater. München: dtv 1995

Reinhard u. Anne-Marie Tausch: Erziehungspsychologie. 5. gänzl. neu gestaltete Auflage. Göttingen: Verlag für Psychologie Dr. C. Hogrefe 1970

Anweisungen und Arbeitsaufträge

Ärgern Sie sich nicht und fühlen Sie sich vor allem nicht persönlich angegriffen, wenn Kinder manchmal nicht tun, was Sie sagen. Überprüfen Sie vielmehr selbstkritisch, ob Ihre Anweisungen zu zielgerichtetem Handeln auffordern.

Nie in eine laute Klasse sprechen!

In meinen ersten Klassen habe ich eingeführt: Mein Finger auf dem Mund (→ *Körpersprache*), ein Dreiklang auf dem Xylophon oder später die Aufforderung „*Hört bitte!*" fordert die Kinder zur → *Ruhe* auf. Ich warte ein bisschen um den Kindern Zeit zum „Umschalten" zu geben und verschränke zum Stichwort „*Schwupp!*" meine Arme. Die Kinder machen es nach und sehen mich an (*„Schaut mir in die Augen."*), während ich in Ruhe meine Anweisung gebe.

Konsequent warte ich und lobe die folgsamen Kinder. *„Ich freue mich über die Steffi, den Peter, den … ."* (Alle zum Hören bereiten Kinder werden namentlich genannt.) Will ein Kind gar nicht hören, so tippe ich ihm auf die Schulter und verschränke demonstrativ meine Arme. Nach meiner Anweisung sage ich *„Los!"* als Stichwort, dass die Arme gelöst werden, und die Kinder den Auftrag durchführen.

Anweisungen erfolgen, <u>bevor</u> → *Arbeitsmittel in* die Hand genommen werden; *„Erst wenn ich ‚Los!' sage, dürft ihr später den Rechenkasten nehmen. … (→ Erklären, was zu tun ist) … Los!"*

Anweisungen müssen klar, konkret und kurz sein.

Verlangen Sie nichts Undurchführbares wie z. B. *„Seid doch ein bisschen leiser! – Mach das anständig!"* (Was ist „ein bisschen" / „anständig"?)
<u>Anweisungen müssen als solche erkennbar sein.</u>
Beispiel: *„Du hast deine Tasche nicht an den Haken gehängt."* – Soll das Kind jetzt gleich seine Tasche hinhängen oder soll es sich nur dies für die Zukunft merken? Besser: *„Hänge deine Tasche bitte an den Haken!"* Wenn der Grund dafür nicht bereits früher erklärt wurde (Stolperfalle), wird dies nachgeholt.
Mit Anweisungen müssen wir genau angeben,
- **was** das Kind tun soll und **welche Dinge** dazu gebraucht werden;
- manchmal auch **wann** und **wie lange** das Kind dies tun soll;
- was **die** Kinder tun sollen, die die Tätigkeit ausgeführt haben. (→ *Differenzierung*)

Beispiele:
„Nehmt bitte euer Rechenbuch her und rechnet Seite 49 Nummer 3 (Tafelanschrift). *Schreibt ins hellblaue Heft. Wer fertig ist, holt sich vom Pult ein Rechenmalbild. Los!"*
„Kommt bitte mit eurem Stuhl zum Sitzkreis. Wer im Kreis sitzt, schließt die Augen und denkt nach über … "
<u>Visuelles Unterstützen:</u> Stichwörter an der Tafel (Seitenangabe im Buch, Anschrift: Das brauchst du in dieser Stunde) oder das Zeigen der benötigten → *Arbeitsmittel* machen Rückfragen *(„Welche Seite im Buch?")* überflüssig.
<u>Akustischer Hinweisreiz</u> zu erhöhter → *Aufmerksamkeit: „Passt auf, jetzt sage ich etwas Wichtiges!"* (Stimme senken!)
Neue → *Arbeitstechniken* und Verhaltensweisen erlernen die Kinder am besten durch → *Vormachen.*

Achten Sie auf positiv formulierte Anweisungen.

Sagen Sie, was das Kind tun soll, und nicht, was es nicht tun soll. Denn abgesehen davon, dass Verbote oft Widerwillen hervorrufen, weiß das Kind bei einer negativen Formulierung nicht, was genau es tun soll.
Statt *„Verschwendet kein Papier."* deshalb besser: *„Schneidet den Kreis bitte in der Ecke aus, dann spart ihr Papier."* (Anweisung begründen, vgl. *Tausch* S. 305)
Achten Sie auf einen sachlichen, aber <u>freundlichen, aufmunternden Tonfall.</u> Schärfe, Unfreundlichkeit und diskriminierende Zusätze (*„Räumt endlich auf! Hier sieht es ja aus wie in einem Schweinestall!"*) erwecken nur Opposition. Auch das höfliche „Bitte" als Zeichen der Reversibilität mildert den Befehlston (→ *Lehrersprache*).
Kontrastierende Beispiele:
* *„Könnt ihr denn eure Mäntel nicht ordentlich aufhängen?"* – *„Hängt bitte die Mäntel an die Haken!"*
* *„Schrei nicht immer dazwischen!"* – *„Melde dich bitte!"*

Bei älteren Kindern können <u>sachliche Informationen</u> den Befehlston mildern.
<u>Negatives Beispiel – positives Beispiel:</u>
* *„Mach doch nicht immer so krumme Striche."* – *„Wenn du ein Lineal nimmst, werden die Striche gerade."*
* *„Das ist schlecht geschrieben."* – *„Du bist froh, dass du fertig bist."*
* *„Kannst du nicht sauberer schreiben?"* – *„Ich überlege, ob du mit deiner Schrift zufrieden bist."*
* *„Schreib das noch mal."* – *„Ich kann das kaum lesen."* (nach *J. Grell* 1995, S. 271)
* *„Beeilt euch."* – *„In fünf Minuten ist Arbeitsschluss!"*
* *„Setzt euch in Vierergruppen."* – *„Wir brauchen jetzt Vierergruppen."* (nach *Tausch* S. 263)

Anweisungen wiederholen?

Wenn ein Kind Sie nicht verstanden haben sollte oder es häufig nachfragt, vielleicht um Aufmerksamkeit zu erregen, sollten Sie Anweisungen konsequent nicht wiederholen, damit die Kinder lernen, beim ersten Mal zuzuhören.
Haben jedoch mehrere Kinder Ihre Anweisung oder die → *Hausaufgabe* nicht verstanden, wiederholt ein Kind, das die Anweisung erfasst hat, diese und erklärt mit eigenen Worten, was zu tun ist.
Im → *Anfangsunterricht*, bei → *ausländischen Kindern* oder Kindern mit

→ *Lernbeeinträchtigungen* dient das vorher angekündigte Wiederholen zur Verständnisüberprüfung und als Sprechübung.

Jochen u. Monika Grell: Unterrichtsrezepte. München: Urban und Schwarzenberg 1979
Jochen Grell: Techniken des Lehrerverhaltens. Neu ausgestattete Sonderausgabe. Weinheim/Basel: Beltz 1995
Wolfgang Memmert: Die Führung einer Schulklasse. Disziplinschwierigkeiten müssen nicht sein. München: Oldenbourg Verlag 1988
Reinhard u. Anne-Marie Tausch: Erziehungspsychologie. 5. gänzl. neu gestaltete Auflage. Göttingen: Verlag für Psychologie Dr. C. Hogrefe 1970

Arbeitsblätter

Anforderungen an Arbeitsblätter

• Sachliche, sprachliche, grafische Richtigkeit und Klarheit
Die → *Anweisungen* müssen eindeutig und für das Kind verständlich sein, die Aufgaben sollen ohne Hilfe lösbar sein.
Füllen Sie ein Arbeitsblatt immer erst selbst aus, bevor Sie es an die Kinder weitergeben. Noch besser: Ausfüllen von einem Nicht-Lehrer!

• Einwandfreie Schrift, Gestaltung und Druckqualität
• Keine zu blassen Kopien
• Gleiche äußere Form: Rand ringsum, links breiter Rand wegen Lochung
• Kopf: Fach, Nummer des Blattes, Name, Datum
Die Angabe des Faches erleichtert das Einordnen, Schulanfänger malen zum Unterscheiden der Fächer einen farbigen Punkt auf.
Die Nummer des Blattes vereinfacht die Kommunikation, z. B. bei → *Tages- und Wochenplänen,* bei → *Erkrankung* eines Kindes.
Mit einer im Zimmer ausgehängten Liste können die Kinder die Vollständigkeit ihrer Blätter überprüfen.
• Übersichtliche und strukturierte Gestaltung: Keinesfalls zu viel auf ein Blatt „pressen"!

Name: _____ Datum: _____ MAT 13

(Überschrift, auch bei Übungsaufgaben, als Zielangabe)
①Unterschiedliche Aufgaben mit Nummern von einander abheben
(1. Schuljahr: Bildsymbole wie Sonne, Haus oder Würfel mit Augen)
Klare, kurze Anweisung

❷ Zusatzaufgaben deutlich vom Pflichtpensum abheben

- Genügend Platz für die Einträge der Kinder
  Große Zeilenabstände bei mit PC geschriebenen Blättern
- Beachten der vorgegebenen Lineatur: Selbst gezogene Linien treten meist stark hervor. Durch Aufkleben von aus Heften oder Blöcken ausgeschnittenen Kästchen und Zeilen erhält man eine unauffällige Lineatur.
- Vor allem Kindes des 1./2. Schuljahrs lieben Schmuckränder zum Ausmalen (zugleich eine einfache Zusatzbeschäftigung), zum Wiederholen von Buchstaben und Ziffern, zum Erkennen und Weiterführen von Mustern.

- Günstig: → *Selbstkontrolle*

Organisation: Austeilen, Bearbeiten, Einsammeln und Abheften

- Kopieren
Sie immer etwa fünf Exemplare mehr als benötigt werden und sammeln Sie diese in einem den Kindern zugänglichen Ordner (für erkrankte Kinder, zur Differenzierung: Manche Kinder bearbeiten ein Blatt gern ein zweites Mal).
Lochen der Blätter vor dem Austeilen.

- Nötige → *Anweisungen*
vor dem Austeilen geben, damit die, die ihr Blatt haben, ohne Wartezeit sofort beginnen können. Neue oder schwierige Aufgaben werden anhand einer Folie vom Arbeitsblatt erklärt. Vorneweg wird geklärt, wie man evtl. nötige Hilfe (→ *Helfen*) bekommen kann und was Kinder tun sollen, die schon fertig sind (Korrektur, Ablage, Zusatzaufgabe).

- Austeilen durch den → *Klassendienst*
oder durch Gruppenhelfer (→ *Gruppenarbeit*); in der Zwischenzeit räumen die anderen ihren Arbeitsplatz auf (→ *Ordnung*).
Abholen von Blättern durch einzelne Kinder an einem festen Ort
(→ *Freiarbeit*)
Das Blatt sollte immer auf einer weichen Unterlage liegen, es rutscht dann auch nicht weg. (→ *Schreiben, Ordnung*)

- Eine ausreichende Arbeitszeit einplanen! (→ *Einzelarbeit*)
Grundsätzlich sollten begonnene Arbeiten in der Schule beendet und nur im Ausnahmefall als → *Hausaufgabe* gegeben werden.
(→ *Arbeitsverhalten*)

- Einsammeln oder Ablegen (→ *Korrektur*)
Kinder, die fertig sind, können ihr Blatt entweder der Lehrerin bringen

(Vorteil: sofortige Rückmeldung und oberflächliche Kontrolle, vor allem auf Vollständigkeit hin), in einem Ablagekorb oder in der Mitte des Gruppentisches ablegen. Die Gruppenhelfer legen dann die Blätter aller Kinder auf's Pult.
Lassen Sie nicht zu viele Blätter zum Korrigieren zusammenkommen.

- Das Einheften
in Mappen oder in einen Ordner mit Trennblättern muss gemeinsam eingeübt und überprüft werden.

- Einkleben von Blättern in ein Heft
Damit die Blätter nicht überstehen, werden sie nach dem Kopieren mit der Schneidemaschine an zwei Seiten (horizontal, vertikal) etwas kleiner geschnitten.
Vormachen: Nicht das gesamte Blatt mit Leim einstreichen, sondern nur in den Ecken (nicht zu knapp am Rand!) und in der Mitte Leim auftupfen.

- Büchlein aus Arbeitsblättern zu einem Thema oder → *Projekt*
- Deckblatt und letztes Blatt in einer Sichthülle, Blätter mit einem Kräuselband zusammenbinden;
- die Blätter zwischen zwei Umschlagblätter aus Karton legen, mit einer Heftmaschine mehrfach zusammenklammern und den Rücken mit einem Textilklebeband überkleben;
- maschinelle Spiralbindung. (→ *Bücher*)

Arbeitsmittel (Lernmittel)

Arbeitsmittel oder -materialien sind gegenständliche, bildliche oder schriftliche Hilfen zum Lernen: konkrete Gegenstände aller Art, Modelle, Fotos, Filme, Tafelanschriften (→ *Tafel*), → *Arbeitsblätter, Bücher, Hefte, Karteien,* Schreibgeräte, also alles, was zum Lernen gebraucht wird. Um das Kind zu selbstständigem Lernen (→ *offener Unterricht, Freiarbeit*) anzuregen müssen Arbeitsmittel folgende *Voraussetzungen* erfüllen:

- Klarer Lernzielbezug
Ein Grobziel (z. B. Rechnen bis 100) ist zu ungenau, überprüfbare Feinziele sind nötig (z. B. ZE – E mit Zehnerübergang), damit das Kind zielorientiert und bewusst mit dem Material arbeiten kann.
Überprüfen bei käuflichem Material, ob Sprachgebrauch und Notationsformen dem Lehrplan entsprechen (z. B. die Bezeichnung der Wortarten).

- Angemessener Schwierigkeitsgrad
- Weder zu hohes, noch zu niedriges Anforderungsniveau
- Der Umfang der Aufgabe muss so sein, dass das Kind sie in angemessener Zeit erfolgreich bewältigen kann (Erfolgserlebnis!)
- Unterschiedliche Schwierigkeitsgrade lassen sich durch Symbole signalisieren (z. B. Dreieck – leicht, Quadrat – mittel, Kreis – schwierig). Möglichkeit zur → *Selbstkontrolle*

- Formale Anforderungen
- Klare → *Anweisungen* zum Umgang und zur Arbeit mit dem Material. Neue Materialien können Sie entweder der gesamten Klasse vorstellen oder auch nur einigen Kindern, die dann die anderen einweisen.
- Klar strukturierte, übersichtliche Gestaltung
- Ansprechende äußere Gestaltung (Farbe, Abbildungen, Schrift)
- Zur besseren Haltbarkeit werden Karten mit Folie überzogen.
- Besser als eine Vielzahl von Arbeitsmitteln, die nur selten genutzt werden, ist eine Beschränkung auf häufig einsetzbare Materialien. So können z. B. Setzleisten, Schiebetaschen oder Drehscheiben mit verschiedenen Aufgabenkarten bestückt und oft verwendet werden.

Übersichtliche Aufbewahrung

an einem festen, den Kindern frei zugänglichen Ort
Trennung nach Fachbereichen mithilfe von Farben (→ *Hefte*): Jedem Fach wird eine bestimmte Farbe zugeordnet (z. B. Deutsch: Rottöne für die verschiedenen Bereiche). Regal- oder Schrankfächer sowie die zugehörigen Arbeitsmittel werden jeweils mit einem farbigen Klebepunkt versehen. Einzelne Teile eines Materials (z. B. Karten eines Spiels) werden in durchsichtigen, beschrifteten Dosen aufbewahrt und mit gleichen Symbolen, Zahlen oder Buchstaben versehen, damit jederzeit die Vollständigkeit überprüft werden kann.
Die Kinder sind konsequent dazu anzuhalten, mit den Materialien sorgfältig umzugehen und sie zuverlässig am vereinbarten Ort abzulegen. Je ein Kind ist für ein bestimmtes Material verantwortlich: Stellt es Mängel fest, meldet es dies sofort der Lehrerin.

Themenkisten

Zu einigen Themen (z. B. zu den Jahreszeiten) sammle ich geeignete Materialien (Poster, Bücher, Bilder, Spiele, Kassetten, Arbeitsblätter, Texte und Hefte von früheren Klassen u.a.m.) in einem Stehordner. Bevor das Thema ansteht, werden die Materialien auf einem Ausstellungstisch präsentiert, sodass sich die Kinder schon vorher „anwärmen" können.

Arbeitsmittel für jedes Kind

• → *Ordnung* auf dem Tisch!
Es werden jeweils nur die Arbeitsmittel bereitgelegt, die gerade gebraucht werden. Zu → *Stundenbeginn* stecke ich die benötigten Dinge wie Schere, Leim etc. jeweils in eine Klarsichthülle und hefte diese an die Tafel oder schreibe an die Tafel, was herauszuholen ist.
Aufbewahrung von gerade nicht benötigten Materialien:
Optimal: Regal mit einem Fach für jedes Kind. Oder:
Stehordner (mit Namen des Kindes) für Hefte und Mappen und Schuhkarton für Farbkasten, Pinsel, Malkittel, angefangene Bastelarbeiten und andere Dinge. (→ *Klassenzimmer*) Ordner und Kartons sind gruppenweise im Zimmer verteilt, damit es kein Gedränge gibt, wenn die Kinder etwas holen.

• Von zu Hause mitzubringende Dinge
Sollen die Kinder für ein Vorhaben etwas mitbringen, kündige ich einen nötigen Kauf etwa eine Woche vorher an, um die Eltern nicht in Zeitdruck zu bringen. Dinge, die man gewöhnlich zu Hause hat, schreibe ich etwa drei Tage vorher an die Hausaufgabentafel.

• Reserve im Schrank!
Sie vermeiden viel Ärger, wenn Sie von allem, was die Kinder brauchen, eine Reserve im Schrank haben. Wer sich davon etwas nimmt, muss es wieder ersetzen. Im Lauf der Zeit sammeln sich auch in der Fundkiste Stifte und andere Dinge an, die ebenfalls ausgeliehen werden können.
Eine Spitzmaschine am Pult erspart den Ärger mit ungespitzten Stiften und herunterfallenden Spitzerdosen.

• Die „Erstausstattung" im 1. Schuljahr (→ *Anfangsunterricht*)
Bei der Schulanmeldung erhalten die Eltern der Schulanfänger eine Liste mit den benötigten Materialien, damit sie den Kauf zeitlich und finanziell verteilen können. Sie können auch die benötigten Dinge im Klassensatz selbst kaufen und am ersten Elternabend den entsprechenden Geldbetrag einsammeln.

Minderwertige Dinge müssen oft rasch weggeworfen werden. Deshalb beim Material zum → *Schreiben* und Malen auf Qualität achten und es lieber beschränken: Farbkasten mit sechs Farben; einfache statt doppel- und dreistöckiger Mäppchen.
Alle Dinge, auch jeder Stift, werden wenigstens mit den Initialen oder dem Vornamen des Kindes beschriftet (Folienstift permanent).
(vgl. dazu *Andreas Langer, Hrsg.:* Ich übernehme eine 1. Klasse. München: Oldenbourg 1996)

Materialliste für das 2. bis 4. Schuljahr (→ *Hefte*)

Vor den Sommerferien erhalten alle Kinder sowie die Schreibwarengeschäfte im Schulsprengel eine Materialliste.

Statt eines Blocks verwende ich ein Notizheft (DIN A5, mit entsprechender Lineatur oder kariert), das fortlaufend beschrieben wird.

Liebe/r … (Namen des Kindes), liebe Eltern,

das alte Schuljahr ist bald vorbei. Die Ferien liegen zum Erholen vor uns. Damit das neue Schuljahr ohne Stress beginnt, ist hier eine Liste mit den Dingen, die wir brauchen.

Bereits vorhandene Dinge können weiterhin verwendet werden! Alle Hefte und Blöcke sollen die Lineatur für die … Klasse haben. Der Umwelt zuliebe nehmen wir Umschläge aus Papier. In der Schule werden wir die Hefte gemeinsam beschriften. Auf alle anderen Schulsachen (Schuhkarton, Klebestift, Turnzeug …) sollte der Name zu Hause geschrieben werden.

Wir brauchen für Deutsch: …

Wir brauchen für Mathematik: …

Wir brauchen für den Sachunterricht: …

Weiterhin brauchen wir:

ein kleines Schreibheft DIN A5 für Hausaufgaben und Mitteilungen (Einband …);

eine Klarsichthülle DIN A4 zum Einlegen von Arbeitsblättern;

ein einfaches Mäppchen (nicht doppelstöckig!) mit zwei Bleistiften, Buntstiften, einem guten Kolbenfüller, einem Radiergummi und mit selbst klebenden kleinen Etiketten zur Fehlerkorrektur;

einen stabilen Schuhkarton (Name!) mit einer guten, stumpfen Bastelschere, einem lösungsmittelfreien Klebestift, einem Malkasten (zwölf Deckfarben), einem Borstenpinsel (Streichfläche etwa 1 cm), einem Haarpinsel (Stärke 4 bis 6), einem Lappen und Schwämmchen, einem standfesten Marmeladenglas;

einen Turnbeutel (Name!) mit festen Turnschuhen und Turnkleidung. In der Schultasche sollte immer eine Packung Papiertaschentücher sein.

Zeichenpapier, Deckweiß und eine Sammelmappe für die Kunstarbeiten werden preisgünstig für alle Kinder besorgt.

Ich freue mich auf das nächste Schuljahr und wünsche erholsame Ferien!

Gisela Breuer: Freie Arbeit im 1. und 2. Schuljahr. München: Oldenbourg 1988
Hans Hauptmann/Renate Schubert: Einsatz von Arbeitsmitteln im Rahmen einer individualisierenden Unterrichtsgestaltung. In: Lehrer-Journal-Grundmagazin Heft 5/1989, München: Ehrenwirth/Oldenbourg
Joachim Schnabel: Freie Arbeit im 3. und 4. Schuljahr. Praxiserprobte Anregungen, Arbeitshilfen und Tipps für Einsteiger und Fortgeschrittene. München: Oldenbourg 1996

Arbeitstechniken

Eine Voraussetzung für selbstständiges wie gemeinsames Lernen ist das Beherrschen von Arbeits- und Lerntechniken (instrumentale/funktionale Lernziele), also die Fertigkeiten, die die Kinder zum Lösen einer → *Lernaufgabe* brauchen. Damit sich das Kind auf den Inhalt konzentrieren kann, müssen die nötigen Arbeitstechniken <u>vorher</u> erklärt und eingeübt werden.

Das Einführen einer neuer Arbeitstechnik

- Machen Sie die neue Arbeitstechnik vor und erklären Sie dabei Schritt für Schritt, worauf zu achten ist. (→ *Vormachen*)
- Bei komplexen Tätigkeiten dienen Piktogramme oder Stichwörter an der Tafel als Erinnerungsstütze.
- Einzelne Kinder machen schrittweise vor und sprechen dazu.
- Alle Kinder wenden die Arbeitstechnik an und sprechen leise die Schritte vor sich hin, um sie zu verinnerlichen.
- In den nächsten Tagen wird die Arbeitstechnik in sinnvollem Zusammenhang mehrmals wiederholt.
- Erst wenn eine Arbeitstechnik beherrscht wird, kann eine neue eingeführt werden.

Erste wichtige Arbeitstechniken am Schulanfang
(→ *Anfangsunterricht*)

- Sachgerechter Umgang mit → *Arbeitsmitteln,* mit den verschiedenen Stiften (→ *Schreiben*), mit Schere (bleibt immer am Platz liegen!), dem Klebestift (Stift immer zuschrauben, Klebstoff sparendes und sauberes Einkleben), mit → *Büchern* (Aufschlagen einer Seite), mit → *Heften* und →*Arbeitsblättern* (abheften), mit dem Rechenmaterial, dem Knetgummi, dem Walkman und Kassettenrekorder, ordnungsgemäßes und leises Her- und Aufräumen von Dingen (*„Hole deine Sachen bitte so* *leise, dass du das Lied, das ich singe, hören kannst.")* u.v.a.m.

- Schriftliche Techniken wie zuordnen (z. B. Bild und Wort mit einem Strich verbinden), etwas einrahmen, einkreisen, ankreuzen, durchstreichen oder unterstreichen (anfangs noch ohne Lineal) werden an der Tafel gezeigt.
- Verstehen von → *Anweisungen*, die bildlich gegeben werden: Da die Kinder noch nicht oder nur wenig lesen können, beschreiben sie anfangs, wozu die Bilder oder Symbole auffordern.
- Notieren von → *Hausaufgaben*

Der Aufbau eines Repertoires an grundlegenden Arbeitstechniken

- Sachgerechter Umgang mit neuen Arbeitsmitteln wie Lineal (rutschfestes Halten, Anlegen am Nullpunkt), Maßband, Lupe, → *Karteien, ...*
- Selbstständiges → *Lesen* von Anweisungen und Informationstexten und Markieren von wichtigen Stellen, Notieren von Stichpunkten, „Lesen" von Tabellen, Skizzen, Landkarten
- Richtiges → *Abschreiben* und Berichtigen von → *Fehlern*
- Aufsuchen von Informationen in Inhaltsverzeichnissen, Wörterlisten, Wörterbüchern und Lexika (→ *Nachschlagen*)
- Einprägen von Lernstoff (→ *Auswendiglernen, Wiederholen*)
- Anfertigen von Sachzeichnungen, Skizzen, Tabellen und einfachen Karten
- Einüben von Sozialformen wie → *Partner-* und → *Gruppenarbeit*, Beachten von → *Gesprächsregeln*
- Selbstständiges Arbeiten nach → *Wochenplan* (→ *Einzelarbeit, Freiarbeit*)

Arbeitsverhalten und Arbeitstempo

„Die Leute arbeiten mir viel zu langsam",
faucht der Chef den Abteilungsleiter an. –
„Kein Wunder, wenn Sie sie dauernd zur Schnecke machen."

Das Arbeitsverhalten wird beeinflusst durch
- das Beherrschen von → *Arbeits-* und → *Lerntechniken*,
- die unterschiedliche Einstellung zur → *Lernaufgabe* (→ *Motivation*)
- die Fähigkeit zu einer ökonomischen Arbeitsplanung (→ *Wochenplan*),
- das Selbstvertrauen und die Entschlusskraft eine Aufgabe anzugehen

($\rightarrow$ *Selbstständigkeit*),

- die Ausdauer und das Durchhaltevermögen über Schwierigkeiten und Ablenkungen hinweg ($\rightarrow$ *Konzentration*),
- die Bereitschaft sich anzustrengen und sorgfältig und genau zu arbeiten,
- die Fähigkeit zum Überprüfen und Korrigieren der fertigen Arbeit. ($\rightarrow$ *Selbstkontrolle*).

Das Anbahnen eines positiven Arbeitsverhaltens ist ein wesentliches Ziel und hat Vorrang vor dem Lernen einer Stofffülle. Oft muss das Überwinden von Unlust trainiert werden.

Hilfen bei ungünstigem Arbeitsverhalten

- Das Kind nimmt seine Arbeit nicht oder nur zögerlich in Angriff.

Die Arbeit liegt wie ein großer, unüberwindbarer Berg vor dem Kind (*„Das schaffe ich nie!"*). Je länger es grübelnd davor sitzt, umso schwerer fällt der Anfang.

- Aufgeräumter Arbeitsplatz ($\rightarrow$ *Ordnung*), damit das Kind nicht unnötig abgelenkt wird. Nur benötigte $\rightarrow$ *Arbeitsmittel* liegen auf dem Tisch.
- Einzeltisch für leicht ablenkbare Kinder.
- Vor Arbeitsbeginn Übungen zur $\rightarrow$ *Entspannung (Edukinestetik)*, um die Konzentrationsfähigkeit zu erhöhen.
- Weiß das Kind, was es tun soll? Lassen Sie Ihre $\rightarrow$ *Anweisungen* wiederholen und schriftliche Anweisungen laut vorlesen.
- Das Kind soll mit den nach seiner Meinung leichteren Aufgaben beginnen (entgegen der weit verbreiteten Ansicht, zuerst das Schwere zu erledigen). Dabei läuft es „warm" und erste Erfolge verhelfen zu Mut und Schwung für Schwieriges (*„Ich kann es ja!"*). ($\rightarrow$ *Ermutigen*)

- Das Kind arbeitet unkonzentriert und zu langsam. ($\rightarrow$ *Konzentration*)

Drängen Sie das Kind nicht, denn das individuelle Arbeitstempo ist kaum zu beeinflussen. Druck erzeugt nur Blockaden, aber ein gewisser Nachdruck ist mitunter sinnvoll.

- $\rightarrow$ *Ruhe, Disziplin*, Ausschalten von störenden Faktoren;
- zwischendurch loben und zur Weiterarbeit ermuntern.
- Realistische Zeitvorgabe, die auch langsamen Kindern ein Beenden ermöglicht. Im 1./2. Schuljahr die Zeitspanne auf einem Küchenwecker oder das Arbeitsende auf einer Lernuhr einstellen. Durch den Vergleich mit der „richtigen" Uhr kann das Kind jederzeit sehen, wann es fertig sein soll. Stolz ist es, wenn es die vorgegebene Zeit unterbieten konnte. Im 3./4. Schuljahr kann die Uhrzeit im $\rightarrow$ *Tagesplan* vorgege-

ben werden (Zusatzaufgaben für schnell arbeitende Kinder, → *Differenzierung).*

● Wenn offensichtlich „nichts mehr geht", eine Pause machen (→ *Bewegung*) oder die Arbeitsform wechseln.

So gleiche ich das unterschiedliche Arbeitstempo am Schulanfang aus: Die einen arbeiten weiter, während Kinder, die ihre Arbeit beendet haben, ihren Kopf in die Arme auf den Tisch legen, der Musik lauschen und „träumen".

● Das Kind arbeitet unselbstständig und „schaut ab".

Beim → *Abschreiben* zeigt das Kind Unsicherheit, die durch zusätzliche Erklärungen der Lehrerin oder durch die Hilfe eines anderen Kindes (→ *Helfen*) abgebaut werden kann. Hilfen dürfen jedoch nur so lange gegeben werden, wie sie nötig sind, damit das Kind nicht in seiner Unselbstständigkeit bestärkt wird. (→ *Selbstständigkeit*)

● Das Kind bringt nichts zu Ende.

Grundsätzlich muss in der Schule so viel Zeit gegeben werden, dass alle Kinder das „Pflichtpensum" bewältigen können. Nur so lernen die Kinder begonnene Arbeiten auch zu beenden. Unvollendete Hefteinträge, Arbeitsblätter, Zeichnungen, Bastelarbeiten werden nur im Ausnahmefall zu Hause, in der Freiarbeit oder einer wöchentlichen „Fertigstunde" beendet. Es spornt an, wenn in einer kurzen Arbeitspause Kinder mit sorgfältigen Arbeiten von Tisch zu Tisch gehen und diese zeigen.

Beobachtungskriterien für das Arbeitsverhalten
(→ *Schülerbeobachtung, Zeugnisbericht*)

● Kontaktfähigkeit
jemanden fragen, um Hilfe bitten, Hilfe annehmen, sich mitteilen;

● Kooperationsfähigkeit (→ *soziales Lernen*)
sich am Gespräch beteiligen (→ *Unterrichtsgespräch*), Gesprächsregeln, an gemeinsamen Planungen und Vorhaben mitarbeiten, seine Arbeit mit anderen abstimmen;

● → *Selbstständigkeit*
sich etwas zutrauen, Aufträge annehmen und durchführen;
planvoll vorgehen und umsichtig arbeiten;
Arbeiten ohne ständiges Drängen beenden;
nicht ständig auf die Hilfe anderer angewiesen sein: sich bei kleinen Problemen selbst helfen, nur bei schwierigen um Rat bitten;
Entscheidungen treffen, ohne die Lehrerin zu fragen (z. B. nicht: „*Ich habe*

meinen Stift vergessen. " Vielmehr bittet das Kind von sich aus ein anderes, ihm einen auszuleihen.); auch unaufgefordert anstehende oder zusätzliche Aufgaben übernehmen;

- Leistungsbereitschaft
ohne ständige Anstöße und Druck lernwillig sein (→ *Motivation*);
→ *Aufmerksamkeit* und Mitarbeit im Unterricht;
sich auch bei Lernwiderständen nicht entmutigen lassen, emotionale Belastbarkeit (→ *emotionales Lernen*) ;
→ *Konzentration:* sich über einen längeren Zeitraum einer Aufgabe widmen;
Arbeitstempo: Aufgaben zügig, in der vorgegebenen Zeit erledigen;

- Kritikfähigkeit
Sachverhalte überprüfen (→ *Selbstkontrolle*), bei Unklarheiten gezielt nachfragen, die eigene Auffassung sachlich vertreten, das eigene Verhalten begründen, sich verteidigen, aber auch nachgeben und Kritik ertragen können;

- Verlässlichkeit
Erhaltene Informationen richtig und vollständig weitergeben, Anfragen richtig beantworten;
sich an → *Anweisungen* und → *Regeln* halten;
→ *Arbeitsmittel* nicht vergessen, sachgerecht nützen und verantwortungsvoll mit ihnen umgehen (→ *Verantwortung*);
leserlich schreiben, genau, sorgfältig und übersichtlich arbeiten;

- Produktivität
Eigenaktivität: → *Fragen* stellen, Vorschläge machen, Ideen haben, Zusammenhänge erkennen;
sich selbst Informationen beschaffen;
Anweisungen und Aufgaben rasch auffassen, sich schnell in neuen Aufgabenstellungen zurechtfinden;
auch schwierige Aufgaben selbstständig durchführen.
(nach *H. Bartnitzky* S. 55)

Je nach Ausprägung wird das Arbeitsverhalten
- auf bestimmte Fächer, Lernbereiche und Themen sowie Sozialformen bezogen;
- abgestuft beschrieben:
sehr sicher – sicher – noch nicht sicher genug
häufig – gelegentlich – noch selten
bei einfachen – kurzen – schwierigen – umfangreichen Aufgaben

Was Eltern wissen sollten

Das in der Schule angestrebte Arbeitsverhalten sollte auch zu Hause bei den → *Hausaufgaben* unterstützt werden, indem

- das Kind zum Durchführen und durch Lob und Ermunterung zum Durchhalten angehalten wird (nicht zu schnell auf Unlust reagieren!);
- für günstige Arbeitsbedingungen gesorgt wird;
- Aufgaben – wenn nötig – erklärt, aber nicht abgenommen werden;
- das Fertigstellen überprüft wird.

Horst Bartnitzky/Reinhold Christiani: Zeugnisschreiben in der Grundschule. Düsseldorf 1979

Atmen

Viele Kinder sind Brustatmer. „Dieses ‚verkürzte‘ Atmen zieht innere Unruhe, Verspannungen, Unausgeglichenheit und Konzentrationsschwäche nach sich. Das tiefe Atmen bewirkt hingegen Ausgeglichenheit, steigert die Konzentrationsfähigkeit und hilft neue Energie zu tanken." *(M. Fink)* Denn das tiefe Atmen mit dem und in den Bauch massiert die Organe im Bauch und im Becken und bewirkt damit eine bessere Durchblutung des ganzen Körpers.

Zur Tiefenatmung ist eine aufrechte Haltung oder das Liegen nötig, damit der Atem ungehindert fließen kann. Atemübungen können isoliert durchgeführt werden (z. B. in angespannten Stresssituationen), vor dem Singen und vor oder eingebettet in Übungen zur → *Bewegung, Entspannung* und im → *Sport.*

Beispiele:
- Holzhackeratmung
  Die Kinder stehen mit gegrätschten Beinen und legen die Hände auf den Bauch. Sie heben die Arme über den Kopf und atmen dabei ein. Beim Abschwingen der Arme atmen sie hörbar aus: Fff…
- Gorillaatmung
  Die Kinder atmen durch die Nase ein, hämmern beim Ausatmen mit den Fäusten auf die Brust und schreien „uaaa".
- Gemeinsames Atmen
  Die Kinder fassen sich im Kreis an den Händen, strecken beim Einatmen die Arme noch oben, senken sie beim Ausatmen und rufen laut „ahhh". (vgl. *U. Rücker-Vogler,* S. 39 ff.)

- Trainieren des Zwerchfells
  Die Kinder legen die Hände auf die Flanken und stoßen die Luft kurz
  mit „ft – ft – ft …" aus, dann mit „ft – hopp, ft – hopp…", „hopp, hopp…"
  und hecheln wie ein Hund.
- In der Turnhalle
  Die Kinder liegen auf dem Boden und stellen einen Turnschuh auf ihren
  Bauch, der sich beim Einatmen heben, beim Ausatmen senken soll.
- Aufblasen und Spielen mit Luftballons
- Atemmeditation: *„Wir atmen tief ein … und aus, … ein … und aus …
  Wir lassen den Atem kommen … und gehen, … kommen … und gehen.
  Wir atmen ganz alleine. Wir müssen nichts dazutun."* Dabei nicht die
  Atemzüge zählen.

Achten Sie auf eine gute Luft im → *Klassenzimmer,* lüften Sie häufig, sorgen Sie für Feuchtigkeit während des Heizens (z. B. mit Pflanzen) und
testen Sie mit den Kindern, welche Düfte alle mögen (z. B. Gewürz-
sträußchen, mit Gewürznelken gespickte Orangen, ätherische Öle). Auch
Übungen zum Riechen unterstützen intensives Atmen.

Monika Fink: Kreative Bewegungsspiele zwischen den Unterrichtsphasen. In: Die
  Grundschule Heft 10/1994. Braunschweig: Westermann
Margot Scheufele-Osenberg: Atemschulung für seelisches und körperliches
  Gleichgewicht. Düsseldorf: Econ
U. Rücker-Vogler: Yoga und Autogenes Training mit Kindern. Anleitungen, Übun-
  gen, Märchen für Kindergarten und Grundschule, Ismaning 1983

Aufmerksamkeit

Ein aufmerksames Kind kann seine Sinne bewusst für eine bestimmte
Zeit auf einen Gegenstand richten, ohne sich durch irrelevante Reize
ablenken zu lassen. Verstärkte Aufmerksamkeit und damit eine noch
höhere Willensleistung ist die → *Konzentration.*

Eine die Aufmerksamkeit fördernde Unterrichtsgestaltung

- Der Unterricht muss sinnlich wahrnehmbar sein.
- Angemessene → *Lehrersprache* und → *Körpersprache:* Monotones
  Sprechen, eintönige Mimik und Gestik erzeugen Langeweile.
- Auch die Kinder sollen so in die Klasse sprechen, dass jeder sie versteht
  (→ *Sitzordnung*). Stellen Sie sich zu dem Kind, das vom Sprecher am
  weitesten entfernt ist und fordern Sie diesen ggf. zu lauterem Sprechen
  auf, indem Sie mit den Händen einen Trichter vor dem Mund formen.

- Die verwendeten Medien (Abbildungen, → *Tafel*, Modelle etc.) müssen gut sichtbar sein.
- Visuelle Medien binden die Aufmerksamkeit stärker als akustische, da sie direkten Blickkontakt erfordern. Außerdem kann visuell dargebotener Lernstoff länger betrachtet werden, und ein kurzzeitig unaufmerksames Kind kann sich jederzeit wieder in den Unterricht einklinken.

- Der Unterricht muss verständlich sein.
- Alle Maßnahmen werden in Ruhe getroffen, um wirken zu können: Geben Sie nach stummen → *Impulsen* ausreichend Zeit zum Nachdenken und reden Sie nicht gleich selbst weiter. Eindeutige → *Fragen*, keine Ja-/Nein-Fragen, keine Frageketten; wenige und weit gefasste Fragen und Impulse sind besser als viele, eng gefasste Kleinfragen. (Ausnahme → *Anfangsunterricht)*
- Rufen Sie nicht zu früh nach einer Frage auf und beenden Sie die Frage nicht gleich mit einem namentlichen Aufruf. (→ *Aufrufen*)
- Reiten Sie z. B. beim Formulieren eines Merksatzes nicht zu lange auf Begriffen herum, sondern akzeptieren und loben Sie auch sinngemäß richtige Vorschläge. Sie können trotzdem „Ihren" – vermutlich besser formulierten – Merksatz an die Tafel schreiben.

- Der Unterricht muss in Phasen gegliedert sein.
- Nicht zu viele kurze Phasen! (→ *Unterrichtsrezepte*)
- Zielangaben an der Tafel zu → *Stundenbeginn* (→ *Tagesplan*)
- Teilzusammenfassungen nach jeder Phase, damit nichts Unverstandenes übernommen wird.
- Keine abrupten, sondern fließende Übergänge von einer Phase zur anderen; überleitende Bemerkungen erleichtern dem Kind die Umstellung, z. B.: *„Das haben wir nun geschafft. Jetzt machen wir …"*
- Abwechslung: Wechsel beim Lehrervortrag (laut – leise, schnell – langsam, betont – unbetont sprechen, sprechen – schweigen, sprechen – schreiben, sprechen – zeichnen, sprechen – demonstrieren. *J. Grell* 1995 S. 197), Tätigkeitswechsel, Wechsel der Sozialformen, belebtere und ruhigere Phasen, unterschiedliche Medien und Lernmaterialien, jedoch kein „Medienfeuerwerk" *(W. Sacher)*
- Auslöschphase nach der selbstständigen Einzel-, Partner- oder Gruppenarbeit (→ *Unterrichtsrezepte*), damit die Kinder ihre Aufmerksamkeit wieder der Klasse zuwenden und gemeinsam weiterarbeiten: Änderung der Sitzordnung, kurze Pausen, Singen eines Liedes oder Vorlesen einer Geschichte. (*J. Grell* 1979 S. 274 f.)

- Zentrieren Sie die Aufmerksamkeit der Klasse auf einen Mittelpunkt hin.
- Keine Einzelgespräche mit Kindern während des Frontalunterrichts.
- Stellen oder setzen Sie sich vor die Tafel, nahe zu den Kindern. Stellen Sie sich nicht ans Fenster, da das einfallende Licht die Kinder blendet und ermüdet. Ein unruhiges Hin- und Hergehen im Klassenzimmer überträgt Unruhe auf die Klasse.
- Schalten Sie ablenkende und störende Einflüsse aus, z. B. geschlossene Fenster bei Straßenlärm, Sonnenschutz, unordentliches oder überquellendes → *Klassenzimmer.*
- Klare → *Anweisungen* statt stummer Impulse: „Wenn Sie eine Geschichte vorlesen oder erzählen, ... eine These an die Tafel schreiben, ... Bilder oder Filme zeigen ... usw., dann sollten Sie nicht schweigen oder erwartungsvoll fragen *„Was fällt euch dazu ein?"*, sondern bereits vorher einen „Set" geben, der den Kindern klar mitteilt, worauf sie achten sollen und warum und wozu diese Aspekte besonders zu beachten sind. (*J. u. M. Grell* 1979 S. 195 f.)
- Aufforderung zum konzentrierten „Aufpassen" wie: *„Jetzt kommt etwas Wichtiges. Das sollt ihr euch gut merken."* Allerdings dürfen solche Aufforderungen nicht übertrieben oft erfolgen, da sie sich sonst abnutzen.

- Die Aufmerksamkeit der Kinder hängt wesentlich von Ihrem „Schwung" ab.
- Schlagen Sie ein angemessenes Tempo an, weder zu schnell noch zu langsam.
- Lassen Sie zwischen den einzelnen Phasen keine unnötigen Verzögerungen eintreten.
- Verlieren Sie sich nicht in Kleinigkeiten und „zerreden" diese, trennen Sie Wichtiges von Unwichtigem und achten Sie auch bei den Kindern auf ein flüssiges → *Arbeitsverhalten.*

Hilfen bei unzureichender Aufmerksamkeit

- So lenken Sie die Aufmerksamkeit einzelner Kinder auf sich:
  auf einzelne Kinder zugehen; Verändern von Stimme und Mimik; ermutigend zulächeln; den Nachbarn für seine Aufmerksamkeit loben (stellvertretende → *Verstärkung*).
- Erhöhen der Aufmerksamkeit der Klasse (→ *Ruhe, Disziplin*):
  Stellen Sie sich ruhig, mit verschränkten Armen vor die Klasse, sprechen Sie ruhig, ein bisschen tiefer als sonst, wenig und langsam: „Der Konzentration der Klasse muss die Konzentration des Lehrers voraus-

gehen!" (*Christina Buchner:* Stillsein ist lernbar, Konzentration –
Meditation – Disziplin in der Schule. Freiburg i. Br.: VAK, Verlag für
Angewandte Kinesiologie 1994, S. 34)

Da das aktive Sammeln eigener Erfahrungen, persönlich bedeutsames
Lernen und Mitbestimmung die Aufmerksamkeit erhöhen, zeigen die
Kinder bei → *Freiarbeit* und → *offenem Unterricht* durchwegs eine höhere
Aufmerksamkeit und eine längere Aufmerksamkeitsspanne als bei leh-
rerzentriertem Unterricht.

Jochen und Monika Grell: Unterrichtsrezepte. München: Urban und Schwarzen-
berg 1979
Jochen Grell: Techniken des Lehrerverhaltens. Neu ausgestattete Sonderausgabe.
Weinheim/Basel: Beltz 1995
Werner Sacher: Unterrichtliche Förderung der Aufmerksamkeit. In: Grundschul-
magazin Heft 7 – 8 / 1993, München: Ehrenwirth/Oldenbourg

Aufrufen

Das Aufrufen durch die Lehrerin: Nicht impulsiv, sondern überlegt!

• Alle Kinder berücksichtigen.
Untersuchungen haben ergeben, dass Jungen häufiger als Mädchen aufgerufen und die Kinder in der Mitte und im rechten Drittel des Klassenzimmers bevorzugt werden.

• Nicht zu schnell aufrufen,
sondern eine kurze Denkpause geben und etwa fünf Sekunden schweigen. Warten Sie ab, bis mehrere Kinder sich melden, und verstärken Sie
diese mit einem lobenden Zulächeln. – Ist längeres Nachdenken nötig,
legen die Kinder den Kopf in die Arme auf den Tisch, schließen die Augen
und überlegen „beim Schlafen".

• Das erste Melden durch Aufrufen verstärken. (→ *Verstärkung*)
Rufen Sie ein Kind möglichst gleich bei seinem ersten Melden auf, um es
dadurch in den weiteren Unterricht einzubinden. Meldezeichen:
 ❋ Erstes Melden: den Daumen strecken.
 ❋ Wer heute schon aufgerufen wurde, meldet sich mit der flachen Hand.
 ❋ Ich will etwas Neues sagen: Den Arm senkrecht nach oben strecken.
 ❋ Ich will zum vorigen Beitrag noch etwas sagen oder nachfragen: Waag-
recht er Arm.
Durch solche Zeichen lernen die Kinder ihren Beitrag inhaltlich zu
bedenken.

- Mehrere Kinder hintereinander aufrufen – ohne Zwischenkommentar! Nehmen Sie die Äußerungen als Antwortbündel kommentarlos entgegen. So bekommen mehrere Kinder Gelegenheit zum Sprechen, das Gespräch wird flüssiger und die Kinder regen sich untereinander zum Nachdenken an.

- Möglichst alle Kinder sollten „drankommen"!
Das Nicht-Aufgerufen-Werden trotz Meldens ist für die Kinder sehr frustrierend *(„Ich bin heute kein einziges Mal drangekommen!")* Das Nicht-Aufrufen provoziert außerdem aufdringliches Melden, mit dem die Kinder ihre „Aufrufchance" erhöhen wollen.
Um den Kindern zu zeigen dass jedes aufgerufen wird, stellen alle zu Tagesbeginn ihre Namensschilder auf den Tisch. Wer aufgerufen wurde, legt sein Schild weg.

- Lassen Sie sich kurze Antworten ins Ohr flüstern.
Wenden Sie Ihr Gesicht zum Hinterkopf des Kindes (Ansteckungsgefahr bei Schnupfen!) und halten Sie Ihre Hand an die Ohrmuschel. Die anderen Kinder aktivieren, z. B.: *„Jetzt habe ich schon so viele richtige Antworten gehört. Toll!"* Oder: *„Bis jetzt hat noch niemand die Lösung gefunden."*

Das Verhalten gegenüber aufgerufenen Kindern und Problemkindern

- Richtige Antworten
sind deutlich als solche hervorzuheben z. B. durch Kopfnicken, kurze Äußerungen wie „Ja, richtig." Indirekte → *Verstärkung* durch aufmerksames → *aktives* Zuhören, Präzisieren der Äußerung, Hervorheben der Bedeutung des Beitrags, Nachfragen und Erbitten einer Erklärung oder Begründung, Aufgreifen des Beitrags im weiteren Unterricht.

- Bei einer falschen Antwort
sachlich auf den → *Fehler* hinweisen und das Melden verstärken. Bei einer unvollständigen oder nur teilweise richtigen Antwort den richtigen Teil bestätigen und auf Fehlendes oder Falsches hinweisen.
- Wenn sich keine Kinder melden,
nicht die Frage wiederholen, sondern sie mit zusätzlichen Hilfen umformulieren. Äußerungen wie *„Schön, dass sich einige melden. Doch es sind noch zu wenige!"* nützen dagegen wenig. (→ *Lob mit Tadel*)

- Schüchterne Kinder, die sich nicht melden,
sollten Sie nicht unerwartet aufrufen (→ *Angst*). Wenn Sie Kinder zur Mitarbeit anhalten wollen, kündigen Sie das Aufrufen an, z. B.: *„Es melden*

sich noch drei Kinder. Wenn diese dran waren, bitte ich dich, dazu etwas zu sagen. " Das Aufrufen eines benachbarten Kindes animiert ebenfalls zum Melden (stellvertretende Verstärkung).

- Wer die → *Gesprächsregeln* nicht einhält,

wird nicht aufgerufen, um das Störverhalten nicht zu → *verstärken.* Wenn es sich wegen zu großer Störung nicht ignorieren lässt, erinnern Sie sachlich daran: *„Nur wer sich ruhig meldet, wird aufgerufen. "*

Vorheriges Festlegen der Redefolge

Mitunter stört häufiges Aufrufen den Unterrichtsfluss, was sich durch vorheriges Festlegen der Redefolge vermeiden lässt, z. B.:
- Sie schreiben die Initialen der sich meldenden Kinder untereinander an die Tafel, was diese zugleich verstärkt.
- Sie losen aus, welche drei Kinder z. B. im → *Morgenkreis* erzählen.
- Sie lassen einen Text „reihum" vorlesen und legen vorher fest: Jeder liest drei Zeilen und sucht dann den nächsten Punkt. Damit die Kinder sich nicht überkleinlich gegenseitig überwachen, ergänze ich: Wenn ein Kind nur zwei Zeilen und ein anderes vier Zeilen liest, ist das auch in Ordnung. Wichtig ist, dass es ohne Störung und Ablenkung vom Text weitergeht. Wenn ein Kind seine Textstelle nicht gleich findet, wird es übergangen.

Die Meldekette

Um die Fixierung auf die Lehrerin beim → *Unterrichtsgespräch* abzubauen wird die Meldekette eingeführt. Dabei rufen sich die Kinder gegenseitig mit ihrem Vornamen auf. Im 1. Schuljahr kann der Sprecher dem nächsten Kind einen Gesprächsstein oder Stab übergeben und damit das Wort sichtbar weitergeben.
Damit die Kinder nicht nur ihre Freunde aufrufen, wird vereinbart:
- Jedes Mädchen ruft einen Jungen auf und umgekehrt.
- Ich rufe ein Kind auf, mit dem ich heute noch nicht gesprochen habe.

Oft zögern die Kinder lange mit ihrem Aufruf. Damit die Gesprächspausen nicht zu lange werden, sage ich den Kindern: *„Wenn nicht schnell aufgerufen wird, zähle ich leise bis drei. Hat das Kind bei drei noch nicht aufgerufen, so rufe ich auf. "*

Werner Sacher: Meldungen und Aufrufe im Unterrichtsgespräch. Augsburg 1995

Aufsichtspflicht

Die Aufsichtspflicht fordert, die Kinder so zu beaufsichtigen, dass weder sie selbst noch Dritte durch das Verhalten eines Kindes Schaden erleiden. Nach der Schulordnung müssen Sie grundsätzlich eine Viertelstunde vor Unterrichtsbeginn anwesend sein.

Haben die Kinder erst zur zweiten Stunde oder später Unterricht, so sollten Sie die Eltern darauf hinweisen, ihre Kinder nicht zu früh in die Schule zu schicken. Denn wenn Sie in einer anderen Klasse unterrichten, können Sie nicht gleichzeitig die Kinder Ihrer Klasse beaufsichtigen. Erkundigen Sie sich nach den Regelungen an Ihrer Schule.

An unserer Schule hat die Lehrerkonferenz Folgendes entschieden:

- Ist die Lehrerin zu Unterrichtsbeginn nicht erschienen, so melden zwei vorher bestimmte Kinder dies der Schulleitung oder im Sekretariat.
- Bei späterem Unterrichtsbeginn als acht Uhr betreten die Kinder das Schulhaus erst mit dem Gong. Nur bei Regen oder großer Kälte können sie leise im Gang des Erdgeschosses warten.
- Bei Stundenwechsel hat die abgebende Lehrerin die Aufsichtspflicht bis zum Eintreffen der nachfolgenden Lehrerin. Achten Sie auf Pünktlichkeit.
- Auch die Hofaufsicht sollte pünktlich mit dem Gong begonnen werden, damit die Kinder im Hof nicht ohne Aufsicht sind. Am Ende der → *Pause* stellen sich die Kinder an einem vereinbarten Platz auf, wo sie die Lehrerin der folgenden Stunde abholt.
- Wechselt die Klasse das Zimmer oder geht z.B. in die Turnhalle, so wird sie von der betreffenden Lehrerin geschlossen dorthin geführt.
- Ebenso wie pünktlich begonnen wird, wird der Unterricht auch pünktlich beendet (→ *Tagesbeginn*). Die Eltern machen sich Sorgen, wenn ihr Kind nicht zum gewohnten Zeitpunkt zu Hause ankommt. Einzelgespräche mit Kindern sollten deshalb während der stundenplanmäßigen Zeit geführt werden oder andernfalls, wie auch schriftliches Nacharbeiten, den Eltern im → *Mitteilungsheft* schriftlich angekündigt werden. Stellen Sie auch die → *Hausaufgaben* nicht erst in den letzten Minuten, sondern beginnen Sie rechtzeitig mit der Besprechung.
- Stundenplanänderungen z. B. bei → *Erkrankung* einer Lehrerin werden möglichst rechtzeitig und wenn nötig gleich für mehrere Tage den Eltern schriftlich mitgeteilt, die die Kenntnisnahme mit ihrer Unterschrift anzeigen. Die Schulsekretärin informiert die Klasseneltern-

sprecher telefonisch vorab, wenn mehrtägige Änderungen erforderlich sind. So lassen sich Rückfragen und Beschwerden eindämmen.

- Störende Kinder (→ *Verhaltensauffälligkeiten*) dürfen Sie nicht unbeaufsichtigt vor die Tür stellen. Sprechen Sie im Kollegium ab, wer Ihnen den Quälgeist abnimmt, und schicken Sie ihn mit zwei zuverlässigen Kindern dorthin. Sie können auch einen Tisch vor die Tür schieben und das Kind bei geöffneter Tür und gelegentlichem Überprüfen dort arbeiten lassen. (→ *Strafe*)

Verletzt eine Lehrerin fahrlässig ihre Aufsichtspflicht, so muss sie grundsätzlich den daraus entstehenden Schaden ersetzen. Trotz der persönlichen Haftung (private Haft- und Diensthaftpflichtversicherung) haftet bei Ausübung eines öffentlichen Amtes der Dienstherr, nicht jedoch bei Vorsatz und grober Fahrlässigkeit als bewusste Verletzung von Dienstpflichten.

Ausflug

Vorbereitung

Ich habe die Ausflüge immer mit der Parallelklasse gemacht, sodass bei einem Zwischenfall eine Lehrerin Hilfe organisieren kann, während die andere bei der Klasse bleibt.

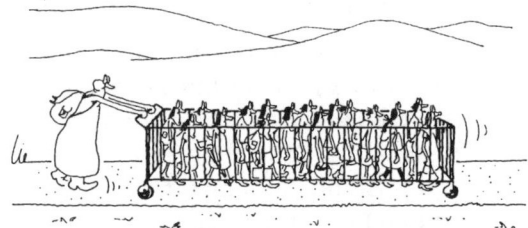

Schrittweises Einüben der nötigen → Regeln auf kurzen Gängen

- Eine Lehrerin geht vorneweg, die andere am Schluss.
- An jedem Straßenübergang und an Kreuzungen wird angehalten, bis alle Kinder aufgeschlossen haben.
- Zum Überqueren einer Straße stellen sich die Kinder in Dreierreihen längs an der Straße auf, drehen sich zur Straße um und gehen im Block über die Straße. Jede Lehrerin sichert eine Fahrrichtung dabei ab.
- Auf der anderen Straßenseite warten die Kinder, bis wir uns wieder am Anfang und am Schluss postiert haben.
- Bei verkehrsreichen Straßen und Menschenansammlungen gehen die Kinder in Dreierreihen, ansonsten können sie sich frei bewegen. Dabei dürfen sie sich jedoch nur so weit entfernen, dass sie eine Lehrerin

sehen (Sichtkontakt). Läuft ein Kind zu weit weg, ist die erhobene Hand der Lehrerin oder die Trillerpfeife das Signal zur sofortigen Rückkehr zur Klasse.

- Kinder, die sich nicht an Anordnungen halten, gehen neben der Lehrerin. Ein Kind, das die Sicherheit der anderen Kinder und seine eigene häufig gefährdet, kann vom Ausflug ausgeschlossen werden (logische Konsequenz → *Strafe*)
- Gegessen und getrunken wird nur in den gemeinsamen Pausen, da sonst die Klasse nur schwer zusammenzuhalten ist. Nur bei großem Durst ist ein Schluck aus der Tee- oder Wasserflasche erlaubt, doch muss das Kind sich dann rasch um den Anschluss an die Klasse bemühen.
- Nach einer Faustregel ist für den Rückweg die doppelte Zeit wie für den Hinweg einzuplanen (Ermüdung, Mittagshitze...).

Kurzfristige Vorbereitung
- Ablaufen einer unbekannten Wanderstrecke (bevorzugt Fußwege und wenig befahrene Nebenstraßen);
- ggf. rechtzeitiges Besorgen von Fahrkarten;
- Information der Schulleitung und betroffener Fachlehrerinnen;
- Eintragen des Ausflugs in die „Außer-Haus-Liste" im Lehrerzimmer;
- ggf. Organisation einer Vertretung für Pausenaufsicht und Ihren Unterricht in einer anderen Klasse;
- ggf. den Hausmeister wegen der Getränke verständigen.

Was ist mitzunehmen?

Kurzfassung im → *Mitteilungsheft* notieren:
- Feste Schuhe (keine Sandalen, keine Pantoffeln), Regenschutz (keine Schirme, sondern Regenmantel), Sonnenhut;
- Brote in Dosen (kein Papierabfall), Getränke in Flaschen aus Kunststoff, nicht aus Glas (Gefahr des Zerbrechens). Wenn eingekehrt werden soll, setze ich einen Höchstbetrag zum Mitnehmen fest, um die Prahlerei mit Geld auszuschalten und den Eltern eine Richtschnur zu geben.
- Persönliche Dinge wie Taschentücher, evtl. benötigte Medikamente;
- Rucksack, keine Plastiktüten oder Umhängetaschen;

Ebenfalls notiert wird die geplante Abmarsch- und Rückkehrzeit, wenn sie nicht mit der gewohnten Unterrichtszeit übereinstimmt.

Als Lehrerin benötigen Sie:
- Verbandszeug und Erste-Hilfe-Tasche, Trillerpfeife;
- bei Fahrten mit Verkehrsmitteln eine Plastiktüte, falls es einem Kind schlecht wird;

- ausreichend Geld für unvorhergesehene Ereignisse; von den Kindern eingesammeltes Geld z. B. für einen Museumsbesuch halte ich zum besseren Nachzählen in Scheinen bereit;
- Liste mit den Telefonnummern der Eltern (auch der Arbeitsstelle) und der Schule;
- Wanderkarte, Feldstecher, Pflanzenbestimmungsbuch, Fotoapparat zum Knipsen von Bildern für das Klassenalbum, Notizzettel, Stift;
- Dosen oder Tüten zum Sammeln von Pflanzen oder anderem Material, Liederbuch, evtl. Material für geplante Spiele.

Und wenn das Wetter am Morgen schlecht ist?

Bei zweifelhafter Wetterlage bringen die Kinder auf jeden Fall Rucksack und Schultasche mit. Dann kann der Ausflug, wenn nötig, verschoben und der Unterricht gehalten werden.

Bei Regen: Ausflug durch's Schulhaus, durch alle Stockwerke, auf den Dachboden, ins Lehrmittelzimmer, in den Keller, in ein fremdes leeres Klassenzimmer. Rast im Klassenzimmer, wo jeder den Rest der Zeit so verbringen kann, wie er will. (vgl. dazu *Ute Andresen:* Warum denn in die Ferne schweifen. In: Lehrerjournal Heft 3/1986. München: Oldenbourg/Ehrenwirth)

Karlheinz Burk/Klaus Kruse, Hrsg.: Wandertag, Klassenfahrt, Schullandheim. Frankfurt a. M.: Arbeitskreis Grundschule 1993

Ausländische Kinder

Zur Situation der Kinder

Gleichgültig, ob die ausländischen Kinder hier geboren sind oder nicht, sie wachsen alle in „zwei Welten" auf und müssen dabei vielfältige Probleme bewältigen wie:

- Das Hin-und-hergerissen-Werden zwischen den unterschiedlichen Kulturen von Familie und Schule;
- die Belastung durch die soziale und rechtliche Randlage von Ausländern;
- das Erlernen der deutschen Sprache: Die Kinder „verlieren dadurch fast immer eines oder mehrere Schuljahre. In den Lerngruppen sind sie überaltert, ihren Klassenkameraden aber körperlich überlegen, was zusätzliche Probleme mit sich bringen kann." (*G. Becker* S. 147)

- Der zusätzliche muttersprachliche Unterricht überfordert leistungsschwache Kinder.
- Kinder, die aus ihrem Heimatland nach Deutschland wechseln, haben meist erhebliche Bildungsrückstände.

Zur Situation der Klasse

Die Andersartigkeit in Aussehen und Verhalten führt einem sozialpsychologischen Gesetz zufolge fast immer zur Ablehnung (vgl. *Manfred Schreiner:* Kinder zwischen zwei Kulturen. In: Forum/E, Verbandszeitschrift des VBE. Nr. 4/1983, S. 7), die oft durch die Gespräche zu Hause verstärkt wird. Rein verbale Aufforderungen der Lehrerin zur Rücksichtnahme helfen meist wenig. Nötig sind sozialerzieherische Maßnahmen (→ *Soziales Lernen, neue Kinder, Helfen*) zum Aufbau positiver Beziehungen. Die Lehrerin wirkt dabei als Vorbild, indem sie sich dem ausländischen Kind zuwendet und ihm das Gefühl des Angenommenseins vermittelt.

Möglichkeiten der Förderung und Integration

Integration setzt Anpassungsbeiträge aller Beteiligten voraus:
- Die bei uns lebenden Ausländer müssen sich auf unsere gesellschaftlichen Normen und Lebensformen einstellen und deutsche Sprachkenntnisse erwerben.
- Wir dagegen müssen es Ausländern ermöglichen, als anerkannte Mitglieder unserer Gesellschaft zu leben.

→ *Interkulturelles Lernen* als Unterrichtsprinzip
- Sprachliche Förderung

Gestik, Mimik, eine einfache, gut artikulierte → *Lehrersprache* sowie das Verwenden von Bildern und wiederkehrenden Symbolen erleichtern die Verständigung. Arbeitstechniken (z. B. die richtige Stifthaltung), sich im Unterricht ergebende Handlungen (z. B. etwas basteln) und der Umgang mit den → *Arbeitsmitteln* (z. B. Bild-Wortkartei) werden vorgemacht und eingeübt. Deutsche Kinder sind dabei Sprechpartner und Helfer (→ *Partnerarbeit*).

Wann immer möglich versucht die Lehrerin die Kinder einzeln oder in Kleingruppen gezielt zu → *fördern* und dabei den im Unterricht behandelten Stoff zu wiederholen und zu vertiefen. Optimal wäre eine Förderung von etwa 20 bis 25 Minuten pro Tag (→ *Differenzierung*).

Gezielte Sprachübungen je nach beobachteten Schwierigkeiten, z. B.: Konjugation von Verben, vor allem Bilden der 2. und 3. Person Singular;

modale Hilfsverben wie dürfen, müssen; Gebrauch von Präpositionen; Erklären von häufigen Redewendungen mit übertragener Bedeutung.

● Lesen und schreiben lernen

In der Muttersprache ausländischer Kinder gibt es andere Laute, andere Laut-Buchstaben-Zuordnungen und gelegentlich auch andere Schriftzeichen (z. B. griechisch, arabisch) als in der deutschen Sprache, die den Erwerb der Schriftsprache erschweren. Sprechen dies die Kinder an, so sollten Sie auf Unterschiede eingehen (z. B. Juan: ch, nicht j). Es ist jedoch utopisch, dass die Lehrerin verschiedene Erstsprachen so beherrscht, dass sie sprachkontrastive Hilfen bewusst einplanen kann.

Schwierigkeiten bereiten oft Konsonantenverbindungen, die die Kinder von ihrer Muttersprache her nicht kennen; z. B. sprechen manche türkische Kinder entsprechend ihrer Muttersprache „Bulume" statt „Blume".

Beschränkung auf die wichtigsten Lernziele wie deutliche Artikulation der Laute, sicheres Erfassen und Zuordnen der Buchstabenformen, Synthese und ganzheitliches Einprägen von häufigen Wörtern. Beim Lesen von Texten ist das Klären der Wortbedeutungen wichtig, sowie lautes Lesen. Sind die Fibeltexte zu schwierig oder zu lang, so erhalten die Kinder auf sie abgestimmte kurze Texte mit einfacher Wortwahl.

● Rechtschreiben und schriftlicher Sprachgebrauch

Vorgehen für das erfolgreiche Einüben eines Grundwortschatzes:

● Vorsprechen und Verstehen: Die Lehrerin zeigt z. B. eine Blume, spricht das Lernwort überdeutlich vor „Bllluuume" und zeigt dazu das Schriftbild. (Wenn sich das Wort nicht veranschaulichen lässt, kann evtl. ein Kind das Wort in der Muttersprache nennen.)

● Nachsprechen im Chor, in Gruppen, einzeln.

● Das Wort im Kontext verwenden und Sätze mit dem Wort bilden.

● Das Wort aus Buchstabenkarten aufbauen, auch in Spielformen.

● Das Wort mehrmals schreiben: nachspuren an der Tafel, in die Luft schreiben, in ein ABC-Wörterheft eintragen, auf eine Karteikarte schreiben usw.

● Das Wort wird mit weiteren Lernwörtern zu einem kurzen Text verbunden.

Wichtig ist, dass Weniges vielfältig geübt und immer wieder wiederholt wird. Beim Diktat erhalten leistungsschwache Kinder den Text als Lückentext und schreiben nur die geübten Wörter hinein.

Beim Schreiben von eigenen Texten oder Aufsätzen werden dem Kind zusätzliche sprachliche Hilfen gegeben, z. B. vorgegebene Sätze bei einer Bildergeschichte, die zu ordnen sind. Oder das Kind „diktiert" Ihnen seine Geschichte, die Sie dabei in korrekte Sprache übersetzen.

- Bei → *Hausaufgaben*

darf auf keinerlei häusliche Hilfe gezählt werden. Sie dürfen nichts fordern, was nicht vorher geübt wurde.

- Fortschritte sichtbar machen

Auch kleine Lernerfolge stärken das Selbstbewusstsein, heben die Aufgeschlossenheit dem Unterricht gegenüber und fördern die Stellung des Kindes in der Klasse. Deshalb Fortschritte dem Kind und der Klasse lobend mitteilen (→ *Loben, Verstärkung*).

- Zusammenarbeit mit den Eltern

Gehen Sie auf die Eltern zu und lassen Sie sich von ihren Schwierigkeiten berichten, um die häuslichen Lernbedingungen besser einschätzen zu können.

Georg E. Becker: Lehrer lösen Konflikte. Ein Studien- und Übungsbuch. 3. Aufl. Weinheim/Basel: Beltz 1985 (S. 146 – 161)

Manfred Hahn: Zusammen leben und lernen I – Mitschüler aus Italien, der Türkei und Spanien. – Zusammen leben und lernen II – Mitschüler aus Russland, Polen, Vietnam und Rumänien. München: Oldenbourg Verlag 1993 und 1994

Gabriele Keil: Wie leben Kinder anderswo? Afrika – Lateinamerika (zwei Bände): München: Oldenbourg Verlag 1995

Johanna Kraft u. a.: Unterrichtsstunden Deutsch als Zweitsprache im 1./2. Schuljahr. München: Oldenbourg Verlag 1993

Vija Liepins u. a.: Unterrichtsstunden Deutsch als Zweitsprache im 3./4. Schuljahr. München: Oldenbourg Verlag 1994

Staatsinstitut für Schulpädagogik und Bildungsforschung, Hrsg.: Miteinander und voneinander lernen – Handreichungen für den interkulturellen Unterricht. Bd. I: Materialien für die Grund- und Hauptschule. München 1992

Auswendig lernen

Gedächtnis ist eine Sache des Herzens.

J. W. Goethe

Das lange verpönte Auswendiglernen ist Teil einer sinnvollen Gedächtnisschulung. Das Einprägen müssen wir mit den Kindern mehrmals gemeinsam üben, bevor wir es als → *Hausaufgabe* aufgeben.

Gesetze des Behaltens (nach J. Grell S. 61 f.)

- Zusammenhängendes wird besser behalten als isolierte Einzelheiten.
- Strukturiertes Darstellen des Lernstoffs (→ *Lehrtexte*), auch mithilfe

von → *Farben* und Symbolen.

- Einsichtiges Lernen: Was eingeprägt werden soll, muss verstanden sein.
- Positive Grundstimmung: „Inhalte, die wir in gefühlsmäßig neutraler Atmosphäre aufnehmen, … vergessen wir meist sehr schnell wieder." (*J. Grell* S. 62)
- Bewusstes Aufnehmen: Wir merken uns etwas besser, wenn wir **vor** dem Lernen dazu aufgefordert werden.
- Wir brauchen zum Einprägen genügend Zeit.
- Mehrkanaliges Einprägen
  Wir behalten rund 10 % von dem, was wir lesen, 20 % von dem, was wir hören, 30 % von dem, was wir sehen, 50 % von dem, was wir hören und sehen, 80 % von dem, was wir selber sagen und 90 % von dem, was wir selber erarbeiten oder tun.
  Es bieten sich visuelle, auditive (mehrmaliges lautes und innerliches Nachsprechen, einprägsame Merkverse, Eselsbrücken) und kinästhetische Hilfen (z. B. das Sprechen begleitende Gesten und Bewegungen, Befühlen von Gegenständen) an.
- Verteilte Wiederholungen sind besser als gehäuftes Üben an einem Tag. Deshalb gebe ich auch nie das Auswendiglernen von einem Tag auf den anderen auf.
- Überlernen: Selbst wenn wir Inhalte schon fehlerlos wiedergeben können, müssen wir weiterüben.

Das Erlernen von Gedichten und Liedtexten

- Halblautes Lesen
- <u>Ganz-Lernverfahren:</u> Den ganzen Text mehrmals lesen.
- Mehrkanaliges Einprägen: Rhythmisches Einzel- und Gruppensprechen (laut, leise, „ohne Ton"), Reim- und Schlüsselwörter markieren, Bilder zu Textstellen malen, Begleiten des Sprechens durch Mimik, Gesten, Fingerspiele, Pantomimen.
- <u>Kombiniertes Ganz- und Teillernen:</u> Unsichere Stellen mehrmals halblaut sprechen, dann wieder den gesamten Text sprechen.
- Überlernen: Das halblaute Lesen an mehreren Tagen etwa zehn Minuten lang wiederholen, etwa ein Woche lang.
- Partnerkontrolle: Das Gedicht halblaut seinem Partner vorsprechen.
- Langzeitgedächtnis: Das Gedicht immer wieder aufsagen bzw. das Lied singen.

In ein Gedichtheft werden gelernte Gedichte oder Gedichte nach Wahl des Kindes eingeklebt, selbst geschrieben und grafisch oder mit passenden Kunstpostkarten ausgestaltet.

Das Einprägen von Merksätzen und Lernstoff

- Einprägsam anschreiben.
  Regeln und Merksätze einprägsam (z. B. farbig, eingerahmt…) an die → *Tafel* schreiben. Auch wenn die Kinder sinngemäß richtige Formulierungen vorbringen, so ist Ihre Version vermutlich kürzer und prägnanter.
- Auf verschiedene Weise sprechen und singen.
  Mehrmaliges Nachsprechen (s. o.), leise dem Nachbarn aufsagen, bei zugeklappter Tafel wiederholen.
- Selbst schreiben.
  Das Schreiben ist besser als das Ausfüllen eines Lückentextes (ganzheitliches Lernen). Schnelle Kinder schreiben den Text in großer Schrift auf ein Merkplakat (Tipp: Schreiben Sie mit Bleistift vor.).
- Überlernen.
  In den nächsten Tagen sprechen immer wieder einzelne Kinder den Text, erklären ihn und nennen Beispiele. Später entfernen Sie das Plakat und fordern mit stummem Deuten auf den leeren Platz zum mündlichen Wiederholen und zum auswendigen Aufschreiben auf.

Fertigen Sie die Merkplakate in unterschiedlichen → *Farben* an.
Merksätze, die beherrscht werden, entfernen, damit sich nicht zu viele ansammeln.

Gedächtnistraining auch durch → *Lernspiele* wie Kim, Memory usw., durch szenisches Darstellen.

Jochen und Monika Grell: Unterrichtsrezepte. München: Urban und Schwarzenberg 1979
Manfred Reichgeld: Gedichte in der Grundschule. München: Oldenbourg 1993

Bedürfnisse

Eine Erziehung, die die Jugend dem Alter aufopfert,
ist so fragwürdig wie eine Religion, die die Freude am
Leben mit der Hoffnung auf ein besseres verkümmern lässt.
Rudolf Wegmann

Menschliche Grundbedürfnisse

Kinder sind in erster Linie keine „unterrichtsbedürftigen Wesen, sondern Menschenkinder …, die zuerst ‚Lebensbedürfnisse' " haben (*Arnulf*

55

Hopf: Zum Erziehungsauftrag der Grundschule angesichts veränderter Lebensverhältnisse ihrer Kinder. In: Lehrer Journal/Grundschulmagazin Heft 9/1990).

Ästhetik

Wissen

Selbstverwirklichung
kreatives Denken

Wertschätzung
Selbstachtung
Bedürfnis nach Leistung,
Geltung und Zustimmung

Soziale Bedürfnisse nach
Zuwendung, Geborgenheit, Lob,
Zärtlichkeit und Liebe

Sicherheitsbedürfnisse
Schutz vor Ungeordnetheit, Schmerz, Angst
Bedürfnis nach Obdach, Struktur, Ordnung, Grenzen

Existenzielle Grundbedürfnisse
Hunger, Durst, Wärme, Schlaf
Selbsterhaltungstrieb, Sexualität
Bedürfnis nach Bewegung, Aktivität, aber auch Bequemlichkeit

Abraham Maslow: Motivation und Persönlichkeit. Olten 1977

Die Bedürfnispyramide nach *Abraham Maslow:*
Bevor die nächste Ebene angestrebt werden kann, muss zuerst die jeweils untere Bedürfnisebene zufrieden gestellt sein. Grundbedürfnisse von Kindern im Sinne von Grundrechten:
● Kinder verlangen nach und haben ein Recht auf Liebe und Geborgenheit;
● Kinder brauchen und haben ein Recht auf Ermutigung, Lob und Anerkennung;
● Kinder sind auf der Suche nach und haben ein Recht auf Selbstständigkeit; sie wollen eigenverantwortlich neue Erfahrungen machen;
● Kinder sind angewiesen und haben ein Recht auf beschützende und freigebende Hilfe des Erziehers.
(*Janusz Korcak:* Das Recht des Kindes auf Achtung. Göttingen 1979, S. 29)

Berücksichtigen von Bedürfnissen in der Schule

Wenn Grundbedürfnisse längere Zeit nicht berücksichtigt werden, entsteht ein inneres Ungleichgewicht, das sich als gestörtes Verhalten zeigen kann.

* Hunger und Durst
Wenn ein Kind zwischendurch Hunger oder Durst hat (→ *Gesundheit*), lasse ich es essen oder trinken (→ *Pause*). Mit einem aus Papier gefalteten Becher kann sich das Kind jederzeit Wasser aus der Leitung oder aus einem Kasten mit Mineralwasserflaschen (Elternbeirat) holen (Vorteile des Bechers: flach zusammenklappbar, bei Verschleiß schnell neu zu falten, hygienisch).
Auch für Ihre Stimme (→ *Lehrersprache*) ist es gut, wenn Sie zwischendurch Wasser oder Tee aus der Thermosflasche trinken (→ *Edukinestetik:* Das Trinken von Wasser ist gut für das Denken.).

* Toilette
Die Frage „Darf ich ..." stört den Unterricht viel zu oft. Deshalb: Die Kinder stehen auf, sehen mich kurz an und gehen, wenn ich nicke. (Das Nicken zeigt, dass das Kind nichts Wichtiges verpasst. Will ich gerade etwas erklären, so bitte ich, fünf Minuten zu warten.)
Toilettenampel: Am Türgriff hängt ein Schild mit einem roten Kreis und einem grünen auf der Rückseite. Das Kind dreht beim Gehen das Schild auf Rot und wenn es wieder kommt auf Grün.
Immer wieder an eine angemessene Hygiene erinnern: kräftiges Spülen, Hände waschen (für Notfälle: Ersatzhose bereit halten).

Beleidigen

Kinder, die andere beleidigen, fühlen sich oft selbst abgelehnt. Deshalb muss ihr → *Selbstbild* gefördert werden. Andrerseits: Mit Wörtern kann man ebenso verletzen wie mit Fäusten (→ *aggressives Verhalten*).

Gewalt in der Sprache ächten

* → *Modellverhalten*
Fluchen und Beleidigen ist für die → *Lehrersprache* tabu.
Die Kinder immer wieder für „schöne" Sprache → *verstärken: „Das hast du schön gesagt."*

Wenn ich bei Kindern ein „böses" Wort höre, sage ich: *„Ich möchte das nicht hören, nicht einmal im Streit. Geh in die Wutecke oder vor die Tür* (Tür offen lassen), *wenn du nicht aufhören kannst."* (→ *emotionales Lernen*)
Werde ich selbst von einem Kind beleidigt, so ignoriere ich dies nach Möglichkeit, reagiere mit Humor oder zeige bei einer gravierenden Beleidigung meinen Ärger mit einer → *Ich-Botschaft* und kündige ein Gespräch unter vier Augen an (nicht vor der Klasse).

- Der Schimpfwortkasten

Nach einem aktuellen Anlass schreiben die Kinder alle „bösen" Wörter auf, die ihnen einfallen (hören will ich sie ja nicht). Dann werden sie in ein Kästchen verbannt, auch die, die noch im Lauf der Woche nachgeliefert werden, und gemeinsam vergraben. (vgl. *Heinke Kilian:* Richtig streiten kann man lernen. In: Die Grundschule Heft 10/1994, Braunschweig: Westermann)

Vermitteln von Gesprächstechniken zur friedfertigen Reaktion

- Unterrichtsthema: Auf Beleidigungen reagieren (1./2. Schuljahr)

An der Tafel stehen einige gängige Schimpfwörter (s. u.).
Ich nehme eine Handpuppe (mit Brille, dick, hässlich): *„Ich bin jetzt nicht mehr eure Lehrerin, sondern ... Ich weiß, dass ich nicht schön bin. Trotzdem kann mich keiner beleidigen. Versucht es mal."* (auf die Tafelanschrift zeigen) Die Äußerungen auf Kassette aufnehmen oder an der Tafel festhalten:

- Brillenschlange! – Zustimmen: *„Stimmt!"*
- Du bist doof. – Offen lassen. *„Kann sein!"*
- Fettkloß! – Nachfragen: *„Wieso?"*
- Du bist langweilig. – Fragend wiederholen: *„Du meinst, ich bin langweilig?"*
- Du bist blöd! Schweigen, absichtlich überhören und sich abwenden.

Nachdenken beim nochmaligen Hören oder Lesen, z. B.:
Brillenschlange: Niemand kann etwas dafür, wenn er eine Brille tragen muss. – Du bist doof: Jeder weiß selber, was er alles kann.
Gespräch: Wenn dich ein Kind beleidigt, so will es dich nur ärgern. Und wenn du dich ärgerst, findet das Kind das toll. Wenn du dich aber nicht ärgerst, weiß das Kind gar nicht, was es jetzt noch sagen soll. Und so gibt es keinen → *Streit*. Denn alleine kann man schlecht streiten.
Sicherung: Sprechblasen mit Beleidigungen und den o. a. Antworten.

- Rollenspiel im 3./4. Schuljahr: Beleidigungen nicht ernst nehmen.

Schimpfspiel: Wer sich stark genug fühlt eine Beleidigung zu ertragen,

setzt sich vor die Klasse (evtl. mit Maske) und reagiert spontan auf zuge-
rufene Beleidigungen. – Dann erhalten die Beleidigten einen Zettel mit
obigen und weiteren Antworten zur Auswahl in der nächsten Runde, z. B.:
* Zum Weitermachen auffordern: *„Nur zu, sprich ruhig weiter, wenn es
  dir gut tut."*
* Umwerten und als Kompliment oder Scherz auffassen: *„Danke für den
  netten Hinweis!"*
* Verschieben: *„Darüber reden wir später!"*
* Thema wechseln: *„Was machst du denn heute nach der Schule?"*
* Absichtlich missverstehen: *„Du hast aber eine tolle Uhr!"*

Nach einer Aussprache werden die Antworten auf ein Poster geschrieben.
(vgl. *Siegwart Berthold/Evelyn Jarosch:* Mit Garfield auf Beleidigungen
reagieren. In: Lehrer Journal/Grundschulmagazin Heft 12/90. München:
Ehrenwirth/Oldenbourg)

Belohnen

Erziehung und Belehrung mit Belohnung und Strafe
erziehen zu Bestechlichkeit und Unterwerfung.
Rolf Robischon

Belohnungen als beliebtes Erziehungsmittel

und Anreiz zum Lernen oder „Brav-sein" (z. B. Geld für gute Noten).
In der Schule können das sein:
* Materielle → *Verstärker* (Süßigkeiten, Fleißbilder ...),
* symbolische Verstärker (Stempel, Lachgesicht, Sternchen, Punkte),
* Aktivitätsverstärker (*„Wenn ihr das geschafft habt, dann machen wir
  noch ein Spiel, sehen einen Film an ...").* Aber:
* Organisationsproblem: Das konsequente und einigermaßen gerechte
  Aufschreiben und Sammeln von Punkten raubt Zeit und Energie.
* Pädagogische Probleme: „Manche Kinder erhalten häufig, fast routi-
  nemäßig Belohnungen, andere nie." (*W. Memmert* S. 66 f.)
  Bei Aktivitätsverstärkern erhalten die Kinder, die es geschafft haben,
  die Belohnung oft nicht, wenn andere Kinder zu langsam waren. Wie
  kollektive → *Strafen* sind auch kollektive Belohnungen fragwürdig.
* Ethisches Problem: „Es werden Selbstverständlichkeiten (gewissen-
  haftes Arbeiten, anständiges Benehmen) honoriert und damit unangemessenes Verhalten ... in den Stand der Normalität versetzt." (a.a.O.)
* „Belohnungen sind wenig effektiv.

Sie wirken immer nur kurzfristig für einen bestimmten Fall und bauen keine dauerhaften Haltungen auf." (a.a.O.)

Keine Belohnungen – was dann?

Trotzdem lassen sich m. E. Belohnungen nicht gänzlich ausschließen, wenngleich ich auf materielle Belohnung weit gehend verzichte.

- Soziale Verstärker (→ *Loben*)
Lob für erwünschtes Verhalten zeigt dem Kind, dass wir dieses wahrgenommen haben und seine Anstrengung würdigen. Der Wert sprachlicher und körperlicher Zuwendung (Blickkontakt, Zulächeln, über den Kopf streichen) kann nicht hoch genug veranschlagt werden. Da ich bei der → *Korrektur* mich dem Kind nur selten persönlich zuwenden kann, halte ich schriftliches Lob in Kurzform von Sternchen u. Ä. für praktikabel, sofern ich nicht nur das gute Ergebnis anerkenne, sondern auch die individuell unterschiedliche Anstrengung und den Lernfortschritt.
Aktivitätsverstärker für einzelne Kinder sind ein Anreiz zum Durchhalten (*„Wenn du fertig bist, dann darfst du malen, dir ein Spiel holen…"*).

- Innere Verstärker ausbilden
Das Kind durch → *Partner- und Gruppenarbeit,* durch → *Selbstkontrolle* und Selbstverstärkung (→ *Verstärkung*) schrittweise unabhängig von der Lehrerin machen. Selbstbestimmtes Lernen, z. B. beim → *offenen Unterricht,* bei → *Freiarbeit* und →*Projekten,* braucht keinen Lohn, sondern die Tätigkeit ist an sich lohnend und baut Freude am Erfolg auf. Das Kind belohnt sich durch erfolgreiches Arbeiten selbst.

Was Eltern wissen sollten

- Dem Kind nicht vor der Leistung eine Belohnung versprechen, z. B.: *„Wenn du eine Eins schreibst, bekommst du …".* Erreicht es das Ziel, ist das nächste „Geschäft" programmiert. Erreicht es das Ziel nicht, so ist in den Augen des Kindes jede Anstrengung umsonst.
- Das Kind nach aufgebrachter Anstrengung belohnen, nicht nach dem erreichten Erfolg, und nur für Leistungen, die über das Pflichtmaß hinausgehen.
- Materielle Belohnungen sparsam dosieren.

Hans-Dieter Göldner, Hrsg.: Schwierige Schüler – was tun? München: Oldenbourg 1992
Wolfgang Memmert: Die Führung einer Schulklasse. München: Oldenbourg 1988
Rolf Robischon: Gegen Angst. In: Grundschulmagazin Heft 10/1993: München: Ehrenwirth/Oldenbourg

Betrachten und Beobachten

Lerne unter die Oberfläche zu schauen,
um an die Wurzeln der Dinge heranzukommen.

Paul Klee

Betrachten bezieht sich auf ruhende Dinge oder Zustände (Bildbetrachtung) und das Beobachten auf Bewegtes, auf Vorgänge, Verhaltensweisen und Veränderungen, wenngleich diese übliche Einteilung nicht immer zutrifft (z. B.: Ich betrachte die Wolken am Himmel.).

„Eine allgemeine Beobachtungsschulung, die den Schüler in die Lage versetzen würde von jeder Gegebenheit die wesentlichen Dinge zu erkennen, gibt es ... nicht." Der Unterricht sollte „nicht nur den Inhalt der Anschauungsgegenstände beachten ... Immer wieder muss dem Schüler auch bewusst gemacht werden, mithilfe welcher Tätigkeiten er zu seinen Beobachtungen gelangt. ... Auf diese Weise vermitteln wir dem Schüler nicht nur Erkenntnisse, sondern auch Methoden des selbstständigen Beobachtens, d. h. Methoden zur selbstständigen Gewinnung von Kenntnissen." (*Hans Aebli:* Zwölf Grundformen des Lehrens. Stuttgart: Klett 1985, S. 111)

Äußere und innere Voraussetzungen

Jedes Kind muss das Objekt gut sehen können ohne störende Elemente.

- Betrachten einer Blüte mit einer Lupe: Farbige Blüten sind auf weißem Papier gut zu sehen, weiße Blüten auf einem dunklen.
- Bei einer Bildbetrachtung im Buch wird nur ein Bild aufgedeckt, die anderen werden abgedeckt.
  Der Tisch ist frei von anderen Schulsachen.
- Ein großformatiges Bild (z. B. Dia) wirkt intensiver als ein kleinformatiges und zentriert die → *Aufmerksamkeit* der Kinder besser.
- Überprüfen Sie, ob die Kinder ein Bild an der Tafel mit ungeteilter Aufmerksamkeit betrachten können: Blickhöhe der Kinder; unsichtbare, feste Halterung des Bilds; Tafelzeilen, eine unsaubere Tafel oder andere Bilder in unmittelbarer Nähe beeinträchtigen die Wirkung des Bildes.
- Beim Betrachten eines Films dürfen die Kinder nicht zu eng sitzen, da sie sich sonst gegenseitig ablenken.
- Die Kinder müssen auf das Betrachten oder Beobachten eingestimmt werden. Oft regt das Mitteilen von ungenauen Vorerfahrungen an sich etwas genau anzusehen.

- Schauen mit einer Frage: Beobachtungskriterien lenken das Betrachten auf Schwerpunkte, z. B. Aufträge bei einer Filmbetrachtung.

Sich-Öffnen für Bilder und Kunstwerke

Über den vorschnellen „Illustriertenblick" (*Dietlinde Pagany*) mit dem Eindruck des bloßen Gefallens oder Nichtgefallens hinaus sollen die Kinder in vier Stufen ein Bild bewusst erfassen:

- Wahrnehmen mit allen Sinnen

→ *Farben* und Formen wirken unabhängig von ihrer Bindung an Gegenstände, z. B. ruhig oder bewegt, fröhlich oder traurig. Neben realen Sinneseindrücken (Erfassen mit den Augen, Betasten der Bildoberfläche, Luftzeichnen und Nachzeichnen von Bildelementen) werden auch fiktive Sinnesvorstellungen beschrieben (*Was hörst/riechst du auf dem Bild? Was könnten die Leute sagen?*).

- Emotionen freisetzen

Die Kinder betrachten das Bild still und werden sich ihrer Empfindungen bewusst. Geeignete leise Musik kann dies unterstützen.

- Das Bild in Sprache umsetzen

Nach ersten Äußerungen erzählen die Kinder zum Bild eine Geschichte (Was könnte vorher gewesen sein? Was könnte folgen? Was wird gesprochen? Wie fühlt sich…? …) und lösen so die statische Bildsituation in einen dynamischen Vorgang auf. Sie stellen Fragen an das Bild (Tafelanschrift), die von den Kindern oder der Lehrerin später beantwortet werden. Behutsam werden die Kinder (3. Schuljahr) zu einer schriftlichen Bildbeschreibung hingeführt, die zusammen mit einer Kunstpostkarte in das Kunstheft eingeklebt wird.

- Das Um- und Nachgestalten des Bildes

Aus Bildern kann man lernen, wie man Bilder machen kann. Deshalb verarbeiten die Kinder nun ihre individuellen Eindrücke und drücken sie aus. Die Ergebnisse als subjektive Aussage werden nicht bewertet.

Manfred Hahn: Sachgemäße Arbeitsweisen in der Grundschule. In: Lehrer Journal/Grundschulmagazin Heft 11/91, München: Ehrenwirth/Oldenbourg
Dietlinde Pagany: Sich Bildern öffnen. ebd. Heft 12/92 und 1/93

Bewegung

Alle wollen immer nur den Kopf in die Schule schicken.
Aber immer kommt das ganze Kind.

U. Forster

Es genügt nicht, dass sich die Kinder in den → *Pausen* und im → *Sport*
bewegen, sondern sie brauchen zusätzliche Bewegungszeiten.

Aufbau eines festen Repertoires an Bewegungsübungen, -liedern, -spielen und Tänzen

Nicht die Vielzahl ist wichtig, sondern der Spaß der Kinder. Geben Sie
jeder Übung einen prägnanten Namen und lassen Sie sie so oft machen,
bis die Kinder sie beherrschen. Erst dann führen Sie wieder eine neue
Übung ein. Wichtig: Bewegungsphasen ruhig und entspannt abschließen.

- Bewegungen in „Zeitlupe": Was Sie oder ein Kind vormachen, machen
  alle stumm nach. Achten Sie auf langsame und deutliche Bewegungen.
- Aus Karteikarten mit Übungen oder in einem eigenen „Bewegungs-
  büchlein" wählen die Kinder eine Übung aus und machen sie zwischendurch auch für sich alleine.
- Kleingeräte einsetzen: Jonglieren mit Chiffontüchern oder Papiertaschentüchern, Luftballons, Zeitungen etc.
  Übungen mit Schulsachen: Die Kinder gehen im Zimmer herum und
  balancieren auf ihrem Kopf, ihrer Schulter oder dem Arm einen Radier-
  gummi, ein Buch oder sie balancieren Dinge auf ihrem Lineal.
- Fußübungen auf dem Stuhl ohne Schuhe und Strümpfe mit Zeitungen,
  Lockenwicklern …
- Bewegung nach Buchstaben, z. B. au/aufstehen, l/am Platz laufen, h/am
  Platz hüpfen, Z/sich klein wie ein Zwerg machen, … s/setzen: Wenn Sie
  einen Buchstaben anschreiben oder auf einen zeigen, machen die Kin-
  der die vereinbarte Bewegung.
- Kassetten mit Liedern und Übungen bringen Abwechslung.
- Schwierigere Übungen können Sie auch mit einer Kleingruppe beim
  Fördern einführen. (→ *Tanzen*)
- Bewegungsgeschichten (Hausarbeit, Spielplatz, Dschungel …) wie-
  derholt erzählen und evtl. durch Folienbilder unterstützen.
- Bewegung im Freien: Bei schönem Wetter spielen, singen und → *tan-
  zen* die Kinder im Hof.
- Häufige Partnerübungen unterstützen → *soziales Lernen.*

Viele Möglichkeiten zum Bewegen und Handeln im Unterricht!

In einem → *offenen Unterricht* können die Kinder oft den Sitzplatz wechseln, Materialien holen, anderen Kindern bei der Arbeit über die Schulter gucken oder selbstständig eine Bewegungsübung durchführen, ohne dabei erst fragen zu müssen. Die dabei einzuhaltenden → *Regeln* werden gut eingeübt: leise und langsam gehen, sich rücksichtsvoll bewegen und den Stuhl vorsichtig an den Tisch schieben. Das Wissen, sich bewegen zu dürfen, entschärft viele Störungen.

Auch beim gemeinsamen Lernen wird zwischendurch die → *Sitzordnung* geändert (z. B. Sitzkreis, beim Singen auf dem Tisch sitzen, auf dem Boden malen …), können mehrere Kinder gleichzeitig an der aufgeklappten Tafel arbeiten, Ihnen Dinge zureichen und helfen (Machen Sie nur das Nötigste selbst!) u.v.a.m.

Gehirngymnastik (→ *Edukinestetik*) vor konzentrierten Arbeitsphasen (→ *Probearbeiten*) regt das Denken an! Lassen Sie danach die Kinder im Schulhof toben.

Lockerungsübungen beim → *Schreiben* und zur → *Entspannung*.

Was Eltern wissen sollten

Hinweis am Elternabend auf die Notwendigkeit von viel Bewegung (den Schulweg zu Fuß zurücklegen; mit angepasster Kleidung auch bei schlechtem Wetter im Freien spielen); eigener Elternabend: Vorstellen und Einüben von Bewegungsübungen, die auch in der Wohnung durchgeführt werden können.

Jürgen Bielefeld u. a.: Sport-Spiele. Braunschweig: Westermann 1993
Kate Harrison u. a.: Tolle Ideen – Tanz und Bewegung. Mülheim: Verlag an der Ruhr 1991
Silvia Regelein: Spielen in Unterricht und Freizeit. München: Oldenbourg 1988

Bücher

Ein Buch ist wie ein Garten,
den man in der Tasche trägt.
Arabisches Sprichwort

Mein neues Schulbuch

Oft werden die vorhandenen Schulbücher viel zu wenig genutzt. Bevor Sie ein → *Arbeitsblatt* einsetzen, sollten Sie immer überprüfen, ob nicht statt dessen ein Schulbuch verwendet werden kann.

- Vor dem Austeilen

Überprüfen Sie den Zustand der Schulbücher, damit Beschädigungen nicht später dem Kind angelastet werden (schlechte Bücher markieren). In häufig verwendete Bücher schreiben die Kinder Namen, Klasse und Schuljahr hinein und nehmen sie so „in Besitz". Selten verwendete Bücher werden im Klassenzimmer aufbewahrt.

- Kennenlernen und Betrachten (mit dem Nachbarn oder alleine)

Fibel/1. Schuljahr. „*Welches Bild gefällt dir besonders gut?*"

Lesebuch: „Lies das Inhaltsverzeichnis. Welche Geschichte würdest du gerne lesen?" – Jeder liest seinen Text vor, fasst ihn mündlich vor der Klasse zusammen oder schreibt in sein Leseheft oder auf eine Karteikarte eine kurze Zusammenfassung (Lesekartei).

Sachbuch: „*Welche Themen interessieren dich?*" Die Lehrerin hängt das vergrößerte und kopierte Inhaltsverzeichnis des Buches aus und schreibt den Monat dazu, in dem sie das Thema für den Unterricht geplant hat.

- Sorgsamer Umgang mit dem Buch

Nicht hineinschreiben, keine „Eselsohren" knicken, nicht beim Essen darin lesen. Einband:

- Umweltfreundliche Papierumschläge; für jedes Fach sollte einheitlich in der Schule für Bücher und → *Hefte* eine bestimmte Farbe festgelegt werden (z. B. Deutsch rot, Mathematik blau etc.), damit die Kinder sich beim Packen ihrer → *Schultasche* schnell orientieren können und nicht von Schuljahr zu Schuljahr umlernen müssen.
- Zuerst nur die wichtigsten Bücher (z. B. Mathematik-, Lese-, Sprachbuch) ausgeben. Zum Einbinden der übrigen Bücher haben die Kinder etwa eine Woche Zeit.

- Aufbewahren der Bücher

Damit die Schultasche nicht zu schwer wird, werden immer nur die Bücher mit nach Hause genommen, die für die → *Hausaufgabe* gebraucht werden. Die anderen Bücher verbleiben in der Schule.

- Der Abschied von meinem Buch

Schuljahresende (→ *Ferien*): Rückblick auf Gelerntes und Gelesenes, z. B. mündliches oder schriftliches Quiz (Vorschläge dazu in *E. Kieffer*).

Die Klassenbücherei

Viele Kinder lesen keine Bücher, weil sie nicht richtig lesen können.
Sie können nicht richtig lesen, weil sie keine Bücher lesen.

Richard Bamberger

Wie komme ich an geeignete Bücher?
Wenn der Schuletat nicht ausreicht: Kauf auf Flohmärkten; die Kinder bringen Bücher von zu Hause mit und leihen sie der Klasse für eine bestimmte Zeit; Stadt- oder Gemeindebibliotheken leihen ebenfalls Bücher (z. B. zu einem bestimmten Thema) aus.

Wie verlocken die Bücher zum Lesen?
Bücher, die Rücken an Rücken in der Leseecke stehen, verlocken nur wenig. Stellen Sie die Bücher mit den Titeln nach vorne auf und wechseln Sie sie je nach Sachthema oder aktuellen Ereignissen aus.
Damit die Kinder nach den Büchern greifen,
* lesen Sie ein Buch an und brechen an einer spannenden Stelle ab;
* stellen Kinder in der wöchentlich fest verankerten freien „Lesestunde" gelesene Bücher vor;
* schmökern die Kinder im Verlauf der Lesestunde in den Büchern, während Sie reihum mit einer Kleingruppe ein Buch „anlesen";
* fertigen die Kinder für eines ihrer Lieblingsbücher ein Werbeplakat an;
* machen die Kinder eine „Hitliste": Wem ein Buch gefallen hat, schreibt den Titel auf eine Karte und heftet sie an die Pinnwand.

Wie organisiere ich die Ausleihe?
Bei einer kleinen Klassenbücherei hängt eine Liste mit den Titeln in Kurzform aus, in die jeder Ausleiher seinen Namen, das Ausleih- und Rückgabedatum schreibt.
Für eine größere Klassenbücherei legen die Kinder eine Kartei an, z. B.:

Ute Andresen Die Kinder kommen gleich ausgeliehen von _____ am _____ zurückgegeben am _____

Die Karte wird in das jeweilige Buch gelegt. Wer ein Buch entleiht, steckt sie in eine Schachtel. Ein monatlich wechselnder Bücherdienst sieht die Karten durch und mahnt spätestens nach zwei Wochen die Rückgabe an.

Selbst hergestellte Bücher und Mappen

Mit großem Eifer stellen die Kinder selbst Bücher und Mappen zu einem Thema her. Sie brauchen dazu Kataloge, Prospekte, ausrangierte Schul- und Sachbücher, selbst gemachte Zeichnungen und Fotos für Bildmaterial sowie Kinderlexika als Anregung für selbst verfasste Texte.

Mit einzelnen Seiten aus Kinderzeitschriften, ausrangierten Lese- und Sachbüchern habe ich Mappen zusammengestellt, die ich laufend ergänze: Tiere – Pflanzen – Kindergeschichten – Verkehr – Märchen – so war es früher – Witze – Rätsel. Jede Seite wird in eine Klarsichthülle gesteckt und in einem Ringbuch aufbewahrt. Sie kann von den Kindern einzeln entliehen und als leichtes, überschaubares Lesefutter mit nach Hause genommen werden.

Eva Kieffer: Lesen macht Spaß. Spiele, Projekte und Materialien für die Grundschule. München: Oldenbourg 1991

Computer

Praktische Erfahrungen: Begeisterte Kinder

Verschiedene Praxisberichte führen neben der hohen Motivation der Kinder auch über die Anfangsphase hinaus folgende Vorteile an (vgl. u. a. *F. Arenhövel; A. Hilger*):

- die „Geduld" des Mediums;
- die sofortige Rückmeldung über richtige und falsche Lösungen;
- Steigerung der Konzentration durch die unmittelbare Reaktion des Computers;
- rasche Korrekturmöglichkeiten;
- selbst bestimmtes Arbeitstempo;
- intensive Selbsttätigkeit;
- kein direkter Leistungsvergleich in der Klasse;
- gezielter Abbau von Lernlücken als auch zusätzliches Fördern leistungsstarker Kinder (→ *Fördern, Differenzierung*);
- Schreiben von freien Texten in der Gruppe mit einfachen Textverarbeitungsprogrammen.
- Das stets saubere Schriftbild ermutigt Kinder mit Schreibstörungen und stärkt ihr Selbstbewusstsein.

Als Vorteile des Programms „Rechnen mit Fahrstuhlführer Felix" (Lernprogramm aus der COMLES-Familie. Cornelsen: Berlin 1994) nennen *A. Hilger/K. M. Segerer* u. a.:

- flexible Einstellung für Lernstufen und Schwierigkeitsgrade im 3./4. Schuljahr;

- sofortige Lernhilfe bei Fehlern in zwei Stufen (zuerst nur Denkanstoß, dann Hilfe);
- z. T. anschauliches Rechnen mit Geld oder am Zahlenstrahl.

Auch die Befürchtung, dass der Computer die Kinder voneinander isoliere, wird widerlegt. Wenn zwei bis vier Kinder vor dem Gerät sitzen, kommunizieren sie äußerst rege und zielorientiert, bereits im 1. Schuljahr. Sogar introvertierte Kinder „tauen" am Computer auf und auch konzentrationsgestörte und hyperaktive Sechsjährige können 10 – 15 Minuten intensiv am Computer arbeiten.

Organisation

- Beschaffung von Computern und Software

Firmen, Gemeinden und auch Eltern mustern gebrauchte Geräte aus (Spendenquittung). Sie können entweder auf einzelne Klassen verteilt (für → *Freiarbeit,* als Lernstation) oder in einem Computerzimmer gesammelt aufgestellt werden. Es lohnt sich, von Fachleuten die Bedienung der älteren Geräte durch ein Startprogramm erleichtern zu lassen.

Mindestanforderungen (nach *A. Hilger)* : 386er-Prozessor, nach Möglichkeit farbiger Bildschirm, Maus, Mouse-Pad, Drucker, stolpersichere Verkabelung.

Die Programme müssen gekauft werden (Raubkopien sind strafbar!); für einen einzigen Computer genügt eine Einzellizenz, bei mehreren ist eine Schullizenz erforderlich.

Kollegium: Schulinterne Fortbildung und Festlegen einer Computerbetreuerin.

- Einstieg in einer Klasse (nach *A. Hilger)*

Erklären des Handlings: Die Klasse teilt sich in Gruppen vor den Geräten auf und probiert jeden kleinen Teilschritt aus. Dabei können die Anfänger von den Könnern lernen. Auf einem großen Demonstrationsplakat und einem entsprechenden Arbeitsblatt werden die bedeutsamen Tasten sukzessive farbig angemalt.

Das Programm „Neulinge" (von *Klaus D. Hein,* Gymnasium Bad Kissingen, Steinstr. 18, 97688 Bad Kissingen) vermittelt Grundkenntnisse und den Umgang mit der Maus.

Weitergabe der Kenntnisse an andere Klassen im Schneeballsystem: Dabei sitzen vor jedem Gerät ein erfahrenes Kind und zwei bis drei Kinder aus einer anderen Klasse.

Franz Arenhövel: Computereinsatz in der Grundschule. Donauwörth: Auer 1994
Reinhard Dengler: Mit dem PC Unterricht und Schule gestalten. Donauwörth: Auer 1993

Angela Hilger / Karl M. Segerer: Einstieg in die Computerarbeit. In: Grundschul-
magazin Heft 1/1996. München: Ehrenwirth/Oldenbourg
Günter Krauthausen/ Volker Herrmann, Hrsg.: Computereinsatz in der Grund-
schule? Fragen der didaktischen Legitimierung und der Software-Gestaltung.
Stuttgart: Klett 1994*Karl A. Wiederhold u. a.:* Computereinsatz – schon in der
Grundschule? In: Die Grundschule Heft 9/1988
Zeitschrift test Heft Juli 1996, Stiftung Warentest: Test von 21 Lernprogrammen
für Schüler

Dienstanfang

Die zuständige Regierung oder das Schulamt teilt Ihnen Ihre Einsatz-
schule mit, manchmal erst kurz vor Schulbeginn. Für Fragen ist Ihre Schul-
rätin oder Ihr Schulrat als Dienstvorgesetzte zuständig. Mit Ihrer Verei-
digung beginnt für Sie offiziell die Zeit des → *Lehrerseins* und der Vor-
bereitungsdienst im Seminar.

Setzen Sie sich vor Schulbeginn telefonisch mit der Rektorin oder dem
Rektor in der Schule in Verbindung und stellen Sie die Fragen, die Sie
bedrängen.

Achten Sie auf Ihre äußere Erscheinung. Extreme Vorlieben können bei
Kindern und Eltern vermeidbare Schwierigkeiten hervorrufen.

Anfangskonferenz

Vorstellung bei der Schulsekretärin (Dienstantrittsmeldung unterschrei-
ben) und dem Hausmeister (Ausgabe der Schlüssel, auf die Sie sorgfäl-
tigst achten sollten).

An unserer Schule gibt es eine Mappe für Neue u. a. mit einer Namensliste des Kollegiums, einem Aufgabenverteilungsplan (Medien, Lehrmittel,
Sportgeräte etc.), der Hausordnung. Bei allen Fragen, auch nach schul-
hausinternen Regelungen (z. B. Korrekturzeichen) hilft Ihnen Ihr/Ihre
Betreuungslehrer/in weiter.

Besorgen Sie sich
– die amtlichen Lehrpläne,
– die im Schulamtsbezirk verwendeten Stoffverteilungspläne,
– eine Schulordnung,
– die in Ihren Fächern verwendeten Schulbücher,
– die Namenslisten der Klassen, in denen Sie unterrichten werden.

Schriftwesen und Dienstweg

Bemühen Sie sich bei *allen* von Ihnen verlangten Schriftstücken um eine
ordentliche Form. Bei dienstlichen Schreiben ist immer der Dienstweg

einzuhalten: Lehrer – Schulleitung – Schulamt – Regierung – Ministerium. Melden Sie umgehend nach folgendem Muster (Format DIN A4) z. B. eine Änderung der Anschrift oder des Standes (Hochzeit):

Xenia Krötenfuß, LAA   Privatanschrift,
Personalnummer ...   Telefon
Bezeichnung der Schule
PLZ Ort

An die (Endadressat)
Regierung von ...
Schulabteilung
PLZ Ort

Über das Staatliche Schulamt im Landkreis .../ in der Stadt ...
(Zwischenadressat)

                                       (Datum)

Änderung meiner Privatanschrift

(Keine Anrede und Schlussformel)

Meine bisherige Anschrift ...

ändert sich ab .... Meine neue Anschrift lautet: ...

(Unterschrift)
Xenia Krötenfuß

Legen Sie eine Kopie für das Schulamt als weiterleitende Behörde bei, eine Kopie erhält die Schulleitung und eine weitere nehmen Sie als Nachweis zu Ihren Akten.
Achten Sie auf das vollständige Ausfüllen von Formularen um Rückfragen zu vermeiden.
Alle amtlichen Schreiben, Mitteilungen und Merkblätter der Schulleitung sollten Sie in einem Ordner sammeln.
Unabdingbar ist ferner ein genau geführter Terminkalender.

Dienst- und Schulordnung

Mit dem Eid haben Sie sich verpflichtet, die Bestimmungen der Schulordnung einzuhalten, z. B.:

70

- Die Regelungen an Ihrer Schule zur → *Aufsichtspflicht* zu beachten;
- bei → *Erkrankung* sofort telefonisch die Schulleitung und Ihre/n Seminarleiter/in zu verständigen und auch umgehend eine Schwangerschaft mitzuteilen (Vertretung!);
- die im Lehrerzimmer ausliegenden Amtsblätter und Rundschreiben zu lesen und den Umlaufzettel abzuzeichnen;
- die Mitteilungen der Schulleitung in Ihrem Fach (das Fach immer möglichst frei halten) oder an der Pinnwand zu beachten;
- organisatorische Fragen (Seminarbesuch, Ausflug etc.) immer rechtzeitig mit der Schulleitung abzusprechen. Da Sie an zwei Tagen im Seminar und nicht in der Schule sind, ist eine vorausschauende Planung wichtig.
- Schließlich sind Sie zur Verschwiegenheit verpflichtet, d. h. Sie dürfen über Verhalten und Leistungen von Kindern nicht öffentlich sprechen.

Machen Sie sich das Fragen zum Grundsatz! Denn das Kollegium und die Schulleitung sehen in ihrer Routine oft nicht, was einen Anfänger bedrängt.

Differenzierung

Wegen individuell unterschiedlicher Lernvoraussetzungen und Lernmöglichkeiten werden die Kinder einer Klasse in Gruppen mit annähernd gleichem Leistungsniveau zusammengefasst (innere oder Binnendifferenzierung). Neben der Differenzierung nach Leistung ist auch eine Differenzierung nach Interessen wünschenswert.

Quantitative Differenzierung

Dabei wird ein Pflichtpensum z. B. an Rechenaufgaben für alle verbindlich festgelegt, während leistungsstarke Kinder Zusatzaufgaben erhalten. Damit niemand das Gefühl hat, die Lehrerin traue ihm nicht viel zu, ist es im Vertrauen auf den gesunden Ehrgeiz jedem freigestellt, ob er die Zusatzaufgaben löst oder nicht. Gelöste Zusatzaufgaben sind ebenso wie die Pflichtaufgaben zu würdigen und zu überprüfen.
Da so die unterschiedlichen Arbeitszeiten der Kinder relativ einfach überbrückt werden können, sollten Sie immer einen Vorrat mit Zusatzaufgaben parat halten. Im 1. Schuljahr bieten sich dazu auch einfache Auf-

gaben zur Förderung der Wahrnehmung und Feinmotorik an wie z. B. *„Male um dein Blatt, die Heftseite einen schönen Rand."* Dazu sind an der Tafel zur Anregung einige Muster vorgegeben.

Für Kinder, die ihre Arbeit beendet haben, sollten → *Bücher, Karteien,* Spiele usw. zur selbstständigen Beschäftigung bereitstehen.

Differenzierte → *Hausaufgaben:* Nur jede zweite Rechnung lösen, nur einen markierten Textabschnitt statt des ganzen Textes lesen; freiwillige Zusatzaufgaben.

Qualitative Differenzierung

Neben einem Grundwissen (Fundamentum), das alle beherrschen sollen, erhalten die leistungsfähigen Kinder (A) Zusatzangebote (Addita), die thematisch weiterführen. Die weniger leistungsfähigen Kinder (B) üben entweder den Grundstoff oder erhalten einfachere Angebote. Z. B.: Nach dem Besprechen von Sachaufgaben löst Gruppe B relativ leichte Sachaufgaben nach dem gleichen Muster selbstständig, während die Lehrerin zusammen mit A anspruchsvolle und komplexe Aufgaben löst.

Problem der Zuweisung: Wenn die Lehrerin die Kinder aufgrund ihrer Beobachtungen einer Gruppe zuweist, zeigt sie Gruppe B ihre negative Erwartung. Auch wenn solche Gruppen unverfängliche Namen (z. B. Farben, Tiere …) bekommen, haben es die Kinder bald heraus, wo die „Dummen" sind, und sind in ihrem Selbstvertrauen verletzt (→ *Selbstbild*).

Flexible Differenzierung

Sie will die einen vor Misserfolg mit seinen schädlichen Auswirkungen (Beschämung, geringere Leistungsbereitschaft, negatives Selbstkonzept) bewahren und trotzdem grundlegende Inhalte vermitteln, bei den anderen dagegen die Leistungsfähigkeit ausreizen.

→ *Lernaufgaben* zur Auswahl

Ich stelle anfangs z. B. eine leichte und eine schwierige Sachaufgabe mit dem Hinweis vor, dass die leichten Aufgaben selbstständig zu bearbeiten sind, die schwierigen mit der Lehrerin. Nun können die Kinder selbst entscheiden, bei welcher Gruppe sie mitmachen wollen. Diese Entscheidung bindet nicht für die gesamte Stunde. Wem es bei der Lehrergruppe zu schwierig wird, kann sich jederzeit abkoppeln und die leichteren Aufgaben weiterrechnen. Ebenso natürlich umgekehrt. Dieses Verfahren praktiziere ich auch bei Einführungsstunden vor allem in Mathematik: Wer den Sachverhalt verstanden zu haben glaubt, kann sich stillschweigend vorher festgelegten Übungsaufgaben zuwenden. Die andere Gruppe (Lehrergruppe) hört mir weiter zu und rechnet mit mir zusammen (sukzessive Differenzierung). Ein Sitzplatzwechsel ist dabei nicht nötig.

Lösen einer Lernaufgabe auf verschiedenem Weg
Nach Wahl lösen Kinder Rechnungen alleine, mit oder ohne Hilfsmittel oder zusammen mit der Lehrerin.

Zeitversetztes Lernen
Nicht die ganze Klasse schreibt einen Aufsatz, sondern es beginnen nur fünf Kinder, während die anderen etwas anderes tun. Danach lesen sie ihre Aufsätze vor, die von Lehrerin und Kindern mündlich gewürdigt werden. Am nächsten Tag schreiben dann fünf andere Kinder den Aufsatz und können dabei das Feedback der Vorgänger verwerten usf. (vgl. *Grell* S. 264).

Weitere Möglichkeiten zur Differenzierung: → *Freiarbeit, Fördern, Helfen, offener Unterricht, Tagesplan, Wochenplan*

L. Drunkemühle/M. Pollert: Differenzieren lässt sich lernen. Frankfurt a. M.: Diesterweg 1980
Jochen und Monika Grell: Unterrichtsrezepte. München: Urban und Schwarzenberg 1979

Disziplin

Merkmale einer demokratischen Disziplin

Disziplin ist eine soziale Ordnung, die für gemeinsames Lernen unerlässlich ist. Sie muss
* rational begründet sein, d. h. aufgabenorientiert und möglichst unpersönlich;
* zufallsfrei sein, d. h. die → *Regeln* werden konsequent eingehalten;
* reversibel sein, d. h. sie gilt für Kinder und Lehrerin. (vgl. *D. P. Ausubel:* Psychologie des Unterrichts, Band 2. Weinheim: Beltz 1974, S. 511)

Vermeiden von Disziplinproblemen

* Flüssige Unterrichtsgestaltung (→ *Aufmerksamkeit, Aufrufen*)
Wenn im Unterricht Leerlauf entsteht, langweilen sich die Kinder. Deshalb z. B. vor einer Stunde die nötigen Demonstrationsmittel bereitlegen.

* Ein soziales Wochenziel (→ *soziales Lernen*)
Einführung: Sprechen Sie mit der Klasse darüber, wie sich „Superschüler" verhalten, und lassen Sie die Verhaltensweisen in Wort und Bild festhal-

ten. Stellen Sie jede Woche <u>eine</u> für Ihre Klasse relevante Verhaltensweise (→ *Regeln*) in den Mittelpunkt, die erklärt, begründet, vorgemacht, auf einem Plakat festgehalten und eingeübt wird. (vgl. *Grell,* S. 182) Positiv formulierte Regeln (z. B.: Ich schaffe es, mich zu melden) sind günstiger als Verbote (Ich rufe nicht in die Klasse hinein).

• Angemessene, eindeutige Forderungen
Sagen Sie genau, aber freundlich, was Sie von den Kindern erwarten. Wenn nötig können Sie vor einer → *Anweisung* ein einzelnes Kind prophylaktisch ermahnen, z. B. *„Ich bitte euch mir jetzt genau zuzuhören. …Auch von dir, Tobias, erwarte ich das."* Warten Sie dann konsequent, bis alle aufmerksam sind. Bei größeren Kindern sind oft sachliche Formen der → *Lenkung* besser als persönliches Ansprechen, z. B.: *„Jetzt ist genaues Zuhören wichtig."*

• → *Verstärken* Sie Kinder mit positivem Verhalten.
Formulieren Sie nötige Kritik sachlich (*„Bitte ruf nicht dazwischen."*) statt persönlich kränkend (*„Musst du denn schon wieder reinrufen?!"*). Verstärken Sie das Kind, wenn es Ihre Anweisung befolgt hat (*„Danke, dass du Max hast ausreden lassen."*)

Nicht alle Disziplinprobleme lassen sich vermeiden!
Konflikte sind „normal". Sie vermeiden eine Eskalation, wenn Sie sich nicht persönlich angegriffen fühlen. Lassen Sie sich auch nicht durch „dumme" oder „unverschämte" Kinderäußerungen reizen, sondern versuchen Sie, „die Gefühle und die vernünftigen Gedanken, die sich darin ausdrücken," zu akzeptieren. (*Grell* 1995, S. 205) Positives Denken (*„Ich schaffe das!"*), Gelassenheit und Humor entschärfen kritische Situationen (→ *Lehrerverhalten*).
Dagegen führen Drohungen (Wenn…, dann…; → *Strafen*) und Machtkämpfe zu nichts.

• Freiheit innerhalb gesetzter Grenzen ermöglichen
„Überdisziplinierung lockt Disziplinprobleme an." (*J. Grell* S. 202) Grundsatz ist deshalb: Was die anderen nicht stört, ist erlaubt. (→ *offener Unterricht, Freiarbeit*)

Disziplinierungstechniken

• „Mitten-drin-sein" (*J. Grell* 1995, S. 203 f.)
Vermitteln Sie der Klasse das Gefühl alles zu sehen, zu hören und sich in die Kinder einfühlen zu können. Übungen zur → *Bewegung, Stille,* → *Entspannung* bereits vorbeugend einsetzen, nicht erst bei allgemeiner Unruhe.

- Fähigkeit zwei Dinge gleichzeitig zu erledigen

Wenn z. B. ein Kind während Ihrer Erklärung mit einem Gegenstand spielt, gehen Sie leise zu ihm und nehmen ihm den Gegenstand aus der Hand, während Sie weiter zur Klasse sprechen.

- Ignorieren

Ignorieren Sie geringfügige Regelüberschreitungen und wägen Sie immer ab: Was stört den Unterricht mehr, das Verhalten des Kindes oder mein Eingreifen? In vielen Fällen ist das Ignorieren wirksamer als eine → *Ermahnung* oder eine → *Strafe*. „Die Lehreraufmerksamkeit, die ein Schüler durch sein Verhalten erzielt, ist in der Regel für ihn schon eine → *Belohnung*. Ignoriert der Lehrer nun dieses Verhalten, so entzieht er den gewohnten Verstärker, und das Verhalten kann dadurch ‚ausgelöscht' werden (Extinktion)." (*Grell* S. 95 f.)

- Der richtige Zeitpunkt

Wenn ein Ignorieren ausscheidet, z. B. bei → *aggressivem Verhalten,* reagieren Sie nicht erst, wenn Störungen sich schon ausgebreitet haben, sondern greifen Sie rechtzeitig ein.

- Angemessene Zurechtweisungen

  (→ *Konflikte, Verhaltensauffälligkeiten*)

Achten Sie darauf, dass Sie das richtige Kind tadeln, also den Verursacher und nicht ein Kind, das eine Belästigung abwehrt. Probieren Sie es zuerst mit nonverbalen Maßnahmen (Blickkontakt, Hand auf die Schulter legen …) oder gehen Sie zu dem Kind bzw. der Gruppe hin und fordern Sie leise zum Aufhören auf, ohne die Klasse zu stören. (→ *Ruhe*).

- Gespräch über den Konflikt

Stören mehrere Kinder, sodass der Unterricht nicht fortgesetzt werden kann, brechen Sie ab und versuchen, sachlich mit den Kindern ins Gespräch zu kommen: *„Überlegen wir mal zusammen, warum das Leisesein und Zuhören heute nicht klappt!"* Dabei kann einmal das Wort im Kreis herumgehen, sodass jeder seine Meinung sagen kann.

Jochen Grell: Techniken des Lehrerverhaltens. Neu ausgestattete Sonderausg. Weinheim/Basel: Beltz 1995
Wolfgang Memmert: Die Führung einer Schulklasse. 3. Aufl. München: Oldenbourg 1988

Edukinestetik

Die Educational Kinesiology (deutsch: Edukinestetik, Kinesiologie heißt Bewegungslehre) will bei Kindern „durch Bewegungsübungen die im Körper verborgenen Potenziale und Fähigkeiten ‚herausholen' " (*Paul Dennison*, S. 8). Einfache Übungen (Brain-Gym, d. h. Gehirngymnastik) sollen die Hirndurchblutung und damit die Integration von rechter und linker Gehirnhälfte sowie die Lernfähigkeit verbessern, störendes Verhalten abbauen und einen harmonischen Energiefluss fördern. Beispiele:

- Wasser
  Alle Tätigkeiten des Gehirns und des Zentralnervensystems sind von einer guten Leitung elektrischer Energie abhängig. Das Trinken von Wasser unterstützt dies und verbessert so geistige und körperliche Konzentration.
- Energieübungen: Akupunkturpunkte halten und massieren.
- Über-Kreuz-Bewegungen
  Mit der rechten Hand das linke Knie berühren und wechseln. Der jeweils unbeschäftigte Arm schwingt zurück. Es gibt viele Varianten, z. B. Kreuztanzen nach Musik. Bei den Über-Kreuz-Bewegungen werden gleichzeitig die rechte und linke Körperseite sowie die obere und untere Körperhälfte aktiviert. Dadurch werden das beidäugige, plastische Sehen gefördert, das Raumbewusstsein, die Gehirn-Muskelkoordination sowie Lesen und Schreiben.
- Die Liegende Acht (Unendlichkeitssymbol)
  Sie wird in der Mitte (in Augenhöhe des Kindes) immer nach oben und am Rand abwärts nachgefahren. Mit der linken Hand beginnen, um die rechte Gehirnhälfte zu aktivieren. Die Augen folgen der Bewegung.
  Varianten: An der Tafel, auf einem Papier (Wand, Tür) nachfahren, in die Luft malen, mit der linken oder rechten Hand, mit beiden Händen; mit der Nase, einem Ohr nachfahren. Gleichzeitiges Summen fördert die → *Entspannung.*

Was Eltern wissen sollten

- Den Eltern den Sinn erklären, einige Übungen vormachen und sie anregen die Übungen vor den → *Hausaufgaben* machen zu lassen. Wenige langsam und bewusst ausgeführte Übungen sind besser als viele schnell ausgeführte.
- Abgesehen vom positiven Einfluss von → *Bewegung* und Entspannung ist vor übertriebenen Hoffnungen, etwa dass diese Übungen alleine Schulschwierigkeiten beseitigen, zu warnen.

76

Erich Ballinger: Lerngymnastik 1. Wien: Neuer Breitschopf Verlag hpt Verlagsgesellschaft 1992 (Bilderbuch für Kinder mit Erklärungen)

Christina Buchner: Stillsein ist lernbar. Freiburg im Breisgau: VAK Verlag für Angewandte Kinesiologie GmbH 1994

Paul und Gail Dennison: EK für Kinder. Das Handbuch der Edu-Kinestetik für Eltern, Lehrer und Kinder jeden Alters. Freiburg: VAK 1987

Einzelarbeit (Still-, Alleinarbeit)

Vorbereitung

- Aufräumen des Arbeitsplatzes (→ *Ordnung*)
- Lockern der Schulter-, Arm- und Handmuskulatur (→ *Schreiben*)
- Unterstützen Sie Ihre mündlichen → *Anweisungen* zum Durchführen der → *Lernaufgabe* durch Stichwörter und Symbole an der Tafel.
  Was ist zu tun? (→ *Erklären*)
  Was brauchen die Kinder dazu? (Tafelanschrift: Du brauchst …)
  Wie lange haben die Kinder Zeit? (ab dem 2. Schuljahr Ende der Arbeitszeit auf einer Lernuhr einstellen)
  Wie kann ein Kind Hilfe bekommen? (→ *Helfen*)
  Wie kann die fertige Arbeit überprüft werden? (→ *Selbstkontrolle*)
  Was ist mit der fertigen Arbeit zu machen? (Abgabe, Ablegen etc.)
  Was machen die Kinder, die die Arbeit beendet haben? (Zusatzaufgabe, → *Differenzierung*)
  Vormachen und Einnehmen der richtigen → *Sitzhaltung*
- Während der Stillarbeit erinnert eine Signalkarte (Finger auf dem Mund) an der Tafel an die nötige → *Ruhe,* die durch Abspielen von beruhigender Barockmusik unterstützt wird.

Durchführung

- Anfangs gehe ich leise herum, überprüfe die Sitz- und Schreibhaltung und vergewissere mich, ob die Kinder mit der Lernaufgabe zurechtkommen. Keinesfalls wird die → *Ruhe* der arbeitenden Klasse unterbrochen. Wenn nötig, gehe ich zu einzelnen Kindern und bitte sie leise um Ruhe oder gebe ihnen zusätzliche Hilfen.
- Ich arbeite selbst am Pult (→ *Modellverhalten*) und notiere z. B. → *Schülerbeobachtungen,* lerne in einer stillen Ecke leise mit einem Kind (→ *Fördern*) oder setze mich neben ein schwieriges Kind, um es durch meine Nähe zu beruhigen und zum selbstständigen Arbeiten anzuregen. Als Zeichen, dass ich nicht gestört werden möchte, stelle ich eine

rot beklebte Dose neben mich. Eine grüne Dose zeigt, dass ich „frei"
bin. (vgl. *Maria Rüger* in Flohs Ideenkiste Nr. 10, München: Domino
1996, S. 10)
- Die gängige Methode, dass Kinder zum Pult kommen und mir ihre fertigen Arbeiten zeigen, hat durchaus Vorteile: Ich kann dem Kind eine
sofortige Rückmeldung geben und auf Einzelheiten hinweisen, deren
Auflistung bei einer häuslichen → *Korrektur* zu zeitaufwendig ist.
Damit es bei mehreren wartenden Kindern nicht zu laut wird, stehen
immer höchstens drei Kinder am Pult (oder auch entfernt davon, damit
die Klasse einen freien Blick zur Tafel hat). Die anderen (Zusatzaufgabe!) stellen sich erst an, wenn das Pult wieder „frei" ist.

Abschluss

- Zum Aufbau eines positiven → *Arbeitsverhaltens* sollte die Zeit so
bemessen werden, dass der Großteil der Kinder die Arbeit in der Schule
beenden kann. Nur wenn es wirklich unumgänglich ist, dass einzelne
Kinder die Arbeit zu Hause beenden, gebe ich sie als → *Hausaufgabe*.
Ansonsten rechnen die langsam arbeitenden Kinder z. B. eben nur zehn
statt vielleicht zwanzig Rechnungen.
- → *Verstärken* Sie positive Verhaltensweisen und → *loben* Sie einzelne
Kinder oder auch die Klasse. Üben Sie entgegen dem Sprichwort
„Eigenlob stinkt" mit den Kinder das Sich-Selbst-Verstärken ein.
- Auslöschen des auf sich selbst gerichteten Verhaltens und Zentrieren
auf die Klassengemeinschaft durch ein gemeinsam gesungenes Lied,
eine Bewegungsübung o. Ä.

Eltern

Eltern sind Menschen mit vielen Sorgen.
Die Kinder sind nur *eine* davon.
Hans Hielscher

Die Zusammenarbeit zwischen Schule und Eltern ist zum Wohl des Kin-
des nötig. Allerdings fällt oft die Verständigung darüber schwer, was das
Wohl ist. Zudem führen ungeschickte → *Gesprächsführung* und Zeit-
mangel oft zu Verständigungsproblemen und Konflikten, z. B.:
- Kompetenzkonflikte und unterschiedliche Sichtweisen des Kindes
Eltern sehen ihr Kind „mit dem Herzen", Lehrer „mit dem Verstand";
Eltern sehen nur ihr Kind, die Lehrerin das Kind und die Klasse.

- Belastung der Familie durch die Schule
  in finanzieller Hinsicht oder auch durch → *Hausaufgaben,* schlechte
  Noten
- Hohe Leistungserwartungen der Eltern
- Wechselseitige Vorurteile
  Viele Eltern empfinden das Versagen ihres Kindes als eigenes Versagen und übertragen unverarbeitete Misserfolge aus der eigenen Schulzeit auf die Schule ihres Kindes.

Professionelles und sozialkompetentes Handeln ist gefragt!

- Potenzielle Konflikte einkalkulieren
Konflikte sind unvermeidbar und oft weder Ihre Schuld noch die der Eltern.

- Die eigene Kompetenz verbessern
durch Literaturstudien, Gespräche im Kollegium und Fortbildung

- Zu Kontakten bereit sein
Neben den institutionalisierten Formen wie Elternabend, Sprechstunde, Sprechtag gibt es viele weitere Möglichkeiten wie Elternbriefe, Stammtisch, Hausbesuche, Telefonkontakte, Schul- und Klassenfeste, gemeinsame Ausflüge, „Tag der offenen Tür", Eltern-Kind-Nachmittage, Mitarbeit der Eltern im Unterricht (amtliche Vorgaben beachten) u.v.a.m.
Lassen Sie sich jedoch nicht unter „Leistungsdruck" setzen. Denn zu „einem sozialkompetenten Verhalten gehört es auch, sich abzugrenzen", z. B. wenn Sie und die Klasse gestört werden oder die Intim- und Privatsphäre der Beteiligten verletzt wird. (*Sylvia Martinsen:* Im Umgang mit Eltern – Professionell und sozialkompetent handeln. In: Grundschulmagazin Heft 9/1995. München: Ehrenwirth/Oldenbourg)

- Gegenseitige Information und Verständnis füreinander
Informieren Sie die Eltern möglichst genau über ihr Kind, jedoch ohne negative Wertung, und bewerten Sie keinesfalls das elterliche Erziehungsverhalten. Listen Sie nicht nur Fehlverhalten des Kindes auf, sondern schildern Sie auch konstruktive Verhaltensweisen und geben Sie positive Rückmeldungen, z. B. im → *Mitteilungsheft.* Dankbar sind Eltern für realistische Hilfen und Tipps, die sie wirklich umsetzen können und sie nicht überfordern.

- Die Eltern als Gesprächspartner annehmen
Gerade Eltern von Kindern mit Problemverhalten sind oft unsicher und ängstlich. Demonstrieren Sie deshalb Ihre Macht, Entscheidungs- und

Fachkompetenz nicht unnötig. Versuchen Sie vielmehr die mitunter schwierige häusliche Situation zu verstehen. Ihr Verhalten sollte so sein, dass sich Eltern nicht wie Schüler fühlen müssen.

Elternbriefe zur Information

Die Frage „Was habt ihr denn heute in der Schule gemacht?" wird von vielen Kindern sehr wortkarg beantwortet, sodass viele Eltern meinen, von der Schule viel zu wenig zu wissen. Zeigen Sie den Eltern die Vielfalt und Fülle des Schulalltags und teilen Sie mit,

* was die Kinder gelernt haben oder lernen werden;
* was Sie mit ihnen unternommen haben, und geben Sie auch das Klassenalbum (→ *Klassengemeinschaft*) reihum mit;
* wie die Kinder miteinander umgehen, welche → *Regeln* gelten und wie die Eltern das Einhalten der Regeln unterstützen können.

Auch für Informationsbriefe zu einem Thema wie z. B. → *Fernsehen, Hausaufgaben, Notengebung, aggressives Verhalten, Schulweg,* allgemeine Ratschläge zur Erziehung und Büchertipps sind viele Eltern in ihrer Unsicherheit über Erziehungsfragen dankbar. Büchertipps:

* *Steve Biddulph:* Das Geheimnis glücklicher Kinder. München: Beust Verlag 1994
* *Michel Ghazal:* Bring's cool – nimm's easy. Erfolgreiche Strategien für gestresste Eltern. Ehrenwirth Verlag: München
* *Axel Hacke:* Der kleine Erziehungsberater. Kunstmann Verlag
* *Margaret Mc Spedden:* Vom ABC-Schützen zum Teenager. Kinder zwischen fünf und elf. München: Beust Verlag 1994
* *Jane Nelsen/Lynn Lott/H. Stephen Glenn:* Der große Erziehungsberater. München: dtv 1995
* *Jirina Prekop:* Der kleine Tyrann – Welchen Halt brauchen Kinder? München: Kösel 1988
* *Jan-Uwe Rogge:* Kinder brauchen Grenzen. Reinbek 1993

Elternbriefe sowie Einladungen für schulische Veranstaltungen werden in einer an zwei Seiten offenen Klarsichthülle als „Postmappe" (Aufkleber: Elternpost) aufbewahrt, die von den Eltern wie das → *Mitteilungsheft* täglich eingesehen werden sollte.

Der erste Elternabend im ersten Schuljahr

Damit sich die Eltern nicht auf die kleinen Stühle der Schulanfänger zwängen müssen, laden Sie möglichst in einen Raum mit großem Gestühl ein und führen dann die Eltern anschließend ins → *Klassenzimmer* zum Herumschauen.
Im Klassenzimmer liegt auf jedem Tisch ein vom Kind gemaltes Bild (z. B. eine Darstellung der Familie als Tiere) oder ein Foto des Kindes, das während des Unterrichts aufgenommen wurde.

Besser als die frontale Sitzordnung ist es, wenn Sie alle Schultische zu einem großen Rechteck zusammenschieben, um das die Eltern Platz nehmen. Auf diesem Riesentisch können Sie auch Kinderarbeiten oder Kinderbücher ausstellen. Achten Sie darauf, dass das Zimmer als Ihre „Visitenkarte" ordentlich aufgeräumt und ansprechend gestaltet ist.

Bei Klassen mit hohem Ausländeranteil sollten Sie jemanden zum Dolmetschen bitten, evtl. ein älteres Geschwisterkind, und dies auch auf der Einladung vermerken.

Erläutern Sie den Stundenplan und die Hausordnung, und fassen Sie die wichtigsten Punkte auf einem Merkblatt (→ *Anfangsunterricht*) zusammen, das die anwesenden und abwesenden Eltern erhalten. (Anwesenheitsliste herumgehen lassen!)

Elternabend/Klassenelternversammlung

● Grundsätzliches
In den Schulordnungen sind Rechte, Pflichten und Verfahrensweisen beschrieben. Nach einer Entscheidung des Bundesverfassungsgerichtes ist „der allgemeine Auftrag der Schule zur Bildung und Erziehung der Kinder ... dem Elternrecht nicht nach-, sondern gleich geordnet." Die Elternversammlung kann beraten und unterstützen, nicht aber entscheiden (vgl. *M. Reichgeld*, S. 9). Sie handeln jedoch nicht nur zum Besten des Kindes, sondern erleichtern auch sich die Arbeit, wenn Sie eine offene und vertrauensvolle Atmosphäre schaffen.

● Organisation
Etwa zwei Wochen vorher sollte eine ansprechend gestaltete Einladung verteilt werden, ggf. mit den Tagesordnungspunkten (nicht zu viele!) und mit einem Abriss:

(Bitte abtrennen und bis _____ zurückgeben! Vielen Dank.)

Ich/Wir habe(n) die Einladung zum Elternabend erhalten.
- ☐ Ich werde alleine kommen.
- ☐ Wir werden zu zweit kommen.
- ☐ Leider können wir / kann ich nicht kommen.

Ich möchte gerne Folgendes ansprechen: …

Datum   Unterschrift

Verständigen Sie auch den Hausmeister (Heizung, Absperren des Schulhauses) und die Schulleitung.

Vorbereitung: Aufräumen des Zimmers, Anwesenheitsliste, benötigte Geräte, Papier und Stifte, Namenschilder (auf die die Eltern ihre Namen schreiben), Getränke, Kummerkasten für Fragen und Probleme.

Begrüßung

Begrüßen Sie an der Tür jeden persönlich mit einigen aufmunternden Worten. Nach der allgemeinen Begrüßung und dem Dank, dass die Eltern gekommen sind, eröffnen Sie den Abend nicht sachlich, sondern mit einer kurzen Geschichte aus der Klasse, einem vorgelesenen Kindertext oder einer Anekdote als gefühlsbetontem „Eisbrecher".

Inhalte und Durchführung

- Aktuelle Fragen und geplante Aktivitäten
- Grundzüge schulischer Erziehung und Ihres Unterrichts
- Organisatorisches und konkrete Tipps, z. B.:
  Negative Äußerungen über die Lehrerin in Gegenwart des Kindes verunsichern das Kind, besser: Mit der Lehrerin sprechen.
  Geben Sie eine Ihnen passende Zeit an, zu der die Eltern Sie in dringenden Fällen anrufen können.

Konzentrieren Sie sich auf Wesentliches, Konkretes und vermeiden Sie es, länger als 20 Minuten am Stück zu reden (verständliche Sprache!). Geben Sie sich natürlich und offen: „Eltern tolerieren durchaus Probleme bei der freien Rede, auch die eine oder andere Ungeschicklichkeit, nicht aber – und dies zurecht – alle Formen unnatürlicher Distanz oder Bevormundung, empfindliche Reaktionen bei kritischen Anfragen und Besserwisserei …" (*M. Reichgeld*, S. 24).

Wenn alle Eltern einverstanden sind (Datenschutz!), können sie in einer Namensliste ihre Telefonnummer eintragen, die dann verteilt wird.

Elterngespräche (→ *Gesprächsführung*)

Individuelles Verhalten, Leistungen und Probleme von einzelnen Kindern werden in Einzelgesprächen besprochen, keinesfalls am Elternabend. Bitten Sie die Eltern sich im → *Mitteilungsheft* zur Sprechstunde anzumelden. Wenn Sie die Eltern sprechen wollen, so laden Sie sie freundlich ein unter Angabe von Gründen. Mitunter kann es auch sinnvoll sein, dass das Kind am Gespräch teilnimmt.

So können Sie eine positive Atmosphäre schaffen: Anbieten von Getränken, großer Stuhl (kein Kinderstuhl!) als Sitzplatz, Sitzen am Tisch über Eck, nicht frontal gegenüber.

Statt anfangs gleich „mit der Tür ins Haus zu fallen" ist es besser, etwas Positives zu sagen. Denn jedes Gespräch wird nicht nur von der Sache bestimmt, sondern auch von Emotionen (→ *Körpersprache*). Reden Sie selbst möglichst wenig, sondern lassen Sie die Eltern sprechen, während sie → *aktiv zuhören*. Denn wer zuhört, gewinnt Informationen und kann überlegen.

Drängen Sie die Eltern nicht zu einer Entscheidung, sondern machen Sie verschiedene, begründete Vorschläge zur Auswahl. Helfen Sie den Eltern ihr Kind so zu akzeptieren, wie es ist.

Mitunter dehnen Eltern das Gespräch lange aus und wiederholen bereits Gesagtes mehrmals. Wenn Sie anschließend noch Unterricht haben, müssen Sie rechtzeitig auf ein befriedigendes Gesprächsende hinarbeiten, denn ein abruptes Ende wirkt verletzend, z. B.: *„Ich glaube, wir haben beide viel Neues erfahren und können jetzt das Kind* (gemeinsames Anliegen) *besser verstehen. Ich muss dann in den Unterricht und darf die Klasse nicht warten lassen. Für mich hat sich im Gespräch ergeben: … (kurze Zusammenfassung). Es interessiert mich, was Sie aus diesem Gespräch mitnehmen."* Lassen Sie den Eltern das letzte Wort und bedanken Sie sich für ihr Kommen.

Elternbeschwerden

Häufige Beschwerden sind: Die Lehrerin
- gibt zu viel auf.
- ist zu streng.
- mag mein Kind nicht.
- kann keine Disziplin halten und schreit herum.
- hält sich nicht an den Stundenplan und lässt „schöne" Stunden wie Sport, Kunst zur Strafe ausfallen.
- hält zu viele, zu schwere → *Probearbeiten,* benotet zu streng. (Benotung immer gut absichern. → *Leistungsbeurteilung*)

Nehmen Sie Kritik erst einmal zur Kenntnis, ohne Abwehrhaltung und sofortige Verteidigung, bitten Sie um Präzisierung und konstruktive Vorschläge (*„Was könnte man Ihrer Meinung nach tun?"*). Das Mitschreiben liefert konkrete Anhaltspunkte für die → *Gesprächsführung.*
Wenn die Kritik Sie überrumpelt, können Sie jederzeit das Gespräch beenden, z. B.: *„Ihr Vorwurf trifft mich sehr. Ich muss erst in Ruhe darüber nachdenken. Lassen Sie uns bitte einen neuen Termin vereinbaren."*
Lassen Sie sich auch durch Drohungen (*„Das wird Folgen haben!"*) nicht aus dem Gleichgewicht bringen (*„Man wird sehen."*). Schulleitung und Schulamt haben eine Fürsorgepflicht für Sie.

Eine gute Vorbereitung auf schwierige Gespräche ist das Rollenspiel mit einem Partner oder vor dem Spiegel. Dabei können Sie mögliche Beschwerden und Ihre Argumentation vorwegnehmen und diese dann aufschreiben.
Meinungsverschiedenheiten sollten sachlich erörtert werden. Mit → *Ich-Botschaften (*„Ich meine …, Mich stört …, Ich wünsche mir …"*)* können Sie persönliche Stellungnahmen abgeben, ohne jemanden zu verletzen. Nach dem Motto „Der Ton macht die Musik" müssen Sie umso freundlicher sein, je mehr Sie widersprechen wollen (leise und langsam sprechen).
Bei einem direkten Angriff sollten Sie „aus dem Feld gehen" und auf Metakommunikation umsteigen, z. B.: *„Warum schreien Sie mich denn jetzt eigentlich an?"*
Werden Sie → *beleidigt (*„Sie blöde Ziege!"*),* so reagieren Sie unerwartet:
• Ironie: *„Heute sind Sie aber sehr temperamentvoll."*
• Kritik in Form eines Wunsches: *„Ich wünsche mir, dass wir anders miteinander sprechen."*
Trotz aller Unstimmigkeiten sollten Sie ein Gespräch nie mit einem Missklang enden lassen. Denn gerade nicht zur Einigung führende Gespräche bedürfen der Fortsetzung. Hilfe für das Folgegespräch: Bitten Sie darum, die Streitpunkte als Denkhilfe aufzuschreiben.
Wenn die Dissonanzen zu groß sind, sollten Sie Elterngespräche nicht alleine, sondern im Beisein der Schulleitung oder des Schulpsychologischen Dienstes führen und dabei ein Protokoll anfertigen lassen.

Manfred Reichgeld: Elternabend – gemeinsam geht es besser. München: Oldenbourg 1994
Manfred Schreiner: Skript „Management der erfolgreichen Gesprächsführung". Rückersdorf o. J.

Unterricht und Erziehung müssen ganzheitlich alle Bereiche des Mensch-Seins ansprechen. Emotionale Sensibilisierung und Förderung ist deshalb ein durchgängiges Unterrichtsprinzip.

Die Lehrerin: Emotionale Aufrichtigkeit (→ *Lehrerverhalten*)

„In seinen Empfindungen aufrichtig zu sein bedeutet anzuerkennen, dass es völlig in Ordnung ist, so zu sein, wie man eben ist, so zu denken, wie man denkt, so zu fühlen, wie man fühlt, und anderen gegenüber zu diesen Empfindungen zu stehen." *(J. Nelsen* S. 50) Nur wenn Sie sich in diesem Sinn „wohl fühlen", können Sie dies auch den Kindern vermitteln. Allerdings darf gelebte Emotionalität nicht zum irrationalen, vom Gefühls-überschwang geleiteten Handeln oder zum Abreagieren von Affekten führen. Die Würde des Kindes erfordert taktvolles Handeln, das die jeweilige Individualität und Situation beachtet. „Der taktvolle ... Lehrer steht zur Verfügung, bietet seine Hilfe an, er zwingt sie nicht auf. Er kann warten, bis man ihn ruft, und auch zusehen, wenn der andere sich auf seine Weise hilft." (*H.-J. Ipfling:* Über den pädagogischen Takt – in Ansehung von Emotion und Rationalität. In: *H.-J. Ipfling* S. 87)

Die Grundschule als Raum gelebter Emotionalität

Wärme, → *Wertschätzung* und → *Verständnis* der Lehrerin ermöglichen es dem Kind, seine vielfältigen Gefühle von Spannung und Erwartung, von Lust und Unlust, von → *Angst* und Freude, von Erfolg und Enttäuschung u.v.a.m. zu zeigen, mitzuteilen und zu bewältigen. Gelegenheiten für emotionale Erfahrungen:
* Gestaltung des → *Klassenzimmers* als pädagogischer Lebensraum;
* → *Schulleben, soziales Lernen, Rituale,* Zeiten der → *Stille,* gemeinsame → *Spiele, Ausflüge, Unterrichtsgänge, offene Lernformen, Projekte* u.v.a.m.
* → *Feste und Feiern*

Emotionales Wohlbefinden als Voraussetzung zum Lernen

Gefühle annehmen und in Worte fassen
* Unterdrückte Gefühle und emotionale Verstimmtheit verhindern das Lernen. Weisen Sie Gefühle nicht zurück (*„Reiß dich zusammen!"*), sondern akzeptieren Sie es, wenn Kinder ihre Gefühle mitteilen. Erkennen Sie diese an, indem Sie mit eigenen Worten wiederholen, was ein Kind sagt.

- Fragen Sie die Kinder, wie sie sich bei der jeweiligen Arbeit fühlen.

Positive Emotionen gezielt aufbauen

Lustbetontes Lernen erfolgt nicht nur aktiver, konzentrierter und zielgerichteter, sondern führt auch zu besserem Behalten.

- Positives Denken: *„Ich denke, das wird euch Spaß machen!"*
- Erfolgserlebnisse vermitteln (→ *Loben, Verstärken*)
- Aufbau eines positiven → *Selbstbildes:* Leben sie es den Kindern vor und ermutigen Sie sie zum Umeinander-besorgt-Sein, zur Anteilnahme, zum Äußern von Mitgefühl, zur Rücksichtnahme, zum → *Helfen.*
- Schatzkiste: In das Pendant zum Kummerkasten werfen Kinder und Lehrerin freudige Mitteilungen und Dankesbriefe, die vorgelesen bzw. verteilt werden.
- Nutzen Sie die emotionale Energie des Ärgers und sagen Sie für sich mehrmals ein positives Wort wie „Frieden, Friede sei mit dir, Liebe …". Geben Sie den Tipp an die Kinder weiter. (vgl. *Linda Lloyd:* Des Lehrers Wundertüte. NLP macht Schule. Freiburg i. Br.: VAK Verlag für angewandte Kinesiologie 1991, S. 79)

Emotionale Störfaktoren abbauen

Überforderung beim Lernen, Minderwertigkeitsgefühle, soziale Probleme in der Klasse und vor allem Schwierigkeiten in der Familie können die emotionale Befindlichkeit eines Kindes beeinträchtigen.

Kummerkasten oder Kummerbuch: Die Kinder (anonym oder mit Namen, mit oder ohne Adressaten) teilen ihre Sorgen, Konflikte und Probleme mit. Am Unterrichtsende oder einmal in der Woche wird der Kasten geleert. Fragen an die Lehrerin können Sie persönlich oder brieflich beantworten, die Klasse betreffende Fragen werden im Sitzkreis besprochen. Auch die Lehrerin kann Briefe an einzelne Kinder in den Kasten werfen.

Aufgreifen „emotionsgeladener" Themen

Sowohl aus den Themen des Unterrichts als auch im Miteinander der → *Klassengemeinschaft* ergeben sich emotionale Momente. Viele Themen wie Probleme mit → *Freunden* (→ *Beleidigen, aggressives Verhalten*), mit Geschwistern und in der Familie oder Ängste äußern die Kinder oft selbst. Bilder von Kindern in Konfliktsituationen, problemhaltige Geschichten und → *Rollenspiele* unterstützen die Auseinandersetzung mit Gefühlen mit dem Ziel, dass der Ausdruck von Gefühlen ein bewusstes Kommunikationsmittel wird (→ *Ich-Botschaften*).

Ein Wutanfall – was tun, wenn Gefühle zur Schau gestellt werden?

Manche „Kinder inszenieren Wutanfälle, um Aufmerksamkeit zu erregen, ihren Willen durchzusetzen, andere zu kränken, von denen sie sich gekränkt fühlen – oder auch um zu erreichen, dass sie in Frieden gelassen werden." (*J. Nelsen* S. 381) Ignorieren Sie den Wutanfall am besten und zeigen Sie damit, dass Sie sich nicht erpressen lassen. Sie müssen auf dem Einhalten von → *Regeln* bestehen, aber das Kind darf sich darüber ärgern. Das kann ihm nicht erspart werden.

Manchmal ist es sinnvoll, das Kind zu trösten, ohne ihm allerdings deshalb nachzugeben: „*Du darfst ruhig wütend sein. Das passiert jedem mal.*" (Gefühl annehmen) (*J. Nelsen* S. 382) Zu vermeiden sind dagegen Vorwürfe wie „*Musst du immer gleich wütend werden?*"

Nach dem Verebben der Wut (für ein längeres Durchhalten intensiver Gefühle reicht meist die Energie nicht) sollten Sie dann in aller Ruhe mit dem Kind sprechen.

Ansatzpunkte für emotionales Lernen:
Gefühle als solche sind wertfrei. Erst das daraus resultierende Folgeverhalten macht sie positiv, negativ oder ambivalent.

- Gefühle versprachlichen
  Ärger und Wut können als Warnung vor unangemessenen Reaktionen dienen. Sagen Sie es den Kindern deshalb, wenn Sie selbst diese Gefühle empfinden und geben sie damit ein Beispiel, Gefühle in Worte zu fassen (→ *Ich-Botschaften*).
- Erfahrungen mitteilen
  Die Kinder teilen mit, was sie wütend macht, „wie ihre Wut aussieht" und sich äußert. Sie können Wut körperlich und im Bild darstellen, eine „Wutmusik" mit Instrumenten gestalten, einen „Wut-Tanz" vorführen, ein „Wut-ABC" aus frei assoziierten Begriffen zusammenstellen oder „Wutgedichte" verfassen.
- Sammeln und Unterscheiden von positiven und negativen Wutreaktionen.

Ziel: Wut und Ärger bewältigen ohne jemandem zu schaden

Nicht nur notorische Störenfriede brauchen Ventile um angestaute Wut und Ärger loszuwerden, sondern auch die stillen Kinder sollen lernen sich „das Herz auszuschütten". Die Möglichkeiten Wut zu zeigen oder einen Wutanfall „abzufangen" werden eingeübt, z. B.:

- In der „Wut-Ecke" die Fäuste ballen, ein Kissen drücken oder boxen, die Wut abschütteln (Arme, Beine, Körper mit geschlossenen Augen fünf Minuten schütteln); Zeitungen zerknüllen oder zerreißen (für die nächste Collage in einer Schachtel sammeln); den Anlass für die Wut aufschreiben (Kummerkasten).

- Knüller: Das Kind malt oder schreibt den Namen von jemandem oder etwas, auf das es eine große Wut hat. Dann zerknüllt es das Papier mit viel Theatralik, wirft es auf den Boden, tritt darauf herum. Dann glättet es das Papier wieder und schließt Frieden. (vgl. *Ludwig Lambrecht:* Gestaltung des Unterrichtsbeginns in der Grundschule. Puchheim: PB Verlag 1983, S. 67)
- In der Entspannungsecke „zum Abkühlen" mit dem Lieblingsspielzeug spielen, mit dem Walkman eine Musikkassette hören oder ein Bild malen.
- Wut aussitzen: Sich auf den „Wut-Stuhl" setzen und warten, bis die Lehrerin zum Reden auffordert.
- Der Freundin oder dem Freund ein Wutschild zeigen und sich fest in den Arm nehmen lassen.
- → *Entspannung, Farben, Fantasiereisen*

Heinz-Jürgen Ipfling, Hrsg.: Die emotionale Dimension in Unterricht und Erziehung. München: Ehrenwirth 1974

Jane Nelsen, Lynn Lott, H. Stephen Glenn: Der große Erziehungsberater. München: dtv 1995

Rosemarie Portmann: Spiele zum Umgang mit Aggressionen. München: Don Bosco 1995

Entspannung

Entspannung ist der Zustand einer physischen und psychischen Gelöstheit. Die institutionalisierten Entspannungsphasen wie → *Pausen,* tägliche →*Bewegungsübungen* sowie der Wechsel von verschiedenen Aktivitätsformen und Lernbereichen (musische Fächer) reichen heute nicht mehr aus für eine wirkungsvolle körperliche, mentale und emotionale Entspannung (→ *emotionales Lernen, Atmen*).

Sich in der Schule wohl fühlen

„Machen Sie die Schule so, dass Sie sich wohl fühlen … Denn nur, wenn es Ihnen gut geht, kann es auch den Kindern gut gehen." (*C. Buchner* S. 30)

- Beachten der eigenen und der kindlichen → *Bedürfnisse*
- Selbsttätigkeit, → *Differenzierung, offener Unterricht*

- Täglich: Kinesiologische Übungen (→ *Edukinestetik*) zum Abbau von Stress und zur Verbesserung der Arbeitshaltung. Berühren der Stirnbeinhöcker (Stresspunkte etwa in der Mitte der Augenbrauen zwischen Augenbrauen und Haaransatz): Das Kind selbst oder ein anderes berührt sie sanft mit den Fingerkuppen und schließt dabei die Augen. (Mit den „Lichtschaltern" machen wir es in unserem Kopf wieder hell.) Oder: Den Nagel des Ringfingers auf die Daumenkuppe legen.

- Massageübungen
Abklopfen des Körpers mit beiden Händen oder Fäusten von den Zehen bis zum Kopf; mit einem Massageball (Noppenball) schreiben sich die Kinder gegenseitig Buchstaben, Zahlen auf den Rücken; den Rücken abwechselnd mit den Fingerkuppen, den Hand- und Fingerknöcheln massieren.

- Entspannungsecke
Sofa, Matratze oder Sessel, kleiner Tisch (mit Tischdecke), einige Bücher, Walkman und einige Kassetten mit klassischer Musik; Schild:

Unsere Entspannungsecke
- Wer sich nicht wohl fühlt, darf für zehn Minuten hierhin.
- Es darf immer nur <u>ein</u> Kind in die Entspannungsecke.
- Wer hier sitzt oder liegt, wird nicht aufgerufen.
- Du kannst lesen, träumen, Musik hören oder auch aufpassen.
- Du darfst die anderen Kinder nicht stören.

(nach *C. Buchner:* Freiheit und Verantwortung. Am Beispiel der „Entspannungsecke". In: Grundschulmagazin Heft 3/1996)

Achten Sie auf eine ruhige Arbeitsatmosphäre.

- Arbeiten bei Musik: Stillarbeit wird auch wirklich still erledigt, wenn Sie langsame Barockmusik abspielen. Sie wirkt beruhigend und entspannend.
- Beim Vorlesen einer Geschichte schließen die Kinder ihre Augen und legen den Kopf in die auf dem Tisch verschränkten Arme.
- Schaffen Sie Inseln der → *Stille:* Mentale Entspannungsübungen (→ *Farben, Musik, Fantasiereisen, Meditation*) regen durch gedankliche → *Konzentration* und Imagination kreative Denkprozesse an. Dabei schalten die Kinder auf Empfang und verzichten darauf, „dauernd selber zu senden." (*C. Buchner* S. 57) Dies muss in kleinen Schritten geübt werden. Günstig: Entspannungsübung nach der → *Pause* um

Ärger abzubauen und den Übergang von der körperlichen Bewegung zur geistigen Arbeit zu erleichtern.

Das Anti-Stress-Programm im Unterricht

- Stressfaktoren erkennen
Eine „Stresswaage" an der Pinnwand regt zum Gespräch an. Über die eine Schale pinnen die Kinder beschriftete Karten, die zeigen, was ihnen Stress verursacht. Über die andere Schale schreiben sie ihre Ideen, was sie dagegen tun können (vgl. FOCUS Heft 38/1995)
- Im → *Rollenspiel* Bewältigungsstrategien üben
- Entspannungstechniken lernen (→ *emotionales Lernen*)
Lautloser Indianerschrei mit geballten Fäusten zum „Dampfablassen"; Entspannungsübungen aus den verschiedenen Richtungen z. B. Yoga, Chi Gong, Tai Chi, Autogenes Training.
Autosuggestion, z. B. bei Angst vor einer → *Probearbeit:* Ich bin stark. Ich habe viel gelernt und schaffe es.

Voraussetzungen für Entspannungsübungen (nach U. Geer)

Bei der Lehrerin
- Persönliche Erfahrung und Vertrautsein mit den Übungen: Unsicherheiten bei der Anleitung können Störungen oder Verweigerung bei den Kindern hervorrufen.
- Authentizität: Damit Ihre Entspannungsinstruktionen glaubhaft sind, dürfen Sie selbst nicht innerlich angespannt sein.
- Vertrauensvolle Beziehung zu den Kindern: Wenn die Kinder eine Übung ablehnen, sollten Sie dies akzeptieren und besprechen.

Bei den Kindern
Bevor Sie mit Entspannungsübungen beginnen, sollten Sie die Kinder vorbereiten:
- Kurze Konzentrations- und Stilleübungen (30 Sekunden)
Dem Ton einer Glocke, einer Klangschale ... nachlauschen (→ *Stille*); Tastübungen: Gegenstände mit geschlossenen Augen befühlen und weitergeben.
Zeitlupenübungen zur Kontrolle des Bewegungsdrangs:
Die Kinder klatschen ganz langsam in die Hände, „steigen eine Treppe hinauf", ... gehen in Zeitlupe auf den Platz zurück.
- Positive Grundeinstellung
Die Entspannungsübung, ihren Ablauf und den Sinn vorher erklären und die Neugierde wecken.

Organisatorische Aspekte

Optimal ist ein eigener Entspannungsraum zum Ausruhen und Träumen mit Matten und Musik.

Abdunkeln des Raumes fördert die Konzentration.

Äußere Störfaktoren ausschalten, z. B. Schild vor die Tür „Bitte nicht stören!"

Keine Hektik und kein Zeitdruck!

Bilder, Texte, Musik oder Naturmaterialien sind hilfreich.

Hinweise zur Durchführung: → *Fantasiereisen*

Was Eltern wissen sollten

- Eltern sollten ihre Kinder nicht mit Medien- und Freizeitangeboten überfüttern. Kinder brauchen viel Raum für freies Spielen und auch für Langeweile, die sie selbst nach einer kreativen Betätigung suchen lässt.
- Die Übungen mit den Eltern durchführen, um Verständnis zu wecken und evtl. zum Üben zu Hause anzuregen.

Erich Ballinger: Lerngymnastik 1. Wien: Neuer Breitschopf Verlag hpt Verlagsgesellschaft 1992

Christina Buchner: Stillsein ist lernbar: Konzentration – Meditation – Disziplin in der Schule. Freiburg i. Br.: VAK, Verlag für Angewandte Kinesiologie 1994

Volker Friebel: Welche Farbe hat die Stille? Wie Kinder lernen sich zu entspannen. (mit Tonkassette) Trias

Ursula Geer/Ursula Hahn: In Ruhe lernen. Entspannung im Unterricht. In: Lehrer Journal/Grundschulmagazin Heft 12/1990. München: Ehrenwirth/Oldenbourg

Isolde Lenniger: Entspannung und Konzentration. Grundlagen, Ruhe-, Atem- und Körperübungen. Praxishilfen für die Klassen 1 – 4. Frankfurt a. M.: Cornelsen Scriptor 1995

Erarbeitungsunterricht (fragend-entwickelndes Verfahren)

„In manchen Märchen müssen die Figuren sich durch einen Berg aus Brei hindurchessen. Beim Erarbeitungsunterricht haben die Schüler die gleiche Aufgabe.
Der Unterschied ist nur der, dass kein Breiberg da ist:
Die Schüler müssen den Brei, durch den sie sich hindurcharbeiten sollen,
nämlich zuerst selbst hervorwürgen."
Jochen u. Monika Grell, S. 65

Mängel des häppchenweisen Erarbeitens

- Es eignet sich nicht zum Vermitteln von Informationen. (→ *Erklären*) Eine geordnete Stoffvermittlung ist Voraussetzung für geistiges Verarbeiten. Dies „wird aber extrem erschwert, wenn man die Informationen... erst... aus einem Durcheinander von Lehrerfragen, falschen, richtigen, genauen und ungenauen Schülerantworten sowie den Lehrerkommentaren dazu mühselig selbst herausfiltern muss." (*Grell* S. 59)

- Die Kinder behalten wenig. (→ *Auswendiglernen*)
- Kein direkter Kontakt mit dem Lernstoff
  Der Stoff ist „im Kopf des Lehrers". Die Kinder müssen bei jeder Frage und bei jedem Denkanstoß herausfinden, „welches Teilchen des dort gespeicherten Informationsvorrats sie jeweils ‚finden' oder ‚entdecken' dürfen." (*Grell* S. 65)
- Tendenz zu kognitiven Lernzielen der untersten Ebene
  Die Kinder erfahren nur, „dass es etwas gibt, aber sie lernen keine Fähigkeit, kein Können, keine Tätigkeit, die das Wissen erst fruchtbar machen würde." (*Grell* S. 100)
- Lehrerzentrierung
- Die falsche Annahme, dass alle Schüler im Gleichschritt lernen.
  „Hat ein Schüler endlich den Gedanken geäußert, auf den der Lehrer die ganze Zeit hinauswollte ..., dann wird angenommen, dass die Klasse von selbst darauf gekommen ist und eben nicht nur ein Einzelner. ... Wenn dem einen ein Licht aufgeht – so die Annahme –, leuchtet es auch in allen anderen Köpfen." (*Grell* S. 72) Doch oft hören die anderen Kinder nicht einmal, was eines sagt.
- Ignorieren von → *Lernschwierigkeiten*
  Meist werden nur die Kinder aufgerufen, die die richtige Antwort bereits wissen.

Der Unterricht hängt vom Zufall ab und lockt Disziplinschwierigkeiten an

- „Wir wollen erst einmal sammeln." (*Grell* S. 84 ff)
  Oft sollen die Kinder am Anfang erzählen, was sie schon zu einem Thema wissen. Dieses Zusammentragen wäre sinnvoll, wenn darauf der Unterricht aufbaut. Doch meist nimmt der Unterricht „seinen vorgesehenen Lauf, egal was die Schüler zusammentragen." Andrerseits lockt das Sammeln Zufälle an, die den Unterricht gefährden, z. B.: Die Kinder hören mit dem Erzählen nicht auf. Das Abbrechen durch die Lehrerin ärgert sie, weil sie unterbrochen werden oder gar nicht erst drankommen. Spontane Ideen der Kinder können die Lehrerin in Gebiete führen, über die sie nicht Bescheid weiß. Mitunter äußert ein Kind genau das, was eigentlich erst am Schluss der Erarbeitung „spontan erkannt" werden sollte. (→ *Spontaneität*)

- Hinführung oder Einstimmung auf das Thema (→ *Motivation*)
  Manch kunstvolle Hinführung geht am Thema vorbei oder führt eher weg von ihm. Klare Zielangaben vermeiden Ärger.
- „Kaugummifragen" (→ *Fragen*)
  Mit uneindeutigen Fragen schleicht man sich bei der Erarbeitung „so indirekt wie nur möglich an die erwarteten Begriffe heran …" (*Grell* S. 88)
- „Was fällt euch daran auf?"
  Die Vieldeutigkeit der Frage bringt „nur spontane Verwirrung und künstlich erzeugtes Durcheinander." (*Grell* S.91)
- Indirekte Manipulation der Kinder
  Die Lehrerin will die Kinder systematisch von einer Erkenntnis zur nächsten führen. „In der Praxis wird dieses Schritt-für-Schritt-Vorgehen zu einer fieberhaften Suche nach bestimmten Wörtern." Oft genug „bleibt Lehrern … nichts anderes übrig als den Begriff am Ende nach einer langen erfolglosen Irrfahrt doch selbst zu geben." (*Grell* S. 95) Einfacher wäre es, den Kindern klar zu sagen, welches Verhalten von ihnen erwartet wird. (→ *Unterrichtsrezepte*)
- „Erarbeitungsunterricht ist für die Schüler langweilig. Sie tappen in einem Labyrinth umher und viele sehen keinen Plan und kein Ziel vor sich. … Sie sollen eigentlich nur eins tun: Aufpassen." Deshalb sind die Schüler gewöhnlich unterbeschäftigt und fangen an sich selbst zu beschäftigen. Sie versuchen die starre → *Lenkung* zu unterlaufen. (*Grell* S. 98)

Jochen und Monika Grell: Unterrichtsrezepte. München: Urban und Schwarzenberg 1979

Erklären

Kurze Erklärungen

Oft werden wir „ohne Vorwarnung vor die Aufgabe gestellt aus dem Handgelenk irgendetwas zu erklären, was die Schüler nicht verstehen." (*Grell* S. 226)
Wenn ein Kind z. B. das Wort „ablenken" nicht versteht, nützt ihm eine Definition wenig (etwas von seiner Zielrichtung abbringen), sondern es braucht anschauliche und lebendige Beispiele, Vergleiche, Bilder, Demonstrationen, z. B.: Hier ist ein Fußball. Ich will diesen Ball nach dort ins Tor schießen. Ich schieße jetzt also, aber ein anderer Spieler kommt

dazwischen und schießt den Ball mit dem Kopf zur Seite. Er hat den Ball vom Tor, von seinem Ziel abgelenkt. (nach *Grell* S. 226 ff.)

Aufgaben zum Überprüfen, ob das Kind die Erklärung verstanden hat, oder zum Üben des Begriffs:

- Das Kind nennt weitere Beispiele.
- Fragen an das Kind, z. B.: „Wodurch könnte eine Kugel abgelenkt werden, die über den Fußboden rollt?" – „Ein Schüler soll im Unterricht einen Text abschreiben. Wie könnte es aussehen, wenn er davon abgelenkt wird?" (*Grell* S. 228)
- Die Lehrerin erzählt zwei kurze Geschichten; eine passt zum Begriff „ablenken", die andere nicht. Das Kind soll die treffende Geschichte angeben.
- Die Lehrerin nennt einige Sätze mit dem Wort „ablenken".

So können Sie Ihre Erklärungsfähigkeit verbessern:

- Erklären Sie einen Sachverhalt auf drei verschiedene Arten.
- Sammeln Sie Kinderfragen und beantworten Sie sie kurz und präzis.
- Formulieren Sie einen Text aus einem Schullehrbuch anschaulicher und illustrieren Sie ihn mit Zeichnungen. (nach *Grell* S. 229)
- Spielen Sie mit der Klasse „Dingsda": Es ist eine schöne Zeit. Es gibt sie Sommer wie Winter. Leider sind sie immer zu kurz. Die Lehrer haben sie auch. Sie sind Urlaub von der Schule.

Der Lehrervortrag als längere Erklärung

Damit die Kinder später selbst Erklärungen in Schulbüchern oder Lexika lesen und verstehen oder selbst etwas erklären können, müssen sie durch das Hören in diese Technik eingeführt werden.

Außerdem: „Wenn ich erreichen möchte, dass die Schüler Fakten wissen, dann ist das Vortragen dieser Fakten immer noch die billigste, einfachste und wirksamste Darstellungsmethode." (*Grell* S. 200 f.) (→ *Lernen*)

Merkmale einer verständlichen Erklärung (nach *Grell* S. 202 ff.)

1) Inhaltliche und sprachliche Einfachheit bedeutet nicht ein kindertümelndes Sprechen oder ein striktes Vermeiden aller Fremdwörter. „Eine gewisse Distanz in der Sprache des Lehrers ... ist nicht nur vertretbar, sondern als Lernanreiz sogar notwendig." (*Grell* S. 204) (→ *Lehrersprache, Lehrtexte*)

2) Übersichtliche Ordnung und Gliederung
   Zuerst an bekannte Sachverhalte anknüpfen, dann neue Informationen geben; Einzelinformationen einem Grundgedanken unterordnen.

3) Angemessene Informationsdichte: Kürze und Prägnanz, aber auch Redundanz
   - Die wichtigen Gedanken von weniger wichtigen deutlich abheben;
   - Wichtiges wiederholen und dies auch ansagen (*„Ich wiederhole noch einmal:…"*);
   - Wichtiges durch Umschreibungen oder Beispiele verdeutlichen.

4) Ein mittleres Ausmaß an Stimulanz (lebendig, anregend, humorvoll…)
   - Auswählen des Stoffes
     Statt allgemein formulierter Unterrichtsthemen (z. B. „Die Ente") einen Aspekt in den Mittelpunkt stellen (z. B. „Warum kann die Ente so gut schwimmen?").
   - Informationen anreichern und auffüllen
     Wie beim → *Erzählen* den Stoff fantasievoll ausschmücken, z. B. durch Nennen von Personennamen, durch Beispiele, Geschichten, Bilder, Pantomimen, durch Umformen in ein Gespräch, durch eigene Erlebnisse, persönliche Erfahrungen, Fragen, Zweifel und Meinungen sowie durch mögliche Einwände der Zuhörer (*„Das findest du vielleicht merkwürdig…"*).

Der Kontakt zwischen Redner und Zuhörer (nach *Grell* S. 217 f.)

„Ein Vortrag mag vom Inhalt her noch so interessant und wichtig sein, wenn er nicht von ,Anmachern' durchsetzt ist, die den Kontakt zwischen Hörern und Sprechern immer wieder bekräftigen, fallen die schönsten Gedanken zwischen die Dornen." (*Grell* S. 217) „Anmacher" sind:
- Sprechen Sie die Kinder direkt an („Du…").
- Halten Sie zu den Kindern Blickkontakt.
- Weisen Sie ab und zu auf die Bedeutung einzelner Informationen hin, z. B. *„Das ist jetzt wichtig. – Das musst du dir merken."*
- Unterstützen Sie Ihre Darbietung durch ein klares → *Tafelbild*.
- Verwenden Sie witzige Formulierungen.
- Mit rhetorischen Fragen zum Ergänzen und Fragen ermutigen, sodass sich ein lebendiges Gespräch entwickelt, das allerdings viel engagierter verläuft als eine zähe → *Erarbeitung*.

Elemente eines Lehrervortrags (nach *Grell* S. 218 ff.)

Es hängt vom Stoff und seinem Umfang ab, ob alle Punkte anzusprechen sind.
   1) Themenangabe/Überschrift:
      Rätselhafte, widersprüchliche Themenangaben erwecken Spannung.

2) Übersichtsbemerkung als informierender Einstieg
($\rightarrow$ *Unterrichtsrezepte*): Das Thema in seiner Gesamtheit kurz vorstellen, z. B. durch
- Aufzeigen des größeren Zusammenhangs
- Darstellen des Grundproblems
- Anknüpfen an früher Gelerntes und dabei Aufzeigen von Gemeinsamkeiten oder Unterschieden
- Nennen einiger zentraler Begriffe („Stichwörter")
- Erklären der Bedeutung des Themas
3) Organisationshilfe(n)
Eine Tafelanschrift erleichtert das Behalten von Informationen und verankert Neues mit bereits Bekanntem.
4) Begründen des Themas
„… nicht zu allgemein und nicht zu zukunftsbezogen … *(„Das müsst Ihr wissen, um später als Erwachsene einmal mitreden zu können.")*, sondern … den unmittelbaren Nutzen betonen, den die Schüler davon haben, wenn sie das Thema beherrschen … *(„Wenn etwas im Fernsehen darüber kommt, verstehst du es besser … ." – „Du kannst mitreden, wenn über das Thema… gesprochen wird…")."* (*Grell* S. 223 f.)
5) Bekanntgeben der Lernziele,
damit die Kinder wissen, „worauf sie beim Zuhören besonders achten und was sie sich merken müssen." (*Grell* S. 224)
6) Gliederung
an die Tafel schreiben, sie zu Beginn erläutern und während des Vortrags auf den entsprechenden Punkt zeigen.
7) Verdeutlichen von Beziehungen
durch Hinweis auf Ähnlichkeiten, Unterschiede, Widersprüche
8) Hervorheben der Bedeutsamkeit von Einzelinformationen (mit Worten, Betonung)
9) Zusammenfassungen zwischendurch und am Schluss
10) Aufzeigen von Verbindungen zum folgenden Stoff

Jochen und Monika Grell: Unterrichtsrezepte. München: Urban und Schwarzenberg 1979

Erkrankung

Erkrankung von Kindern

* Bei Erkältungen
sollten die Eltern auf einen ausreichenden Vorrat an Papiertaschentüchern achten und ggf. auch Hustenbonbons mitgeben.

* Verständigung der Schule
Um das Telefon für dienstliche Anrufe freizuhalten, bitten wir die Eltern ihre Kinder nicht telefonisch zu entschuldigen (Ausnahme: ansteckende Krankheiten, s. u.). Sie können entweder ein anderes Kind anrufen, das die Klassenlehrerin informiert, oder einem Kind in der Nachbarschaft einen Zettel mitgeben. Am zweiten Krankheitstag muss eine schriftliche Entschuldigung vorliegen.
Fehlt ein Kind unentschuldigt, schicke ich umgehend ein anwesendes Kind mit einem Zettel (Klasse, Name des fehlenden Kindes) ins Sekretariat, damit nachgeforscht werden kann.

* Maßnahmen der Lehrerin
Jedes Kind hat einen „Krankendienst" (Freund, Nachbar in der Schule, in der Nähe wohnendes Kind), der bei Erkrankung unaufgefordert für das Kind Arbeits- und Informationsblätter sammelt, es am Nachmittag anruft, ihm die → *Hausaufgaben*, einen Brief von der Klasse und evtl. ein kleines Mitbringsel vorbeibringt. Die Hausaufgaben braucht das Kind nur zu machen, wenn es dazu fähig ist und es will. Bei längerer Krankheit hilft eine Liste mit dem wichtigsten Lernstoff zum Nachholen.

* Plötzliche Erkrankung oder Unfall während der Schulzeit
Kinder, die sich nicht wohl fühlen, können sich auf einer Matratze, einem Sofa im Klassenzimmer hinlegen. So kann ich mich zwischendurch um das Kind kümmern, was nicht geht, wenn sich das Kind im oft ungemütlichen Arztzimmer in Begleitung eines anderen Kindes hinlegt.
Halten Sie stets Heftpflaster, Papiertaschentücher, einen Plastikbeutel oder einen kleinen Eimer (Erbrechen) griffbereit.
In ernsten Fällen muss der Notarzt gerufen werden. Bei leichten Verletzungen kann bei Nicht-Erreichbarkeit der Eltern auch eine Lehrerin oder der Hausmeister das Kind zum Arzt fahren. Die Befürchtung, dass Ersthelfer für evtl. unsachgemäße Hilfe zur Haftung herangezogen werden, ist unbegründet. (vgl. Pluspunkt, Mitteilungen des Bayerischen Gemeindeunfallversicherungsverbandes Heft 1/1996)
Bei Unfällen in der Schule und auf dem Schulweg mit anschließender ärztlicher Behandlung muss immer eine Unfallmeldung gemacht werden.

- Schulbesuchsverbot bei ansteckenden Krankheiten

Nach § 45 Abs. 1 Bundesseuchengesetz darf kein mit Läusen befallenes Kind die Schule besuchen. Die Eltern sind verpflichtet selbst für eine Entlausung zu sorgen (Apotheke, Haus-, Kinderarzt). Bereits der Verdacht auf Läusebefall sollte umgehend der Schule gemeldet werden, damit diese die Hygieneassistentin vom Gesundheitsamt verständigen kann, die alle Kinder untersucht. Das befallene Kind darf erst wieder zur Schule gehen, wenn eine Unbedenklichkeitserklärung des Arztes oder der Hygieneassistentin vorliegt.

Regelung an unserer Schule: Alle Kinder der Klasse tragen ins → *Mitteilungsheft* ein: Ein Kind der Klasse hat Läuse. Bitte überprüfen Sie Ihr Kind.

Ebenso dürfen weder Kinder noch Lehrer die Schule besuchen, wenn sie selbst oder eine in der Wohngemeinschaft mit ihnen wohnende Person an einer der folgenden Krankheiten erkrankt ist: Ansteckende Borkenflechte, Cholera, Diphterie, Enteritis infectiosa, Keuchhusten, Krätze, Masern, Meningitis/Encephalitis, Milzbrand, Mumps, Ornithose, Paratyphus, Pest, Pocken, Poliomyelitis, Q-Fieber, Röteln, Scharlach, Shigellenruhr, ansteckungsfähige Tuberkulose, Tularämie, Typhus abdominalis, virusbedingtes hämorrhagisches Fieber, Virushepatitis, Windpocken. Bitten Sie die Eltern am Elternabend um sofortige Mitteilung auch eines Krankheitsverdachts und benachrichtigen Sie die Schulleitung. (BSeuchG §§ 44 bis 48 a) Lehrer können auch bei Verdacht ein Kind nach Hause schicken mit der Auflage zum Arzt zu gehen.

Erkrankung von Lehrern (→ *Vertretungsstunden*)

- In jeder Klasse sollten zwei Kinder bestimmt werden, die es fünf Minuten nach Stundenbeginn im Sekretariat oder in der Schulleitung melden, wenn eine Lehrerin nicht erscheint (→ *Aufsichtspflicht*).
- Es erleichtert das Erstellen eines Vertretungsplans, wenn die Schulleitung schon am Vorabend informiert wird, wenn sich eine Erkrankung abzeichnet.
- Für Vertretungslehrer ist es höchst lästig, wenn sie vor verschlossenem Pult und verschlossenen Schränken stehen. Deshalb haben wir an der Schule einen Platz vereinbart, an dem diese Schlüssel deponiert werden. Geld sollte ohnehin nicht in der Schule aufbewahrt werden.
- Klassenbuch und Schülerliste liegen griffbereit bereit.
- Bei längerer Erkrankung werden die Schülerbeobachtungen und Notenlisten gebraucht, um u. U. die Zeugnisse anfertigen zu können. Halten Sie diese Unterlagen deshalb immer auf dem Laufenden.

Ermahnen

Ermahnungen wollen an erwünschtes Verhalten erinnern bzw. verhindern, dass unerwünschtes Verhalten wiederholt wird und sich verfestigt. Da Vorwürfe nur Opposition hervorrufen, sollten Ermahnungen frei davon sein, sondern vielmehr sachlich und ruhig geäußert und wie → *Anweisungen* möglichst positiv formuliert werden (*„Mach bitte deine Hausaufgaben."*).

Prophylaktische Ermahnungen
sind manchmal günstig, z. B.: *„Meldet euch bitte.* (an ein bestimmtes Kind gewandt) *Auch der Thomas meldet sich, wenn er etwas sagen will."* (unpersönlich in der 3. Person, mit tieferer Stimme als sonst sprechen)

Intensive Ermahnungen
Wollen Sie ein Kind nachdrücklich ermahnen, so fassen Sie es an beiden Händen und achten auf Blickkontakt. Die körperliche Zuwendung signalisiert einerseits dem Kind Ihre grundsätzliche Zuneigung (wodurch es positiv gestimmt wird), andererseits spricht Ihre Botschaft dann nicht nur den „Kopf" an, sondern auch das Gefühl. (→ *emotionales Lernen*)

Schriftliche Ermahnungen als gute Vorsätze
Häufige mündliche Ermahnungen nutzen sich ab. Sie können deshalb die Klasse z. B. durch Zeigen auf ein Plakat mit → *Regeln* oder kurze Tafelanschriften (Seid bitte leise.) ermahnen und einzelnen Kindern vorbereitete Karten mit öfter nötigen Ermahnungen geben. Farbige Karten (→ *Farben*) in Herzform stimmen das Kind positiv (Ich melde mich, wenn ich etwas sagen will). (vgl. *Christina Buchner:* Stillsein ist lernbar. Konzentration - Meditation - Disziplin in der Schule. Freiburg i. Br.: VAK, Verlag für Angewandte Kinesiologie 1994, S. 138)

Jakob Busch: Hilfe durch Verstehen - was die Individualpsychologie rät. In: *Hans-Dieter Göldner:* Schwierige Kinder - was tun? München: Oldenbourg 1992
Wolfgang Memmert: Die Führung einer Schulklasse. 3. Aufl. München: Oldenbourg 1988

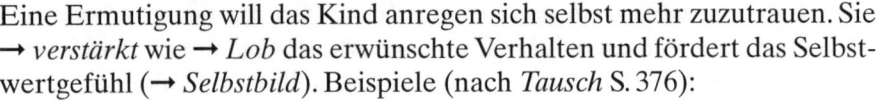

Ermutigen

Eine Ermutigung will das Kind anregen sich selbst mehr zuzutrauen. Sie → *verstärkt* wie → *Lob* das erwünschte Verhalten und fördert das Selbstwertgefühl (→ *Selbstbild*). Beispiele (nach *Tausch* S. 376):
„Ich komme ja gar nicht mehr mit, so schnell und genau rechnet ihr."
„Deine Idee hilft uns wirklich aus der Klemme heraus."
„Sehr gut, Rainer. - Das hast du gut gemacht."
„Versuch es mal, ich denke, du schaffst es."
„Ich hätte nicht gedacht, dass ihr das schon so gut könnt."

Ermutigung auch bei schlechten Leistungen ist günstiger als Tadel oder Vorwürfe, z. B.:
„Das kann schon mal passieren. Aber bemüh dich, dass es sich nicht wiederholt."
„Du darfst jetzt nicht den Mut verlieren; du wirst es schon noch schaffen."
„Wie kann ich dir helfen, dass es wieder besser wird?"
„Ich würde mich freuen, wenn es beim nächsten Mal wieder besser geht."
(nach *Tausch* S. 379)
„Vielleicht versuchst du es einmal so ..."

Mutmachen darf nicht verstanden werden als Bagatellisieren eines Problems: „Stell dich nicht so an, das ist doch gar nicht so schwer!" In der kindlichen Logik bedeutet das: „Aber ich bin zu dumm dazu." Hilfe: → *Fördern* durch kleine Lernschritte, durch Hervorheben seiner Stärken den Mut auch auf andere Bereiche übertragen.

Reinhard u. Anne-Marie Tausch: Erziehungspsychologie, 5. gänzl. neu gestaltete Auflage. Göttingen: Verlag für Psychologie Dr. C. Hogrefe 1970

Erster Schultag

Der erste Schultag im ersten Schuljahr

- Willkommensgruß an der Tür zum Klassenzimmer
  (→ *Anfangsunterricht*)
- Information der Eltern über nötige → *Arbeitsmittel*: Auf zwei Tischen im Gang liegen die Materialien aus:

Bitte kaufen Sie für Ihr Kind noch:	Das habe ich für Ihr Kind schon gekauft:

Gestaltung

Die Kinder haben gespannt diesen Tag erwartet und wären enttäuscht, wenn sie nur ihre Schultüte ausräumen und diese auch noch malen sollen, obwohl sie dies im Kindergarten schon getan haben. Sie wollen lesen, schreiben und rechnen lernen! Deshalb soll auch sofort damit begonnen werden.

- Begrüßung: Die Lehrerin begrüßt jedes Kind einzeln an der Tür, gibt ihm die Hand und überreicht ihm sein Namensschild (große Druckbuchstaben), das das Kind auf einen frei gewählten Platz stellt. Oder die Namensschilder stehen bereits auf jedem Tisch und die Kinder suchen ihren Platz.
- Sich-Vorstellen: Wenn alle sitzen, stellt sich die Lehrerin vor und hält ihr Namensschild hoch. Die Kinder stellen sich ebenfalls vor und zeigen dabei ihr Namensschild.
- Kennenlernspiel (Sitzkreis) mit Namensschildern und einem Ball: *„Ich heiße Svenja. Wie heißt du?"* Bei der Frage gibt das Kind den Ball an seinen Nachbarn weiter.
- Schultüte: Jedes Kind nimmt einen Gegenstand heraus, der ihm besonders gut gefällt, und zeigt ihn.
- Fibel: Ich lasse die zugehörigen Handpuppen sich über die Schule, über den heutigen → *Tagesplan*, über das Lesenlernen oder über die Fibel unterhalten. Austeilen und Betrachten der Fibel (→ *Bücher*).
- Erste Einzelarbeit: Nach Vorlage ihres Namensschildes drucken oder stempeln die Kinder ihren Namen. Wer fertig ist, kann sein Namensschild grafisch ausgestalten und verzieren.
- Erste Hausaufgabe, damit die Kinder das Gefühl haben in der Schule zu sein, und nicht im Kindergarten: *„Schreibe deinen Namen mit verschiedenen Farbstiften auf ein Blatt."* Außerdem: Das Lieblingsspielzeug mitbringen.
- Abschluss: Vorlesen einer kurzen Geschichte, Singen eines aus dem Kindergarten bekannten Liedes, bis die Eltern ihre Kinder abholen. Mitgeben des Stundenplanes für die nächsten Tage und der Einladung zum → *Elternabend* zu Beginn der zweiten Schulwoche.

Sigrid Bairlein/Christel Butters: Schulanfang - Hilfen für Lehrer. Donauwörth: Auer 1996

Andreas Langer, Hrsg: Ich übernehme eine 1. Klasse. München: Oldenbourg 1996

Der erste Schultag mit einer neuen Klasse

Vorarbeit

- Wenn möglich, ein neues → *Klassenzimmer* noch im alten Schuljahr mustern, um gewünschte Änderungen rechtzeitig einleiten zu können.
- Ein stets griffbereiter Kalender zum Eintragen von zu klärenden Fragen, → *Tagebuch* zum Eintragen von Beobachtungen und Vorfällen.
- Bevor Sie sich anhand der Schülerbögen und Zeugnisdurchschriften über die Kinder informieren, lernen Sie zuerst vorurteilsfrei die Kinder kennen.
- Klassenpoesiealbum: Schreiben Sie etwas über sich hinein und kleben Sie ein kopiertes Foto von sich ein. Dann wandert das Album durch die Klasse.
- Der erste Eindruck von Ihnen ist wichtig. Sie müssen sich weder als besonders „gute" noch als betont „strenge" Lehrerin geben, sondern „natürlich" entsprechend ihrer inneren Überzeugung (→ *Lehrerverhalten*). Ruhe, Geduld und Humor sind günstig, doch sind auch klare → *Anweisungen* nötig, um Ihre Erwartungen zu verdeutlichen.

Begrüßung

Reichen Sie jedem Kind die Hand, lassen Sie sich den Namen nennen und geben Sie ihm sein von Ihnen geschriebenes Namenschild. Weniger weil das ordentlicher aussieht, sondern weil es den Kindern zeigt, dass Sie sich schon mit ihnen befasst haben. Anfangs können die Kinder ihren Sitzplatz selbst wählen (→ *Sitzordnung*). Überprüfen Sie die Vollzähligkeit der Kinder, führen Sie → *neu dazugekommene Kinder* ein und achten Sie auf eine angemessene Größe des Gestühls.

Stellen Sie sich der Klasse vor, notieren Sie Ihren Namen an der Tafel und erzählen Sie ein bisschen von sich.

Kurze Morgenfeier, gemeinsames Gebet, Aufsagen eines Gedichtes, Singen eines bekannten Liedes ... (→ *Tagesbeginn*)

Gestaltung der ersten Schultage

- Partnergespräch oder Sitzkreis: Berichten von Ferienerlebnissen (→ *Ferien*)
- Schreiben eines Steckbriefes über sich für die Lehrerin zum Kennenlernen
- Überprüfen der Schülerdaten (besonders wichtig: Telefonnummer), Änderungen im Schülerbogen eintragen und im Sekretariat melden.

Planen der künftigen Arbeit

- Verteilen des Stundenplans und Mitteilen von benötigten → *Arbeitsmitteln und Heften*

- Wahl der Klassensprecher und Einteilen der → *Klassendienste*
- Verteilen von → *Büchern* und Ausblick auf den neuen Lernstoff
- Gestalten von Deckblättern (z. B. Mappe für Kunst, Sachunterricht, Aufsätze)
- Gemeinschaftsarbeit als erster Schmuck für's → *Klassenzimmer*, z. B. bunter Abdruck aller Hände
- Erlernen eines neuen Liedes
- Besprechen und Notieren der → *Hausaufgaben*

Feststellen des Leistungsstandes
- Rückblick auf das letzte Schuljahr: Sachkundequiz, → *Arbeitsblätter* mit Rechnungen und Fragen aus der Sprachlehre (Ich zeige, was ich aus dem 1./2./3. Schuljahr noch kann)
- Ein Kind bitten Ihnen alle Hefte und Mappen des Vorjahres zur Durchsicht auszuleihen.

Nach dem Schlusskreis räumen die Kinder ihren Platz auf und verlassen ruhig und ohne Gedrängel das Klassenzimmer, am besten gruppenweise.

Erarbeiten von Klassenregeln über mehrere Tage hinweg (→ *Regeln*)
Besprechen Sie die Arbeitsweisen und → *Regeln*, die Sie für Ihren Unterricht benötigen, und üben Sie sie schrittweise ein, z. B.:
- Welche → *Gesprächsregeln* kennt ihr? (Regeln begründen lassen.)
- Erinnern an eine günstige → *Sitz- und Schreibhaltung*
- Verhalten bei → *Einzelarbeit*: Gibt es → *Helfer?* Sind die Kinder an → *Differenzierung* und → *Freiarbeit* gewöhnt?
- Wie habt ihr bisher → *Partner-* und → *Gruppenarbeit* gemacht?
- Wie werden die → *Arbeitsblätter,* Hefte, Bücher ausgeteilt und eingesammelt?
- So wollen wir unsere → *Hefte* führen.
- Gemeinsames Planen der Gestaltung des → *Klassenzimmers*
- Klassenrituale festlegen (z. B. → *Tagesbeginn*, Begrüßung, Kontrolle der → *Hausaufgaben*, → *Wochenplan*, *Geburtstag* u. a. m.)
- Vorstellen und Absprechen von Ihnen geplanter Aktionen und → *Projekte*

Trotz der Fülle von Aufgaben: Gehen Sie das neue Schuljahr ruhig und langsam an. Wählen Sie nur die Vorschläge aus, die Ihnen entsprechen und die Sie auch konsequent ein Schuljahr durchhalten können.

Die Lehrererzählung als Vorbild für das Kind

Grundregeln für das Erzählen
- Detaillieren Sie und schildern Sie die Einzelheiten.
- Lokalisieren Sie.
- Personifizieren Sie und sprechen Sie nicht von Müttern und Kindern, sondern von bestimmten Menschen und ihren Eigenschaften. (B. Brecht nannte nicht umsonst sein Theaterstück „Mutter Courage" und nicht nur Mutter.)
- Dialogisieren und dramatisieren Sie, setzen Sie die direkte Rede ein. Also nicht: „Herodes sah, dass ...", sondern: „Immer wieder läuft Herodes ans Fenster: 'Wo bleiben die drei Fremden?' Er jagt seine Diener auf die Türme: 'Schaut in Richtung Bethlehem. Meldet sofort, wenn ihr drei Männer mit Gefolge kommen seht.'" (aus *Fritz Bärmann:* Der Schatten hinter dem Weihnachtsbaum. In: Die Grundschule Heft 12/1988) Die Spannung muss auch in Ihrer Stimme, Mimik und Gestik zu spüren sein!
- Motivieren Sie und setzen Sie seelische Vorgänge in Sprache um, z. B.: Herodes: „Die haben mich betrogen! - Was soll aus mir werden? - Soll ich mein Schloss, meine Macht, meinen Reichtum verlieren? - Was tun? - Ich hab's!" (aus *F. Bärmann*, a.a.O.)

Hilfen: Sich zumindest Stichpunkte und entscheidende Wendepunkte vorher schriftlich notieren.

Christel Oehlmann: Garantiert erzählen lernen. (Übungsbuch) Reinbek: Rowohlt 1995

Das Erzählen der Kinder

Äußere Voraussetzungen

Blickkontakt zwischen Erzähler und Zuhörern (→ *Sitzordnung*) : Doppelter Halbkreis um den Erzähler oder Sitzkreis (Erzählkreis).
Konzentration auf den Erzähler und Hervorheben seiner Position: Erzählstuhl (bequemer Lehnstuhl, Lehrerstuhl).
Zum Abbau von Sprechhemmungen kann der Erzähler in den Händen einen kleinen Gummiball mit Noppen (Massageball) oder auch ein Wollknäuel drücken. Dieser „Erzählball" ist zugleich ein sichtbares Zeichen, dass jetzt nur der Erzähler sprechen darf.

Wie können wir die Kinder zum Erzählen anregen?

- Freies Erzählen in festen Erzählzeiten im Morgen- oder Schlusskreis

(→ *Tagesbeginn*). Dabei Notizen machen, lohnende Mitteilungen an die Tafel schreiben, vervielfältigen und sie in einem „Klassenlesebuch" sammeln. Dabei erfahren die Kinder, dass ihre Erzählungen für wichtig erachtet werden und wie mündlich Erzähltes schriftlich umgeformt werden kann (Aufsatzvorbereitung).

- Natürliche Sprech- und Erzählanlässe nutzen anstatt künstliche zu schaffen. Unterbrechen Sie Ihren Unterricht, wenn unvorhergesehene Ereignisse die Kinder zum Sich-Mitteilen drängen.
- Partnergespräche (→ *Partnerarbeit*) nutzen das natürliche Bedürfnis des Kindes mit seinem Nachbarn zu sprechen.
- Hilfsmittel → *Handpuppen* (die Puppe stellvertretend von sich erzählen lassen); zum Fernseher umfunktionierter Pappkarton: als „Fernseherzähler" Märchen, Kindernachrichten oder Unsinnsgeschichten erzählen.

Wie können wir die Kreativität der Kinder beim Erzählen entfalten?
- Das Wort als Vorgabe der Fantasie
  Vorgegebene Rahmenthemen (Mein Wunschtraum, ...), einzelne oder mehrere Reizwörter, Sprechblasen oder auch vorgelesene oder selbst gelesene Texte regen die Kinder zum Erfinden eigener Geschichten oder zum Weiterspinnen an. Das bloße Nacherzählen einer allen bekannten Geschichte motiviert wenig zum Zuhören, ausgenommen bei Märchen.
- Das Bild als Vorgabe
  Gemeint ist damit keine Bildbeschreibung, sondern das Umsetzen des Bildes in eine Handlung und Übertragen in Sprache. Vorzüge von Einzelbildern und Bilderfolgen sind: Das Geschehen ist vorstrukturiert und vereinfacht, sodass sich das Kind auf die sprachliche Darstellung konzentrieren kann. Der Erzählgegenstand ist für alle gegenwärtig. Trotz der Vorgabe bleiben für das Kind noch viele Möglichkeiten zum Ausgestalten.
- Gegenstände als Vorgabe
  Es wird z. B. ein Stein, eine Muschel, ein Ästchen im Kreis herumgegeben mit der Frage „Was könnte der Stein dir erzählen?" Oder mehrere Gegenstände (Meine Schätze, Urlaubsschachtel) sind in eine Fantasiegeschichte einzubauen.

Beim und nach dem Erzählen: Nachdenken über Sprache
Nach einer Erzählung schließen die Kinder die Augen und überlegen, ob sie sich das Erzählte vorstellen können. Im Gespräch werden fehlende Details ergänzt und die Erzählung wird ausgeschmückt. Erarbeiten von Erzählregeln (→ *Gesprächsregeln*), z. B.: Ich überlege mir eine gute

Geschichte.Ich erzähle nur das Wichtigste, aber das genau. Ich gebe den Personen Namen und lasse sie sprechen. Ich erzähle in der richtigen Reihenfolge. Ich erzähle spannend und verrate das Ende nicht vorher.

Staatsinstitut für Schulpädagogik und Bildungsforschung München: Handreichung zum mündlichen Sprachgebrauch in der Grund- und Hauptschule. München 1990. Vertrieb: Verlag Ludwig Auer, Donauwörth, S. 25 ff.

Europa

Ziele im Rahmen einer → *interkulturellen Erziehung:*
- erstes geografisches Orientierungswissen;
- Einblick in das tägliche Leben in anderen Ländern: Familie, Wohnen, Ernährung, Kleidung, Tagesablauf, Arbeit, Konsum, Sport, Freizeit, Schule, Sprache, Feste usw.
- Verständnis für die Andersartigkeit, Verschiedenheit als interessante Vielfalt;
- Kontakte zu ausländischen Kindern knüpfen.

Ein kindgemäßer Unterricht muss dabei folgende Prinzipien beachten:

Anknüpfen an die Erfahrungen der Kinder
- Ausländer bei uns: Kinder in der Klasse berichten über ihr Land, über Brauchtum, Gewohnheiten, Alltagskultur, Schule sowie singen und erzählen in ihrer Sprache (→ *Fremdsprachen*).
- → *Ferien* im Ausland: Mit Fotos, Prospekten, Karten und Mitbringseln illustrierte Urlaubserzählungen, Beschreiben von Reiserouten, auf Andersartiges aufmerksam machen (Kleidung, Speisen, Gebäudeformen, Landschaftsformen, Tier-, Pflanzenwelt, Flaggen, Autokennzeichen, Schilder).
- aktuelle, aus den Medien bekannte Ereignisse, z. B. Europameisterschaft beim Fußball

Vom Nahen zum Fernen
Nur wer seine Heimat kennt und liebt, kann die Liebe des anderen zu dessen Heimat verstehen. Heimatverbundenheit und Weltoffenheit, regionale Vielfalt und kontinentale Einheit sind deshalb keine Widersprüche, sondern ergänzen und bereichern sich gegenseitig.
- Ausländer machen Ferien bei uns: Interview von Urlaubern um herauszufinden, welche Sehenswürdigkeiten sie in unserer Heimat besichtigen; Gestalten eines Heimatführers mit Bildern und Texten.

- Die Schilder von Partnerstädten am Ortseingang fordern zum Aufsuchen auf der Karte auf, zum Sammeln von Informationen über diese Städte und zum Nachdenken über kulturelle Begegnungen.
- Ausländische Waren bei uns: Berichte über und Herstellen von Speisen in ausländischen Gaststätten; Geschäfte mit Waren aus anderen Ländern (made in ...); das Markieren der Transportwege auf der Landkarte zeigt die Verflechtung der Heimat mit anderen Ländern.

Ausweiten traditioneller Grundschulthemen unter dem Aspekt Europa:
Gang auf den Markt; verschiedene Obst- und Gemüsearten auch aus Südeuropa (Abhängigkeit der Pflanzen vom Klima).

Fächerübergreifendes Lernen
Mathematik: Mitbringsel vom Urlaub wie Briefmarken, fremde Währungen, Preisvergleiche, Berechnen von Entfernungen;

Texte in Lesebüchern und Kinderbüchern vermitteln Informationen über andere Länder und regen zum Sammeln weiterer Informationen an, auch in → *Freiarbeit.*

Schulleben
Spielerische Lernformen (z. B. Europareise), Projektwoche, Ausstellung, Europazeitung, Schulfest (z. B. am 5. Mai, Europatag) ermöglichen handlungsorientiertes und erlebnisbetontes Lernen.

Manfred Hahn: Europa in Unterricht und Erziehung der Grundschule. München: Oldenbourg 1992

Fantasiereisen sind eigentlich nichts Neues. Denn jeder, der sich in ein vorgetragenes Märchen oder in eine Geschichte hineinversetzt, mitdenkt und mitfühlt, geht auf eine Fantasiereise.

Die von der Lehrerin vorgetragenen (→ *Erzählen*) oder von einer Kassette vorgespielten Texte wollen bei den Kindern Vorstellungen und Bilder freisetzen (→ *Meditation*). Sie dienen der → *Entspannung,* dem bewussten Erleben von → *Stille* und → *Konzentration* und fördern → *emotionales* und → *soziales Lernen,* Selbstwahrnehmung und Kreativität.

Auswahl der Texte

Die Texte beschreiben meist Bilder eines Weges, den das Kind innerlich mitgehen soll (z. B. zum Haus der Stille, ins Reich der Tiere ...). Dabei werden Erlebnisse, Wahrnehmungen und Gefühle als Meditationsbilder vorgegeben, die das Kind in seiner Fantasie erweitern und vertiefen kann. Die Impulse in der Duform fördern den persönlichen Dialog mit dem Text, z. B. *„Du steigst in einen Zug und fährst ganz weit weg."* Dazu kann eine ruhige, unaufdringliche Musik abgespielt werden. Durch eine Abstimmung der Texte auf die Unterrichtsinhalte können Sie auf der emotionalen Ebene in diese einführen oder diese vertiefen.

Äußere Voraussetzungen

Vor die Zimmertür das Schild „Bitte nicht stören." hängen. Sitzordnung:
- Entspanntes Sitzen am gewohnten Platz, den Kopf in die verschränkten Arme auf den Tisch legen;
- Sitzen auf einem Kissen im Kreis;
- Liegen auf einem Handtuch oder einer Matte (auch in der Turnhalle).

Einführung

Anfangs sollte eine Fantasiereise nur wenige Minuten dauern, später bis zu 20 Minuten. Begonnen wird mit kurzen, einfachen Assoziationsübungen, die sich auf die vertraute Umgebung beziehen *(z. B.: „Du spitzt durch das Schlüsselloch in das Klassenzimmer.")* Ch. Buchner nennt solche Anfangsübungen „Kopfkino", bei denen sich die Kinder mit geschlossenen Augen etwas vorstellen. (S. 60)

Beachten von → Regeln

- Während der Fantasiereise wird nicht gesprochen.
- Husten, Niesen oder Lachen lassen sich nicht unterdrücken. Aber:

Jeder achtet nur auf sich selbst und hört in sich hinein. Die Geräusche um uns herum sind uns gleichgültig. Unabwendbare Störungen wie Straßenlärm lassen sich bewusst in den Text einbauen.

- Die Augen sind geschlossen. Es kann auch eine Maske (z. B. einfache Faschingsmaske mit zugeklebten Augen) aufgesetzt werden.

Unbedingt nötige Ermahnungen dürfen die anderen Kinder nicht stören. Deshalb nicht gereizt oder laut ermahnen, sondern mit ruhiger und tiefer Stimme, z. B.: *„Wir sitzen ... ruhig und entspannt. Wir halten die Arme und Beine ruhig. Auch Gerd hält seine Arme und Beine ruhig."* Dann fahren Sie mit dem Text fort. (*Ch. Buchner*, S. 102)

Manchem Kind fällt es schwer, die Regeln einzuhalten. Maßnahmen:

- Das Kind beschäftigt sich still in einer abseits gelegenen Ecke.
- Die Lehrerin setzt sich neben das Kind, hält seine Hände oder legt einen Arm um das Kind.
- Das Kind wird in eine andere Klasse geschickt.

Ablauf

- Vorbereitung

Wenn die Kinder nach der Fantasiereise ihre Gedanken und Eindrücke schriftlich oder im Bild festhalten sollen, werden die benötigten Materialien <u>vorher</u> hergeräumt, um später die Stille nicht zu unterbrechen.

- Still werden und Hineinführen

Ruhige Ansage: *„Setze dich bequem hin, sodass du dich wohl fühlst und schließe die Augen ...."*

Nun kann bewusst die → *Atmung* angesprochen werden, z. B.: *„Achte auf deinen Atem ..., wie du ausatmest ... und wieder einatmest, dann wieder aus, ... und wieder ein ... Lass deinen Atem einfach kommen und gehen ...."*

Oder die Lehrerin knüpft an ein Bild des Textes an (z. B. mit der Rolltreppe oder im Lift hinunterfahren) und zählt ruhig und langsam rückwärts von zehn bis null. Bei diesem veranschaulichten „Tiefergehen" pendeln sich von selbst ein langsameres Atmen und ein Entspannungszustand ein.

- Vortrag der Lehrerin

Sprechen Sie sehr langsam, mit beruhigender, gelassener und suggestiver Stimme. Nach jedem Sinnschritt sind Pausen (...) zu machen, damit die Kinder innere Vorstellungsbilder entwickeln und den vorgetragenen Text mit eigenen Inhalten füllen können.

- Herausführen und Zurücknahme

Am Schluss wird inhaltlich zum Text passend „herausgeführt", z. B.: „...
*Und nun spürst du wieder den Boden unter deinen Füßen. ... Du steigst die
Treppe hinauf ..., eins..., zwei..., drei..., ...zehn... und bist wieder in diesem
Raum."*

Körperliches Zurücknehmen, z. B.: „*Mache jetzt drei tiefe Atemzüge...,
recke und strecke dich ... so wie morgens nach dem Aufwachen. Gähne fest.
Mache ganz langsam ... deine Augen auf. ... Und wenn du sie offen hast ...,
dann balle deine Fäuste und beuge deine Arme ganz fest* (zum Anregen des
Kreislaufs) *... und warte ruhig auf deinem Platz, bis alle zurückgekommen
sind.*" (Der letzte Satz ist wichtig, damit die Stille durch Aufstehen oder
Durcheinanderreden nicht sofort wieder verloren geht.)

- Aussprache

Wer will, kann nun seine Gefühle und Gedanken mitteilen, ohne dass die
Lehrerin sie bewertet oder Warum-Fragen stellt. Dabei wird eine Erzähl-
kugel herumgegeben (→ *Gesprächsregeln*). Nur wer sie in der Hand hat,
darf reden. Wer nichts sagen will, gibt sie wortlos weiter. Oder: Aufschreiben und Malen der Eindrücke.

Christina Buchner: Stillsein ist lernbar. Konzentration - Meditation - Disziplin in
der Schule. Freiburg i. Br.: VAK Verlag für Angewandte Kinesiologie GmbH
1994
Ursula Geer/Ursula Hahn: In Ruhe lernen. Entspannung im Unterricht. In: Lehrer Journal / Grundschulmagazin Heft 12/1990 München: Ehrenwirth/Olden-
bourg
Doris Müller: Fantasiereisen im Unterricht. Braunschweig: Westermann 1994
Manfred Reichgeld: Wege zur Stille. München: Oldenbourg 1995

Farben

Die geheime Kraft der Farben

Im Allgemeinen werden mit den Farben folgende Assoziationen verbunden:

Rot: anregend, sowohl positiv (Mut, Tatkraft, Stärke) als auch im negativen Sinn (Wut, Zorn); **Orange**: erwärmend, Fröhlichkeit; **Gelb**: zum Denken und Lernen anregend, hebt die Stimmung; **Grün**: Gesundheit,
Lebenskraft, Ausgeglichenheit, beruhigend; **Blau**: äußere und innere
Sicherheit, beruhigend; **Violett**: (kindgemäß: lila): Einbindung in eine
höhere Ordnung, Schutz vor negativen geistigen Einflüssen; **Rosa**: Liebe;
Schwarz: Abgrenzung

Bausteine für den Unterricht

- Namenschilder / Ich-Poster: „Schreibe deinen Namen mit einer Farbe, die sich wie dein Name fühlt." (vgl. *B. Vitale,* S. 65)
- Die Kinder wählen die Farbe ihrer Tischunterlage (Tonpapier) aus. (*B. Vitale* S. 74)
- Imaginatives Vorstellen der Farben (*Ch. Buchner* S. 130) (→ *Meditation*) → *Fantasiereisen* „ins Land Rot ..."; Farben „durch den Körper fließen lassen"; vor → *Probearbeiten* „gelbe Farbe ins Gehirn atmen"; einem kranken Kind „grüne Farbe schicken"; mentale Schutzübung vor fremden Einflüssen und vor Menschen, die uns Energie rauben: Sich in Gedanken einen lila Mantel umlegen; „Die rosarote Wolke" (*Ch. Buchner* S. 133) zum Fördern des sozialen Miteinander. Ihre Wirkung können solche Übungen nur entfalten, wenn sie häufiger durchgeführt werden.
- Farbige Erinnerungskarten mit guten Vorsätzen (→ *Ermahnen*) (*Ch. Buchner* S. 138 ff.): Die Kinder erhalten farbige Karten in Herzform mit positiven Formeln, z. B.: „Ich melde mich immer, wenn ich etwas sagen will." (Rosa Karte als Zeichen der Zuneigung der Lehrerin). Eine blaue Karte kann einen Zappelphilipp beruhigen, eine gelbe Karte kann ein Kind zu größerer Aktivität anregen.

Farben als methodische Hilfen

- Günstige Farbe für → *Klassenzimmer:* Zartes Grün (Lindgrün), Türkis oder Hellgrau
- An der Schule einheitlich verwendete Farben für die Fächer und Umschläge für → *Hefte* erleichtern die → *Ordnung* (→ *Freiarbeit*).
- An der Schule einheitliches farbiges Markieren der Wortarten (z. B. Verben rot, Nomen grün, Adjektive blau).
- Farben als Unterscheidungshilfe und Hilfe beim Einprägen
Schwierige Wörter: Jeden Buchstaben bzw. vertauschte Buchstaben in einer anderen Farbe schreiben (Farbschock). (*B. Vitale* S. 46)
Kennzeichnen von Rechtschreibbesonderheiten, z. B. ei (gelbes Ei), ie (grün wie die Wiese), ck (brauner Rucksack), eu (rotes Feuer) u. Ä.
- Markieren von Textstellen: Gelungene Aufsatzpassagen gelb „anleuchten", lustige Textpassagen rosa, traurige grau etc. (→ *Lesen*)
- Mathematik: Bei gemischten Aufgaben die Pluszeichen blau, die Minuszeichen rot nachfahren. Erleichterung der → *Korrektur:* Die Größer-Kleiner-Zeichen mit Blau und Rot schreiben.
- Hilfe bei Lernproblemen durch Ansprechen der dem Kind gemäßen Gehirnhälfte: *„Versuche mit geschlossenen Augen deine Lieblingsfarbe*

im Kopf zu sehen. Zeige mit dem Finger an die Stelle deines Kopfes, wo du die Farbe sehen kannst." (B. Vitale S. 93)

Christina Buchner: Stillsein ist lernbar. Konzentration – Meditation – Disziplin in der Schule. Freiburg i. Br.: VAK Verlag für Angewandte Kinesiologie 1994
Barbara Meister Vitale: Lernen kann fantastisch sein. Offenbach: Gabal Verlag 1995

Fehler

Aus Fehlern wird man klug.
Sprichwort

Allerdings: „Die Meinung ist falsch, man müsse den Menschen nur ihre Fehler vorhalten, damit sie sie freudig aufgeben." (*J. Grell* S. 95)
Angemessene Grundeinstellung der Lehrerin gegenüber dem Kind:
- „Du hast etwas nicht verstanden. Vielleicht habe ich es für dich noch nicht passend erklärt." (→ *Erklären*)
- Dem Kind die Sicherheit vermitteln, dass es Fehler machen darf, dass es kein Lernen ohne Fehler gibt. (→ *Selbstbild*)
  Fehler kann jeder eingestehen, auch die Lehrerin.

Mitunter entwickeln sich hartnäckige Fehlertechniken mit einer inneren Logik. Es ist deshalb wichtig, dass wir
- die Fehler analysieren,
- uns z. B. den Rechenweg eines Kindes von ihm erklären lassen,
- gezielte Übungen zum → *Fördern* geben (individuelles Wörterheft, individuelle Lernkartei u. Ä.).

Fehler markieren und berichtigen

Was ist ein Fehler?
Wenigstens an einer Schule ist einheitlich festzulegen, was bei → *Probearbeiten* als Fehler zählt. Wir haben uns so geeinigt:
Über den Rand schreiben und fehlende i-Punkte sowie t-Striche werden nicht als Fehler angerechnet, jedoch angestrichen.
Als Fehler werden angerechnet:
- falsche Trennung (ab dem 3. Schuljahr; wobei ich den Kindern immer sage: Wer nicht richtig trennen kann, fängt gleich 'ne neue Zeile an.);
- fehlende Umlautstriche;
- fehlende Satzzeichen beim Diktat (Satzzeichen werden mitdiktiert);
- unleserliche Buchstaben.

112

Je Wort wird nur ein Fehler angerechnet; Wiederholungsfehler werden nicht gezählt. Wird jedoch in einem wiederholten Wort ein anderer Fehler gemacht, so wird er angerechnet.

→ *Korrektur*

Die Befürchtung, dass sich mit rotem Stift markierte Fehler einprägen, kann ich nicht teilen. „Denn wenn hundertmal richtig geschriebene und – gelesene Wörter sich nicht ohne weiteres einprägen, wie sollte das einem einmal falsch geschriebenen gelingen, zumal wenn es in seiner Falschschreibung dann auch noch diskutiert und berichtigt wird?" (*W. Menzel*)
Differenzierte Korrektur um die Kinder nicht zu entmutigen:

- 1./2. Schuljahr: Da die Kinder das → *Schreiben* erst lernen, mache ich unter unleserliche Zahlen und Buchstaben sowie falsch geschriebene Wörter einen roten Punkt (Halt!) und schreibe sie richtig unter die Arbeit als Aufforderung zum Einüben in einer Zeile.
- Wenn die Kinder Texte mit Bleistift schreiben, radiere ich das falsche Wort weg und schreibe es mit Bleistift richtig hin. Die Kinder suchen sehr aufmerksam nach von mir geschriebenen Wörtern!
- Kennzeichnen der Fehlerstelle mit Rot, Richtiges mit Rot darüber schreiben, an den Rand oder unter die Arbeit (Fehler durchnummerieren) schreiben.
- 3./4. Schuljahr: Einige wenige Korrekturzeichen, z. B. Dieses Wort wird groß (↑), klein (↓) geschrieben.
- Ankreuzen einer Zeile als Aufforderung den Fehler selbst zu suchen.
- Freie Texte korrigiere ich nicht, sondern schreibe sie nochmals „so, wie die Erwachsenen schreiben" darunter, rechtschriftlich und grammatikalisch korrekt, aber ohne stilistische Änderungen.

Berichtigen
- Die Kinder verwenden keinen Tintenkiller, sondern streichen Wörter, bei denen sie sich verschrieben haben, durch oder überkleben sie mit kleinen Etiketten.
- Gemeinsames Einüben der gewünschten Formen des Berichtigens.
- Hat ein Kind sehr viele Fehler, so schreibt es den gesamten Text noch einmal, unterstreicht die ursprünglichen Fehlerwörter darin und markiert die Stelle, die es sich merken soll.

Manche Kinder werden trotz besten Bemühens fehlerfreie Arbeiten kaum erreichen. Korrektur als sachliches Richtigstellen und sinnvolles Berichtigen sind zwar nötig, doch oft motiviert eine neue Lernaufgabe, ein neuer Anlauf mehr.

Fehler vermeiden

- Kleine Lernschritte
- „Lautes Denken" als Verbalisieren von Denkschritten
- Anwenden von → *Lerntechniken* wie im Wörterbuch→ *nachschlagen*
- Als → *Hausaufgabe* eignet sich nur gut Geübtes.

Fehlersuchtraining

Möglichkeiten um die Kinder anzuleiten fremde und eigene Arbeiten zu überprüfen (→ *Selbstkontrolle*) und dabei sensibel für Fehler zu werden:

- Tafelanschrift/Arbeitsblatt:
  Diese Wörter sind falsch geschrieben.
  Unterstreiche die Fehler.
  Schlage die Wörter im Wörterbuch nach und schreibe sie richtig auf...
- Korrekturbüro
  In wechselnder Zusammensetzung überprüft eine Gruppe die Schreibarbeiten der Klasse, eine andere die Rechnungen und eine dritte die Arbeiten aus dem Sachunterricht. Die Gruppen streichen Fehler nur an und geben die Arbeiten zur Berichtigung zurück. Für die einwöchige Arbeit als Prüfer werden die Kinder von anderen Pflichtaufgaben entlastet. (*Jürgen Reichen,* nach *Susanne Petersen:* Fehler machen – Fehler finden. In Grundschulmagazin Heft 10/1996, München: Ehrenwirth/Oldenbourg)
- Nach dem Schreiben eines Diktats und Aufsatzes schlagen die Kinder im Wörterbuch Wörter, bei denen sie im Zweifel sind, nach. Die Chance Fehler im Ernstfall selbst berichtigen zu können, ist das stärkste Motiv für das → *Nachschlagen.* (*W. Menzel*)
- → *Selbstkontrolle* mithilfe einer Vorlage.

Jochen Grell: Techniken des Lehrerverhaltens. Neu ausgestattete Sonderausgabe. Weinheim: Beltz 1995
Wolfgang Menzel/Uwe Sandfuchs: Im Wörterbuch nachschlagen. In: Die Grundschule Heft 1/1992, Braunschweig: Westermann

Ferien

Zum Jahresrhythmus: „Die körperliche Leistungskurve weist bei Schuljahresbeginn ein Tief auf. Ansteigend wird von etwa Mai bis Juli eine Spitze erreicht, die kurz danach rapide absinkt. Fast konträr dazu weist die geistige Leistungsfähigkeit von Herbst bis März ansteigende Werte auf, fällt dann aber ab Mai ab und erreicht im Juli ein Tief. Eine Unterrichtsregel besagt, dass man das wichtigste Schuljahrespensum bis etwa Mai bewältigt haben sollte." (*M. Hahn*)

Vor den Ferien

- Rechtzeitig bedenken: Soll der Zeitabschnitt mit einer → *Feier* abgeschlossen werden?
- Rückblick auf die vorausgegangene Schulzeit zur Wiederholung und um Erfolge bewusst zu machen: Was haben wir alles gelernt? - Quizspiele
- Ferienbüchlein
  Die Lehrerin klammert für jedes Kind etwa fünf bis zehn Blätter mit ansprechenden Übungen zum bisher Gelernten zusammen (auch Rätsel, Anregungen zu Spielen ...) und überzieht den Rücken mit farbigem Klebeband.
- Flohmarkt in der letzten Schulwoche im Sommer
  Die Kinder verkaufen oder tauschen gebrauchte Bücher und Spielsachen (keine Nahrungsmittel, Videos, Videospiele, Sprays, kein Kriegsspielzeug). Ihre „Geschäfte" regeln die Kinder selbstständig, ohne Einmischung von Erwachsenen. Auf einer Decke im Schulhof - bei Regen in den Gängen, in der Turnhalle oder in den Klassenzimmern - bieten die Kinder ihre Waren an. Eltern können kommen, dürfen jedoch nichts anbieten, sondern nur etwas kaufen.
- Ausblick auf die Ferien
  Urlaubspläne: Kinder, die ins gleiche Land reisen wollen, stellen Informationen darüber zusammen (→ *Europa, Interkulturelle Erziehung*); Anregen zum Führen eines Ferientagebuches: Aufschreiben und Zeichnen von Erlebnissen; Einkleben von Fotos, Post-, Fahr- und Eintrittskarten, Briefmarken, von aus Prospekten ausgeschnittenen Bildern, gepressten Blumen usw.; „Auftragsblatt" auf die erste Seite kleben, z. B.:

Wohin geht die Reise? _____

Mit welchem Verkehrsmittel? _____

Welche bekannten Städte liegen auf der Strecke? _____

Durch welche Länder führt die Reise? _____

Was gefällt dir am Ferienort? _____

Welche fremden Speisen hast du probiert? _____

Hast du Kinder kennen gelernt? _____ Namen: _____

Ferienschachtel vorbereiten (Gegenstände aller Art sammeln wie Münzen, Muscheln, Steine, ein Fläschchen Sand ...).

Meine Traumferien: Was ich mir für die Ferien wünsche;

Projekt „Keine Langeweile": Die Kinder tragen Spiele zusammen, die man z. B. während einer langen Autofahrt spielen kann, probieren sie in der Klasse aus und schreiben sie auf. Urlaubskarte an die Klasse: Jedes Kind soll der Klasse eine Karte schreiben und erhält dazu die Schuladresse.

- In den letzten Tagen vor Ferienbeginn bereite ich immer schon mindestens den ersten Tag nach den Ferien vor und lege auch die benötigten → *Arbeitsmittel* bereit.
- Am vorletzten oder letzten Tag vor den Ferien wird gründlich aufgeräumt, unter den Tischen, in den Regalen und Schränken, im Pult usw. (→ *Ordnung*). Das Gießen der Pflanzen mit dem Hausmeister absprechen, evtl. die Pflanzen im Gang gesammelt aufstellen und mit Kreide die Klasse auf die Töpfe schreiben.
- Geben Sie vor den Sommerferien eine Materialliste aus (→ *Arbeitsmittel*), damit die Eltern in Ruhe die benötigten Dinge kaufen können.
- Schulabschlussfeier in der Aula oder Turnhalle: Vortragen erlernter Lieder, Gedichte und Vorspielen eingeübter Szenen.

Nach den Ferien

- Schulanfangsfeier und Vorstellen neuer Lehrer und Lehrerinnen
- Vorbereiten des Klassenzimmers
  Vorschau auf den geplanten Unterricht (→ *Erster Schultag*)
- Rückblick auf die Ferien
  Auswerten der Ferientagebücher, Ausstellen von Mitbringseln, Fotowand.
  Kurze szenische Darstellungen: Was mir in den Ferien passiert ist.
- Ferienfest zusammen mit den Eltern (etwa drei Wochen danach): Eltern zeigen einige wenige Dias oder kurze Filmpassagen und

erzählen dazu. Spezialitäten aus den Urlaubsländern zum Essen. Die Kinder singen Lieder, zeigen einen Tanz ...

Was Eltern wissen sollten

- Den Eltern bereits am Schuljahresbeginn die Ferientermine schriftlich mitteilen, damit sie ihre Urlaubsplanung danach ausrichten können.
- Es ist für die Kinder eine unnötige Hektik, wenn sie erst am letzten Tag aus dem Urlaub heimkehren. Sie brauchen Zeit zum Umstellen und Sich-Eingewöhnen.
- In den Ferien sollen die Kinder für die Schule nichts lernen. In den letzten Ferientagen werden gemeinsam die Schulsachen hergerichtet und dabei kann das Wissen aufgefrischt werden (Kannst du noch ...? Weißt du noch ...? Z. B. Wiederholen der Einmaleinsreihen).

Manfred Hahn: Serie: Grundkurs Unterrichtsgestaltung (20). Die aktuelle Bedeutung der Rhythmisierung in Unterricht und Erziehung - Teil I. In: Lehrer Journal / Grundschulmagazin Heft 2/1991

Fernsehen

Gefahren zu vielen Fernsehens

- Verkümmern der motorischen Fähigkeiten durch zu langes Stillsitzen
- Verkümmern der geistigen und kreativen Fähigkeiten

Die vermittelten Erfahrungen „aus zweiter Hand" und das bequem servierte Wissen hält die Kinder davor ab, sich selbst anzustrengen, um sich Wissen anzueignen. Durch die rasche Bildfolge verkümmern innere Vorstellungen und die Fähigkeit zum Mitdenken.

- Abstumpfen von Empfindungen und Verkümmern der sozialen Fähigkeiten

Den im Fernsehen sich wiederspiegelnden Wertepluralismus können die Kinder nicht verkraften, da ihnen noch eigene Wertmaßstäbe fehlen. Selbst in „harmlosen" Familienserien werden Frechheiten, Unsitten, rüpelhaftes, rambomäßiges Verhalten, Kraft- und Fäkalausdrücke verbreitet sowie negative männliche Rollenmuster. Die pessimistische Grundstimmung bei den Berichten über Unglück und Verbrechen erschüttern das Vertrauen der Kinder und rufen Ratlosigkeit und Zukunftsangst hervor. Gewaltdarstellungen erhöhen das Risiko der Gewaltbereitschaft, indem sie an aggressives Handeln und an Gewalt gewöhnen.

Medienpädagogische Arbeitsfelder

Ein Abwerten und Verteufeln des Fernsehens, ein kritisches Eingehen auf Fernsehgewohnheiten und Appelle, das Fernsehen zu beschränken, nützen wenig. Wir können nur Gegenpole schaffen.

- Verstehen und Verarbeiten von durch Fernsehen vermittelten Inhalten Mithilfe von vor- und nachbereiteten Sendungen des Schulfernsehens sollen die Kinder vom Glotzen zum Sehen und vom Sehen zum Handeln geführt werden.
An Beispielen oder bei einem Besuch in einem Film- oder Tonstudio wird gezeigt, wie Filme gemacht werden. Die Kinder beschreiben Medienfiguren einmal nur positiv und einmal nur negativ, um zu erfahren, wie verschieden sich der gleiche Sachverhalt darstellen lässt.

- Analyse und Kritik von Medien
Gegen das „Montagssyndrom" als Auswirkung langen Fernsehens am Wochenende: Besprechen von Szenen, Aufschreiben von Eindrücken, Fragen, Zeichnen, Malen, Collagen, Nachspielen.

- Gestalten von Medien
Entwerfen von Plakaten für Aktivitäten des → *Schullebens* und für Klassen- und Schulfeste;
Herstellen einer Klassen- oder Schulzeitung;
Verfassen eines Leserbriefes für eine Kinder- oder Tageszeitung;
Aufnehmen von Interviews mit dem Kassettenrekorder;
Darstellen einer Geschichte mit verschiedenen Medien, z. B. als Bildgeschichte, als Erzählung, als Hörspiel, als mit der Videokamera aufgezeichnetes szenisches Spiel der Kinder;
Foto-Bild-Collage mit Fotos, Texten und eigenen Zeichnungen.

- Gegenpole
Handlungsorientiertes, ganzheitliches Lernen mit allen Sinnen, vermehrte Möglichkeiten zu → *Bewegung*.
Betonen des → *sozialen* und → *emotionalen* Lernens und Schaffen von Freiräumen; Angebote zur Freizeitgestaltung sowohl im Unterricht als auch durch Arbeitsgemeinschaften und Freizeitgruppen am Nachmittag.

Was Eltern wissen sollten

- Entscheidend ist das Vorbild der Eltern! Deshalb in Gegenwart der Kinder keine Dauerberieselung, kein Herumzappen, sondern eine gezielte Auswahl; zusammen mit dem Kind und über Gesehenes sprechen.

- Filme mit Gewaltszenen oder aggressiven Wortwechseln kann das Kind noch nicht verarbeiten. Es reagiert unbewusst mit Nervosität, Wut, Schlafstörungen, Angst und Aggressionen. Dem Kind deutlich die Ablehnung von Gewalt im Fernsehen und in der Realität zeigen.
- Betteln und Quengeln des Kindes darf nicht davon abhalten, den Fernseher auszuschalten. Kein eigener Fernseher im Kinderzimmer. Kein Fernsehen bei den Mahlzeiten.
- Nicht länger als 30 Minuten am Tag fernsehen, denn längeres Fernsehen führt zu bloßem Vorbeirauschen der Bilder ohne Verstehen des Zusammenhangs (Reizüberflutung, mehr als tausend Bilder pro Stunde!). „Unverdaute" Bilder können Träume, Ängste und Konzentrationsstörungen bewirken.
- Mindestens zwei Stunden vor dem Schlafengehen überhaupt nicht fernsehen. Nach dem Fernsehen sollte das Kind spielen.
- Das Fernsehen weder als Belohnung noch als Strafe einsetzen.
- Vor dem Fernseher „geparkte" Kinder sind arme Kinder, weil ihnen die Zuwendung fehlt.

Karl-Adolf Noack u. a.: Thema Fernsehen. Unterrichtsmaterialien für die Grundschule (1. - 4. Klasse), hrsg. von der Bundeszentrale für gesundheitliche Aufklärung Köln. Stuttgart: Klett 1992
Erich Pommerenke: Was machen mit Medien? Medienpädagogische Überlegungen. In: Lehrer Journal / Grundschulmagazin Heft 3/1990, München: Ehrenwirth/Oldenbourg

Fest und Feier

Zur Bedeutung von Fest und Feier

- Feste und Feiern gliedern die Zeit, sind Höhepunkte im Alltag, die einen Rück- und einen Ausblick ermöglichen.
- Feste und Feiern sind Möglichkeiten der Besinnung auf existenzielle Grundfragen: Welche → *Werte* liegen bestimmten Festen und Feiern zugrunde? Wie werden sie durch Feste und Feiern vermittelt? (vgl. *W. Alberts*)
- Fest und Feier als Teil des → *Schullebens* tragen zu einer Verbindung schulischen und außerschulischen Lernens bei,
  - indem die Vorbereitung projektorientiertes, konkurrenzfreies Arbeiten nahe legt (→ *Projekte*) und inhaltliche, fächerübergreifende und organisatorische Wahlmöglichkeiten schafft;
  - indem sie das Kind als Ganzheit ansprechen und über intellektuelle Fähigkeiten hinaus → *soziales, emotionales Lernen,* musische Fähig-

keiten und Kreativität fördern;
* indem sie Möglichkeiten zu sinnorientiertem Freizeitverhalten eröffnen.

Begriffliche Unterschiede zwischen Fest und Feier

Wenn sich auch oft Mischformen zwischen Fest und Feier finden, so lassen sich idealtypisch folgende Unterschiede feststellen:

Feier
Bei einer Feier gedenkt man eines geschichtlichen Ereignisses, auch eines traurigen Anlasses oder einer Person. Feiern sind ernst, besinnlich, geformt und zeremoniell: Feierlichkeit des Wortes, der Musik, der Bewegung und der Kleidung, zurückhaltender Schmuck. Die Feier will emotional ansprechen und ein Gegenpol zur unreflektierten Alltäglichkeit sein.

Fest
Das Fest ist heiter und primär auf freudige Ereignisse und Geselligkeit bezogen. Während bei Feiern selten gegessen und getrunken wird, gehören Essen, Trinken, Tanzen und reicher, bunter Schmuck zum Fest dazu. Im Gegensatz zur Feier lässt es Raum für spontane Einfälle und Improvisationen. Das Fest will fröhlich und frei vom Alltag machen.

Anlässe für Fest und Feier

• Schulische Anlässe
einmalig, z. B.: Schuleinweihung ...
wiederholend: Schulanfangsfeier, Sportfest, Sommerfest, Abschiedsfeier für das 4. Schuljahr ...
Damit Sommerfeste nicht zur lästigen Pflicht werden: Ein „großes" Sommer- und Schulfest unter einem bestimmten Motto findet nur alle vier Jahre statt, sodass jedes Kind es einmal als Höhepunkt seiner Grundschulzeit erlebt. Dazwischen wird in kleinerem Rahmen gefeiert (z. B. Spiel- und Sportfest) oder es werden Projekttage durchgeführt.

• Religiöse und jahreszeitliche Anlässe (→ *religiöse Erziehung*)
Erntedank, Herbstsingen, Martins- und Nikolausfeier, Adventsingen (jeweils zehn Minuten am Montag um acht Uhr), Bastelnachmittag, Weihnachtsfeier, Faschingsfeier, Frühlingssingen, Ostereiersuchen, Maitanz, Singen und Spielen in einem Altenheim, im Kindergarten, in der Nachbar- oder einer Förderschule

• Politische Anlässe, z. B. das Mitwirken bei kommunalen Festen und Feiern, etwa beim Gedenken der Ortsgründung.

120

Gestaltungselemente

Kein Fest soll zur Fernsehshow ausarten. Jeder trägt nur das dazu bei, was er will und kann.

- Sprache in ihren vielfachen Formen wie Ansprache, Rede, Gratulation, Lesen eines Textes, Gedicht, Dialog zwischen Einzelsprechern oder zwischen Einzelperson und Gruppe, Sketch, Spiele ...
- Musik im Einzel- oder Gruppenvortrag, instrumental oder vokal, gemeinsames Singen oder vom Tonträger als feierliche Umrahmung oder zur Steigerung einer fröhlichen Stimmung ...
- Spiel als darstellendes Spiel, Pantomime zur Musik, Puppenspiel, Maskenspiel, Schattenspiel mit Text ..., aber auch als Gesellschafts- und Gruppenspiel ...
- Tanz als Vorführung, Tanzspiel, Gruppen- und Gesellschaftstanz
- Bild, Kunst: Dekoration, Ausstellung, Bildbetrachtung, gemeinsames Erschaffen eines Werkes ...
- Kleidung: alltäglich, festlich, kostümiert, einzelne Attribute (Anstecker ...)
- Essen und Getränke
- Räumlichkeiten

Almuth und Manfred Bartl: Spiele, Feste, Feiern in der Schule. München 1988: Oldenbourg
Wolfgang Alberts: Feste feiern, feste lernen. In: Lehrer Journal/Grundschulmagazin Heft 7/8 1991, München: Ehrenwirth / Oldenbourg

Feueralarm

Zweimal im Jahr finden Alarmproben statt, um das Verhalten im Gefahrenfall zu besprechen und einzuüben. Damit diese Übungen nicht zur bloßen Routine werden, bitten wir die Feuerwehr zwischendurch eine Feuerwehrübung abzuhalten.

Belehrung der Kinder

- Bei Alarm sofort aufstellen. Büchertaschen bleiben zurück, Jacken schnell mitnehmen und erst am Sammelplatz anziehen. Es werden die vier ersten Kinder der Reihe fest eingeteilt, zwei zum Aufhalten der Türen und zwei, die die Klasse zum festgelegten Sammelplatz führen. Weitere zwei Kinder bilden den Schluss. Das Aufstellen wird vor der Alarmprobe mehrmals geübt.

- Kinder, die gerade auf der Toilette sind, gehen unverzüglich zum Sammelplatz.
- Einüben des Weges zum Sammelplatz und Aufstellen, sodass die Feuerwehrzufahrt nicht blockiert ist.

Maßnahmen der Lehrerin

- Fenster schließen, um die Luftzufuhr zu unterbinden.
- Die Lehrerin verlässt das Klassenzimmer zuletzt; Türe schließen, nicht absperren.
- Sollte eine Klasse in der Nähe unbeaufsichtigt sein, so betreut sie diese mit.
- Beleuchtung einschalten in den Fluchtwegen (Rauch!)
- Überprüfen der Vollzähligkeit der Kinder.

Verhalten bei Gefahr

- Bei Ausbruch eines Brandes ohne Rücksicht auf den Umfang des Feuers sofort den Hausalarm auslösen.
- Verständigen von Feuerwehr, Rettungsdienst und Polizei (Wer meldet? Was? Wo?)
- Besondere Verhaltensweisen besprechen: Ersticken von Feuer, Löschen mit dem Feuerlöscher, gebücktes Gehen bei Rauch, Tücher vor Mund und Nase.

Weber/Ackermann/Lott: Schulleiter-ABC – eine Sachkartei für den verwaltungstechnischen Bereich der Schulleitung in Bayern (VS und SoVS). Kulmbach: Verlag E. C. Baumann

Flüstern

Für → *Partner- und Gruppenarbeit, Differenzierung* und → *Freiarbeit* wird das Flüstern gezielt trainiert. (→ *Ruhe*)
Mit Schulanfängern übe ich es so ein: Über einen Tisch breite ich ein Betttuch und verwandle ihn in eine „Flüsterhöhle". Zwei Kinder kriechen hinein und unterhalten sich flüsternd etwa eine, höchstens zwei Minuten lang. Die Klasse sitzt im Kreis darum und passt auf, ob sie etwas versteht. Täglich üben so zwei bis drei Paare das Flüstern ein. Später kriechen dann alle Kinder unter ihren Tisch (ohne Betttuch) und unterhalten sich gleichzeitig flüsternd, ohne dass die Lehrerin „oben" etwas verstehen darf.

Beim Partnergespräch mit den Stühlen eng zusammenrücken, die Hand an den Mund halten und nahe ans Ohr des Partners herangehen.

Übungen für alle Schuljahre, z. B.:

- Stille Post
  Ein kurzer Reim oder ein Satz (kein Zungenbrecher!) wird im Stehkreis reihum weiter zugeflüstert. Das letzte Kind sagt ihn laut. Bei großen Klassen werden zwei Kreise gebildet.
- Flüsterndes Sprechen beim Auswendiglernen von Gedichten und Versen
- Wiederholen von auswendig gelernten Versen und Gedichten
  Ein Kind sagt flüsternd vor, die Klasse versucht das Gedicht zu erraten.
- Wörter erraten
  Wenn im Erstlesen oder später beim Rechtschreiben Wörter zu einem bestimmten Buchstaben gesucht werden sollen und die Kinder nur zögerlich „anspringen", flüstere ich passende Wörter vor, die ein Kind laut nachspricht.
- Gleichzeitig lesen alle flüsternd einen Merksatz, eine Sachaufgabe u. Ä.
- Flüsterndes Sprechen beim Partnerlesen und Partnerdiktat
- Wenn die Kinder ein Wort, einen Satz oder ein Rechenergebnis nennen sollen, gehe ich herum und lasse mir es von ihnen ins Ohr flüstern (→ *Aufrufen*). Sehr beliebt!

Fördern

Die Grundschule strebt ein allseitiges Fördern der Fähigkeiten aller Kinder an, versucht individuelle Begabungen zu entfalten, Rückstände und Schwächen auszugleichen, und hilft, wenn dies nicht gelingt, mit ihnen zu leben. Unterrichtsprinzip: Jedes Kind auf seiner augenblicklichen Entwicklungsstufe „abholen".

Fördern im Klassenunterricht

Eine optimale Passung der Lernangebote ist selbst durch→ *Differenzierung, offenen Unterricht,* → *Freiarbeit* nur beschränkt zu realisieren, wenn auch weit mehr als im Frontalunterricht. Zeitweise Über- oder Unterforderung lässt sich nicht einmal im Einzelunterricht vermeiden, geschweige denn in einer Klasse mit dreißig Kindern.

Grundlegende Anforderungen
Jedes Kind soll grundlegende Anforderungen als Voraussetzung für weiteres Lernen erreichen (zielerreichendes Lernen) durch Fortschreiten in

kleinen Lernschritten, durch Berücksichtigen mehrerer Lernkanäle (Lernen mit allen Sinnen) und durch abwechslungsreiches → *Wiederholen* und *Üben.* Kinder mit → *Lernbeeinträchtigungen* bedürfen einer Einzelförderung.

Berücksichtigen der vielseitigen Interessen der Kinder, z. B.:
- Auf einem Ausstellungstisch stellen die Kinder Gegenstände oder Bücher aus.
- Wenn ein Kind unaufgefordert etwa seinen Hamster mitbringt, ändere ich meinen Tagesplan und nehme diesen als Unterrichtsthema.
- Nicht nur die Lehrerin schlägt ein Spiel vor, sondern auch die Kinder. Um zeitraubende Diskussionen oder unnötige Abstimmungen zu vermeiden hängt eine Namensliste aus, in der der Vorschlagende abgehakt wird. So weiß jeder, dass er an die Reihe kommt.

Schaffen von Wahlmöglichkeiten
- In Lesestunden lesen nicht immer alle den gleichen Text, sondern wählen einen aus.
- Beim Auswendiglernen können die Kinder sich für eines von themengleichen Gedichten entscheiden.
- In Mathematik können sie beim Rechnen das Material zum Veranschaulichen selbst wählen.
- Beim Einüben von Diktaten können sie z. B. wählen zwischen Abschreiben, Partnerdiktat, Dosendiktat oder zweimal Durchwürfeln (Dabei ziehen sie mit einer Figur je nach Anzahl der gewürfelten Augen von Wort zu Wort und schreiben es auf.)

Es gibt eine Fülle weiterer Möglichkeiten. Voraussetzungen für ein Gelingen sind, dass
- die zur Wahl anstehenden → *Arbeitstechniken* gut eingeübt sind;
- Sie die Kinder bewusst auf die Wahlmöglichkeiten aufmerksam machen.

Förderunterricht in Gruppen für Kinder mit Lernbeeinträchtigungen: Vorlernen statt Nachlernen

Mitunter werden diese Gruppen mit Kindern aus verschiedenen Klassen gebildet, die zudem unterschiedliche Lerninhalte durchgenommen haben. Ein Wiederholen des Stoffes ist deshalb problematisch, auch deshalb, weil der Förderbedarf oft in unterschiedlichen Bereichen liegt. Sinnvoller ist es deshalb, mit den Kindern das durchzuarbeiten, was in der nächsten Woche durchgenommen wird, z. B. in Mathematik einen neuen Rechenweg. „Der Unterricht ... kann nun eine echte und effektive Wiederholung sein …. Zudem erfährt das Kind im Klassenverband, dass es dem Unterricht folgen kann. Es hat einen kleinen Vorsprung, kann sich auch einmal melden ... Das stärkt sein Selbstvertrauen ..." (*N. Sommer-Stumpenhorst* S. 159)

Einzelförderung von Kindern zum gezielten Aufholen von Lücken: „Heranfördern"

Wenn es an der Schule kein Stundenangebot dazu gibt, muss im Klassenunterricht gefördert werden, z. B. in Zeiten der selbstständigen → *Einzelarbeit*, → *Freiarbeit* oder der Arbeit mit dem → *Wochenplan*. Eine rote Dose auf dem „Fördertisch" zeigt den anderen Kindern, dass sie die Lehrerin nicht stören dürfen.

Zuerst muss genau festgestellt werden, wo Förderung nötig ist. (→ *Schülerbeobachtung*) Fördern bedeutet jedoch nicht ein Eindecken mit zusätzlichen Arbeitsblättern, sondern

* ein erneutes → *Erklären* der Lehrerin,
* handelndes Lernen unter Anleitung mit begleitendem Sprechen,
* das Einbeziehen bisher nicht verwendeter Materialien (→ *Computer*),
* ein Verbalisieren von Denkschritten,
* das Ausgleichen von → *Teilleistungsstörungen*.

Es werden nicht nur Inhalte geübt, sondern auch grundlegende → *Arbeits- und Lerntechniken*.

Wenn das Kind keine Lehrerhilfe mehr braucht, kann es mit einem Partner (→ *Helfen*) oder alleine weiterüben, evtl. unterstützt durch Lernbriefe mit Anweisungen.

Öfter als einmal pro Tag etwa zehn Minuten lang ist diese Förderung kaum zu schaffen. Statt jeden Tag mit einem anderen Kind zu üben, erscheint es mir sinnvoller, mit einem Kind so lange zu arbeiten, bis ein Fortschritt sichtbar ist. Erst dann ist ein anderes Kind an der Reihe.

Außerschulische Nachhilfe?

Ja, wenn ein Kind länger krank war (→ *Erkrankung*, Liste mit den wichtigsten Lerninhalten und Arbeitsblätter mitgeben);

* bei Umzug und Schulwechsel;
* bei entwicklungsbedingten Störungen;
* wenn sich die Lernprobleme auf einen bestimmten Bereich beschränken.

Nein, um den Übertritt ins Gymnasium zu schaffen.

Franz Arenhövel/Bernhard Ringbeck: Fördern macht Spaß. Donauwörth: Auer 1995

Norbert Sommer-Stumpenhorst: Förderunterricht für leistungsschwache Kinder. In: *Horst Bartnitzky/Reinhold Christiani:* Die Fundgrube für jeden Tag. Frankfurt/M.: Cornelsen Scriptor 1995

Fragen

Es ist wichtiger, Fragen stellen zu können,
als auf alles eine Antwort zu wissen.

James Thurber

Häufige Lehrerfragen („Frageunterricht") sind ungünstig, weil sie das selbstständige Denken einschränken und eine gespannte Atmosphäre bewirken (nach *R. u. A. Tausch* S. 210)

Das Umformen von Fragen in Impulse oder indirekte Fragen ist nur formal und führt mitunter zu geringerer Verständlichkeit. Deshalb: Wenig, aber richtig fragen.

Eine günstige Fragetechnik

- Formulieren Sie Fragen eindeutig, kurz und verständlich, mit angemessener Lautstärke, in angenehmer Stimmlage, also ohne besonderen „Frageton" (→ *Lehrersprache*).
- Vermeiden Sie Ja-Nein-Fragen, also Fragen, die die Kinder mit einem bloßen „Ja" oder „Nein" beantworten können. Da die Antwort meist ohne viel Nachdenken schnell zu finden ist, wird sie häufig von mehreren Kindern gleichzeitig in die Klasse gebrüllt, ebenso wie die Antwort „Ich" (z. B.: *„Wer will die Hefte austeilen?"*)
- Keine Alternativfragen (Negativbeispiel: *„Frisst die Amsel Körner oder Weichfutter?"* Besser: *„Was frisst die Amsel?"*), Ungeduldsfragen (*„Und was noch?"*), Ratefragen, zu deren Beantwortung den Kindern die nötigen Informationen fehlen, und rhetorische – also überflüssige – Fragen.
- Wenige und weit ausgreifende Fragen, Aufforderungen und Impulse regen mehr zum Denken an als viele eng gefasste.
- Keine Frageketten wie z. B.: *„Wie sieht die Amsel aus? Welche Farbe hat ihr Gefieder? Welche Farbe hat ihr Schnabel?"* Diese drei Fragen verunsichern die Kinder, da sie nicht wissen, welche zu beantworten ist. Besser wäre: *„Was weißt du über die Amsel?"* Oder: *„Erzähle uns etwas über die Amsel!"*

126

- Lassen Sie den Kindern ausreichend Zeit zum Nachdenken (drei Sekunden) und rufen Sie nicht vorschnell auf. (→ *Aufrufen*)
- Gestellte Fragen müssen beantwortet werden.
- Wiederholen Sie Ihre Frage nicht. Wenn sich niemand meldet, formulieren Sie sie um und geben zusätzliche Hilfen.
- Reiten Sie nicht zu lange auf Formulierungsfeinheiten herum, weil Sie vielleicht einen Begriff unbedingt hören wollen. Die Kinder werden leicht unaufmerksam. Geben Sie eine Formulierung lieber vor als zu „bohren".
- Statt einen Stoff mühsam mit Fragen und Impulsen zu erarbeiten, ist oft ein informierender Lehrervortrag besser.
  (→ *Erarbeitungsunterricht*)

Aufbau einer Fragehaltung bei den Kindern

- Schaffen Sie viele Gegebenheiten und geben Sie Zeit zum Fragen: Erzählkreis, Befragen von Experten, Vortragen von einfachen Referaten (Kinderberichte) und anschließende Fragen an das Kind, Frage-Pinnwand, Fragekasten, Fragestunden oder Fragespiele (z. B. Erraten durch geschicktes Fragen).

- Kinderfragen im Sachunterricht
Statt den Sachunterricht mit einer von Ihnen vorgegebenen Problemfrage zu beginnen lassen Sie die Kinder zum Thema Fragen sammeln und nützen Sie die sich daraus ergebende Neugierde als Lernantrieb. Im → *offenen Unterricht* sollten dann die Kinder selbst die Antworten auf ihre Fragen finden. Zugleich stellen sich bei dieser intensiven Auseinandersetzung mit der Sache unumgänglich wieder neue Fragen ein. Auch wenn dabei über die von den Lehrplänen verlangten Kenntnisse hinausgedacht wird, sollten Sie Zeit und Gelegenheit für selbstständiges Denken geben. Neben dem lern- und erkenntnisfördernden Effekt haben Kinderfragen auch einen diagnostischen Wert, indem sie „Aufschluss über den Erfahrungsstand, die Denkstile, über mögliche Verständnisschwierigkeiten und Wissenslücken von Schülern" geben. (*M. Götz*)

- Ein frag-würdiger, interessanter Unterricht regt zum Fragen an.
Wenn Kinder keine Fragen haben, ist es unnötig, ihnen mit beständigem Nachfragen „*Wer hat das nicht verstanden? - Wer hat noch eine Frage dazu?*" solche „abzuquälen". Besser ist es, Kinder um eine Erklärung zu bitten, bei denen Sie Unverständnis vermuten, z. B.: „*Erkläre bitte noch einmal den Rechenweg.*" Eine gute Vorübung dazu ist das Partnergespräch.

- Bieten Sie den Kindern ein positives → *Modellverhalten* für Fragen.

Regen Sie die Kinder an über persönliche Fragen hinaus auch zunehmend Informations- und Begründungsfragen (Warum ...) zu stellen. Allerdings ist ein übertreibendes Fragen um des Fragens willen nicht sinnvoll, denn die Qualität des Fragens hat Vorrang vor der Quantität. Nehmen Sie auch originelle und unbequeme Fragen der Kinder wichtig. Wenn nicht durch gemeinsames Nachdenken oder Nachschlagen in Büchern eine Antwort gefunden werden kann, ist es keine Schande, als Lehrerin das Nichtwissen einzugestehen: *„Das weiß ich nicht. Ich lese zu Hause nochmals in meinen Büchern nach."* Fragen der Kinder können auch Lernanlässe für uns sein!

Margarete Götz: Weiß die Ameise, dass sie Ameise heißt? In: Die Grundschule Heft 11/1991

Reinhard u. Anne-Marie Tausch: Erziehungspsychologie. 5. gänzl. neu gestaltete Auflage. Göttingen: Verlag für Psychologie Dr. C. Hogrefe 1970

Freiarbeit

Hilf mir es selbst zu tun!

Maria Montessori

Die „richtige" Freiarbeit gibt es nicht, sondern jeder muss sie für sich und seine Klasse in kleinen Schritten passend entwickeln. Entscheidend ist Ihre Einstellung zu den Kindern:

- Vertrauen auf den Lernwillen: Kinder wollen etwas lernen.
- Mut sich als Lehrerin zurückzunehmen und sich vom unmittelbaren Unterricht frei machen, um individuell zu beraten und zu fördern.

Die Kinder können *frei*

- ihren Lernort im Klassenzimmer (eigener Sitzplatz, „Ecke", Sofa, Tafel ...) wählen,
- die Sozialform (→ *Einzel-, Partner- oder Gruppenarbeit*),
- die → *Arbeitsmittel* und Lernmaterialien,
- die zeitliche Einteilung (Dauer und Abfolge der Tätigkeiten),
- den Gegenstand ihres Lernens, die Art und Zahl der Aufgaben.

Dieser Entscheidungsfreiheit steht zielorientierte *Arbeit* gegenüber:

- Einhalten der nötigen → *Regeln*,
- Vorgaben durch den → *Wochenplan*, Forschungsaufträge,
- Anweisungen durch das selbst gewählte Material,
- Einträge ins Freiarbeitsheft,
- Lernbriefe zum individuellen → *Fördern*.

Der gesamte Unterricht kann jedoch nicht nur den zufälligen Interessen der Kinder folgen, Freiarbeit ergänzt deshalb den herkömmlichen Unterricht durch individuelles Üben, durch Vorbereiten oder Weiterführen eines Themas, durch Bearbeiten eines selbst gewählten Themas.

Begründung und Ziele der Freiarbeit

Die veränderte Situation der Kinder heute (vgl. dazu *Maria Fölling-Albers:* Schulkinder heute. Weinheim: Beltz 1992) erfordert eine Veränderung des traditionellen Unterrichts. Das Ziel „Mündigkeit" lässt sich nur durch Freiräume für eigene Entscheidungen anbahnen.
- Durch Selbsttätigkeit werden die Kinder selbstständig.
- Bei Absprachen über Materialien, beim selbst gewählten Zusammenarbeiten und beim Befolgen von notwendig erkannten Regeln erfolgt → *soziales Lernen* nicht „aufgesetzt", sondern als sich aus der Sache ergebende Notwendigkeit.
- Freude am Lernen durch selbstständige Wahl der Aufgaben, durch die auf handelndes und auf verschiedene Lernkanäle ausgerichteten Arbeitsmittel und → *Lernspiele*
- Individualisierung hinsichtlich Interessen, Lerntempo, Lerntyp und Leistungsfähigkeit
- Fördern eines positiven → *Arbeitsverhaltens*

Ausstattung des → Klassenzimmers

- Zusätzliche Stühle und Tische, Lese-, Spiel-, Bastelecke, Rechen- und Materialtisch, Teppich, Sofa;
- Ausstellungsflächen (Pinnwände, Wand- und Filztafeln, Teppichfliesen an der Wand ...);
- offene, standfeste Regale für eine übersichtliche, leicht zugängliche und nach Lernbereichen getrennte Darbietung der Materialien;
- eine Ablage für jedes Kind;
- vielfältige Materialien, z. B. Bilder-, Kinder-, Schulbücher, Zeitschriften, Zeitungen, zusätzliche Arbeitsblätter, altersgerechte Spiele (jedes Material ist nur ein- oder zweimal vorhanden und je nach Lernbereich farbig gekennzeichnet);
- Instrumente, Kassettenrekorder;
- Baukästen, Bastelmaterial, Malkästen, Malblöcke ...
- Tier- und Pflanzenpflege (Pflanzen, Aquarium).

Lassen Sie sich jedoch durch ein kleines Klassenzimmer und von umfangreichen Materiallisten nicht von der Freiarbeit abschrecken. Bereits einige wenige Wahlmöglichkeiten sind besser als gar keine!

Ablauf einer Freiarbeitssequenz (vgl. *J. Schnabel* S. 22)

- Vorgespräch: Was? Mit wem? Wo? Vorstellen von neuen Materialien
- Anfangssignal (Musik): gleichzeitiger Beginn, Zeit zum Suchen, Auflösen der Sitzordnung
- differenzierte Übungsphase
- Schlusssignal: Aufräumen, Wiederherstellen der Sitzordnung
- Nachgespräch über die geleistete Arbeit, über Schwierigkeiten; Würdigen der Arbeiten.

Alle Arbeits- und Verhaltensweisen werden schrittweise vorgemacht und eingeübt. Unverzichtbar ist das Einhalten folgender Regeln:
- Die Arbeit am Wochenplan wird zuerst gemacht.
- Beim Holen des Materials darf es kein Gedrängel geben.
- Jeder arbeitet leise oder in der Flüstersprache um niemanden zu stören.
- Erst nach dem Versuch eine Aufgabe allein zu lösen, darf ein anderes Kind gefragt werden.
- Schreiben der Aufgaben in das Freiarbeitsheft.
- Angefangene Arbeiten werden beendet und überprüft.
- Jeder passt auf, dass von den Materialien nichts verloren geht.
- Jedes Material wird immer an seinen festen Platz zurückgestellt.

Sich durch Schwierigkeiten nicht entmutigen lassen!

- Sammeln und geordnetes Aufbewahren der Materialien
- Dämpfen der Lautstärke zu einer für alle angenehmen Arbeitsruhe
  Tipp: Wenn ein Kind nicht gestört werden will, legt es einen „Schweigestein" (roter Bauklotz o. Ä.) neben sich (*Anneliese Kohrs* in: Flohs 2. Ideenkiste, München: Domino Verlag 1993)
- Übersicht der Lehrerin über die Tätigkeiten der Kinder
- Kindern, die die Freiheit noch nicht nutzen können, werden Aufgaben zugeteilt.

Gisela Breuer: Freie Arbeit im 1. und 2. Schuljahr. München: Oldenbourg 1988
Christel Fisgus/Gertraud Kraft: Hilf mir es selbst zu tun.
Montessoripädagogik in der Regelschule. Donauwörth: Auer 1994
Christel Fisgus/Gertraud Kraft: Ich freu mich schon auf morgen. Neue Materialien für die Praxis. Donauwörth: Auer 1995
Joachim Schnabel: Freie Arbeit im 3. und 4. Schuljahr. Praxiserprobte Anregungen, Arbeitshilfen und Tipps für Einsteiger und Fortgeschrittene. München: Oldenbourg 1996

Fremdsprachen

Wer eine Fremdsprache lernt,
zieht den Hut vor einer anderen Nation.
Thornton Wilder

Interesse an anderen Sprachen wecken
(→ *Interkulturelle Erziehung*)

Jeden Tag begegnen die Kinder anderen Sprachen: → *Ausländische Kinder* in der Klasse, Werbung, Fernsehen, im öffentlichen Leben und schließlich auch im Urlaub. Daran anknüpfend ergeben sich immer wieder Möglichkeiten, spielerisch fremdsprachige Elemente aufzugreifen, z. B.:

* Ausländische Kinder lesen Märchen, Gedichte u. a. in ihrer Sprache oder singen Lieder vor.
* Wir lernen einfache Lieder wie „Bruder Jakob" nach und nach auch mit dem englischen, französischen und italienischen Text.
* Mit dem Lied „In Paule Puhmanns Paddelboot" (z. B. in *M. Hahn*) lassen sich gut fremde Redewendungen zum Begrüßen und Verabschieden einüben.
* Bitten und Danken, Glückwünsche zum Geburtstag, die Zahlen bis zehn.
* Beim Thema „Zoo" oder „Bauernhof" (Lied: Old Macdonald had a farm) werden die Tiernamen in fremden Sprachen auf Karten oder Plakaten mitgelernt.

Das systematische Erlernen einer Fremdsprache

In einem vereinten → *Europa* kommt niemand mehr ohne Fremdsprachen aus. Weitere Gründe für das frühzeitige Erlernen einer Fremdsprache: Im Grundschulalter äußert sich das Kind spontaner und unbefangener und lernt eine Zweitsprache schneller als Erwachsene.
Ziele des Fremdsprachenunterrichts:

* Positive Lerneinstellung gegenüber Fremdsprachen;
* Einblick in Brauchtum und Alltagskultur, v. a. der Kinderkultur eines anderen Landes und dabei die Normalität des Fremden achten lernen;
* Hörverstehen und Sprechen in korrekter Aussprache;
* kein systematisches Lesen und Schreiben, Schriftbild nur für die Kinder, denen es eine Hilfe ist.

Unterrichtsgrundsätze

- Der Unterricht orientiert sich am Kind. Deshalb: vorwiegend mündlich, kommunikativ, spielerisch, ganzheitlich, fächerübergreifend, handlungs- und erlebnisbetont, ohne Zensuren. Musische Tätigkeiten wie Singen, Tanzen, Sprechen von Versen und Reimen, szenisches Darstellen, Zeichnen und Malen, Basteln und Spielen regen zum Sprechen an.
- Die Themen und Inhalte entsprechen dem Interesse der Kinder: Schule, Familie, Feste, Freizeit, Tiere, Spielen, Hobbies, Wohnen, Kleidung, Ernährung. Nutzen von Realsituationen oder Arrangieren von simulierten Lernsituationen, in denen Redewendungen und situationsgebundene Minidialoge erlernt werden.
- Unterrichtssprache ist grundsätzlich die Fremdsprache, wobei es nicht notwendig ist, dass die Kinder jedes Wort verstehen. Durch wiederholtes Hören, unterstützt durch Bilder, Mimik und Gestik entwickeln sie allmählich ein Globalverständnis, das sie auf Anweisungen richtig reagieren lässt. Nur bei Missverständnissen Gebrauch der Muttersprache.
- Die methodische Schrittfolge beim Einführen von Wortmaterial ist:
  Hören und Verstehen (Lehrerin, Tonkassetten, Fernsehsendung)
  Sprechen
  Lesen und Verstehen
  Schreiben (keine Rechtschreibaufgaben, sondern z. B. Wortkarten ordnen)

Monika Gorbahn: Unterrichtsmaterialien Englisch im 3. Schuljahr. München: Oldenbourg 1995
Manfred Hahn: Europa in Unterricht und Erziehung der Grundschule. München: Oldenbourg 1992

Freunde

Eine Freundin oder einen Freund zu haben ist für das Selbstwertgefühl jedes Kindes von entscheidender Bedeutung. Am Schulanfang ist es wichtig, dass die Kinder feste Freunde und ihnen sympathische → *Nachbarn* finden als Grundlage → *sozialen Lernens:* Vom Ich über das Du zum Wir (→ *Klassengemeinschaft*).

Freundschaften fördern

Solange sich Freunde nicht gegenseitig vom Lernen abhalten, lasse ich sie in der Klasse nebeneinander sitzen. Die Kinder können auch bei Spielen oder bei der Partnerwahl im Sport ihre Freunde auswählen und → *aufrufen,* wenn nicht eine andere Regel vorgegeben wird (z. B.: Wähle jemanden, mit dem du heute noch nicht gesprochen hast.). In einem selbst hergestellten Freundschaftsbuch können die Kinder eigene Erfahrungen und Erlebnisse darstellen (z. B.: So habe ich meine Freundin/meinen Freund kennen gelernt; Ich möchte gern, dass .. mein Freund ist; An meiner Freundin mag ich ... Zusammen mit meinem Freund mach ich am liebsten ...), ausgewählte Gedichte und Texte sowie Fotos und Zeichnungen sammeln u.v.a.m.

Außenseiter in die Gemeinschaft aufnehmen

- → *Modellverhalten* der Lehrerin: Auf „Außenseiter", auf → *neue Kinder* zugehen, Kontakte (Nachbarn, Helfer ...) arrangieren. Das Kind bei Konflikten nicht vor der Klasse herabsetzen, sondern diese im Einzelgespräch klären.
- „Freundschaftstag": Jeweils ein Kind steht im Mittelpunkt und erzählt über sich, bringt Fotos, sein Lieblingstier mit, darf sich für diesen Tag den Sitznachbarn auswählen, darf sich sein Lieblingslied oder im Sport seine liebste Betätigung wünschen etc. Bei → *Interaktionsspielen* sollen die anderen Kinder dem Kind etwas Nettes sagen (Ich mag an dir ...) oder ihm einen Zettel mit einer entsprechenden Botschaft auf den Rücken heften. Rückblick am Unterrichtsende: Das Kind sagt, was ihm am heutigen Tag besonders gefallen hat.
- Bei Kennenlern-, Partnersuch-, Bewegungs-, Sing- und Tanzspielen (vgl. *Regelein*) ergeben sich oft zufallsbedingte Partnerschaften, die die Kinder zwanglos zueinander Kontakt aufnehmen lassen.
- Ebenso bietet → *offener Unterricht* weitaus mehr Möglichkeiten zum gemeinsamen Lernen als der Frontalunterricht.
- Bilderbücher, Vorlesegeschichten und Texte regen zum Nachdenken darüber an, wie ein Kind Wege aus dem Alleinsein finden kann und was wir tun können, um ein Kind in unsere Mitte aufzunehmen.

Silvia Regelein: Spielen in Unterricht und Freizeit. München: Oldenbourg 1988
Renate Schwab: Ich suche Freunde. Texte zur Erziehungshilfe in der Grundschule. München: Oldenbourg 1994

Frieden als Gestaltungsprinzip in der Schule erfordert

- kritisches Hinterfragen und Ändern unfriedlicher Lebens- und Lernformen in der Schule (z. B. zu wenig → *Bewegung*);
- gemeinsames Eintreten für ein rücksichtsvolles Zusammenleben (→ *Werte, Regeln, soziales Lernen*);
- gewaltfreies Austragen von → *Konflikten* und geduldiges Aufarbeiten im Gespräch;
- selbstkritisches Überprüfen des eigenen Verhaltens (→ *Lehrer-, Modellverhalten*);
- das Fördern von Selbstachtung und Selbstvertrauen beim Kind.

Friedenserziehung als geplantes soziales Lernen in kleinen Schritten

„Liebe deinen Nächsten, er ist wie du." (*Martin Buber*)
Feindschaften und Rassismus entspringen aus tatsächlichen oder eingebildeten Unterschieden, die zum Nachteil des Opfers und zum Vorteil des Anklägers bewertet werden. Eigene Privilegien und eigene Aggressionen werden durch diese bewerteten Unterschiede gerechtfertigt.
→ *Soziales Lernen* muss deshalb u. a. dazu anleiten,

- durch häufige soziale Kontakte Sympathie zu fördern (Wir-Gefühl);
- die eigenen Gefühle wahrzunehmen, auszudrücken und auf ihre aggressiven und destruktiven Anteile hin zu analysieren (→ *emotionales Lernen*);
- sich in den anderen hineinzufühlen und hineinzudenken;
- gewaltfreie Formen der Selbstbehauptung einzuüben.

Entfeindung
Feindseligkeiten und Feindschaften lassen sich nicht leugnen. „Entfeindung bekämpft die Feindschaft - aber nicht den Feind." (*P. Lapide* S. 35 zit. nach *W. Tröger*)
Sie beginnt mit der Bereitschaft zum ersten Schritt, zur Vorleistung. Diese muss einerseits den Gegner überzeugen, zum andern darf sie den Vorleister nicht wesentlich schwächen. Weitere vertrauensfördernde Schritte: „Konfliktentschärfung, Prestige-Entsagung, Streit-Entflechtung, Rechtsverzicht, Kompromissfreudigkeit, Nachgiebigkeit und alle tausendundein Wege geduldiger Ameisenarbeit." (ebd. S. 30)
Nachdenken über das Sprichwort „Der Klügere gibt nach" unter diesem Aspekt!

Friedensteppich: Die an einem Streit oder einer Rauferei beteiligten Kinder setzen sich darauf, die anderen Kinder im Kreis darum. Die Kinder auf dem Teppich sagen, was geschehen ist, wie es dazu kam und erklären ihr Handeln. Nachdem jeder gewaltfreie Vorschläge machen konnte, wird auf dem Teppich Frieden geschlossen. (vgl. *Silke Martens* in: Flohs Ideenkiste Nr. 4. München: Domino Verlag 1994)

Kriegsängste: Kinder brauchen Hoffnung und Handlungsmöglichkeiten Selbst wenn Kinder nicht persönlich von Gewalt betroffen sind, so bringt das → *Fernsehen* Schreckensgemälde von Krieg und Folter, Not und Tod, Hunger und Armut, Unterdrückung und Ausbeutung, Jammer und Elend ins Haus (→ *Umwelt*). Wir dürfen die Probleme zwar nicht bagatellisieren, müssen aber den Kindern Hoffnung vermitteln, indem wir z. B.
- ihnen auf ihren Wunsch hin sachliche Informationen vermitteln, jedoch keine weiteren Schreckensbilder.
- sie ermuntern, ihre Ängste und Sehnsucht nach Frieden auszudrücken durch Reden, Schreiben, Singen, Malen, Tanzen oder Still-Werden (→ *Stille*).
- ihnen an kindgemäßen Beispielen aus der Geschichte und Literatur zeigen, dass Wege zum Frieden immer möglich sind.

Frieden als kontinuierlicher Prozess im Alltag

„Friedenserziehung ist situativ wirksam und verlangt spontanes Reagieren. Nur so kann die erziehlich wirksame Situation ausgeschöpft werden....Immer wieder fordern uns die gleichen konfliktträchtigen Geschehnisse:
- Streit im Pausenhof
- Beschwerden über unkameradschaftliches Verhalten
- Anklagen, dies und das sei ungerecht
- rücksichtsloses Verhalten der Kinder untereinander
- Beschädigen von schuleigenen Einrichtungen
- mangelnde Sorgfalt und Gleichgültigkeit den eigenen Verpflichtungen gegenüber u. a.

Wie reagieren wir? Halten wir lange Reden, anklagend, verurteilend, strafend? Klammern wir uns an fantasielose Schablonen der Konfliktverdrängung? Oder:
- Hören wir erst einmal geduldig zu, was passiert ist?
- Lassen wir die Kinder ausreden, <u>jedes</u> seine Meinung sagen?
- Ermuntern wir die Kinder selbst nach Lösungen für ihre Konflikte zu suchen?

- Geben wir ihnen die Zeit zu diskutieren, abzustimmen, Regeln aufzustellen, sich zu versöhnen?
- Gehen wir der Sache auf den Grund, wenn immer wieder die gleichen Schwierigkeiten auftauchen?..." (*H. Müller-Bardorff*, S. 7)

Bausteine zur Friedenserziehung

Lieder, Texte und Geschichten
Sowohl in emotional aufgeladenen Situationen als auch im geplanten Unterricht können vorgelesene Geschichten unser Reden und Handeln unterstützen, indem sie
- unausgesprochene oder diffuse Gefühle ansprechen,
- den Kindern zeigen, dass sie nicht alleine mit ihrem Problem dastehen
- kindgemäße Wege zum Bewältigen des Konflikts aufzeigen, was vor allem heißt: Miteinander streiten ohne sich zu verletzen.

Jutta Modler, Hrsg.: Frieden fängt zu Hause an. Geschichten zum Lesen und Weiterdenken. 6. Aufl. München: dtv junior 1994
Ludger Edelkötter: Wir sind Kinder dieser Erde. 111 Friedenslieder, Buch und MC. Drensteinfurt: Impulse Musikverlag

Friedensboten
Basteln und Beschriften von Friedenstauben, die als Mobile im Gang aufgehängt werden
Basteln von Friedensbuttons oder Friedensanhängern
Wandbild „Schritte zum Frieden": Jedes Kind schreibt in seinen Fußabdruck eigene Bemühungen um Frieden.
Friedensbuch: Freie Texte
Rollenspiele: Auch beim Streit können wir Brücken bauen.

Feste und Feiern
„Jedes → *Fest*, jede Feier, ob im Klassenverband, ob klassenübergreifend verwirklicht Friedenserziehung schon allein durch das Erlebnis gelungener Gemeinschaft. Eine festfreudige Schule ... baut eine verlässliche Basis an Zufriedenheit, Zusammengehörigkeitsgefühl, Verständnis füreinander und heiterer Gelassenheit auf, die negative Emotionen, Konflikte und Enttäuschungen aufzufangen und zu bewältigen vermag." (*H. Müller-Bardorff* S. 8)

Friedensfest (a.a.O.)
- Nach einem gemeinsamen Beginn (Lied, Geschichte) gestaltet jede Klasse für sich den Unterricht zum Thema Frieden.
- Gemeinsame Aktionen: Filmangebote, gemeinsame Spiele im Pausenhof, Basteln eines großen Friedensbaumes aus bunten Filzblättern,

-blüten und -früchten für die Pausenhalle.
* Gemeinsamer Abschluss:
  Zusammentragen der gebastelten Teile für den Baum
  Pflanzen eines lebendigen Baumes
  Klasse für Klasse schließt sich einer Polonaise durch das Schulhaus an.
* Gemeinsames Essen

Was Eltern wissen sollten

* Viele Kinder erfahren bereits im Elternhaus Unfrieden und Gewalt. Kinder brauchen unbedingt Schutz, Geborgenheit und Liebe.
* Nicht nur Gewaltfilme, sondern auch die Nachrichtensendungen sind nicht für Kinder geeignet.
* Die Eltern sind als Vorbild für friedvolles und rücksichtsvolles Verhalten, aber auch für gekonntes Streiten äußerst wichtig.
* Der häufige Rat von Eltern „Hau zurück und lass dir nichts gefallen." treibt die Spirale von Gewalt an. Besser ist der Rat: Rede immer zuerst, wenn dir ein anderes Kind etwas tut. Gehe gewalttätigen Kindern aus dem Weg. Hole im Notfall Hilfe und melde es auch, wenn du Gewalt an anderen Kindern beobachtest.

Jochen Korte: Lernziel Friedfertigkeit. Vorschläge zur Gewaltreduktion in Schulen. Weinheim: Beltz 1996

Helga Müller-Bardorff: Man braucht zum Frieden Fantasie und Liebe und Verstand ... In: Lehrer Journal/Grundschulmagazin Heft 12/1989. München: Ehrenwirth/Oldenbourg

Pinchas Lapide: Wie liebt man seine Feinde? Mainz 1984

Walter Tröger: Friedenserziehung und Feindesliebe. In: Pädagogische Welt Heft 7/1989. Donauwörth: Auer Verlag

Geburtstag

Der Geburtstag zählt für jedes Kind zu den wichtigsten Höhepunkten im Jahr und wird deshalb gebührend gefeiert. Geburtstage, die in die Ferien oder auf schulfreie Tage fallen, werden nachgefeiert. Denn nicht jedes Kind darf zu Hause eine Feier veranstalten.
Jede Feier hat formal den gleichen Ablauf, damit sich alle Kinder gleich behandelt fühlen.

Geburtstagskalender
- Jedes Kind malt ein Selbstportrait und schreibt das Datum dazu. Die Blätter werden chronologisch zusammengebunden. Das oberste Blatt zeigt jeweils das nächste Geburtstagskind.
- Jedes Kind gestaltet einen aus Tonpapier ausgeschnittenen Luftballon (jeden Monat in einer festgelegten Farbe) und klebt ein Foto hinein sowie Abbildungen von Dingen, die es gern hat, und schreibt das Geburtsdatum dazu. Alle Ballons werden geordnet an die Pinnwand geheftet.
- Blumenwiese oder Geburtstagsbaum: Jedes Kind gestaltet eine Blüte oder ein Blatt.
- Geburtstagspuzzle: Jedes Kind gestaltet ein Puzzleteil. Alle Teile zusammen ergeben eine von den Kindern ausgewählte Figur.
- Herz: Jedes Kind schreibt seinen Namen und Geburtstag auf ein Herz, das beliebig verziert wird. Die Herzen hängen zusammen mit einem kleinen verpackten Geschenk an einer Leine.

Gestaltungselemente der Feier
- Den Platz des Kindes schmücken eine brennende Kerze und Blumen.
- Begrüßung: Zwei Kinder holen es morgens an der Tür ab und tragen es in der „Geburtstagskutsche" (Kreuzgriff) in die Klasse.
- Geburtstagslied, z. B. „Wie schön, dass du geboren bist" (Rolf Zuckowski, Musik für dich. R. Zuckowski OHG Hamburg, Edition Taurus 1989) oder ein Lied nach Wahl des Geburtstagskindes.
- Gratulation: Lehrerin, drei vom Geburtstagskind bestimmte Kinder im Namen der Klasse
- Geschenke zur Auswahl: Überraschungstüte mit einer Geburtstagskarte (Unterschrift aller Kinder), einer Rätselkarte, einer Karte mit einer Bastelarbeit, einem Gutschein für eine an einem beliebigen Tag erlassene Hausaufgabe, einer mit einer Schleife zusammengerollten Geschichte oder einem Taschenbuch, das das Geburtstagskind nach vier Wochen der Klasse für die Klassenbücherei schenkt.

„Briefkasten" (Aufschrift: Post für das Geburtstagskind) mit einer Überraschung oder einem Geburtstagsbrief der Lehrerin (z. B. mit einem in der Schule aufgenommenen Foto vom Kind).

- Tätigkeit nach Wahl des Kindes: Vorlesen einer Geschichte, Spiel.
- Den oft vom Kindergarten herrührenden Brauch, dass das Geburtstagskind Kuchen oder Süßigkeiten mitbringt, habe ich nicht übernommen. Information am Elternabend: Zusätzliche Arbeit für die Mütter; manche Kinder dürfen nichts Süßes essen. (→ *Gesundheit*)

Gesprächsführung

Die Natur gab dem Menschen zwei Ohren,
aber nur eine Zunge.

Äußere Voraussetzungen

Die Platzverteilung sollte die Gleichstellung der Gesprächspartner ausdrücken. Die Eltern deshalb nicht auf Kinderstühlen platzieren, sondern auf gleich hohen Stühlen. Besser als ein direktes Gegenübersitzen ist das Sitzen über Eck an einem Tisch.

Bei Problemen sich nicht auf überraschende „Zwischen-Tür-und-Angel-Gespräche" einlassen, sondern einen Termin vereinbaren, an dem ohne Zeitdruck gesprochen werden kann.

Die vier Aspekte eines Gesprächs

Angenommen, eine Mutter sagt zu Ihnen „Sie geben viel zu viel auf.", so beinhaltet diese Äußerung

- die sachliche Mitteilung, dass ihr Kind (nicht unbedingt auch die anderen) sehr viel Zeit für die Hausaufgaben braucht.
- die Selbstoffenbarung (die nicht ausgesprochen wird, aber durchklingt), dass dies die Mutter nervt.
- den Appell an Sie weniger Hausaufgaben zu geben.
- auf der Beziehungsebene, dass die Mutter „Dampf ablassen will", aber sich auch von Ihnen Hilfe verspricht. (→ *Eltern*)

Der Gesprächsbeginn zur Annäherung und Einstimmung

Nicht „mit der Tür ins Haus" fallen (*„Sie sind gekommen, weil ..."*), sondern mit einer unverfänglichen Bemerkung die Atmosphäre lockern. Sog. „Türöffner" machen den anderen gesprächsbereit, z. B. Anteilnahme (*„Ich danke Ihnen, dass Sie gekommen sind."*) oder Interesse zeigende

Äußerungen (*„Ihre Ansicht interessiert mich."*)
Wichtigtuerei, Besserwisserei, Anbiederung oder „Ohrfeigenwörter"
wie Unsinn, Quatsch, Blödsinn etc. vermeiden.
Nach der Begrüßung kurz die Ziele des Gesprächs formulieren, ohne vorerst dazu Stellung zu nehmen.

Förderliches Gesprächsverhalten auf der Inhaltsebene

- Das Gespräch auf Wesentliches beschränken und Schwerpunkte setzen.
- Bei Unklarheiten nachfragen.
- In Zweifelsfällen überprüfen, ob Sie den anderen richtig verstanden haben (*„Habe ich Sie richtig verstanden? Sie meinen ..."*). (→ *aktives Zuhören*)
- Hören Sie sich Kritik an, ohne sofort einen „Gegenangriff" zu starten.
- Nicht pauschal über das Kind sprechen, sondern konkrete, anschauliche Verhaltensweisen beschreiben anhand der Aufzeichnungen zur → *Schülerbeobachtung*.
- Gemeinsam mit den Eltern nach Lösungen suchen und verschiedene Möglichkeiten im Blick auf ihre Durchführbarkeit hin abwägen.
- Den Eltern konkret vormachen, wie sie ihr Kind beim Lernen unterstützen können.

Förderliches Gesprächsverhalten auf der Beziehungsebene

- Auch mit Ihrem nonverbalen Verhalten (→ *Körpersprache*) signalisieren Sie Ablehnung oder Offenheit. Nehmen Sie Blickkontakt auf, jedoch ohne den anderen anzustarren. Wichtig: Ruhiger Tonfall.
- Keine langatmigen Erklärungen geben.
- Den anderen nicht unterbrechen, wenn er einmal eine kurze Pause macht. Mit bewussten Redepausen und kurzem Schweigen gewinnen Sie Zeit zum Nachdenken und bewirken, dass er weiterspricht.
- Sich in die Lage des Gesprächspartners einfühlen (Empathie).
- Sachlich bleiben und auf Belehrungen, Vorwürfe, Wertungen verzichten.
- Auch positive Dinge ansprechen, am Kind, an den Eltern, an der Schule.
- Gestehen Sie eigene Schwierigkeiten ein, die Sie mit einem Kind haben.
- Gehen Sie bei starker Betroffenheit zuerst auf die Gefühle ein (z. B. mit → *Ich-Botschaften*), ehe Sie sachlich zum Inhalt sprechen.

Lenkungstechniken (nach *A. Ruschel* S. 27)

- Verstärken: Kopfnicken, Lächeln ein, „Hmhm" u. Ä. zeigen Aufmerksamkeit und Verstehen an.
- Interpretieren: Eine Äußerung des Partners wird aufgegriffen und gedeutet, z. B.: *„Habe ich Sie richtig verstanden? Sie meinen ..."*. So können Missverständnisse vermieden werden.
- Zusammenfassen um auseinander laufende Gesprächsfäden wieder auf das eigentliche Thema zu lenken.
- Konkretisieren: Bei Problemen und Lösungen immer wieder auf Tatsachen und konkrete Beispiele verweisen.
- Erbitten von Vorschlägen: Der Gesprächspartner muss aktiv werden und vom bloßen Reden zum Tun kommen.
- Fragen zeigen dem anderen unser Interesse, bauen Aggressionen ab, geben Zeit zum Nachdenken, erleichtern eine Änderung der Gesprächsrichtung, befähigen zum Erkennen von Gegenargumenten und ermöglichen eine Reaktion auf unfaire Angriffe. Besser als geschlossene → *Fragen* (Antwort „Ja" oder „Nein") sind offene, sog. W-Fragen (warum, wieso, wann, wo etc.), da sie mehr Nachdenken und ausführlichere Antworten fordern. Immer nur eine Frage stellen, klar, kurz und genau formulieren (also z. B. nicht: *„Gehe ich recht in der Annahme, dass ...?"*)

Argumentationstechniken

Menschen lassen sich weniger durch rationale oder moralische Argumente beeinflussen, sondern durch Plausibilitäts-Argumente, die unreflektierte Selbstverständlichkeiten, Tradition, Gewohnheiten, gesunden Menschenverstand und Umgangserfahrungen betonen. (nach *Peter Teigerle:* Verständlichkeit und Wirksamkeit von Sprache und Text. Stuttgart 1968, S. 102 ff.)

- Ungünstig sind sog. Killerphrasen wie *„Das haben wir immer schon / noch nie so gemacht. - Da kann ja jeder kommen."*
- Zur Schau gestellte Überlegenheit bewirkt Ablehnung.
- Wertigkeit der Argumente:
  Ein erstes gutes Argument soll den Vorteil für den anderen zeigen. Nach weiteren Argumenten mit abnehmender Bedeutung folgt zum Schluss das stärkste Argument.
- Auf Argumente verzichten, die der andere falsch verstehen oder verdrehen könnte.
- Wichtige Argumente wiederholen.
- Erwartbare Gegenargumente vorwegnehmen und sie entkräften.

Einwandtechniken

Fragen oder Argumente fordern Einwände heraus, die auf ihren sachlichen Gehalt, ihre logische Schlüssigkeit und Vollständigkeit hin zu überprüfen sind. Subjektive Einwände beziehen sich auf den Gesprächspartner als Person (Vorurteile, Sympathie oder Antipathie) und beeinflussen vor allem die Gesprächsatmosphäre. Objektive Einwände sind sachorientiert oder beziehen sich auf den Gesprächsverlauf.

Bei Einwänden des anderen

- ruhig und sachlich bleiben, keinen Unwillen durch Mimik, Gestik oder Körperhaltung zeigen.
- ihn ausreden lassen und ihm interessiert zuhören.
- vor der Antwort eine Denkpause einlegen oder eine Gegenfrage stellen.
- kurz, genau und sachlich antworten.

Zum Widerlegen von Einwänden gibt es folgende Techniken:

- Direkte Verneinung (mit Vorsicht zu gebrauchen!): *„Nein, das kann nicht stimmen. "*
- Rückfragen (um Zeit zu gewinnen): *„Wie meinen Sie das? - Habe ich Sie da recht verstanden?"*
- Ja-aber-Technik (statt „ja" besser „allerdings, jedoch"): *„Ich gebe gerne zu ..., aber. - Gewiss, allerdings..."*
- Polstertechnik (man schiebt etwas ein, um Zeit zu gewinnen): *„Sehen Sie doch bitte einmal diese Arbeit an... - Sie kennen doch sicher Frau X, sie meint ..."*
- Gegenangriff (eine Gegenfrage fordert den anderen auf seinen Einwand zu begründen): *„Warum glauben Sie, dass ...? - Ist es nicht auch möglich, dass ...?"*
- Vorwegnahmetechnik (mögliche Einwände werden im Voraus unschädlich gemacht): *„Sie hätten allen Grund böse zu sein, doch ... - Sie werden mich sicherlich fragen ..."*
- Leerlauftechnik: Interessiert und aufmerksam zuhören und den anderen nicht unterbrechen. Wenn er seine Einwände erschöpft hat, ist er für Gegenargumente vielleicht zugänglicher als vorher.
- Übertreiben (durch Wiederholen des stark übertriebenen Einwandes soll der andere zum Einlenken gebracht werden): *„Wollen Sie damit sagen, dass alle Lehrer dumm sind?"*
- Umkehrtechnik (den Einwand zweifelnd an den Partner zurückgeben): *„Sind Sie wirklich sicher, dass ...? - Das wäre richtig, wenn Sie ..."*

Entscheidung und Abschluss des Gesprächs

Nach dem Austauschen und Abwägen von Argumenten wird nun gemeinsam die beste Lösung ausgewählt (*„Vielleicht können wir nun gemeinsam nach einer Lösung suchen zum Wohl Ihres Kindes."*) Es ist nicht sinnvoll, den anderen zum spontanen Zustimmen zu überrumpeln. Denn mit einigem Zeitabstand wird er die getroffene Entscheidung bedauern und sich ihr widersetzen. Der einzig faire Weg ist deshalb das Schließen eines Kompromisses durch Zugeständnisse beider Seiten.

Nach einer Zusammenfassung sollte das Gespräch positiv abgeschlossen werden, um Gespräche in der Zukunft zu erleichtern.

Für viele Eltern ist es hilfreich, wenn sie etwas Konkretes mit nach Hause nehmen können, z. B. einige von Ihnen notierte Stichwörter, einen Büchertipp oder ein Buch zur Ausleihe.

Thomas A. Harris: Ich bin o.k. Du bist o.k.: Hamburg: rororo Taschenbuch 1973
Harry Holzheu: Gesprächspartner bewusst für sich gewinnen. Düsseldorf: ECON Praxis 1986
Adalbert Ruschel: Das Lehrer-Eltern-Gespräch. Didaktischer Brief des Pädagogischen Instituts der Stadt Nürnberg, Nr. 88/1980
Friedemann Schulz von Thun: Miteinander reden. Störungen und Klärungen. Reinbek: Rowohlt 1984

Gesprächsregeln

Die Art des Miteinander-Sprechens bestimmt entscheidend auch das Miteinander-Leben (→ *soziales Lernen*).

Einige wichtige Grundsätze beim Einführen in → *Regeln:*

Einsichtiges Lernen: Wenn die Notwendigkeit einer Regel konkret erfahren wird, so wird sie besser als eine vorgegebene Regel verinnerlicht. Deshalb Störungen beim Gespräch im Unterricht aufgreifen.

Kleine Lernschritte: Die Regeln einzeln und nacheinander erarbeiten.

Verstärken: Das Einhalten einer neuen Regel gerade anfangs häufig → *verstärken,* verbal, gestisch und durch Eintragen in eine ausgehängte Liste.

Auf konsequentes Einhalten achten und z. B. etwa eine Woche lang täglich prophylaktisch an die neue Regel erinnern: Wir achten heute wieder darauf, dass jeder sich vor dem Sprechen meldet, auch der (Name eines häufigen Dazwischenredners).

Regeln werden einmal genau erklärt. Deshalb nicht bei jedem Fehlverhalten eine erneute „Diskussion"; besser als verbale Ermahnungen sind

einprägsame Gesten (→ *Körpersprache*).
Modellverhalten: Beachten auch Sie die Regeln. (→ *Lehrersprache*)
Einprägen: Im 1./2. Schuljahr werden die Regeln bildhaft dargestellt, im 3./4. Schuljahr könnte folgendes Plakat sukzessive entstehen:
Günstig für Gespräche: Sitzkreis oder Hufeisen (→ *Sitzordnung*).

Zehn Regeln für unser Gespräch

Für den Zuhörer
- Ich höre aufmerksam zu.
- Ich schaue den Sprecher an.
- Ich melde mich nicht,
  wenn ein anderer spricht.
- Ich lasse jeden ausreden.

Für den Sprecher
- Ich melde mich und warte.
- Ich spreche laut und deutlich.
- Ich rede kurz und
  bleibe beim Thema.
- Ich gebe das Wort höflich weiter.
- Ich frage nach.
- Es wird niemand ausgelacht
  und beleidigt.

Das Melden und Warten auf den Aufruf

Einführung im 1. Schuljahr: Wenn die Kinder durcheinander reden, halten Sie sich entsetzt die Ohren zu und zeigen stumm auf ein Bild (Kind mit hoch gestrecktem Arm). Nach dem Formulieren der Regel und dem Begründen (Wenn alle durcheinander reden, versteht keiner den anderen.) sagt die Klasse dreimal im Chor: Ich schaffe es, mich zu melden. In eine ausgehängte Namensliste wird demonstrativ jedes Melden als Verstärkung mit einem Strich eingetragen.
Weiteres Verstärken: Möglichst alle sich meldenden Kinder → *aufrufen*.
Späteres Erweitern der Regel:
Melde dich nicht, wenn ein anderer spricht. Merke dir deinen Beitrag.
Begründung: Das Melden stört den Sprecher. Außerdem: Wer einen Beitrag unbedingt loswerden will, kann kaum aufmerksam zuhören.

Der Gesprächs- oder Erzählstein bzw. -stab
Der Sprecher gibt das Wort sichtbar weiter mit einem Stein, kleinen Noppenball oder einem Klangholz. Nur wer den jeweiligen Gegenstand hat, darf reden. Wer bei einem Reihum-Gespräch nichts sagen will, gibt ihn einfach weiter.

Den Sprecher ansehen, ihm zuhören und ihn ausreden lassen

Das Zuhören muss langfristig trainiert werden, z. B. durch Hörübungen
wie:

- Wiedergeben von geflüsterten Sätzen der Lehrerin
- Stille Post (Weiterflüstern eines Satzes im Kreis)
- Weitergeben einer Schüssel mit einer Glaskugel, ohne dass diese rollt.
- Mit geschlossenen Augen versiegenden Tönen nachlauschen und die
  Augen erst öffnen, wenn nichts mehr zu hören ist.
- Spiel Kofferpacken

Modellverhalten: Unterbrechen auch Sie die Kinder nicht und üben Sie
bei Gesprächen keine Nebenaktivität aus.

Zeichen zum Erinnern an das Zuhören:

- akustisch: Glöckchen, kurze Melodie auf dem Glockenspiel;
- gestisch: Hand ans Ohr halten;
- visuell: auf ein Plakat zeigen (Kind mit Hand am Ohr).

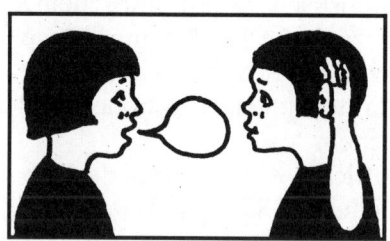

Der Blickkontakt unterstützt die Hinwendung zum Sprecher und damit
konzentriertes Zuhören.

Wachsen der Erkenntnis aus dem Erleben einer negativen Situation: In
der Mitte des Gesprächskreises liegt etwas Interessantes (schönes Bild,
schillernde Glaskugel ...): *„Wenn ihr dann erzählt, schauen alle hier drauf.“*
Gefühle der Sprecher: Wenn einen die anderen nicht ansehen, denkt man,
sie hören nicht zu und haben kein Interesse.

Vertiefende Übungen:

Stellen Sie sich hinter das sprechende Kind. Da die Kinder meist gewöhnt sind die Lehrerin anzusehen, achten sie auch auf das Kind.

Rufen Sie Kinder in der „Fischsprache" auf (nur die Lippen bewegen) oder geben Sie so kurze Anweisungen.

Das Ausreden-Lassen und erst anschließende Melden kann so trainiert werden: Wenn der Sprecher fertig ist, klatscht er in die Hände oder klopft mit dem Gesprächsstein leise auf den Tisch.

Lautes und deutliches Sprechen

Wenngleich zu leises (wie auch zu lautes) Sprechen als persönlicher Ausdruck nur beschränkt beeinflussbar ist, kann durch Training doch manches erreicht werden (→ Sprachauffälligkeiten):

- Übungen zur Tief- bzw. Bauchatmung (→ Atmen)
- Rhythmisches Sprechen von Reimen, Zungenbrechern, lustigen Versen mit der „Flüstertüte" (aus Tonpapier)
- Wechsel zwischen solistischem und chorischem Sprechen (Vorteil: Das Chorsprechen regt zaghafte Kinder zum Mitsprechen an. Außerdem wird die Sprechdisziplin geschult.)
- Wechsel zwischen lautem und leisem, hohem und tiefem, traurigem und fröhlichem ... Sprechen.
- Singen fördert deutliches Artikulieren, deshalb viel singen, z. B. auch bekannte Kinderlieder auf Silben (na-na-nana ...)
- Telefonspiel: Zwei Kinder sitzen etwas entfernt voneinander mit dem Rücken zueinander. Ein Kind ist „krank", das andere berichtet ihm, was in der Schule los war.

Gesten, damit Gespräche nicht durch störende Ermahnungen „zäh" werden: Führe ich meine Handfläche nach oben, soll lauter gesprochen werden. Führe ich sie nach unten, ist leiseres Sprechen angesagt. Damit werden auch Sprechübungen „dirigiert". Oder große Hinweiskarten „Zu leise! - Gut!" zeigen.

Zum Thema sprechen

Ebenso wird mit einer Geste zu weitschweifiges Erzählen angemahnt: Dazu bewege ich die Handflächen aufeinander zu, um die Rede bildlich zusammenzupressen. Umgekehrt lege ich die Handflächen zusammen und ziehe sie langsam auseinander, wenn ausführlicheres und genaueres Erzählen gewünscht wird.

Geste zum raschen Beenden, wenn sich ein Kind zu sehr vom Thema entfernt: Ich lege die Hand auf meinen Mund.

Weitergeben des Wortes

Den Gesprächsstein nicht stumm, sondern „höflich" weitergeben, z. B.:
„Lena, bitte! - Lena, mach du bitte weiter. - Was meinst du, Lena?"
Wenn viele Kinder sprechen wollen (z. B. Erzählkreis am Montagmorgen), ziehen die sich meldenden Kinder gemischte Kärtchen mit einer Nummer. In realistischer Abschätzung der Fähigkeit zum Zuhören lege ich dann z. B. fest: „Heute können die Nummern eins bis fünf erzählen, an den nächsten Tagen dann je zwei weitere." (→ *Erzählen*)

Nachfragen und sich auf den Vorredner beziehen

Damit werden an Grundschulkinder bereits höchste Anforderungen gestellt. Trotzdem sind das Sich-Hinein-Versetzen in die Rede des anderen, das vorübergehende Zurückstellen des eigenen Beitrags und das Aufspüren von Unklarheiten immer wieder zu beachten. Möglichkeiten:

- In der Mitte des Kreises liegt ein Schild mit einem aufgemalten Fragezeichen. Wer eine Verständnisfrage oder eine weiterführende Frage hat, holt das Schild und hebt es hoch. Der Sprecher muss dieses Kind dann bevorzugt aufrufen. Vorteil des Schildes gegenüber einer besonderen Meldeform (z. B. den Arm waagrecht strecken): Der Sprecher wird immer nur mit einer Frage konfrontiert und sieht sich nicht mehreren Fragern gegenüber, wenn er einmal etwas Ungeschicktes sagt.
- Beim Auswerten von Partnergesprächen stellt ein Kind nicht seine Meinung dar, sondern die des Partners: „Lena meint, dass ... - Lena hat gesagt: ..."
- Sprechspiele:
  Wörterketten wie BROT - TOR - RAD - DAME ...; die Kinder sprechen so: „Lena, dein Wort war Brot, mein Wort ist Tor. Sonja, bitte!"
  Zusammengesetzte Namenwörter: Brotkorb - Korbball - Ballspiel ...
- Gesprächsanknüpfer im 4. Schuljahr anbieten: Das Blatt wird auf Pappe geklebt und mit Folie überzogen.

Verwenden Sie selbst häufig solche Gesprächsanknüpfer.

Gesprächsanknüpfer		
zustimmen	**widersprechen**	**nachfragen**
Ich gebe dir Recht.	Da hast du nicht Recht.	Das habe ich nicht ganz verstanden.
Ich bin auch deiner Meinung.	Das glaube ich nicht.	Wie hast du das gemeint?
Das finde ich auch.	Das ist nicht richtig.	Kannst du es bitte noch einmal sagen?
Ja, das stimmt.	Ich bin anderer Meinung.	

(aus *Heinz Heimerl:* Gesprächsregeln – wichtiger denn je! In: Grundschulmagazin Heft 10/1993. München: Ehrenwirth/Oldenbourg)

Nachdenken über Gespräche (Metakommunikation)

Um die Kinder nicht zu überfordern kann das Gesprächsverhalten nur punktuell auf ein Kriterium hin besprochen werden.
Tonbandaufzeichnungen von Gesprächen sind mehr für die Lehrerin interessant, für Grundschulkinder meist zu komplex.

Silvia Regelein: Lernspiele im Deutschunterricht. Neue Lernspiele für die Grundschule. 4. Aufl. München: Oldenbourg 1993
Gertrud Ritz-Fröhlich: Das Gespräch im Unterricht. Anleitung - Phasen - Verlaufsformen. Bad Heilbrunn: Julius Klinkhardt 1977

Gesundheit

Gesundheit ist mehr als die Abwesenheit von Krankheit. Sich in seinem Körper wohl zu fühlen, seine → *Bedürfnisse* zu kennen und seine Lebensweise darauf abzustimmen - das alles macht ein gesundes Leben aus. Die Bedingungen für ein gesundes Leben ergeben sich aus einem Netzwerk von Faktoren (nach *V. Schneider*, S. 51 f.):
- aus dem Selbst: z. B. körperliche und seelische Faktoren, Gewohnheiten, Erfahrungen, Sinngebung ...
- aus der sozialen Mitwelt: z. B. Familie, Wohnung, Arbeit, Freunde, Freizeit, ärztliche Versorgung, Gemeinde, Normen ...
- aus der biologisch-physikalischen Umwelt: z. B. Ernährung, Wohnung, Arbeitsplatz, gesunde Luft, Wasser, Wetter, Krankheitskeime ...

Ziele der Gesundheitsförderung

Das Fördern einer gesundheitsdienlichen Lebensweise im Hinblick auf physische, psychische und soziale Gesundheit bedeutet

- „gesundes Leben gestalten,
- Risiken bewältigen,
- mit Behinderungen und Belastungen leben lernen" (*V. Schneider* S. 53) und schließt die Verantwortung für das eigene Leben und die Achtung vor dem Leben der anderen Menschen ein.

Die Schule als gesunder Lebensraum für Kinder und Lehrer

- Schule und → *Klassenzimmer*
  sind so gestaltet, dass Kinder und Lehrer sich wohl fühlen können. U. a. schließt dies auch das Beachten von Regeln zur → *Sicherheit* und das Vermeiden von Unfällen ein sowie eine angemessene Hygiene (Toiletten, Garderobe, Reinigung des Hauses). Klassenzimmer: der Kindergröße angemessenes Mobiliar (→ *Sitzordnung*); Raumtemperatur (ausreichend lüften, Thermostat zur Regulierung); Verbessern der Luftfeuchtigkeit durch Pflanzen, Tragen von Hausschuhen (vor allem im Winter und an Regentagen).
- Ein gutes Schulklima
  (→ *soziales Lernen*) erleichtert es, mit den unabdingbaren Belastungen des Alltags zurechtzukommen.
- Gesundes Lernen und Lehren
  berücksichtigt die → *Bedürfnisse* von Kindern und Lehrern, u. a. den Wechsel von An- und → *Entspannung*, von → *Bewegung* und → *Stille*, und zielt ab auf Freude in der Schule. Das bedeutet jedoch nicht, die Kinder vor jeder Belastung zu bewahren. Denn: Eine „altersgerechte, situationsgerechte und körperlich-geistig angemessene Belastung fördert die Gesundheit. Weder die Unterforderung noch die Überforderung 'trainieren' ..." (*V. Schneider*, S. 64)
- Herausbilden von Gewohnheiten zur Hygiene
  wie Hände waschen, beim Niesen und Husten die Hand vor den Mund halten, geeignetes Aufbewahren des mitgebrachten Pausenfrühstücks, keine Essensreste in der Büchertasche oder unter dem Tisch liegen lassen u. Ä. Solche „Selbstverständlichkeiten" bekommt ein Großteil der Kinder heute nicht unbedingt durch das Elternhaus vermittelt.
- Verhalten bei → *Erkrankung* und kleineren Unfällen (z. B. Versorgen einer Wunde)
  Durch das Ausbilden von „Juniorhelfern" für einfache Maßnahmen der ersten Hilfe erhofft man sich eine verstärkte Hilfsbereitschaft sowie ein

erhöhtes Interesse dieses Wissen später zu vertiefen. Hilfeleistung bei einem Unfall dagegen überfordert die Kinder und muss von der Lehrerin veranlasst, durchgeführt und verantwortet werden.

- Krankheit und Behinderung
  Eigene und fremde Krankheiten und Behinderungen müssen wahrgenommen und akzeptiert werden. Das Bemühen um eine gesunde Lebensweise darf nicht zum Fanatismus ausarten, der kranken Menschen die Schuld an ihrer Krankheit zuweist. Verständnis, Hilfsbereitschaft und ein sorgsamer Umgang mit nicht gesunden Menschen sind in der Schule einzuüben.

- Gesunde Ernährung - nicht nur Unterrichtsthema, sondern im Schulalltag praktiziert
  Das gemeinsame Schulfrühstück im Klassenzimmer hält die → *Pause* frei für Spiel und Bewegung, gibt Zeit zum ungestörten Essen und Trinken und ist eine Möglichkeit zu ganzheitlichem, lebensnahem Lernen: Bewusstwerden und Überdenken eigener und fremder Essgewohnheiten; Kennenlernen hochwertiger Lebensmittel mit allen Sinnen; Auswählen, Vorbereiten und hygienisches, umweltfreundliches Verpacken des eigenen Frühstücks; Spaß beim gemeinsamen Vorbereiten (Decken des Tisches) und Einnehmen des Frühstücks; Beachten von Tischsitten. Da Kinder einen großen Flüssigkeitsbedarf haben, genügt das Pausengetränk nicht. Deshalb lasse ich einen Papierbecher falten, mit dem sich die Kinder jederzeit Wasser aus der Leitung oder kohlensäurearmes Mineralwasser holen können (→ *Bedürfnisse*). Beim gemeinsamen Essen mögliche Allergien von Kindern beachten.

Gesundheitsförderung im Unterricht

Fachlicher und fachübergreifender Unterricht
Sachunterricht z. B.: Zahn- und Körperpflege, wichtige Ernährungsregeln, Vermeiden von Gefahren im häuslichen Bereich, Bedeutung der Gesundheit, Aufgaben und Schutz der Augen und Ohren.
Auch das Kennenlernen und Erleben von Natur dienen der Gesundheitsförderung z. B.: gesunde Luft im Wald, Unterscheiden von Früchten und Herstellen von Obstsalat, Umgang mit Haustieren.
Fachübergreifend: Körpererfahrungen im Sport; Gesundheitsthemen in Deutsch (Lesen), Religion, Ethik, Kunst. Für unnötig halte ich das Rechnen mit Wein- und Bierflaschen, mit Bonbons und Schokoladentafeln.

Ganzheitliches Konzept der Lebensweise
Abschreckung durch Aufzeigen von Risiken und Verdammen des Nega-

tivverhaltens haben sich nicht bewährt. Es fällt nicht nur Kindern schwer, beliebte Ernährungsgewohnheiten aufzugeben, nur weil sie langfristig schädlich sein könnten. „Die psycho-logischen Gründe sind oftmals wesentlich weit reichender als sach-logische Argumente, deren Realisierung in ferner Zukunft liegen werden." (*V. Schneider* S. 58). Statt negativer → *Regeln* werden positive Vorsätze gefasst, die „gute Gefühle" und Wohlbefinden vermitteln, z. B. „Ich esse nur, was gut für mich ist. (→ *Suchtprävention*)

Grundsätze für den Unterricht
„Gesundheitserziehung muss zuallererst Freude machen (Lachen ist ein methodischer und sachlicher Gesundheitsfaktor!)". (*V. Schneider* S. 61)
Ferner muss der Unterricht
- von der Lebens- und Erfahrungswelt der Kinder ausgehen,
- praktisches Handeln, entdeckendes und selbsttätiges Lernen, Lernen mit allen Sinnen ermöglichen,
- die Gefühle ansprechen,
- die „Haben-Perspektive" (was wir schon alles für die Gesundheit tun) statt der „Soll-Perspektive" einnehmen (vgl. *V. Schneider* S. 61),
- rasche Erfolge ermöglichen und nicht nur auf eine ferne Zukunft gerichtet sein.

Die Eltern sind ein wichtiges Vorbild

- Kinder brauchen Zuwendung und Geborgenheit: Viel gemeinsam spielen, lesen, wandern ....
- Wichtig sind ein ausgeglichener, ruhiger Tagesablauf und ausreichend Schlaf. Freizeitstress und überzogene Leistungsansprüche vermeiden! Keine Hektik! Keine Dauerberieselung durch laute Musik! Ruhe, Kontinuität und wiederkehrende Rituale sind wichtig.
- Bewegung
Kinder brauchen viel Bewegung an frischer Luft, auch an Regentagen und im Winter mit dem Wetter angepasster Kleidung; das → *Fernsehen* beschränken. Die Kinder möglichst nicht mit dem Auto in die Schule bringen (→ *Schulweg*), sondern zu Fuß gehen lassen.
- Kleidung
Nicht schon Kinder unsinnigen Modetrends (→ *Konsum*) unterwerfen! Wettergemäße Kleidung: Regenmäntel bieten mehr Bewegungsfreiheit und Sicherheit als Schirme; Skihosen, Gummi- und Winterstiefel im Klassenzimmer ausziehen und Hausschuhe tragen, die Kinder nicht zu dick anziehen; unter dem Pullover ein T-Shirt aus Baumwolle („Zwiebel") tragen.

Kindgemäße Kleidung: auf gutes Schuhwerk achten (nicht zu klein, Lederschuhe sind besser als Turnschuhe, nicht zu klobige Schuhe); hautatmungsfördernde Naturmaterialien.

Zweckmäßige Kleidung: Das Kind muss sich bewegen können und darf nicht eingeengt sein (Mini-Röcke und Nylonstrümpfe für Mädchen in der Grundschule sind unpassend). Es muss sich an Sporttagen selbst umkleiden können (→ *Sport*)

- Ernährung

Das Frühstück ist das Sprungbrett in den Tag!

Es ist besser, zusammen mit dem Kind ein Pausenfrühstück vorzubereiten, als ihm Geld mitzugeben.

Gesunde und abwechslungsreiche Ernährung; das Kind soll täglich 1,5 bis 2 Liter Flüssigkeit trinken (bei Übergewicht kalorienfrei).

Übergewicht kann zu körperlichen und psychischen Schäden führen (vermindertes Selbstbewusstsein durch Verspotten und Ausgrenzen).

- Beachten von hygienischen Maßnahmen (s. o.)

Jedes Kind sollte eine Packung Papiertaschentücher in der Schultasche haben. Einüben von Verhaltensweisen (s. o.), z. B. kräftiges Spülen der Toilette.

Dieter Hell/Jutta Spatz/Herlinde Sporer: Gesunde Ernährung in der Grundschule. München: Oldenbourg 1992

Volker Schneider: Entwicklungen, Konzepte und Aufgaben schulischer Gesundheitsförderung. In: Botho Priebe u. a., Hrsg.: Gesunde Schule. Gesundheitserziehung, Gesundheitsförderung, Schulentwicklung. Weinheim/Basel: Beltz 1993

Gruppenarbeit

Bei → *Partnerarbeit* und Gruppenarbeit erarbeiten die Kinder selbstständig unter gegenseitigem Austausch ihrer Gedanken die Lösung eines Problems, üben gemeinsam oder spielen zusammen ein Spiel.

Arbeitsgleiche Gruppenarbeit: Alle Gruppen bearbeiten das gleiche Thema.

Arbeitsteilige Gruppenarbeit: Die Gruppen bearbeiten jeweils einen anderen Aspekt des Themas.

Vorteile von Gruppenarbeit (nach *Tausch* S. 240 f)

- Fördern von → *Selbstständigkeit* und → *Verantwortung*
- mehr verbale Kommunikation, vermehrte soziale Interaktion, Kooperation und gegenseitiges → Helfen (→ *soziales Lernen*)

- Entwickeln und Beachten von → *Regeln*, Kontrolle von Ordnungen durch die Gruppenmitglieder
- Verminderung von unterrichtsstörenden Aktivitäten
- größere Arbeitsmotivation und -freude

Vorteile für die Lehrerin:

- Das geringere Ausmaß an → *Lenkung* beansprucht sie physisch und psychisch weniger und beeinträchtigt sie weniger durch Störungen und Opposition der Kinder.
- Sie kann sich einzelnen Kindern und Gruppen zuwenden.

Methodischer Vorteil: Das Sammeln möglichst vieler Vorerfahrungen, Vorkenntnisse und Einfälle geht schneller als beim Frontalunterricht.

Voraussetzungen für Gruppenarbeit

Viele fragen sich: „Woran liegt es, dass jeder Versuch mit Gruppenarbeit in meiner Klasse ein Reinfall ist?" (*J. Grell* S. 47). Mitunter lehnen sogar Kinder Gruppenarbeit ab, weil es ihnen zu laut ist, weil immer dieselben reden, weil entweder alles viel zu schnell geht oder weil sie oft auf die anderen warten müssen.

Die → *Sitzordnung* in Gruppen
erleichtert das Anbahnen eines Gruppengefühls und das rasche Durchführen ohne Umstellen. Bei frontaler Sitzordnung drehen sich die Kinder der vorderen Tische zu den dahinter sitzenden Kindern um. Das Zusammengehörigkeitsgefühl der Gruppe wird gefördert durch einen Gruppennamen (z. B. Tier nach Wahl) und durch ein häufiges Ansprechen der Gruppe als Gruppe, z. B. die Kinder gruppenweise ans Pult, an die Tafel oder zum Sitzkreis kommen lassen, sie gruppenweise verabschieden und die Gruppeneinteilung auch im Sport nutzen.

Um Haltungsschäden vorzubeugen, wechselt am Montag früh jedes Kind in der Gruppe im Uhrzeigersinn auf den nächsten Platz. Wenn die Gruppe nach vier oder sechs Wochen „durch" ist, können auch alle Gruppen in einer festgelegten Reihenfolge ihre Tische wechseln, damit nicht immer die gleichen Kinder hinten oder am Fenster sitzen.

Wer auf einem bestimmten Platz (z. B. rechts vorne) sitzt, ist Gruppenhelfer und verantwortlich für das Austeilen, Einsammeln und Wegtragen von → *Arbeitsmitteln*, für die Kontrolle der → *Ordnung* u. Ä. Auch zum gegenseitigen→ *Helfen* in der Gruppe wird bewusst angeleitet: Wer etwas vergessen hat, bittet zuerst in der Gruppe um Ausleihe. Wer eine Aufgabe beendet hat, hilft einem Kind der Gruppe.

Übungen zur Vorbereitung der Gruppenarbeit
- Gruppenspiele und Übungen im Sport
- Herstellen von Gemeinschaftsarbeiten in der Gruppe wie Collagen, selbst erstellte → *Bücher*, Bastelarbeiten, das gemeinsame Legen eines Puzzles und Durchführen von Lernspielen u.v.a.m.
- häufiges Durchführen von → *Partnerarbeit*

Verdeutlichen von Sinn und Zweck der Gruppenarbeit
Schnelleres und umfassenderes Bearbeiten von Aufgaben durch Arbeitsteilung nach dem Motto: Was einer nicht schafft, schafft die Gruppe. Nötige → *Regeln* (→ *Gesprächsregeln*): den anderen ausreden lassen und ihm zuhören, jeden zu Wort kommen lassen, → *flüstern*, den Beitrag von anderen aufgreifen, jedes Kind arbeitet mit, der Gruppenhelfer schreibt und spricht für die Gruppe.

Geeignete Aufgaben für Gruppenarbeit
Der Leistungsvorteil der Gruppe wird vor allem bei Aufgaben deutlich, bei denen
- größtmögliche Kräfte gefordert sind, z. B. beim Geräteaufbau im Sport;
- größtmögliche Geschwindigkeit angestrebt wird, z. B. arbeitsteiliges Herstellen eines Gegenstandes oder arbeitsteiliges Verwerten von Informationen;
- auf größtmögliche Genauigkeit abgezielt wird, z. B. beim gemeinsamen Herstellen eines Gegenstandes mit gegenseitiger Hilfe;
- größtmögliche Vollständigkeit erwünscht ist, z. B. beim Sammeln von Wortmaterial oder von Termen zu einer Zahl;
- größtmögliche Kreativität gefragt ist, z. B. beim Austausch von Erfahrungen und Meinungen.
(nach *Dieter Poschardt:* Kooperation als sozialer Prozess. In: *Hans Gröschel, Hrsg.:* Die erzieherische Wirksamkeit kooperativen Arbeitens. München: Ehrenwirth 1973, S. 26)

Der Einstieg in die Gruppenarbeit
Es sollten höchstens drei bis vier Kinder zusammenarbeiten, da bei mehr Kindern leicht Leerlauf entsteht.
Vormachen: Setzen Sie sich mit einer Gruppe vor die Klasse und spielen Sie im Zeitraffer Gruppenarbeit vor, während Sie mit Kommentaren die Zuschauer auf wichtige Aspekte aufmerksam machen. (nach *J. Grell* S. 253).
Gezieltes Einüben mit einer Gruppe, während die Klasse still arbeitet. Nach etwa zehn Minuten wechseln Sie jeweils die Gruppe. So wird in etwa ein bis zwei Stunden die ganze Klasse damit vertraut. (a.a.O. S. 254)

Hinweise zum Durchführen von Gruppenarbeit

Vorausgeschickt sei: „Die Gruppenarbeit gibt es nicht, sondern viele unterschiedliche Spielarten mit ganz unterschiedlichen Regeln." (*J. Grell* S. 254) Beginnen Sie anfangs am besten mit arbeitsgleicher Arbeit.

Ankündigen der → *Lernaufgabe*
Neben der inhaltlichen Erklärung weisen Sie darauf hin, dass Sie es für am besten halten, diese Aufgabe in Gruppen zu lösen.

Verteilen der Aufgaben und Durchführung
Es sollen alle Kinder einer Gruppe sich in die Arbeit einbringen können. Bei komplexen Anweisungen erhalten die Kinder einen „Auftragszettel" mit kurzen, schriftlichen Anweisungen, der anfangs gemeinsam gelesen wird, z. B.:
Lernaufgabe: Herstellen eines einfachen Stromkreises
Kind 1: Material holen (Für jede Gruppe ist eine Schachtel vorbereitet.)
Kind 2: Alle Schrauben festziehen.
Kind 3: Die Teile verbinden nach Vorschlägen und mithilfe der anderen.
Kind 4: Den Stromkreis auf einen Zettel und an die Tafel zeichnen (großes Pack- oder Makulaturpapier an die Tafel heften).
Während Kind 4 an die Tafel zeichnet, suchen die Kinder eine weitere Möglichkeit und tauschen ihre Rollen: Kind 1 zieht nun die Schrauben fest, Kind 2 verbindet und Kind 3 zeichnet. (vgl. *W. Pallasch*)
Vor Arbeitsbeginn zieht jedes Kind eine Karte mit den Zahlen eins bis vier. In gegenseitigem Einverständnis können die Kinder ggf. ihre Karten untereinander tauschen.

Vorstellen der Gruppenergebnisse (Plenumsphase)
Im obigen Beispiel werden die Gruppenergebnisse für alle visualisiert und sind auch in der nächsten Stunde noch präsent.
Das verbale Zusammenfassen der Ergebnisse durch die Gruppen überfordert dagegen die Kinder vielfach. Da das Wesentliche bereits während der Gruppenarbeit gelernt wird, kann man auf die Plenumsphase oft verzichten. Wenn Sie jedoch das Zusammenfassen für nötig halten, sollten Sie eine Auslöschungsphase vorschalten, in der die vorausgegangenen Gruppenbildungen und Arbeitsbeziehungen ausgelöscht werden, damit die Kinder ihre Aufmerksamkeit der Klasse zuwenden. (nach *J. Grell* S. 274; (→ *Unterrichtsrezepte*)

Feed-back
Mithilfe des Auftragszettels (s.o.) können die Kinder Verlauf und Erfolg der Gruppenarbeit im Klassengespräch beschreiben:
Hat jedes Kind seine Aufgabe durchgeführt?
Sind die Kinder mit der Zahl 3 auf die Vorschläge der anderen eingegangen?
Wie ist der Aufgabentausch gelungen?

Jochen und Monika Grell: Unterrichtsrezepte. München: Urban und Schwarzenberg 1979
Waldemar Pallasch/Heino Reimers: Thema Gruppenarbeit. Methoden zur Förderung einer effektiveren Gruppenarbeit im Unterricht. In: Lernen aktuell 14/1988 H.2, Braunschweig: Westermann
Silvia Regelein: Anbahnung und Verwirklichung von Gruppenarbeit. In: Grundschulmagazin Heft 11/1980, München: Ehrenwirth/Oldenbourg
Reinhard u. Anne-Marie Tausch: Erziehungspsychologie. 5. gänzl. neu gestaltete Auflage. Göttingen: Verlag für Psychologie Dr. C. Hogrefe 1970

Handpuppen

Fertige Kasper-, Tier- oder Fantasiehandpuppen sowie auch selbst hergestellte Hand-, Finger- und Stabpuppen sind sowohl bei den spielenden Kindern als auch bei den Zuschauern sehr beliebt. Mit ihnen lässt sich in der gesamten Grundschulzeit nicht nur das Sprechen fördern, sondern auch → *emotionales* und → *soziales Lernen.* Gegenüber dem → *Rollenspiel* hat das Spiel mit Handpuppen den Vorteil, dass sich das Kind hinter der Puppe „verstecken" kann, wodurch auch schüchterne Kinder zum Sprechen finden.

Improvisierte oder geprobte Szenen und Spielstücke

• Handpuppen als Identifikationsfiguren: Sie schaffen zugleich emotionale Nähe und Distanz, die es Kindern erleichtern, ihre eigenen Gefühle wie Angst, Wut, Freude, Traurigkeit, Unsicherheit zu artikulieren und über Schwierigkeiten zu sprechen.
• Handpuppen als „Fibelbegleiter": Nachspielen von Texten und Erweitern nach eigener Fantasie.
• Handpuppen zum freien Spiel und Entfalten der Kreativität.
• Ein von den Kindern selbst erdachtes Geschehen mit Handpuppen spielen und einer anderen Klasse, den Eltern, den Kindergartenkindern oder Schulanfängern vorspielen.

Handpuppendialoge zum sozialen Lernen

Hierbei wird der dramaturgische Effekt des traditionellen Kasperltheaters, die Zuschauer direkt anzusprechen und ins Spiel einzubeziehen, aufgegriffen und didaktisch ausgewertet. Methodische Möglichkeiten: Die Problemstellung erfolgt jeweils durch den Puppendialog, die Lösung entweder im Gespräch mit oder ohne Puppen.

- Von der Lehrerin geführte Handpuppe als „Lernbegleiter", der eine Arbeitstechnik, eine Lernaufgabe und Verhaltensregeln erklärt oder der - wie die Kinder auch - mal einen Fehler macht, der die Kinder zum Nachdenken anregen soll.
- Mit Handpuppen als „Begleiter des Schullebens" kann eine Problemsituation des Schulalltags im Nachhinein oder auch vorwegnehmend nachgespielt und im Gespräch vertieft werden. Dabei können Sie als „Puppe" eingreifen und auf die andere Puppe einwirken oder in der Rolle des „Schuldigen" angemessen reagieren.
- Handpuppen zum gezielten Einüben von Sprachhaltungen wie sich vorstellen, entschuldigen, bedanken, durchsetzen, wehren, verteidigen, einigen oder wie jemanden bitten, überzeugen, loben, verteidigen, trösten usw.

Hinweise zum Puppenspiel

- Nie die Person, die die Puppe führt, mit ihrem Namen ansprechen, sondern immer die Figur.
- Üben Sie mit den Kindern das ruhige, langsame Führen der Handpuppen „wie in Zeitlupe" ein: Den Ellbogen auf den Tisch stützen und den Unterarm nach oben strecken.
- Gehemmte Kinder spielen lieber hinter einer Wand. Aufbau: Einen Tisch mit der Platte auf einen anderen legen, über die Kufen einen Stab legen und eine Decke oder ein Tischtuch darüber hängen. Oder: Zwischen zwei Kartenständern eine Schnur spannen und ein Tuch darüber hängen.
- Bevor Sie Dialoge spielen lassen, üben Sie zuerst Monologe, wie z. B.: Die Puppe stellt sich vor; erzählt, was sie gestern erlebt hat, singt ihr Lieblingslied ...
- Einfache Dialoge können die Kinder gleichzeitig mit ihrem Nachbarn oder in der Gruppe spielen, z. B.: Zwei Puppen begegnen sich, machen sich Komplimente... Es kann auch ein Kind beide Rollen selbst sprechen.

Walter Meyer/Günter Seidel: Spielmacher - Spielen und Darstellen I. Hamburg: Verlag Erziehung und Wissenschaft 1975

Silvia Regelein: Lernspiele im Deutschunterricht. Neue Lernspiele für die Grundschule. 4. Aufl. München: Oldenbourg 1993
Horst Schiffer: Der Handpuppendialog. In: Die Grundschule Heft 10/1978, Braunschweig: Westermann

Hausaufgaben

Hausaufgaben als verlängerter Arm der Schule in das Familienleben können dieses massiv beeinträchtigen. Sie sind deshalb immer wieder zu einem kritischen Überprüfen Ihrer Hausaufgabenpraxis aufgerufen.

Ziele, Inhalte und Umfang

Hausaufgaben dienen der selbstständigen Übung, Wiederholung und Anwendung des im Unterricht Gelernten, ohne dass Elternhilfe nötig ist. Deshalb: Nur, was in der Schule gelernt, geübt und genau besprochen wurde, darf als Hausaufgabe gestellt werden. Wenn ich z. B. ein neues Rechenverfahren eingeführt habe, so gebe ich solche Aufgaben noch nicht am gleichen Tag auf, da kaum alle Kinder dies schon erfasst haben. Hausaufgaben können auch zur Vorbereitung des Unterrichts dienen, z. B. Beschaffen von Materialien, Lesen eines Textes u.v.a.m.

Dauer im 1./2. Schuljahr höchstens 30 Minuten bei durchschnittlichem Leistungsvermögen, im 3./4. Schuljahr höchstens eine Stunde. Wer sich über das richtige Quantum unsicher ist, kann die Kinder unter jede Arbeit die Arbeitszeit in Minuten schreiben lassen.
Nachmittage mit Schulveranstaltungen, Sonn- und Feiertage, die → *Ferien* und Tage mit Hitzefrei sind von Hausaufgaben freizuhalten.

Kinder im 1. Schuljahr
sind allmählich an Hausaufgaben hinzuführen; anfangs nur eine Arbeit geben, dann zwei verschiedene Aufgaben. Nicht nur der Umfang, sondern auch die Vielfalt kann Kinder überfordern. Spielen Sie mit den Kindern das Anfertigen der Hausaufgaben in der Schule durch: Arbeitsplatz aufräumen (s. Elterninformation), Hausaufgabenheft hernehmen, benötigte Dinge herräumen, ...

Differenzierte Hausaufgaben
wegen des unterschiedlichen Lernstands (→ *ausländische Kinder*), z. B.:
• Kinder, die das Pensum in der Schule nicht geschafft haben, beenden diese Aufgaben zu Hause. (Ausnahme → *Arbeitsverhalten*)
• Minimum für Kinder mit Lernproblemen (z. B. nur jede zweite Aufgabe

158

rechnen);
- ein für alle Kinder leistbares Pensum als Pflichthausaufgabe;
- Zusatzaufgaben für leistungsfähige Kinder.

Längerfristige Hausaufgaben,
um die Kinder wie beim → *offenen Unterricht* zu selbständiger Arbeitsplanung und Zeiteinteilung anzuleiten: Hausaufgaben zuerst über zwei, drei Tage hinweg, dann Wochenarbeit analog dem → *Wochenplan.* Auch für das → *Auswendiglernen* immer mehrere Tage Zeit geben; zwischendurch daran erinnern.

Hausaufgaben nicht zum Disziplinieren missbrauchen („Wenn ihr nicht schneller arbeitet, gibt's eben mehr Hausaufgaben!"). Dies erweckt bei den Kindern nur Abneigung gegen Hausaufgaben.

Notieren

Hausaufgaben nicht erst kurz vor dem Schlussgong stellen, sondern ausreichend Zeit für das Besprechen (klare→ *Anweisungen:* Was? Wie?), das kurze Erklären des Sinns (Warum?), für Rückfragen der Kinder und evtl. für den Eintrag eines Beispiels ins → *Heft* einplanen.
Anschreiben an der „Hausaufgabentafel" als Vorbild für den Eintrag ins → *Mitteilungsheft.*
Um das zeitraubende Notieren im 1. Schuljahr zu vermeiden, packen die Kinder rechtzeitig vor Schulschluss nach Ihrer Anweisung ihr „Hausaufgabenpäckchen" und legen alle für die Hausaufgabe benötigten Dinge auf einen Stoß, z. B.
- das Lesebuch (ein Buchzeichen zeigt die zu lesende Seite an),
- ein Arbeitsblatt (die zu bearbeitende Aufgabennummer wird angekreuzt),
- ein Heft (in dem bereits in der Schule ein Beispiel eingetragen wurde).
Alle anderen Bücher, Hefte und Mappen werden in der Schule am gewohnten Platz deponiert. (→ *Arbeitsmittel*)
Vor Unterrichtsende wiederholt ein Kind die im Laufe des Vormittags gestellten Hausaufgaben.

Würdigen der Hausaufgaben

Formale Kontrolle und individuelle Rückmeldungen zu → *Unterrichtsbeginn,* z. B.:
- Nach der gemeinsamen Begrüßung gehen Sie durch die Klasse und überprüfen, ob jedes Kind die Hausaufgaben angefertigt hat. Lassen Sie jeweils nur eine Arbeit auslegen, um den Überblick zu behalten.

Damit die Kinder nicht unruhig werden, einfache Aufgaben mit Bezug zur Hausaufgabe geben, z. B. einen Rahmen um das Arbeitsblatt malen, einzelne Wörter von Kindern an die Tafel schreiben oder einen geschriebenen Text von mehreren Kindern vorlesen lassen.

- Die Kinder überprüfen ihre Hausaufgaben gegenseitig (→ *Partnerarbeit*).
- Die Kinder gehen im Zimmer herum und betrachten die ausgelegten Arbeiten der anderen.
- Bei einem offenen Tagesbeginn kann jedes Kind einzeln zu Ihnen ans Pult kommen, Ihnen seine Hausaufgaben zeigen und auch über Schwierigkeiten berichten. Oder Sie überprüfen, während sich die Kinder für sich beschäftigen (→ *Einzelarbeit, Freiarbeit*).

Über das flüchtige Ansehen hinaus ist je nach Art der Aufgabe eine genauere → *Korrektur* erforderlich. Als Ansporn wird an einem festen Platz täglich „eine besonders schöne Hausaufgabe" (Schild) ausgestellt.

Nicht erledigte Hausaufgaben

Vergessene Hausaufgaben
Im 1. Schuljahr schreibt die Lehrerin die Namen der Kinder an die „Hausaufgabentafel", später erledigen die Kinder dies selbst. Wenn die Hausaufgabe nachgeholt wurde, wird der Name gelöscht.
Hausaufgabenkärtchen (aus Tonpapier): Jedes Kind erhält am Monatsanfang eine Karte. Bei vergessener Hausaufgabe wird eine Ecke abgeschnitten. Wer am Monatsende noch eine Karte mit vier Ecken hat, kann sie als Gutschein verwenden und bekommt eine Hausaufgabe erlassen. (vgl. *Erwin Lukas:* in: Flohs Ideenkiste Nr. 11, München: Domino Verlag 1996)
Bei gehäuften Vergesslichkeiten nach den Ursachen forschen (evtl. Gespräch mit den Eltern). Maßnahmen bei unzuverlässiger Arbeitshaltung:

- Überprüfen, ob das Kind die Hausaufgaben notiert hat, und Abzeichnen durch die Lehrerin oder einen → *Helfer*.
- Die Eltern zeichnen im Hausaufgabenheft ab, dass die Aufgaben erledigt wurden.
- Hinweis auf vergessene Hausaufgaben im → *Mitteilungsheft*. Unterschrift der Eltern.
- Nach mehrmaligem Vergessen holt das Kind die wichtigsten Aufgaben in der Schule außerhalb des regulären Unterrichts nach.

Krankheit (→ *Erkrankung*)

Wer krank ist, braucht selbstverständlich keine Hausaufgaben zu machen. Um jedoch den Anschluss an die Klasse nicht zu verlieren bringt ein Kind dem Kranken die Aufgaben, die dieser je nach Leistungsvermögen anfertigen kann.

Was Eltern wissen sollten (Elternabend, Elternbrief)

Hausaufgaben sind eine unter anderen Möglichkeiten → *Selbstständigkeit* und → *Verantwortung* einzuüben.

Grundregeln

- Dem Kind die eigene positive Einstellung gegenüber den Hausaufgaben zeigen! Also nicht: „O je, wie viel habt ihr denn wieder auf!"
- Feste Gewohnheiten unterstützen die Anstrengungsbereitschaft und einen reibungslosen Ablauf!

Fester Platz

Das Kind braucht einen ruhigen Arbeitsplatz, an dem es regelmäßig arbeitet: Tisch und Stuhl müssen seiner Größe angepasst sein; eine leicht schräge Arbeitsplatte ist günstig. Das Zimmer vorher gut durchlüften. Ordnung am Arbeitsplatz: Nur was gebraucht wird, liegt auf dem Tisch. Das Tages- oder Lampenlicht soll bei Rechtshändern immer von links einfallen (bei Linkshändern umgekehrt), damit der Schatten der Hand beim Schreiben nicht stört.

Feste Zeit

Nach der Schule braucht das Kind eine Erholungszeit. Weder mit einem vollen Bauch noch mit einem leeren lernt es sich gut. Gemeinsam mit dem Kind die Hausaufgabenzeit festlegen: Das nachmittägliche Leistungshoch ist zwischen 16 und 18 Uhr, viele Kinder wollen jedoch erst ihre Arbeit erledigen, um nachher ohne Druck spielen zu können. Während der Hausaufgabe keine Musik, keine Besuche, keine Telefonate, keine Nebenbeschäftigungen, keine Geschwister im Zimmer.

Festen Ablauf einüben!

- Lerngymnastik (→ *Edukinestetik*) vor den Hausaufgaben zur besseren Konzentration
- Für Kinder mit Lernproblemen: Während der Arbeit mit einem Fußroller unter dem Schreibtisch beide Füße massieren oder sich auf einen mit Kastanien oder Kirschkernen gefüllten Kissenbezug setzen zur Förderung der Konzentration. (vgl. *Defersdorf* S. 57)
- Was habe ich heute auf? - Nachsehen im → *Mitteilungsheft*
- Womit will ich beginnen? Leichte Aufgaben zum „Anwärmen"!

- Was brauche ich dazu? - Bereitlegen des Arbeitsmaterials
- Beachten einer günstigen Sitz- und Schreibhaltung
  (→ *Sitzen, Schreiben*)

Arbeitsplan festlegen und die Arbeit in Portionen zu je 20 Minuten einteilen, dazwischen jeweils eine kurze Pause machen; Erfolgserlebnis und Ansporn zur Weiterarbeit: erledigte Arbeiten im Mitteilungsheft durchstreichen.

Das Kind sollte seine Hausaufgaben selbstständig und zügig erledigen.
- Bei Fragen nur Denkanstöße als Hilfe zur Selbsthilfe, keine Lösungen. Nicht die Arbeit abnehmen!
- Auch die mündlichen Hausaufgaben beachten (Kontrollfragen stellen).
- Im Mitteilungsheft überprüfen, ob alle Aufgaben erledigt wurden.
- Lob auch für kleine Erfolge spornt an. Auf Fehler wird sachlich hingewiesen: „Schau dir dieses Wort noch einmal genau an. - Rechne diese Aufgabe nach.". Das Kind soll seinen → *Fehler* möglichst selbst finden und berichtigen.
- Bei Trödlern eine realistische Zeitspanne auf dem Küchenwecker einstellen, diese bei Erfolg etwa eine Woche beibehalten und dann schrittweise um fünf Minuten verkürzen. (→ *Arbeitsverhalten*)
- Wenn „nichts mehr geht", die Arbeit abbrechen und die Lehrerin im Mitteilungsheft darüber informieren.

Nach den Hausaufgaben die → *Schultasche* packen!

Vorbereitung auf → *Probearbeiten*
Dazu können die Eltern mit dem Kind Schule spielen. Dabei erklärt es ihnen den Lernstoff, zeigt ihn in Heften und Büchern und fragt dann die Eltern mündlich oder schriftlich ab. Am nächsten Tag werden die Rollen gewechselt. Etwaige → *Ängste* werden nicht ausgeredet, sondern besprochen.

Roswitha Defersdorf: Ach, so geht das! Wie Eltern Lernstörungen begegnen können. Freiburg i. Br.: Herder 1993

Hefte oder Mappen?

Vorteile von → *Arbeitsblättern* gegenüber Heften sind u. a.: Missratene Blätter können entfernt werden, leichtere → *Korrektur*.
Nachteile: Einzelblätter knittern leicht, reißen ein und gehen leicht verloren.
Vorteile von Heften: Papierersparnis, da Vorder- und Rückseite laufend beschrieben werden; bessere Übersicht im Heft; verstärktes Bemühen der Kinder um sorgfältige Einträge als Dokumentation der eigenen Leistung. Fazit: Nicht Hefte oder Mappen, sondern sowohl Hefte als auch Mappen.

Welche und wie viele Hefte sind sinnvoll?

- Für jedes Schuljahr schreiben die Lehrpläne eine bestimmte Lineatur vor, von der in Einzelfällen abgewichen werden kann. (→ *Schreiben*)
- In jedem Schuljahr: → *Mitteilungs-*, Merk- oder Hausaufgabenheft, ein eigenes Heft für Freiarbeit.
- Schulhausintern wird jedem Fach und den Heftumschlägen (aus Papier) eine Farbe zugeordnet (z. B. Mathematik blau, Deutsch rot etc.). Evtl. kann den Umschlag auch ein farbiger Klebepunkt auf dem Heft ersetzen.
- Besser als ein getrenntes Schul- und Hausheft erscheint mir ab dem 2. Schuljahr das Zwei-Hefte-System, d. h. die Kinder führen je zwei Hefte (Heft 1 und 2 beschriftet) in Deutsch und Mathematik. Wenn ich zu Hause z. B. Heft 1 korrigiere, schreiben die Kinder in Heft 2 und umgekehrt. Bevor ein Heft ausgeteilt wird, wird das Zweitheft eingesammelt.
- Bei Kindern, die schwer → *Ordnung* halten können, ist die Zahl der Hefte zu reduzieren.

1. Schuljahr:
- Für Schreibhefte besser Format DIN A5 als DIN A4, da die Zeilenlänge im kleineren Heft dem Abschnitt entspricht, den die Hand des Kindes zurücklegen kann, ohne dass das Heft verschoben oder die Schreibhaltung wesentlich verändert werden muss.
- Je ein Heft (DIN A5) für Mathematik und Deutsch,
- je ein Heft (DIN A4) ohne Lineatur für Sachunterricht und Religion/Ethik (zum Einkleben von Arbeitsblättern), das beim Zeichnen quer gelegt werden kann. Schreibeinträge werden auf den Schreibblock (DIN A5) geschrieben und eingeklebt.

- Papier sparen: Zum Üben von Ziffern, Buchstaben, Wörtern und kurzen Texten eine Plastiktafel verwenden - auch im 2. Schuljahr.

2. Schuljahr
Je zwei Hefte (DIN A5) für Mathematik und Deutsch, ein Wörterheft (zum alphabetisch geordneten Eintragen des Grundwortschatzes); je ein Heft (DIN A4) mit Zeilen für Sachunterricht und Religion/Ethik.

3./4. Schuljahr
Je zwei Übungshefte (Zwei-Hefte-System) und evtl. ein Merkheft für Mathematik (DIN A4) und Deutsch (Rechtschreiben, Sprachbetrachtung, DIN A5), ein Notizheft (DIN A5, kariert) für Deutsch und Mathematik (für Nebenrechnungen, zum Notieren von Stichwörtern, etc.) statt eines Blockes, da dessen Seiten meist nicht Platz sparend und fortlaufend beschrieben werden.
- Je ein Heft (DIN A4) mit Zeilen für Sachunterricht und Religion/Ethik.

Hefte für die ganze Grundschulzeit (in der Schule aufbewahren):
- Heft für Nachschriften und Probediktate;
- Leseheft zum Eintragen der Titel von gelesenen Lesebuchtexten, von Büchern und ggf. kurzen Inhaltsangaben oder Kommentaren;
- Geschichtenheft zum Eintragen von Eigentexten und Aufsätzen;
- Gedichtheft zum Einkleben und Eintragen von Gedichten;
- Musik- und Kunstheft;
- Themenhefte wie „Mein Weihnachtsbuch", Pflanzenheft
- → *Tagebuch*

Aufbewahrung der Hefte
Grundsätzlich nehmen die Kinder nur die Hefte mit nach Hause, die sie zur → *Hausaufgabe* brauchen. Die anderen Hefte verbleiben unter dem Tischfach oder in einem sog. „Stehordner" aus Pappe.
Anschaffung
Am Schuljahresende bzw. bei der Schulanmeldung erhalten Kinder und Eltern eine Liste mit den künftig benötigten Heften und → *Arbeitsmitteln.*

Heftführung

Im 1./2. Schuljahr beschriften Lehrerin oder Eltern (Muster vorgeben) die Hefte mit Druckbuchstaben.

1. Schuljahr
Einüben des Umgangs mit dem Heft: Das Heft mit dem Namensschild nach oben hinlegen und dann aufschlagen; Seite für Seite fortlaufend

164

beschreiben. Ich lasse nur mit Bleistift, Buntstiften oder sich nicht durchdrückenden Faserstiften schreiben oder malen. Das → *Schreiben* mit dem Füller wird erst nach Weihnachten im 2. Schuljahr eingeführt. Nach dem Erlernen der Ziffern wird über jeden Eintrag das Datum geschrieben.

Ab 2. Schuljahr

Heftführung gemeinsam einüben, z. B.:

- Bei Beginn eines neuen Heftes nummerieren die Kinder jede Seite fortlaufend. Dies erleichtert die schriftliche Kommunikation, z. B.: Auf S. ... fehlt noch etwas.- Besonders schön hast du auf S. ... geschrieben. Etc.
- Rand oder Kopfzeile: Datum, (Buch) Seite ... Nr. ... (Evtl. „Schulübung" oder „Hausaufgabe")
- Überschrift: Auch bei Übungsaufgaben verdeutlicht eine passende Überschrift die → *Lernaufgabe*. Hervorheben durch farbiges Schreiben oder Unterstreichen mit Lineal und Buntstift, Tinte verwischt. Die Vorgabe an der → *Tafel* sollte immer der gewünschten Form im Heft entsprechen.
- Zum nächsten Eintrag bleiben eine Zeile oder drei Kästchenreihen frei.
- Falsche Zahlen und Buchstaben überkleben, falsche Wörter mit Bleistift und Lineal durchstreichen und am Rand oder unter den Text richtig schreiben (mehrere Wörter nummerieren). Kein Tintenkiller!
- Mathematik: Jede Ziffer und jedes Zeichen in ein eigenes Kästchen schreiben; zwischen jeder Zeile eine Kästchenreihe frei lassen.
- Jede Seite voll schreiben (Papierersparnis!), keine Seiten herausreißen! Misslungene Seiten kann das Kind, wenn es will, neu schreiben und überkleben.
- Jedes Heft voll schreiben, auch über ein Schuljahr hinweg (Absprache im Kollegium), und der Lehrerin zeigen.

Am Schuljahresende kann jedes Kind all seine Hefte an den Umschlägen aufeinander kleben, einen Umschlag mit Kleisterfarben gestalten und das „Jahresbuch" mit Buchbinder-Band am Rücken zusammenhalten.

Thematische Klassenhefte

Zur Dokumentation der Jahresarbeit und als Anreiz für die Kinder können eigene Klassenhefte oder Mappen (→ *Bücher*) angelegt werden:

- Ins Geschichtsheft tragen die Kinder zusätzlich besonders gelungene Texte ein. Dazu sollte im Lauf des Jahres jedes Kind wenigstens einmal die Gelegenheit erhalten, auch mit Lehrerhilfe.
- Ins Frageheft können die Kinder Fragen zum Unterricht oder auch andere Fragen hineinschreiben, entweder anonym oder mit Namen.
- Ins Kummerbuch schreiben die Kinder ihre Sorgen, ins Freudenheft schöne Erlebnisse (→ *emotionales Lernen*).

→ *Soziales Lernen* umfasst u. a. das Helfen-Wollen, das Anbieten von Hilfe, das Helfen-Können und das Sich-helfen-Lassen.

Sie können das gegenseitige Helfen fördern, indem Sie häufig Möglichkeiten aufzeigen, **wann** und **wie** die Kinder helfen können und das Helfen mit den Kindern gezielt einüben. (→ *Klassendienste*)

Helfen in alltäglichen Situationen

Z. B. beim Aufschlagen eines Buches, beim Packen der Büchertasche, beim Umkleiden im Sport, beim Ausleihen von Gegenständen. Kommt ein Kind mit der Bitte um Hilfe zu Ihnen, so verweisen Sie es freundlich an die anderen Kinder *(„Frag doch mal die/den ..., ob sie/er dir nicht helfen kann. ")*. Wenn ein Kind beobachtet, wie ein anderes Kind angegriffen wird (→ *aggressives Verhalten, Pause, Schulweg*), muss es abschätzen, ob es das Opfer schützen kann, ohne sich selbst zu gefährden, oder ob es Hilfe herbeiholen, den Vorfall der Lehrerin melden und „petzen" soll. Heben Sie Helfer als soziales Vorbild immer wieder hervor.

Helfen im Unterricht

• Können sich Kinder gegenseitig überhaupt helfen?

Oft nutzen wir das gegenseitige Helfen zu wenig, weil wir kein Vertrauen in die Erklärungen der Kinder haben. Für uns sind diese oft nicht schlüssig, unvollständig und ungenau - und trotzdem meist hilfreich:

Tamara: *„Ich habe Mathe mit dem Minus nicht verstanden, du?"* - Melanie: *„Macht nix ..."* (Tamara atmet erleichtert aus.) *„Das geht so ..."* Melanie erklärt, Tamara hört zu, versteht und rechnet. „Melanie ... kennt das Gefühl des Nichtkönnens. Im Zauberwort 'macht nix' schwingt so viel echtes Verständnis und so viel Akzeptanz des Nichtkönnens mit, dass bei Tamara alle Türen aufgehen und Erklärungen und Hilfen auf fruchtbaren Boden fallen." Unseren Erklärungen dagegen fehlt diese Akzeptanz meist. Statt dessen diffamieren wir das Nichtkönnen mit Forderungen an das Können, die sich auch im Tonfall ausdrücken, wie *„Eigentlich ist es doch gar nicht so schwer. - Wir versuchen es noch einmal zusammen. - Bitte, gib dir wirklich Mühe."* Doch es ist eine anthropologische Tatsache, dass wir alle Könner und Nichtkönner zugleich sind - Schüler wie Lehrer. (*Rosemarie Köhler:* Über den Zauberspruch „macht nix". In: Die Grundschule Heft 9/1995, Braunschweig: Westermann)

166

Lieber Christian,

du hast Sabine mit ihrem Gipsarm sehr viel geholfen.
Das hat uns alle sehr gefreut.
Wir danken dir.
Deine Frau … (1./2. Schuljahr)
… (Klassensprecher 3./4. Schuljahr)

(vgl. *Gisela Stern-Hengerer:* Effektive Förderung einer harmonischen Klassengemeinschaft durch organisierte Lehreraktivitäten. In: Grundschulmagazin Heft 6/1993, München: Ehrenwirth/Oldenbourg)

- Einüben des Helfens
Wenn ein Kind seine Arbeit beendet hat, kann es anderen z. B. in Mathematik oder beim Schreiben eines Aufsatzes helfen. Hilfe bedeutet jedoch kein Abnehmen der Arbeit. Spielen Sie deshalb zusammen mit einem Kind der Klasse anschaulich vor, wie geholfen werden kann.

- Wenn ein Kind Hilfe braucht
Lernhilfen: Bereits beim Ankündigen einer → *Lernaufgabe* informieren Sie die Kinder, wie sie sich helfen können, wenn sie nicht weiterkommen, also: Welche Hilfsmittel kann ich verwenden? Wo kann ich sie holen? Wie benutze ich sie? Um das Anfordern voreiliger Hilfe zu vermeiden, gilt: Zuerst immer selbst überlegen und probieren, erst dann sich an den Nachbarn, die Gruppe oder einen Helfer wenden, und zuletzt an die Lehrerin. Damit alle schnell sehen, wer Hilfe braucht, können die Kinder ein Fähnchen mit dem Wort *Hilfe* aufstellen (Herstellung: In eine Halbkugel aus Knete auf Pappe wird ein Schaschlikstab mit einem Papierfähnchen gesteckt) oder ihren Namen an die Tafel schreiben.
Oder Sie richten eine „Hilfsecke" ein, in die sich ein Hilfesuchender setzt. Auch langsame Kinder können Kinder als Hilfe anfordern, die ihnen z. B.

einen Hefteintrag fertig schreiben, mit ihnen → *Arbeitsblätter* einordnen und die Aufgaben erledigen, mit denen sie alleine nicht zu Rande kommen.

- Helfersystem (→ *Differenzierung*)
Lernschwache Kinder oder Kinder, die einige Zeit krank waren und nachlernen müssen, bekommen einen festen Helfer zugeteilt, der mit ihnen von der Lehrerin zugeteilte Aufgaben durchführt, z. B. Aufbauen von Wörtern am Lesekasten, Einüben eines Diktates, Kopfrechnen mit Aufgabenkarten, auf deren Rückseite die Lösung steht.

- Gemeinschaftsarbeiten und → *Projekte*
Gemeinsam etwas herstellen (→ *Gruppenarbeit*): Modelle im Sachunterricht, gemeinsames Malen eines Bildes;
gemeinsames, rücksichtsvolles und helfendes Handeln beim Theaterspiel und Gestalten von → *Festen und Feiern* u.v.a.m.

Was Eltern wissen sollten

- Altersgerechte Mithilfe im Haushalt
- Dem Kind immer erst dann helfen, wenn es sich selbst angestrengt hat. Wenn wir dem Kind alles abnehmen und zu wenig → *Verantwortung* übertragen, lernt es, sich auf andere zu verlassen anstatt selbst für etwas verantwortlich zu sein. Zugleich entwickelt das Kind bei alltäglichen Arbeiten Fähigkeiten wie körperliche Geschicklichkeit, koordinierte Bewegungen, Erinnern und Ausführen von Aufträgen, Einfügen in das soziale Umfeld, Planen von Handlungen und Erkennen von Handlungszusammenhängen. Wichtig: Mithilfe nicht als → *Strafe* missbrauchen. (vgl. *Roswitha Defersdorf*: Ach, so geht das! Wie Eltern Lernstörungen begegnen können. Freiburg i. Br.: Herder, 1993, S. 92 ff.)

Konkrete Tipps für altersgerechte Mithilfe im Haushalt in *Jane Nelsen, Lynn Lott, H. Stephen Glenn*: Der große Erziehungsberater. München: dtv 1995

Höflichkeit

Eine Geringerschätzung guten Benehmens in unserer Gesellschaft, Versäumnisse in mancher Familie und rüpelhaftes Auftreten von Film- und Fernsehfiguren haben zu Defiziten im Verhalten und Benehmen der Kinder geführt. So ist die Schule oft der einzige Ort, wo Kinder noch höfliche

Umgangsformen, eine gepflegte Ausdrucksweise und Tischsitten erfahren und einüben können.

Höflichkeit beschränkt sich nicht nur auf das Anwenden von Benimmregeln, um den zwischenmenschlichen Umgang angenehmer zu machen, sondern ist zugleich Ausdruck von Achtung des anderen. (→ *Werte*)

Bausteine für den Unterricht

- Grüßen im Schulhaus: Nicht wichtig ist, wer wen zuerst grüßt, sondern dass überhaupt gegrüßt wird.
- Gezieltes Einüben von höflichen Sprachhaltungen des Grüßens, Bittens und Dankens und Ersetzen von häufigen Redewendungen (Gib her! Lass mich in Ruhe! Hau ab! Lass mich gefälligst durch! ...) durch höfliche.
- Auch Unangenehmes lässt sich taktvoll sagen. (→ *Lügen*)
- Sich im → *Morgenkreis* gegenseitig etwas Nettes sagen oder Gutes für den Tag wünschen.
- → *Gesprächsregeln* erleichtern das Miteinandersprechen.
- Ächten von Kraft- und Fäkalausdrücken: Sagen Sie den Kindern, dass nicht der ein „toller Typ" ist, der andere grob anredet (→ *Beleidigen*). Sprachverrohung führt zu Gefühlsabstumpfung (→ *emotionales Lernen*) und zu einem aggressiven Klima.
- Hinweisen auf Unsitten wie ungeniertes In-der-Nase-Bohren, Gähnen, Niesen und Husten ohne Hand vor dem Mund, Sprechen mit vollem Mund u. Ä. und gemeinsames Einüben des erwünschten Verhaltens.
- Einüben von Rücksicht, z. B. sich in der Warteschlange anstellen, Zimmerlautstärke beachten, älteren Leuten im Bus den eigenen Platz anbieten u.v.a.m. nach dem Motto: Was du nicht willst, dass man dir tu, das füg auch keinem anderen zu.
- „Machen Sie den Anfang damit, danke zu sagen. Lassen Sie andere wissen, was Sie an ihnen schätzen und wie Ihnen das geholfen hat oder was Ihnen daran gefallen hat. Teilen Sie mit den Kindern das Geheimnis, wie sie mehr von etwas bekommen, was sie gerne haben möchten: indem sie für etwas dankbar sind, als ob sie es schon hätten!"
(*Linda Lloyd:* Des Lehrers Wundertüte. NLP macht Schule. Freiburg i. Br.: VAK Verlag für angewandte Kinesiologie 1991, S. 45)

Was Eltern wissen sollten

Informieren Sie die Eltern vorher, wenn Sie eine „Höflichkeitswoche" starten, damit sie auch zu Hause auf die o. a. Punkte achten, und erinnern Sie sie an ihre Vorbildfunktion.

Hyperaktive Kinder

Über die normale entwicklungsbedingte Bewegungsaktivität hinaus zeigen überaktive, hyperkinetische Kinder mit „Attention-Deficit-Hyperactivity-Disorder" (ADHD-Kinder) eine motorische Unruhe, gestörte Impulsivität und ungenügende Selbstkontrolle, die zu erheblichen → *Verhaltensauffälligkeiten* und → *Lernbeeinträchtigungen* führen können. Trotz durchschnittlicher oder überdurchschnittlicher Intelligenz (IQ über 70) kommt es zu einer unterschiedlichen „Kombination von Beeinträchtigungen im Bereich der → *Wahrnehmung*, der Begriffsbildung, der Sprache, der Merkfähigkeit, der → *Aufmerksamkeit*, der Impulskontrolle oder der Motorik." (*K. Liebrich*) Etwa fünf Prozent aller Schulanfänger sind betroffen, neunmal mehr Jungen als Mädchen.

Kriterien zur Diagnose (*nach Liebrich*):
1. Unruhig und übermäßig aktiv (ist immer „auf dem Sprung" oder „wie aufgezogen")
2. Erregbar, impulsiv
3. Stört andere Kinder
4. Beendet vielfach nicht, was es anfängt; kurze Aufmerksamkeitsphase
5. Ständig zappelig (läuft viel herum, klettert überall hinauf, erkennt Gefahren nicht, bewegt sich sehr viel im Schlaf)
6. Unaufmerksam, leicht abgelenkt (scheint oft nicht zuzuhören, ruft häufig im Unterricht dazwischen)
7. Erwartungen müssen umgehend erfüllt werden, leicht frustriert
8. Weint leicht und häufig
9. Schneller und ausgeprägter Stimmungswechsel
10. Wutausbrüche, explosives und unvorhersagbares Verhalten

Beginn vor dem siebten Lebensjahr, Dauer mindestens ein halbes Jahr, nicht durch geistige Behinderung bedingt.

Ursachen
Neben organischen Störungen (z. B. leichte frühkindliche Hirnschädigung) und dem Zusammenwirken verschiedener Funktions- und → *Teilleistungsstörungen* werden heute Stoffwechselstörungen (Monoamin) und ein unausgewogenes Verhältnis von Transmittersubstanzen, die die Impulssteuerung regeln, als Ursachen angesehen. Möglicherweise auch schädigende Umwelteinflüsse (hohe Bleikonzentration), Nahrungsmittelallergien, nahrungsbedingte Stoffwechselstörungen (Farb-, Aromastoffe, Phosphat).

Was Eltern wissen sollten

Das Kind aufgrund der Beobachtungen in der Schule einem Kinderarzt vorstellen. Bei Umstellen der Ernährung auch in der Schule auf Gummibärchen, Schokolade, Limonade etc. verzichten. Verboten sind bei einer phosphatreduzierten Diät auch Vollkornbrot, viele Wurstwaren, Milch, Joghurt, Quark, Pilze, Hülsen- und Zitrusfrüchte, Hafer, Nüsse u.v.a.m. Allerdings ist der Wert einer Diät umstritten ebenso wie Medikamente (Ritalin). „Als therapiebegleitende Maßnahme können sie eine segensreiche Hilfe für das betroffene Kind und sein soziales Umfeld sein. Unter ihrer Wirkung werden auch sehr unruhige und stark ablenkbare Kinder zugänglich für die Therapie und motivierbar."(*R. Defersdorf* S. 137)

Kurt Czerwenka: Das hyperaktive Kind. Weinheim: Beltz 1994
Roswitha Defersdorf: Ach, so geht das! Wie Eltern Lernstörungen begegnen können. 4. Aufl. Freiburg i. Br.: Herder 1993
Karl Liebrich: Warum kann Franz Xaver nicht still sitzen? In: Grundschulmagazin Heft 2/1993, München: Ehrenwirth/Oldenbourg
Michael Passolt, Hrsg.: Hyperaktive Kinder: Psychomotorische Therapie. München/Basel: Ernst Reinhardt Verlag, 1993 (Hilfen für Eltern, Lehrer, Erziehungsberater)

Ich-Botschaften

Schon oft hatte ich ein Mädchen ermahnt, das häufig auf seinem Stuhl schaukelte: *„Sitz doch endlich mal ruhig!"* - Erfolglos. Nach der Lektüre von *T. Gordon* versuchte ich es mit einer Ich-Botschaft: *„Ich habe Angst, dass du vom Stuhl fällst, wenn du kippelst."* - Und es klappte.

Was ist an Du-Botschaften falsch? (nach *T. Gordon* S. 51 ff.)

Häufige Du-Botschaften sind:
1) *„Sitz ruhig! - Du sitzt jetzt ruhig!"* (befehlen)
2) *„Reiß dich zusammen, sonst passiert noch was!"* (warnen, drohen)
3) *„Du solltest endlich ruhig sitzen, du weißt doch warum."* (moralisieren, „predigen": Du solltest, müsstest ...)
4) *„Es wäre gut, wenn du ruhig sitzt."* (raten, eine Lösung anbieten)
5) *„Wenn du kippelst, kannst du vom Stuhl fallen."* (mit logischen Argumenten belehren)
6) *„Bist du denn schwerhörig?!"* (verurteilen, kritisieren, widersprechen, beschuldigen)

7) *„Du benimmst dich wie ein Kindergartenkind und nicht wie ein Schulkind."* (beschimpfen, Klischees verwenden)
8) *„Du kannst einfach nicht still sitzen."* (interpretieren, analysieren, diagnostizieren)
9) *„Eigentlich bist du doch sonst ganz vernünftig. Du wirst schon noch merken, dass es besser ist still zu sitzen."* (loben)
10) *„Du bist nicht die Einzige, der es schwer fällt, ruhig zu sitzen."* (beruhigen, mitfühlen, trösten)
11) *„Warum kannst du nur so schlecht still sitzen?"* (fragen, verhören)
12) *„Na ja, das Stillsitzen ist nicht so wichtig, wenn du ansonsten aufpasst."* (zurückziehen, ablenken, sarkastisch sein, aufheitern)

T. Gordon nennt solche Äußerungen „Straßensperren auf dem Weg zur Kommunikation", weil sie alle ein Nicht-Annehmen des Kindes signalisieren (→ *Lehrerverhalten*):

1 - 5 teilen dem Kind mit, dass es der Aufgabe nicht gewachsen ist.

6 - 8 bewerten das Verhalten und setzen es herab. Doch es ist ein Irrtum zu glauben, dass es einem Kind hilft, es auf seine Fehler hinzuweisen.

9 - 10 leugnen das Problem. Das → *Lob* erscheint hier unehrlich.

11: Kreuzverhörfragen stoßen oft auf Abwehr. Mithilfe der Antworten soll dem anderen eine Lösung aufgedrängt werden, anstatt ihm zu helfen sein Problem selbst zu lösen.

12 ist ein Rückzug, um sich nicht mit dem anderen abgeben zu müssen.

Effektiver als dem anderen mitzuteilen, dass sein Verhalten negativ ist und er sich ändern muss oder sollte, ist die „Sprache der Annahme" (→ *aktives Zuhören*). Warum sind Ich-Botschaften effektiver?

• Die Lehrerin teilt ihr Unbehagen an der Situation ehrlich und sachlich mit.
• Sie enthalten kaum eine negative Bewertung, fördern damit die Bereitschaft, sich zu ändern, und verletzen die Beziehung zwischen Kind und Lehrerin nicht.
• Sie überlassen dem Kind die → *Verantwortung* dafür, sein Verhalten zu verändern.

Ich-Botschaften fördern deshalb Vertrauen und Verantwortung. (vgl. *T. Gordon* S. 114 ff.) Außerdem: Mit Ich-Botschaften bieten Sie den Kindern ein gutes → *Modell* für effektive Kommunikation.

Wie ist eine Ich-Botschaft zu formulieren?

„Eine gute Ich-Botschaft ist ein Tatsachenbericht ohne Wertung." (*T. Gordon* S. 117) Sie enthält die drei Komponenten Verhalten, Auswirkung, Gefühl:

1. Teil: Beschreiben des konkreten Verhaltens, das Sie verstimmt, z. B.:
„Wenn deine Schultasche auf dem Fußboden steht, ..." *„Wenn du hin und
her zappelst ..."* Trotz des Pronomens „du" ist dies keine Du-Botschaft, da
der Satz nicht beschuldigt, bewertet etc. Das „wenn" soll dem Kind zeigen, dass Sie nicht immer verstimmt sind, sondern nur bei diesem konkreten Verhalten.

2. Teil: Konkrete Auswirkung des im 1. Teil beschriebenen Verhaltens,
damit das Kind versteht, dass sein Verhalten Ihnen Unbehagen bereitet,
z. B.: *„... stolpere ich leicht darüber ..."*

3. Teil: Beschreiben des durch den 2. Teil verursachten Gefühls, z. B.: *„...
und fürchte, dass ich fallen kann."*

„Diese logische Reihenfolge ist wichtig, aber nicht unantastbar." (*T. Gordon* S. 119)

Tipp: Schreiben Sie fünf Verhaltensweisen von einzelnen Kindern auf, die
Sie häufig nerven, und formulieren Sie dazu Ich-Botschaften. Legen Sie
sich den Zettel auf's Pult.

Thomas Gordon: Lehrer-Schüler-Konferenz. Wie man Konflikte in der Schule
löst. 3. Auflage. Hamburg: Hoffmann und Campe 1977

Impulse (Denkanstöße)

Keine Pseudo-Impulse!

Wenn Sie eine bestimmte Antwort erwarten, sollten Sie nicht z. B. geheim-
nisvoll äußern *„Manche Schlangen haben Giftzähne,"* und die Kinder nun
ins Blaue raten lassen, worauf Sie eigentlich hinauswollen (→ *Erarbeitungsunterricht*). Besser ist eine präzise → *Frage* wie *„Wozu haben manche Schlangen Giftzähne?"* oder *„Welche Schlangen ...?"* Denkanstöße
sind nur gerechtfertigt, wenn die Antwort oder Lösung vorher nicht schon
festliegen und das selbstständige Denken, Fragen und Sprechen wichtiger als das Ergebnis sind. (vgl. *J. Grell* S. 193)

„Ein Denkanstoß gibt nur das Thema, über das die Schüler nachdenken
sollen, schreibt aber nicht vor, was und wie geantwortet wird." (*J. Grell* S.
192)

Sinnvoller Einsatz von Impulsen:

- Diskussion eines Problems, Überleitung zu einem besonderen Teilpro-
blem;
- Anregen neuer Ideen, wenn die Kinder zu einem Thema keine neuen
Aspekte mehr finden;

- Ermutigen eines Kindes sich am Gespräch zu beteiligen („*Ihr habt ja auch einen Hund zu Hause, Katja.*");
- Anregen, ein Problem kritischer zu sehen („*Es ist eine große Ungerechtigkeit, dass ...*").

Formen

Ein wirksamer Impuls enthält auch eine hilfreiche Information, die zum Denken anregt:
- Hinweis auf eine Information, die die Kinder bisher nicht beachtet zu haben scheinen, z. B.: „*Im Text steht ...*"
- Hervorheben eines besonderen Gesichtspunktes
- Problematisierung eines Sachverhalts
- Konfrontation mit einem Widerspruch
- provozierende Behauptung.

Jochen Grell: Techniken des Lehrerverhaltens. Neu ausgestattete Sonderausg. Weinheim: Beltz 1995

Interaktionsspiele

Interaktionsspiele sind von der Lehrerin in Gang gesetzte Interaktionen (wechselseitige Beziehungen) zwischen Kindern. Sie sprechen das Kind in seiner Ganzheit an und aktivieren zugleich Körper, Geist und Psyche. Sie schulen grundlegende Fähigkeiten zur → *Wahrnehmung* und fördern → *soziales Lernen,* indem die Kinder lernen sich selbst und andere bewusster wahrzunehmen, mit anderen in Kontakt zu treten, Konflikte offen und mitmenschlich auszutragen und „*Selbst-bewusstsein*" aufzubauen. Manche Spiele dienen auch der → *Entspannung.* Regelmäßige Spielstunden können das Klassenklima positiv beeinflussen und zur Integration verhaltensgestörter Kinder beitragen (nach *Englbrecht/Weigert* S. 131 f.). Mitunter ergeben sich während oder aufgrund eines Spiels Konflikte. Deshalb darf kein Kind zum Mitmachen gezwungen werden. In Reflexionsphasen wird das eigene und fremde Verhalten bewusst gemacht und es werden Möglichkeiten der Veränderung aufgezeigt und erprobt.

Stufe 1: Spiele zum Kennenlernen, zur Kontaktaufnahme, Lockerung

- Mein rechter Platz ist leer
Die Kinder sitzen im Kreis, ein Stuhl bleibt frei. Das Kind, das links davon

174

sitzt, legt seine Hand auf den freien Stuhl und sagt: *„Mein rechter, rechter Platz ist leer, ich wünsche mir die/den ... her."*

Daraufhin setzt sich das genannte Kind auf den freien Stuhl und das Kind, an dessen rechter Seite der Platz nun leer ist, fährt fort.

Das bei den Schulanfängern sehr beliebte Spiel lässt sich auch als → *Lernspiel* abwandeln.

- Tipp Topp

Die Kinder sitzen im Kreis. Die Lehrerin oder ein Kind wirft einem Kind einen Ball zu und sagt entweder *„Tipp!"* (woraufhin der Fänger den Namen des links von ihm sitzenden Kindes nennt) oder *„Topp!"* (dann muss der Name des rechten Nachbarn genannt werden). Bei *„Tipp Topp!"* wechseln der rechte und linke Nachbar den Platz, oder auch alle Kinder. Dabei versucht der Spielleiter, einen leeren Platz zu ergattern.

- Begrüßung

Die Kinder gehen umher und begrüßen sich ohne zu sprechen mit den Ellbogen, mit dem Rücken, mit den Knien, mit den Füßen, mit den Händen ...

Stufe 2: Spiele zur Selbst- und Fremdwahrnehmung, Ausdruck und Wahrnehmen von Gefühlen

- Mein Gesicht

Jedes Kind hat einen Spiegel und drückt Stimmungen wie Langeweile, Ärger, Freude, Wut ... aus. Danach stellt ein Kind im Kreis eine Stimmung mimisch dar, die die anderen nachahmen.

- Ich sehe dich (Partnerspiel)

Die beiden Kinder stehen sich gegenüber, betrachten sich genau und teilen mit: *„Ich sehe an dir blaue Augen, braunes Haar, einen roten Pulli ..."* - Variante: *„Ich mag an dir ..."*

- Wer bist du?

Ein Kind steht mit verbundenen Augen im Kreis. Die Kinder gehen mit Handfassung im Kreis, bis das Kind *„Halt!"* sagt. Es tastet sich an eines der Kinder heran und versucht durch Berühren festzustellen, wen es erwischt hat.

- Pantomimische Darstellungen aller Art, z. B. auf verschiedene Art gehen

- Gefühle ausdrücken

Einzelne Kinder spielen pantomimisch Gefühle vor, die die anderen erraten und nachmachen.

Stufe 3: Spiele zur Kooperation und positiven Rückmeldung

• Blinder Spaziergang (Partnerspiel)
Jedes Paar legt die Fingerspitzen locker aufeinander. Ein Kind schließt die Augen und wird vorsichtig vom Partner, der rückwärts geht, geführt. Varianten: Einer schiebt den anderen am Rücken; das führende Kind summt ein Lied und führt ohne Körperkontakt.

Stufe 4: Spiele zu Konfliktverarbeitung, negativer Rückmeldung, Durchsetzungsvermögen

• Leerer Stuhl
Die Jacke oder die Tasche der Lehrerin auf einem leeren Stuhl in der Kreismitte soll symbolisch zeigen, dass sie eigentlich dort sitzt. Wer will, kann zu dem Stuhl gehen, und etwas Freundliches sagen, aber auch sich beschweren, sich etwas wünschen. Er kann also sagen, was er will. Wenn alle Kinder, die wollen, an der Reihe waren, geht die Lehrerin auf die Äußerungen ein.
Dann kann ein freiwilliges Kind etwas von sich auf den Stuhl legen.

Arthur Englbrecht/Hans Weigert: Lernbeeinträchtigungen verhindern. Frankfurt am Main: Diesterweg 1991
Silvia Regelein: Spielen in Unterricht und Freizeit. München: Oldenbourg/Prögel 1988
Paul Rooyackers: Mit den Händen flüstern. 100 Interaktionsspiele für Kinder ab 6 Jahren. Linz: Veritas Verlag 1997
Klaus Vopel: Interaktionsspiele für Kinder. Affektives Lernen für 8- bis 12-jährige. Teil 1 - 4. Hamburg: Isko-Press 1980

Interkulturelles Lernen

„Interkulturelles Lernen ist ... die gemeinsame Erziehung von Menschen aus verschiedenen Kulturen. Die Kulturen ... werden als gleichberechtigt verstanden und es wird postuliert, dass Kulturen und Menschen einander bereichern und voneinander lernen können." (*Uwe Sandfuchs:* Ausländische Kinder in der Grundschule. In: Die Grundschule Heft 10/1989. Braunschweig: Westermann Verlag).
Somit ist interkulturelles Lernen zugleich → *Friedenserziehung,* die ausländerfeindlichem und rassistischem Denken entgegenwirken will. Das Einbeziehen von Sprache, Kultur und Religion der → *ausländischen Kinder* als Unterrichtsprinzip bereichert den Schulalltag und erhöht die Motivation und das Selbstbewusstsein dieser Kinder. Deutsche Kinder dage-

gen lernen die eigene Kultur im Kontrast zu einer anderen bewusster kennen.

Bausteine interkulturellen Lernens

Berücksichtigen der Lebenswirklichkeit aller Kinder
- Die Kinder berichten über ihre Wohnverhältnisse, über ihre Ernährung. Sie zeigen Fotos und Prospekte über ihr Land und erzählen dazu, berichten über Feste und Brauchtum. In den Festtagskalender (Zeitleiste) werden deutsche und ausländische → *Feste* eingetragen.
- Vergleich: So ist es bei Katrin - So ist es bei Ömer (Familie, Kinderzimmer, Ernährung, Hausaufgaben ...)
- Projekt: Wir schreiben ein Buch über verschiedene Länder (mit Berichten, Beschreibungen, Gedichten, Liedern, Spielen, Rezepten, auch in verschiedenen Sprachen).
- Videofilm: Die Kinder stellen ein Programm zusammen mit Gedichtvorträgen, Tänzen und Liedern. Der Film wird am Elternabend vorgeführt.

Einbeziehen der Herkunftssprache ausländischer Kinder und Verzahnung mit dem Deutschunterricht
- Aushängen von häufigen Wörtern in den Herkunftssprachen auf Wortkarten (bitte, danke, Grußformeln etc.; ausländische Kinder und Eltern um Hilfe bitten, oder Wörterbücher)
- Anbringen von Wortkarten an den Gegenständen im Klassenzimmer (z. B. die Tür, die Tafel, jeweils mit Artikel, darunter die Wörter in den Herkunftssprachen)
- Bilder zum Sachunterricht und Ausstellungstische auch mit den entsprechenden fremdsprachigen Wörtern beschriften
- Buchausstellung mit mehr- und fremdsprachigen Bilderbüchern
- Lieder und Gedichte in den Herkunftssprachen

Interreligiöser Dialog und Gestalten von Schulfeiern
Neben der Auseinandersetzung mit der eigenen Religion und den → *Werten* unserer demokratischen Gesellschaft werden die Kinder auch in andere, vor allem islamische Lebens- und Glaubensformen eingeführt. „Elemente wie die Freude an der Schöpfung, Dankbarkeit für Frucht und Ernte, Bitte um Frieden, Überwinden der Grenzen zwischen den Menschen, Solidarität und Freundschaft finden sich in allen großen Religionen. Schulfeiern, die diese nicht ans Kirchenjahr gebundenen Themen in den Mittelpunkt stellen, vermögen im weitesten Sinn ökumenisch zu sein, denn Kinder anderer Religionsgemeinschaften können sich hier leichter

als in spezifisch christlich begründeten Schulfeiern integrieren." (*Helga Müller-Bardorff:* Ökumene im Schulalltag. In: Die Grundschule Heft 10/1989. Braunschweig: Westermann)
Beispiel: Zum Freundschaftsfest können die Kinder in ihren Trachten kommen; gemeinsames Singen und Spielen in den Herkunftssprachen; Filme über Leben und Gewohnheiten in anderen Ländern; Vorlesen von Geschichten; Nationalitätentische mit Fahnen, Plakaten, Nationalgericht, typischen Haushaltsgegenständen, bunten Tüchern usw. (*Helga Müller-Bardorff* a. a. O.)

Feste der Völker, Interkultureller Festkalender des Dialog Projekts der Indien-hilfe Herrsching e. V. in Kooperation mit der Karl-Kübel-Stiftung, Bensheim (Bezugsquelle: Durga Press, Luitpoldstr. 20, 82211 Herrsching)
M. Ulich/P. Oberhuemer/A. Reidelhuber, Hrsg.: Der Fuchs geht um ... auch anderswo; ein multikulturelles Spiel- und Arbeitsbuch. 4. neu bearb. Aufl. Weinheim: Beltz 1993

Karteien

Käufliche oder selbst hergestellte, persönliche, stets wachsende Karteien unterstützen → *Selbstständigkeit, Differenzierung, offenen Unterricht* und individuelles → *Fördern.*

Offene Ideenkarteien zum Initiieren von Lernprozessen
(DIN A5 oder 6)
Als Aufforderung zum selbsttätigen Herstellen durch die Kinder bringt die Lehrerin einige selbst gemachte Karten („Starterkarten") mit, ein Rezept, eine Anleitung zum Papierfalten, Rätselfragen oder einen Vor-schlag für ein Pausenspiel. Eine Fundgrube für Angebote sind Kinder-zeitschriften. Die Karten werden den Kindern vorgestellt, die Vorschläge werden gemeinsam oder in Gruppen ausprobiert und dann in der „Bun-ten Kiste" aufgehoben. In ihr sind auch zahlreiche Blankokarten, die die Kinder zum Aufschreiben, Bemalen und Aufkleben von Erkundungs-tipps, Spiel- und Bastelvorschlägen, Liedern, Zaubertricks, Witzen ... auf-fordern. Wenn die Bunte Kiste zu voll wird, werden kleinere Spezialkar-teien in einer eigenen Schachtel ausgelagert.

Übungskarteien zum Wiederholen und zur gezielten Einzelförderung
(DIN A5 oder 6)
Zum jeweils aktuellen Lernstand stellt die Lehrerin nummerierte Übungskarten her mithilfe von Prüfstückexemplaren, ausrangierten

Büchern und Arbeitsheften und bezieht sie mit Folie. (Hinweis: Die Karten vor dem Folienüberzug nicht mit Filzstift oder Tinte beschriften, da sonst die Schrift verläuft.) Beispiele:

Bild-Wort-Kartei zum Erstlesen und Deutsch als Zweitsprache: DIN A6-Karten mit Wörtern beschriften. Die Kinder kleben auf die Rückseite passende Abbildungen aus Zeitschriften, Katalogen oder malen dazu. Überziehen der Karten mit Folie. Leseübung in → *Partnerarbeit:* Kind 1 liest leise das Wort vor, Kind 2 überprüft mithilfe der Abbildung.

Rechenspiel: Auf die Rückseite von Aufgabenkarten schreiben die Kinder die Ergebnisse und üben in Partnerarbeit.

Fragekartei: Karten mit Fragen zum Sachunterricht (Quiz) oder mit Begriffen aus Deutsch und Mathematik, die zu erklären sind.

Schönschreibkartei zum gezielten Einüben von Buchstaben und Buchstabenverbindungen

Zur Anfertigung von Karteien:
- Kennzeichnung: Lernziel als Überschrift, Schwierigkeitsgrad;
- kurze und klare → *Anweisungen.*

Vorteile gegenüber dem Schulbuch:
- Verschiedene Möglichkeiten der → *Selbstkontrolle:*
- Die Karten werden laufend ergänzt und ausgetauscht.

Themenkarteien zum Sammeln und Suchen von Informationen (DIN A4)

Schon im 1. Schuljahr lassen sich erste Mini-Archive anlegen, z. B. zu den Themen Verkehr, Menschen in anderen Ländern, Vögel ... Jede Karte ist „halbfertig" angelegt und lädt den Benutzer zu immer neuen Nachträgen ein wie zum Aufkleben eines Vogelbilds, einer Vogelfeder ... Solange die Karte nicht voll geklebt oder voll geschrieben ist, bleibt sie in einer Folientasche. Durch Information der Eltern erleichtern Sie sich das Beschaffen von alten Zeitschriften, von Bild- und Fotomaterial.

Das Herstellen von Themenkarteien erwächst aus dem Unterricht, z. B.:
- Pflanzenkartei: Beschriftete Karten mit selbst gesammelten, gepressten Pflanzen;
- Heimatkartei: authentisches Material wie alte Fotos, eigene Skizzen, Klein-Funde etc.

Individuelle Karteien

Fehlerkartei: Jedes Kind schreibt ein falsch geschriebenes Wort und Anwendungsbeispiele auf eine Karteikarte.

Herbert Hagstedt: Karteien wachsen lassen. In: Die Grundschulzeitschrift Heft 1/1987. Seelze: Friedrich Verlag

Joachim Schnabel: Freie Arbeit im 3. und 4. Schuljahr. Praxiserprobte Anregungen, Arbeitshilfen und Tipps für Einsteiger und Fortgeschrittene. München: Oldenbourg 1996

Klassendienste

Klassen-, Ordnungs- oder Helferdienst (→ *Helfen*) wollen die Kinder nicht nur zu → *Ordnung,* Sauberkeit und sorgsamen Umgang mit Gemeinschaftseigentum anleiten, sondern vor allem auch Rücksicht, Zuverlässigkeit, Selbstständigkeit und → *Verantwortung* fördern.
Oft wird das Einteilen so gehandhabt: Freiwillige Kinder übernehmen für einen bestimmten Zeitraum ein „Amt", das auf einem Plakat mit ihrem Namen festgehalten wird. Doch ich stelle immer wieder fest, dass in vielen Klassen das zuverlässige Durchführen des Blumengießens, Tafelwischens usw. trotz einfallsreicher Plakate ohne Aufforderung nicht klappt und ich allzu voreilig dann manches selbst mache. Damit bleibt ein konkreter Anlass zu → *sozialem Lernen* ungenutzt.

Das Einführen und Wechseln der Dienste

Im 1./2. Schuljahr
- Jeder Dienst wird nach und nach eingeführt: Am Morgen finden zwei Kinder auf ihrem Tisch ein kleines Bild geklebt, das ihnen ihre Aufgabe zeigt. In der Vorviertelstunde (→ *Tagesbeginn*) sprechen sie mit der Lehrerin darüber und stellen sich dann der Klasse als Helfer vor. Solange ein Kind einen Dienst ausführt, klebt das Schild auf seinem Tisch.
- Da die Kinder unterschiedlich lange brauchen, bis sie sich in ihre Aufgabe einfinden, wird nicht starr gewechselt. Vielmehr wählt nach einiger Zeit der „alte" Helfer in Absprache mit der Lehrerin einen Nachfolger. Ist das Kind für eine bestimmte Aufgabe nicht geeignet - etwa weil es zu klein ist, um die Tafel zu putzen - sucht dieses Kind zusammen mit der Lehrerin einen anderen Nachfolger.
- Will ein Kind seine Aufgabe nicht abgeben, wählt es nur seine besten Freunde oder vergisst es dauernd seine Aufgabe, werden flexible, der Situation angepasste Lösungen gesucht.
- Beendet ein Kind seinen Dienst, so wird sowohl Gelungenes als auch noch Mangelhaftes offen und vorwurfslos besprochen, um bei den Kindern den Sinn für ein helfendes Miteinander zu schärfen. Oft befähigen eingestandene Mängel umfassender als ein reibungsloses Funktionieren.

180

Im 3./4. Schuljahr

Helfende Hände: Jedes Kind schreibt in seinen Handabdruck auf einer Karte seinen Namen. Die Bilder oder Fotos mit den Diensten hängen an einer Leine. Darunter hängen je drei Karten mit den Namen. Jede Dreiergruppe wird genau in ihren Dienst eingeführt. Nach einer Woche wird jeweils die erste Karte abgenommen, die beiden nächsten Kinder rücken nach oben und führen das neue dritte Kind ein, dessen Karte unten hingehängt wird. Es hat nun drei Wochen lang „Dienst". Auf der Rückseite vermerkt jedes Kind mit dem Anfangsbuchstaben, welchen Dienst es schon ausgeführt hat. (nach Frido Brunold in: Flohs Ideenkiste Nr. 6, München: Domino Verlag 1995)

Mögliche Aufgaben

Noch besser als gezeichnete Bilder zeigen Fotos den persönlichen Bezug zu „unserem" Klassenzimmer auf.

Abb. Lichtschalter	Licht ein- und ausschalten
Abb. Fenster	Fenster vor der Pause öffnen und danach sowie bei Unterrichtsende schließen
Abb. Heft	Hefte, Arbeitsblätter und Bücher austeilen
Abb. Papierkorb	Papier etc. vom Fußboden aufheben und ihn evtl. kehren (→ *Klassenzimmer*)
Abb. Tischfach	Überprüfen, ob die Tischfächer ordentlich aufgeräumt sind, und Kindern beim Aufräumen helfen
Abb. Tischfläche	verschmutzte Tischplatten säubern
Abb. Milchflasche	Getränke beim Hausmeister holen
Abb. Topfpflanze	täglich die Pflanzen prüfen und bei Bedarf gießen, vor dem Wochenende verstärkt gießen
Abb. Jacke an Haken	Zwei Kinder überprüfen nach Unterrichtsbeginn und nach der Pause die Garderobe und bringen am Boden liegende Jacken ins Klassenzimmer. Die Besitzer hängen diese dann selbst auf.

Abb. Schlüssel	den Turnhallenschlüssel holen, evtl. das Klassenzimmer vor und nach der Pause zu- bzw. aufsperren (Beachten Sie wegen Verlustgefahr des Schlüssels die Regelung an Ihrer Schule!)
Abb. Brief	als Bote Mitteilungen u. Ä. in andere Klassen bringen
Abb. Malkasten	die Malkästen austeilen und einsammeln
Abb. einige Münzen	Geld einsammeln
Abb. Tafel	Kinder im 1. Schuljahr sind meist noch zu klein und haben zu wenig Kraft für den Tafeldienst.

Üben Sie später das Tafelwischen gemeinsam ein:

* Vor dem Wischen die Kreiden wegräumen.
* Mit dem gut feuchten, aber nicht tropfenden Schwamm Bahn für Bahn von oben nach unten wischen.
* Mit einem Fensterreiniger oder Lappen nachtrocknen.
* Die Ablage unter der Tafel säubern.

Klassengemeinschaft

Eine Grundschulklasse ist ein soziales Zwangsgebilde, das durch einen Verwaltungsakt nach der Schulanmeldung zustande kam und das sich durch Zuzüge (→ *neue Kinder*), Wegzüge, Klassenzusammenlegungen immer wieder verändert. Erst durch gemeinsames Zusammenlernen und Zusammenleben wird die Klasse allmählich zur Gemeinschaft.

Sich-Kennenlernen und Vertrautwerden (→ *Ferien, erster Schultag*)
Die Fähigkeit zu Kommunikation und Kooperation ist eng mit dem → *Selbstbild* gekoppelt.
* Kennenlern- und → *Interaktionsspiele* wollen über namentliches Kennenlernen hinaus die Fähigkeit zur Kontaktaufnahme fördern.
* Klassenbuch: Jedes Kind fertigt eine Seite an: Foto, Namen, Vorlieben (Ich mag: Bilder dazu kleben), Telefonnummer (nur, wer will - zum

Nachschauen für andere), Geburtstag (schreibt die Lehrerin dazu).

- Vor allem der Kreis (Erzählkreis, Kreisspiele mit Handfassung, → *Sitzordnung*, im Kreis angeordnete Selbstporträts, Porträtfotos oder Handcollagen) betont die Zusammengehörigkeit.
- Ein Teil der Pinnwand ist für Mitteilungen der Kinder, Eltern und der Lehrerin reserviert.
- Klassenbriefkasten: Die Kinder werfen Briefe an Mitschüler ein, die der Botendienst (→ *Klassendienste*) austeilt. Damit jedes Kind einmal einen Brief erhält, ziehen die Kinder zwischendurch ein Los mit ihrem Adressaten. Ebenso werden ab und zu Gäste durch Los ermittelt, die an einem hausaufgabenfreien Nachmittag zum Spielen eingeladen werden.
- Wunschkette: Jedes Kind schreibt einen realisierbaren Wunsch auf eine Karte, z. B. Vorlesen eines bestimmten Textes, Durchführen eines Spieles etc.. Die Karten werden an eine Leine geklammert und beim „Einlösen", auch am → *Geburtstag*, abgenommen.

Übungen zum Erspüren der Klassengemeinschaft (nach *W. Meier*)
- In der Mitte sein: Ein Kind geht in die Mitte und schließt die Augen. Die anderen Kinder wechseln leise den Platz. Das Kind in der Mitte öffnet die Augen, wenn es ganz still ist, und fordert durch seinen Blick ein Kind auf, es in der Mitte abzuwechseln.
- Verinnerlichen des Kreises: Einer nach dem anderen legt die rechte Hand auf das Bein des Nachbarn, bis der Kreis geschlossen ist. Dann in die andere Richtung die Hand auf die Schulter des Nachbarn legen. Die Lehrerin sieht das Kind neben sich an, nickt ihm zu und fordert es auf, den Blick weiterzugeben.

Einführen und Beachten von → *Regeln*

Beim Eingewöhnen der Schulanfänger (→ *Anfangsunterricht*) kann eine → *Patenklasse* helfen.
Klassenkranz (nach *W. Meier*)
Vorausgegangen ist das Gestalten von Bildern in Partnerarbeit zu den Themen „Vieles können wir gemeinsam tun" oder „Wir brauchen und helfen einander". In die Mitte des Sitzkreises wird ein Gymnastikreifen auf ein großes rundes Tuch gelegt. Um den Reifen ordnen die Kinder ihre Bilder an und äußern dabei ihre Gedanken. Dann wandert die Klassenkerze im Kreis von Hand zu Hand und die Kinder formulieren einen Wunsch für den Tag oder die Klasse. Jedes Kind wählt einen Streifen aus Krepppapier in seiner Lieblingsfarbe, legt ihn an den Reifen und sagt, was es in der Gemeinschaft beachtet wissen will. Der Reifen mit den befes-

tigten Bändern wird aufgehängt.

Umgang mit → Konflikten

Unabhängig von gegenseitiger Sympathie müssen die Kinder einer Klasse miteinander auskommen. Dazu müssen sie vor allem lernen, ihre → Bedürfnisse und Wünsche <u>angemessen</u> zu äußern, sich in andere einzufühlen und humane Lösungen zu finden, bei denen keiner verliert. Geduldige Gespräche in der Klasse und mit einzelnen Kindern (z. B. in der wöchentlichen Kindersprechstunde), → Interaktionsspiele, Rollenspiele und vor allem das → Modellverhalten der Lehrerin sind Hilfen auf dem dornigen Weg zur Konfliktfähigkeit.

Dabei werden auch die Beziehungen (→ Freunde, Partner, Gruppe, Bande) in der Klasse thematisiert.

Gemeinsame Arbeit

Förderlich für Gemeinschaft und → soziales Lernen sind vor allem → Partner- und Gruppenarbeit, offener Unterricht, Projekte (z. B. das Herstellen einer Klassenzeitung), Freiarbeit, gegenseitiges → Helfen. Themengleiche Gemeinschaftsarbeiten: Die Einzelarbeiten der Kinder werden zu einer Gemeinschaftsarbeit zusammengefügt, z. B. Herbstbaum (Blätterdruck), Frühlingsbaum (Blüten aus Krepppapier), Vögel am Futterhaus.

Arbeitsteilige Gemeinschaftsarbeiten: Die Klasse oder eine Gruppe malt gleichzeitig ein Bild (von innen nach außen) miteinander.

• Gemeinsames Wahrnehmen von Interessen zum Einüben demokratischer Lebensformen

Der für einen Monat oder ein halbes Jahr gewählte Klassensprecher (ab dem 2./3. Schuljahr) kann einmal im Monat mit der Klasse von den Kindern vorgebrachte Themen besprechen und die gefassten Beschlüsse und selbst gefundenen Regeln in ein Heft eintragen. (→ Klassenrat)

Auch Briefe an die Schulleitung oder die Gemeindeverwaltung können auf konkrete Probleme hinweisen.

• Gemeinsame Erlebnisse

Kleine und größere → Feste und Feiern, → Ausflüge, Unterrichtsgänge oder der Aufenthalt im Schullandheim u.v.a.m. begünstigen die Eingliederung kontakt- und leistungsschwacher Kinder, lassen die Klasse zusammenwachsen und auch in die Schulgemeinschaft hineinwachsen.

- Klassenalbum

Fotos (während des Unterrichts, in der Pause, auf Unterrichtsgängen, bei Spiel und Feier) werden zusammen mit kurzen Texten fortlaufend in ein Fotoalbum geklebt. Nach und nach liefern oft auch Eltern Fotos ab. Damit auch die Eltern das Album bewundern können, bekommt jedes Kind es für ein bis zwei Tage mit nach Hause.

- Der Abschied am Ende des 4. Schuljahrs

In Vierergruppen bastelt jeder für den anderen ein kleines, symbolisches Geschenk oder fertigt Bilder oder Texte an, die Wertschätzung vermitteln und Gutes für die Zukunft wünschen.

Waltraud Meier: Ein Klassenkranz. Symbol für unsere Gemeinschaft. In: Grundschulmagazin Heft 12/1993, München: Ehrenwirth/Oldenbourg

Klassenrat

Ziel

Die Kinder lernen beim Gestalten von → *Schulleben* und Unterricht mitzuwirken. Die Lehrerin hält sich beim Gespräch weit gehend zurück, berät und vermittelt jedoch, wenn nötig.

Die Gesprächsthemen

werden von Kindern vorgeschlagen, z. B. Beschwerden, Wünsche, Vorschläge, Anregungen, Anfragen, Planen von → *Projekten* oder ergeben sich aus angefallenen Konflikten.

Organisation

- Gesprächskreis einmal in der Woche zu einer festen Zeit
  (→ *Tagesbeginn, Morgenkreis*)
  In das frei ausliegende Klassenratsbuch kann jedes Kind mit Datumsangabe ein Thema eintragen und es damit anmelden. In der Reihenfolge der Anmeldung tragen die Kinder ihren Wunsch oder ihr Problem der Klasse vor (Tafelanschrift) und leiten jeweils das Gespräch (→ *Gesprächsregeln, Aufrufen*). Im 3./4. Schuljahr kann der Sprecher einen Schreiber bitten im Klassenratsbuch Wichtiges aufzuschreiben (z. B. Datum, Kind, Thema, Ergebnis). Die Dauer des Gesprächs richtet sich nach der Gesprächsfähigkeit der Kinder.

- Aktuelle Konflikte
  Unmittelbar nach aktuellen Konflikten sind die Kinder viel zu aufge-
  wühlt um lernen zu können. Im Gesprächskreis äußern sich die Kon-
  trahenten, zuerst das Opfer, dann der Täter. Dann wird der Erzählstein
  reihum weitergegeben und jedes Kind kann seine Meinung sagen, bei
  den betroffenen Kindern nachfragen oder den Stein wortlos dem
  Nächsten reichen. Je nach Art des Konflikts werden bei der Lösung die
  Vorschläge der Kinder berücksichtigt oder Sie begründen Ihre abweichende Entscheidung.
- Einüben in Förderstunden
  Zum Einüben solcher Gespräche eignen sich Förderstunden, in denen
  nicht die ganze Klasse anwesend ist. Sprechen Sie dazu mit den Kindern über alles, was diese bewegt. Dabei sind weniger konkrete
  Gesprächsergebnisse wichtig, sondern es „zählt die Erfahrung, mit
  eigenen Gedanken, Gefühlen und Vorschlägen ernst genommen und
  zu Wort gekommen zu sein" und „dabei Vertrauen und Offenheit zu
  erleben." (*Beate Grabbe:* Stuhlkreisgespräche I - Umgang mit verhaltensauffälligen Kindern 11. Teil. In: Die Grundschule Heft 1/1992,
  Braunschweig: Westermann)

Klassenzimmer

Das Klassenzimmer als gemeinsamer und individueller Lernort

Die → *Sitzordnung* ist so zu wählen, dass auch Raum bleibt
- für den Sitzkreis,
- für die tägliche → *Bewegung,*
- für diverse „Ecken" zum Lesen, Malen, Basteln, Bauen, Forschen,
  Rechnen, Musikhören, Spielen, Schreiben, ... (→ *Freiarbeit*),
- für das griffbereite Aufbewahren der verschiedenen Materialien in
  Regalen, Schränken und auf Tischen,
- für das Ablegen der → *Arbeitsmittel,* der noch nicht fertigen sowie been-
  deten Arbeiten der Kinder,
- für einen Ausstellungs- und Jahreszeitentisch, auf dem von Kindern und
  der Lehrerin mitgebrachte Dinge präsentiert werden,
- für das Ausstellen von Kinderarbeiten, Arbeitsergebnissen, Informationen und Lernplakaten,
- für Musikinstrumente, die technischen Geräte
- und für ein Sofa, eine Matratze zum Sich-Zurückziehen, → *Entspannen*
  oder zum Ruhen, wenn man sich nicht wohl fühlt.

Die zusätzlich zu den genormten Schulmöbeln angeschafften Regale etc. müssen den Sicherheitsbestimmungen entsprechen. Bitten Sie die Eltern um Mithilfe und informieren Sie auch die Schulleitung.

Problem Platzmangel
Bei Platzmangel muss auf Funktionsecken mit eigenen Tischen verzichtet werden; die Kinder nehmen dann die Materialien mit an ihren Platz. Auch der Boden lässt sich als Sitz- und Arbeitsfläche nutzen (Bodenarbeit) mithilfe einer Decke, eines Betttuchs, von Sitzkissen oder Teppichfliesen. Ausstellungsflächen: Wände, Fenster, Türflächen, durch das Zimmer gespannte Leinen (z. B. mit den aktuellen Grundwortschatzwörtern), von der Decke baumelnde Schilder (z. B. mit wichtigen → *Regeln*) und Gymnastikreifen (mit Bastelarbeiten), kleine Plastikkörbchen (vom Obst- und Gemüsekauf) an der Pinnwand für Bastelarbeiten und kleine Ausstellungsstücke.
Bei einem überladenen Klassenzimmer kommen die einzelnen Schilder, Plakate und Zeichnungen nicht zur Geltung. Deshalb auch das Treppenhaus und den Gang zur Dokumentation der eigenen Arbeit nutzen.

Problem Reinigung
Bei uns säubert das Personal der Reinigungsfirma nur freie Tisch- und Bodenflächen im Schnellverfahren. Regale und Schrankfächer werden deshalb nach und nach zusammen mit den Kindern in Ordnung gehalten, vieles muss die Lehrerin selbst tun, etwa das Sofa saugen oder den Bezug waschen. Besprechen Sie die Reinigung mit dem Hausmeister, um zu einer für alle annehmbaren Regelung zu kommen.
Zum Kehren nach Bastelarbeiten sollten zwei oder drei benachbarte Zimmer zusammen einen großen Besen, einen Handfeger und eine Schaufel haben. Hilfreich ist ein kleiner, stets griffbereiter Plastikeimer (notfalls eine Tüte), wenn es einem Kind plötzlich schlecht wird.

Amtliche Vorschriften
Fluchtwegplan und Stundenplan im Klassenzimmer sowie außen neben der Tür.

Das Klassenzimmer als Lebensraum

Nur in einem wohnlich gestalteten Zimmer können sich Kinder und Lehrerin wohl fühlen.
• Zu Anfang eines Schuljahres ist das Zimmer nur sparsam ausgestaltet als Aufforderung zum gemeinsamen Planen und Handeln: Was brauchen wir noch, was wünschen wir uns noch? Das gemeinsame Gestalten trägt zugleich zu einem guten Klassenklima bei und fördert die Mit-

verantwortung für das Zimmer.

- Schuhregal mit Hausschuhen (mit einer Wäscheklammer zusammen-klemmen) in der Garderobe, wo der Stammplatz jedes Kindes mit einem Klebebild oder Namensschild gekennzeichnet ist. Das Wechseln der Schuhe dient nicht nur der Hygiene, sondern ist zugleich ein Hin-weisreiz: Ab hier gelten unsere Klassenregeln.
- Herumstehende → *Schultaschen* sind nicht nur Stolperfallen, sondern geben dem Zimmer den Charakter eines „Bahnhofwartesaales" (*Hanne Meyer-Behrens*: Die Lernlandschaft - „Werk" statt des Kindes. In: Lehrer Journal Heft 5/1986). Evtl. können die Kinder ihre Taschen am Morgen leeren und in der Garderobe oder an einer Wand stehen lassen. Die Schulsachen werden dann im Tischfach deponiert.
- Leicht pflegbare Pflanzen wie Zyperngras, Philodendron, Grünlilien, Efeu oder Eukalyptus sorgen für Luftfeuchtigkeit während der Heiz-periode und filtern Schadstoffe aus der Luft. In Kistchen-Gärten aus bunt angestrichenen Obstkisten können die Kinder Bohnen, Kresse und Blumen ziehen.

Achten Sie wie in Ihrer Wohnung auch auf „Selbstverständlichkeiten", z. B.:

- Wenn Sie mit der Klasse das Zimmer verlassen, muss es abgesperrt wer-den.
- Am Ende des Unterrichts die Fenster schließen.
- Auf dem Pult → *Ordnung* halten (Vorbild) und es zwischendurch abräumen, damit es gesäubert werden kann.

Konflikte

„Konflikte lassen sich durch die jeweilige Konfliktkonstellation, durch eine Konfliktbeschreibung sowie durch die Zuordnung zu einem Pro-blemkreis inhaltlich und formal näher bestimmen." (*G. E. Becker* S. 20 f.)

- Scheinkonflikte
  liegen z. B. dann vor, wenn die Kinder nur einen Spaß machen wollen, den die Lehrerin missversteht.
- Randkonflikte
  beeinträchtigen die beteiligten Personen nur gering und lassen sich nach dem Grundsatz der Verhältnismäßigkeit der Mittel relativ schnell lösen. Eine schlagfertige und humorvolle Reaktion entschärft den Kon-flikt oft.

- Zentralkonflikte

  beeinträchtigen die Beteiligten stark, haben Langzeitwirkung und erfordern eine intensive Lösung, evtl. mit Expertenhilfe.
- Extremkonflikte

  sind z. B. kriminelle Handlungen oder schwere Körperverletzungen. (*G. E. Becker* S. 41)

Muss jeder Konflikt ausgetragen und aufgearbeitet werden?

Wenn wir Schein- und Randkonflikte überbewerteten, kämen wir nicht mehr zum Unterrichten. Mischen Sie sich deshalb nicht in harmlose Streitereien der Kinder ein, sondern vermitteln Sie ihnen erste „Konfliktregeln" (→ *soziales Lernen*): (s. S. 190)

Phasen eines Konflikts (*H. Knopf* S. 37)

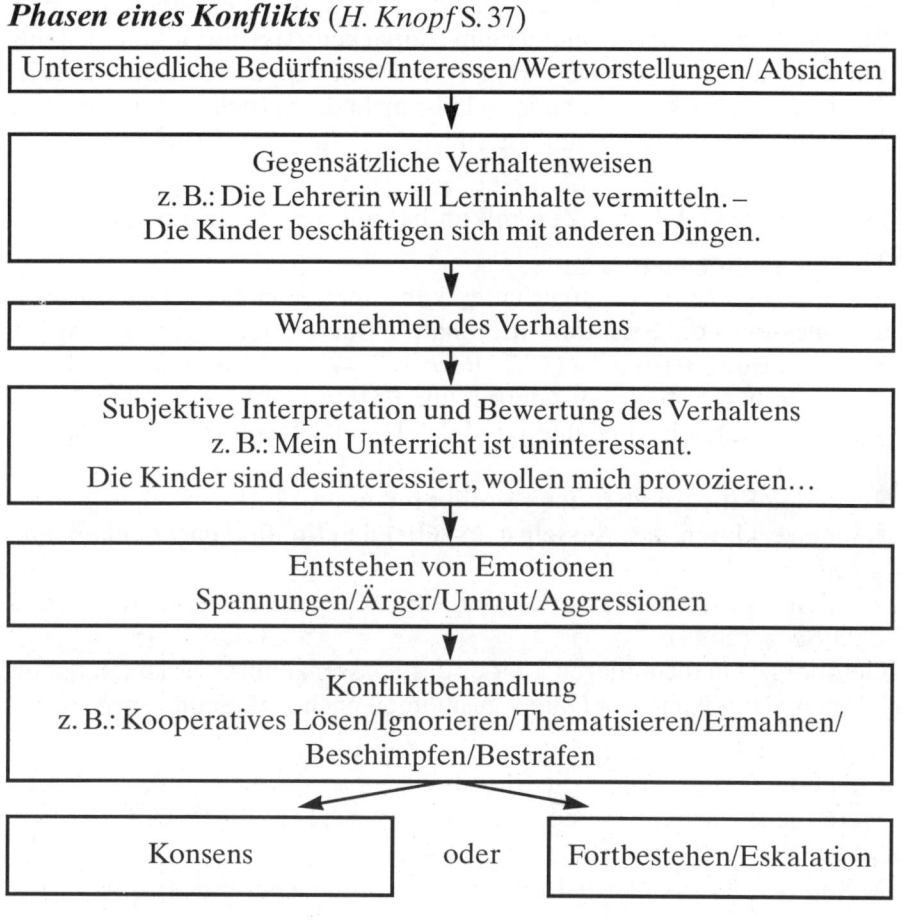

- Jeder hat das Recht auf seine Meinung. Ich muss nicht jeden zu meiner Meinung bekehren.
- Wünsche und Gefühle darf ich klar sagen, aber so, dass niemand verletzt wird.
- Kleine Ungerechtigkeiten muss ich ertragen können.
- Auch das Nachgeben ist manchmal besser als ein endloser Streit.
- Viele Streitigkeiten können Kinder selbst untereinander regeln.

Die zwölf Schritte beim Lösen eines ernsten Konflikts

1) <u>Den Konflikt auffassen und beschreiben</u>
Beispiel: Daniel (3. Schuljahr) soll nach der Schule für seine kranke Mutter noch etwas einkaufen und hat deshalb in seiner Schultasche einen Geldbeutel mit 20 DM. Ab und zu schaut er nach, ob das Geld noch da ist. Er zeigt das Geld auch seinem besten Freund Max, der neben ihm sitzt. Bei Schulschluss merkt Daniel beim Einpacken, dass die Geldbörse fehlt. Während alle anderen das Zimmer verlassen, kippt er den Inhalt seiner Tasche auf den Tisch. Aber das Geld ist nicht da. Sie gehen zu Daniel und er erzählt Ihnen, was passiert ist. (nach *G. E. Becker* S. 291 ff.)

2) <u>Die emotionale Betroffenheit einschätzen</u>
Die fehlende Geldbörse: Zentralkonflikt mit schwacher Ausprägung

3) <u>Erstverhalten überlegen</u>
Ein unangemessenes Erstverhalten kann „den Konflikt verschärfen, ein angemessenes die Situation offen halten oder einen ersten Beitrag zur Konfliktlösung leisten." (*G. E. Becker* S. 42) Bei undurchschaubaren Randkonflikten sowie bei Zentral- und Extremkonflikten sollten Sie auf sofortiges Handeln verzichten und sich Handlungsaufschub verschaffen, indem Sie
- mit den Kindern über den Konflikt reden,
- ihnen erklären, dass Sie selbst erst über den Konflikt nachdenken müssen,
- ihnen sagen, dass über den Konflikt später gesprochen wird. (nach *G. E. Becker* S. 43)

Geldbörse: Da die anderen Kinder das Klassenzimmer verlassen haben, können Sie in Ruhe mit Daniel zusammen nachdenken und sprechen.

4) <u>Methode festlegen</u> im Hinblick auf die emotionale Betroffenheit
Methode A: Einzelarbeit, Schritte 10, 11, 12
Methode B: Partnerarbeit, Schritte 6, 8, 10, 11, 12
Methode C: Gruppenarbeit, Schritte 6, 8, 9, 10, 11, 12
Methode D: Gruppenarbeit, Hinzuziehen von Experten, Schritte 5 bis 12

Beispiel „Geldbörse": Methode C

5) <u>Befragung der unmittelbar betroffenen Personen</u> (bei schweren Zentral- und Extremkonflikten)
„Die fragenden Personen sollten sich um äußerste Zurückhaltung bemühen, die zu befragenden Personen ausreden lassen, aktiv zuhören, keine Suggestivfragen stellen oder voreilige Lösungsvorschläge machen ... Im Mittelpunkt sollte allein die Frage stehen nach dem, was vorgefallen ist." (*G. E. Becker* S. 46)

6) <u>Nach den Ursachen fragen</u> (Wie konnte es dazu kommen, dass ....?)
Meist gibt es mehrere Ursachen; einige Ursachen bleiben trotz einer Analyse sicher verborgen; viele lassen sich kurzfristig nicht beheben.
- Ein Kind hat die Geldbörse aus Neid weggenommen oder es will sich mit dem Geld etwas kaufen.
- Daniel hat sie so gut weggepackt, dass er sie im Augenblick nicht mehr findet.
- Ein Kind hat Daniel einen üblen Streich gespielt, will später aber die Geldbörse wieder zurückgeben.
- Ein Kind hat sich an das Entwenden schon „gewöhnt".

7) <u>Informationen beschaffen</u>
z. B. Fachleute, Literatur, Schulrecht (bei schweren Konflikten)

8) <u>Perspektive wechseln</u>
Damit der Konflikt nicht einseitig aus der Sicht nur eines Betroffenen gesehen wird, sollten Sie sich in die Lage aller am Konflikt Beteiligten hineinversetzen und deren Betroffenheit und Handlungsweise nachvollziehen. Beispiel „Geldbörse":
- In den ratlosen Daniel können Sie sich vermutlich gut einfühlen.
- Als Lehrerin sind Sie betroffen, dass so etwas in Ihrer Klasse passiert.
- Die anderen Kinder werden vermutlich ebenfalls stark betroffen sein und sich evtl. gegenseitig verdächtigen.
- Auf Max fällt sofort der Verdacht, der jedoch nicht begründet zu sein braucht.

9) <u>Zielsetzung(en) abklären</u>
Ob und unter welchen Bedingungen können die Konfliktursachen beseitigt werden? Welche realistischen Ziele sind kurz-, mittel- oder langfristig zu erreichen? Beispiel „Geldbörse":
- Kurzfristig: Wenn das Geld wirklich entwendet wurde, sollte Daniel es zurückerhalten. Der „Dieb" sollte die Gelegenheit erhalten, das Geld zurückzugeben, ohne stigmatisiert zu werden.

- Langfristig: Die Kinder sollen den verantwortungsvollen Umgang mit Eigentum lernen.

10) Handlungsmöglichkeiten suchen

Beim Brainstorming (ca. zehn Minuten) werden möglichst viele Einfälle gesammelt, ohne sie zu bewerten. Um Wiederholungen zu vermeiden, werden sie für alle Gesprächsteilnehmer gut sichtbar aufgeschrieben. Beispiel „Geldbörse" (aus Platzgründen ist Schritt 11 bereits eingearbeitet):

- Sie stellen am nächsten Tag der Klasse den Fall dar und schildern, wie schlimm das für Daniel ist. (+ den Kindern die Situation bewusst machen)
- Sie bitten die Kinder um Vorschläge, was sie tun könnten. (+)
- Sie machen auf die mögliche anonyme Rückgabe aufmerksam. (+)
- Sie drohen mit der Polizei. (-)
- Sie benachrichtigen Daniels Mutter, falls das Geld nicht wieder auftaucht. (+ zwischen Daniel und ihr vermitteln)
- Sie geben Daniel die 20 DM, damit der Fall erledigt ist. (-)
- Sie legen Daniel das Geld am gleichen Tag aus, damit er für die Mutter einkaufen kann. (+ dann sofort die Mutter verständigen)
- Sie regen an, dass die Kinder gemeinsam den Schaden abdecken, z. B. jeder zahlt 50 Pfennige, die Lehrerin den Rest. (- damit wird der Konflikt nur überlagert, nicht aber gelöst)
- Sie ermahnen Daniel, künftig besser auf sein Geld aufzupassen und nicht mit Geld zu prahlen. (+ - jetzt nicht, vielleicht später)
- Sie ermahnen die Klasse. (+)
- Sie bitten die Eltern in einem Elternbrief, den Kindern nie mehr als 2 DM mitzugeben. (- widerspricht dem Ziel des eigenverantwortlichen Umgangs mit Geld)
- Sie berufen eine Elternversammlung zu diesem Thema ein. (- Überreaktion)
- Sie verständigen den Rektor. (- damit sollten Sie als Lehrerin alleine zurechtkommen)
- Sie verdächtigen Max (- seine Schuld ist nicht bewiesen)
- Sie durchsuchen mit Max dessen Tasche. (+ – aber nur, wenn er damit einverstanden ist)
- Sie lassen alle Kinder ihre Taschen ausräumen. (wie bei Max)
- Sie lassen ein Rollenspiel zu dem Vorfall machen. (+ – das kommt auf den weiteren Konfliktverlauf an)

11) Handlungsmöglichkeiten prüfen

Die bei 10 gefundenen Handlungsmöglichkeiten werden im Blick auf

Realisierbarkeit und Erfolg überprüft: (+) brauchbar, (-) unbrauchbar, (+–) unsicher

12) *Handlungsfolge konzipieren*
Festlegen eines Planes, wer zu welchem Zeitpunkt welche Maßnahme durchführt. Stufenplan: Mit einfachen Maßnahmen beginnen. Geldbörse:
* Sie lassen Daniel Ihre eigene Betroffenheit und Ihr Verständnis seiner Lage spüren.
* Wenn das Geld nicht gefunden wird, sollten Sie ihn trösten, ihm Geld leihen und seine Mutter informieren.
* Am nächsten Tag sprechen Sie mit der Klasse und weisen auf die mögliche anonyme Geldrückgabe hin.

Georg E. Becker: Lehrer lösen Konflikte. Ein Studien- und Übungsbuch. 3. Aufl. Weinheim; Basel: Beltz 1985
Hartmut Knopf, Hrsg.: Aggressives Verhalten und Gewalt in der Schule. Prävention und konstruktiver Umgang mit Konflikten. München: Oldenbourg 1996

Konsum

Eine vorwiegend am Konsum ausgerichtete Lebensgestaltung hat auf die Kinder negative Auswirkungen, denen wir in der Schule eine Anleitung zu sinnvollem Verzichten und zum Neinsagen entgegensetzen müssen. Das bedeutet nicht, dass wir die gerechtfertigten → *Bedürfnisse* der Kinder missachten. Doch die Kinder müssen im Blick auf ihre Persönlichkeitsentwicklung lernen die Auswirkungen eigener, überzogener Bedürfnisse und Wünsche auf die Mitmenschen (→ *Regeln*) und die → *Umwelt* zu reflektieren und zu einem eingeschränkten Konsum fähig werden. Dazu tragen vor allem Zuwendung und eine Atmosphäre von Geborgenheit und Verständnis bei und das positive Füllen der durch den Verzicht momentan entstehenden Leere (z. B. gemeinsames Spiel statt → *Fernsehen*). Denn überzogene Konsumwünsche sind oft Ersatzhandlungen für Defizite im persönlichen Bereich.

Bausteine für Unterricht, Schulleben und Elterninformation

Kinder dürfen nicht zu Marionetten der Werbung werden!
Das Ziel, nämlich rücksichtsloser Kundenfang durch subtile Werbung zwecks möglichst hohem Umsatz ist zu verdeutlichen. Die Kinder sollen lernen, sich fremdbestimmter Verführung zu widersetzen.
Richtiges Einkaufen: Einkaufsliste (Was brauche ich?), abgezähltes Geld, nie mit leerem Magen einkaufen!

Umgang mit Geld: Das unbedachte Ausgeben von Geld und das Verschulden können im 3./4. Schuljahr z. B. anhand von Sachaufgaben problematisiert werden.

Gruppenzwängen widerstehen lernen und die Fragwürdigkeit unsinniger modischer Trends erkennen (z. B. schwere Turnschuhe auch bei Hitze).

Materielle Güter im Überfluss und die Folgen

- Der Überfluss an Nahrungsmitteln bei uns führt häufig zu Fehlernährung und Übergewicht. Süßigkeiten sind deshalb als häufige → *Belohnung* nicht geeignet. (→ *Gesundheit*)
- Gedankenloser, sorgloser Umgang mit Gegenständen;
- Wegwerfmentalität, die immer größere Müllberge nach sich zieht (→ *Umwelt*);
- Oberflächlichkeit, Sinnleere und Verlust der Eigentätigkeit: Eine Fülle an Spielzeug sowie vorfabriziertes Spielzeug verhindern ausdauerndes, kreatives Spielen. Deshalb: Spielzeug beschränken und selbst basteln.
- Konsumüberladung an Festen, die den ursprünglichen Sinn verdrängt.

Besinnung auf Werte als Gegengewicht zu übermäßigem Konsumstreben

Die Haben-Wollen-Kultur führt zu einer egozentrischen Anspruchshaltung der Kinder und lässt immaterielle → *Werte* verkümmern. Das ungeduldige Verlangen nach sofortiger Befriedigung aller Wünsche macht unfähig sich für langfristige Ziele einzusetzen und Frustrationen zu ertragen. Verwöhnte Kinder können sich deshalb nur schwer in die Gemeinschaft integrieren. Soziale Tugenden wie Solidarität und Toleranz verkümmern. (→ *soziales Lernen*)

Eltern wie Lehrer müssen einerseits die Wünsche des Kindes als Grundlage für ein gesundes → *Selbstbild* ernst nehmen, ohne jedoch jede Laune zu befriedigen. „Wenn Eltern kleinen Kindern anstelle von Liebe, Zuwendung und Ansprache, die eigentlich gewollt sind, Nahrung, Spielzeug und später Geld geben, lernen diese schon früh, dass das eigentlich Gemeinte durch Stoffliches substituiert werden kann. Letztlich wird dadurch bereits die Weiche für späteren Drogenkonsum gestellt." (*P. Struck* S. 95)

Grenzen setzen!

Ein entschiedenes Nein ohne langatmige Erklärungen ist bei kleinen Dingen (wie ein Eis haben wollen) angebracht. Eltern sollten sich nicht erpressen lassen, auch nicht damit, was andere haben oder dürfen. Bei überzogenem Anspruchsdenken kann ein ruhiges Gespräch Klarheit schaffen und Missverständnisse ausschalten. Wichtig sind dabei Freundlichkeit und Entschiedenheit, Verständnis (ein Verhalten verstehen heißt nicht damit einverstanden sein) und Festigkeit (Handeln nach Plan).

Manfred Hahn: Wollen - Kaufen - Wegwerfen. Gedanken zur Konsumerziehung in der Grundschule. In: Grundschulmagazin Heft 11/1993, München: Ehrenwirth/Oldenbourg
Peter Struck: Erziehung gegen Gewalt. Ein Buch gegen die Spirale von Aggression und Hass. Neuwied / Kriftel / Berlin: Luchterhand 1994

Konzentration

Konzentration, das Sammeln auf eine Mitte, ist eine zielgerichtete, willkürliche und angespannte → *Aufmerksamkeit* für eine bestimmte Zeitspanne.

Konzentrationsschwierigkeiten

zeigen sich im → *Arbeitsverhalten* als mangelnde Mitarbeit, unzuverlässige Aufgabenzuwendung, Nichtbeachten oder Vergessen von → *Anweisungen*, Nebeninteressen, Ablenkbarkeit, Unruhe und Disziplinprobleme, sodass ungenaue, fehlerhafte oder unfertige Ergebnisse erzielt werden.

Mögliche Ursachen: Störung der → *Wahrnehmung*, wie etwa das übermäßige Registrieren von unwichtigen Nebengeräuschen oder visuellen Eindrücken; → *Teilleistungsstörungen, Lernbeeinträchtigungen.*

Konzentrationsmangel ist eine kurzzeitige Störung, die vor allem durch situative Gegebenheiten (z. B. ungünstige Arbeitsbedingungen) oder durch fehlerhaftes Verhalten bedingt ist.

Eine länger andauernde Konzentrationsschwäche kann anlagebedingt oder durch intensive und negative Erziehungseinflüsse bedingt sein. (*A. Englbrecht* S. 170)

Konzentrationsfördernde Unterrichtsmaßnahmen

- Vor Konzentrationsphasen → *Bewegung* und Lerngymnastik (→ *Edukinestetik*);
- klare Aufgaben- und Zielstellung (→ *Lernaufgaben*);
- klare Strukturierung des Unterrichts (→ *Unterrichtsrezepte*);
- Beachten der Leistungsfähigkeit der Kinder: Konzentrationsspanne bei Fünf- bis Siebenjährigen etwa 15 Minuten, bei Sieben- bis Zehnjährigen etwa 20 Minuten;
- subjektiv bedeutsamer Lernstoff aus der Umwelt des Kindes;
- Wechsel von An- und → *Entspannung,* Tätigkeitswechsel und Wechsel der angesprochenen Sinnesorgane (mehrkanaliges Lernen), regel-

mäßige → *Pausen.*

- Beim → *Abschreiben* buchstabieren die Kinder das Wort leise mit oder machen die entsprechenden Lippenbewegungen.
- Schulung des Gedächtnisses durch → *Auswendiglernen* und Kopfrechnen;
- Schrittweises Einüben von → *Regeln* und Aufbauen von Gewohnheiten;
- Stoffbegrenzung: Lieber ein Thema intensiv und handlungsbezogen bearbeiten als viele Themen oberflächlich.
- Wahlmöglichkeiten und Erfolgserlebnisse schaffen durch → *Differenzierung, Freie Arbeit;*
- Reduzieren ablenkender Reize: ausreichendes Lüften; → *Ruhe;* das → *Klassenzimmer* nicht mit Bildern etc. überladen; → *Ordnung* am Arbeitsplatz; manches Kind braucht einen Einzeltisch, um in Ruhe arbeiten zu können.

Konzentrationsübungen

Konzentrationsfördernd sind u. a. → *Interaktionsspiele,* Übungen zur → *Wahrnehmung, Stille* und → *Entspannung,* das Spielen eines Musikinstrumentes, → *Lern-* und Gesellschaftsspiele.

Aufblendübungen am Tageslichtprojektor: Es werden kurz Gegenstände, Buchstaben, Zahlen, Wörter oder geometrische Figuren gezeigt, die die Kinder nachzeichnen oder aufschreiben.

Anregungen für Übungen z. B. in: *Michaela Halter/Reinhard Schlereth u. a.:* Unterricht mit Pfiff in der Grundschule. München: Oldenbourg 1994

Konzentrationsförderndes Lehrerverhalten

- Sprechen Sie nicht in eine laute Klasse hinein.
- Stören Sie nicht die Konzentration der Klasse z. B. bei → *Einzelarbeit* durch nachgeschobene Erklärungen oder Anweisungen.
- Vermeiden Sie unnützes Sprechen und geben Sie kurze, klare → *Anweisungen.*
- Achten Sie auf eine eindringliche → *Lehrersprache* mit wechselnder Intonation, Lautstärke und Geschwindigkeit, mit Sprechpausen und nonverbalen Signalen (→ *Körpersprache*).
- Kein permanenter Zeitdruck: Treiben Sie die Kinder nicht zu häufig zur Eile an.
- Individueller Kontakt zu „Problemkindern": Anlächeln, Anschauen, Berühren, direktes, leises Ansprechen;
- → *Verstärken* der Kinder (→ *Loben, Ermutigen*)

Arthur Englbrecht/Hans Weigert: Lernbehinderungen verhindern. Frankfurt/ Main: Diesterweg 1991, S. 169 - 181

Körpersprache

Alles, was Sie sagen, wird durch Ihre Stimme (Lautstärke, Stimmlage, → *Lehrersprache*), das Blickverhalten, die Mimik, Gestik, räumliche Distanz und die Körperstellung, also kurz durch die Körpersprache ergänzt - oder Lügen gestraft. Die Körpersprache, das Verständigen mit Zeichen, ist älter als die Sprache. Körpersprachsignale erfolgen meist unbewusst. Sie „sind allerdings nie allein verbindlich. Sie müssen immer im Zusammenhang mit der Vorgeschichte, mit der Situation, im Kontext und im Zusammenhang mit dem Gesagten interpretiert werden." (*H. Holzheu* S. 40)

Körpersprachliche Signale im Alltag und im Unterricht

Ablehnend wirken z. B. folgende Signale (nach *H. Holzheu* S. 41):
- Kopf zurückwerfen: Trotz, Ablehnung, Ungläubigkeit
- Blickkontakt abbrechen, Oberkörper zurückneigen: Desinteresse, Abneigung
- Schultern hochziehen: Angst, Unsicherheit, Nervosität
- Arme seitlich einstützen: Dominanz, Drohverhalten
- an die Nase greifen: betroffen, ertappt sein
- die Augen reiben: Ärger, Unbehagen
- die Augenbrauen heben: Ungläubigkeit oder Arroganz
- die Stirn reiben: lästige Gedanken verscheuchen wollen
- die Stirn runzeln: Entrüstung
- Spielen der Hände: Nervosität, Unsicherheit
- Falten der Hände: Unsicherheit, Abwehr
- Hände gegeneinander halten, die Finger zeigen nach vorne (Pistolenhaltung): starke Drohung, Angriff

Kopfnicken, Lächeln, ein „Hmhm" u. a. zeigen dagegen Aufmerksamkeit und Verstehen an und wirken als → *Verstärkung*.

Körpersprache der Kinder

Mehr noch als Erwachsene verfügen Kinder über ganzheitliche, mimisch-gestisch-körperhafte Ausdrucksformen, die wir aktivieren und fördern sollten, z. B. durch Pantomimen und darstellendes Spiel („Gesichter schneiden", Geschichten ohne Worte darstellen, Ausdrücken von Gefühlen, Gedanken, Wünschen). Dadurch werden zugleich → *Konzen-*

tration, Wahrnehmung und innere Vorstellung geschult. Beim Lesen und Rechtschreiben ermöglicht die Phonomimik („Fingersprache") vielfältige Übungen (Tabelle in *Silvia Regelein:* Lernspiele im Deutschunterricht. München: Oldenbourg 4. Aufl. 1993)

Bewusste Körpersprache der Lehrerin

Körpersprache ist oft wirkungsvoller als verbale → *Anweisungen* oder → *Ermahnungen* und vor allem können Sie die Signale senden, ohne den Unterrichtsfluss zu unterbrechen, z. B.:

Blick

Wenn Sie alle Kinder im Blickfeld haben, fühlen sich die Kinder unbewusst unter Kontrolle. Blickkontakt zeigt jedoch auch Interesse und Zuneigung.

Mimik

vermittelt Stimmungen und Gefühle: Ein freundliches Gesicht zeigt Wohlbefinden und Annahme der Kinder, ein sachliches Gesicht regt zur Sachlichkeit an, ein finsteres Gesicht zeigt, dass mit Ihnen jetzt nicht zu spaßen ist. (vgl. *G. Keller* S. 69)

Gestik

Mit Gesten können Sie etwas veranschaulichen und ein Geschehen lenken, z. B.:

* Finger auf den Mund: Bitte leise sein!
* Hand ans Ohr: Ich kann dich nicht verstehen.
* Mit vorher erklärten Gesten das → *Unterrichtsgespräch* lenken, z. B.:
  Beide Handflächen aufeinander zu bewegen: Zum Ende kommen!
  Beide Handflächen auseinander bewegen: Erzähle bitte ausführlicher!
  Beide Handflächen nach unten bewegen: Bitte setzen!
* Auf den Sitzplatz deuten: Bitte hinsetzen!
* Heft, Buch zeigen: Bitte Heft oder Buch hernehmen!
* Eine Büchertasche hochheben oder darauf zeigen: Bitte einpacken!

Diese stumme Sprache schont nicht nur unsere Stimme, sondern trägt auch zu → *Ruhe, Konzentration* und stärkerer Mitarbeit bei. Auf keinen Fall sollten Sie Kindern die Faust zeigen oder mit gestrecktem Zeigefinger auf sie zulaufen. (*G. Keller* S. 69)

Räumliche Distanz

Je näher Sie den Kindern sind, desto besser ist ihre → *Aufmerksamkeit*. Wenn ein Kind stört, können sie in sein „Territorium" (ab etwa 1,20 m vom Körper) eindringen. Dies wirkt bedrohlich und veranlasst oft zum Abbrechen des Störverhaltens. (*G. Keller* S. 69 f.)

Körperstellung

Wichtiges sollten Sie aufrecht vor der Klasse stehend mitteilen.

Besonders wirksam ist die mehrkanalige Körpersprache: So können Sie z. B. „mit erhobener Hand die Klasse um Ruhe bitten und gleichzeitig das Problemverhalten eines einzelnen Schülers mit dem Blick und der Mimik regulieren."(*G. Keller* S. 70)

Hermann Handerer/Christiane Tiede-Schönherr: Körpersprache und Stimme. München: Oldenbourg 1994
Harry Holzheu: Gesprächspartner bewusst für sich gewinnen. Psychologie und Technik des partnerorientierten Verhaltens. Düsseldorf: ECON Taschenbuch, 1984
Gustav Keller: Pädagogische Psychologie griffbereit. Donauwörth: Auer 1994
Samy Molcho: Körpersprache. München: Goldmann Verlag 1996 (Taschenbuch)

Korrektur

Die Korrektur dient zur
- Information des Kindes und der Lehrerin über den Lernstand und das → *Arbeitsverhalten* (bei Hausaufgaben nur zum Teil erkennbar);
- Berichtigung von → *Fehlern*

Vorarbeit

- Genaue Vorgabe

Genaues Besprechen jeder → *Lernaufgabe* um unnötige → *Fehler* zu vermeiden und evtl. gemeinsames Lösen eines Beispiels an der → *Tafel* oder auf einer Folie (Das Beispiel so anschreiben, wie Sie es im → *Heft* oder auf dem → *Arbeitsblatt* wünschen).

- Selbst- und Partnerkontrolle

Einüben der → *Selbstkontrolle*, z. B. beim → *Abschreiben,* bei → *Hausaufgaben.* Erst nach der Selbstkontrolle überprüft ein anderes Kind, der Nachbar oder ein Helfer (→ *Helfen*).

- Mündliche Rückmeldung

Unabhängig davon, ob eine Arbeit in der Schule oder zu Hause erledigt wurde, ist eine Rückmeldung nötig. (→ *Verstärkung, Einzelarbeit*). In der Schule können Sie dazu durch die Klasse gehen und das Verständnis der Lernaufgabe sowie das Ergebnis überprüfen. Sie können auch während einer Einzelarbeit die Kinder reihum zu sich ans Pult kommen lassen und die Arbeiten würdigen. Bei dieser kurzen Kontrolle wird zwar nicht jeder Fehler entdeckt, wohl aber die Vollständigkeit überprüft.

Ein Haken bedeutet nicht, dass alles richtig ist, sondern ist das Zeichen für „vidi" (lat., ich habe gesehen). Evtl. Kindern und Eltern erklären!

Genaue Korrektur

• Eine genaue Korrektur ist nur außerhalb des Unterrichts zu leisten. Korrigieren Sie frühzeitig und lassen Sie nicht zu viel zusammenkommen. Günstig: Zwei-Hefte-System (→ *Hefte*)
Selbst- oder Partnerkontrolle ersetzt nicht die Korrektur durch die Lehrerin.

• Das Anstreichen und Berichtigen von → *Fehlern*
muss den Kindern erklärt und einheitlich vorgenommen werden.

• Schriftliche Rückmeldung
Ein schriftlicher, ermutigender Kommentar unter der Arbeit spornt das Kind an, z. B.: Du hast - wieder / oft - ohne Fehler / ordentlich - ... gearbeitet. Mach so weiter. – Aber auch taktvolle Hinweise auf weniger Gelungenes: S... ist dir besser gelungen! (Die Seiten im Heft sind durchnummeriert.) Da dies bei jeder Arbeit zu aufwendig ist, werden oft Symbole (Sternchen, Lachgesicht, Stempel ...) verwendet. Ist eine Arbeit fehlerhaft oder unvollständig, können Sie sie mit einem schrägen Strich abzeichnen, aus dem Sie nach dem Berichtigen, Überkleben oder Ergänzen einen Stern machen . (nach *Helga Retzlaff* in: Flohs Ideenkiste Nr. 6. München: Domino Verlag 1995)

Lehrersein

Das wichtigste Curriculum des Lehrers ist seine Person.
Hartmut von Hentig

Die Verantwortung des Lehrers bewegt sich im Spannungsfeld zwischen einzelnem Kind, elterlichen Erwartungen, staatlichen Vorgaben und gesellschaftlichen Anforderungen an Schule und Unterricht.
Daraus ergeben sich Verunsicherung und irrationale Glaubenssätze, die sich als Denkfallen entpuppen, z. B.:
• „Ein guter Lehrer schafft alles."
Aber: „Die Erfüllung aller expliziten und impliziten Ansprüche ist nicht möglich. Die Illusion, es allen recht machen zu wollen, muss aufgegeben werden." (*R. Kohnen*)

- „Gute Lehrer haben keine Schwierigkeiten."

Aber: Für Lehrer als Ziel vielfältiger Erwartungen sind Schwierigkeiten und Rollenkonflikte als „normal" zu betrachten. Der Lehrerberuf ist von seiner Natur her ein Konfliktberuf.

- „Ein Lehrer sollte alle Schüler gleich behandeln."

Da nicht alle Kinder gleich sind, sondern jedes Kind seine eigene „individuelle Lebens- und Lerngeschichte in den Unterricht mitbringt" (*K. Dittrich*), kann Chancengleichheit nicht Gleichbehandlung aller Kinder bedeuten, sondern Förderung des Einzelnen nach seinen Fähigkeiten.

- „Ein Lehrer muss jedes seiner Kinder lieben."

Wie alle Menschen empfinden auch Lehrer und Kinder Zuneigung und Abneigung und lösen solche Gefühle bei anderen aus. Das Eingestehen und Akzeptieren einer Antipathie ist keine Benachteiligung, sondern bietet dem Lehrer die Chance das Kind aus der Distanz heraus neu kennen zu lernen. (nach *K. Dittrich*)

- „Der Lehrer ist an allem schuld."

Lehrer können sich von den täglichen Schuldzuweisungen durch die Einsicht entlasten, dass es dabei „in erster Linie nicht um Schuld, sondern um die Übernahme von Verantwortung geht: der Eltern für die Familie, des Lehrers für dessen pädagogische Arbeit." (*K. Dittrich*)

- „Was zu Hause passiert, geht den Lehrer nichts an."

Aber: Die Kinder übertragen ihre familiären Erfahrungen auf den Lehrer, drängen ihn, ob er es will oder nicht, oft in die Rolle eines Elternteils und zwingen ihn „oft genug zu genau denselben ablehnenden, kritischen oder gleichgültigen Reaktionen ... die das Kind zu Hause täglich am eigenen Leib erfährt." Durch „Einblick in familiäre Verhältnisse kann der Lehrer erkennen, dass er allzu oft nicht persönlich gemeint ist ... dass Störungen, Provokationen oder aggressive Ausbrüche von Schülern weit mehr auf dem Hintergrund familiärer Abläufe zu begreifen sind, als alleine durch die Schule verursacht." (*K. Dittrich*)

Zusätzlich müssen sich Lehrerinnen noch mit den besonderen Denkfallen für Frauen auseinander setzen (vgl. dazu den Bestseller von *Ute Ehrhardt*: Gute Mädchen kommen in den Himmel, böse überall hin. Frankfurt a. M.: S. Fischer Verlag 1994)

Den Alltag bewältigen durch Selbsterziehung und Rationalisierung

- Klare Ziele, die Frage nach der langfristigen Wirkung, das Setzen von Prioritäten und das zügig-beherzte Treffen von Entscheidungen sind Voraussetzungen für eine gute Zeiteinteilung (Checklisten!).

- Wichtig ist die „seelische Hygiene". „Die schlimmsten Störungen kommen im Allgemeinen von innen, nicht von außen; sie werden durch die Schwierigkeiten verursacht, die man mit sich selbst hat. Das ständige Bemühen um Selbsterziehung ist deshalb mindestens ebenso wichtig wie das Erlernen von Rationalisierungstechniken." (*K. Schäfer:* Zählen Sie Ihre „Zeitmarken". Verbessern Sie Ihren „Förderschlüssel". In: Lehrer Journal Heft 3/1986, München: Ehrenwirth/Oldenbourg)
- Unangenehme Aufgaben sollten immer zuerst erledigt werden.
- Lernen Sie geschickt zu delegieren. Leiten Sie Kinder zur Mithilfe an und bitten Sie ggf. Eltern um Hilfe.
- „Perfektionismus verschlingt unverhältnismäßig viel Zeit und ist in den meisten Fällen gar nicht erforderlich." (*K. Schäfer,* a. a. O.)
- Arbeiten Sie zügig, aber nicht hastig, und investieren Sie Arbeit vor allem für solche Dinge, die Sie mehrmals nutzen können. Mit zweckmäßigen und schönen Hilfsmitteln arbeitet es sich leichter.
- Ordnen Sie Ihr Material übersichtlich, damit Sie nicht lange suchen müssen.
- Scheuen Sie sich nicht davor, eine Fehlentscheidung rückgängig zu machen.

Burnout-Entwicklungen rechtzeitig vorbeugen

„Stressreduktion kann nur durch aktive Strategien erreicht werden: die berufliche Situation ist so umzugestalten, dass Lehrer den Unterricht subjektiv als erfolgreich erleben. ... Die wichtigste allgemeine Strategie ist ... Adaption an verändertes Kinderverhalten" z. B. durch → *Freiarbeit, offenen Unterricht* u.v.a.m. Der Mehraufwand an Vorbereitung wird ausgeglichen durch die „positiven Rückmeldungen für den Lehrer und einer massiven Reduzierung der beruflichen Belastungen." (*R. Kohnen*)
Weitere Strategien sind:
- Aktiver Dialog mit den Erwartungsträgern (Kinder, Eltern, Kollegen, Schulleitung)
- Stabilisieren der eigenen Identität: „Ein Lehrer muss wissen, wer er ist, was er kann und was er will. Nur dadurch kann er Standpunkte und Standfestigkeit als Basis für Auseinandersetzungen mit Ansprüchen gewinnen." Gefragt ist dabei eine „souveräne, den konstruktiven Erfolg suchende Haltung." (*R. Kohnen*)
- Erweitern der sozialen Kompetenz um z. B. unangemessene Kritik und überzogene Anforderungen zurückweisen zu können.
  (→ *Eltern, Gesprächsführung*)
- Positives Denken und gelassener Umgang mit Problemen

Karin Dittrich/Peter Gegner/ Anna Lis Scherer: Lehrerideale. In: Lehrer Journal/ Grundschulmagazin Heft 9/1987. München: Ehrenwirth/Oldenbourg
Ralf Kohnen/Anne-Rose Barth: Burnout-Entwicklungen bei Lehrern: Prävention und Intervention. In: Lehrer Journal / Grundschulmagazin Heft 5/1991. München: Ehrenwirth/Oldenbourg
Klaus Schäfer: So schaffen Sie den Schulalltag. Ein Überlebenshandbuch für Lehrer. Zeitgestaltung, Arbeitstechnik, Seelische Gesundheit. Münster: Aschendorff 1985

Lehrersprache

Wer stark ist, kann es sich leisten,
leise zu sprechen.

Th. Roosevelt

Nicht nur der Sprachinhalt, sondern auch Sprechtempo, Sprachmelodie, Artikulation, Klangfarbe, Tonhöhe, Lautstärke, Mimik und Gestik (→ *Körpersprache*) vermitteln positive oder negative Gefühle. „Es kann zu dramatischer Verbesserung des Unterrichtsverhaltens ... führen, wenn Lehrer lernen ihre nichtverbalen Sprecheigenarten zu kontrollieren." (*J. Grell* S. 47) Günstig ist eine flexible Sprachintonation, also der Wechsel von Tempo, Klangfarbe und Dynamik.

Das Ausmaß des Redens verringern!

Trotz gleichen Unterrichtsstoffes sprechen viel sprechende Lehrer fünfmal so viel wie wenig sprechende. (*Tausch* S. 213) „Vielsprecher" stellen häufig → *Fragen* und halten Monologe. Diese Sprachdominanz bewirkt:
* Ein geringes Ausmaß von Kinderäußerungen;
* häufige Einwortsätze der Kinder und geringe Zahl vollständiger Sätze.
* Das geringe Sprachausmaß der Kinder erschwert deren Denkvorgänge.

Möglichkeiten zum Einschränken des Sprachausmaßes:
* „Fortlaufendes diszipliniertes Bemühen sich mit wenigen Äußerungen klar und verständlich auszudrücken" und „Überprüfung dieses Bemühens ... mithilfe von Tonbandaufnahmen." (*Tausch* S. 261)
* Statt zu „dozieren" die Kinder zu selbstständigem Lernen anregen.
* Häufiges Durchführen von → *Partner- und Gruppenarbeit*
* Einschränken des Lehrervortrags durch vorbereitende Hausaufgaben der Kinder mithilfe von Büchern und Arbeitsblättern.
* Schweigende Zurückhaltung: Stellen Sie im Anschluss an gelesene Texte keine Fragen, sondern fordern Sie die Kinder durch Ihr Schwei-

gen zum Nachdenken und zur Stellungnahme auf. Mit Schweigen und Sprechpausen erzielen Sie → *Aufmerksamkeit*.
- Teilen Sie Sachverhalte mit, die die Kinder nicht wissen können, statt sie mühsam durch Fragen im → *Unterrichtsgespräch* zu erarbeiten.

Türöffner und Straßensperren

Ablehnende Äußerungen (Straßensperren, Killerphrasen) stören das Gespräch (→ *Gesprächsführung*) zwischen Lehrerin und Kind. (Gegenbeispiele → *Ich-Botschaften*)
Türöffner dagegen ermutigen Kinder zum Sprechen. Beispiele:
Wortlos antworten durch Gesten wie Zunicken, auffordernde Handbewegungen;
→ *aktives Zuhören*;
Aufforderungen, mehr zu sagen wie *„Möchtest du mehr darüber erzählen? Deine Meinung interessiert mich. Das habe ich nicht ganz verstanden."*
Erwiderungen wie „Hm. - Tatsächlich ..." (*Thomas Gordon*. Lehrer-Schüler-Konferenz. Hamburg: Hoffmann und Campe 1977, S. 60 ff.)

Anforderungen an Lehreräußerungen

1) <u>Reversibilität</u>
Was Sie sagen, muss reversibel sein, d. h. die Kinder können auch Ihnen gegenüber Ihre Äußerungen verwenden, ohne damit gegen Takt und Höflichkeit zu verstoßen.
Irreversibler Befehl: *„Die Arbeit wird noch mal gemacht, unordentliche Hefte dulde ich nicht."*
Reversible Bitte: *„Bitte mache die Verbesserung bis morgen noch einmal."* (vgl. *Tausch* S. 264)

2) <u>Sprachliche Klarheit</u> (→ *Anweisungen, Erklären*)
wird durch folgende Merkmale erreicht (vgl. *Tausch* S. 403):
- einfacher Gedankengang
- klarer, verständlicher Sprachinhalt
- konkrete Ausdrucksweise
- kurze Sätze
- seltenes Verwenden von unbestimmten Redeweisen, wie z. B. „man"
- zielsichere, auf das Wesentliche beschränkte Darstellung
- anregende, lebhafte, anschauliche Stimmungen weckende Darstellung (Stimulierung)
- nicht zu schnelles Sprechen (Wichtiges langsam sagen!)

Wenngleich Sie eine kindgemäße Sprache beachten müssen, bedeutet das nicht, dass Sie nach Art der Kinder sprechen sollten. „Maßstab für die Sprache des Lehrers ist nicht der Sprachgebrauch, sondern das Sprachverständnis des Kindes." (*Kurt Singer:* Aufsatzerziehung und Sprachbildung. München 1974: Ehrenwirth, S. 200)
Verwenden Sie bestimmte, immer wiederkehrende Redewendungen, die den Kindern Ihr Vorhaben verdeutlichen, ohne dass die nötigen Verhaltensweisen stets von Neuem besprochen werden müssen.

3) Vorbildwirkung
- Starke Abweichungen von der Standardlautung sind ebenso zu vermeiden wie Überkorrektheiten bei der Aussprache. Bei den Kindern dagegen werden mundartliche oder fremdsprachliche Abweichungen akzeptiert, um ihre Sprechfreude nicht zu beeinträchtigen.
- Die häufige Aufforderung „Sprich in ganzen Sätzen." bewirkt wenig, effektiver ist es, wenn Sie dies selbst tun.
- Schnoddrige, modische Redensweisen (super, irre, ätzend ...) als vermeintliches Anpassen an die Jugend lassen das Bemühen vermissen, seine Gedanken differenziert darzustellen.

Und plötzlich bleibt die Stimme weg ...

Wer heiser ist,
sollte möglichst nicht sprechen, weder rufen noch singen und erst recht nicht flüstern, da dies die Stimme noch mehr anstrengt als normales Reden. Für den Notfall immer Halspastillen, Rachenspray und eine Thermosflasche mit warmem Tee bereithalten. Bei länger andauernden Stimmproblemen sollten Sie einen HNO-Arzt aufsuchen und evtl. zu einer Logopädin gehen, um Atem-, Stimm- und Entspannungsübungen zu erlernen.

Vorbeugende Stimmhygiene
- Überhöhtes, schrilles Sprechen vermeiden! Mit dem Hineinschreien in eine laute Klasse können Sie nicht dauerhaft für → *Ruhe* sorgen.
- Verzichten Sie bei lauten Hintergrundgeräuschen (Straßenlärm, Baulärm etc.) und bei Halsschmerzen auf das Sprechen und machen Sie sich mit → *Körpersprache* und schriftlichen Anweisungen (Tafel, Arbeitsblätter) verständlich.
- Viele → *atmen* zu flach und müssen sich deshalb beim Sprechen mehr als nötig anstrengen. Trainieren Sie ggf. die entspannte Bauch- oder Zwerchfellatmung, z. B.: Zwischendurch immer wieder „ft-ft...", „ft-hopp, ft-hopp ..", dann „hopp, hopp ..." sagen und dabei die Hand auf

die Flanken legen oder wie ein Hund hecheln. Tiefes Einatmen bedeutet tief „hinunter" atmen, keinesfalls „viel" einatmen. Zu viel Luft bewirkt nur Druck und Verspannung.

Und wenn die Stimme vor Aufregung wegbleibt
bei der ersten Unterrichtsvorführung, beim Schulratsbesuch oder beim Elternabend?
Gestehen Sie sich diese Angst ein, dann kommen Sie besser zurecht, als wenn Sie dagegen kämpfen. Sagen Sie es den Zuhörern ruhig, dass Sie in der ungewohnten Situation aufgeregt sind. Das dämpft das Lampenfieber und entkrampft die Atmosphäre. Wenn Ihre Stimme bei den ersten Sätzen leicht zittert oder etwas heiser klingt, so fällt der „Kloß im Hals" meistens niemandem auf.
Weiterhin: Kommen Sie rechtzeitig, denn Hetze ist ungünstig für die Stimme. - Die Stimme muss wie die Muskeln vor längerem Sprechen erst angewärmt werden. - Formulieren Sie Ihre Äußerungen vor und verlassen Sie sich nicht auf spontane Einfälle. Auch wenn Sie von Ihrer Vorbereitung abweichen, fühlen Sie sich auf jeden Fall sicherer.

Jochen Grell: Techniken des Lehrerverhaltens. Neu ausgestattete Sonderausgabe. Weinheim/Basel: Beltz 1995
Leopold Mathelitsch/Gerhard Friedrich: Die Stimme. Instrument für Sprache, Gesang und Gefühl. Berlin: Springer (Ratgeber für „Sprechberufe" und Stimmprobleme) 1995
Reinhard u. Anne-Marie Tausch: Erziehungspsychologie. 5. gänzl. neu gestaltete Auflage. Göttingen: Verlag für Psychologie Dr. C. Hogrefe 1970

Lehrerverhalten

Manchmal ist es sinnvoller,
ein Lehrer verändert sein eigenes Verhalten,
anstatt dass er täglich erfolglos versucht,
35 ... Schüler zu verändern.
J. Grell (S. 1)

Nach *R. u. A. Tausch* sind folgende Merkmale wesentlich: das Ausmaß an → *Lenkung, Wertschätzung,* Wärme, → *Verständnis* sowie:

Soziale Reversibilität

Unsere Äußerungen gegenüber Kindern sollten so sein, dass diese sie auch uns gegenüber verwenden können, ohne gegen Höflichkeit und Takt zu verstoßen (→*Modellverhalten*). Beispiele:

<table>
<tr><td>sozial irreversible Äußerungen:</td><td>sozial reversible Äußerungen</td></tr>
<tr><td>*„Zeige mal dein Buch."*</td><td>*„Bitte, zeige dein Buch!"*</td></tr>
<tr><td>*„Ihr habt jetzt still zu sein!"*</td><td>*„Bitte jetzt ruhig sein!"*</td></tr>
<tr><td>*„Los, komm schon an die Tafel!"*</td><td>*„Ja, willst du es anschreiben?"*</td></tr>
<tr><td>(vgl. *Tausch* S. 371)</td><td></td></tr>
</table>

Sozial irreversible Äußerungen sind ungünstig, denn (vgl. *Tausch* S. 374):
- Sie zeigen Geringschätzung gegenüber den Kindern und lassen sie Unterordnung erfahren.
- Würden die Kinder sich den Erwachsenen gegenüber so verhalten, würden sie getadelt oder bestraft werden.
- Irreversibles Verhalten bewirkt vermehrt Schulangst, Schulunlust und Entmutigung.

Reversibles Verhalten dagegen führt zu einem besseren Verhältnis zu den Kindern und zeigt ihnen, wie man sich anderen Menschen gegenüber partnerschaftlich verhält.

Emotionale Merkmale

Ruhiges Verhalten

Häufig zeigen Lehrer eine starke gefühlsmäßige Erregung, eine geringe Selbstkontrolle und negative Gefühle bei relativ geringen Anlässen. Dies ist ein ungünstiges → *Modellverhalten* und wirkt sich als reziproker Affekt auf die Kinder aus, d. h. Unruhe und Nervosität übertragen sich auf diese.

Beispiele:

<table>
<tr><td>erregtes Verhalten</td><td>ruhiges Verhalten</td></tr>
<tr><td>*„Du unverschämter Kerl!"*</td><td>*„Das gefällt dir nicht, aber man kann mit seiner Meinung nicht so rausplatzen."*</td></tr>
<tr><td>*„Wie lange soll ich denn noch warten?*</td><td></td></tr>
<tr><td>*Ich habe gesagt, still sein!"*</td><td>*„Bitte seid jetzt ruhig!"*</td></tr>
<tr><td>(nach *Tausch* S. 379 f)</td><td></td></tr>
</table>

Optimismus und Erfolgszuversicht

Ein optimistisches *„Du kannst es sicher."* ermutigt die Kinder mehr zum Durchhalten als die Frage *„Ist es zu schwer?"* (Tausch S. 382). Außerdem fühlen sich die Kinder akzeptiert, sie trauen sich mehr zu und empfinden weniger → *Angst.*

Freundlichkeit

Freundliches Verhalten ist nicht zu verwechseln mit sog. patriarchalischer Freundlichkeit, die herablassend und irreversibel ist *("Na, du Träumer, wo hast du denn deine Gedanken?")*, Sarkasmus (Humor auf Kosten der Kinder) sowie Nachgiebigkeit und Beschwichtigung. Freundlichkeit als positive, angenehme, lustvolle Grundstimmung ruft analoge Affekte bei den Kindern hervor (→ *Modellverhalten*) und vermindert den Widerstand bei nötigen Anordnungen und Befehlen (nach *Tausch* S. 386).

Höflichkeit

→ *Höflichkeit* zeigt sich u. a. in mehr bittendem als befehlendem Verhalten, das das Kind spüren lässt, dass es der Lehrerin einen Gefallen tut. Soziale Reversibilität und der häufige Gebrauch von „Bitte!" und „Danke." sind formale Hinweise auf Höflichkeit, die die Würde der Person des Kindes anerkennen.

Haltung des Lernens und Flexibilität

Die Bereitschaft und Fähigkeit zu Veränderungen zeigt, dass die Lehrerin auch Lernende ist. Dies drückt sich z. B. in Äußerungen aus wie: *„Ich überlege, wie man das jetzt machen könnte. - Ich denke nach, ... - Mir fällt jetzt ein, ... - Ich zweifle, ob ... - Ich vermute ..."* (*Tausch* S. 393). Die Kinder spüren dabei, dass die Lehrerin nicht allmächtig ist, sondern auch Fehler macht, Ängste hat, Kritik verträgt und sich entschuldigen kann, wenn sie im Unrecht war.

„Flexibilität ist die Fähigkeit beweglich statt starr und schematisch zu reagieren, sich unterschiedlichen Gegebenheiten anpassen zu können statt angepasst sein. Ein flexibler Lehrer kann manchmal ,umschalten', ... experimentieren und ... improvisieren. Er verwechselt nicht Konsequenz mit Sturheit." Er ist auch fähig zu einer Rollendistanz und sieht „nicht alles nur mit Lehreraugen". (*J. Grell* S. 129)

Echtheit

bedeutet: Eine Person handelt und äußert sich in Übereinstimmung mit ihren eigenen Gefühlen und Gedanken. Jedoch: „Echtheit bedeutet nicht, dass eine Person ... alles äußert, was sie fühlt und denkt, z. B. negative Affekte ausdrückt; sondern, dass sie nichts zu ihren eigenen Gefühlen und Gedanken Gegensätzliches äußert und darstellt." (*Tausch* S. 398) Zur Echtheit gehört auch das Eingeständnis von Zweifeln und Schwierigkeiten, das Äußern eigener Gefühle (→ *Ich-Botschaften*) und - wenn nötig - der Hinweis auf die eigene Würde.

Übereinstimmung mit sich selbst „ist die Basis für Ausgeglichenheit, die eine unmittelbare Teilnahme am Fühlen des anderen wie ein kritisches Abwägen der Übereinstimmung, also gegenseitige Distanz einschließt." (*Karl Gerhard Pöppel* in *Heinz-Jürgen Ipfling, Hrsg.:* Die emotionale Dimension in Unterricht und Erziehung. München: Ehrenwirth 1974, S. 49) Hier hat auch der Humor seinen Grund: „Der Humor weiß um die ungereimten Dinge dieser Welt, aber er klagt sie nicht an. Er versteht zu lächeln über die eigenen und fremden Mängel und Zimperlichkeiten. Nicht alles erscheint ihm hell und himmelblau, aber er sieht doch durch Nebel und Wolken die Sonne." (*Nico*)

Engagierte Aktivität

umfasst folgende Eigenschaften: dynamisch, entschlussfreudig, stimulierend, enthusiastisch, zielstrebig, interessant, systematisch, tatkräftig, leidenschaftlich (*Tausch* S. 402). Wirksames Engagement setzt auch lange unterschätzte Verhaltensweisen wie Pünktlichkeit, Zuverlässigkeit, → *Ordnung,* Fleiß und Ausdauer voraus. Ein solches Modellverhalten regt die Kinder zu engagierter Aktivität an.

Klarheit

Die Wissensvermittlung hängt entscheidend ab von dem Ausmaß an Klarheit, Strukturiertheit und der Anschaulichkeit im Sprachverhalten (→ *Lehrersprache, Anweisungen, Erklären*)

Jochen Grell: Techniken des Lehrerverhaltens. Neu ausgestattete Sonderausgabe. Weinheim/Basel: Beltz 1995
Reinhard u. Anne-Marie Tausch: Erziehungspsychologie. 5. gänzl. neu gestaltete Auflage. Göttingen: Verlag für Psychologie Dr. C. Hogrefe 1970

Lehrplan

Das Lehrplanerfüllungsgebot wird zu einer Art Zwangsneurose.
Jochen u. Monika Grell (S. 40)

Die Lehrpläne enthalten verbindliche Richt- und Grobziele, die einen beträchtlichen Handlungsspielraum zulassen. Er kann umso besser genutzt werden, je genauer Sie den Lehrplan kennen.
„Lernziele haben gewöhnlich zwei Komponenten. Sie beschreiben einerseits, welches <u>Verhalten</u> die Schüler lernen sollen, und sie bezeichnen andrerseits, auf welche <u>Inhalte, Gegenstände, Themen</u> sich dieses Verhalten

beziehen soll." (*Grell* S. 232)
Beispiel: Das ABC (Inhalt) auswendig hersagen können (Verhalten)

„Die Hauptaufgabe der Schule ... besteht ... nicht darin, mit Schülern Wissensinhalte zu erarbeiten, die sie nach vier Tagen oder zwei Wochen wieder vergessen haben." (*Grell* S. 177) Deshalb sollten Sie „nicht pausenlos in die 'Die-Schüler-sollen-erkennen-dass-Manier' ... verfallen und in Ihrem Unterricht auf der Ebene der Wissenserarbeitung stagnieren." (*Grell* S. 179) Anhand fachlicher Inhalte sind vielmehr wichtigere Erziehungsziele anzustreben. Such- und Prüfschema für Lernziele (*J. u. M. Grell* S. 180 ff.):

Beurteilen der fachlichen (Wissens-) Lernziele

„Ist es wichtig, die fachlichen Informationen, die zu diesem Thema gehören, ständig verfügbar zu haben?
Benötige ich selbst diese Informationen für mein tägliches Leben ...? ...
Kenne ich jemanden, der diese Informationen täglich oder regelmäßig braucht?
Genügt es, wenn man sich diese Informationen dann beschafft (oder wieder hervorholt), wenn man sie braucht?
Welchen Sinn könnte es für die Schüler haben, dass sie diese Informationen ihrem Gedächtnis einprägen, sodass sie jederzeit reproduzieren können? ...

Suchen nach bedeutsamen Erziehungszielen

„Gibt es ein oder mehrere bedeutsame erzieherische Lernziele, die Schüler erreichen können, wenn sie sich mit diesem Thema beschäftigen?
1. Welche praktischen Fähigkeiten und Fertigkeiten können die Schüler lernen oder üben, damit die Behandlung des Themas für sie eine lebenspraktische Bedeutung erhält? ...
2. Welche ‚persönlichkeitsbildenden' Lernziele könnte ich diesem Thema hinzufügen? ...
3. Welche ‚kommunikativen' Erziehungsziele könnte ich diesem Thema hinzufügen? ...
4. Welche Erziehungsziele aus dem Bereich ‚Das Lernen lernen' könnte ich diesem Thema hinzufügen? ...
5. Welche Erziehungsziele aus dem Bereich ‚angemessenes Verhalten im Unterricht' (Disziplin) kann ich dem Thema dieser Stunde hinzufügen? ...
6. Welche Ziele, die sich auf die Förderung von Kreativität und Selbst-

ständigkeit beziehen, könnte ich diesem Thema hinzufügen? ..."

Jochen und Monika Grell: Unterrichtsrezepte. München: Urban und Schwarzenberg 1979

Lehrtexte

Wer's nicht einfach und klar sagen kann,
der soll schweigen und weiterarbeiten,
bis er's klar sagen kann.
Karl R. Popper

- Sachtexte zur Information und Zusammenfassung des Gelernten im Sachunterricht;
- Texte zum Vermitteln von Lehrinhalten, z. B. Darstellen eines Rechenverfahrens, Sachaufgaben, Zahlen- und Rechenrätsel, Denksportaufgaben und Merksätze, z. B. zum Rechtschreiben, zur Grammatik oder für den Aufsatz;
- Gebrauchstexte, wie → *Anweisungen* zum Basteln, Spielen, Forschen, Kochen, Zaubern, etc.

Da viele Schulbücher den → *Erarbeitungsunterricht* wiederspiegeln, finden sich dort kaum mehr brauchbare Sachtexte. Wir müssen sie deshalb unter Verwendung mehrerer Quellen oft selbst verfassen (→ *Tafel, Arbeitsblätter, Kartei*). Auch vorgegebene Merksätze und Texte in Büchern oder Arbeitsheften sind stets kritisch zu prüfen. Mitunter verwirren sie die Kinder eher und bedürfen einer → *Erklärung*, was ein selbstständiges Erlesen und Bearbeiten einschränkt.

Negativbeispiele für umständliche Formulierungen:
- Zahlen, die durch zwei teilbar sind, heißen gerade Zahlen.
  Vereinfacht: Gerade Zahlen kann ich durch zwei teilen.
- Wenn du zu meiner Zahl 48 dazuzählst, erhältst du die Zahl 100.
  Vereinfacht: Ich denke mir eine Zahl. Ich zähle 48 dazu. Das Ergebnis ist 100. Wie heißt meine Zahl?
- Das Satzglied, das auf die Frage wer oder was Antwort gibt, heißt Satzgegenstand. Vereinfacht mithilfe eines Beispiels:

Wer?
Peter
Satzgegenstand

gießt die Blumen.

Anforderungen an Lehrtexte

Nach dem Hamburger Verständlichkeitskonzept gibt es vier „Verständlichmacher" (*I. Langer/F. Schulz von Thun/R. Tausch:* Verständlichkeit in Schule, Verwaltung, Politik, Wissenschaft. München 1974):

1) <u>Einfachheit</u>
Wortwahl: geläufige, konkrete, anschauliche (z. B. „ich" statt „man") Wörter, keine unverständlichen Fremdwörter.
Satzbau: kurz, keine Schachtelsätze; ein Gedanke pro Satz; Passiv vermeiden.
Negativbeispiel: Ordne deine Freizeitbeschäftigungen danach, ob du sie allein, in der Familie, in einer Gruppe ausübst. (Sachbuch 4. Schuljahr)
Besser: Was tust du in deiner Freizeit? Ordne die Tätigkeiten so: ...

2) <u>Gliederung und Ordnung</u>
Innere Ordnung: Die Informationen werden in einer sinnvollen Reihenfolge angeboten und die Sätze sind folgerichtig aufeinander bezogen.
Äußere Ordnung: Der Aufbau des Textes wird übersichtlich durch übersichtliche Absätze mit Überschriften (farbig, unterstrichen, fett gedruckt), Unterscheiden von Wesentlichem und Unwesentlichem (Hervorhebung, Rahmen, Zusammenfassung)

3) <u>Kürze und Prägnanz</u>
Zu knappe und gedrängte Texte sind ebenso schwer zu verstehen wie weitschweifige Texte. Günstig ist ein Mittelmaß. Zu lange Texte können gekürzt werden durch den Verzicht auf
- nicht notwendige Einzelheiten,
- sprachliche Entbehrlichkeiten wie weitschweifige Formulierungen, umständliche Erklärungen, Wiederholungen, Füllwörter (auch, indes, letztendlich, ...)

Zu kurze, verstümmelte Texte werden verständlicher durch den Verzicht
- auf Kindern oft unverständliche Abkürzungen (Abgekürzte Wörter entweder ausschreiben oder Abkürzungen wie „usw." ersatzlos streichen!)
- auf mathematische Zeichen. Diese sollten nur mathematisch korrekt verwendet werden. Deshalb keine Klammern oder statt „Vorsilbe + Wortstamm", besser:

Ge	bäck
Vorsilbe	Wortstamm

4) Zusätzliche Stimulanz

Sparsam und gezielt eingesetzte, anregende „Zutaten" erwecken beim
Leser Interesse und persönliche Anteilnahme und fordern ihn zum Mit-
denken auf: Ausrufe, wörtliche Rede, Beispiele aus der kindlichen
Umwelt, direktes Ansprechen des Lesers, Namen auftretender Personen,
Reizwörter, witzige Formulierungen, Fragen, „lautes" Denken. Auch auf
den Text abgestimmte, grafische Elemente und Abbildungen erhöhen die
Verständlichkeit. So ist für schwache Leser die wörtliche Rede besser zu
erkennen, wenn sie in Sprechblasen gesetzt wird.

Das Unterrichten mit Lehrtexten

- Individualisierung zusätzlich zum Lehrervortrag
  (→ *Unterrichtsrezepte*): Auch wenn Sie etwas anschaulich und ausführ-
  lich erklärt haben (→ *Erklären*), haben es kaum alle Kinder gleich verstanden. Günstig ist deshalb eine übersichtliche Darstellung auf einem
  Arbeitsblatt.
- Selbstständiges Lernen
  Die Kinder erhalten einen Lehrtext, lesen ihn still (Einzelarbeit), sprechen in → *Partner-* oder *Gruppenarbeit* darüber und teilen dann Fragen mit (Klassengespräch, zusätzliche Erklärungen durch die Lehrerin, Lehrervortrag).

Leistungsbeurteilung

Ziel des individuellen Lernens im Rahmen
der grundlegenden Bildung ist nicht die ‚gleiche Decke',
sondern der ‚gemeinsame Boden'.
Wolfgang Einsiedler

Grundsätze

Dem gesellschaftlichen Leistungsverständnis (individuell erbrachtes,
messbares Ergebnis, Leistungsvergleich) steht der pädagogische Leistungsbegriff gegenüber: „Durch das Ermutigen zu Leistungen, durch das
Herausfordern und Fördern von Leistungen dient die Grundschule einer
möglichst allseitigen Persönlichkeitsförderung des Kindes. Dabei schließt
der hier zugrunde liegende Leistungsbegriff kognitives, soziales und emotionales Lernen mit ein. Regelmäßiges Feststellen und Beurteilen von
Leistungen informieren Lehrer, Kinder und Eltern über den erreichten

Leistungsstand und sind zugleich Grundlage für die weitere Planung des Lernens und für einzuleitende Fördermaßnahmen, sei es für langsam oder für schnell lernende Kinder." (*Heinz-Jürgen Ipfling:* Wettkampf um Tabellenplätze? Zum Problem der Benotung in der Grundschule. In: Bayerische Schule Heft 5/1989, München: Bayerischer Lehrerinnen- und Lehrerverband)

Pädagogische Leistungsbeurteilung ist vom Grundsatz der Ermutigung zu weiterem Lernen geprägt. Im Widerspruch dazu ist sie auch juristisch abzusichern, da sie zugleich als Grundlage für die Schullaufbahnberatung und den → *Übertritt* an das Gymnasium dient.

Leistungsbeurteilung kann verbal (→ *Zeugnisbericht*) oder als Ziffernnote (→ *Noten*) erfolgen, wobei beiden Formen einheitliche Prinzipien zugrunde zu legen sind.

Vorarbeit

Festlegen von Anforderungen: Was sollen die Kinder leisten?
Die → *Lehrpläne* schreiben Lerninhalte und Lernziele mit unterschiedlicher Verbindlichkeit vor. Trotz dieses Ermessensspielraums muss der Klassenlehrplan die grundlegenden Inhalte und Ziele enthalten, die für erfolgreiches Weiterlernen vorausgesetzt werden.
Bei der Unterrichtsplanung ist festzulegen:
• Was muss jedes Kind mindestens können (Mindestleistung)?
• Was können vermutlich nur einige Kinder leisten (weiter reichende Fähigkeiten)?
Der Erwerb von Kenntnissen und Fähigkeiten im Unterricht
Es darf nur überprüft werden, was im Unterricht gelernt wurde. Wenngleich Lernkontrollen und → *Probearbeiten* sich aus dem vorausgegangenen Unterricht ergeben müssen, heißt das nicht, dass alle Inhalte kurz vorher und in gleicher Form behandelt werden müssen. Denn einmal behandelte, grundlegende Inhalte können auch ohne unmittelbar vorausgehende Übung gefordert werden, z. B. Lesen, Rechtschreiben, Normalverfahren in Mathematik, Maßeinheiten, Himmelsrichtungen. Allerdings sind diese grundlegenden Fähigkeiten und Kenntnisse immer wieder zu üben und anzuwenden. (nach *B. Czinczoll*)

Überprüfen des Leistungsstandes
Je nach Art des Faches zeigen die Kinder ihren Leistungsstand
• bei schriftlichen unbenoteten Lernzielkontrollen und benoteten → *Probearbeiten* im 3./4. Schuljahr;
• mit Arbeitsergebnissen wie Schriftproben, Hefteinträgen, Zeichnungen, Werkstücken;

- bei mündlichen Kontrollen wie Vorlesen, Aufsagen eines Gedichts, Erklären des Rechenwegs und Vorrechnen sowie im Einzelgespräch;
- beim Anwenden von Fertigkeiten wie Legen zu einer Gleichung, Messen, Nachschlagen im Wörterbuch, Durchführen eines Versuches u.v.a.m.;
- durch ihr Verhalten im Unterricht bei verschiedenen Arbeitsformen.

Mischformen: Sie stellen z. B. einem Kind mündliche oder schriftliche Aufgaben, die es mündlich löst, während Sie die Antworten aufschreiben. Bei Lernrückständen werden die Leistungen der Kinder häufiger und intensiver überprüft, um die Entscheidung über das → *Vorrücken* oder *Wiederholen* abzusichern.

<u>Feststellen der Leistung</u>
Schriftliche Leistungen werden bei der Korrektur mit den Anforderungen verglichen. Bei mündlichen und praktischen (z. B. Sport, Singen) Leistungen muss dies während des Vollzugs geschehen, wodurch mehr subjektive Urteile einfließen als bei schriftlichen Arbeiten.

Das Beurteilen einer Leistung

1./2. Schuljahr
Die verbale Beurteilung unter den einzelnen Arbeiten lässt sich mit Symbolen oder Farben auf einem Lernbogen für jedes Kind oder auf einer Klassenliste übersichtlich zusammenfassen. Das Einschätzen nach drei Kategorien reicht dabei aus:

+ Lernziel voll erreicht (ab etwa 90 % der Anforderungen)
o Lernziel erreicht, grundlegende Anforderungen erfüllt (etwa 75 %)
- Lernziel erst teilweise erreicht (unter 75 %)

3./4. Schuljahr
Die den → *Noten* zugrunde liegenden Wortbedeutungen sind zu beachten. Mit Bemerkungen können Sie die Note begründen, auf gute Teilleistungen zur Ermunterung hinweisen und Lernhilfen geben.

Die tägliche Leistungsbeurteilung

Im Alltag beurteilen wir spontan Äußerungen, Verhaltensweisen, fertige Arbeiten und → *Hausaufgaben* der Kinder. Der Hinweis auf Stärken will das Können der Kinder anerkennen und ihre Lernfreude vertiefen (→ *Loben, Ermutigen*). Nichts spornt so sehr an wie der Erfolg. Nicht-Können dagegen darf nicht diffamiert, sondern muss als Noch-Nicht-Können akzeptiert und durch Lernhilfen (→ *Differenzierung, Fördern*) zu wenigstens kleinen Fortschritten geführt werden, um das noch unstabile Selbstbild des Kindes nicht negativ zu prägen und es zu entmutigen. Denn Leistenkönnen ist die Voraussetzung für Leistenwollen.

Das Grundlegen der Leistungsbereitschaft als „Mut zum Lernen" gelingt nur,

- wenn die Kinder Vertrauen gewinnen in ihre Fähigkeiten;
- wenn sie lernen, für ihr → *Lernen* selbst die Verantwortung zu übernehmen;
- wenn wir auch die nicht messbaren Leistungen anerkennen wie z. B. das → *Helfen.*

(vgl. *Reinhold Christiani:* Die Grundschule braucht keine Zensuren. In: Die Grundschule Heft 4/1989)

Da Erfolge einzelner Kinder („Rechenkönig", „Wer ist der Erste?", „Welche Gruppe war brav und bekommt einen Stern?") immer auch Misserfolge anderer Kinder bedeuten, sind Wettkampfformen nur maßvoll anzusetzen. Leistungen sollten auch nicht unnötig belohnt (Erfolg belohnt sich selbst!) oder bestraft (Misserfolg ist Strafe genug!) werden, wie z. B.: Die Gruppe mit den wenigsten Sternen räumt auf.

Hinführen der Kinder zur Selbsteinschätzung (→ *Selbstbild*)

Die Kinder sollen schrittweise fähig werden ihre Leistung selbst zu beurteilen (→ *Arbeitsverhalten*). Möglichkeiten:
Aufzeigen von kindgemäßen Beurteilungskriterien
„Schön, gut" sind zu allgemein, um die Anforderungen aufzuzeigen. Für jede Leistung müssen die Kriterien vorgegeben oder gemeinsam gesucht werden, an denen die erbrachte Leistung gemessen werden kann.

Anleiten zur Partner- und → *Selbstkontrolle*
Die Kinder können über die inhaltliche Kontrolle hinaus auch ihre Arbeiten mit Symbolen kommentieren und einschätzen, z. B.:
(Symbol Leiter): Ich habe mich zwar angestrengt, aber das ist mir noch nicht so gut gelungen.
(Symbol „Lachendes Gesicht"): Ich denke, dass mir das gut gelungen ist.
(Symbol „Trauriges Gesicht"): Ich konnte das nicht.

Schlussblitzlicht
Nach einer Lernphase (→ *Lernaufgabe*), am Ende eines Tages oder einer Woche sprechen die Kinder über die geleistete Arbeit, über erlebte Schwierigkeiten und Gefühle dabei sowie darüber, was sie beim nächsten Mal besser machen können.

Die Kinder schreiben sich selbst ein Zeugnis.
Was ich schon alles kann: ... (ab dem 3. Schuljahr nach Fach- und Lernbereichen getrennt)
Das könnte noch besser werden: ...
Das sollte meine Lehrerin tun: ....
So bin ich zu den anderen Kindern in meiner Klasse: ....
(vgl. *Horst Bartnitzky/Reinhold Christiani, Hrsg.:* Die Fundgrube für jeden Tag. Frankfurt am Main: Cornelsen Scriptor, 1995, S. 224)

Bernhard Czinczoll/Roland Hartl: Die Leistungsfeststellung und -bewertung in der Schule ... 1. Teil. In: Pädagogische Welt Heft 5/1989, 2. Teil in PW Heft 6/1989 Donauwörth: Auer
Wolfgang Einsiedler: Grundlegung individueller Entwicklung und individuellen Lernens. In: Günther Schorch, Hrsg.: Grundlegende Bildung. Bad Heilbrunn: Klinkhardt 1988, S. 69
Wolfgang Schwark/Wolfgang W. Weiß/Silvia Regelein: Beurteilen und Benoten in der Grundschule. München: Ehrenwirth 1986
Staatsinstitut für Schulpädagogik und Bildungsforschung München: Handreichung zur Ermittlung und Beschreibung von Schülerleistungen in der Grundschule. München 1987 (Vertrieb: Verlag Ludwig Auer, Donauwörth)

Lenkung

Es gibt zwei Möglichkeiten,
einen Menschen unglücklich zu machen:
Alles oder nichts zu erlauben.
Rudolf Wegmann

Negative Auswirkungen starker Lenkung (nach *R. u. A. Tausch* S. 234)

- Soziale, emotionale und ethische Erziehungsziele werden bei den meisten Kindern nicht erreicht.
- Bei den Kindern stellt sich eine größere Spannung und Unzufriedenheit ein. Denn nach der Reaktanztheorie möchten Menschen gern selbst über ihr Tun bestimmen, empfinden starke Lenkung und erzwungenen Gehorsam als unangenehm und reagieren mit Ärger, Opposition und Aggression (nach *Grell* S. 238).
- Durch die „Dompteurrolle", gleichzeitig zu unterrichten und das Verhalten der Kinder zu steuern, wird die Lehrerin physisch und psychisch stark belastet. (→ *Erarbeitungsunterricht*)

Völliger Verzicht auf Lenkung?

Ebenso wie zu viele Vorgaben blockiert der Verzicht darauf: „Wo alles möglich ist, geht gar nichts mehr." (*Grell* S. 240) Kinder brauchen Grenzen und einen Rahmen, innerhalb dessen sie Entscheidungen treffen können.

Im Bemühen um möglichst wenig Lenkung lassen manche Lehrer fortwährend abstimmen: „*Wollt ihr dieses Lied singen oder jenes? - Sollen wir es noch einmal singen oder nicht?*". Hier gerät der Unterricht in eine „demokratische Sackgasse" (*Grell* S. 243). Abstimmungen sind dazu da, dass die Kinder „über <u>wichtige</u> Regelungen und Pläne entscheiden. Das setzt voraus, dass die Alternativen den Abstimmenden bekannt sind und von ihnen durchdacht wurden. Abstimmungsergebnisse sollten für einige Zeit gültig sein, damit überprüft werden kann, ob die gefundene Regelung ihren Zweck erfüllt, ob sie der Gruppe hilft gemeinsame Probleme und Aufgaben zur Zufriedenheit aller zu lösen." Wird dagegen über jede Kleinigkeit abgestimmt, die nur für wenige Minuten bedeutsam ist, „dann wächst weder die Freiheit des Einzelnen noch die der Gruppe. Demokratie ist reduziert auf den Akt des Fingerhebens und Stimmenzählens." (ebd.)

Der goldene Mittelweg

Wünschenswert ist ein sozialintegrativer Erziehungsstil mit einem mittleren bis geringen Ausmaß an Lenkung und einem hohen Maß an positiver emotionaler Zuwendung. Maßnahmen zum Verringern der Lenkung:
* Informierender Unterrichtseinstieg (→ *Unterrichtsrezepte*)
* Weniger und längere statt vieler kurzschrittiger Phasen (→ *Lernaufgaben*)
* Notwendige Maßnahmen zur Lenkung offen legen und begründen (demokratisches Prinzip der Transparenz)
* Abbau der Lehrerfixierung durch
* häufige → *Partner-* und *Gruppenarbeit,*
* gegenseitiges → *Helfen* der Kinder,
* Zurückhaltung bei kleineren Streitigkeiten zwischen Kindern,
* ein geringeres Maß an Lehreräußerungen (→ *Lehrersprache*)
* Ignorieren von geringfügigen Störungen (→ *Disziplin*)
* vermehrte Auswahl- und Mitbestimmungsmöglichkeiten für Kinder (→ *Freiarbeit, offener Unterricht*)
* Mitgestalten des → *Schullebens* durch die Kinder
* Ein von der Annahme des Kindes geprägtes → *Lehrerverhalten* und

eine entsprechende → *Lehrersprache*, z. B.:

* Verbalisieren von seelischen Vorgängen *(„Es fällt dir schwer, einen Anfang zu finden.")* anstelle von Fragen *(„Wann fängst du denn endlich an?")* oder Befehlen *(„Nun fang endlich an!");*
* sachliche Informationen *(„Nicht alle konnten dich verstehen.")* statt persönlicher Befehle *(„Sprich lauter.")* oder verletzender Du-Botschaften *(„Du sprichst immer so leise.")* (→ *Ich-Botschaften*);
* Informationen über künftige Tätigkeiten *(„Hier fehlt noch eine Überschrift.")* anstelle von Fragen *(„Wer kann noch eine Überschrift sagen?");*
* Vorschläge und Bitten *(„Seid bitte leise. Ich muss etwas Wichtiges sagen.")* anstelle von Befehlen.

Jochen und Monika Grell: Unterrichtsrezepte. München: Urban und Schwarzenberg 1979
Reinhard und Anne-Marie Tausch: Erziehungspsychologie. 5. gänzl. neu gestaltete Auflage. Göttingen: Verlag für Psychologie Dr. C. Hogrefe 1970

Lernaufgaben

Prinzipien für die Gestaltung von Lernaufgaben

1) Lernzielbezug
„Lernaufgaben sollen die Schüler dazu anregen, diejenigen Verhaltensweisen auszuführen und zu üben, die durch das Lernziel angestrebt werden, und zwar an denjenigen Themen, Inhalten, Gegenständen, die das Lernziel vorschreibt." (*Grell* S. 233)

2) Fördern von Selbsttätigkeit und → *Selbstständigkeit*
Lernaufgaben sollen Schüler zu selbstständigen Lernaktivitäten anregen in → *Einzel-, Partner-, Gruppenarbeit* oder im Klassenverband. „Viele Disziplinschwierigkeiten entstehen dadurch, dass die Schüler zu wenig Gelegenheit zu selbstverantwortlicher Eigentätigkeit bekommen." (*Grell* S. 237)

3) Lernaufgaben sind keine Zwangsarbeit.
Lernaufgaben sind so zu präsentieren, dass bei den Kindern möglichst wenig Widerstand ausgelöst wird. Zu starke → *Lenkung* und das „Durchziehen" eines Unterrichtsplanes um jeden Preis rufen Opposition hervor. Ebenso macht ein „Laissez-faire"-Führungsstil handlungsunfähig, weil keiner so recht weiß, was eigentlich zu tun ist. Deshalb sollten wir den Kin-

dern Vorschläge machen und den Rahmen zeigen, innerhalb dessen sie Entscheidungen treffen können. (nach *Grell* S. 241) Möglichkeiten zur Auswahl und Mitbestimmung erhalten die Kinder, indem
• wir zwei oder mehr Lernaufgaben zur Auswahl geben;
• wir freistellen, mit welchen Hilfen sie die Aufgabe lösen wollen;
• sie die Sozialform (Einzel-, Partner-, Gruppenarbeit) selbst wählen können.

4) Einbettung in einen Sinnhorizont
Ziele angeben und erklären, warum die Lernaufgabe wichtig ist.
Die Kinder erfahren lassen, „dass es Spaß macht, etwas Neues zu können." (*Grell* S. 246)
„Zweckhafte Zielsetzung", z. B.: Klassenkameraden beim Lernen helfen, ein schönes Heft haben, eine Ausstellung vorbereiten ...

5) Erfolg ermöglichen
Da jedes Kind anders lernt, gibt es kaum eine Lernaufgabe, die jeder hundertprozentig erfolgreich lösen kann. Deshalb müssen wir vorhersehbare Schwierigkeiten aus dem Weg räumen und Hilfen anbieten, indem wir leise einzelnen Kindern oder Gruppen Hinweise geben. Ungünstig dagegen wäre es, die Klasse in ihrer Arbeit durch zusätzliche Anweisungen zu unterbrechen. Unmittelbar nach der Arbeit sollten wir die Kinder positiv → *verstärken*, ihnen ihren Lernerfolg bewusst machen: *„Das konntet ihr in der letzten Woche noch nicht. Aber jetzt könnt ihr es. Ihr habt wirklich etwas Neues gelernt. Das finde ich prima."* Oder wir fragen: *„Welche Schwierigkeiten habt ihr erlebt? Was ist euch gut gelungen? Was habt ihr gelernt? Was wollt ihr zusätzlich wissen? Womit seid ihr zurechtgekommen? Welche Verbesserungsvorschläge habt ihr?"* (*Grell* S. 249)

6) Angemessener Schwierigkeitsgrad
Ankündigungen wie *„Jetzt kommt etwas ganz Leichtes."* oder *„Diese Aufgabe ist schwierig."* sind ungünstig: Einige Kinder „ziehen sich vielleicht sofort in ihr Schneckenhaus zurück, wenn sie das Wort ‚schwierig' hören. Andere nehmen es als Aufschneiderei. Manche Schüler finden, dass das Lösen einfacher Aufgaben für sie unwürdig sei und verlieren die Lust." (*Grell* S. 250) Ermutigen wir besser die Kinder, eine Lernaufgabe nach dem ihnen gemäßen Verfahren zu bearbeiten. (→ *Differenzierung*)

7) „Lernaufgaben müssen genügend komplex sein, um von den Schülern als sinnvoll erlebt zu werden." (*Grell* S. 251)
Damit sich dies nicht mit Punkt 5 beißt, müssen wir die Komplexität durch vorausgehende Information erfahrbar machen: Um den Zusammenhang und das angestrebte Ziel zu zeigen rechnen wir eine schwierige Rechen-

aufgabe erst einmal demonstrativ vor und üben dann die Teilschritte isoliert ein.

Ein komplexe Aufgabe am Anfang einer Lerneinheit liefert auch eine Diagnose, welche Einzelschritte für die Kinder schwierig und eigens zu üben sind.

8) Angemessener Informationshintergrund
Wir müssen den Kindern genau sagen,

- <u>was</u> sie machen sollen (→ inhaltliches *Erklären* der Lernaufgabe),
- <u>wie</u> sie es machen sollen: Benötigte → *Arbeitsmittel* und Arbeitsschritte evtl. an die Tafel schreiben, neue → *Arbeitstechniken* vormachen; Sozialform; erwünschtes Sozialverhalten wie z. B. leise arbeiten; selbstständiges Nutzen von Hilfsmitteln und Anfordern von Hilfe; Zeitrahmen; erwünschtes Ergebnis; Kontrolle und ggf. Weiterverarbeitung der Ergebnisse
- und <u>wozu</u> sie es machen sollen.

Jochen und Monika Grell: Unterrichtsrezepte. München: Urban und Schwarzenberg 1979

Lernbeeinträchtigungen

Überblick (nach *A. Englbrecht* S. 16 ff.)

Lernbeeinträchtigungen sind „Erschwerungen des Lernprozesses aufgrund perzeptiver, motorischer, kognitiver, motivationaler, emotionaler und sozialer Variablen." (S. 16) Je nach Schweregrad lassen sie sich einteilen in: 1) Lernschwierigkeiten, 2) Lernstörungen, 3) Lernbehinderungen

1) <u>Lernschwierigkeiten</u> zeigen sich als Auffälligkeiten im Individual-, Lern-, Arbeits-, Sozialverhalten sowie beim Erlernen der Kulturtechniken (→ *Wahrnehmung*). Bei ihrem Entstehen wirken häufig folgende Faktoren wechselseitig zusammen (S. 18):
- allgemeine soziokulturelle Benachteiligung
- chronische Kränklichkeit sowie konstitutionelle Mängel
- kein geregelter Schulbesuch
- didaktisch-methodische Mängel des Unterrichts
- psychische Probleme des Kindes
Erforderliche Maßnahmen:
- medizinische Abklärung

- Förderunterricht und gezielter Nachhilfeunterricht
- schulische Präventivmaßnahmen (s. u.)

Eine zentrale Bedeutung hat dabei die emotionale Ebene, also die Eltern-Kind-Beziehung und die Lehrer-Kind-Beziehung.

2) Kennzeichen für <u>Lernstörungen</u> ist ein andauerndes oder temporäres Schulversagen in einem oder mehreren Bereichen bei einem nur gering verminderten Intelligenzniveau (IQ über 75/80). Lernstörungen können auch die Folge von → *Teilleistungsstörungen* sein.
Fördermaßnahmen: Förderunterricht, therapeutische Maßnahmen (Konzentrations-, Entspannungs-, Verhaltenstraining)

3) Bei <u>Lernbehinderungen</u> zeigen sich umfängliche, schwerwiegende und andauernde Verhaltens- und Leistungsauffälligkeiten sowie eine Massierung von Variablen aus verschiedenen Bereichen.

Früherkennung

Fördermaßnahmen und Therapien greifen um so besser, je frühzeitiger Lernbeeinträchtigungen erkannt werden. In der Schule ist dies erstmals bei der Feststellung der Schulfähigkeit möglich und bei einer intensiven und differenzierten Beobachtung in den ersten Schulwochen.
Bei Verdacht auf mögliche Beeinträchtigungen sollten Sie frühzeitig
- das Kind gezielt beobachten und die Beobachtungen stichpunktartig mit Datum notieren;
- mit Kolleginnen, die das Kind ebenfalls unterrichten, über Ihre Beobachtungen sprechen;
- den Eltern Ihre Beobachtungen sachlich-anteilnehmend mitteilen, ohne dabei ihnen oder dem Kind irgendwelche Vorwürfe zu machen.

Fragen Sie die Eltern,
- ob vielleicht gesundheitliche Beeinträchtigungen vorliegen und regen Sie sie zu einem Arztbesuch an;
- ob vielleicht häusliche Probleme vorliegen (z. B. Scheidung, Tod, Arbeitslosigkeit);
- was das Kind über die Schule erzählt.

Das verstärkte Bemühen um die Eltern wird meist dankbar registriert und spornt diese zu größeren Anstrengungen und Hilfen für das Kind an. Sagen Sie den Eltern konkret, was sie zu Hause tun können und welche Fördermaßnahmen Sie für das Kind einleiten.

Hilfen zur Lernerleichterung

Verstärkte Zuwendung

Setzen Sie das Kind in Ihre Nähe oder gehen Sie möglichst oft zu ihm hin. Wenn Sie beim Lernen helfen, setzen Sie sich zu ihm an den Tisch. Mit häufigen Einzelgesprächen über schulische und außerschulische Erfahrungen zeigen Sie dem Kind Ihr Interesse an ihm. Kontinuierliche → *Wertschätzung* sowie Ermutigung und → *Verstärkung* bei Dingen, die das Kind kann, stärken sein Selbstbewusstsein und vermitteln ihm, dass man es annimmt, so wie es ist.

Klare Strukturen

Ordnung und Übersichtlichkeit der → *Arbeitsmittel* und des Arbeitsplatzes, Gestaltung der → *Arbeitsblätter*, einfache → *Regeln* zum Lernen und Verhalten

Verstärkung der Motivation durch

- ganzheitliches Lernen mit allen Sinnen und handelndes Lernen;
- spielerisches Lernen (Lern-, Gesellschafts-, Bewegungsspiele);
- situativ und personal bedeutsames Lernen, z. B. Lesen und Schreiben von Wörtern, die für das Kind bedeutsam sind wie die Namen von Familienmitgliedern, Freunden, Haustieren oder von Lieblingswörtern.
  Ich-Buch: Lassen Sie sich vom Kind Geschichten erzählen, die Sie für es aufschreiben, oder fotografieren Sie das Kind und erfinden Sie gemeinsam kurze Geschichten zu den Fotos.
- erfolgreiches Lernen: Machen Sie dem Kind seine bisherigen Lernerfolge deutlich bewusst („Jetzt kannst du schon bis zehn rechnen. Das finde ich toll."). In ein → *Tagebuch* können Sie am Ende der Woche den Lernzuwachs eintragen.
- Annahme durch die Eltern: Lassen Sie die Eltern an kleinen Erfolgen teilhaben und teilen Sie ihnen im → *Mitteilungsheft* mit, was das Kind gelernt oder wie gut es sich in einer Situation verhalten hat.
- Annahme durch die Klasse: Geben Sie dem Kind verstärkt Aufträge für beliebte → *Klassendienste* oder Sonderaufgaben (z. B. der Lehrerin helfen). Auch → *Partner-* und *Gruppenarbeit* binden es in die Klasse ein.

Mehr Lernzeit zum Verstehen von Anweisungen, Bearbeiten der → *Lernaufgaben* und zum Üben

Reduzieren des Lernpensums und des Schwierigkeitsgrades

- Kürzen des Stoffumfangs

Das Kind übt z. B. nur einen Teil des Lesetextes, schreibt nur einen Textteil oder rechnet nur einen Teil der Aufgaben. (→ *Differenzierung*)

- Beispiele zum Vermindern des Schwierigkeitsgrads:
- Rechnungen mit dem Platzhalter am Ende wie $3 + 4 = \Box$, nicht jedoch $\Box + 4 = 7$
- Lesenlernen: Steinschrift, also nur große Druckbuchstaben
- Rechtschreiben: Statt Schreiben des ganzen Textes nur Einsetzen von Wörtern
- Keine Gegenüberstellungen und Verwechslungskonflikte (m oder n, l oder ll, äu oder eu), sondern isoliertes Behandeln von Schwierigkeiten.
- Einfache → *Lehrersprache*

Geben Sie klare → *Anweisungen*, die Sie ggf. wiederholen und vormachen, damit das Kind nicht an mangelndem Aufgabenverständnis scheitert.

- Hilfen zum Auffassen und Merken

sind konkrete Gegenstände, begleitende Gesten, Bilder, farbige Hervorhebungen (→ *Farben* beugen Verwechslungen vor.).

Fordern Sie das Kind zu begleitendem Sprechen auf, zum Begründen seines Vorgehens (z. B. eines Rechenweges) und fragen Sie nach (*„Sage bitte genau, was du meinst."*)

- Lernplan

Arbeiten Sie einen Lernplan aus, der festlegt, welche Aufgaben bis zu welchen Zeitpunkt erledigt werden sollen, und überprüfen Sie die Arbeiten regelmäßig.

Lernbeeinträchtigungen vorbeugen

Fördern basaler Prozesse

Zu den grundlegenden Fähigkeiten für aufgabenbezogene Leistungen gehören Hören, Sehen, Greifen, Tasten und Fühlen, Riechen und Schmecken, → *Bewegung* (Grob- und Feinmotorik), Gleichgewicht, Sprechmotorik und Artikulation, → *Aufmerksamkeit,* → *Konzentration,* Arbeitstempo, Ausdauer, nonverbale Sprache, Sprachverständnis, Sprachwissen und Kommunikation (*A. Englbrecht* S. 74).

Beachten lernfördernder Faktoren

- „Positive Emotionalisierung der Schule" (*A. Englbrecht* S. 84) Ein freundlich gestaltetes → *Klassenzimmer* und Schulhaus, Veranstaltungen zum → *Schulleben,* ein von Wertschätzung und Verständnis geprägtes → *Lehrerverhalten,* das Einüben fester Strukturen, → *Regeln* und *Rituale* fördern eine positive Schulatmosphäre.
- Anpassung des Unterrichts an die Kinder
  Wechsel zwischen Anspannung und → *Entspannung*; Maßnahmen zur → *Differenzierung,* Tagesplan und → *Freiarbeit* fördern die Individualisierung.

- Fördern des Lern- und Leistungsverhaltens durch abwechslungsreiche Aktivitäten der Kinder und wechselnde Sozialformen; günstige Rahmenbedingungen, u. a. → *Ordnung* am Arbeitsplatz und Beachten von → *Bedürfnissen*; Einüben von → *Arbeitstechniken* und Herausbilden von Gewohnheiten beim Arbeitsablauf.

Was Eltern wissen sollten

- Spätere Schwierigkeiten künden sich bereits beim Vorschulkind an: Kinder, die konsequent nicht gerne basteln, haben oft Probleme beim Schreiben. (vgl. *R. Defersdorf* S. 23)
- „Unsere Lebensweise begünstigt Lernprobleme." (*R. Defersdorf* S. 35) Zu wenig Bewegung, eingeschränkte Spielmöglichkeiten und der technisierte Haushalt führen dazu, dass Kinder ein mangelndes Körperbewusstsein entwickeln und es ihnen an sinnlichen, grundlegenden Erfahrungen fehlt. Deshalb das Körpergeschick des Kindes fördern, es im Haushalt helfen lassen und mit ihm spielen. Gameboy und → *Fernsehen* dagegen überreizen die Kinder. (*R. Defersdorf* S. 113)
- Lernprobleme geben sich nicht von selbst. Sie müssen ernst genommen werden. Häusliche Beobachtungen der Lehrerin mitteilen. Eine frühzeitige Erkennung fördert den Erfolg einer Behandlung (Kinderärzte, Ergotherapeuten, Mototherapeuten), die ein, zwei Jahre dauern kann.
- Wichtig ist ein gelöstes, von Verständnis und gegenseitiger Achtung geprägtes Familienklima. „Am schlimmsten für das Kind ist es, wenn Sie behaupten, dass es schon bessere Leistungen erbringen könnte, wenn es nur wollte. Das Kind fühlt sich zu Recht nicht verstanden und zurückgestoßen. Es fühlt sich hilflos." (*R. Defersdorf* S. 44 f.) → *Hausaufgaben*
- Durch häufige Misserfolge verliert das Kind seinen inneren Halt und an Selbstbewusstsein. Haltetherapie: Das Kind fest in die Arme nehmen und festhalten. (*R. Defersdorf* S. 150)

Otto Böhm: Lernerleichterung als Intervention bei Lernstörung oder Lernbehinderung. In: Die Grundschule Heft 7/8 1984

Roswitha Defersdorf: Ach, so geht das! Wie Eltern Lernstörungen begegnen können. 4. Aufl. Freiburg/Br.: Herder 1993 (auch für Eltern)

Arthur Englbrecht/Hans Weigert: Lernbeeinträchtigungen verhindern. Frankfurt am Main: Diesterweg 1991

Ingeborg Milz: Sprechen, Lesen, Schreiben. Teilleistungsschwächen im Bereich der gesprochenen und geschriebenen Sprache. Heidelberg: Edition Schindele 1994

Grundgesetz des Lernens

„Die beiden wichtigsten Prozesse, durch die wir Menschen unser Verhalten verändern, sind Reifung und Lernen. Bei Reifungsprozessen sind Informationen, die von außen kommen, überflüssig, denn die Verhaltensänderungen erfolgen nach einem Informationsprogramm, das im Individuum gespeichert ist ... Kennzeichnend für Lernprozesse ist es dagegen, dass Informationen verarbeitet werden, die von außen - aus der Umwelt des Lernenden - stammen. Erst wenn solche Informationen oder Reize aus der Umwelt im Lernenden irgendeine Erfahrung bewirken, genauer: erst wenn der Lernende aus den Umweltreizen selbstständig eine Erfahrung konstruiert, findet Lernen statt." (*Grell* S. 172) Also:
<u>Information und Erfahrung</u> = Lernen
Dieses „Grundgesetz des Lernens erinnert auch daran, dass die Verantwortung im Unterricht nicht einseitig auf den Lehrerschultern ruht, sondern dass auch die Schüler Verantwortung haben und dass ihnen diese Verantwortung niemals abgenommen werden kann. ... Ein Lehrer kann nicht mehr tun als Schülern Informationen anzubieten, die ihnen beim Prozess der Erfahrungsbildung hilfreich sind: Informationen über Lernziele und über den Sinn von Lernzielen; Informationen als Material, an dem Schüler Erfahrungen machen können und Informationen, die den Rahmen abstecken, innerhalb dessen die Schüler bleiben müssen, um bestimmte Erfahrungen zu machen und nicht irgendwelche beliebigen. ... Das Grundgesetz des Lernens macht klar: Lehrer können den Schülern den Tisch decken, aber essen müssen die Schüler selber." (*Grell* S. 173) Das eigentliche Lernen findet im Kind statt, in dem selbst gesteuerte Prozesse ablaufen, „die uns rätselhaft sind und die wir nicht direkt beeinflussen können." (*Grell* S. 174)

Die drei Stufen des Erfahrungsprozesses (nach *Grell* S. 174 ff.)

1) <u>Erfahrung im Sinne von „etwas erfahren": Wir lernen, was wir tun.</u>
Wir lernen, was wir sehen.
Wir lernen, was wir hören.
Wir lernen, was wir sagen.
Wir lernen, was wir schreiben.
Wir lernen, was wir lesen.
Wir lernen, was wir denken.
Wir lernen, was wir fühlen.

Wir lernen, was wir uns vorstellen.
Wir lernen, was wir zeichnen.
Wir lernen, was wir konstruieren.
Wir lernen, was wir unternehmen.
Wir lernen, was wir schmecken.
Wir lernen, was wir betasten.
Wir lernen, was wir riechen.

E. Wesley/W. H. Cartwright: Teaching Social Studies in Elementary Schools. Boston: D. C. Heath 1968, zit. nach Grell S. 175)
„Die selbst gesteuerte Tätigkeit des Lernenden besteht darin, Informationen in sich hineinzulassen und aufzunehmen. Schon dieses Wahrnehmen ist aktives Handeln und nicht ... ein Prozess, bei dem das Individuum passiv bleibt und mit Informationen vollgefüllt wird. Schon an dieser Stelle sind Lehrer auf die freiwillige Selbststeuerung der Schüler angewiesen. ... Wir können sie in der Regel nicht zwingen ganz bestimmte Wahrnehmungen auch tatsächlich zu machen. ... Erfahrungen im Sinne von Wahrnehmungen sind an aktive Handlungen gebunden; besonders solche der Sinnesorgane." (*Grell* S. 174)

2) Erfahrung im Sinne von „eine Erfahrung machen"
„Hier wird das wahrgenommene Rohmaterial vom Lernenden zu etwas Eigenem verarbeitet; er bildet eine Erfahrung, verschlüsselt das Wahrgenommene, macht es sich zu eigen. Von diesem Prozess der persönlichen Aneignung sehen wir als Lehrer kaum etwas. ... Dieses Einbauen neuer Informationen in das persönliche Bedeutungssystem müssen Schüler von sich aus leisten. Wir können sie dabei unterstützen, aber wir können diese Leistung nicht erzwingen." (S. 175)

3) Erfahrungen im Sinne von „eine Erfahrung besitzen"
„Diese Art von Erfahrung ist das Ergebnis, das zurückbleibt, wenn die beiden eben beschriebenen Prozesse von Schülern geleistet wurden." (S.175)

Lehrer	Schüler	
INFORMATION	+ ERFAHRUNG	→ LERNERFAHRUNG
	aktives Wahrnehmen und aktive Verarbeitung/Aneignung	
Fremdsteuerung	Selbststeuerung	

(*Grell* S. 176)
Der Lernende leistet immer die Hauptarbeit. „Wer das versteht, wird vielleicht etwas bescheidener, was seine Rolle als Lehrer betrifft. ... Wir gehen

davon aus, dass unsere Versuche Schülern beim Lernen zu helfen, immer nur Versuche sind. ... Wir sind überzeugt, dass wir Schülern nichts beibringen können, wenn wir ihre Selbststeuerung umgehen, ignorieren oder sie sogar auszuschalten versuchen." Die Vermittlung von Informationen ist also Ausgangspunkt für Lernprozesse und nicht das Endziel. (*Grell* S. 176)

Lernen als ganzkörperlicher und individueller Prozess
(nach *E. Kret*)

Das Gehirn regelt als Schaltzentrum das gesamte menschliche Verhalten. Es steuert die Körperbewegungen (Motorik), die Sinnesorgane (Sensomotorik), die Denkprozesse und die Gefühlsempfindungen (Emotionen). „Alle Teile des Gehirns sind auf vielfältige und komplizierte Art und Weise miteinander verknüpft", sodass auch sog. „reine Denkprozesse (kognitive Prozesse) stets in Wechselwirkung mit körperlichen Bewegungsabläufen" stehen. Außerdem spielt sich „jeder Lernprozess ... immer gleichzeitig auf drei Ebenen ab":
* der Sachebene,
* der Erlebnis- oder Ichebene (Was ich dabei empfinde)
* der Beziehungs- oder Wirebene (Was wir dabei empfinden).

Vereinfacht lässt sich jeder Lernprozess wie folgt darstellen, wobei jeder Teilbereich individuell verschieden geprägt ist:
* Reizaufnahme (Sinne - Wahrnehmungen) (→ *Wahrnehmung*)
* Denken und Verarbeiten von Informationen (Verknüpfen mit bereits Gespeichertem – Assoziation/Ordnen)
* Behalten (Wiedererkennen bzw. Wiedergabe von Gespeichertem)
* Anwenden (Übertragen des Gespeicherten – Transfer)

Konsequenzen für den Unterricht

<u>Zweiteiliger Unterrichtsaufbau</u>
„Das Grundgesetz des Lernens legt einen zweiteiligen Unterrichtsaufbau nahe: zuerst einen Lehrerteil mit Informationsinput (Fremdsteuerung) und danach einen Schülerteil, wo die Schüler im Rahmen von → *Lernaufgaben* selbstständig Lernaktivitäten ausführen und selbst gesteuert Lernerfahrungen bilden können." (*Grell* S. 176) (→ *Unterrichtsrezepte*) Erfahrungswege sind (nach *Klaus Breslauer*: Sinnerfülltes Lernen im erfahrungs- und handlungsorientierten Unterricht. In: Grundschulmagazin Heft 1/1991, München: Ehrenwirth/Oldenbourg):
* vollständiges oder teilweises Erstellen eines Werkes;
* Umgehen mit Werkzeugen, Geräten, Maschinen;

- Untersuchen von Dingen und Zusammenhängen;
- → *Beobachten* von Vorgängen und Abläufen;
- Experimentieren;
- Kommunizieren;
- Spielen;
- Gestalten;
- Übernehmen von → *Verantwortung.*

Gehirngerechtes Lernen
muss die biologischen Voraussetzungen berücksichtigen und erfordert deshalb
- eine positive Gestimmtheit (→ *Lehrerverhalten, emotionales Lernen*),
- das Einbeziehen von → *Bewegung*, z. B. auch leises Mitsprechen beim Schreiben (→ *Edukinestetik*),
- mehrkanaliges Lernen, das alle Sinne einbezieht,
- Individualisieren durch → *Differenzierung* und → *offenen Unterricht.*

Werbepsychologen wissen längst, dass die Kinder nicht vorwiegend auf der Sachebene oder durch moralisierende Appelle anzusprechen sind. „Die Gefühlsebene, die Neugierde, der ganze Körper mit seiner Motorik und Sensomotorik sind die wahren Türöffner zum Gehirn der Kinder..." (*E. Kret*)

Jochen u. Monika Grell: Unterrichtsrezepte. München: Urban und Schwarzenberg 1979
Ernst Kret: Anders lernen. Oder: Wie Lernen auch Spaß machen kann. In: Grundschulmagazin Heft 10/1995. München: Ehrenwirth/Oldenbourg

Lernspiele

Anhand des Lernspiels „Platztausch" will ich Elemente des Spiels aufzeigen (geeignet für Mathematik, Deutsch, Schuljahr 1.‑4.).
Verlauf: An jedem Zweiertisch steht ein Kind auf (A). Jedes sitzende Kind (B) schreibt eine Rechnung nach Wahl oder nach Ihrer Vorgabe (z. B. nur Minusaufgaben) auf ein Blatt. Wenn B fertig ist, meldet es sich. Nun geht A von B zu B, prüft, welche Rechnung es lösen kann, und nennt einem Kind B flüsternd die Lösung. Nickt B, setzt A sich auf dessen Platz und schreibt die Lösung mit seinem Namen hinter die Rechnung. Nachdem B nochmals kontrolliert hat, geht B nun auf die Suche nach einem neuen Platz. Inzwischen hat A unter die gelöste Rechnung eine neue geschrieben und meldet sich, damit wieder jemand mit ihm den Platz

tauscht. Das Schreibzeug bleibt immer am Platz.

Hätte A vorhin eine falsche Lösung genannt, müsste B den Kopf schütteln. A sucht dann in einem neuen Anlauf die richtige Lösung oder geht zu einem anderen Kind B, wenn dies nicht gelingt.

Das Spiel lässt sich zwar jederzeit abbrechen, doch eine halbe Stunde sollten Sie einplanen.

Die Blätter mit den Rechnungen können überprüft werden und lassen auch die Einsatzbereitschaft der Kinder erkennen. Wer falsch gerechnet hat, kann seine Lösungen berichtigen (Namen hinter der Rechnung). Sieger gibt es hier keine, Sieger sind alle die, denen das Spiel Spaß gemacht hat!

Variante für Rechtschreiben: Die zu übenden Lernwörter sind für alle sichtbar im Klassenzimmer (Tafel, Pinnwand, Leine mit Karten ...). B wählt ein Wort aus, macht für jeden Buchstaben einen Punkt und schreibt evtl. einen Buchstaben des Wortes an die passende Stelle. A nennt das Wort flüsternd, schreibt es unter dem prüfenden Blick von B auf und wählt ein anderes Wort aus.

Warum ist Spielen beliebt?

• Spielen bedeutet Freiheit - Regeln verhindern den Missbrauch.
Freiwillige Teilnahme: Wer nicht mitspielen will, braucht es nicht zu tun. Das Kind kann sich in eine Ecke zurückziehen und sich selbst beschäftigen, jedoch ohne die Spieler zu stören.

Kein Leistungsdruck: Die Kinder entscheiden selbst, wie oft sie mit jemandem den Platz tauschen, und bestimmen damit selbst über ihr Maß an Einsatz und Anstrengung. Allerdings: Wer nur herumsteht, hat bestimmt nicht so viel Spaß wie die begeisterten Spieler.

Lösen von der Realität: Wenngleich hier die Realität nicht wie z. B. beim darstellenden Spiel verlassen wird, so ist doch Kreativität beim Ausdenken einer Rechnung gefragt. Gute Rechner gehen dabei gerne auch über den im Unterricht bearbeiteten Zahlenraum hinaus.

• Spielen bedeutet Tätigsein.
Die vielfältigen Handlungsmöglichkeiten führen zur Vielgestaltigkeit von Spielen. Zwar wird bei diesem Spiel wie im Unterricht gerechnet und geschrieben, doch ermöglicht der Platztausch viel ausgleichende → *Bewegung* und soziale Kontakte (→ *soziales Lernen*).

• Spielen bedeutet Spannung.
Spannung wird hervorgerufen durch neuartige Situationen, überraschende Wendungen und Ungewissheit über den Ausgang, wobei jedoch

230

die Hoffnung auf ein positives Ende möglich sein muss. Spannung wird erzeugt durch den Zufall (z. B. beim Würfeln), den Wettkampf, den Einbau von motivierenden Hindernissen auf dem Weg zum Ziel oder durch das Verwandeln der realen Situation (z. B. → *Rollenspiel*). Wie der frei experimentierende oder regelbestimmte Umgang mit Materialien birgt auch der probierende Umgang mit den eigenen kognitiven, sprachlichen, musischen und sozialen Fähigkeiten Spannung in sich.

Beim „Platztausch" zeigt sich die Dynamik des Spiels an Fragen wie:
Kind A: Zu wem soll ich gehen? Ob ich die Aufgabe von … kann?
Kind B: Wer wird meine Aufgabe lösen? Ob mein Ergebnis auch richtig ist?
Dabei pendelt die Spannung hin und her zwischen Anforderung, Können und Freude und neuer Anforderung.

Spiele sollen gelingen

- Knüpfen Sie im → *Anfangsunterricht* an aus dem Kindergarten bekannte Spiele an wie z. B. „Mein rechter, rechter Platz ist leer …" und variieren Sie diese.
- Erweitern Sie das Repertoire langsam und greifen Sie erlernte Spiele immer wieder auf. Nur „gekonnte" Spiele machen Spaß.
- Beim „Platztausch" sind Sie als Beobachter oder auch als Schiedsrichter gefordert, welche Lösung nun richtig ist. Bei anderen Spielen kann es sinnvoll sein, dass Sie mitspielen und vorbildhaftes Verhalten zeigen, ein stockendes Spiel durch eigene Einfälle beleben und zu kurz gekommene Mitspieler aktivieren.
- Die Kinder wachen meist strenger über das Einhalten der Regeln als ich. Störende Kinder können Aufgaben übernehmen, z. B. ein Spiel leiten, die Materialien her- und wegräumen, die Ergebnisse aufschreiben. Bei wiederholten Störungen ist auch ein Ausschluss vom Spiel denkbar.
- Nach Möglichkeit ist der Spielfluss nicht zu unterbrechen. Geringfügige Mängel oder Störungen übergehe ich deshalb. In einem Gespräch nach dem Spiel werden von den Kindern genannte Schwierigkeiten überdacht.

Silvia Regelein: Spielen in Unterricht und Freizeit. 3. Aufl. München: Oldenbourg 1991
Silvia Regelein: Lernspiele im Mathematikunterricht. 5. Aufl. München: Oldenbourg 1995
Silvia Regelein: Lernspiele im Deutschunterricht. 5. Aufl. München: Oldenbourg 1995
Silvia Regelein: Lernspiele für die Grundschule. 10. Aufl München: Oldenbourg 1994

Lernstationen (Stationenlernen, Lernzirkel, Zirkeltraining)

Der Stationenbetrieb wurde im Sport als „Circuit Training" entwickelt. Dabei wird beim Durchlaufen verschiedener Stationen entweder über eine bestimmte Zeit geübt oder es ist eine vorgegebene Anzahl von Wiederholungen durchzuführen.

Der Lernzirkel ist eine Vorstufe der → *Freiarbeit* und ermöglicht individuelles und → *offenes Lernen.* Es können vor allem → *Lernaufgaben* zum → *Wiederholen* und *Üben* durchgeführt, aber auch Lerninhalte selbstständig erarbeitet werden. Dazu stehen im Klassenzimmer verteilt auf den Gruppentischen, auf Seitentischen etc. unterschiedliche Arbeitsmittel bereit. Jeder Station werden zwei bis drei Kinder zugeteilt, die die vorgegebenen Aufgaben gemeinsam lösen, überprüfen und die erledigte Arbeit auf einem Laufzettel oder Zirkelplan abhaken. Sie bringen die Materialien wieder in ihren Ausgangszustand und wechseln zu einer anderen freien Station.

Wird das Arbeitsende durch ein Klingelzeichen angezeigt, so ist ein Durchlaufen nach einer vorgegebenen Reihenfolge möglich. Klassengespräch nach dem Stationenlernen: Welche Station hat dir gefallen? Wo gab es Schwierigkeiten, warum? Wer möchte seine Arbeiten zeigen?

Voraussetzungen

* Vorbereiten der Stationen
  Aufbereiten der Lerninhalte und Vorbereiten des Materials
  Jede Station enthält mehrere Materialien, möglichst mit → *Selbstkontrolle*, zur Auswahl (Farbpunkte zeigen den Schwierigkeitsgrad an), in deren Handhabung die Kinder vorher einzuführen sind.
* Vorbereiten des Laufzettels
* Einführen der Kinder in den Stationenbetrieb:
  Vorstellen von (bereits bekannten) Übungsformen an den Stationen
  Einüben der Selbstkontrolle
  Erklären der Handhabung des Laufzettels
* Besprechen von Arbeitsregeln
  Materialien, die mehrfach eingesetzt werden, werden bestimmten Kindern zugeteilt, die sie an den Stationen jeweils auf- und abbauen.

Irmintraut Hegele: Lernziel: Stationenarbeit. Eine neue Form des offenen Unterrichts. Weinheim: Beltz 1996

Theo Kaufmann: Lernstationen zum Nachschlagen. In: Die Grundschule Heft 2/1992

Peter Schiestl: Von Station zu Station. In: Die Grundschule Heft 1/1991 und 3/1991. Braunschweig: Westermann

Lerntechniken erleichtern den formalen Ablauf des Lernens sowie das Aufnehmen, Einprägen und Wiedergeben des Lernstoffs: Kinder lernen ein günstiges Lernverhalten weder von selbst noch durch stete Vorhaltungen wie *„Gib dir mehr Mühe"* etc. (→ *Arbeitsverhalten*) Bevor die Kinder Lerntechniken zu Hause (→ *Hausaufgaben*) anwenden sollen, müssen sie als feste Gewohnheiten in der Schule ausgebildet werden wie z. B. das → *Lesen, Abschreiben, Auswendiglernen, Wiederholen* von Lernstoff. „Lernen lernen" als Voraussetzung für lebenslanges Lernen bezieht sich auf die Lernplanung, Lernsteuerung und die Lernkontrolle.

Lernplanung: Ritualisierter Arbeitsbeginn

- → *Ordnung* am Arbeitsplatz;
- lautes Lesen des Arbeitsauftrags;
- Bereitstellen der benötigten → *Arbeitsmittel*;
- sich auf die Arbeit positiv einstimmen: Bewegungsübungen (→ *Edukinestetik*), bequemes → *Sitzen*, freundlich lächeln, Selbstinstruktion zur → *Konzentration* („Aufgepasst, nun geht's los!")
- Festlegen der Reihenfolge bei mehreren → *Lernaufgaben* (Hausaufgaben, Wochenplan): Zuerst die leichteren Aufgaben, Wechsel zwischen schriftlichen und mündlichen Aufgaben, zwischen den Fachbereichen.
- Vorheriges Abschätzen der benötigten Lernzeit (im 1./2. Schuljahr durch die Lehrerin) für jede Portion und Festlegen eines realistischen Richtzeit (z. B. Wenn der Minutenzeiger auf der Ziffer ... steht/um ... Uhr sollten alle fertig sein.)

Lernsteuerung: Motivation und Konzentration schaffen!

- Sich nach jeder Lernaufgabe → *verstärken*, z. B.: „So, die erste Aufgabe ist geschafft." Nicht mehr gebrauchtes Material wird weggeräumt, nun erforderliches wird bereitgestellt. Wenn man bei einer Aufgabe „hängen bleibt", mit einer anderen Aufgabe fortfahren.
- Erhalten der → *Konzentration* durch → *Pausen* und Übungen zur → *Entspannung*: Zusätzlich zu den gemeinsamen Pausen kann eingeübt werden: Wer eine → *Lernaufgabe* zwar verstanden hat, aber „nicht mehr kann", kann sich für fünf Minuten in der „Ruheecke" entspannen, zum geöffneten Fenster hinaussehen und tief atmen, einmal um den Schulhof laufen, den Papierkorb in die Tonne auf dem Schulhof

ausleeren. ... Wer eine „müde Hand" vom → *Schreiben* hat, kann seine
Hände mit einem Plastiklockenwickler (mit Zähnchen) oder einem
Massageball massieren.

Lernkontrolle: Ritualisiertes Arbeitsende

- Geschriebenes nochmals durchlesen und überprüfen
  (→ *Selbstkontrolle*);
- erledigte Arbeiten im → *Mitteilungsheft, Wochenplan,* Lernplan durchstreichen;
- sich selbst → *verstärken,* z. B. sich auf die Schulter klopfen und sagen:
  „Da hab ich viel geschafft. - Das ist mir gut gelungen. "

Das Einüben von Lösungsstrategien

zum → *Abschreiben, Auswendiglernen, Nachschlagen,* zum Lösen von
Textaufgaben u. a. nach folgenden Schritten (nach *A. Englbrecht*):
- Vormachen durch die Lehrerin
- Das Kind löst eine Aufgabe, während die Lehrerin die Lösungsschritte
  benennt.
- Das Kind löst eine Aufgabe und benennt die Schritte laut. (Zeit lassen!)
  Nach gelungener Lösung Selbstverstärkung: *„Das habe ich gut
  gemacht. "*
- Das Kind löst eine Aufgabe und nennt die Schritte leise.
- Das Kind löst eine Aufgabe und denkt sich die Schritte (inneres Spre-
  chen).

Das Behalten und Einüben von Lerninhalten

- Markieren: Farbiges Unterlegen oder Unterstreichen wichtiger Wörter
- Lernplakat: Was man sich nicht merken kann, wird mit einem dicken
  Stift auf eine Karte oder ein großes Papier geschrieben. Dazu werden
  passende Bilder oder Skizzen gezeichnet, ein Foto aufgeklebt oder ein
  lustiges Strichmännchen mit Sprechblase gemalt. Das Lernplakat wird
  zu Hause an einer ins Auge fallenden Stelle aufgehängt; nach spätestens drei Wochen wird es abgenommen. Üben Sie mit den Kindern das
  Entwerfen von individuellen Lernplakaten.
- „Laut" lernen: Den Stoff halblaut lesen, ihn sich mit und ohne Hilfe
  von Stichwörtern vorsagen.
- Arbeit mit der Lernkartei (ab 2. Schuljahr): Die für ein Kind schwierigen Wörter werden auf Karteikarten geschrieben und dann in Partnerarbeit oder selbstständig geübt. (→ *Kartei, Fehler*)

Weiterhin ist einzuüben: Organisation der → *Hausaufgaben*, Vorbereitung auf → *Probearbeiten* und Verhalten bei Prüfungen.

Arthur Englbrecht/Hans Weigert: Lernbeeinträchtigungen verhindern. Frankfurt am Main: Diesterweg 1991
W. Hitzler/G. Keller: So lerne ich richtig. Lerntechniken für Grundschüler. Donauwörth: Auer 1992

Lesen

Stilles Lesen als selbstständige Sinnentnahme

Stilles Lesen ist für den Alltag am wichtigsten: „Lesen ist ein individueller Denkvorgang." ... Und „auch die langsamen und schwächeren Schüler gelangen zu einem besseren Sinnverständnis" als bei lautem Lesen. (*Kurt Singer:* Lebendige Lese-Erziehung. Der Leseunterricht als Unterweisung im selbstständigen Lesen. München: Ehrenwirth 1969, S. 36)
Das laute Vorlesen durch ein Kind stört die anderen Kinder in ihrem individuellen Lesetempo und überfordert den Vorleser durch den gleichzeitig zu leistenden Vortrag und das Erfassen des Sinns.

Anbahnen und Fördern des stillen Lesens

- Häufiges Vorlesen durch die Lehrerin (Hinführung zur Schriftsprache, Lesevorbild) und stilles Mitlesen (Verbindung von Hören und Sehen);
- Vorlesen durch die Kinder: Damit das Vorlesen nicht durch Melden und Aufrufen unterbrochen wird, lasse ich „reihum" jedes Kind eine bis drei Zeilen bis zum Punkt lesen.
- Partnerlesen: Ein Kind liest jeweils die Hälfte des Textes dem Nachbarn leise vor (oder satzweise im Wechsel), während dieser mitliest und auf evtl. Fehler hinweist. Zum Einüben von Fremdverstärkung frage ich: *„Wer kann sagen: Mein Nachbar hat gut gelesen."*
- Lesen mit verteilten Rollen
- Gruppenlesen: Jede Gruppe liest gemeinsam z. B. je einen Vers eines Gedichts. Vorteil: Schwache Leser werden „mitgezogen".
- Häusliches Lesen als Vorbereitung für Vorlesestunden (freie Textwahl);
- Leseecke mit vielfältigem „Lesefutter" (→ *Bücher*), Buchausstellungen;
- individuelle Briefe der Lehrerin an Kinder, gegenseitige Kinderbriefe;
- gemeinsames Lesen der → *Anweisungen* in Büchern und auf → *Arbeitsblättern* und Unterstreichen der wichtigen Wörter.

(vgl. dazu *Eva Kieffer:* Lesen macht Spaß. Spiele, Projekte und Materialien für die Grundschule. München: Oldenbourg 1991)

Äußere Bedingungen

Aufgeräumter Arbeitsplatz: Nur die benötigten Dinge wie Buch, Lese- oder Notizheft und Mäppchen liegen auf dem Tisch.
Jedes Kind braucht sein eigenes Buch, denn der Nachbar hat ein anderes Lesetempo oder könnte das Kind durch Zwischenbemerkungen stören. Lesen erfordert Stille. Auch die Lehrerin liest leise und vertieft sich in den Text (→ *Modellverhalten*). Auf keinen Fall sollten Sie die Kinder zwischendurch mit Hinweisen „berieseln" oder etwas an die Tafel schreiben. Auch keine Fragen der Kinder; Fragen können später gestellt werden.

Vorbereiten des stillen Lesens: Herstellen einer „Sinn-Erwartung"
* durch Veranschaulichen mit Dingen oder Bildern;
* durch Sammeln von Vorerfahrungen (Die Kinder berichten oder schreiben auf, was sie zu diesem Thema schon wissen.);
* durch Antizipation möglicher Textinhalte aufgrund der Überschrift;
* durch von den Kindern gestellte Fragen zum Thema;
* durch Klären von lesetechnisch oder inhaltlich schwierigen Wörtern.
Falls Kinder den Text schon kennen, schreiben sie ihre Erinnerungen daran auf („Was weißt du noch von dieser Geschichte?").

Das Auffinden des Textes

Sollen die Kinder ein Buch hernehmen, so zeige ich ihnen stumm das Buch und schreibe die aufzuschlagende Seitenzahl groß an die Tafel. So erübrigen sich die häufigen Nachfragen „Welche Seite?" durch ein Deuten. Da im 1. Schuljahr zweistellige Zahlen noch unbekannt sind, wird z. B. die Seite 49 mit „Seite vier neun" bezeichnet.
Möglichst oft suchen die Kinder selbstständig den Text auf: Im 1. Schuljahr finden sie durch Blättern die „Ostergeschichte", später durch gezieltes → *Nachschlagen* im Inhaltsverzeichnis.

Zusatzaufgaben zur → Differenzierung

Eine vorbereitete Tafelanschrift mit auf den Text abgestimmten Zusatzaufgaben für schnelle Leser gleicht das unterschiedliche Lesetempo aus. Die Tafel wird erst aufgeklappt, wenn das erste Kind mit dem Lesen fertig ist. Beispiele zur Auswahl:

Datum: _____

Überschrift: _____ Seite: _____

1) Personen: ...

2) Zeit: ...

3) Ort: ...

4) Welches Bild (Welche Bilder) würdest du zu der Geschichte malen?
   Schreibe den passenden Satz auf.

5) Was hast du Neues gelernt? (Sachtext)

6) Was findest du interessant?

7) Was findest du wichtig?

8) Was hast du nicht verstanden?

9) Hast du schon etwas Ähnliches erlebt? Beschreibe dein Erlebnis
   kurz.

Die Kinder schreiben die Lösungen jeweils mit der Aufgabennummer in ihr Leseheft. Wenn die Zeilen des Textes nummeriert sind, können sie zu jeder Aufgabe nur die Zeilennummer schreiben. Wichtig ist:

- Das selbstständige Bearbeiten von Aufträgen muss eingeübt werden. Es klappt nicht von heute auf morgen!
- Die Aufträge müssen so formuliert sein, dass die Kinder sie ohne störende Zwischenfragen bearbeiten können.
- Nicht alle Aufträge müssen hinterher besprochen werden. Um jedoch die Arbeit der Kinder zu würdigen gehe ich leise durch die Klasse, werfe einen Blick auf die Notizen, lobe leise, frage leise nach, deute fragend auf ein Wort, schreibe mir eine Anregung auf ...

Das Überdenken des Gelesenen

Erste „spontane" Äußerungen der Kinder (→ *Spontaneität*); gemeinsames Lösen der Zusatzaufgaben im Gespräch; neue Denkanstöße, die darauf abzielen,

- wichtige Textaussagen zu erkennen, z. B. durch das Aufschreiben von Stichwörtern;
- dem Kind bewusst zu machen, was es durch den Text neu dazugelernt hat und was es im Alltag anwenden kann;
- das Kind zum bildhaften Vorstellen hinzuführen (Zusatzaufgabe 4);
- eigene Erfahrungen bewusst zu machen (Zusatzaufgabe 9).

Einüben der Technik des „aktiven Lesens" (ab 2. Schuljahr)

- Den Text still lesen.
- Beim zweiten Lesedurchgang Unverstandenes unterstreichen (im Buch die Zeile mit Bleistift mit einem Kreuz markieren, später wegradieren).
- Fragen stellen.
- Beim dritten Lesen wichtige Stellen markieren (im Buch mit einem senkrechten Strich am Rand, auf einem → Arbeitsblatt Wörter und Sätze mit farbigem Holzstift „anleuchten") als Hilfe zu überfliegendem Lesen.
- Zum Text ein „Plakat" machen (auch in Partner- und Gruppenarbeit) und das Wichtigste schriftlich (als Fragen und Antworten, Stichwörter, kurze Sätze, in Sprechblasen) und grafisch festhalten. Vergleichen der verschiedenen Plakate und Darstellen gelungener Vorschläge an der Tafel.
- Wichtiges mündlich wiedergeben, mit und ohne Hilfe des Plakats.

Hilfe für schwache Leser

Bei schriftlichen Lernzielkontrollen und → Probearbeiten in Mathematik und Sachkunde ist Lesen Voraussetzung für erfolgreiches Arbeiten. Damit schwache Leser nicht am Aufgabenverständnis scheitern, lese ich Fragen, Anweisungen, Texte und Sachaufgaben vorneweg immer vor und lasse auch „Zwischendurchfragen" nach dem Text zu.

Elterninformation: Gute Leser lernen leichter!

- Lesehausaufgaben: Die Kinder sollten täglich etwa 15 Minuten lesen. Wenn keiner aus der Familie Zeit hat, soll das Kind seinem Kuscheltier laut vorlesen oder auf Kassette sprechen, die am Wochenende abgehört wird. Das Verständnis durch Fragen überprüfen: Wer ist die Hauptperson? Was erlebt sie, wann, wo?...
- Buchstaben oder gängige Wörter, über die das Kind immer wieder stolpert, werden groß auf Karton geschrieben und an einer ins Auge fallenden Stelle angebracht. Nach einer Woche dem Kind die Karten im Wechsel zeigen und sich die Buchstaben oder Wörter vorlesen lassen.
- Gutes Leseklima: Die Eltern zeigen, dass sie selbst gern lesen. Im Alltag und im Urlaub alle sich bietenden Gelegenheiten zum Lesen nützen wie Straßenschilder, Aufschriften auf Verpackungen, Zeitschriften, Gebrauchsanweisungen, Speisekarten, Ortsnamen. ... Dem Kind vorlesen - auch im 3./4. Schuljahr - und ihm zu den Festen gute Kinder-

bücher oder ein Kinderlexikon schenken. Mit ihm über gelesene Geschichten und Bücher sprechen und sich einzelne Passagen vorlesen lassen (Was hat dir besonders gut gefallen?).

- Häufiges → *Fernsehen* beeinträchtigt die Genauigkeit der optischen → *Wahrnehmung*, das Mitdenken und damit das Lesen.

Linkshändigkeit

Linkshändigkeit ist eine den ganzen Menschen prägende, oft vererbte Seitigkeit (Lateralität), deren gewaltsame Änderung die Zusammenarbeit der beiden Hirnhälften gefährdet und zu schwerwiegenden Störungen führt. (*A. Englbrecht* S. 206) Ein echter Linkshänder bevorzugt nicht nur die linke Hand, sondern auch den linken Fuß, oft auch das linke Auge und Ohr. Bei gemischter Dominanz (linke Hand, rechter Fuß) dagegen ist eine Umstellung auf die rechte Hand möglich.

Feststellen der Seitigkeit

„Relativ sichere Indizien sind spontane Abwehr- und Zugriffsbewegungen eines Kindes. ...Tätigkeiten, die ... Aufmerksamkeit, Kraftdosierung, Geschicklichkeit, feinmotorische Bewegungsgenauigkeit und Raumorientierung verlangen, sind recht aussagekräftig." (a.a.O. S.207)
Aufgaben für die Hand: z. B. Aufheben eines rollenden Gegenstandes vom Boden, Papier zerknüllen; Klopfen, Würfeln, Umrühren, Aufschrauben eines Deckels; Ausradieren eines Strichs, Bleistift spitzen, Kreise ausschneiden; Spuren nachfahren, in jedes Kästchen (vier Reihen mit je 20 Kästchen) einen Punkt setzen.
Aufgaben für den Fuß: z. B. auf einem Bein hüpfen, auf einen Stuhl steigen, mit dem Fuß etwas auf den Fußboden zeichnen, einen Ball stoßen.

Umstellung ohne Zwang

Bei gemischter Dominanz und einer nur leichten Linkshändigkeit wird das Kind zum Gebrauch der rechten Hand ermutigt. Sträubt sich das Kind, wird der Versuch abgebrochen. Keinesfalls zur Beidhändigkeit anhalten!

Hilfen bei Linkshändigkeit und Elterninformation

- Stärken des Selbstvertrauens
Erklären Sie, warum manche Kinder links schreiben: Nicht weil sie unge-

schickt sind, sondern weil die linke Hand geschickter als die rechte ist. Linkhändigkeit ist kein Mangel oder Defekt! Ich spreche beim – Schreiben nicht von der rechten oder linken Hand, sondern von der Schreibhand.

- Sitzplatz
  - Linke Eckplätze im Zimmer, damit das Kind beim Schreiben ohne den Kopf zu verrenken die Tafel sehen kann.
  - Linke Tischseite, damit der linke Arm Bewegungsfreiheit hat.
  - Lichteinfall von rechts oder von vorne.

- Motorische Übungen, Körper- und Schreibhaltung
  - Grob- und feinmotorische Übungen mit der linken Hand
  - Gerade Körperhaltung, auf dem ganzen Gesäß sitzen und das Gewicht nicht nur auf eine Seite verlagern! Die linke Hand soll die Körpermitte nicht überschreiten, damit sich die Körperhaltung nicht verkrampft.
  - Zeige- und Mittelfinger der linken Hand umfassen locker den Stift. Das Stiftende zeigt etwa auf die linke Schulter. Das Handgelenk soll nicht abgeknickt werden, die Hand soll unter der Zeile liegen. Die Schreibhaltung ist spiegelbildlich zu der des Rechtshänders.

- Schreibunterlage und Schreibblatt
  - Die Bewegung unserer Schrift ist auf die rechte Hand abgestimmt (Links-Rechts-Zug). Der Linkshänder zieht deshalb den Stift nicht, sondern schiebt ihn. Damit das Blatt nicht knittert, wird es mit einer Klammerplatte oder einem Klebstreifen fixiert.
  - Die Schreibunterlage und das Blatt liegt von der Körpermitte aus leicht nach links verschoben und wird etwa um 30 Grad nach rechts gedreht. Die richtige Lage mit einem Klebstreifen auf dem Tisch markieren, damit das Kind sein Blatt danach ausrichten kann.

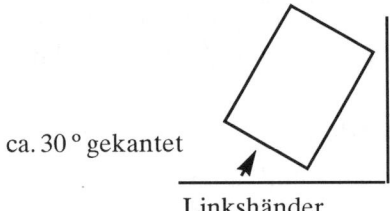

ca. 30° gekantet

Linkshänder

Während Rechtshänder „bergauf" schreiben, sollen Linkshänder „bergab" schreiben, damit sie das Geschriebene überblicken können und die Schrift nicht verwischt.
- Hilfe zur Richtungsorientierung: Da Linkshänder von rechts nach links, vom Körper weg schreiben möchten, auf Schreibblättern einen

dicken grünen Strich am linken Rand und einen Richtungspfeil an der Oberkante anbringen. (*M. Briglmeir*)

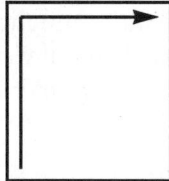

* Beim Schreibenlernen Buchstaben und Wörter auch am Ende der Zeile vorgeben, da die linke Hand die Vorgabe am Zeilenanfang verdeckt.
* Dem Kind die Schreibhaltung und die Bewegungsabläufe neben ihm sitzend mit der linken Hand vormachen.
* Möglichst große Lineatur!

* Schreib- und Arbeitsgeräte
* Am Anfang Wachsmalkreiden, weiche Bleistifte (Stärke HB) und Faserstifte, da diese nach allen Seiten leicht und gleichmäßig gleiten.
* Speziell für Linkshänder
  Füller: Die abgeflachte Feder verhindert das Aufreißen des Papiers. Schere: Das Kind kann auf die Schnittlinie sehen und braucht die Hand nicht zu verdrehen.

Linkshänder brauchen mehr Zeit zum Schreiben und ermüden schneller (häufigere Lockerung!). Bei Schwierigkeiten mit der Schreibschrift kann das Kind länger in der ihm leichter fallenden Druckschrift schreiben. Mit zunehmender Übung entwickelt es von selbst allmählich eine ihm gemäße verbundene Schrift.

Raum-Lage-Labilität
Rechts-Links-Unsicherheit zeigt sich beim Schreiben in Spiegelschrift, beim Verdrehen von Buchstaben (d/b, ei - ie) und Zahlen (13 statt 31). Hilfen:
* Links (grün) und rechts (rot) → *Farben* zuordnen.
* Ring, Armband, Schleife (grün) an linker Hand.
* Keine Rechts-links-Übungen im raschen Wechsel, sondern jeweils Konzentration auf eine Seite und diese mit allen Sinnen erfassen.
* Linke (rechte) Seite im Klassenzimmer, an der Tafel, am Tisch mit grünen bzw. roten Klebstreifen und Kreisen markieren.

Michael Briglmeir: Linkshändige Kinder in Elternhaus und Schule. In: Pädagogische Welt Heft 9/1989, Donauwörth: Auer
Arthur Englbrecht/Hans Weigert: Lernbehinderungen verhindern. Frankfurt/Main: Diesterweg 1991
Johanne Barbara Sattler: Das linkshändige Kind in der Grundschule. Hrsg. vom Staatsinstitut für Schulpädagogik und Bildungsforschung. München 1993

Loben

Wir alle wissen, dass wir die Kinder möglichst oft loben sollen und dass wir dies meist viel zu selten tun. Einmal weil so vieles auf uns einstürmt, vielleicht aber auch deshalb, weil wir uns beim Loben unsicher sind.

Was soll ich loben?

Ich lobe nie das Kind als Person (*„Du bist gut."*), sondern eine Verhaltensweise, eine erbrachte Leistung (*„Das hast du gut gemacht."*) oder einen - selbst kleinen - Lernfortschritt (*„So gut/schnell/sorgfältig hast du das bisher noch nicht gekonnt."*). Dabei drückt Lob Anerkennung, Freude oder → *Ermutigung* (*„Weiter so!"*) aus. Hervorheben der positiven Auswirkungen einer Verhaltensweise zur → *Verstärkung,* z. B. *„Was du gesagt hast, hilft uns weiter. Danke!"*

Wen soll ich loben?

Nicht nur die erfolgreichen Kinder loben, sondern gerade auch bei schwierigen Kindern kleine Anstrengungen und Erfolge wahrnehmen und verstärken. Oft zeigen uns Kinder Zeichnungen, freiwillige Hausarbeiten und möchten beachtet werden. Wenn Ihnen die Leistung im Grunde missfällt, sollten Sie nicht loben, sondern die Arbeit genau betrachten und ihre Beobachtung sachlich beschreiben, z. B.: *„Du hast ... gemalt. - Du hast alle Wörter noch einmal abgeschrieben."* (*J. Grell* S. 283 f)

Wie kann ich loben?

- Erwünschtes Verhalten sofort lobend verstärken.
- Sprachliche Zuwendung mit freundlicher Mimik und Gestik: sachlich und beschreibend, nicht beurteilend.
- Körperliche Zuwendung, Zunicken und ein freundliches Lächeln sind mitunter noch wirksamer als sprachliches Lob.
- Ehrliches Lob: Fassadenhafte Übertreibung wirkt unecht und verfehlt ihre Wirkung.
- Der Situation angemessenes Lob: Oft genügen kurze Bemerkungen wie *„Gut so! - Weiter so!"*
- Ohne Einschränkung, ohne gleichzeitigen Vorwurf oder Tadel loben: Eine Bemerkung wie *„Das war ja schon ganz gut."* ist „wie ein mitleidiger Trostversuch, wie Spott oder Lüge ... und vergrößert vielleicht nur das Gefühl der Unsicherheit." (*J. Grell* S. 101)
- Das Lob einfach und kindgemäß formulieren.

242

- Abwechslungsreiches Lob, damit kein Gewöhnungseffekt eintritt.
- Nicht zum Sympathieerwerb loben, also nicht: *„Jetzt mag ich dich besonders gern."* Sondern: *„Schön, dass du deinem Nachbarn geholfen hast."* (*Johansson,* S. 143)
- Auch in schriftlichen Mitteilungen an die Eltern sollten wir ab und zu Anerkennung aussprechen und nicht nur auf Negatives hinweisen.

Wenn ein Lob nicht angebracht erscheint, akzeptieren Sie die Gefühle des Kindes, z. B.: Ein Kind sagt: *„Ich werf mein Bild in den Papierkorb. Es ist blöd geworden."* Sagen Sie dann nicht: *„Sei doch nicht albern. Das ist ein hübsches Bild."* Besser: *„Manchmal möchten wir unsere Bilder wegwerfen, wenn wir sie nicht gut finden."* (*J. Grell* S. 233)

Wie oft soll ich loben?

Ein Kind, das ohne sich zu melden lautstark in die Klasse ruft, erregt sofort Aufmerksamkeit, obwohl das Ignorieren die richtige Reaktion wäre (→ *Verstärkung*). Selten wird dagegen registriert, dass das Kind sich durchaus auch meldet. Soll ich Selbstverständlichkeiten loben?

Bei Kindern, die erwünschtes Verhalten praktizieren, kann ich vielleicht am Ende der Stunde ein Lob anbringen, wenn es nichts Wichtigeres zu loben gibt: *„Ich freue mich, dass ihr alle euch meldet und nicht hineinruft."*

Das hineinrufende Kind dagegen müsste jedesmal, wenn es sich meldet, gelobt werden. Da dies kaum zu schaffen ist, kann ich so vorgehen:

- Ich sage dem Kind zu Stundenbeginn, dass ich besonders auf sein Melden achten werde.
- Immer wenn es eine Viertelstunde nicht hineingerufen hat, mache ich als sichtbares Zeichen einen Strich an die Tafel. (Später den Zeitraum ausdehnen.) Für fünf oder zehn Striche kann es eine → *Belohnung* geben.
- Sollte das Kind dazwischen hineinrufen, muss ich es ignorieren, um die Verhaltensänderung nicht zu gefährden. Allerdings wird kein Strich gemacht.

Eine solch langwierige Verhaltensänderung kann ich nur bei einem Kind anstreben. Erst wenn sich das erwünschte Verhalten gefestigt hat, kann ein anderes Kind „drankommen".

Wie kann ich die Kinder von meinem Lob unabhängiger machen?

Regen Sie die Kinder an, dass sie
- möglichst oft sich selbst loben und sich dabei auf die Schulter klopfen: „Das habe ich gut gemacht." (sich selbst verstärken)
- über andere etwas Positives sagen (z. B. frage ich nach dem Partnerlesen: *„Wer kann sagen: Mein Nachbar hat gut gelesen?"*)

Jochen Grell: Techniken des Lehrerverhaltens. Neu ausgestattete Sonderausgabe. Weinheim/Basel: Beltz 1995

Jan-Erik Johansson: Welche Hilfen bietet die Verhaltensmodifikation? In: *Hans Dieter Göldner:* Schwierige Schüler - was tun? München: Oldenbourg 1992

Lügen

Nicht alles, was echt ist, soll ich sagen,
doch das, was ich sage, soll echt sein.

Ruth Cohn

Wenn ein Kind sich frei erfundene Geschichten ausdenkt und fabuliert, wird es für seine Fantasie gelobt. Etwas zu sagen, was nicht wahr ist, ist deshalb nicht unbedingt eine Lüge. Streitet es jedoch ab, dass ihm ein Missgeschick passiert ist, oder sagt es, dass es seine Hausaufgabe gemacht hat, obwohl dies nicht der Fall ist, so ist das eine Lüge. Wenngleich die Kinder in der Regel wissen, ob ihre Äußerungen der Wirklichkeit entsprechen, so sind die Unterschiede zwischen Wahrheit, Realität, Ehrlichkeit und Wahrhaftigkeit, zwischen Fantasie, Wunschdenken und Lüge, zwischen Übertreiben und Flunkern (so lügen, dass man es merkt), Schummeln, Mogeln und Schwindeln für sie doch verschwommen. Dass Lügen als bewusstes Täuschen etwas Verwerfliches ist, wird ihnen im Stadium des „moralischen Realismus" (*J. Piaget*) nur durch die Reaktion der Erwachsenen klar. J. Piaget charakterisiert das Denken von Achtjährigen so: „Lügen ist schlimm und muss bestraft werden." Oder: „Weil Lügen bestraft wird, ist es schlimm." (zit. nach *G. Binder*)

„In der Regel lügen Kinder aus den gleichen Gründen wie Erwachsene - sie fühlen sich in die Enge getrieben oder bedroht, haben Angst vor Strafe oder Zurückweisung oder glauben einfach, eine Lüge werde die Situation für alle Beteiligten leichter machen. Häufig ist das Lügen auch Zeichen für ein geringes Selbstwertgefühl." (*J. Nelsen*, S. 208) Weitere Gründe: Hilflosigkeit, Geltungsbedürfnis (angeben), Gewinn- oder Machtstreben, Hass oder Enttäuschung. „Ein Kind wählt normalerweise den Weg, der Lust verspricht - und nicht den, auf dem es Widrigkeiten zu erwarten hat." (*G. Binder*)

Wie soll man auf Lügen reagieren?

- Selbst ehrlich sein, aber das Kind nicht in die Enge treiben.
  Wenn Sie ein Kind bei einer Lüge oder der gefälschten Unterschrift

unter einer schlechten Note ertappen, sagen Sie ihm, dass sie ihm nicht glauben. (Die Lüge „durchgehen" zu lassen, würde das Kind durch den Erfolg des Lügens → *verstärken.*) Kündigen Sie ein späteres (nicht sofortiges) Gespräch an, z. B.: „Nachher kannst du mir erzählen, was wirklich los war und warum du gelogen hast." Überbewerten Sie die Lüge nicht, indem Sie das Kind einen Lügner nennen und ihm Schuld zuweisen.

- Wer einmal lügt, dem glaubt man nicht ... Lügen zerstört Vertrauen.
  Es hat wenig Sinn, das Lügen „an sich" zu bekämpfen. Vielmehr sollten Sie zum Kind eine vertrauensvolle Beziehung herstellen, „dass das Kind es wagen kann, die Wahrheit zu sagen, selbst wenn es Unannehmlichkeiten nach sich ziehen wird. Oder: es muss für ein Kind leichter sein, die Wahrheit zu sagen als zu lügen." (*G. Binder*) Helfen Sie dem Kind zu erkennen, „dass man aus Fehlern lernen kann; dann werden sie nicht auf den Gedanken kommen, sie seien schlecht und müssten die Fehler, die sie gemacht haben, verstecken oder vertuschen." (*J. Nelsen,* S. 209)
- Lügen kann einem anderen Schaden zufügen. Oft beschuldigt ein Kind ein anderes unauffindbare Dinge „gestohlen" zu haben. Sprechen Sie mit der Klasse über die Gefährlichkeit solch voreiliger, leichtfertiger Verdächtigungen.

Prävention: Das Umgehen mit der Wahrheit muss das Kind lernen.

- Die Lehrerin als Vorbild, → *Modellverhalten*
  Der Umgang mit der Wahrheit zeigt sich im Schulalltag z. B. daran: Geben Sie es zu, wenn Sie etwas vergessen haben? Vertuschen Sie Fehler an der Tafel oder auf einem Arbeitsblatt? („*Ich wollte nur sehen, ob ihr aufpasst!*") Ist Ihr → *Lob* echt? Stellen Sie zynische Fangfragen, obwohl Sie die Antwort schon kennen („*Hast du dein Heft schon abgegeben?*"). Bleiben Sie also selbst bei der Wahrheit (→ *Lehrerverhalten*), doch erzählen Sie auch von Gelegenheiten, bei denen Ihnen dies schwer fiel, aber Sie aus Selbstachtung die Folgen auf sich nahmen.
- Zeigen Sie dem Kind Ihre Annahme und → *Wertschätzung.* Viele Kinder lügen aus Furcht, die Wahrheit könne die Erwachsenen enttäuschen.
- Erkennen Sie Ehrlichkeit und die → *Verantwortung* des eigenen Handelns an: „*Danke, dass du mir die Wahrheit gesagt hast ... Ich finde es gut, dass du bereit bist die Folgen auf dich zu nehmen - ich bin ganz sicher, du wirst mit ihnen fertig ...*" (*J. Nelsen,* S. 210)

- Verantwortliches Sprechen
  Wenn Fantasie- oder „Lügengeschichten" (Münchhausen) erzählt werden sollen, wird dies ausdrücklich angekündigt. Auch gelesene Texte werden unter der Frage untersucht: *„Könnte das wirklich so geschehen?"*

Und nichts als die Wahrheit?

Kinder werfen sich mitunter erbarmungslos „Wahrheiten" an den Kopf wie *„Brillenschlange! Fettkloß ..."* Sie müssen deshalb lernen, darauf zu verzichten, die Wahrheit zu sagen, wenn diese das Gegenüber oder eine dritte Person verletzt (→ *Beleidigen, Höflichkeit*). Wenn jedoch jemandem Schaden zugefügt wird (→ *aggressives Verhalten*), sollen die Kinder dies melden („petzen").

Gertrud Binder: „Lügen" - „die Wahrheit sagen". Zur moralischen Erziehung in der Grundschule ohne moralischen Zeigefinger. In: Pädagogische Welt 7/1989. Donauwörth: Auer
Jane Nelson/Lynn Lott/H. Stephen Glenn: Der große Erziehungsberater. München: dtv 1995

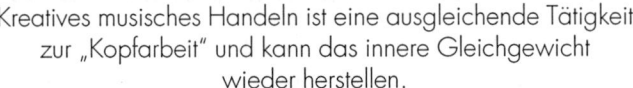

Malen

Kreatives musisches Handeln ist eine ausgleichende Tätigkeit
zur „Kopfarbeit" und kann das innere Gleichgewicht
wieder herstellen.
Claudia Graf

„Der Umgang mit Farbe und Pinsel setzt sowohl von der Bewegungsform als auch vom Gestaltungsprozess her Energien und Emotionen frei. Das Wachsenlassen, Verändern und Vollenden eines Bildes fördert die Auseinandersetzung mit sich selbst und kann über die Selbsterkenntnis zu mehr Einverständnis mit sich führen. Die Identifikation mit einem gelungenen Bild stärkt das Selbstwertgefühl." (*C. Graf*)

Organisation

Material
Großformatige Zeichenblätter DIN A3 (am besten Sammelkauf), für Skizzen Computerpapier, Tapetenrollen; evtl. Kunstheft (auch für Kunstpostkarten); Farbkasten mit sechs Farben, Borsten- oder Haarpinsel, Lappen, Malkittel; Materialkiste mit Materialien zum Bauen, Ausgestal-

ten von Bildern, Durchreiben, Drucken usw.; Fotoalbum mit Fotografien von Kinderbildern.
In ein persönliches Heft zeichnen, malen, schreiben die Kinder wie in ein Tagebuch alles hinein, was sie bewegt.

Arbeitsplatz
mit alten Zeitungen abdecken, standfestes Marmeladenglas nur zur Hälfte mit Wasser füllen und für je zwei Kinder in die Tischmitte stellen.

Meditatives Malen

In der Kunststunde wird das Kind dem Lernziel entsprechend geführt: Die Lehrerin korrigiert, hilft und führt zu einem „guten" Ergebnis.
Beim meditativen Malen dagegen wird das Kind ermutigt so zu malen wie es ihm gefällt. „Meditativ gemalte Bilder können nicht als primär ästhetisch definiert werden, sondern als Suche nach einem ehrlichen Ausdruck. Harmonische Klänge sowie aggressives Geschmiere sind persönliche Aussagen, die Gestalt annehmen." (*C. Graf*)

• Meditatives Malen als entspannende Pause
zu Wochenbeginn als → *Meditation* am Morgen, vor und nach Leistungsanforderungen, nach einer wilden Pause und nach dem Sport, bei Störungen durch besondere Vorkommnisse in der Klasse.

• Organisation
Die Kinder malen spontan, also ohne Vorzeichnen, mit Farbstiften, Farbe und Pinsel oder mit den Fingern. Die benötigten Materialien werden vorher bereit gelegt. Langsam gesprochene Hinführung zur → *Entspannung,* um die rechte Gehirnseite anzusprechen: *„Schließe deine Augen. Suche dir eine bequeme Haltung. Die Füße stehen auf dem Boden. Du spürst den Boden unter deinen Füßen. Deine Hände liegen schwer auf den Oberschenkeln. - Pause - Du atmest ruhig ein und aus. Du lässt den Atem kommen und gehen. Bei jedem Ausatmen gibst du Spannung ab. - Pause - Wenn Gedanken kommen, die dich stören, lasse sie einfach vorüberziehen. Nichts belastet dich. Im Augenblick fühlst du dich ganz wohl. - Pause - Ruhig und entspannt. Du spürst deinen Atem kommen und gehen. - Pause - Wenn du möchtest, kannst du wieder die Augen öffnen, du rekelst dich und bist wieder da." (C. Graf)*

• Malen zu Meditationsmusik
Beim Hören von → *Musik* entstehen innere Bilder und es wird die Selbstbesinnung und der Bildausdruck vertieft. Geeignet sind ruhige, klassische Musik, indianische Folklore, tibetanische Musik und afrikanische Gesänge.

Impuls: *„Wähle deine Lieblingsfarbe und beginne mit ihr zu malen, versuche an keine bestimmten Gegenstände zu denken, sondern lass deinen Pinsel malen, was er will."* (*C. Graf*)

- Malen zu Programmmusik
Beispiele für geeignete Musik: Peter und der Wolf *(S. Prokofjew)*, Bilder einer Ausstellung (*M. Mussorgski*), Moldau (*F. Smetana*). Vor dem Malen werden die musikalischen Elemente verdeutlicht.

- Malen nach Texten
Im Anschluss an eine → *Fantasiereise*, an den vorgetragenen Anfang eines Märchens oder einer Geschichte, an ein gelesenes Gedicht malen die Kinder, auch mit thematisch passender Musikbegleitung.

- Zeichnen nach der Natur in der Natur
Das Kind sucht eine Pflanze, Feder, Blüten, Wurzeln, Steine, Rinde, Schneckenhaus, Früchte, Käfer ..., betrachtet seinen Naturgegenstand intensiv, befühlt ihn, riecht daran und malt ihn.

- Beidhändiges Zeichnen
mit zwei gleichen Stiftarten und evtl. geschlossenen Augen

Selbstbildnis

„Intuitiv erfassen die Kinder oft das Wesentliche ihrer Person und bringen es zum Ausdruck. Ein Selbstbildnis ... soll nur aus dem Unterbewusstsein heraus gestaltet werden, ohne Studie vor dem Spiegel und Vorübungen über Proportionen und Zeichentechniken."
Impuls: „Schließe die Augen, zeichne mit deinen Händen die Gesichtslinien nach, streiche über deinen Kopf, den Hals entlang usw." (*C. Graf*)
Selbstbildnis mit Eltern, Freunden oder Lehrer in Gestalt von Tieren: „Aus diesem Abstand heraus fällt es dem Kind leichter, sich selbst und seinen Bezug zu anderen ehrlich darzustellen."
Impuls: „Stell dir vor, du würdest vor langer, langer Zeit leben. Es gibt auf der Erde noch keine Menschen, nur Tiere. Auch du bist ein Tier, deine Familie, deine Freunde, alle sind Tiere. Welches Tier bist du? ..." (*C. Graf*)

Claudia Graf: Malen hilft. Meditative Übungen zur Prävention von aggressivem Verhalten. In: Die Grundschule Heft 10/1994. Braunschweig: Westermann

Meditation

Meditation (Besinnung, besinnliche Betrachtung) als Einkehr in die eigene Mitte ist immer im Kontext mit den verschiedenen Weltanschauungen, Weltreligionen, Philosophien und Ideologien zu sehen.

Grundsätze

- Orientierung am Kind
Inhalt und Form haben sich an den Kindern, an ihrer Befindlichkeit, ihren Bedürfnissen und an ihrem Verständnishorizont zu orientieren. Kinder haben einen natürlichen Zugang zu einer meditativen Haltung wie ihr Verweilen bei einer Sache, das unendliche Wiederholen einer lieb gewonnenen Tätigkeit, das Vor-Sich-Hinträumen, das Versunken-Sein in ein Spiel oder das Vergessen der Zeit zeigen. Doch die Lebensumwelt zerstört diese Fähigkeiten und verbildet durch Hektik, Unruhe, Oberflächlichkeit, → *Konsum*, einseitiges Leistungsdenken, Handlungs- und Gefühlsarmut. Meditative Übungen können ein Beitrag sein diesen Zivilisationsschäden die Fähigkeit des Nachsinnens entgegenzusetzen.
Allerdings: Der Zugang zu meditativen Übungen ist persönlich bestimmt. Jeder muss seinen Weg selbst finden.
- Orientierung an den Erziehungszielen
Meditative Übungen sind einzubinden in den Erziehungsauftrag und in die → *religiöse Erziehung*. Sie streben nicht rationales Erkennen an, sondern:
  - Sensibilisierung des emotionalen Empfindens
    (→ *emotionales Lernen*)
  - Aufeinanderhören
  - Über sich und sein Leben nachdenken und es in Beziehung zu anderen setzen.
  - Sich an Bildern, Worten, Symbolen orientieren und sie deuten lernen.
  - Die Frage nach dem Sinn des Lebens stellen.
Meditative Übungen sollten in den Unterricht integriert mit sehr bescheidenen Formen beginnen.

- Naturale Meditation
Für die Schule eignet sich vor allem die naturale Meditation. Sie will aus einer religiösen Grundhaltung heraus in den Dingen und Erscheinungen der Welt sowie im Menschen die Dimension der Tiefe, das Wesentliche des Daseins entdecken. Dazu müssen die Dinge konkret vorliegen, sie müssen sichtbar, greifbar und fühlbar sein. Naturale Meditation ist ohne

religiösen Bezug nicht denkbar und reicht somit über Übungen zur →
Konzentration, *Wahrnehmung* und → *Entspannung* im Sinne therapeuti-
scher Maßnahmen weit hinaus.

Schritte auf dem Weg zur Meditation

- Staunen lernen,
sich auf etwas ganz einlassen, zuhören, → *Farben* auf sich wirken lassen,
Leises und Zartes wahrnehmen, Empfindungen spüren, in sich hinein-
hören.

- Still werden,
→ *Ruhe* und *Stille* ertragen lernen und sie als wohltuend empfinden, Entspannung spüren, sich in seinem Körper und Erleben erfahren.

- Auf den anderen eingehen können
und ihn in seinem Anderssein annehmen, sensibel werden für fremde
Bedürfnisse und Nöte, sich selbst einbringen, eigene Gefühle wahrnehmen und aussprechen, sich öffnen und anvertrauen.

- Sensibel werden
für die Hintergründigkeit alles Sichtbaren und für die Geheimnisse des
Lebens, für Geborgenheit und Annahme, fragen lernen, sich betreffen
und ergreifen lassen.

Voraussetzungen

- Bereitschaft der Lehrerin sich auf meditative Fragen einzulassen und
  bei stockenden Gesprächen auch eigene Gedanken und Gefühle zu
  äußern (→ *Modellverhalten*).
- Vertrauensverhältnis zwischen Kindern und Lehrerin
- eine die Sinne positiv ansprechende Atmosphäre des → *Klassenzim-*
  mers
- Bereitschaft der Kinder zur → *Stille*
- Ausschalten von äußeren Störfaktoren (Schild „Bitte nicht stören!" an
  die Türe)
- bequemes Sitzen: Bodenkontakt der Füße, aufrechter Oberkörper
- Bereitstellen benötigter Geräte und Dinge

Hinweise zum Unterricht

- Besondere Vorübungen sind nicht erforderlich, ebenso keine Einstimmung oder Ruheformeln wie bei Entspannungstechniken.
- Meditative Phasen sind jederzeit denkbar: zu → *Tagesbeginn*; bei Lerninhalten, die die emotionale und religiöse Dimension ansprechen, also

vor allem in Deutsch, Kunst, Musik und Religion, sowie als besinnlicher Aspekt bei → *Festen und Feiern.*

- Meditative Phasen sind nicht für eine feste Zeitspanne detailliert planbar. Sie können aus dem stillen → *Betrachten* eines Bildes erwachsen, sich beim Hören meditativer Musik oder einer Geschichte einstellen oder sich bei Empathie- und Assoziationsübungen ergeben. Ausschlaggebend ist, solche Situationen zu erspüren und zu schaffen, in der eine Sache, ein Bild, ein Wort, ein Gedanke, eine Empfindung die Kinder in ihren Bann ziehen. Auch beim Lernen vor Ort auf → *Ausflügen* und → *Unterrichtsgängen* ergeben sich solche Augenblicke des Schauens, Staunens und Nachdenkens.

Meditations-„Bausteine"

- Bildbetrachtung

Als Meditationsbilder eignen sich solche, die Phänomene aus der Umwelt so darstellen, dass sie in ihrer Aussage und ihrem Symbolwert exemplarisch auf die Transzendenz hinweisen, z. B. ein Tor, ein kleiner Spross zwischen Steinen, ein Baum, ein sich verlierender Weg, eine Kerzenflamme, eine reife Ähre, Wasser, Sonnenuntergang, ein Kindergesicht, Farbkompositionen, abstrakte Bilder, archetypische Darstellungen, ein Labyrinth, ein Mandala ... (Religionspädagogische Verlage und Arbeitsstellen bieten Dia-Reihen an.)

Das Darbieten eines Dias führt leichter zur Sammlung als das Betrachten eines Bildes in einem Buch oder eines Fotos.

Das äußere Ritual wird nach und nach vertraut: Raum verdunkeln, sich bequem hinsetzen, ruhig atmen, still werden. Eine ruhige Musik hilft dabei. Dann wird das Bild gezeigt und wirft Fragen auf wie : Wie wirkt es auf mich? Erinnert es mich an etwas? Welche Botschaft könnte es mir bringen? ... Doch erst, wenn nach einer Weile die Musik verklingt, äußern die Kinder ihre Gedanken und Gefühle unter größter Zurückhaltung der Lehrerin. Dabei geht es nicht um rationale Warum-Fragen, sondern um das Darstellen subjektiver Empfindungen.

- Erzählen oder Vorlesen einer Geschichte

Geeignet sind Texte, die wie ein Gedicht, Märchen oder Gleichnis eine hintergründige Begebenheit wie ein zu deutendes Bild vorstellen. Spannende Texte sind nicht geeignet. Auch das Erzählen alltäglicher Begebenheiten kann die Kinder zur Identifikation anregen. Stimme und Gestik der Lehrerin entscheiden oft darüber, ob eine übliche Unterrichtssituation in meditatives Nachdenken mündet.

- Hören meditativer → *Musik*,

pentatonisches Orffspiel und → *Malen* zu Musik: Eine vorherige kurze Erzählung, Höraufgaben und das Malen lassen das Kind leichter zum intensiven Hören finden.

- Empathie- und Assoziationsübungen

Ein Gegenstand, ein Bild, ein Wort oder eine Melodie regen die Kinder zum Ausdrücken von Eindrücken und Empfindungen an.

Helga Müller-Bardorff: Meditation in der Grundschule (mit Transparentmappe): Regensburg: Wolf Verlag 1990

Manfred Reichgeld: Wege zur Stille. Kinder finden zu sich selbst. München: Oldenbourg 1995

Mitteilungsheft

Käufliche Hausaufgabenhefte mit vorgegebener Einteilung halte ich für die Grundschule nicht geeignet. Besser eignet sich ein DIN A5-Heft mit einfachen Linien (4. Schuljahr) in einem auffälligen Umschlag; die vielfach verwendeten DIN A6-Hefte (Oktavhefte) halte ich für zu klein. Bitten Sie die Eltern am Elternabend darum, das Mitteilungsheft täglich einzusehen.

Zum Notieren der Hausaufgaben

im 1. Schuljahr mit Symbolen oder Einzelbuchstaben, später mit Abkürzungen, z. B.:

(Datum nach dem Einführen der Ziffern 0 – 9)		(Datum)
Lesen:	L	DEU Lb 50 (Lesebuch S. 50)
Schreiben:	SCH	Sb 50/3 rot (Sprachbuch S. 50 Nr. 3 ins rote Heft)
Mathematik:	M	MAT Mb
		SU Ab 13
		(Sachunterricht, → *Arbeitsblatt*)

- Die Großbuchstaben L, SCH und M erlernen die Kinder unabhängig von der Analyse und schreiben sie oft schneller als sie die Symbole malen.
- Ein Blatt mit den verwendeten Symbolen und Abkürzungen kann zur Information der Eltern vorne ins Hausaufgabenheft eingeklebt werden.

- Das Notieren sollten Sie zu Beginn jedes Schuljahrs genau analog Ihrer Tafelanschrift einführen. Wichtige Einträge der Kinder sollten Sie im 1./2. Schuljahr überprüfen.
- Unter den Eintrag ziehen die Kinder mit Lineal einen Strich. Zu Hause streichen sie die erledigte Hausaufgabe durch. Leiten Sie die Kinder an das Heft fortlaufend zu führen. Beschriebene Seiten werden mit einer Büroklammer zusammengeheftet, sodass die aktuelle Seite schnell zu finden ist.

Für Mitteilungen an die Eltern

- Eintragen von Stundenplanänderungen
  Ergeben sich im 1. Schuljahr unverhofft Änderungen, so bitte ich eine 3. oder 4. Klasse diese einzutragen.
  Ein U erinnert an die nötige Unterschrift der Eltern.
- Mitzubringende Dinge für den Unterricht
  So können Sie das leidige Einsammeln von Geld organisieren: Jedes Kind hat eine mit seinem Namen beschriftete Filmdose, die es mit dem abgezählten Geldbetrag auf das Pult stellt. Sie leeren die Dosen, wann es Ihnen zeitlich passt. (nach *Edeltraud Habermann* in: Flohs Ideenkiste Nr. 9, München: Domino Verlag 1995)
- Zettel mit allgemeinen Mitteilungen einkleben.
- Individuelle, von Ihnen hineingeschriebene Mitteilungen
  Damit es keine Negativliste wird (vergessene Hausaufgaben, fehlendes Unterrichtsmaterial, Unterrichtsstörungen), werden auch positive Beobachtungen eingetragen, z. B.: *Philipp hat heute im Sachunterricht besonders eifrig mitgearbeitet./ ... war Spitze beim Kopfrechnen./ ... schaffte es, sich zu melden und nicht dazwischen zu rufen. ...*
  Bei Kindern mit Problemverhalten können Sie bei überwiegend gutem Verhalten ein Symbol eintragen (z. B. lachendes Gesicht, vgl. → *Belohnungen*).
- Mitteilungen der Eltern an die Lehrerin
  Beobachtungen (z. B. Abbrechen der → *Hausaufgabe*), schriftliche Entschuldigung bei → *Erkrankung*, Anmeldung zur Sprechstunde, Wünsche und Vorschläge.

Modellverhalten

Erziehung ist Beispiel und Liebe, sonst nichts.
Friedrich Fröbel

Bedeutung des Modellverhaltens

„Lehrer sind als besonders bedeutsame Verhaltensmodelle für das Beobachtungslernen von Schülern anzusehen." Modell-Lernen und → *Verstärkung* sind effektiver als verbale Belehrungen. Wir müssen uns deshalb immer wieder fragen: Sind wir den Kindern Modelle für angemessenes
* soziales Verhalten?
  (→ *Lehrerverhalten, soziales Lernen, Wertschätzung*)
* emotionales Verhalten? (→ *emotionales Lernen*)
* → *Arbeitsverhalten?* (→ *Lehrerverhalten*)
* kreatives, intellektuelles und produktives Verhalten?
* sprachliches Verhalten? (→ *Lehrersprache*)

Je freundlicher wir zu den Kindern sind, umso freundlicher sind diese zu uns und untereinander. Durch deutlich gezeigte positive Affekte können wir deren emotionale Reaktionen verändern (reziproke Effekte, *Tausch* S. 115 f). Unterstützt wird dies durch eine optimistische, zuversichtliche Erwartungshaltung den Kindern gegenüber. Sie bewirkt, dass sich die Kinder eher in der gewünschten Richtung verhalten. (*Tausch* S. 128)
„Die außerordentlich großen Möglichkeiten der Beeinflussung von Schülern bei angemessenem Modellverhalten von Erziehern" werden „bei weitem noch nicht hinreichend genutzt," auch nicht von Eltern. (*Tausch* S. 67) Ein gleichzeitiges sprachliches Beschreiben des Modellverhaltens verstärkt das Beobachtungslernen.

Die Lehrerin als Modell für Denken und Lernen

„Indem Lehrer ihre eigenen Denkvorgänge des Öfteren vor der Klasse sprachlich äußern, können sie ein Modell für Schüler hinsichtlich denkenden Verhaltens sein und Schülern gegenüber lenkendes Verhalten vermeiden." (*Tausch* S. 253) Beispiele:
* Nicht: *„Sag noch mehr zu der Geschichte."* Sondern: *„Ich überlege, ob wir schon alles Wichtige herausgefunden haben."*
* Nicht: *„Peter, fasse du noch mal zusammen."* Sondern: *„Wenn einer von euch es noch mal zusammenfassen kann, könnten wir das besser verstehen."*
* Nicht: *„Sucht noch nach mehr Gründen."* Sondern: *„Ich frage mich, ob*

deine Erklärung schon ausreicht oder ob wir noch mehr Gründe suchen müssen." Oder: *„Ich meine, es sind noch nicht alle wichtigen Gründe gesagt worden."*

Nobody is perfect

Was können wir tun, wenn wir nicht zu einem angemessenen Modellverhalten fähig sind? *R. u. A. Tausch* schlagen u. a. vor:

- „Darbietung eines angemessenen Modellverhaltens, wie man mit seinen eigenen Fehlern fertig wird, wie man kritisch zu ihnen steht, sich um Änderungen bemüht und diese Selbstkritik, in bestimmten Bereichen kein angemessenes Modell sein zu können, anderen kommuniziert.
- Förderung und Herausstellen von anderen Personen mit geeignetem Modellverhalten." (S. 71)

Trotz steten Bemühens um ein angemessenes Modellverhalten ist es besser,

- einen Fehler offen zuzugeben als ihn zu übergehen in der Hoffnung, dass ihn niemand bemerkt hat. (Wenn ich mich z. B. einmal verschrieben habe, lobe ich das Kind für seine Aufmerksamkeit und seinen Mut, mir das mitzuteilen.)
- sich für eine unangemessene Äußerung zu entschuldigen als nahtlos zur Tagesordnung überzugehen. (Die Kinder verstehen es, wenn Sie ihnen erklären, dass Sie sich heute schlecht fühlen, dass der große Lärm auf Dauer Ihnen Kopfschmerzen bereitet usw. und dass Ihnen deshalb etwas „herausgerutscht" ist, was Sie eigentlich gar nicht sagen wollten.)

Solche Pannen sollten natürlich die Ausnahme sein. Doch eine Erklärung lässt die Kinder wenigstens nicht in dem Gefühl, dass sie an Ihrem Verhalten schuld seien.

Reinhard und Anne-Marie Tausch: Erziehungspsychologie. 5. gänzl. neu gestaltete Auflage. Göttingen: Verlag für Psychologie Dr. C. J. Hogrefe 1970

Morgenkreis

Täglicher Morgenkreis?

Der Morgenkreis (→ *Unterrichtsgespräch*) als Ritual zu → *Tagesbeginn* will

- die Erlebnisse der Kinder im Gespräch aufarbeiten, damit sie den Kopf zum Lernen frei haben.

- die Kinder sich als zur → *Klassengemeinschaft* zugehörig fühlen lassen.
- das Erlernen elementarer Gesprächsformen unterstützen.
- einen Übergang von der freien Zeit zur mehr gebundenen Zeit des Unterrichts schaffen.

Im 1./2. Schuljahr unterstützt tägliches → *Erzählen* den Aufbau einer Gesprächshaltung. Aber: Während Vielredner detailliert und ausschweifend erzählen, nimmt die Spannung ab und die Unruhe wächst. Ein gestalteter Morgenkreis dagegen schafft „Ruhe-Inseln".

Organisation und Inhalte

Begrüßungsphase
- Bereitstellen der später benötigten Medien
- Bilden des Kreises (→ *Sitzordnung*)
- Gemeinsame Begrüßung im Kreis mit Handfassung und einem Lied
- Unsere „freundlichen Minuten": Einige Kinder sagen zu anderen etwas Nettes oder wünschen Gutes für den Tag.

Erzählphase
- Im Kreis Erlebnisse erzählen und evtl. Mitbringsel zeigen. Wenn nötig die Anzahl der Sprecher z. B. auf fünf beschränken oder Sprecherfolge regeln: Aus einer Schachtel mit Namenskarten holen sich die Sprecher ihre Karten und legen sie nach dem Erzählen in einer zweiten Schachtel ab. Erst wenn die erste Schachtel leer ist, können Kinder zum zweiten Mal erzählen.
- In kleinen Gruppen nach Wahl: Jede Gruppe entscheidet, ob ein Erlebnis anschließend nochmals im Morgenkreis erzählt werden soll. Wenn ja, erzählt nicht das „Erlebniskind", sondern ein Kind der Gruppe dessen Erlebnis, um das Zuhören und Einfühlen zu fördern. Das „Erlebniskind" ergänzt und berichtigt.

Besinnlicher Morgenkreis
- zum Wochenthema, z. B. „Gemeinsam sind wir stark", Herbst;
- Überleitung durch ein Lied oder einen zum Thema passenden Gegenstand in der Kreismitte;
- Einen Gegenstand im Kreis herumgeben und eigene Gedanken dazu äußern;
- Vorlesen einer Geschichte oder eines Gedichts, Nachdenken über den Inhalt und Veranschaulichen mit einfachen Materialien wie Steinen, Stoffresten, Märchenwolle (grobe, gefärbte Schafwolle), Tüchern in verschiedenen Farben (z. B. blau-Meer, gelb-Wüste), Stäben, Kugeln, Naturmaterialien ... auf einem großen Tuch in der Kreismitte;
- → *Fantasiereise*, Übungen zur → *Konzentration, Wahrnehmung, Stille*;
- Gebet (→ *Meditation*).

Konstanz: Wiederkehrende Lieder, Texte, Gebete; Übungen häufig wiederholen; Neues vorher ankündigen.
Je nach Situation anregende oder beruhigende Übungen auswählen.

Überleitung zum Unterricht
Vorstellen des → *Tagesplans* oder → *Wochenplans*

Ulrike Hieronymus: Der Morgenkreis als Unterrichtsbeginn. Praxisbeispiele zur ganzheitlichen Gestaltung des Schulalltags. München: Oldenbourg 1996

Motivation

Die Motivation der Schüler steht und fällt
mit der Motivation des Lehrers.
S. Krug

Kritik am Motivationsbegriff

- Der Motivationsbegriff ist zu allgemein. Es lassen sich daraus keine „Anweisungen herleiten, wie man eine Situation erfindet, die Schüler motiviert. ... Das Wort 'Motivation' gibt Lehrern lediglich den Befehl: ‚Sei ideenreich! Hab Fantasie! Denk dir irgend etwas Komisches aus!'" (*Grell* S. 137)
- Die Unterscheidung zwischen primärer und sekundärer, intrinsischer und extrinsischer Motivation ist „unselig". Sie erweckt nämlich „den verwirrenden Aberglauben, dass man Motivationszustände bei Schülern entweder von außen einschalten kann oder aber dass sie der einzelne Schüler von sich aus 'innerlich' einschaltet - und dass man dieses innerliche Einschalten angeblich durch geschickte ‚Motivation' von außen anschalten kann." (*Grell* S. 135 f.)
- Die Motivationsphase am Stundenbeginn „ist zu einer geheiligten Mythologie geworden". Doch die Praxis zeigt, „dass die Motivationsversuche meistens enttäuschende Effekte haben." (*Grell* S. 136)
- Der Motiviertheitszustand von Kindern kann weder beschrieben noch gemessen werden. Die Effektivität der anfänglichen Motivationsphase ist reine Glaubenssache und wissenschaftlich nicht beweisbar. (*Grell* S. 138)
- „Wenn ich Schüler durch Verpackung des Themas und andere Motivierungstricks zum Lernen verführe, nehme ich sie nicht als Menschen ernst, die denken können und sich selbst steuern wollen." (*Grell* S. 143) Dieser „Verführungsunterricht" (S. 141) zeigt „ein grundsätzliches

257

Misstrauen in die Fähigkeit und Bereitschaft der Kinder sich von der Sache selbst und durch den selbstständigen Umgang mit einer Lernaufgabe fesseln zu lassen." (*Grell* S. 142 f.)

- Motivierungsverfahren sind wie der → *Erarbeitungsunterricht* „Mittel zur kognitiven Fesselung der Schüler." Denn da sie das Ziel nicht kennen, müssen sie den „kognitiven Fußspuren des Lehrers" folgen. (*Grell* S. 150)
- Schließlich: „Die Schüler werden durch den prunkvollen Motivationszauber am Stundenbeginn allzu oft auf eine falsche Fährte gelockt, sodass die vom Lehrer ausgelösten Lernaktivitäten von den angestrebten Lernzielen fortführen." Vor allem „starke Motivationsreize in Tateinheit mit der Geheimhaltung der Lehrabsichten" sind schädlich. Indem wir trockene Themen mit Gags schmackhaft machen wollen, zeigen wir den Kindern zugleich, dass wir das Thema für langweilig halten, und stecken sie mit unserer ängstlichen Erwartung an. (*Grell* S. 144 f.)

Vertrauen Sie deshalb darauf, „dass die meisten Schüler ... mit dem Wunsch in die Schule kommen, dort etwas zu lernen und zunächst einmal zufrieden sein werden, wenn dieser Wunsch erfüllt wird." (*Grell* S. 52)

Zu Stundenbeginn: Eine positive Stimmung schaffen

Versuchen Sie „gleich in den ersten Unterrichtsminuten aktiv eine angenehme Stimmung auszustreuen" und eine lockere und freundliche Atmosphäre zu schaffen. (*Grell* S. 127) Denn dadurch lösen Sie umgekehrt bei den Kindern wiederum positive Gefühle aus. Anlässe zum Freuen können sein: Ihre eigene gute Stimmung, ein angenehmes oder lustiges Erlebnis, ein lächelndes Kind, ein ehrlich gemeintes Kompliment für die Klasse, ein interessanter Gegenstand, der herumgezeigt wird, ein beliebtes Lied ... (nach *Grell* S. 129)

Wenn Sie allerdings in schlechter Stimmung sind, brauchen Sie diese nicht krampfhaft zu verbergen. Teilen Sie dies den Kindern mit (→ *Ich-Botschaften*), damit klar ist, dass die Klasse nicht die Ursache ist (Echtheit des → *Lehrerverhaltens*).

Versprechen Sie den Kindern auch nichts, was „Sie nicht halten können. Besser als „Heute kommt etwas sehr Interessantes." ist „Ich glaube, das, was wir heute machen, könnte viele von euch interessieren." (*Grell* S. 130)

Der informierende Unterrichtseinstieg (→ Unterrichtsrezepte)

- „Wir können andere Menschen nicht motivieren, sondern jeder Mensch motiviert sich selbst." (*Grell* S. 151)
- „Menschen sind eher bereit, ihre Motivation einzuschalten, wenn sie wissen, wofür." (ebd. S. 152)

„Für den Unterricht heißt das: Versuchen Sie nicht nach einer prunkvollen Motivierungsidee zu suchen, die die Schüler zum Lernen verführt, sondern nehmen Sie die Schüler als vernünftige Wesen ernst und sagen Sie ihnen am Stundenbeginn so <u>einfach</u> und <u>klar</u> und so <u>interessant</u>, wie Sie es nur formulieren können, was in der Stunde passieren soll und warum." Schreiben Sie die wichtigsten Punkte des Plans der kommenden Stunde an die Tafel, damit der Unterricht für die Schüler durchsichtig wird."
„Oft ist es auch sinnvoll, Auswahlmöglichkeiten zu nennen, statt einen perfekten Plan zu beschreiben, der nur so und nicht anders vollstreckt werden darf. Einige Schüler werden sich freuen, dass sie mitentscheiden oder mitüberlegen dürfen. Andere können dabei lernen, dass man sich auch einmal selbst für etwas entscheiden muss und sich nicht immer alles vorsetzen lassen kann." (ebd. S. 153)

Maßnahmen zum Aufrechterhalten der Lernbereitschaft

- Lernziele an der Tafel oder ausgehängte Plakate mit langfristigen Zielen (z. B. Arbeitsregeln, → *Gesprächsregeln*) als fortlaufende Erinnerung
- → *Partner-* und *Gruppenarbeit* kommen dem Geselligkeitsbedürfnis der Kinder entgegen.
- Positives Beziehungsverhältnis zwischen Lehrerin und Kindern
- Erfolge bewusst machen durch → *Verstärken* erwünschter Verhaltensweisen und → *Lob* (→ *Selbstbild*)
- Gefühle der Zufriedenheit schaffen.

Jochen und Monika Grell: Unterrichtsrezepte. München: Urban und Schwarzenberg 1979

Musik

Musik öffnet unser Bewusstsein,
führt in tiefe seelische Bereiche,
regt zum Träumen,
Nachdenken und Fantasieren an.
Claudia Graf

Musik, Tanz und → *Bewegung* sind auf der ganzen Welt elementare Ausdrucksformen, die in der Familie und in der Freizeit der Kinder weit gehend vernachlässigt werden. Die Schule muss deshalb verstärkt das Musische einbeziehen, und zwar über den stundenplanmäßigen Unterricht hinaus. Musik spricht die Kinder ganzheitlich an, fördert das Lernen und das Klassenklima.

In der Grundschule sollte täglich mindestens einmal gesungen und möglichst jede Woche ein neues Lied gelernt werden. Nebenbei lässt sich so auch ein Repertoire für → *Feiern* und *Feste* aufbauen. Wer sich vor dem Singen vor der Klasse scheut oder keine als Vorbild für die Kinder geeignete Stimme hat, kann sich helfen:

- Es gibt eine Fülle guter Kassetten, z. B.: *Eva Mrosek/Eva Schäfer:* Lieder im 3. und 4. Schuljahr. Kopiervorlagen mit Begleitkassette. München: Oldenbourg 1993
  Irmingard Philipow: Kommt, lasst uns tanzen. Regensburg: Wolf Verlag 1993 (Buch und Tonkassette)
  Damit der Kassettenrekorder nicht verstaubt, decke ich ihn mit einem Tuch ab.
- Spielen Sie mit der Tenorblockflöte, die den Tonumfang der Kinderstimme am besten trifft, Töne, Melodiebausteine und Melodien vor.
- Die besten Sänger der Klasse singen vor.
- Kinder, die ein Instrument spielen, erhalten einige Zeit vorher ein Liedblatt zum Üben und spielen der Klasse das Lied vor.
- Kooperation im Kollegium: Singen Sie zusammen und üben Sie gemeinsam ein Repertoire ein. Oder: Bitten Sie eine musikalische Kollegin, immer wenn sie mit ihrer Klasse singt, ein Kind zu Ihnen zu schicken und Ihre Klasse zum gemeinsamen Singen abzuholen.

Musikalische Elemente in anderen Fächern

Das Fördern der Kinderstimme und die Stimmpflege im Blick auf Artikulation, Resonanz- und Lautbildung, Haltung, Atemführung (→ *Atmen*) und Hören sind durchgängiges Unterrichtsprinzip.

- Lautschulung beim mündlichen Sprachgebrauch: Nachahmen von Geräuschen (Wind, Hexenlachen, Tierstimmen, Maschinengeräusche ...), Übungen zum → *Flüstern* (tropfender Wasserhahn ...), Ausrufe, Zungenbrecher, Gedichte mit lautmalenden Wörtern, Zaubersprüche, Lieder auf Silben singen, exakte Konsonantenbildung (Gespenster unterhalten sich nur in der Mitlautsprache) u. v. a. m.
- Schreibenlernen: Rhythmisch gesprochene oder gesungene Verse erleichtern das Einprägen von Bewegungsabläufen und Buchstabenformen.
- Deutsch: ABC-Lieder, Lieder zum Theaterspiel oder beim Spiel mit → *Handpuppen*
- Sachunterricht: Lieder zum Jahreskreis und zu Sachthemen
- Mathematik: Lieder zum Zählen; beim Kopfrechnen die Aufgaben mit

getragener Kirchengesangsstimme langsam und einprägsam singen.

- Lesen: Verklanglichen eines Textes
- Sport: Tanzlieder, Gymnastik zu Musik vom Kassettenrekorder
- Kunst: Eine inhaltlich auf das Thema abgestimmte Musik lässt die Kinder ihre Gefühle intensiver wahrnehmen, sodass die Bilder vielschichtiger und aussagekräftiger werden. (→ *Malen*)

Liederschnur: Schreiben Sie die Anfänge erlernter Lieder auf einen passenden Karton (z. B. Gespensterlieder auf ein weißes „Pappgespenst") und hängen Sie sie mit Wäscheklammern an eine Leine. (nach *Uta Englbauer* in: Flohs Ideenkiste Nr. 10, München: Domino Verlag 1996)

Musik regt das Lernen an

Vor allem die langsamen, gleichmäßig schwingenden, in harmonisierendem Rhythmus komponierten Sätze von Musikstücken aus der Barockzeit (Telemann, Händel, Vivaldi, Bach, Corelli) ermöglichen ganzheitliches Lernen. Sie haben etwa 60 Taktschläge pro Minute und rufen im Gehirn den entspannenden sog. Alpha-Zustand hervor. (→ *Einzelarbeit*)

Musik zur → Entspannung und Beruhigung

Das Hören von ausgewählter Musik ist ein wohltuendes Erlebnis in der → *Stille* und unterstützt → *emotionales Lernen* und → *Meditation*. Die Kinder können nur hören oder anschließend die durch Musik ausgelösten Gedanken und Gefühle mündlich oder in freien Texten beschreiben. Gerne malen die Kinder auch beim Hören Mandalas aus.

Unaufdringliche Musik kann das → *Betrachten* von Bildern begleiten oder vorgetragene Texte bei → *Fantasiereisen* unterlegen.

Auflockernd und gemeinschaftsbildend sind die vielen Formen von → *Bewegung*, Tanzen und Spielen zu Musik oder selbst gesungene, fröhliche Lieder.

Bislang noch wenig genutzte Möglichkeiten sind:

- Freudige, zuversichtliche Musik (z. B. Mozart) vor Probearbeiten abspielen.
- Vor der Aussprache nach Streit und Konflikten mit geschlossenen Augen zuerst beruhigende Musik anhören.

Dazu müssen keineswegs immer neue Musikstücke ausgewählt werden. Vielmehr können Melodien, die sich bewährt haben, als Themenmusik Teil von wiederkehrenden → *Ritualen* sein.

Was Eltern wissen sollten

Regen Sie die Eltern an ihr Kind ein Instrument lernen zu lassen, wenn es dies auch möchte. Denn das Musizieren trainiert über die musikalischen Fähigkeiten hinaus → *Konzentration* und Ausdauer, hilft beim Stressabbau, stärkt das Selbstbewusstsein und macht Spaß. Auch schlechte Sänger können durchaus gute Musiker werden, wenn sie ein gutes Gehör und Rhythmusempfinden haben. Ein Ansporn für das erforderliche regelmäßige Üben kann das Vorspielen vor der Klasse sein.

Regen Sie die Eltern an dem Kind Kassetten mit klassischer Musik zu schenken und geben Sie ihnen eine Liste mit Stücken, die Sie auch im Unterricht verwenden möchten, z. B. Peter und der Wolf (S. Prokofjew), Die Moldau (F. Smetana), Hummelflug (N. Rimsky-Korsakoff), Kindersymphonie, Musikalische Schlittenfahrt (beide: L. Mozart), Karneval der Tiere (C. Saint-Saëns), Pacific 231 (A. Honegger), Die vier Jahreszeiten (A. Vivaldi).

Nachbarn

- Freunde als Nachbarn?

Für die Kinder ist es entscheidend, neben wem sie sitzen. Deshalb: Lassen Sie sie selbst wählen. Die Gefahr, dass nebeneinander sitzende → *Freunde* und Freundinnen durch Geschwätz und Albereien stören könnten, ist nicht größer als bei Kindern, die sich nicht nahe stehen. Jedoch entfalten sich soziale Tugenden besser (→ *Helfen, Partnerarbeit*), wenn die Kinder einander mögen.

- Damit sich Nachbarn gegenseitig nicht stören

Bei → *Partnerarbeit* rutschen die Kinder ihre Stühle eng nebeneinander, damit sie flüsternd zusammen arbeiten können. Doch sonst gilt: Jeder sitzt am Tischende. Diese räumliche Trennung wird erleichtert, wenn Hefte, Mäppchen und andere Materialien immer in der Tischmitte liegen und nicht in den Ecken. Das hat auch den Vorteil, dass die Arbeitsmittel nicht so leicht auf den Boden fallen. (→ *Ordnung*) Um dies konsequent einzuüben können Sie einen farbigen Klebepunkt in der Mitte anbringen.

→ *Linkshänder* sollen immer an der linken Tischseite neben einem Rechtshänder sitzen.

Wer seinen Nachbarn immer wieder stört, muss im Sinne einer logischen Folge an die schmale Tischseite rücken oder alleine sitzen. Auch wer gerne alleine sitzen will, darf dies (Gründe erforschen!).

- Freie Sitzplatzwahl am Schuljahresbeginn

Schulanfänger, die sich untereinander kennen, können bewusst ihren Nachbarn am → *ersten Schultag* wählen. Die anderen geraten durch Zufall oder Hinweise der Lehrerin an einen Nachbarn. Deshalb lasse ich im 1. Schuljahr nach einer Kennenlernzeit von ein, zwei Monaten den Nachbarn und Sitzplatz neu wählen. Bei jedem Wechsel der → *Sitzordnung* gilt: Betroffene Kinder müssen einverstanden sein. Weder eine starre Fixierung auf einen Platz (mangelnde Vielfalt der Kontakte) ist günstig noch ein häufiges Umsetzen (Kontakte können sich nicht aufbauen).

Nachschlagen

Das Nachschlagen im Wörterbuch und Lexikon ist sorgfältig einzuführen und kontinuierlich anzuwenden. Denn oft schreiben Kinder z. B. beim Aufsatz Wörter lieber „auf gut Glück" anstatt im Wörterbuch nachzuschlagen, weil ihnen dies zu langsam geht. Auch bei den Hausaufgaben sollten die Kinder zum Gebrauch des Wörterbuchs oder Lexikons angeregt werden.

Langfristige Vorbereitung
- Erstlesen: Im Buchstabenheft zur Fibel „LESESCHULE" ist bei jedem Buchstaben eine senkrechte Leiste mit dem Alphabet, in dem der neu gelernte Buchstabe jeweils markiert wird. (*Marianne Franz/Silvia Regelein*: LESESCHULE. Buchstabenheft. München: Oldenbourg 1995)
- Häufiges, selbstständiges Aufsuchen von Texten im Inhaltsverzeichnis des Lesebuches (→ *Bücher*)
- Einprägen des Alphabets in vielfältigen Übungen
- Aufsuchen von Wörtern in Wörterlisten (z. B. Grundwortschatz) und Suchübungen, bei denen von Ihnen genannte Wörter markiert werden
- Eintragen der erlernten Grundwortschatzwörter in ein eigenes Wörterheft (nach dem Alphabet geordnet, für jeden Buchstaben eine Seite)

Das erste Wörterbuch
muss für die Kinder überschaubar sein: geringer Umfang, für jeden Buchstaben eine neue Seite, großer Druck. Nicht nur für ausländische Kinder sind Zusatzinformationen günstig, z. B: der Ball, die Bälle. (Druckschrift) Der Ball rollt. (Schreibschrift)

Such- und Orientierungsübungen:
- Zu jedem Buchstaben das erste und letzte Wort sowie das persönliche Lieblingswort aufschreiben;
- Tiernamen, Esswaren und Getränke, Namen für Körperteile für Mensch und Tier aufschreiben;
- auf einer vorgegebenen Seite Namen-, Tun- und Wiewörter mit einem vorgegebenen Buchstaben im Wortinnern aufschreiben;
- vorgegebene Wörter mit verschiedenen Anfangsbuchstaben (Tafel) im Wörterbuch suchen und die Seite notieren;
- zu vorgegebenen Wörtern die drei vorausgehenden und die drei folgenden Wörter aufschreiben;
- bei je sechs vorgegebenen Wörtern das Wort durchstreichen, das nicht im Wörterbuch steht;
- Wörter zu vorgegebenen Rechtschreibfällen suchen, z. B. Wörter mit – ll – :
- Bilden von Wörterketten: Hund - Dose ...
- fehlerhafte Wörter (Tafel) im Wörterbuch suchen und richtig aufschreiben, denn „ohne Zweifel und ohne Fehlersensibilität kommt das Kind nicht zum Nachschlagen." (*W. Menzel*) (→ *Fehler*)

Das Wörterbuch im 3./4. Schuljahr
Über den Grundwortschatz hinaus sollte es alle gängigen Wörter enthalten. Zur besseren Übersicht sollten die Wortanfänge innerhalb eines Buchstabens hervorgehoben werden, z. B.: pa, pe, pf usw. Neben Artikel und Mehrzahl bei Namenwörtern sollten auch Zeitwortformen angegeben sein, z. B.: singen, du singst, er sang (ein Lied singen).
Nach und nach wird in vielfältigen Übungen gelernt,
- dass nicht nur der erste Buchstabe bei der alphabetischen Ordnung zu beachten ist, sondern auch die folgenden Buchstaben.
- dass Umlaute wie Selbstlaute eingeordnet sind.
- dass Wörter mit ß wie Wörter mit ss eingeordnet sind.
Wichtig für rasches Nachschlagen ist überfliegendes → *Lesen*. Wie im 1./2. Schuljahr lässt sich das Wörterbuch auch zum Sammeln von Wörtern unter verschiedenen Aspekten nutzen. Sie unterstützen das Nachschlagen, wenn Sie selbst vor den Augen der Kinder häufig nachschlagen und dies sprechend begleiten (→ *Modellverhalten*).
Johannes Fackelmann u. a.: Findefix. Wörterbuch für die Grundschulen. 2. erw. Aufl. München: Oldenbourg 1996
Arbeitshefte zum Wörterbuch:
Doris Grasser/Sylvia Haas: fit und fix mit Findefix. Heft 2: Rechtschreiben im 3. Schuljahr, überarb. Aufl. 1996
Annerose Held: fit und fix mit Findefix. Materialien für die Freiarbeit. 1996

Silvia Regelein: fit und fix mit Findefix. Heft 1: Nachschlagen im 3./4. Schuljahr; Heft 3: Nachschlagen im 2. Schuljahr, überarb. Aufl. 1996
Wolfgang Menzel/Uwe Sandfuchs: Im Wörterbuch nachschlagen. In: Die Grundschule Heft 1/1992, Braunschweig: Westermann

Neue Kinder in der Klasse

• Vor der Ankunft

Erhalte ich während des Schuljahres einen „Zugang", so stimme ich die Klasse vorher positiv auf die „Neue" oder den „Neuen" ein und teile mit, was ich weiß. Meist ist es sehr wenig! Außerdem werden mehrere „Freiwillige" gesucht, die bereit sind sich neben das Kind zu setzen (→ *Nachbarn*), ihm zu → *helfen*, in der → *Pause* mit ihm zu spielen und das Eingewöhnen zu erleichtern.

Halten Sie für das Kind einen Stundenplan und eine Materialliste bereit (von vornherein zwei Kopien mehr machen) und geben Sie dem Kind eine Woche Zeit seine Materialien an die der Klasse anzugleichen.

• Die Ankunft

Die Ankunft darf nicht als lästige Störung möglichst schnell abgetan oder gar übergangen werden. Im Sitzkreis stellen sich die Kinder kurz vor, sodass das neue Kind nicht gleich selbst reden muss, sondern allmählich „warm werden" kann. Danach kann es von sich erzählen und, wenn es will, seine Schulsachen und Arbeiten aus der „alten" Schule zeigen. Aus den „Freiwilligen" vom Vortag wählt es seinen Nachbarn aus. Außerdem wird ermittelt, wer es auf dem → *Schulweg* begleiten kann.

Die Ankunft eines neuen Kindes ist eine gute Gelegenheit, die Klassenregeln zu wiederholen und zu begründen (→ *Regeln*). Denn nur wenn das Kind weiß, was von ihm erwartet wird, kann es sich daran halten. Danach können zwei Kinder oder die Klasse das Kind durch das Schulhaus führen.

• Die Eingewöhnungszeit

Je nach dem Alter der Kinder und der Größe der Klasse werden in den nächsten Tagen weitere Kennenlernspiele durchgeführt. Ein Klassenpoesiealbum (→ *erster Schultag*) erleichtert das Kennenlernen. Beim Feststellen des Lernstandes sollten Sie auf vergleichende Äußerungen verzichten *(„So weit zurück ist deine alte Klasse?!")*. Die ersten Lernkontrollen und → *Probearbeiten* werden bei Wissenslücken nicht benotet und für das → *Zeugnis* nicht gewertet. Arbeiten Sie ggf. einen Plan zum → *Fördern* aus und informieren Sie die Eltern, damit das Kind möglichst bald

den Anschluss an die Klasse findet.
Je mehr Zuwendung Sie dem neuen Kind zeigen, umso besser nimmt es auch die Klasse auf.

• Ein Kind zieht weg
Wenn ein Kind Ihrer Klasse wegzieht, bereiten Sie es auf das „Neusein" vor: Im → *Rollenspiel* soll es der „neuen" Klasse von sich erzählen, Fragen beantworten und die Klasse nach wichtigen Dingen fragen.
Nützen Sie die Gelegenheit durch den Umzug des Kindes eine Patenklasse für einen Briefwechsel zu finden.

Noten

Die „Durchschnittsnote Drei" kann gleichermaßen
einen hochbegabten Nichtstuer, einen fleißigen Durchschnittskopf,
einen guten Denker, der aber flüchtig arbeitet,
einen unselbstständigen Routinier
und noch vieles andere kennzeichnen.
Andreas Flitner

Trotz aller Kritik an der Notengebung haben Noten im Gegensatz zu → *Zeugnisberichten* folgende Vorteile: Sie informieren kurz, übersichtlich und verständlich. Nachteile dagegen sind: Sie machen keine differenzierten Aussagen, sind nicht objektiv und zuverlässig. Noten sind immer Schätzurteile, gleichgültig nach welchem Verfahren sie ermittelt werden. Und zum Ärger manch überehrgeiziger Eltern gibt es keine bis ins Detail gehenden Vorschriften zur Benotung, vielmehr sind Ermessensentscheidungen „in pädagogischer Verantwortung" sogar amtlich festgeschrieben. Doch gerade aus Verantwortung für das Kind muss die Benotung als Teil der → *Leistungsbeurteilung* möglichst gerecht erfolgen und im Blick auf den von Eltern verstärkten Selektionsdruck auch justiziabel.
Informieren Sie sich deshalb über die in Ihrem Bundesland geltenden Bestimmungen um in Gesprächen mit Eltern kompetent zu sein, um Fehler zu vermeiden anstatt sie im Nachhinein eingestehen und korrigieren zu müssen.

Wortbedeutung der Noten

Für alle Bundesländer gilt die anforderungsbezogene Benotung (Anforderungsstufen → *Probearbeiten*):

	wenn die Leistung
sehr gut	den Anforderungen in besonderem Maße entspricht
gut	den Anforderungen voll entspricht
befriedigend	im Allgemeinen den Anforderungen entspricht
ausreichend	zwar Mängel aufweist, aber im Ganzen den Anforderungen noch entspricht
mangelhaft	den Anforderungen nicht entspricht, jedoch erkennen lässt, dass die notwendigen Grundkenntnisse vorhanden sind und die Mängel in absehbarer Zeit behoben werden können
ungenügend	den Anforderungen nicht entspricht und selbst Grundkenntnisse so lückenhaft sind, dass die Mängel in absehbarer Zeit nicht behoben werden können.

„Der Begriff 'Anforderungen' bezieht sich auf den Umfang sowie auf das selbstständige und richtige Anwenden der Kenntnisse, Fähigkeiten und Fertigkeiten sowie auf die Art der Darstellung."
Zwischennoten sind nicht zulässig; Erläuterungen können angebracht werden.
Aus pädagogischen Gründen kann in begründeten Einzelfällen auf eine Benotung verzichtet werden, z. B. bei ausländischen Kindern, nach längerer Krankheit.
(Schulordnung der Volksschule. Schulordnung für die Volksschulen in Bayern - Volksschulordnung VSO mit Bayer. Erziehungs- und Unterrichtsgesetz BayEUG. Carl-Link-Vorschriftensammlung Kronach 1996, S. 12)

Mündliche Noten

Das Beurteilen mündlicher Leistungen ist noch weniger objektiv als das Benoten schriftlicher Arbeiten. Denn die Beiträge der Kinder werden in unterschiedlichen Situationen, an unterschiedlichen Aufgaben, mit unterschiedlichen Zeitvorgaben und mit unterschiedlicher Lehrerhilfe erbracht. Trotzdem darf deshalb nicht auf mündliche Leistungsbeurteilung verzichtet werden angesichts der vorrangigen Bedeutung des Mündlichen im Alltag gegenüber der Schriftsprache. Zugleich bietet sie für manches Kind eine Chance. Je besser Sie die mündlichen Leistungen durch schriftliche Aufzeichnungen (mit Datum) begründen können, umso eher können Sie sie bei der Gesamtnote im → *Zeugnis* gleich gewichten wie schriftliche Noten.

Wie die schriftlichen → *Probearbeiten* sind auch mündliche Leistungen nach den Anforderungsstufen zu beurteilen. Kriterien zum Einschätzen der mündlichen Leistungen sowohl im Lernbereich mündlicher Sprachgebrauch als auch in den anderen Fächern:

- Verständlichkeit
- sachliche Richtigkeit
- sprachliche Richtigkeit
- Zusammenhang
- Vollständigkeit.

Einfacher Anforderungsgrad: Reproduktive Wiedergabe von Informationen, z. B.:

- Aufsagen auswendig gelernter Texte
- Wiederholen von Unterrichtsergebnissen (Teil-, Gesamtzusammenfassungen)
- Beschreiben durchgeführter Arbeitsaufträge und Versuche
- Erklären bekannter Abbildungen und Modelle
- Stundenrückblick: Was haben wir gelernt?

Gesteigerter bis hoher Anforderungsgrad: Selbstständiges Informieren (produktiv), z. B.:

- Vergleichen von früher gelernten Sachverhalten mit gegenwärtig behandelten
- Erklären von schwierigen Begriffen
- Formulieren von Regeln und Merksätzen
- Begründen von Sachverhalten
- Interpretieren von Bildern
- Umsetzen von Informationen in Grafiken oder szenische Darstellung
- Vortragen von Kurzberichten („Referat")
- Erarbeiten von Fragekatalogen.

Getrenntes Benoten der einzelnen Leistungsaspekte

Rechtschreibung und Schrift werden in eigenen Arbeiten beurteilt, in anderen Fächern, z. B. im Sachunterricht, jedoch nicht benotet. Ist das fehlerhafte Wort lesbar und erkennbar, schreibe ich es zwar richtig darüber, werte es jedoch nicht als Fehler. Ist die Antwort auf eine Frage selbst mit bestem Willen nicht zu entziffern, zählt sie als sachlicher (nicht rechtschriftlicher) Minuspunkt.

Bei einem Kind mit großen Schreibproblemen schreibe ich die von ihm genannten Antworten und Lösungen selbst auf.

Auch beim Aufsatz sollten Recht- und Schönschreibung nicht benotet werden, um den Blick auf die eigentliche Leistung nicht zu verstellen.

Die Folgen von Noten für die Schullaufbahn

Die Noten in den Vorrückungsfächern Deutsch, Mathematik und Sachunterricht sind Grundlage für das → *Vorrücken* und *Wiederholen*, für eine sonderpädagogische Überprüfung (→ *Lernbeeinträchtigungen*), für das Überspringen eines Schuljahrs und für den → *Übertritt* an das Gymnasium.

Was Eltern wissen sollten

Schlechte Noten empfinden viele Eltern als persönliche Niederlage und können deshalb Misserfolge des Kindes nicht mit der nötigen erzieherischen Souveränität auffangen. „Entmutigte Kinder haben entmutigte Eltern, keiner von beiden kann den anderen aufrichten." (*Beate Grabbe: Elternberatung als Elternarbeit*. In: Die Grundschule Heft 5/1989, Braunschweig: Westermann)

Eltern sollten ihr Kind nicht primär als „Notenträger" sehen („*Komm mir ja nicht mit schlechten Noten heim!*"), sondern das Kind mit seinen Schwächen annehmen: „Einen Menschen lieben heißt ihn so zu sehen, wie Gott ihn gemacht hat." (*Fjodor M. Dostojewski*). Zu großer Erwartungsdruck schadet den Kindern.

Erklären Sie die den Noten zugrunde liegenden Wortbedeutungen.

Verhalten bei schlechten Noten: Das Kind keinesfalls als „dumm" abwerten. Dies würde sein noch ungefestigtes → *Selbstbild* negativ prägen und es noch mehr entmutigen. Das Noch-Nicht-Können kann viele Ursachen haben, die mit Begabung und Intelligenz nichts zu tun haben. Druck und → *Strafen* sind sinnlos. Im Gespräch mit der Lehrerin nach gezielten Lernhilfen suchen.

Transparenz der Notengebung, z. B.: Welchen Stellenwert haben mündliche Noten? Zusammensetzung der Zeugnisnote? (→ *Zeugnis*) Transparenz zielt auf sachliche Informationen ab, nicht auf Notenvergleich. Wenn Eltern z. B. einen Notenspiegel (z. B. Wie viele Kinder haben die Note 1, 2 etc.) von Ihnen fordern, können Sie dies ablehnen. Beurteilungsspielräume, die vom Schulrecht her ausdrücklich belassen werden, sollten Sie sich von keiner Seite einengen lassen.

Wolfgang Schwark/Wolfgang W. Weiß/Silvia Regelein: Beurteilen und Benoten in der Grundschule. Bestandsaufnahme und Anregungen für die Praxis. München: Ehrenwirth 1986

Staatsinstitut für Schulpädagogik und Bildungsforschung München: Handreichung zur Ermittlung und Beschreibung von Schülerleistungen in der Grundschule. München 1987 (Vertrieb: Verlag Ludwig Auer, Donauwörth)

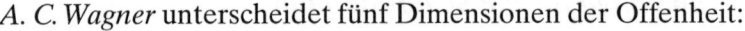

A. C. Wagner unterscheidet fünf Dimensionen der Offenheit:
- Offenheit in der Organisationsform, z. B. bei der Zeitorganisation, den Arbeits- und Sozialformen;
- Offenheit bei den Inhalten, z. B. fakultative Angebote;
- Offenheit im kognitiven Bereich, z. B. unterschiedliche kognitive Ebenen;
- Offenheit im sozio-emotionalen Bereich, z. B. das Berücksichtigen sozialer und emotionaler → *Bedürfnisse* (Offenheit zum Kind, Offenheit zwischen den Kindern);
- Offenheit gegenüber der Welt außerhalb der Schule, z. B. Gelegenheitsunterricht, Erkunden außerschulischer Lernorte, Einbeziehen von Experten und Eltern in die Schule (Öffnung zum Leben).

Den offenen Unterricht schlechthin gibt es nicht, denn „der Grad von Offenheit, der jeweils angemessen ist, hängt stets von den Zielen und der jeweiligen Situation ab und wird deshalb von Fall zu Fall unterschiedlich ausfallen." (*A. C. Wagner*) Ferner kann offenes Lernen den Frontalunterricht nicht gänzlich ersetzen; beide Formen ergänzen sich. Denn ergiebiges selbstständiges Arbeiten setzt ein gelenktes, gemeinsames Einführen in die Lerninhalte voraus.

Durch die Offenheit für die Interessen, Fähigkeiten und Bedürfnisse der Kinder lassen sich auch → *Verhaltensauffälligkeiten* besser auffangen.

Formen offenen Lernens

- Freie Aktivitäten, bei denen die Kinder nach Wahl spielen oder arbeiten ohne Ausrichtung auf ein bestimmtes Lernziel
- → *Freiarbeit* und Arbeit mit dem → *Wochenplan*
- differenzierender, individualisierender Unterricht (→ *Differenzierung, Fördern*)
- Lernen bei → *Projekten*
- offene Unterrichtssituationen wie freies Gespräch, Morgenkreis
- spielerisches Tun (→ *Lernspiele*)

„Offen" verweist auf Begriffe wie „erfahrungsbezogen, handlungsoffen, lebendig, subjektnah, sinnenhaft, situations- und ernstfallbezogen, schülerzentriert, human, ... natürlich, erlebnishaft, ganzheitlich, spontan." (*H. Kasper*) „Je mehr Selbst- und Mitbestimmung dem Schüler in der Frage, wann er was und wie lernen will, zugebilligt wird, umso offener ist der Unterricht." Selbst gesteuertes Lernen ist bereits im 1. Schuljahr möglich. „Jedoch sind nicht immer alle Kinder einer Klasse in gleicher Weise dazu befähigt. ... Das bedeutet, dass unterschiedliche Grade selbst gesteuerten Lernens in einer Klasse praktiziert und akzeptiert werden müssen." (*E. Neuhaus-Siemon*)

Der Übergang vom lehrergesteuerten zum selbst gesteuerten Lernen kann nur langsam und schrittweise erfolgen. Erste Schritte können z. B. sein:

- Lesen von Texten nach freier Wahl in der wöchentlichen Lesestunde
- Auflockern des starren morgendlichen → *Tagesbeginns*
- Arbeit nach einem → *Tagesplan* mit Pflichtaufgaben und Aufgaben zur freien Wahl
- Mitentscheiden bei der Auswahl von Themen.

Voraussetzungen

- Veränderte Lehrerrolle
  Aus der direkten Führung wird eine indirekte. Die Lehrerin dominiert nicht mehr, sondern berät, regt an, hilft und beobachtet.
- Gestaltung des → *Klassenzimmers*
  Die Lernumwelt soll entdeckendes Lernen provozieren und Möglichkeiten zum Beantworten auftauchender Fragen bereitstellen (→ *Arbeitsmittel, Bücher*, didaktische Spiele, Material zum Experimentieren → *Karteien*).
- Anleiten der Kinder zum selbstständigen Lernen (→ *Arbeitstechniken, Lerntechniken, Einzelarbeit, Selbstkontrolle*)
- Fähigkeit zum Lernen in verschiedenen Sozialformen wie → *Partner-* und *Gruppenarbeit* (→ *Helfen*), Beachten von Verhaltens- und → *Gesprächsregeln*
- Information der Eltern.

Hildegard Kasper: Offener Unterricht in der Diskussion. In: Die Grundschule Heft 5/1988 Braunschweig: Westermann

Elisabeth Neuhaus-Siemon: Offener Unterricht - eine neue pädagogische Utopie? In: Pädagogische Welt Heft 9/1989 Donauwörth: Auer

A. C. Wagner: Selbst gesteuertes Lernen im offenen Unterricht. In: *Wolfgang Einsiedler*: Konzeptionen des Grundschulunterrichts. Bad Heilbrunn: Klinkhardt 1979, S. 175

Die Arbeit in einem → *Klassenzimmer* mit 30 Kindern erfordert nicht nur das Einhalten von → *Regeln* zur gegenseitigen Rücksichtnahme, sondern auch einen überlegten, geordneten und pfleglichen Umgang mit den Dingen. Ordnung ist nicht nur Sache von → *Klassendiensten,* sondern für jedes Kind ein wichtiger Lernbereich, zumal weit weniger als früher hier elterliche Anleitung erwartet werden darf. Das übersichtlich geordnete Aufbewahren von → *Arbeitsmitteln,* das Reinigen, Pflegen und Ausschmücken des Zimmers fördert nicht nur die Identifikation mit der Schule, sondern auch die → *Verantwortung.*

Ordnung wird nicht durch bloßes Belehren erlernt, sondern durch konsequente Übung.

Ordnung am Arbeitsplatz

Jedes Kind ist für seinen Platz verantwortlich und muss seine → *Schultasche* am vorgesehenen Platz deponieren, seinen Tisch gerade rücken (→ *Sitzordnung*), sein Tischfach, seine Ablage und den Boden in Ordnung halten, seinen Stuhl an den Tisch schieben, wenn es seinen Platz verlässt.

Tischauflage

Darunter werden unfertige Blätter zur Weiterarbeit griffbereit aufbewahrt. Links oben klebt ein Streifen mit den Ziffern 0 bis 9 und den Groß- und Kleinbuchstaben.

Auf dem Tisch

liegt immer nur das benötigte Arbeitsmaterial (Tafelanschrift: In dieser Stunde brauchen wir ...), und zwar in der Tischmitte, nicht in den Ecken, damit die → *Nachbarn* sich gegenseitig nicht stören. Ein farbiger Klebepunkt in der Tischmitte unterstützt die Gewöhnung. Benötigte Stifte werden vor der Arbeit aus dem Mäppchen genommen, das dann geschlossen in der Tischmitte liegen bleibt. Den Ärger über stumpfe Stifte und heruntergefallene, aufgeplatzte Spitzdosen erspart eine Spitzmaschine am Pult. Als Tischpapierkorb dient eine bunt beklebte Kaffeedose, die bei Gruppensitzordnung den Gruppennamen trägt. (→ *Gruppenarbeit*) Für das gruppenweise Austeilen von Material oder zum Sammeln größerer Abfälle beim Basteln eignen sich große Plastikschüsseln, die auch zum Austeilen und Ausgießen von Malwasser benützt werden können. Beim → *Malen* legen die Kinder Zeitungspapier unter; die Wassergläser stehen wieder in der Tischmitte.

Fundkiste: Liegen gebliebene Stifte, Radierer, Rechenplättchen etc. werden in eine beklebte Schuhschachtel gelegt. Wer etwas vergessen hat, kann es aus der Fundkiste ausleihen.

Ordnung im Klassenzimmer und im Schulhaus

Das → *Klassenzimmer* ist nicht nur Lebensraum für Kinder und Lehrerin, sondern zugleich Ihre Visitenkarte. Wer sich über unordentliche Kinder ärgert, sollte bedenken, ob er den Kindern selbst Ordnung „vorlebt" (→ *Modellverhalten*).

Finden Sie einen Modus, der zu Ihrer Arbeitsweise passt: In einer fest verankerten „Ordnungsstunde" wird aufgeräumt. Oder: Kinder, die ihre Arbeit beendet haben, räumen zwischendurch nach Ihrer Anleitung auf. Wenn auf einem Tisch, in einem Eigentumsfach, einem Regal Unordnung herrscht, legt die Lehrerin oder ein Kind stumm den „Schmuddel" (Karte mit einer lustigen Figur) dorthin als Aufforderung zum Aufräumen. (nach Katrin Dittmann in: Flohs Ideenkiste Nr. 9, München: Domino Verlag 1995)

Wie das Zimmer sind auch die Garderoben, Flure, Turnhalle, Umkleidekabinen, Toiletten und der Schulhof (→ *Pause*) in Ordnung zu halten. Erinnern Sie die Kinder an das Aufheben von auf dem Boden liegenden Dingen, an das Abstreifen der Schuhe (mit Schulanfängern praktisch einüben!), an das kräftige Spülen der Toiletten und das Verwenden der Bürste u. v. a. m. Wenn sie mit Ihrer Klasse einen Raum verlassen, sollten Sie immer mit einem letzten Blick prüfen: Sind die Fenster geschlossen, die Jalousien hochgezogen? Ist das Licht gelöscht? Hat beim Umkleiden niemand etwas vergessen? Liegt nichts auf dem Boden? Sind die Sportgeräte ordentlich aufgeräumt? Denn nur wenn alle zusammenhelfen, ist Ordnung kein Problem.

Fundkiste im Schulhausgang: In einem Wäschekorb werden in der Pause oder im Gang verlorene Handschuhe, in der Turnhalle vergessene Kleidungsstücke u. Ä. gesammelt. Vor den Ferien werden die Fundstücke im Gang ausgelegt und die Lehrer führen ihre Klassen an der Ausstellung vorbei. Nicht abgeholte Kleidungsstücke und Schuhe verschenken wir oder geben sie in die Altkleidersammlung.

Vorteile von Partnerarbeit

Partnerarbeit (→ *soziales Lernen*)

- fördert Verhaltensweisen wie Anteilnahme, Anerkennen des Partners, Rücksicht, Hilfsbereitschaft, Argumentieren und das Schließen von Kompromissen.
- trägt zum Abbau der Lehrerfixierung bei.
- ermöglicht eine erhöhte Aktivierung der Kinder, regt zum sachgebundenen Miteinander-Sprechen an und bewirkt dadurch oft intensiveres Lernen. Vor allem bei schwierigen Aufgaben zeigen sich bessere Leistungen als bei → *Einzelarbeit*.
- erleichtert die Unterrichtsorganisation und entlastet die Lehrerin.
- ist motivierend, da die meisten Kinder gern mit einem anderen Kind zusammenarbeiten.

Didaktischer Ort

Partnerarbeit ist nicht nur eine gute Vorbereitung auf Gruppenarbeit, sondern hat auch eigenständigen Wert,

- wenn möglichst viele Kinder aktiv werden sollen, z. B. beim Gespräch, beim Wiederholen und Üben;
- wenn durch gegenseitige Beobachtung und Hilfe das Lernen individualisiert und verkürzt werden kann wie z. B. beim Partnerdiktat;
- wenn eine gegenseitige Kontrolle und Korrektur möglich und nötig ist, z. B. beim Partnerlesen;
- wenn nötige Lernhilfen und → *Arbeitsmittel* nicht für alle Kinder zur Verfügung stehen.

Voraussetzungen für Partnerarbeit

- Schrittweises Einüben partnerschaftlicher Arbeitsweisen (s. u.)
- Verdeutlichen von Sinn und Zweck
  Den Kindern ist Sinn und Zweck erfahrbar und einsichtig zu machen: Zusammen können wir manchmal besser und mehr lernen.
- Regeln für Partnerarbeit
  Mit dem Partner eng zusammenrücken und immer nur flüstern! Arbeitsteilung heißt: Beide Kinder müssen tätig sein. Wenn der Partner nicht weiterkommt, soll das Kind ihm → *helfen* und erklären, aber nicht die Arbeit abnehmen.

Die Regeln lassen sich am besten veranschaulichen, wenn Sie als Partner eines Kindes Fehlformen und Idealformen vorspielen und kommentieren.

274

- Geglückte Kooperation immer wieder → *verstärken*!
- Für schnell arbeitende Paare immer eine Zusatzaufgabe parat halten (→ *Differenzierung*)!

Schwierigkeiten

- Unruhe (→ *Ruhe*)
Gezieltes Einüben und konsequentes Beachten des → *Flüsterns*. Zu unruhigen Kindern an den Tisch gehen und sie um das Flüstern bitten oder eine Weile mit ihnen zusammenarbeiten. Allerdings ist bei kooperativen Lernformen eine gewisse „Arbeitsunruhe" unumgänglich.

- Kinder mit → *Verhaltensauffälligkeiten*
Verhaltensprobleme, die nur bei der Interaktion mit der Lehrerin auftreten, lösen sich quasi von selbst. Sind Kinder nicht zur Zusammenarbeit mit einem anderen Kind fähig, so üben Sie zusammen mit dem Kind partnerschaftliche Arbeitsweisen ein.

- Kinder mit → *Lernbeeinträchtigungen*
Partnerarbeit ist grundsätzlich für Kinder mit etwa gleichem Leistungsvermögen gedacht. Arbeiten zwei lernschwache Kinder zusammen, finden beide ihre langsame Arbeitsweise bestätigt und fühlen sich nicht dem Vergleich mit schnell lernenden Kindern ausgesetzt.

Schrittweises Entfalten partnerschaftlicher Arbeitsweisen

- Das Partnergespräch
Kinder, die vor der Klasse gehemmt sind, tauen dabei oft auf. Damit es nicht zu laut wird, rücken die Kinder ihre Stühle eng zusammen, halten ihre Hand an den Mund (Flüstertüte) und gehen nahe an das Ohr des Partners heran. Auf ein Zeichen der Lehrerin rücken beide Kinder wieder auseinander.
Partnergespräche eignen sich
- zum Vorbereiten des Erzählens vor der Klasse, da der Erzähler seine Gedanken vorstrukturieren kann und vom Partner ein sofortiges Feedback erhält.
- zum Ausklingen starker Eindrücke nach dem Hören oder Lesen einer spannenden Geschichte.
- zum Aktivieren eigenen Erfahrungswissens, zum Austausch von Vermutungen, zur Verständniskontrolle (z. B. Wiederholen von Versuchsabläufen) und zum Darlegen der eigenen Meinung.

- Sich auf einen Partner einstellen können

Sport: Sich zusammen mit dem Partner auf verschiedene Weise fortbewegen; Partnerübungen und -spiele.

Im Wechsel malen oder schreiben sich zwei Kinder etwas auf den Rücken, das der andere erraten muss, z. B. eine Punktmenge (Würfelaugen), eine Ziffer, eine zweistellige Zahl, einen Buchstaben, ein kurzes Wort.

- Den Partner beobachten

Die Kinder schreiben mit dem Finger oder einem umgedrehten Stift auf den Tisch oder mit dem Fuß auf den Boden.

- Dem Partner zuhören und ihn ausreden lassen

Kind 1 sagt leise ein Gedicht auf und hört unvermutet auf, Kind 2 fährt fort. Dann Wechsel.

Kind 1 spricht lautlos („ohne Stimme"), nur mit Mundbewegungen („Fischsprache") ein Wort oder einen Satz aus einem Text, der beiden Kindern vorliegt. Kind 2 unterstreicht das Wort. Dann Wechsel.

- Dem Partner einen Auftrag geben und ihn ggf. berichtigen

Trennwandspiel: Zwischen beiden Kindern steht ein geknickter Zeichenblockdeckel als Trennwand. Beide Kinder haben einen Kasten mit strukturiertem Material. Kind 1 legt eine einfache Figur, die Kind 2 nicht sehen darf. Nun sagt Kind 1 seinem Partner, welches Plättchen es an welchen Platz legen soll, z. B.: „ *Lege das große blaue viereckige Plättchen hin. Lege oben das große gelbe dreieckige Plättchen so an, dass es mit dem blauen zusammenstößt. Die Spitze zeigt nach oben. Lege ... .* " Kind 2 darf nachfragen, wenn es etwas nicht verstanden hat. Kind 1 beobachtet Kind 2 und erklärt genauer, wenn es sieht, dass Kind 2 den Auftrag nicht richtig durchführt.

Für Fortgeschrittene: Kind 1 weist Kind 2 an, wie es mit seiner Figur auf einem Plan des Heimatortes ziehen soll, z. B. *„ Gehe geradeaus und biege dann bei der ersten Kreuzung nach rechts ab. "*

- Dem Partner etwas erklären

Immer wenn ich ein neues Rechenverfahren eingeführt habe, erklärt Kind 1 seinem Partner dieses am nächsten Tag. Kind 2 ist am folgenden an der Reihe und erläutert wiederum Kind 1 das neue Verfahren.

- Verschiedene Partner akzeptieren

Die Kinder bewegen sich nach Musik frei im Zimmer. Auf ein Zeichen der Lehrerin (Klatschen, Glocke ...) setzt sich jeder auf den nächsten Platz. Die beiden „Zufallspartner" führen nun eine sich in den Unterricht einfügende Partnerarbeit durch. (→ *Lernspiele*)

- Sich die Arbeit teilen
- Arbeit mit dem Rechenbuch: Kind 1 rechnet die erste Aufgabe seinem Partner flüsternd vor und schreibt sie, wenn dieser nickt, ins Heft. Kind 2 fährt nun mit der zweiten Aufgabe fort usf., sodass jedes Kind nur die Hälfte der vorgegebenen Aufgaben in sein Heft schreibt.
- Bei Legespielen (Lotto, Domino, Puzzle) legen beide im Wechsel eine Karte aus.
- Such- und Kreuzworträtsel: Ein Kind löst die waagrechten Reihen, das andere die senkrechten.

- Mit dem Partner zusammen etwas anfertigen
- Mathematik: Beide legen zusammen Zahlen, Rechnungen oder Geldbeträge gerade auch dann, wenn das Material eines Kindes nicht ausreicht.
- Gemeinsames Verfassen von Texten, Malen und Basteln.

- Partnerlesen
Zum Überprüfen häuslicher Leseübungen eignet sich Partnerlesen besser als das Lesen einzelner Kinder vor der Klasse, da alle Kinder gleichzeitig „drankommen".
- Beide Kinder lesen im Wechsel je einen Satz, eine Zeile oder einen Abschnitt.
- Kind 1 liest eine Texthälfte, Kind 2 die andere.
- Im Wechsel stellen sich die Kinder je eine Frage zum Text. (Fragestrategie vorher gemeinsam besprechen!)

- Partnerdiktat
- Anfangs diktiert Kind 1 seinem Partner den kurzen Text, beobachtet ihn, weist ihn ggf. auf Fehler hin und lautiert das falsch geschriebene Wort, wenn es Kind 2 nicht von selbst richtig schreiben kann. Dann diktiert Kind 2. Beide vergleichen ihren Text mit der Vorlage.
- Bei längeren Texten schreiben die beiden Kinder je einen Satz im Wechsel oder Kind 1 schreibt die erste Texthälfte und Kind 2 die andere.
- Der Schreiber lässt nach eigenem Gutdünken Wörter aus oder jedes zweite Wort, das der Partner dann nach Diktat einsetzt.

- Die Leistung und das Verhalten des Partners beurteilen
- Zum Überprüfen werden Rechnungen und Texte ausgetauscht. Falsche Zahlen und Wörter werden mit Bleistift eingekreist. Zusätzlich kann das Kind noch mit einem Wort oder Satz möglichst etwas „Gutes" darunterschreiben, z.B.: Du hast schön geschrieben.
- Nach dem Partnerlesen frage ich die Kinder und fordere sie zum Melden auf: *„Wer kann sagen: Mein Partner hat gut gelesen.?"*

- Fragebogen, z. B.: Arbeitest du gerne mit deinem Nachbarn zusammen? Lässt er dich aussprechen? Hört er dir zu? ...

Viele Partnerübungen finden sich in:
Silvia Regelein: Lernspiele im Mathematikunterricht. 5. Aufl. München: Oldenbourg 1995
Silvia Regelein: Lernspiele im Deutschunterricht. 5. Aufl. München: Oldenbourg 1995
Silvia Regelein: Lernspiele für die Grundschule. 10. Aufl. München: Oldenbourg 1994
Silvia Regelein: Anbahnung und Verwirklichung von Partnerarbeit. In: Grundschulmagazin Heft 10/1980, München: Ehrenwirth/Oldenbourg
Christa Schell: Partnerarbeit im Unterricht. Psychologische und pädagogische Voraussetzungen. München: E. Reinhardt 1972

Patenschaften

Am → *ersten Schultag* begrüßt die Patenklasse (3. oder 4. Schuljahr) die Schulanfänger im Schulhof oder in der Aula mit einem Lied oder einem kurzen Spiel. Bei einem ersten Zusammentreffen im Klassenzimmer am zweiten oder dritten Schultag wählen sich die Schulanfänger ihre Paten selbst aus. Dann können gemeinsame Aktionen von den Lehrerinnen geplant werden, später ergeben sich Möglichkeiten aus dem Unterricht und auf Vorschläge der Kinder hin, z. B.:

- Helfen beim Eingewöhnen: Die Paten zeigen ihren Schützlingen das Schulhaus, kümmern sich in der Pause um sie, begleiten sie evtl. auf dem Schulweg, gehen mit ihnen auf den Spielplatz oder machen einen gemeinsamen Ausflug.
- Helfen beim Einführen in → *Arbeitstechniken*: Die Paten überprüfen das Schulmaterial der Neulinge, binden die neuen Schulbücher ein, heften die Arbeitsblätter in die Mappen ein, führen die Schulanfänger in die Freiarbeitsmaterialien ein.
- Gemeinsam lernen: vorlesen, vorsingen, gemeinsam ein Spiel durchführen, eine Sportstunde miteinander verbringen, gemeinsam etwas basteln und damit zeigen, was die Kinder in der Schule erwartet.
- Herstellen von Materialien für die Schulanfänger: Die Patenklasse kann Freiarbeitsmaterialien herstellen, von den Schulanfängern erzählte Geschichten aufschreiben, die eigenen Aufsätze zu einem Geschichtenbuch für die erste Klasse zusammenstellen. Da die Schulanfänger anfangs noch keine Schreibschrift lesen können, werden die Texte mit Maschine geschrieben.

- Gemeinsam feiern: Paten und Patenkinder laden sich gegenseitig in ihr Zimmer ein und frühstücken miteinander (gesundes Pausenfrühstück), stellen miteinander Obstsalat her, feiern zusammen St. Martin, Advent, St. Nikolaus oder Weihnachten.
- Sich gegenseitig Freude bereiten: Paten und Patenkinder schreiben der anderen Klasse einen Brief, eine Einladung zu einem Fest oder Wandertag, denken sich Überraschungen aus und basteln kleine Geschenke.

Vorteile einer Patenschaft für die Schulanfänger: Sie haben Ansprechpartner, die sie um Rat und Hilfe bitten können, die sie ins Schulleben einführen, die sie durch ihr Vorbild zum Lernen motivieren.

Doch auch die Paten profitieren durch ihre Hilfe: Das Einfühlungsvermögen in und das Verantwortungsbewusstsein für jüngere Kinder wird gestärkt, sie üben verständliches Erklären, sie übernehmen eine Vorbildfunktion und schließlich werden auch sie durch die Bewunderung der Kleinen zum Sich-Anstrengen und Lernen motiviert.

So wird sowohl die → *Kooperation* unter Kindern als auch im Kollegium gefördert, gleichgültig welche Aktivitäten geplant werden. Vor allem: Kinder, denen geholfen wird, sind selbst bereit wieder zu → *helfen*.

Pause

Eine Pause, die vom Lernen entspannen soll, muss die unterschiedlichen → *Bedürfnisse* der Kinder nach → *Bewegung* oder nach Ruhe und Muße berücksichtigen. Gemeinsames Überlegen mit den Kindern, was sie in der Pause tun können, und Zusammenstellen einer Pausenspielkartei fördert nicht nur das Verhalten der Kinder, sondern ist zugleich ein Beitrag zu einer sinnvollen Freizeitgestaltung.

Der Schulhof

Die Pause im Freien dient nicht nur der Sauerstoffaufnahme, sondern es soll sich durch → *Bewegung* Aggressivität abbauen. Je nach den Möglichkeiten vor Ort und unter Berücksichtigung von Fragen der Sicherheit kann diese Aktivzone folgende Ecken enthalten:

- Ballspiele: Softball, Korbball, Tischtennis, Torwand (Fußball ist zu gefährlich!)
- Kreisspiele: Ball- und Singspiele im Kreis
- Hüpfspiele: Hüpfkästchen, Gummitwist, evtl. Seilspringen

- Lauf- und Fangspiele (Grundsatz: Immer so laufen, dass ich jederzeit bremsen kann.)
- Spieltonne mit ungefährlichen Spielgeräten wie Wurfringe, Softbälle, Jonglierbälle, Jojos, Frisbeescheiben aus Schaumstoff
  Becherball: Kind 1 wirft einen Tischtennisball aus einem Joghurtbecher heraus in den Becher von Kind 2.
- Anti-Wut-Hof: An hölzernen „Wut-Stelen" können sich die Kinder mit Schlägen und Fußtritten abreagieren. (nach Cathrin Günzel: Gesunde Fußtritte. In: Focus Heft 36/1995, S. 99)
- Schulgarten

In der Ruhezone können die Kinder auf schattigen Bänken lesen oder sich entspannen, im Sandkasten spielen, sich in ein Holzhaus zurückziehen, an eine überdachte Malwand oder auf den Asphalt malen und schreiben oder auf dem Boden aufgemalte Brettspiele spielen. Auch ein Raum oder eine Ecke im Gang kann als Ruhezone dienen.

Die → *Patenklassen* zeigen den Schulanfängern die Zonen, erklären und üben mit ihnen die Spiele und die nötigen Regeln: sich absprechen, abwechseln, abwarten.

Vor der Pause

Damit die Kinder während der Pause ungestört spielen können, lasse ich sie vorher etwa zehn Minuten essen und trinken und lese dabei ein Kapitel eines Kinderbuches vor. Wichtig: Ich beginne erst, wenn die Kinder ihr Pausenfrühstück (→ *Gesundheit*) auf den Tisch gelegt haben. Während des Lesens darf niemand den Platz verlassen oder etwas wegräumen. Erst nach dem Lesen wird aufgeräumt. Durch das Essen im Zimmer bleibt auch der Schulhof sauberer.

Regel, wenn einem das Pausenbrot nicht schmeckt oder man keinen Hunger hat: Das Brot einem anderen Kind anbieten oder wieder mit nach Hause nehmen, jedoch nicht wegwerfen.

Die Jacken werden von der Garderobe an den Tisch gebracht und dort angezogen, damit vor der Garderobe kein Gedrängel entsteht. Zugleich kann ich so bei den Kleinen gut überprüfen, ob auch jeder seine Jacke anhat.

Gruppenweise verlassen die Kinder ruhig das Zimmer. Ein Plakat an der Tür erinnert daran: Wir reden mit dem Mund, nicht mit der Faust. Besonders aggressive Kinder müssen vor sich und anderen geschützt werden. Sie verbringen deshalb die Pause an einem Tisch in der Nähe des Lehrerzimmers, wo sie spielen oder lesen können.

Hofpause

Die → *Aufsichtspflicht* erfordert ein pünktliches Erscheinen der Hofaufsicht. Tipp: Beenden Sie Ihren Unterricht einige Minuten früher und gehen Sie zusammen mit Ihrer Klasse als Erste in den Hof. In der Hofpause ist gegenseitige Rücksicht oberstes Gebot. Wer sich in den verschiedenen Zonen nicht angemessen verhält, muss sie verlassen. Im Kollegium abgesprochene Maßnahmen sind den Kindern klar mitzuteilen.
Bei Pausenende stellen sich die Klassen an einem festgelegten Platz auf und warten auf ihre Lehrerin, die sie in das Klassenzimmer führt.
Hofordnung: Je nach Verschmutzung des Hofs säubert eine Klasse täglich oder zweimal in der Woche den Hof mithilfe von Zangen.

Zimmerpause

Die Kinder lesen, nützen die Materialien der → *Freiarbeit* oder spielen zusammen. Wilde Spiele sind im Zimmer tabu. Das leise Untermalen mit Musik zur → *Entspannung* unterstreicht dies.
Pusteball: Vier bis sechs Kinder (Hände auf dem Rücken) sitzen um einen Tisch herum und hindern durch Blasen einen Tischtennisball daran, vom Tisch zu fallen.

Nach der Pause

Nach der Hofpause müssen Sie die Kinder erst wieder sammeln, am besten mit Übungen zur → *Entspannung* (*Edukinestetik*). Erst danach sollten Sie - wenn nötig - auf Streit und Konflikte eingehen.

Elterninformation zum Pausenfrühstück

- Es ist besser, zusammen mit dem Kind ein Pausenfrühstück (evtl. am Abend vorher) vorzubereiten als ihm Geld mitzugeben.
- Als Energienachschub eignen sich dunkles Brot, magere Wurst, Käse, Quark, frisches Obst und Gemüse je nach Jahreszeit und zum Trinken Milch. Nicht zu viel und kein großes, unförmiges Brot mitgeben, sondern handliche Häppchen mit einem Salatblatt oder einer Gurkenscheibe dazwischen. Damit das Frühstück nicht im Abfall landet, das Kind immer wieder fragen, ob es geschmeckt hat.
- Als Verpackung eignen sich eine Frischhaltedose und eine Trinkflasche. (Plastikflaschen werden mit Tabletten zum Gebissreinigen sauber.)

Silvia Regelein: Spielen in Unterricht und Freizeit. 3. Aufl. München: Oldenbourg 1991
Bruno Stieren, Hrsg.: Pausenspiele. Hundertsiebzig Spiele für drinnen und draußen. München: Oldenbourg 1990

Probearbeiten (Klassenarbeiten)

Schulrechtliche Bestimmungen

Wenngleich die Vorschriften in den Bundesländern in Details voneinander abweichen mögen, so lassen sich die wichtigsten Vorgaben wie folgt zusammenfassen:

- Schriftliche Probe- oder Klassenarbeiten müssen sich aus dem unmittelbaren Unterrichtsablauf ergeben.

- In der Grundschule dürfen sie nicht angekündigt werden, um einerseits bei den Kindern keine Angst auszulösen und andrerseits die Kinder nicht zu benachteiligen, mit denen zu Hause niemand lernt.

- An einem Tag darf nur eine Probearbeit, in der Woche sollen nicht mehr als zwei Probearbeiten abgehalten werden.

- Das vor Zeugnisterminen gehäufte Schreiben von Probearbeiten ist zu vermeiden. Wenn wir etwa 15 Wochen für jedes Halbjahr ansetzen, so halte ich etwa folgende Verteilung für angemessen: zwei benotete Aufsätze, drei Probediktate, zwei Probearbeiten zur Sprachbetrachtung (Grammatik), drei bis vier Mathematikproben, zwei bis drei Proben zum Sachunterricht. Terminabsprache der Lehrerinnen in einer Klasse!

- Erkrankte Kinder können Probearbeiten nachschreiben.

- Bewertete Probearbeiten sind den Kindern möglichst bald zurückzugeben, zu besprechen und zur Kenntnisnahme durch die Erziehungsberechtigten mit nach Hause zu geben. Die Probearbeiten sind bis zum Schuljahresende aufzubewahren.

- Über die Leistungen der Kinder sind „Aufzeichnungen" zu führen. (→ *Schülerbeobachtung*)

Anforderungsstufen von Aufgaben

Kognitive Leistungen lassen sich vereinfacht nach vier Anforderungsstufen einteilen (nach Handreichung ..., S. 36):

(1) Reproduktion: Gedächtnismäßiges Wiedergeben von Lerninhalten.
 (Für Kinder und Eltern: ERINNERN)
(2) Reorganisation: Selbstständiges Verarbeiten des gelernten Stoffes durch Kürzen, Ergänzen, Vergleichen, Umformen, Umstrukturieren. (VERSTEHEN)
(3) Transfer: Übertragen von Grundprinzipien des Gelernten auf neue, jedoch ähnliche Sachverhalte. (DENKEN)
(4) Problemlösendes Denken: Kreatives Lösen von Aufgaben mit neuen Strukturen, wobei von einem allgemein gelernten Grundwissen ausgegangen wird. (DENKEN)

Beispiele:
(1) Rechnungen mit Platzhalter am Ende; Einmaleinsaufgaben; Normalverfahren beim Rechnen; im Unterricht behandelte Sachaufgaben, jedoch mit anderen Zahlen; Nachschrift (vorher geübtes Diktat); kurz: Der Lernstoff findet sich analog im Buch, Heft oder auf einem Arbeitsblatt.
(2) Rechnungen mit Platzhalter am Anfang und in der Mitte; einfache, eingliedrige Sachaufgaben mit anderer Situation, umgestelltes Diktat.
(3) Komplexe Sachaufgaben mit mehreren Operationen; vorbereiteter Aufsatz.
(4) Rechenanweisungen und Sachaufgaben mit besonderen Schwierigkeiten; unvorbereiteter Aufsatz.
• Oft ist eine exakte Trennung der Stufen nicht möglich; im 1. Schuljahr lassen sich nicht für jede Stufe sinnvolle Prüfungsaufgaben finden. Dann genügt das Unterscheiden zwischen einfachen (Stufe 1/2) und gesteigerten, hohen Anforderungen (Stufe 3/4).
• Auch bei Stufe 3/4 ist der altersgemäße Entwicklungsstand zu berücksichtigen. Voraussetzung: Im vorausgehenden Unterricht wird das Lösen von Denkaufgaben trainiert.
Jede Probearbeit muss zum zuletzt behandelten Thema
• Aufgaben zum Feststellen von Grundkenntnissen (Reproduktion) enthalten und
• etwa 20 bis 25 % Anwendungs- und Denkaufgaben (Reorganisation, Transfer, Problemlösen).

Weiterhin ist bei der Aufgabenstellung zu beachten:

<u>Lernzielbezug:</u> Nur was im Unterricht gelernt und geübt wurde, darf abgefragt werden!

Eine Beschränkung auf den Stoff der letzten Stunde ist nicht vorgeschrieben und meist nicht machbar. Früher Gelerntes und fundamentales Wissen muss vorausgesetzt werden. Der Elterneinwand „Das stand so nicht im Heft." ist mit dem Hinweis auf die Anforderungsstufen zu entkräften.

<u>Inhaltliche Eignung:</u> Nicht alles, was gelernt wurde, wird abgefragt! Besser als eine „Vielerleiabfrage" ist die Konzentration auf wenige, wichtige Punkte, auf den „Kern".

<u>Sachliche Richtigkeit</u>

Prüfen Sie kritisch sowohl eigene als auch übernommene Aufgaben.

<u>Eindeutige Aufgabenstellung</u>

Bei zusammenhängenden Aufgaben ergibt sich das Problem von Folgefehlern (z. B. Kettenrechnung: den richtigen Lösungsweg höher bewerten als falsche Einzelergebnisse). Keine zu offenen Aufgaben, da die Vielfalt richtiger Lösungen schwierig zu bewerten ist.

Legen Sie schon beim Ausarbeiten fest, welche Antworten als richtig gelten und welche vollständige Lösung erwartet wird. Füllen Sie selbst ein Angabenblatt aus oder lassen Sie es von einem Nicht-Lehrer lösen.

<u>Wechsel der Aufgabenformen</u>

Bei der Wahl zwischen nur zwei Alternativen ist die Zufallsquote sehr hoch, deshalb zum Ankreuzen mehrere, etwa fünf Möglichkeiten vorgeben.

<u>Anordnung von Aufgaben:</u> steigender Schwierigkeitsgrad

Am Anfang eine einfache „Eisbrecheraufgabe" zu Grundkenntnissen. Da am Schluss die Leistungsfähigkeit nachlässt, auch mit einer leichten Aufgabe abschließen.

Günstig ist die Kooperation mit Kolleginnen: Gemeinsames Zusammenstellen der Probearbeiten, gleicher Bewertungsschlüssel.

Formale Anforderungen (→ *Arbeitsblätter*)

Vorschlag für ein Angabenblatt (vgl. *B. Czinczoll*):

Klasse: __ __ Probearbeit in ___ (Fach oder Lernbereich) Datum :

Name: _____   Note:

---

1   (Aufgaben nummerieren; am Rand jeweils die erreichbare Punkt-
    zahl angeben)

    _____

Du hast von _____ (Gesamtzahl der erreichbaren Punkte) Punkten _____
(Zahl der erreichten) Punkte erreicht.
gesehen:

Kopf im 1./2. Schuljahr: Ich zeige, was ich kann. Oder: Das kann ich.

- Gute Lesbarkeit, keine Rechtschreib- und Tippfehler, keine verwirrenden oder zu kleine Grafiken
- klare Anweisungen
- übersichtliche Gliederung und Anordnung der Aufgaben: Die Aufgaben deutlich mit Strichen voneinander abheben und nicht zu dicht
  aneinander reihen; ausreichend Schreibraum für die Kinder.
- Sprache: Die Aufgaben müssen ohne zusätzliche Erklärungen verständlich sein. Deshalb: Einfache Wortwahl, auch mit Wortwiederho-
  lungen, und einfacher Satzbau. Keine Fremdwörter oder den Kindern
  nicht geläufige Wörter! Keine Abkürzungen! Keine Doppelfragen!
- Mathematik, Sprachbetrachtung: Nur im Unterricht häufig gebrauchte
  Notationsformen verwenden.

Durchführung der Probearbeit

Vor der ersten Probearbeit in einer neuen Klasse wird der Ablauf mit
einer unbenoteten Arbeit eingeübt: Überprüfen der Arbeit vor dem
Abgeben, selbstständiges Durchführen einer Zusatzaufgabe ohne Rückfragen (→ *Differenzierung*); im 3./4. Schuljahr auch das Lernen auf eine
Arbeit (→ *Wiederholen* und *Üben*).

Äußere Voraussetzungen
- Günstiger Zeitpunkt: Dienstag bis Donnerstag 2. bis 4. Stunde, nicht
  kurz vor einem besonderen Ereignis wie Theaterbesuch oder Schulfest

- Günstige Rahmenbedingungen: kein Außenlärm, angenehme Raumtemperatur, vorher lüften, ausreichend Licht
- Zur Lockerung und Konzentrationssteigerung vorher → *Bewegungsübungen* (*Edukinestetik*) oder Musik zur → *Entspannung* (Positive Selbstinstruktion: Ich kann das.)
- Ermutigendes und beruhigendes → *Lehrerverhalten:* Nicht unnötig dazwischenreden
- Vorbereiten des Arbeitsplatzes: Nur benötigtes Material liegt auf dem Tisch (→ *Ordnung*), Möglichkeit des → *Abschreibens* ausschalten
- Vorbesprechen der Arbeit: Um Lese- und Verständnisschwierigkeiten vorneweg zu klären werden die Aufgaben vorgelesen.
- Erinnern an → *Lerntechniken:* Mit einer leichten Aufgabe beginnen, Unklares zurückstellen.
- Arbeitszeit: im 1. Schuljahr etwa 15 Minuten, im 4. Schuljahr maximal 45 Minuten (Nicht über eine Pause hinweg arbeiten lassen.)
- Überprüfen Sie bei jeder abgegebenen Arbeit den Namen und die Vollständigkeit.
- Wenn alle Kinder fertig sind, lassen Sie sie im Schulhof einige Runden laufen.

Feststellen der Leistung bei der Korrektur

Bei der Korrektur werden entweder Fehler angestrichen oder Punkte verteilt. Dabei ist mit Gleichem gleich zu verfahren. Die Arbeiten werden nicht nur quantitativ (Wie viele Punkte?), sondern auch qualitativ (Was ist richtig oder falsch?) ausgewertet (Fehleranalyse). Bei der ersten Durchsicht noch nicht benoten, sondern erst, wenn Sie einen Überblick über alle Arbeiten haben. Einzelfragen:
- Wenn sich bei einer Aufgabe Fehler häufen, ist die Art der Aufgabenstellung zu überprüfen.
- Punktabzug bei falsch angekreuzten Antworten, denn: Wenn ein Kind ohne nachzudenken alle Antworten ankreuzen würde, würde es auf jeden Fall die volle Punktzahl erreichen.

Vorschlag für ein Auswertungsblatt:

Auswertungsblatt Fach: Klasse: Lernzielkontrolle/Übungs- nachschrift (unbenotet)	Datum: Probearbeit/Probediktat (benotet)
Punkte/Fehler: Häufigkeit	Stoffgebiet/Thema:
1 (Strichliste)	Arbeitszeit:
2	Schülerzahl: Fehlende Schüler:
3	
4	Notenschlüssel und Notenverteilung
5	Note Punkte/Fehler (von … bis …)
6	1 (Strichliste)
7	2
8	3
9	4
10	5
11	6
12	Notendurchschnitt: Höchstpunktzahl:
13	Punkte-/Fehlerdurchschnitt: besprochen am: ………………
14	zurückgegeben am: ……………… Fehler/Besonderheiten:
… 50	(Unterschrift der Lehrerin)

Bewerten (→ *Noten*)

Grundsätze
Das Beachten der Wortbedeutungen der Noten und der zentrale Begriff der Anforderungsstufen (s.o.) zielt auf ein qualitatives Bewerten, über das auch die Eltern zu informieren sind.
Note 6: weit gehendes Fehlen von Grundkenntnissen
Note 5: lückenhafte Grundkenntnisse
Note 4: Reproduktion von Grundkenntnissen
Note 3: Reorganisation, selbstständiges Anwenden von Grundkenntnissen
Note 1 oder 2: Lösen von Denkaufgaben, weiter reichende Fähigkeiten

Die Frage nach einem sinnvollen Bewertungsschlüssel
Bewertung nach einem gleich bleibenden Schlüssel: Sowohl ein symmetrischer Schlüssel (erreichbare Punkte werden gleichmäßig auf die sechs Noten verteilt) als auch ein unsymmetrischer Schlüssel (die Notenbereiche 3 und 4 werden breiter als die übrigen angelegt) ist mit den Grundsätzen (s.o.) zu kombinieren. Dabei wird der Bewertungsschlüssel so angelegt, dass mit dem Lösen der leichteren Aufgaben die Noten 3 (Reorganisation) und 4 (Reproduktion) erreicht werden. Die Noten 1 und 2 kann nur erhalten, wer auch schwierigere Aufgaben löst.

Gewichten der Aufgaben durch die Vergabe von Punkten
- Insgesamt sollten mindestens 20 Punkte erreichbar sein, besser 35 bis 50.
- „Die Entscheidung zwischen den Noten 4, 5, 6 ist ... eigentlich nicht durch Punktezählen zu treffen, sondern durch Ja-Nein-Entscheidungen bezogen auf einzelne Grundkenntnisse." (*B. Czinczoll*)
- Aufgaben zu den Grundkenntnissen sollten zurückhaltend gewichtet werden. Denn Kinder und Eltern „könnten es nicht verstehen, wenn es auf eine Probearbeit mit z. B. 20 erreichbaren Punkten noch bei 15 Punkten die Note 5 gäbe, weil diese 15 erreichten Punkte nur Grundbereichsaufgaben auf Reproduktionsniveau betreffen." (*B. Czinczoll*)
- Für Denkaufgaben, z. B. eine schwierige Textaufgabe, werden entsprechend mehr Punkte angesetzt.

Lernzielkontrollen, die nur Grundkenntnisse prüfen (z.B. geübte Diktate, Einmaleinsabfragen), sollten überhaupt nicht benotet werden. Kinder, die über ungenügende Grundkenntnisse verfügen, werden wiederholt überprüft, um festzustellen, ob es zufällige Fehlleistungen waren (schlechte Tagesform, Flüchtigkeit) oder ob ein → *Wiederholen* des Schuljahres nötig ist.

Rückgabe von Probearbeiten

Ohne dramatische Gesten und moralisierende Reden!

Nicht in der Abfolge der Noten, ohne Bemerkungen wie „Beste / schlechteste Arbeit!"

Notenspiegel: Noten, Punkte- oder Fehlerzahlen, Notendurchschnitt nicht öffentlich mitteilen, weder mündlich noch schriftlich.

Kindern mit schlechten Noten Chancen geben um Misserfolge auszugleichen: durch mündliche und praktische Leistungsnachweise, im „Gespräch" unter vier Augen; individuellen Lernfortschritt anerkennen, zeitweiliger Verzicht auf → Noten.

Berichtigung individuell oder mit der ganzen Klasse?

3./4. Schuljahr: Ich gehe mit der Klasse die Probearbeit nochmals durch und schreibe an die Tafel, was einzusetzen oder zu schreiben war. Die Kinder tragen in ihr Heft nur die Aufgaben, Wörter oder Sätze ein, bei denen sie einen Fehler gemacht haben. Dabei wird genauer verglichen als beim Abschreiben aller Lösungen oder beim Nachsehen auf einem Lösungsblatt.

Aufbewahren der Probearbeiten: Für jedes Kind in einem gesonderten Schnellhefter im abgeschlossenen Schrank oder Pult.

Auf Kritik von → Eltern an Aufgaben oder Bewertung sollten Sie nicht rechthaberisch auf Ihrem Standpunkt beharren, sondern diese anhören. Mit Kollegen und der Schulleitung können Sie die Arbeit nochmals überprüfen und begründende Argumente sammeln. Ist ein Fehler Ihrerseits jedoch nicht von der Hand zu weisen, sollte die missglückte Probearbeit nicht gewertet, sondern eine neue durchgeführt werden.

Die Schulleitung kann eine der Jahrgangsstufe nicht angemessene Probearbeit für ungültig erklären und das Anfertigen einer neuen anordnen.

Bernhard Czinczoll / Roland Hartl: Die Leistungsfeststellung und -bewertung in der Schule ... 1. Teil. In: Pädagogische Welt Heft 5/1989, 2. Teil in PW Heft 6/1989. Donauwörth: Auer

Bernhard Czinczoll / Roland Hartl: Die Art der Aufgabenstellung als Fehlerursache bei Probearbeiten. In: Pädagogische Welt Heft 5/1989

Wolfgang Schwark / Wolfgang W. Weiß / Silvia Regelein: Beurteilen und Benoten in der Grundschule. Bestandsaufnahme und Anregungen für die Praxis. München: Ehrenwirth 1986

Staatsinstitut für Schulpädagogik und Bildungsforschung München: Handreichung zur Ermittlung und Beschreibung von Schülerleistungen in der Grundschule. München 1987 (Vertrieb: Verlag Ludwig Auer, Donauwörth)

Projekte

Erzähle mir - und ich vergesse.
Zeige mir - und ich erinnere.
Lass es mich tun - und ich verstehe.

Konfuzius

Die Kritik an der Schule mit dem Vorwurf der Lebensferne gibt es schon lange: Nicht für die Schule lernen wir, sondern für das Leben (Seneca). Fachübergreifender, handlungsorientierter Unterricht, praktisches Lernen und Projektunterricht als eine Form → *offenen Unterrichts* wollen deshalb mehr Lebensnähe, eine stärkere Orientierung am Kind und damit mehr Lernlust in die Schule bringen.

Kennzeichen und Phasen der Projektarbeit

- Einbeziehen der Kinder in Entscheidungen von Anfang an;
- soziales Handeln beim gemeinsamen Planen und Zusammenarbeiten;
- Arbeitsteilung;
- fachübergreifender Unterricht: Anwenden von in den Fächern gelernten Kenntnissen und Fähigkeiten;
- vorweisbares Ergebnis;
- Bewältigen einer Ernstsituation (nach R. Krüger).

Um Lehrer zur Projektarbeit zu ermutigen anstatt sie durch überzogene Anforderungen (wie z. B. gesellschaftliche Praxisrelevanz) an ein „ideales" Projekt abzuschrecken nennt E. Simon folgende Kriterien, die Projekte ganz oder teilweise erfüllen können, aber nicht unbedingt müssen:
- „Ausgehend von einer für möglichst viele Beteiligte interessanten Sache oder Angelegenheit
- mehr schüler- als lehrerzentriert
- handlungs-, prozess- und produktorientiert
- viele Sinne einbeziehend
- fächer- und klassenübergreifend
- flexibel in den Methoden
- die Lernorte wechselnd
- unabhängig von der Pausenordnung
- variabel im Zeitaufwand
- die Familie des Schülers/der Schülerin einbeziehend
- schulindividuell variierbar
- soziales Lernen beachtend
- Selbstorganisation anstrebend"

Phasen (nach *R. Krüger*)

- Bestimmen des Ziels (Ergebnis, Produkt, Werk, Aufführung, Ausstellung)
- Planen des Wegs: Raum, Zeit, Sozial- und Aktionsformen, Mittel, Arbeitsverteilung
- Durchführen des Plans (arbeiten, einüben, herstellen, bauen)
- Vorweisen des Ergebnisses (aufstellen, ausstellen, aufführen, benutzen, weitergeben, pflegen, verkaufen)
- Überprüfen des Ergebnisses: Wurde das Ziel erreicht? Waren die Wege sinnvoll?

Schwierigkeiten

- Muss der Anstoß, die Projektinitiative immer von den Kindern kommen?

„Eine Idee geht immer von einer einzelnen Person aus. Je kleiner die Kinder sind, umso schneller lassen sie sich von einer Idee erwärmen" und „von einigen Mitschülern anstecken." (*E. Simon*) Vorschläge der Lehrerin sind gerade beim Einstieg in die Projektarbeit nötig. Doch sollten die Kinder in allen Phasen mitwirken können.

So können Sie Projekte anregen:

- Sie stellen Alternativen vor, was die Kinder machen könnten.
- Sie geben das Rahmenthema an, die Kinder äußern ihre Ideen.
- Ein Thema wird in herkömmlicher Weise bearbeitet. Dabei werden Fragen, Probleme und Interessen wach, die in ein Projekt münden können. (vgl. *H. Jenchen*)

- Sind Grundschulkinder mit Projekten überfordert?

Fehlendes Wissen und fehlende Kompetenzen lassen sich bei der Arbeit an einem Projekt erwerben und einüben. „Die Produkte können natürlich nur altersgemäß ausfallen." (*E. Simon*)

In einem für alle sichtbaren Organisationsplan wird notiert: Wer - was - wo - wie - mit wem arbeitet, welche Materialien das Kind braucht oder ausgeliehen hat.

„Selbst gesteuertes Lernen ist ein Leitmotiv der Projektpädagogik. Kinder kommen nicht leicht - und nicht gleich - dorthin; Wege entstehen beim Gehen. Der Weg in die Welt aktiven Lernens ist keine Voraussetzung, sondern Projektziel." (*U. Hameyer*)

- Gruppenprobleme beim Durchführen der Arbeit

Die Kinder sollten vorher mit → *Partner-* und *Gruppenarbeit* vertraut sein. „Gruppenprobleme sind die entscheidenden Anlässe zum → *sozia-*

len Lernen." (*E. Simon*) Nach jeder Phase wird besprochen:
- „Was haben wir geschafft?
- Was wollen wir beim nächsten Mal schaffen?
- Was kann ich tun, wenn ich mit meiner (...) Arbeit fertig bin?
- Wo und mit wem gab es Schwierigkeiten?" (*E. Simon*)

Beispiele für Projekte in der Klasse

Vom projektorientierten Unterricht zum Projektunterricht: Die ersten kurzen und überschaubaren Projekte müssen gut durchdacht und vorbereitet sein; das vorzeigbare Produkt als Ziel sollte rasch zu erreichen sein. Anfangs müssen Sie meist viele Hilfen geben.

<u>Organisatorische Varianten</u>
- persönliches Projekt eines Kindes in → *Freiarbeit*
- in Arbeitsgruppen durchgeführtes, aus dem Fachunterricht abgeleitetes Projekt oder Projekt zu einem fachübergreifenden Rahmenthema (z. B. Jahreszeit), zu dem auch eine andere Klasse eingeladen werden kann
- in festen Blockstunden durchgeführtes Langzeitprojekt.

<u>Mögliche Themen</u>
Gestalten von Lernecken und des → *Klassenzimmers,* des Schulhauses; Zusammenstellen einer Klassenordnung (→ *Regeln*); Klassenmuseum (vgl. *E. Simon*); Vorstellen der eigenen Hobbys; Zusammenstellen einer Fitnessfibel; Anfertigen von Spielzeug für den Kindergarten, den Basar am Schulfest oder von Lernmaterial für die eigene oder die Patenklasse; Gestalten von → *Festen* und *Feiern*; Sammeln von Spielen für die → *Pause*; Herstellen von Nahrungsmitteln und Speisen; Schulspiel; Klassentagebuch, Klassenzeitung, Aufsatzbuch; Erforschen der Geschichte der Schule; Schulgarten; Planen eines → *Ausfluges*, eines Aufenthalts im Schullandheim u. a. m.

Klassenübergreifende Projekttage

- Varianten

Themen nach den Interessen der Kinder oder zu einem vorgegebenen Rahmenthema
Projekttag oder Projektwoche für die ganze Schule oder nur für einzelne Klassen

- Vorbereiten

An einem „Projektbaum" im Schulhaus hängen Kinder und Lehrer etwa eine Woche lang ihre Vorschläge aus, aus denen die Lehrerkonferenz die machbaren Ideen auswählt. Auf werbewirksamen Plakaten werden die Projektgruppen den Kindern vorgestellt: Betreuer, Ort, Kosten, Voraussetzungen.

Jedes Kind teilt auf einem Wahlzettel seinen Erstwunsch und zwei bis drei Ersatzwünsche mit, nach denen das Organisationsteam die Gruppen (nicht mehr als 15 Kinder) zusammenstellt.

Als Betreuer können auch Studenten, Eltern, Hausmeister und externe Fachleute herangezogen werden. Eine langfristige Planung (Kosten klären!) und rechtzeitige Information aller Beteiligten sind nötig (nach *H. Stautner*).

- Durchführen

Stundenklingel abstellen.

1. Phase oder 1. Tag: Projektplanung, Beschaffen des Materials, organisatorisches Vorbereiten
2. Phase oder 2. bis 4. Tag: Arbeiten und Vorbereiten der Dokumentation
3. Phase oder letzter Tag: Die Arbeit den Kindern, Lehrern und Eltern vorstellen (Ausstellung, Vorführung, Diskussion u. Ä.) (nach *H. Stautner*)

Beispiele für Projekttage zu einem Rahmenthema

- Stadtteilprojekt der Schule: Gestalten von Schaufenstern der umliegenden Geschäfte (vgl. *E. Simon*), schriftliches und szenisches Darstellen der Geschichte des Heimatortes, Touristenwerbung für unseren Ort u. v. a. m.
- Gesundheitswoche (vgl. dazu *Dieter Hell* u. a.: Gesunde Ernährung in der Grundschule. München: Oldenbourg 1992)
- Rund um's Buch (vgl. dazu *Eva Kieffer*: Lesen macht Spaß. Spiele, Projekte und Materialien für die Grundschule. München: Oldenbourg 1991)

Uwe Hameyer: Was Kinder in Projekten lernen. In: Die Grundschule Heft 7-8/1995, Braunschweig: Westermann
Dagmar Hänsel: Das Projektbuch Grundschule. Weinheim: Beltz 1991
Rudolf Krüger: Projekte in der Grundschule? In: Grundschulmagazin Heft 7-8/1994, München: Ehrenwirth/Oldenbourg
Hans Joachim Jenchen: Wege zum projektorientierten Unterricht. In: Grundschulmagazin, Teil 1 in Heft 4/1994, Teil 2 in Heft 6/1994
Eva Simon: Bei der Sache bleiben. Projektunterricht in der Grundschule. In: Grundschulmagazin Heft 3/1995
Eva Simon: Projekte „Nacht" und „Zeit". München: Oldenbourg 1996
Heribert Stautner: Mit Projekttagen die Schule beleben. In: Die Grundschule Heft 10/1994 Braunschweig: Westermann

Der Grundsatz „Behandle andere stets so, wie du von ihnen behandelt werden möchtest." verweist auf gegenseitige Achtung, Rücksicht und Verantwortung. (→ *soziales Lernen, Ordnung*)

Grundsätze beim Aufstellen von Regeln:

- Möglichst wenige, aber klare Regeln, die durchführbar sind.
- Auch Freiräume deutlich aufzeigen.
- Altersgemäß und positiv formulierte Regeln (→ *Anweisungen*).
- Auf konsequentes Einhalten achten.
- Folgen des Nichteinhaltens festlegen.
- Kleine Lernschritte: In jeder Woche eine wichtige Regel in den Mittelpunkt stellen.

Unterrichtsstörungen und → *Konflikte* ergeben sich, wenn Regeln

- nicht bekannt sind,
- zwar bekannt sind, aber nicht akzeptiert werden,
- nicht altersgemäß sind,
- gegen attraktive Alternativen bestehen müssen. (nach *Harald Schenk:* Aggressiv und unaufmerksam. Konflikte in der Grundschule. In: Grundschulmagazin Heft 1/1992)

Einführen von Regeln

- Den richtigen Zeitpunkt wählen

Die Kinder müssen wissen, was von ihnen erwartet wird. Deshalb sollten Regeln eingeführt werden, bevor sich unerwünschte Verhaltensweisen zeigen. Geben Sie den Kindern die Chance es richtig zu machen. Außerdem ist das Erlernen von Neuem leichter als das Löschen von Gewohntem. Allerdings werden sich wegen der Komplexität des Alltags immer wieder Störungen ergeben, die die Notwendigkeit einer Regel aufzeigen (einsichtiges Lernen).

Führen Sie bei Übernahme einer Klasse zuerst die Regeln ein, auf deren Einhalten Sie den größten Wert legen und schreiben Sie diese für sich auf.

- Vorstellen, Vormachen und kurzes Besprechen

Beispiel: Eine gängige Regel ist: Ich darf im Klassenzimmer nicht rennen. Zur positiven Verstärkung sind Formulierungen mit „nicht" ungünstig. Deshalb besser: Ich schaffe es, im Klassenzimmer langsam und leise zu gehen. (→ *Anweisungen*) Machen Sie das langsame und leise Gehen übertrieben deutlich vor, ohne zu schlurfen.

Visualisieren: Heften Sie an die Zimmertür das große Bild eines Schuhs zur steten Erinnerung.

- Begründen

Sprechen Sie nicht nur die Nachteile des unerwünschten Verhaltens an, sondern vor allem die Vorteile und die Notwendigkeit des erwünschten Verhaltens: Wir vermeiden Unfälle; wir stören die anderen Kinder nicht durch Anrempeln und Lärm; wir können unseren Platz öfter verlassen, wenn wir das leise tun.

- Nachmachen, auch im Rollenspiel und wiederholtes Einüben

Schleichspiele: Ein Kind schiebt seinen Stuhl hinein, schleicht durch die Klasse und tippt ein anderes Kind an. Beide tippen wieder weitere Kinder an usf., bis alle durch das Zimmer schleichen, ohne zusammenzustoßen. Wir betreten früh schleichend das Zimmer, gehen schleichend in die → *Pause* usf.

Sprechen Sie die Kinder auch emotional an: Wie findest du das Schleichen? Was fühlst du dabei?

- Konsequentes Beachten und → *Verstärken* bei Erfolg

Beachten auch Sie die Regel (→ *Modellverhalten*) und tragen Sie in der Schule keine klappernden Schuhe.

Etwa eine Woche lang täglich prophylaktisch an die neue Regel erinnern: „Wir achten heute wieder darauf, dass jeder leise geht, auch der ..." (Name eines häufigen „Stürmers").

Bei Erfolg einzelne Kinder und die Klasse gerade anfangs häufig verstärken, verbal, gestisch und evtl. durch Eintragen in eine ausgehängte Liste. Wessen Name auf der Liste steht, erhält einen Schuh als Anstecker (mit doppelseitigem Klebeband).

Werden Sie nicht ungeduldig, wenn nicht gleich alle Kinder erfolgreich sind: „Heute gelingt es noch nicht, aber vielleicht morgen!"

Übertreten von Regeln (nach *Tausch* S. 308)

Regeln werden einmal genau erklärt. Deshalb ist es nicht nötig, bei jedem Fehlverhalten eine erneute „Diskussion" zu beginnen und den Unterrichtsfluss zu stören.

Wenn Sie einen sich anbahnenden Regelverstoß beobachten, warnen Sie vor, am besten mit einer den Kindern mitgeteilten Geste, z. B. stillschweigendes Ansehen (→ *Körpersprache*) oder einem kurzen, aber freundlichen „Nein, ... (Name)."

Wenn ein Kind zum ersten Mal stört, zeigen Sie Verständnis, z. B.: „*Du bist mit deiner Arbeit fertig und langweilst dich. Deshalb möchtest du dich gerne mit deinem Nachbarn unterhalten. Aber man kann nicht sprechen, während die anderen rechnen.*" Das unpersönliche, sachliche „man" wirkt weniger verletzend als „Du darfst nicht ..." und zeigt, dass die Regel für alle gilt, und nicht etwa zur willkürlichen Provokation eines Einzelnen dient.

Hört das Kind mit der beanstandeten Tätigkeit nicht auf, zeigen Sie die Folgen weiterer Übertretung auf, z. B.: „*... Man muss sich sonst an einen Einzeltisch setzen.*"

Setzt das Kind die Störung weiterhin fort, so wird zwar Verständnis ausgedrückt, zugleich jedoch die angekündigte Konsequenz realisiert, z. B.: „*Es war für dich zu schwer, du konntest nicht aufhören. Bitte, setze dich dort an den Tisch!*"

„Je weniger affektiv, persönlich betroffen und je wertschätzender Worte und Stimmführung des Erwachsenen sind ... desto geringeren Widerstand empfinden „Kinder" gegen die Person des Erwachsenen und desto mehr erleben sie, dass die nachteiligen Folgen mit ihrem eigenen Verhalten zusammenhängen." (*Tausch* S. 308)

Nachteilige Folgen beim Übertreten von Regeln

- Natürliche Konsequenzen (→ *Strafen*)

Wenn sich unmittelbar aus dem Übertreten von Regeln nachteilige Folgen als „natürliche" Konsequenzen ergeben, lernen die Kinder diese zu vermeiden. Wichtig ist, dass Sie dem Kind gegenüber freundlich, aber sicher sind und es weder beschimpfen noch tadeln. (*Tausch* S. 309)

Beispiele:

- Wer im Klassenzimmer → *Arbeitsmittel* nicht ordentlich aufräumt, muss dies in der Pause erledigen oder wenn die anderen singen, malen oder andere beliebte Tätigkeiten durchführen.
- Wer andere Kinder auf dem Heimweg schlägt, muss zehn Minuten länger in der Schule bleiben, damit die anderen ohne Angst nach Hause gehen können.

- Wiedergutmachung

Nicht immer lassen sich sinnvolle natürliche Konsequenzen realisieren. Mitunter liegt eine Wiedergutmachung nahe, z. B.: Ein Kind hat ein anderes geschlagen. Sie erklären ihm, dass es den Schmerz spüren könnte, wenn Sie es jetzt schlagen würden. Statt dessen aber regen Sie eine Wiedergutmachung an, etwa ein kleines Geschenk, oder dass es mit dem Kind spielt, in Partnerarbeit übt o. Ä. Die Form ist auf die jeweilige Situation abzustimmen.

- Positive Weisungen

Statt ständigen Ärgers über z. B. nicht gespitzte Stifte schreibt das Kind einen Zettel „Stifte spitzen" und legt diesen zur Erinnerung in das Mäppchen.

Nicht mehr passende Regeln ändern!

Gerade Regelübertretungen fordern uns immer wieder zum kritischen Nachdenken auf: Ist die Regel sinnvoll und vernünftig? Muss sie geändert oder kann sie gar abgeschafft werden?

Reinhard u. Anne-Marie Tausch: Erziehungspsychologie. 5. gänzl. neu gestaltete Auflage: Göttingen: Verlag für Psychologie Dr. C. J. Hogrefe 1970

Religiöse Erziehung

Zu einer allseitigen Förderung des Kindes gehört auch die religiöse Erziehung. Sie findet statt
- im Religionsunterricht, der religiös-kulturelle Traditionen und Grundlagen zum Verstehen anderer Religionen vermittelt,
- in Fächern wie Deutsch, Sachunterricht und den musischen Fächern, die religiöse wie interreligiöse und interkulturelle Elemente aufgreifen,
- im alltäglichen Schulleben wie auch bei → *Festen* und *Feiern*.

(vgl. *Johannes Lähnemann:* Entgrenzung der Horizonte: Interreligiöse und interkulturelle Begegnung in der Grundschule am Beispiel Christentum - Islam. In: *H. Müller-Bardorff,* S. 46 ff)

Ziele einer ganzheitlichen und integrativen religiösen Erziehung

„Eltern haben vielfach ein ungeklärtes oder mit Vorbehalten belastetes Verhältnis zur Frage der religiösen Erziehung. Wie sollen sie da ihren Kindern religiöse Orientierung vermitteln?" (*H. Müller-Bardorff,* S. 5) Auch in der schulischen Erziehung sind „sowohl Wertebewusstsein wie Gewissensbildung und Verantwortungsbereitschaft .. in einem falsch verstandenen Liberalisierungsprozess ... ‚unter die Räder gekommen': Gut ist, was für dich gut ist. Lass dir nichts gefallen, wehr dich deiner Haut. ... Hier eine Gegenkultur aufzubauen, andere Wertmaßstäbe ins Bewusstsein zu rücken, ist eine der vornehmsten, aber auch mühevollsten Aufgaben der Grundschule. ... Kinder leiden in unserer pluralistischen und säkularisierten Gesellschaft an Verunsicherung und Desorientiertheit." (*H. Müller Bardorff,* S. 10) Für ihre seelische Gesundheit brauchen sie jedoch:

- „Sinn- und Wertorientierung
- Eingehen auf existenzielle Fragen
- Stille-Erfahrung
- Die Situation der emotionalen Betroffenheit
- Sensibilisierung für die Hintergründigkeit der Wirklichkeit
- Die Weitergabe von Erfahrung und persönlicher Überzeugung."
  (*H. Müller-Bardorff*, S. 5)

„Solche Lernprozesse sind ... integrativ und fächerübergreifend an aktuelle, alltägliche Lern- und Lebenssituationen gebunden und können schwerlich explizit für den Religions- oder Ethikunterricht 'aufgehoben' werden." (ebd.)

Bausteine für den Alltag

- Singen und Beten am → *Unterrichtsbeginn*

Wenngleich das herkömmliche Schulgebet zu formal und zu wenig kreativ war, so bleiben wir bei einem völligen Verzicht darauf „den Kindern Wesentliches schuldig ..." (*H. Müller-Bardorff*, S. 65)

„Es ist eine Frage der geschickten Auswahl, der selbstverständlichen Kontinuität und der Hinführung zu Text, Melodie und Bedeutung für das eigene Leben, ob sich in einer Klasse ein selbstverständlicher Kanon an vertrauten Liedern und Gebeten entwickelt." (a. a. O., S. 66)

Möglichkeiten über die Vorgabe durch die Lehrerin hinaus:

* Die Kinder führen fächerübergreifend ein persönliches, schön gestaltetes Lieder- und Gebetsheft oder ein Klassenheft über die ganze Grundschulzeit hinweg, auch mit selbst verfassten Gebeten, und wechseln sich beim Vortragen ab.
* Jedes Kind heftet eine Karte mit seinem liebsten Gebet oder Lied an die Pinnwand, das reihum eine Woche lang gemeinsam gesprochen oder gesungen wird.

Die Kinder eines anderen Bekenntnisses oder ohne Bekenntnis werden nicht zum Mitsingen und Mitbeten gezwungen, können aber im Sinne einer → *interkulturellen Erziehung* sehr wohl „achtungsvoll ,zu Gast sein'." (*J. Lähnemann*, a.a.O., S. 53)

- Zeiten der Besinnung

Im Anschluss an gehörte oder gelesene Texte, an ein in der Luft liegendes aktuelles Problem, an eine → *Musik*, das → *Betrachten* eines Bildes oder Gegenstandes oder bei einer → *Meditation* sollen die Kinder still werden, nachdenken und für → *Werte* und Sinnfragen sensibel werden. (→ *Morgenkreis, emotionales Lernen*)

Geeignete Texte finden sich z. B. in:
Dietrich Steinwede/Sabine Ruprecht: Vorlesebuch Religion, Lahr: E. Kaufmann, Bd. 1 16. Aufl. 1992, Bd. 2 9. Aufl. 1987, Bd. 3 8. Aufl. 1992.
Auch „Märchen sind Hoffnungs- und Vertrauensgeschichten. Sie erzählen in Bildern, wie menschliches Leben gelingen kann, wie Menschen ihr Glück finden – durch Leiden und Gefährdungen, durch alle Dunkelheiten hindurch." (*Monika Born:* Sinnorientierung durch Märchen. In: *H. Müller-Bardorff,* S. 79 ff.)

Helga Müller-Bardorff, Hrsg.: Religiöse Erziehung in der Grundschule - vergessene Dimension? Die pädagogische Bedeutung der religiösen Erziehung für die alltägliche Schulpraxis. München: Oldenbourg 1993

Rituale

Es muss feste Bräuche geben ... es ist das,
was einen Tag vom anderen unterscheidet, eine Stunde von der anderen.
Wenn du zum Beispiel um vier Uhr nachmittags kommst,
kann ich um drei Uhr anfangen glücklich zu sein.
Antoine Saint-Exupéry

Im Gegensatz zu konkreten → *Regeln* sind Rituale Gewohnheiten, „feste Bräuche" und damit Verhaltensweisen,
• die aus mehreren Regeln zusammengesetzt sind,
• die zu bestimmten Anlässen regelmäßig und in gleicher Form ausgelöst werden,
• die nicht wie Regeln nur logisch zu begründen sind, sondern darüber hinaus Symbolkraft besitzen und auf → *Werte* verweisen.
Ritualisierte Verhaltensweisen halten die Schul- und → *Klassengemeinschaft* zusammen, entlasten davon, den Tagesablauf, die Woche, den Monat und das Jahr stets neu organisieren zu müssen und geben damit Orientierung und Halt. Wie Regeln können auch Rituale sinnleer werden und sind dann gemeinsam neu zu gestalten.

• Rituale im Tageslauf
• Begrüßung, → *Tages-* und *Unterrichtsbeginn* (→ *Morgenkreis*)
• gleichförmige Arbeitsphasen: Arbeitsbeginn, → *Einzelarbeit, Arbeitsmittel, Ordnung, Ruhe,* Arbeitsende
• → *Gesprächsregeln,* Verhalten bei → *Partner-* und *Gruppenarbeit,* bei →

Probearbeiten, bei → *Freiarbeit*
* → *Pause*, ritualisierte Phasen zur → *Bewegung* und → *Entspannung*
* Abschluss des Unterrichts: Tagesrückblick

* Rituale in der Woche, im Monat und im Jahr
* Wochenbeginn: → *Morgenkreis*, für die Woche ein Motto festlegen, →
  Wochenplan
* Besondere Ereignisse während einer Woche: → *Geburtstag, Ausflug,*
  neue Kinder
* Wochenende: Wochenrückblick, Ordnungsstunde,
* → *Feste* und *Feiern, erster Schultag, Ferien*

Rollenspiel

Das Rollenspiel ist eine Form des darstellenden Spiels, ein Simulations-
spiel (so tun, als ob ...), bei dem für eine reale oder fiktive Situation durch
das Durchspielen von Varianten angemessene Handlungsweisen gefunden werden sollen. Im Blick auf → *soziales Lernen* soll das Kind dadurch
u. a. lernen,
* sich sowohl in die eigene als auch in fremde Rollen einzufühlen und hineinzudenken (Sensibilität);
* seine eigenen Gedanken und Gefühle angemessen auszudrücken
  (Sprechfähigkeit);
* die Folgen eigener Äußerungen und Handlungen zu bedenken (Rücksichtnahme);
* auf die Äußerungen der anderen Spieler flexibel und angemessen zu
  reagieren (Kreativität, Kompromissfähigkeit, aber auch Durchsetzungsvermögen).
Formen:
* spontanes, ungelenktes Rollenspiel (Stegreifspiel);
* gelenktes Rollenspiel zur Übernahme erwünschter Verhaltensweisen;
* revidiertes Rollenspiel, bei dem durch Interaktionserfahrungen beim
  Spiel Verhaltensweisen reflektiert und verändert werden sollen.

Ablauf eines Rollenspiels

* Vorbereiten des Spiels/Motivation
Aufwärmphase z. B. mit pantomimischen Übungen
Konfrontation mit einem Problem aus der Umwelt der Kinder (Hilfen:
Bilder, Text, Lehrererzählung, Tonbandaufnahme)

300

Auswahl der Spieler
Die Spieler besprechen Grundzüge des Spiels; ggf. Auswahl von Hilfs-
mitteln.
Beobachtungsaufträge für die Zuschauer, z. B.: Könnte das wirklich so
sein? Was sagt, tut, denkt, fühlt ...? Warum? Folgen des Verhaltens?
Jede Gruppe beobachtet einen Spieler.

• Durchführen des Rollenspiels / Aktion
Die Zuschauer sitzen im doppelten Halbkreis um die Spieler. Regeln:
Zuhören und die Spieler beim Sprechen nicht unterbrechen, es sei denn
die Spieler fordern zum Sprechen auf.
Regeln für die Spieler: deutlich sprechen, die Mitspieler aussprechen las-
sen, nicht streiten, wenn es nicht zur Handlung gehört.
Ein Ansager kann das Thema und die Rollenbesetzung bekannt geben.
Ein offenes, ungeplantes Spiel ist es, wenn die Kinder selbst Lösungen fin-
den sollen.
Wenn Verhaltensweisen trainiert werden sollen, empfiehlt sich ein
geplantes Spiel mit vorherigen Absprachen.
Kurze Spieldauer (etwa zwei bis drei Minuten)
Nach dem Spiel dankt der Ansager den Spielern und lobt das Publikum
für seine Aufmerksamkeit.

• Diskussion und Bewertung/Reflexion
Die Spieler begründen ihr Handeln (Selbsteinschätzung), während die
Zuschauer ihre Beobachtungen mitteilen (Fremdeinschätzung) und neue
Vorschläge einbringen. Dabei werden die Spieler nicht mit ihrem eigent-
lichen Namen, sondern stets mit ihrem Rollennamen angesprochen.
Alternativen durchspielen mit gleichen oder umbesetzten Rollen. Ergeb-
nisse (Was können wir daraus lernen?) werden auf Postern festgehalten,
um angemessenes Verhalten zu unterstützen.
Übertragen auf ähnliche Situationen.

• Anwendung
Einüben positiver Verhaltensweisen vor der Klasse und im Partnerspiel.

Hilfen bei Schwierigkeiten

• Das Spiel kommt nicht in Gang
Spieler auswechseln
Die Lehrerin übernimmt eine unbeliebte Rolle und kann auf angestrebte
Erkenntnisse „hinspielen".
Monolog jedes Spielers vor Spielbeginn zur Situationsklärung (Ich bin ...
Ich möchte gern ...)

- Das Spiel „tritt auf der Stelle".

Die Zuschauer können bei Schweigen durch Zurufe eingreifen, z. B.: *„Frag doch mal ..., warum ...!"*

Spieler auswechseln

Doppelgängermethode: Ein dahinter stehender zweiter Spieler souffliert oder spricht selbst.

Bei erlahmender Spiellust oder bei gewalttätigem Agieren abbrechen!

Fazit: Die Spielfähigkeit ergibt sich nicht von selbst, sondern muss wie jede Fähigkeit trainiert werden z. B. durch

- pantomimische Bewegungsaufgaben, z. B. Darstellen und Erraten von Tätigkeiten (→ *Körpersprache*);
- Fördern des Sprechens und Zuhörens: angemessen lautes und deutliches Sprechen, Erproben von Ausdrucksmöglichkeiten der Stimme;
- Assoziationsübungen zu Gegenständen, Bildern und Wörtern;
- Kleinspielformen, z. B. Vorstellungsspiele;
- Stegreifspiele, z. B. Nachspielen von Szenen aus einem Märchen oder Bilderbuch;
- Spiele mit → *Handpuppen;*
- freies → *Spielen* mit Gegenständen.

Barbara Kochan: Rollenspiel als Methode sprachlichen und sozialen Lernens. Kronberg/Ts.: Scriptor 1975

Pauline Furness: Soziales Rollenspiel - Ein Handbuch für die Unterrichtspraxis. Ravensburg: Otto Maier 1978

Silvia Regelein: Lernspiele im Deutschunterricht. Neue Lernspiele für die Grundschule. 4. Aufl. München: Oldenbourg 1993

Eva Simon: Spielmodelle für die Grundschule. Theaterspiele mit Variationen. München: Oldenbourg 1995

Ruhe

Ein gebrülltes „Ruhe!" mag zwar prompt wirken, wenn Ihre Stimme laut genug ist, aber bald werden Sie feststellen, dass Sie immer häufiger brüllen müssen und dass sich dadurch die Bereitschaft und Fähigkeit der Kinder von sich aus leise und aufmerksam zu sein, keineswegs gebessert hat. (vgl. *Grell* S. 29) Weitere Nachteile des Brüllens:

Das negative Verhaltensmodell bestärkt die Kinder darin, dies beim Umgang miteinander anzuwenden. (→ *Modellverhalten*)

Die Wirkung reziproker Affekte (vgl. *Tausch* S. 115 ff.), die sich mit der Sprichwortweisheit beschreiben lässt: Wie man in den Wald hineinruft, so kommt es zurück. Wenn Sie wütend brüllen, so überträgt sich Ihre aggressive Stimmung auf die Kinder. Umgekehrt wirken Ruhe und Freundlichkeit ebenso ansteckend (→ *Modellverhalten, Lehrerverhalten*). Auch das gezischte „Schsch!" ist meist wirkungslos.

Kurzfristige Maßnahmen

Keinesfalls die Klasse überschreien; das ist nur in Notsituationen gerechtfertigt.
- Nonverbale Hinweise wie den Finger auf den Mund legen (→ *Körpersprache*)
- Tafelanschrift: Bitte seid leise!
- Zu lauten Gruppen und einzelnen Kindern hingehen und sie um Ruhe bitten.
- Schweigen Sie.

Loben Sie leise Kinder namentlich, z. B.: „Ich freue mich über (Name)."

Was aber, wenn die Kinder weiterhin laut sind?

Kanalisieren der Unruhe, z. B. durch das Anstimmen eines allen bekannten beliebten Liedes verbunden mit einer Bewegungsübung. Fangen Sie einfach damit an, ohne sich durch Störenfriede beeindrucken zu lassen. Nach und nach werden die Kinder mitmachen und die anderen mitreißen.

Paradoxe Methode: Die Kinder durch rhythmisches Schreien zur Ruhe führen: *„Schreien können alle, schreien können alle, still sein nicht!"* Sprechen Sie den Satz mehrmals, bis die Kinder einstimmen. Der Schreichor kann bis zur Ermüdung wiederholt und mit rhythmischen Körperbewegungen wie Stampfen, Klatschen oder mit Schlaginstrumenten begleitet werden. Leiten Sie allmählich das Leiser-Werden ein und sprechen Sie mehrmals mit abnehmender Lautstärke: „Wir werden immer leiser, wir werden immer leiser, leiser, leiser und sind ganz still - still - still." (aus

Elmar Gruber: Stille und Meditationserfahrung als Weg zum Gebet. In: *Helga Müller-Bardorff,* Hrsg.: Religiöse Erziehung in der Grundschule - vergessene Dimension? München 1993: Oldenbourg, S. 93)

Hilfen bei einer allgemeinen Unruhe ohne fassbare Ursache:
- „Fünf Minuten Schwätzpause" mit dem Nachbarn
- → *Bewegungs-* und *Entspannungsübungen*

Langfristige Maßnahmen

- Lehrerverhalten
Sie sollten in Blick, Mimik, Gestik und Stimme die Ruhe „verkörpern".

- Regeln aufstellen
Erklären Sie zu Schuljahresbeginn den Kindern, dass der Lärm das gemeinsame Lernen erschwert, wenn nicht unmöglich macht. Sagen Sie den Kindern, mit welchen Signalen Sie um Ruhe bitten, z. B.:
- Finger auf den Mund legen;
- auf ein Plakat zeigen: Ich schaffe es, leise zu sein.
- akustische Signale, z. B. eine Glocke oder besser eine leise Melodie erklingen lassen, die den Kindern auch Zeit zum „Umschalten" gibt.
Wenn Kinder bei gemeinsamen Gesprächen (→ *Gesprächsregeln*) mehrmals durch Zwischenrufe stören, so gilt als logische Folge die Regel: „Wer einem anderen Kind nicht zuhören kann, dem hört auch an diesem Tag niemand zu, d.h. er kommt nicht mehr zum Erzählen dran." (*E. Kühnberger,* S. 80)

- Ruhe → *verstärken*
durch Zulächeln, Gesten der Zustimmung oder → *Lob.*

- Achten Sie auf eine ruhige Arbeitsatmosphäre.
- Ruhe zu → *Unterrichtsbeginn*: Ein Anfangsritual setzt eine deutliche Zäsur. Fangen Sie nicht bei hohem Lärmpegel an und sprechen Sie anfangs nicht zu laut.
- „Wenn ich das Signal ,Ruhe und Sammlung' ausstrahlen will, dann setze oder stelle ich mich ruhig vor die Klasse, verschränke die Arme, rede wenig und mit tieferer Stimme als sonst. Ich appelliere auch nicht an die ganze Klasse, sondern ermahne unruhige Kinder einzeln." (*C. Buchner,* S. 33) Dabei werden nur die Namen der Kinder genannt ohne weitere Belehrungen.
- Sprechen Sie nicht in eine arbeitende Klasse, sondern geben Sie nötige → *Anweisungen* vor der Arbeit oder gehen Sie zu einzelnen Kindern und flüstern Sie nötige Zusatzerklärungen.

- Das Abspielen langsamer Barockmusik bei → *Einzelarbeit* wirkt beruhigend und entspannend.
- Vermeiden chaotischer Phasen durch gezieltes Einüben von Verhaltensweisen (→ *Regeln*).
- Lasst uns das Leben wieder leise lernen.
- Üben Sie mit den Kindern leises Gehen ein, z. B. bei Schleichspielen (→ *Regeln*).
- Gezielt das leise Öffnen und Schließen der Tür üben.
- Beim Umkleiden beim Sport, beim Aus- und Einpacken der Schultasche stimme ich prophylaktisch Lieder an: „Hole bitte deine Sachen so leise, dass du hören kannst, welches Lied ich singe."
- Gezieltes Einüben und konsequentes Beachten des → *Flüsterns*.
- Prophylaktisch und regelmäßig Übungen der → *Stille* durchführen!
- Unterricht ohne Sprache
- Pantomimische → *Anweisungen*, z. B. aufstehen, hinsetzen, zur Tafel vorgehen, einen Kreis bilden, sich anstellen, ein Buch heraufholen ... (→ *Körpersprache*)
- Häufige Anweisungen mit entsprechenden Symbolkarten geben.
- Einzelne Wörter oder kurze Sätze in der Fingersprache darstellen. (Tabelle z. B. in *Silvia Regelein*: Spielen im Deutschunterricht. Neue Lernspiele für die Grundschule. München: Oldenbourg 1988, S. 96 ff.)
- Ruhige Spiele

Wecker suchen: Ein Kind geht vor die Tür, ein anderes versteckt einen tickenden Wecker im Klassenzimmer. Das hereingeholte Kind sucht diesen und lässt sich dabei von der Lautstärke des Tickens leiten. Die Klasse schweigt.

Was Eltern wissen sollten

Lärm macht aggressiv. Deshalb zu Hause auf Ruhe achten: keine pausenlose Fernseh- und Musikberieselung (auch nicht im Auto), mit ruhiger Stimme reden anstatt herumzubrüllen.

Christina Buchner: Stillsein ist lernbar. Konzentration - Meditation - Disziplin in der Schule. Freiburg i. Br. 1994: VAK Verlag für Angewandte Kinesiologie GmbH

Jochen und Monika Grell: Unterrichtsrezepte. München: Urban und Schwarzenberg 1979

Elisabeth Kühnberger: Die Erfahrung der Stille als Hilfe zur Bewältigung erzieherischer Aufgaben. In: Karlheinz Burk: Kinder finden zu sich selbst. Disziplin, Stille und Erfahrung im Unterricht. Frankfurt a. M. 1984: Arbeitskreis Grundschule e. V.

Reinhard u. Anne-Marie Tausch: Erziehungspsychologie. 5. gänzl. neu gestaltete Auflage: Göttingen: Verlag für Psychologie Dr. C. J. Hogrefe 1970

Schreiben als Kulturtechnik beinhaltet
- die Kenntnis der Normschrift und das Entwickeln einer lesbaren, geläufigen Verkehrsschrift;
- das Beherrschen einer ökonomischen Schreibtechnik, die das rasche Ermüden der Hand verhindert;
- den Willen zum ästhetischen Gestalten.

Eine klare Schrift unterstützt das Einprägen und Behalten in allen Fächern. Schreiben erfordert und fördert zugleich Ruhe und Konzentration, Geduld, Sorgfalt, Ausdauer sowie die Freude am eigenen Können und am eigenen Werk. Schriftpflege ist Unterrichtsprinzip. Eine vorbildliche Lehrerschrift (→ *Tafel*) ist Voraussetzung. (→ *Modellverhalten*)

Richtige Schreibhaltung als Voraussetzung

Vor- und Nachmachen sowie konsequentes Beachten einer richtigen Schreibhaltung, nicht nur zu Beginn des 1. Schuljahrs, sondern in jedem Schuljahr (auch am Elternabend zeigen, → *Hausaufgaben*).
Plakat mit Bildern zur steten Erinnerung.

- Arbeitsplatz: vor dem Schreiben aufräumen (→ *Ordnung*); Lichteinfall so, dass die Schreibfläche schattenfrei ist.
- Körperhaltung: Nicht auf der Stuhlkante sitzen, sondern auf der gesamten Sitzfläche. Die Füße stehen mit leichtem Abstand auf dem Boden. (Kleine Kinder, die mit ihren Füßen nicht auf den Boden reichen, stellen sie auf ein Fußbänkchen aus Holz oder auf mit Klebestreifen zusammengehaltene Telefonbücher.) Der Körper darf nicht seitlich verkrümmt oder an die Tischkante gedrückt werden. Das Kind braucht „Atemraum": Zwischen den Tisch und den dazu parallelen Körper muss eine Handbreite passen. Keinen Katzenbuckel machen, nicht mit der Nase schreiben: Der Abstand zwischen Augen und Heft soll etwa 30 cm sein; Schulanfänger spreizen dazu die Finger beider Hände und messen ihn so. (Abb. aus *Marianne Franz/Silvia Regelein*: Leseschule Buchstabenheft. München: Oldenbourg 1996)

- Arm- und Handhaltung: Beide Arme liegen bis knapp vor dem Ellbogen auf der Tischplatte. Die eine Hand schreibt (Schreibhand), die andere hält das Heft und schiebt es nach jeder Zeile nach oben (Haltehand). Rechtshänder schreiben bergauf, → *Linkshänder* bergab.
- Stifthaltung: Daumen, Mittel- und Zeigefinger halten den Stift. Der Zeigefinger liegt fast gestreckt und locker auf dem Stift. Demonstration: Der Stift ist so locker zu halten, dass ihn der Partner oder die Lehrerin aus der Hand ziehen kann (Übung für Kinder, die den Stift zu fest und verkrampft halten).Wenn ein Kind mit dem Zeigefinger zu weit nach vorne rutscht, kann ein Gummiring um Stift oder Füller dies verhindern.

Erlernen des Umgangs mit den verschiedenen Schreibgeräten im 1. Schuljahr

- Keine zu harten Bleistifte, sondern Härtegrad Nr. 2 B.
- Runde Stifte erfordern starken Griffdruck, Sechskantstifte behindern die Drehung in der Hand. Am besten entsprechen Dreikantstifte in Handlagerung und Haltedruck. Halterungshilfe: Dreikantgriff (z. B. „Grippy") auf runde Stifte aufstecken.
- Sechs Farbstifte reichen aus.
- Empfehlenswert für das 1./2. Schuljahr: Plastiktafeln mit Tafelstiften
- Bei Kindern, die das Papier beim Schreiben ungewollt zerknittern oder zerreißen, wird das Blatt auf einer Platte fixiert.

- Füller lasse ich erst ab Weihnachten im 2. Schuljahr verwenden. Die Schutzkappe wird beim Schreiben im Mäppchen abgelegt. Tintenkiller sind verpönt; falsche Wörter oder Zahlen (→ *Fehler*) sind mit Bleistift und Lineal durchzustreichen oder mit kleinen Etiketten zu überkleben. Kugelschreiber sollen in der Grundschule nicht verwendet werden, da sie einen hohen Schreibdruck erfordern.
- Sonstige → *Arbeitsmittel*: → *Hefte*; Spitzdose (besser: eine Spitzmaschine im Klassenzimmer); weicher, nicht schmierender Radiergummi; Lineal (Striche wegen des Verwischens nicht mit Füller ziehen, sondern mit Buntstiften)
- Die Vielfalt der Schreibgeräte führt zu der häufigen Kinderfrage: „Mit welchem Stift soll ich schreiben?" Wenn ich eine → *Anweisung* gebe, halte ich deshalb stumm den gewünschten Stift oder die möglichen Stifte zur Auswahl hoch, um mir langes Reden zu ersparen.

Schreibfördernde Maßnahmen

Lockern und Kräftigen der Schulter-, Arm- und Handmuskulatur wirken einer Verkrampfung der Schreibhand entgegen:
- die Hände im Handgelenk drehen
- ebenso im Stehen mit seitlich ausgestreckten Armen, dann Arme kreisen
- im Wechsel die Schultern hochziehen und fallen lassen
- die Hände ausschütteln
- im Wechsel die Finger spreizen und zur Faust ballen
- mit den Fingern auf die Tischplatte klopfen („trommeln")
- mit der flachen Hand pantomimisch einen Gegenstand rollen
- Finger auswringen (nicht zu kräftig!)

(nach: *Arthur Englbrecht/Hans Weigert:* Lernbeeinträchtigungen verhindern. Frankfurt am Main: Diesterweg 1991, S. 119)
Auch zwischendurch können die Kinder (nicht nur im 1. Schuljahr!) diese Übungen machen oder sich die Hände mit einem Plastiklockenwickler mit Zähnchen oder einer alten Zahnbürste massieren.

Abwechslung
bei den Schreibmaterialien, Schriftgrößen, Schriftarten und Darstellungsformen (Heft, Plakate, Beschriften von Karten für → *Karteien*)

Drei- bis vierwöchiger „Intensivschreibkurs"
zu Beginn des 2., 3. und 4. Schuljahres. Dabei:
- Gezieltes → *Üben* wiederkehrender Schwierigkeiten beim täglichen 10-Minuten-Schreiben.

- Rhythmische Sprechverse unterstützen das Einprägen schwieriger Buchstaben und Buchstabenverbindungen.
- Nach dem isolierten Betrachten, Markieren und Üben von „Stolperstellen" werden diese im Zusammenhang, also in Wörtern, Wortgruppen und Sätzen geübt (Verbindung zum Rechtschreiben).
- Zur Förderung der Schreibgeläufigkeit regelmäßiges Einüben der häufigsten Wörter, des sog. Basiswortschatzes (der, die, das, haben, wenn, aus usw.). Auf das Einüben seltener Wörter kann verzichtet werden!
- Kreative Übungen wie Schmuckrahmen und Schreibbilder (z. B. das Wort „Apfel" mehrmals in den Umriss eines Apfels schreiben)
- Schreiben zu → *Musik* (→ *Einzelarbeit, Entspannung*)

<u>Allmählicher Aufbau von Beurteilungskriterien der Schrift</u> und Einführen entsprechender Zeichen zur → *Korrektur* (nach *G. Maierbacher*):

⊔ ⊔   zu enger/zu weiter Buchstabenabstand
(Hilfe: Wörter in vorgegebene Kästchen schreiben; bei zu großer Schrift Lineatur des vorigen Schuljahres)

⊥   Zeilen einhalten.
(Hilfe: Zweifach- oder Einfachlineatur)

///   Auf eine gleichmäßige Schreibrichtung achten.
(Hilfe: Unterlegen eines Schräglinienblattes)

L   Vorne in der Zeile beginnen.

⌐   Nicht über den Rand schreiben.

<u>Hervorheben von Schreiberfolgen</u>
- Bewusstmachen und → *Loben* auch kleiner Fortschritte
- Täglich gehen Kinder mit gelungenen Arbeiten in der Klasse herum und zeigen sie den anderen.
- Ausstellen von Kinderarbeiten
- Individuelle Beratung der Kinder im Gespräch, durch von der Lehrerin im Heft vorgeschriebene Wörter zum Nachspuren und Üben und durch gezielte Vorlagen (Schreibblätter, Karteikarten).

Schwierigkeiten beim Schreiben

Störungen in verschiedenen Bereichen der → *Wahrnehmung* und der zentralen Verarbeitung (→ *Teilleistungsstörungen*), mangelnde Koordination von grob- und feinmotorischen Bewegungsabläufen, aber auch seelische Notlagen können Schreibschwierigkeiten und in der Folge Rechtschreibschwächen bewirken, zu deren Behebung u. U. die schulpsychologischen Dienste einzuschalten sind.

Hilfen bei Sehbehinderung:
- Es wird mehr Zeit zum Schreiben benötigt.
- dickere Schreibgeräte,
- größere Lineatur mit kräftigeren Linien.

Gabriele Maierbacher: Erkennen von Schreibschwierigkeiten als Grundlage gezielter Sprachförderung. In: Grundschulmagazin Heft 11/1994 München: Ehrenwirth/Oldenbourg

Rainer Maras: Arbeitshilfen für das weiterführende Schreiben in der Grundschule. 4. Aufl. Donauwörth: Auer 1991

Schülerbeobachtung

Die Schulordnungen verpflichten uns dazu, über die Leistungen der Kinder „Aufschreibungen" zu führen, die bei längerer Dienstverhinderung (z. B. → *Erkrankung*) der Vertretung zugänglich zu machen sind. Diese Aufschreibungen sind
- eine wichtige Rückmeldung für die Lehrerin über den Unterrichtserfolg und den Lernstand der Kinder (→ *Fördern*);
- eine Hilfe zur Information der Eltern;
- eine Grundlage für die → *Zeugnisberichte* und → *Zeugnisse*.

Das Kernproblem jeder Schülerbeobachtung ist: Wann findet die Lehrerin Zeit zum Sammeln und Festhalten von Aussagen? Am Nachmittag ist bereits so vieles wieder vergessen und von anderen Eindrücken überlagert, sodass zusätzlich während des Unterrichts gezielt zu beobachten ist, z. B. bei → *Freiarbeit, Partner-, Gruppen-* oder → *Einzelarbeit*.

Beobachten des Arbeits- und Sozialverhaltens

Es geht nicht um das Erfassen der gesamten Persönlichkeit, sondern nur jener Verhaltensweisen, die für das → *Arbeits-* und *Sozialverhalten* wichtig sind. Beobachtungskategorien (vgl. *H. Bartnitzky*, S. 58 ff.) sind:

Kontaktfähigkeit
- sich aktiv jemandem zuwenden und sich verständlich mitteilen: fragen, um Hilfe bitten, Hilfe anbieten, Wünsche äußern;
- auf Mitschüler eingehen: sich in andere hineinversetzen, Verständnis zeigen, sich mit den Problemen anderer auseinander setzen, Mitgefühl zeigen, trösten, ermutigen, sich mit anderen freuen;
- die Eigenständigkeit des anderen respektieren;

310

- Freunde haben, von keinem Mitschüler abgelehnt sein.

Kooperationsfähigkeit
- Zusammenarbeit von sich aus suchen;
- durch rücksichtsvolles Verhalten die Freiräume der Mitschüler erweitern: → *Regeln* einhalten, Auswirkungen des eigenen Verhaltens auf andere bedenken, verzichten können, eigene Dinge verleihen;
- sich am Gespräch beteiligen, an gemeinsamen Vorhaben mitarbeiten, seine Arbeit mit anderen abstimmen;
- sich für die Gemeinschaft einsetzen: Aufgaben übernehmen, andere um Übernahme bitten, sich gegenseitig helfen;
- Ansprüche anderer respektieren: eigene Interessen zurückstellen, Meinungsunterschiede im Gespräch austragen, nicht nachtragend sein;
- sich um alle Mitschüler kümmern: ausgleichen und vermitteln, sich für Schwächere einsetzen.

→ *Selbstständigkeit*
- sich etwas zutrauen;
- Aufträge annehmen und durchführen;
- planvoll vorgehen und umsichtig arbeiten;
- Arbeiten ohne ständiges Drängen beenden;
- nicht ständig auf die Hilfe anderer angewiesen sein: sich bei kleinen Problemen selbst helfen, nur bei schwierigen um Rat bitten.

Leistungsbereitschaft
- im Unterricht regelmäßig mitarbeiten;
- sich für einzelne Bereiche besonders interessieren;
- sich durch Drucksituationen nicht beeinflussen lassen;
- sich nicht entmutigen lassen, sich mit Lernwiderständen beharrlich auseinander setzen;
- Aufgaben zügig erledigen;
- über längere Zeit konzentriert arbeiten und sich nicht ablenken lassen.

Kritikfähigkeit
- die eigene Meinung sachlich vertreten: sich beschweren, etwas ablehnen, eine abweichende Meinung äußern, eigene Meinung begründen, Vorgegebenes kritisch prüfen, sich verteidigen;
- Argumente anerkennen, kompromissbereit sein, nachgeben können, Kritik ertragen.

Verlässlichkeit
- Informationen richtig weitergeben, Auskunft geben;
- → *Arbeitsmittel* nicht vergessen;

- leserlich, übersichtlich, sorgfältig arbeiten;
- verantwortungsbewusst mit eigenen und fremden Dingen umgehen;
- Aufträge und übernommene Aufgaben zuverlässig ausführen (→ *Klassendienste*);
- sich an Regeln halten.

Produktivität
- Eigenaktivität zeigen: fragen, vorschlagen, Ideen haben und Lösungswege finden, Zusammenhänge erkennen, Gespräche anregen, Verbesserungsvorschläge machen;
- sich selbst Informationen besorgen durch Fragen, Erkunden, Nachschlagen;
- Neues schnell erfassen;
- sich schnell auf neue Aufgaben einstellen können;
- sich Sachverhalte merken.

Wie sollen die Beobachtungen festgehalten werden?

Freies Niederschreiben von Beobachtungen
in ein fortlaufendes „Pädagogisches Tagebuch", einen Tageskalender im Heftformat oder auf Karteikarten. Nachteile:
- Es werden vor allem auffällige positive oder negative Verhaltensweisen notiert, die überbewertet und verallgemeinert werden.
- Unauffällige Kinder werden oft übersehen.
- Unsystematische Gelegenheitsbeobachtungen reichen nicht aus.
- Schlechter Überblick über die Eintragungen.
Ein zusätzlicher Beobachtungsbogen für jedes Kind (vgl. *H. Bartnitzky*, S. 159 f.) hat folgende Vorteile:
- Die Kategorien erinnern immer wieder daran, worauf zu achten ist.
- Die freie Spalte lässt Platz zum Beschreiben des konkreten Verhaltens (mit Datum).
- Beim Ankreuzen der Kategorie wird das konkrete Verhalten eingeordnet.
- Die Kreuze geben einen raschen Überblick, welche Kinder unter welchen Aspekten noch zu beobachten sind.
- Auf der Rückseite können Datum und Ergebnisse von Elterngesprächen notiert werden.

Grundsätze der Verhaltensbeobachtung

Schülerbeobachtung kann nie völlig objektiv sein. Denn: Die Wahrnehmung des Verhaltens wird beeinflusst durch die Person des Beobachters,

312

z. B. durch seine Erfahrung, seine momentane Verfassung, seine Einstellung und Werthaltung, seine Begrenztheit der Wahrnehmungsfähigkeit, sein Gedächtnis, seine Erwartungshaltung dem Kind gegenüber (self-fullfilling-prophecy), den Halo-Effekt (einzelne Eindrücke werden verallgemeinert und zu Unrecht auf andere Bereiche übertragen) sowie durch seine Neigung zu Milde oder Strenge.

Jedes Verhalten wird vom Verhalten der anderen und von den situativen Bedingungen beeinflusst. Deshalb muss beim <u>Beobachten</u> darauf geachtet werden:
Was geht dem Verhalten voraus (Anlass)?
Was tut das Kind (Verhalten)?
Welche Folgen ergeben sich daraus?

Das <u>Beschreiben</u> des wahrgenommenen Verhaltens erfolgt im Imperfekt, ohne wertende Beurteilung, Interpretationen und voreilige Schlussfolgerungen.

<u>Beurteilen:</u> Aufgrund mehrerer konkreter Beobachtungsdaten kann das Kind so charakterisiert werden, dass es für Dritte in seiner Eigenart sichtbar wird. Dabei sind Aussagen zu machen über (nach *A. Langer*, S. 135):
- Besonderheiten der körperlichen und gesundheitlichen Verfassung
- Arbeits- und Lernverhalten
- Individual- und Sozialverhalten
- Kenntnisse und Fertigkeiten
  Welche Leistungen erbringt das Kind in den einzelnen Fächern?
  Wo hat es besondere Schwierigkeiten?
  Sind → *Lernbeeinträchtigunge*n festzustellen? Wenn ja, welche? Mögliche Gründe?

Kooperation im Kollegium

Die Klassenlehrerin teilt den Fachlehrerinnen körperliche (→ *Sport*) und andere Beeinträchtigungen mit. Umgekehrt können deren Beobachtungen den → *Zeugnisbericht* ergänzen.

Horst Bartnitzky/Reinhold Christiani: Zeugnisschreiben in der Grundschule. Düsseldorf 1979
Andreas Langer/Hannelore Langer/Helga Theimer: Lehrer beobachten und beurteilen Schüler. München: Oldenbourg 1983
Wolfgang Schwark/Wolfgang W. Weiß/Silvia Regelein: Beurteilen und Benoten in der Grundschule. Bestandsaufnahme und Anregungen für die Praxis. München: Ehrenwirth 1986

Die Forderung nach einer Intensivierung des Schullebens zielt auf die Einheit, Kindgemäßheit und Lebensnähe von Erziehung und Unterricht. Alle Maßnahmen, die das Zusammenleben und gemeinsame Lernen positiv gestalten wollen, sind nicht als Ergänzung der traditionellen Schularbeit aufzufassen, sondern sind im Alltag und nicht nur bei besonderen Anlässen organisch aufeinander zu beziehen. Ein erzieherisch wirksames Schulleben lässt sich deshalb charakterisieren „als das Bemühen um die Verwirklichung einer dem menschlichen Leben gemäßen und humanes Leben fördernden Schule, die sich durch Lebendigkeit und Lebensnähe auszeichnet, in der Lebensernst und Lebensfülle zur Geltung kommen, in der ein soziales und bejahenswertes Leben möglich ist." (*E. Weber*, S. 63) Lebensnähe darf jedoch nicht zu bloßem Aktionismus führen, bei dem gehandelt wird, ohne nach dem Warum zu fragen. „Schule muss einführen in Leben und Wirklichkeit; sie muss aber auch Distanz zur Realität ermöglichen, weil nur das kritische Überschauen der Realität ein kritisches Urteil über sie erlaubt." (*Heinz-Jürgen Ipfling*: Schulleben im Schulalltag als pädagogischer Auftrag. In: Pädagogische Welt Heft 19/1989)

Was alles gehört zum Schulleben?

• Das Miteinander der → *Klassengemeinschaft* im Alltag
Das wichtigste Element ist die Selbstverständlichkeit eines menschlichen Miteinander-Umgehens, das geprägt ist von gegenseitiger Achtung und Rücksicht, das die Kinder - wo immer möglich - mitentscheiden und gestalten lässt (→ *Lehrerverhalten, Lehrersprache*)
Dazu gehören auch das Grüßen (→ *Höflichkeit*), die Gestaltung des → *Klassenzimmers, Unterrichtsbeginn, Pause,* Phasen der → *Bewegung* und → *Entspannung*, Unterrichtsende, das Berücksichtigen der → *Bedürfnisse* der Kinder, aber auch das Achten auf → *Ordnung*, das gemeinsame Aufstellen von → *Regeln* und *Ritualen*. Damit ist das Schulleben eine unerschöpfliche Quelle von Anlässen nicht nur für kognitives, sondern auch für → *soziales* und → *emotionales Lernen*.

• Offenheit der Schule (→ *offener Unterricht*)
Sowohl beim Aufsuchen von außerschulischen Lernorten wie bei → *Ausflügen, Unterrichtsgängen*, Theater- und Museumsbesuchen, Schullandheimaufenthalten als auch durch das Einbeziehen von schulfremden Personen wie Experten und mithelfenden Eltern öffnet sich die Schule dem Leben und ermöglicht Lernen durch originale Begegnung.

- → *Projekte*

wie Wettbewerbe, Sport- und Musikveranstaltungen, Ausstellung von Kinderarbeiten, Theaterspielen, Durchführen einer Lesenacht u.v.a.m.

- → *Feste* und *Feiern* als Glanzpunkte

Franz Otto Schmaderer, Hrsg.: Die pädagogische Gestaltung des Schullebens. München: Ehrenwirth 1979
Erich Weber: Das Schulleben und seine pädagogische Bedeutung. Donauwörth: Auer 1979

Schultasche

Das Gesamtgewicht der gepackten Schultasche sollte zehn Prozent des Körpergewichts nicht überschreiten. Wenn ein Kind also 15 bis 20 kg wiegt, darf sie höchstens etwa 1,5 kg schwer sein, um Haltungsschäden zu vermeiden. Deshalb:
- Die Kinder nehmen nur die → *Bücher, Hefte, Arbeitsmittel* mit nach Hause, die sie für die → *Hausaufgabe* benötigen.
- Einmal in der Woche werden die Schultaschen in → *Partnerarbeit* überprüft und entrümpelt. Eine Liste an der Tafel mit den Dingen, die in der Tasche sein dürfen, ist dabei hilfreich.

Im → *Klassenzimmer* herumstehende Schultaschen sind eine gefährliche Stolperfalle. Achten Sie deshalb darauf, dass die Kinder ihre Taschen an den Tisch hängen. Noch besser: Die Taschen werden an einer Wand oder in der Garderobe aufgestellt. Am Morgen leeren die Kinder die Tasche und deponieren die Schulsachen unter ihrem Tischfach oder in ihrer Ablage, am Mittag packen sie die benötigten Dinge wieder ein.

Was Eltern wissen sollten

- Kauf: Die Schultasche im Hochformat soll leicht (Kunststoff), aber stabil sein und eine helle Farbe sowie rückstrahlende und fluoreszierende Teile haben, damit das Kind im Verkehr gut zu sehen ist. Die DIN-Norm 58 124 oder die GS-Plakette des TÜV garantieren Sicherheit.
- Einstellen der Gurte: Die Tasche darf nicht zu weit nach unten hängen, da sie mit ihrem Gewicht den Rücken nach hinten zieht, die Wirbelsäule belastet und das Hohlkreuz fördert. Sie sollte deshalb an den Schulterblättern bequem anliegen.
- Packen: Die Tasche gemeinsam mit dem Kind nach der Hausaufgabe packen und auf Vollständigkeit überprüfen (Papiertaschentücher!).

Wenn ein Kind durch häufiges Vergessen von Arbeitsmitteln noch Unselbstständigkeit zeigt, müssen die Eltern mithelfen und es langsam und konsequent zur Selbstständigkeit führen.

- Regelmäßiges Überprüfen und Entrümpeln: Je nach Alter und Selbstständigkeit des Kindes täglich (Schulanfang) oder einmal in der Woche.

Schulweg

Der Schulweg im Unterricht

- Häufigste Unfallursache ist das unachtsame Überqueren der Fahrbahn und das unerwartete Hervortreten hinter Sichthindernissen. Deshalb: Das Überqueren gemeinsam üben. Um den Randstein als Grenze hervorzuheben, lege ich dazu an mehreren Tagen ein rotes Band darauf und erkläre den Kindern eindringlich: Der Randstein ist eine Grenze. Das rote Band sagt: „Halt! Erst umsehen." Analog wird auf Arbeitsblättern der Randstein rot angemalt.
- Verhalten kurz verbalisieren und intensiv einüben: „Stehen, sehen, gehen. - Sehen: Links, rechts, nochmals links."
- Beim gemeinsamen Abgehen einiger Schulwege mit der Klasse können Sie Gefahrenpunkte erkennen, mit den Kindern verkehrsgerechtes Verhalten einüben, sie auf → *Ausflüge* und → *Unterrichtsgänge* vorbereiten und das Orientieren im Schulviertel fördern. Fotos von Gefahrenstellen und nach der Wirklichkeit gezeichnete Skizzen dienen als lebensnahes Unterrichtsmaterial, z. B. auch für ein „Schulwegbuch".
- Schulbus: Abstand vom Straßenrand beim Warten, beim Einsteigen nicht drängeln, im Bus den Fahrer nicht stören, nach dem Aussteigen warten, bis der Bus weg ist, oder hinter dem Bus die Straße überqueren.
- → *Aggressives Verhalten* auf dem Schulweg löst mitunter Schulangst bei den Opfern aus. Hilfen: Nicht alleine gehen. Die Übeltäter bleiben nach Information ihrer Eltern etwa eine Viertelstunde länger in der Schule, damit die anderen Kinder ungestört nach Hause gehen können.
- Wenngleich diesbezügliche Gefahren früher übertrieben wurden, so ist dennoch eine Warnung vor und Distanz zu fremden Personen angebracht (→ *Sexualität*): Ich schärfe den Kindern ein grundsätzlich nicht stehen zu bleiben und zu antworten, sondern einfach weiterzugehen, wenn sie z. B. nach einer Straße gefragt werden. Ortsunkundige sollen Erwachsene fragen und nicht Kinder in eine ungewisse Situation bringen. Bei akuter Gefahr sollen die Kinder, wenn auf der Straße keine

weiteren Personen zu sehen sind, bei der nächsten Tür klingeln und um Hilfe rufen.

- Wird Ihnen von ungewöhnlichen Erlebnissen der Kinder berichtet, melden Sie dies der Schulleitung, damit diese je nach Art und Häufung des Vorfalls den Elternbeirat und die Polizei verständigen kann.

Elterninformation: Eltern sind die wichtigsten Verkehrstrainer!

Die Elterninformation ist besonders nachhaltig, wenn sie in Zusammenarbeit mit der Polizei und mit Filmen der Verkehrswacht durchgeführt wird. Ein Faltblatt der Verkehrswacht informiert über die Gefährdung der Kinder.

- Kinder haben ein deutlich engeres Blickfeld als Erwachsene. Seitlich herankommende Fahrzeuge sehen sie deshalb später.
- Kinder können Geschwindigkeiten und Bremswege kaum einschätzen.
- Kinder sind klein und können nicht über parkende Autos hinwegsehen.
- Kinder können Geräusche schlecht orten und hören z. B. oft nicht rechtzeitig, aus welcher Richtung es hupt.
- Kinder können beim schnellen Laufen nicht nach links und rechts schauen und können bei plötzlicher Gefahr nicht stehen bleiben.
- Kinder denken, Autos könnten auf der Stelle anhalten.
- Kinder sind überfordert, wenn sie auf mehrere Dinge gleichzeitig achten sollen.
- Kinder sind impulsiv und damit häufig nicht berechenbar.
- Kinder haben eine „Aufwachzeit" von etwa 45 Minuten, d. h. sie sind erst nach dieser Zeit „voll da" und können ihre Umwelt wahrnehmen. Deshalb: Das Kind rechtzeitig wecken, in Ruhe frühstücken und erst nach seiner Aufwachzeit losschicken.
- Mit Schulanfängern den sichersten Weg mehrmals abgehen und ihn einüben. Dabei ist der Weg zu bevorzugen, auf dem das Überqueren durch Ampeln geregelt ist („gute Stellen"), auch wenn dies vielleicht einen kleinen Umweg bedeutet. Schulweggemeinschaften sind für die Kinder eine Hilfe, deren Eltern sie in den ersten Schultagen nicht begleiten können.
- Auch bei wenig Verkehr: Grundsätzlich am Randstein anhalten und nach links, rechts und wieder links sehen.
- Der Transport im Auto (mit zugelassenem Kindersitz!) ist in ländlichen Gebieten vielleicht nötig, nicht aber wenn der Weg zu Fuß bewältigt werden kann. Der Fußweg verschafft dem Kind dringend nötige Bewegung, der gemeinsame Schulweg mit anderen Kindern stärkt soziale Kontakte.

- Jede Gelegenheit nützen und dem Kind bei gemeinsamen Fußwegen Vorbild sein und das Vermeiden möglicher Gefahren erklären, z. B.: Nicht zwischen parkenden Autos über die Straße laufen, weil der Autofahrer nicht mehr rechtzeitig bremsen kann. An Zebrastreifen zuerst Blickkontakt zum Autofahrer aufnehmen und erst auf die Straße gehen, wenn er bremst. Bei Ampeln an Kreuzungen sich umdrehen, weil abbiegende Autos trotz Grün für Fußgänger kommen können.
- Das Radfahren setzt schnelles Orientieren und Reagieren auch in schwierigen Situationen voraus. Dazu sind Kinder in der Regel erst ab 13, 14 Jahren fähig. Wenn ein Kind einen sehr weiten Schulweg hat, sollte es frühestens nach der Radfahrausbildung im 3./4. Schuljahr das Rad (mit Helm) benutzen. 56 % der Schulwegunfälle sind Radunfälle (Pluspunkt Heft 3/96, hrsg. von der Gesetzlichen Unfallversicherung).
- Auch Rollerskates sind für den Schulweg zu gefährlich.
- Unfälle auf dem Schulweg mit anschließendem Arztbesuch der Schule wegen der Versicherung melden.

Deutsche Verkehrswacht e.V.: Sicherer Schulweg. Verkehrswacht aktiv 3/95, Meckenheim bei Bonn
Dieter Strecker: Kinderunfälle. Erkennen, vorbeugen, helfen. Weinheim: Beltz 1994

Selbstbild

Wer sich selbst nicht liebt,
kann auch andere nicht lieben.

Das Selbstbild oder Selbstkonzept „ist ein gelerntes System von Erfahrungen und Wahrnehmungen über die eigene Person, das das Verhalten und Erleben von Menschen deutlich bestimmt." Oft ist es „dem Individuum nicht bewusst und verbalisierbar gegenwärtig." (*Tausch* S. 88)
Über die grundlegende Bedeutung eines positiven Selbstbildes hinaus ist der enge Zusammenhang zwischen Selbstbild, Lernmotivation und Schulerfolg wichtig.

Selbstkompetenz zeigt sich daran, inwieweit das Kind
- eigene Gefühle (→ *emotionales Lernen*) und Wünsche wahrnehmen und angemessen ausdrücken kann,
- sein Denken und Tun selbstkritisch betrachten kann,
- seine Stärken, aber auch seine Schwächen akzeptieren kann.

Maßnahmen zum Fördern eines positiven Selbstbildes
Förderliches Lehrerverhalten

- → *Modellverhalten*: „Je besser unser eigenes Selbstwertgefühl ist, desto leichter erkennen wir die positiven Fähigkeiten unserer Schüler." (*C. Buchner*: Wer bin ich eigentlich? Ein Beitrag zum positiven Selbstkonzept. In: Grundschulmagazin Heft 12/1995)
- Weit gehender Verzicht auf Vergleich eines Kindes mit anderen Kindern
- Achtung und → *Wertschätzung* des Kindes unabhängig von seinem Schulerfolg
- Individualisierung durch → *Differenzierung* und → *offenen Unterricht*
- Sachliches Aufzeigen des Zusammenhangs zwischen eigener Anstrengung und Erfolg oder Misserfolg
- Anerkennen und → *Loben* von „kleinen" (Teil-)Erfolgen: Schärfen Sie Ihren Blick für alles, was die Kinder richtig machen. Jedes Kind soll sich wenigstens einmal am Tag als „Könner" erleben.
- Verdeutlichen von Lernfortschritten aller Art (*„Weißt du noch? Früher hast du oft einfach ‚reingerufen', nun schaffst du es, dich zu melden. "*)
- Bewerten von → *Fehlern* und Misserfolgen als „Noch-Nicht-Können", aber kein Zurückführen auf mangelnde Begabung.
- Dem Kind vertrauen, keine vorschnellen Hilfen geben und ihm → *Verantwortung* übertragen.

Erfahrungswege zum Ich

Immer wenn die Kinder Erfahrungen mit Dingen, Lebewesen und Menschen machen, ob in oder außerhalb der Schule, machen sie auch Erfahrungen mit sich selbst. Wichtig ist, die Selbsterfahrungen mitteilen zu können, im Gespräch darüber nachzudenken und sie zu gewichten. Wichtige Erfahrungswege sind die Übernahme von → *Verantwortung* und das Gestalten, das Gestalten von Spielen und im Spiel, eines Bildes und Werkstückes, eines Lieds, einer Bewegung, eines Tanzes, eines Textes u.a.m. Dabei wird die Eigenständigkeit als eine Grundlage der Selbstverwirklichung gefordert und gefördert. (vgl. *Klaus Breslauer*: Sinnerfülltes Lernen im erfahrungs- und handlungsorientierten Unterricht. In: Lehrer Journal - Grundschulmagazin Heft 1/1991)

Häufige Gelegenheiten zur Selbstdarstellung

- Erzählen und Berichten von eigenen Erlebnissen, Erfahrungen, Gefühlen, Plänen und Zukunftserwartungen

Dadurch erlebt einerseits der Erzähler sein Leben bewusster, andererseits entstehen bei anderen Kindern Solidaritätsgefühle („*Das ist mir auch schon passiert! - Genauso fühle / denke ich auch!*"). (→ *Unterrichtsbeginn*)

- Ich-Poster und Ich-Heft
Ich-Poster in Wort und Bild (Was ich mag) zu Schuljahresbeginn (→ *erster Schultag*) unterstützen auch das gegenseitige Kennenlernen. Jedes Kind kann über die ganze Grundschulzeit hinweg ein Ich-Heft führen. Für jedes Thema ist eine Seite vorgesehen, so dass auf jeder Seite laufend dazugemalt, dazugeschrieben, dazugeklebt oder auch etwas weggestrichen werden kann. Themen: Mein Körper (Haar- und Augenfarbe, Größe, Gewicht, Schuhgröße, besondere Kennzeichen ...), meine Familie, meine Wohnung, meine Freunde, meine Lieblingsfarben, -tiere, -pflanzen, -bücher, mein Lieblingsessen, -spielzeug, -gedicht, -lied, meine Hobbys, was ich in der Schule mag/nicht mag, meine Träume, meine Wünsche ...
Emotional bedeutsames Lernen: Viele Themen lassen sich mit dem Sachunterricht verbinden.

- Zeigen besonderer Fähigkeiten und Interessen
Was das Kind kann, soll es beim Vormachen, Vorlesen, Vorspielen zeigen, sei es im sportlichen, musischen oder kognitiven Bereich. Sehr beliebt ist im Sport: Ein Kind tritt in den Kreis und macht eine Gymnastikübung vor, die die anderen nachmachen. Im 1./2. Schuljahr wird jeweils dazu gesprochen: „*Seht mal her, was Lena kann, und schon ist der Nächste dran.*" Nach dem Vers tippt Lena das nächste Kind an, das im Kreis eine neue Übung zeigt.

- Eingestehen von Schwächen und Fehlern
Spiegelspiel (→ *Interaktionsspiele*): Ein Kind betrachtet sich im Spiegel und sagt zuerst, was es an sich mag, dann was es nicht an sich mag. Anfangs werden Kinder vor allem Äußerlichkeiten nennen. Der Impuls „*Schau mit dem Spiegel in dich hinein.*" kann sie zum Nachdenken über Verhaltensweisen, Gefühle und Eigenschaften anregen.

Anerkennen der eigenen Erfolge und der Erfolge anderer

- Erfolgsbilder und Zeit zum „Prahlen"
Als Anstoß dazu zählen Sie eigene Erfolge und Erfolge von Kindern der Klasse auf. Dann berichten die Kinder von eigenen Erfolgen und malen Bilder dazu, die entweder im Klassenzimmer oder zu Hause aufgehängt werden. Anschließend können die Kinder in jeder Woche ein Erfolgsbild malen, evtl. dazu schreiben und erzählen. (vgl. *L. Lloyd* S. 19)

- Komplimente machen

In den „freundlichen fünf Minuten" beschreiben die Kinder immer wieder die Erfolge (keine Äußerlichkeiten) anderer. Dabei gehen sie entweder im Zimmer herum und geben sich gegenseitig die Hand. Oder : Die Kinder bilden zwei Kreise, einen Innenkreis und einen Außenkreis. Die Kinder im Innenkreis sitzen mit dem Rücken zueinander. Immer je ein Kind vom Innenkreis sitzt einem Kind aus dem Außenkreis gegenüber. Auf ein Signal rückt ein Kreis immer einen Platz weiter, sodass sich fortlaufend immer neue Gesprächspartner zusammenfinden.

Oder: Auf jedem Platz liegt ein Blatt mit dem Namen des Kindes, das da sitzt. Die herumgehenden Kinder setzen sich an einen Platz, lesen den Namen und schreiben Gutes über das Kind auf. Wer fertig ist, geht herum, sucht sich einen neuen Platz, liest das bisher Geschriebene und ergänzt es usf. (vgl. *Ursula Hecksteden* in: Flohs Ideenkiste Nr. 9. München: Domino Verlag 1995)

- Erfolgsmappe oder Erfolgsbuch (→ *Tagebuch*)

Jedes Kind schreibt täglich am Abend einen Erfolg hinein oder malt ein Bild. Die Kinder können ihre Bücher herumzeigen, daraus vorlesen oder sie auch als Geheimnis hüten. (vgl. *L. Lloyd* S. 19)

Ein Tipp für Sie: Benennen Sie konkret Ihre Erfolge nach jedem Unterrichtstag!

Einüben der Selbsteinschätzung

Selbst gesteuertes Lernen (→ *offener Unterricht, Freiarbeit*) erfordert über → *Selbstkontrolle* hinaus, dass Kinder schrittweise lernen ihre Leistung selbst zu beurteilen. „Damit kann sowohl die ängstliche Unsicherheit gegenüber dem eigenen Können als auch die problematische Selbstüberschätzung mancher Kinder im Interesse einer ausbalancierten Identitätsentwicklung abgebaut werden." (*Tassilo Knauf*: Überlegungen zu einer kindgerechten Leistungsbeurteilung. In: Die Grundschulzeitschrift Heft 23/1989)

Möglichkeiten:
- Erfolge ziehen weitere Erfolge nach sich. Ermuntern Sie deshalb die Kinder dazu, immer wenn sie nach ihrer Meinung etwas gut gemacht haben, sich selbst auf die Schulter zu klopfen und leise oder auch laut zu sagen „Das habe ich gut gemacht."(→ *Verstärkung*)
- Kontrolle von Arbeiten und Leistungen (z. B. Lesen) durch einen Partner (→ *Partnerarbeit*)
- Beurteilen z. B. von Schriftproben, Aufsätzen, Rechenwegen (Folie,

Arbeitsblatt) durch die Klasse mithilfe von vorher erarbeiteten Kriterien (ohne Namensnennung der Kinder)
- mündliche und schriftliche Kommentare und → *Leistungsbeurteilung* durch die Lehrerin
- Jedes Kind zeichnet unter seine Arbeit Symbole, die in der Klasse aushängen, oder schreibt kurz dazu, z. B.: grüner Kreis / leichte Aufgabe, blauer Kreis / mittel, roter Kreis / schwere Aufgabe

☺ Das ist mir gut gelungen.

☺ Na ja, mittel.

☹ Leider ist mir das noch nicht so gut gelungen.

Das Kind soll lernen, dass es auf unterschiedlichen Gebieten unterschiedliche Fähigkeiten hat, und sollte seine Stärken und Schwächen annehmen lernen.

Was Eltern wissen sollten

„Nur wenn das Kind unabhängig von seiner (Schul-)Leistung akzeptiert wird, gewinnt es Selbstvertrauen, weil es keine Angst haben muss, bei einem möglichen Versagen zugleich die Wertschätzung wichtiger Bezugspersonen zu verlieren." *(E. Persy* a.a.O.)
Überbehütete Kinder werden unterfordert und es fehlt ihnen die Erfahrung des angemessenen Gefordertwerdens, der Grenzsetzung und des Widerstandes. Wenn Eltern ihrem Kind nichts zutrauen („Das kannst du ja doch nicht!"), traut es sich selbst nichts zu und wird unsicher. Doch auch Überforderung („Das schaffst du doch!") und zu häufiges Kritisieren können zu Unsicherheit führen.

Linda Lloyd: Des Lehrers Wundertüte. NLP macht Schule. 2. Aufl. Freiburg i. Br.: VAK Verlag für Angewandte Kinesiologie 1993
Elisabeth Persy: Leistungsbeurteilung, Motivation und Selbstbild. In: Die Grundschule Heft 2/1996, München: Ehrenwirth/Oldenbourg
Reinhard u. Anne-Marie Tausch: Erziehungspsychologie. 5. gänzl. neu gestaltete Auflage. Göttingen: Verlag für Psychologie Dr. C. Hogrefe 1970

Selbstkontrolle wird hier nicht als Selbstdisziplin verstanden, sondern als didaktischer Begriff: Das Kind überprüft seine Arbeit im Hinblick auf → *Fehler* und erhält damit eine sofortige Rückmeldung über seine Leistung, was zugleich die Lehrerin entlastet.

Formen

- Vorlage mit der richtigen Lösung: → *Tafelanschrift* (→ *Abschreiben*), Overlayfolie, Lösungsblatt oder Lösungskarte, mit deren Hilfe Wörter und Rechnungen (Effektiver als das Vorlesen der Ergebnisse!) verglichen werden können.
- Farbige Lösungen erleichtern das rasche Erkennen. Eine Vielzahl von Lösungen auf der Rückseite eines → *Arbeitsblattes*, einer Karteikarte sowie auf den Kopf gestellte Lösungen sind ungünstig, da manche Kinder dabei Übertragungsfehler machen. Besser ist es, die Lösung auf dem Blatt unten oder am seitlichen Rand umzuknicken und evtl. mit einer Büroklammer zu befestigen.
- Statt der üblichen zeitaufwendigen und m. E. unergiebigen Aufsatzkorrektur schreibe ich den sparsamst verbesserten Kindertext mit dem Computer neu und lasse die Kinder die Änderungen farbig markieren.
- Noch sicherer sind Formen der Selbstkontrolle, die durch die Aufgabe oder das Material (→ *Freiarbeit*) vorgegeben ist, z. B.: Ausmalbilder (Erkennen von Buchstaben beim Erstlesen, Mathematik); Lösungswort oder Lösungssatz (Mathematik, Rechtschreiben); verdeckte Lösungen, z. B. die schwarz gedruckte Lösung ist unter einem rot gefleckten Überdruck verborgen und wird erst durch Auflegen einer roten Folie sichtbar; Farb- (Stöpselkarten) und Formmarkierungen (Domino, Quartett); Muster (LÜK-Kästen); Nummerierungen (Puzzles); schriftliche Lernprogramme und Programme für den PC.

Befähigen zur Selbstkontrolle

Bei der Selbstkontrolle setzt sich das Kind mit dem Lernstoff nochmals kritisch auseinander (→ *Wiederholen und Üben*) und lernt zugleich, dass es selbst für sein → *Lernen* → *Verantwortung* trägt. Ein nachhaltiges Einüben der Selbstkontrolle setzt eine ausreichende Zeitvorgabe voraus (→ *Einzelarbeit*). Unter Zeitdruck kann sie nicht gelingen.

Lehrervorbild
Um den Willen und die Haltung zum kritischen Überprüfen aufzubauen

ist das Lehrervorbild (→ *Modellverhalten*) wichtig: Sagen Sie z. B. nach dem Beenden einer → *Tafelanschrift: „Und jetzt lese ich nochmals leise durch, ob ich keinen Fehler gemacht habe."* Bauen Sie, wo immer möglich, sichtbar das Kontrollieren ein und nehmen Sie sich die Zeit dazu.

Die Kritikfähigkeit der Kinder fördern Sie außerdem
- durch Schweigen und Verzögern von Äußerungen (z. B. sollen die Kinder nicht sofort nach dem Lesen eines Textes ihre Eindrücke „spontan" herausplärren, sondern ihren Kopf in die Arme auf den Tisch legen und den Text „wie einen Film an sich vorbeiziehen lassen".);
- durch das häufige In-Frage-Stellen von Ergebnissen („Stimmt das wirklich? Könnte es nicht auch so heißen, gehen ...?");
- durch das Formulieren von Gegenmeinungen;
- durch das Anbieten von Auswahlantworten. (vgl. *P. Haueis*)

Verdeutlichen von Notwendigkeit und Sinn der Selbstkontrolle
- Nach dem Beenden muss jede Arbeit zuerst durch Selbstkontrolle überprüft werden: Ist die Arbeit vollständig? Geschriebene Texte durchlesen, bei Zweifelsfällen im Wörterbuch → *nachschlagen*. Ist meine Arbeit richtig?
- Selbstkontrolle hilft Fehler zu vermeiden.
- Durch Selbstkontrolle wird das Kind sicherer beim Lernen.

Damit die Kinder die Selbstkontrolle nicht vergessen, können Sie den lustigen „Kontrolli" mit der Sprechblase „Kontrolliere deine Arbeit." an der Tafel befestigen. (vgl. *P. Haueis*)

Besonders überzeugt der Nutzen der Selbstkontrolle, wenn das Kind dadurch seine Note verbessern kann. Deshalb lasse ich z. B. auch bei Diktaten die Kinder Zweifelsfälle durch selbstständiges Nachschlagen mit dem Wörterbuch überprüfen, bevor die Arbeiten eingesammelt werden.

→ *Verstärken* Sie die Kinder nach der Selbstkontrolle, auch durch Bemerkungen im Heft, z. B.: „Gut, dass du einige / viele / alle Fehler schon selbst gefunden hast."

Fortwährendes Einüben der Schrittfolge
- Prüfe, ob dein Ergebnis, deine Arbeit richtig ist.
- Berichtige ein falsches Ergebnis.
- Vergleiche noch einmal mit der Vorlage.

Zur Kontrolle sind dem Kind Kontrolltechniken zu vermitteln, wie das Unterpunkten richtiger Buchstaben (→ *Abschreiben*), das Abhaken richtiger Wörter, das Durchstreichen „verbrauchter" Zahlen oder Silben und das Verwenden von Farbstiften. Auch der Umgang mit den nötigen Hilfsmitteln ist gesondert einzuüben.

Unterstützt wird das Erlernen der Selbstkontrolle durch gegenseitige

Kontrolle der Kinder (→ *Partner-*, *Gruppenarbeit*). Denn dabei wird der Blick für Fehler geschärft und das Anwenden von Kontrolltechniken geübt. (vgl. *P. Haueis*)

Peter Haueis: Erfolgssicheres Lernen durch die Befähigung zur Selbstkontrolle. In: Lehrer Journal/Grundschulmagazin Heft 2/1991
Karl M. Segerer: Selbstständig durch Selbstkontrolle. In: Grundschulmagazin Heft 4/1992

Selbstständigkeit

Es ist besser, jemanden das Angeln zu lehren
als ihm einen Fisch zu schenken.
Indianisches Sprichwort

Affirmative und kritische Selbstständigkeit

„Im Rahmen einer affirmativen Erziehung signalisiert Selbstständigkeit die Erwartung allein und ohne → *Lenkung* und Hilfe normgerecht zu handeln, wie es zuvor nur unter Anleitung geschehen konnte. Die Selbstständigkeit des Kindes dient dann u. a. zur Entlastung der Erwachsenen und zeigt, dass das Kind die erwünschten Handlungsnormen und Handlungsmuster internalisiert hat.
Im Rahmen einer kritisch-emanzipatorischen Erziehung signalisiert Selbstständigkeit die Fähigkeit sich selber eigene Ziele setzen zu können, eigene Handlungsmöglichkeiten zu entwickeln und sich von unangemessenen Erwartungen kritisch, d. h. bewusst und begründet auch distanzieren zu können." (*W. Popp* S. 263)

Selbstständiges Lernen

Im Grunde erfolgt jedes → *Lernen* selbstständig, denn wir können keinem Kind etwas „eintrichtern" und ihm das Lernen abnehmen, wir können nur das Lernen erleichtern. Dabei müssen wir „ständig entscheiden, welches Maß an Anleitung, Steuerung und Hilfe Schüler brauchen, welches Maß an Selbstständigkeit und Selbstorganisation sie schon bewältigen können und welche Diskrepanz zwischen ihrer Kompetenz und neuen Herausforderungen ihre Selbstständigkeit weiter entfalten und unterstützen kann, ohne sie zu überfordern und zu entmutigen." (*W. Popp* S. 266) (→ *Differenzierung, Arbeitsverhalten*)
→ *Partner-* und *Gruppenarbeit, offener Unterricht (Freiarbeit, Wochen-*

plan, Projekte) und alle Formen der Mit- und Selbstbestimmung (→ *Unterrichtsrezepte, Klassenrat*) bieten „Spielraum für eigene Entscheidungen und Wahlmöglichkeiten nach individuellen Bedürfnissen, nach individuellen Zugangsweisen und nach individuellem Lerntempo." (*W. Popp* S. 267)

Ferner lässt sich durch „kleine" Maßnahmen Selbstständigkeit fördern, z.B.:
- Tun Sie nichts, was die Kinder selbst tun können, auch wenn es dann nicht perfekt ist.
- Bevor Sie ein Sachthema „durchplanen", lassen Sie die Kinder ihre→ *Fragen* und Interessen zu dem Thema aufschreiben und richten Sie Ihre Planung danach.
- Zur Unselbstständigkeit erzogene Kinder vergewissern sich gern vor jeder Aktivität, ob sie es auch „richtig" machen. (*„Sollen wir mit Bleistift oder Füller schreiben?"*) Zeigen Sie deshalb den Kindern nach einer → *Anweisung* ihren Freiraum auf: *„Entscheide selbst, womit du schreiben willst."* Nach einiger Zeit: *„Immer wenn ich keinen Stift (oder keine Farben angebe, könnt ihr selbst wählen."*
- → *Verstärken* Sie selbstständiges Verhalten der Kinder.

Was Eltern wissen sollten

Selbständigkeit wird verhindert
- durch Verwöhnung, die sich als zu viel Hilfe, Zuwendung und „emotionale Vereinnahmung" zeigt;
- durch Überforderung, bei der ein falsches Verständnis von Selbstständigkeit zum Ausbleiben nötiger Hilfen führt;
- durch die Neigung zu Perfektion, die das Kind entmutigt und in emotionaler Gleichgültigkeit zu Abweisung oder Repression führt.

Hilfreich dagegen sind Geduld, Einfühlungsvermögen in die Möglichkeiten und Bedürfnisse des Kindes und die situationsangemessene Balance zwischen dem „Zuviel" und „Zuwenig" an Hilfe.

„Das Grundprinzip einer Erziehung zur Selbstständigkeit schließt Lenkung ... keineswegs aus, sie hat lediglich einen anderen Stellenwert und hält sich zunächst so lange zurück, bis sich zeigt, wo Hilfe notwendig ist und wie sie als Hilfe zur Selbsthilfe wirksam werden kann." (W. Popp S. 268)

Jochen Grell: Techniken des Lehrerverhaltens. Neu ausgestattete Sonderausg. Weinheim / Basel: Beltz 1995
Walter Popp: Selbstständigkeit. In: *Eckhard Kohls*, Hrsg.: Grundbegriffe zur Erziehung, zum Lernen und Lehren in der Grundschule. Heinsberg: Agentur Dieck 1994

Organisation des Unterrichts

Obgleich Familien- und Sexualerziehung schulisch verpflichtend sind und Eltern ihr Kind nicht von einer Teilnahme befreien können, kann keine Lehrerin zur Durchführung gezwungen werden (vgl. *L. Dietz*). Doch können wir es verantworten, die Sexualerziehung der Beziehungskälte der Straße und der Medien zu überlassen?

Deshalb nicht nur zufällige Kinderäußerungen aufgreifen, sondern einen systematischen Kurs planen. Denn „haben Kinder einmal keine Fragen, so muss das nicht bedeuten, dass sie alles wissen. Ihr Schweigen kann auch signalisieren, dass sie ein feines Gespür haben, wonach Erwachsene nicht gefragt werden möchten." (*S. Aust*)

Um Eltern ein vorheriges Gespräch mit ihren Kindern zu ermöglichen, sind sie über geplante Themen und Ziele zu informieren. *L. Dietz* schlägt für die Grundschule folgendes Programm vor:

- Elternabend im 1. Schuljahr: Sexualerziehung als Aufgabe von Elternhaus und Schule
- 2. Schuljahr: Wissende Kinder sind geschützte Kinder - Begriffe, Sprache, Umgang mit dem eigenen Körper
- 3. Schuljahr: Die Entwicklung von der Zeugung bis zur Geburt
- 4. Schuljahr: Vorbereitung auf die beginnende Reifezeit - mögliche Gefährdungen.

Ziele von Erziehung und Unterricht

Sexualität ist als positive Kraft zu sehen. Deshalb sollen die Kinder „zu einem eigen- wie auch partnerverantwortlichen und gesundheitsgerechten Umgang mit Sexualität in einem umfassenden Sinn befähigt werden." (*L. Dietz*)

- Lernziel „Zärtlichkeit": Sie zeigt sich beim rücksichtsvollen, liebevollen Umgang miteinander, beim Trösten, beim → *Helfen*, beim Erfahren von eigenem Glück durch das Glück des anderen (→ *emotionales Lernen*) und auch beim Streicheln oder In-den-Arm-Nehmen.
- → *Verantwortung* in Bezug auf sich selbst, den Partner, die Familie und die Gesellschaft strebt die Förderung von Ehe und Familie an, aber auch die Toleranz anderer Lebensweisen. Verantwortung bedeutet das Erkennen eigener Aufgaben, das Bewusstsein von → *Werten* und die Einsicht in die Notwendigkeit sittlicher Entscheidungen.
- Bescheid wissen bedeutet mehr als nur biologisches Wissen. Angestrebt

wird „eine positive und unbefangene Einstellung zur eigenen und fremden Sexualität." (*L. Dietz*)

Verfrühte Informationen?

Je nach Elternhaus bringen Kinder ein völlig unterschiedliches Vorwissen mit. Manche sind überaufgeklärt, manche erhalten durch die Schule eine Erstinformation, andere liefern mit widerwärtiger Fäkal- und Gossensprache einen unliebsamen Anlass zum Einstieg ins Thema. Grundschulkinder nehmen geschlechtliche Dinge mit „interessierter Unbefangenheit" auf. Jedes Kind „verarbeitet zu früh Erfahrenes seiner Entwicklung gemäß", sodass die Gefahr einer Verfrühung nicht stichhaltig erscheint. Sollten Ihnen einzelne Kinderfragen zu abwegig erscheinen, so führen Sie mit dem Kind ein Einzelgespräch. (*L. Dietz*)

Grundsätze für den Unterricht

- Sexualerziehung soll nichts Besonderes, Sensationelles sein, sondern Teil der Gesamterziehung. Vermeiden Sie deshalb alles, was vom bisher üblichen Unterricht abweicht. Da das Thema innere Spannung bewirken kann, sollten nach jeder Einheit Phasen der → *Entspannung* und Auflockerung (Spiele, → *Bewegung*) erfolgen.

- Sprache
Ihre Sprache ist Vorbild: Ignorieren Sie weit gehend unangemessene Wörter oder machen Sie sie als „Kindersprache" oder „Gossensprache" bewusst. Ihre sachliche Ausdrucksweise („Erwachsenensprache") soll die Kinder nicht nur zur Übernahme angemessener Wörter anregen, sondern auch dazu befähigen, ohne Scham über Fragen zu sprechen.

- „Wahrhaftigkeit in der Sache bedeutet ... nicht lückenlose Offenbarung im breiten Spektrum der Möglichkeiten." (*L. Dietz*)

- Medien dürfen keine Reiz- oder Schockwirkung auslösen!
Begriffe vorweg klären. Zuerst nur reizarme Bilder (Schemazeichnung) zeigen, erst dann die natürliche Abbildung. Halten Sie für unerwartete Kinderfragen eine Kiste im Schrank bereit mit Bildern und Artikeln aus Zeitschriften, Poster und Plakate, Kinderbücher, Vorlagen für Arbeitsblätter aus der Fachliteratur. (nach *L. Dietz*)

Lernwirksame Situationen

- Gespräche und Schreiben freier Texte über Themen wie „Noch nicht geboren und schon da ..." (*L. Dietz*)

- Bildreihen und Filme der Landesbildstellen, Theaterstücke
- Vor allem das Betrachten und Vorlesen von Bilder- und Kinderbüchern sind günstig, da über sachliche Information auch das → *emotionale Lernen* angesprochen wird. Bitten Sie die Kinder Bücher von zu Hause mitzubringen. Altersgemäße Literaturtipps:

B. Cole: Mami hat ein Ei gelegt. 2. Aufl. Aarau: Sauerländer 1994
U. Enders: Schön blöd. Bilderbuch über schöne und blöde Gefühle. Köln: Volksblatt Verlag 1991
G. Fagerström / G. Hansson: Peter, Ida und Minimum. Ravensburg: Otto Maier 1980 (ab 6 J.)
S. Härdin: Wo kommst du her. Bindlach: Loewe 1995 (ab 5 J.)
P. Härtling: Ben liebt Anna. Weinheim: Beltz 1994
W. T. Küstenmacher: Adam & Evi. Pattloch
M. Mai: Vom Schmusen und vom Liebhaben. Bindlach: Loewe 1991
J. Müller u. a.: Ganz schön aufgeklärt. Bindlach: Loewe 1995
S. Schneider / B. Rieger: Woher die kleinen Kinder kommen. Ravensburg: Otto Maier
G. Tordjman / C. Morand: Wie ist das, wenn man größer wird? Aufklärung für das Alter 6 - 9. Wien: Überreuther 1988
Projekt: Herstellen eines eigenen oder Klassenbuches während eines sexualpädagogischen Kurses (vgl. Eva Simon: Ein Baby wird geboren. In: Grundschulmagazin Heft 6/1996)

Sexueller Missbrauch

Zur Aufklärung und Vorbeugung müssen Kinder lernen,
- ihre Gefühle zu erkennen, auszusprechen, ihnen zu vertrauen („Instinkt"), zwischen angenehmen und unangenehmen Gefühlen zu unterscheiden.
- dass sie das Recht haben, nur solche Berührungen zuzulassen, die ihnen angenehm sind (Dein Körper gehört dir!).
- dass sie in unangenehmen Situationen Nein sagen und Hilfe holen müssen.
- dass schöne Geheimnisse Spaß machen, dass aber schlechte Geheimnisse Angst machen, belasten und weitererzählt werden müssen.
- dass man unter Druck gegebene Versprechen nicht zu halten braucht.
- darauf zu bestehen, dass man sie anhört und ihnen glaubt.

Kurz: Kinder müssen in ihrem → *Selbstbild* gestärkt und zur → *Selbstständigkeit* ermuntert werden. (nach *Nadine Hoffmann/Sabine Hofmann:* Ich sage nein! In: Grundschulmagazin Heft 6/1996)
Besteht bei einem Kind der Verdacht auf sexuellen Missbrauch, bitten Sie das Jugendamt um Hilfe und Beratung.

Gisela Braun: Ich sag nein. Mülheim a. d. Ruhr: Verlag Die Schulpraxis 1989
Brunhilde Marquardt-Mau, Hrsg.: Schulische Prävention gegen sexuelle Kindesmisshandlungen. Weinheim: Juventa 1995

Literatur für Kinder:
Björn Graf von Rosen: Das Märchen von der ungehorsamen Adeli, Sofi und ihre
   furchtbare Begegnung mit dem Wassermann. Zürich 1987
Marion Mebes/Lydia Sandrockh: Kein Küsschen auf Kommando. Berlin 1988
Mandy Nelson/Jenny Hessel: Gut, dass ich es gesagt habe ... München: Ellermann
   1993

AIDS

Bei der AIDS-Prävention geht es um
*   Aufklärung über Ansteckungsmöglichkeiten und den Schutz davor,
*   ein Bewusstsein der Gefahren trotz eines positiven Verhältnisses zur
    eigenen Sexualität,
*   um Mitmenschlichkeit gegenüber HIV-Infizierten und AIDS-Kranken.
Grundschulgemäß erscheint mir, bei Gesprächen über → *Gesundheit* und
Hygiene folgende Regeln festzuhalten:
*   Herumliegende Spritzen nicht berühren und sofort einem Erwachse-
    nen Bescheid sagen.
*   Keine blutende Wunde berühren.
*   Gute Freunde brauchen keine Blutsbrüderschaft oder gemeinsame
    Tätowierungen. (vgl. *L. Dietz*)
Durch Fernsehspots und die öffentliche Diskussion angeregt, können
Kinder auch nach Wörtern wie „Kondom", „Fixer" usw. fragen. Auch hier
gilt: Nicht formalistisch und erschöpfend abhandeln, sondern kindgemäß
und verständlich.
Kinderbuchtipp:
Regine Schindler: Mia, was ist ein Trip? Zürich: bohem press 1994

Was Eltern wissen sollten

*   Viele Eltern haben Hemmungen mit ihren Kindern über Sexualität zu
    sprechen und schieben diese Aufgabe gerne der Schule zu.
*   Ein Elternabend dient deshalb nicht nur der nötigen Zusammenarbeit,
    sondern will den Eltern auch Gesprächshilfen und Literaturtipps
    geben, z. B. M. Elliot: So schütze ich mein Kind (Sexueller Missbrauch,
    Drogen, AIDS und Gewalt). Stuttgart. Kreuzverlag 1991 (ca. 17 DM)
*   Außerdem sind Eltern eindringlich auf einen verantwortungsbewuss-
    ten Fernsehkonsum, den Schutz der Kinder vor Pornografie und auf
    das Vermeiden eines Macho-Verhalten fördernden, frauenfeindlichen
    Erziehungsstils hinzuweisen.
*   Zärtlichkeit zwischen Eltern und Kind ist wichtig. Verhält sich das Kind
    jedoch abweisend, heißt das „Stopp"! Überreden zu oder Erpressen
    von Zärtlichkeiten missachtet die Gefühle des Kindes, auch wenn es nur

heißt „ *Gib der Oma doch ein Küsschen.* ". Vor allem Mädchen muss Mut
zum Neinsagen gemacht werden.

Siegfried Aust: AIDS - ein Fall für zwei. In: Die Grundschule Heft 11/1988: Braunschweig: Westermann
Linus Dietz: Sexualerziehung in der Grundschule. In: Grundschulmagazin Heft
6/1996. München: Ehrenwirth/Oldenbourg

Sicherheit

Wird's besser? Wird's schlimmer?
fragt man alljährlich. Seien wir ehrlich:
Leben ist immer lebensgefährlich!
Erich Kästner

Aufgaben

Wesentlich mehr Unfälle als im Verkehr (→ *Schulweg*) ereignen sich in
der Schule, im Haushalt und in der Freizeit. Das Entwickeln von Gefah-
renbewusstsein und Einüben von sicherem Verhalten in alltäglichen und
kritischen Situationen sind wichtige schulische Aufgaben, zumal entwicklungsbedingte Mängel das Unfallrisiko erhöhen wie
- mangelnde Bewegungskoordination,
- mangelnde Kontrolle der Bewegungsabläufe (verhindert z. B. ein
  abruptes Abbrechen des Rennens),
- geringere Geschwindigkeitsabschätzung,
- engeres Blickfeld als Erwachsene und egozentrisches Sehen,
- Schwierigkeiten beim Orten von Geräuschen,
- leichte Ablenkbarkeit, verlangsamte Reaktion,
- mangelnde Erfahrung, geringe Flexibilität,
- impulsives und unberechenbares Verhalten,
- Selbstüberschätzung und Mangel an Rücksichtnahme.

Unfallvorbeugung umfasst

- das Erkennen von Gefahren,
- das Einschätzen von Risiken,
- das Durchführen von Maßnahmen zur Unfallverhütung.

Unfallbewältigung umfasst

- umsichtiges Verhalten bei einem
  Unfall, z. B. das Herbeiholen und
  Leisten von Hilfe (→ *Helfen*),
- das Erkennen von Unfallursachen.

Monatlich sind für alle Klassen Belehrungen vorgeschrieben. Doch diese
reichen keineswegs aus, werden zur wirkungslosen Routine und sind z. T.
nicht grundschulgemäß.

Eine nachhaltige Sicherheitserziehung

- strebt Sachkompetenz (Kenntnis von Sicherheitsfaktoren und Einsicht in Zusammenhänge) an, Selbstkompetenz (→ *Verantwortung* für die eigene Person) und Sozialkompetenz (Verantwortung für andere, auch kleinere Kinder; Hilfsbereitschaft; Einhalten von → *Regeln*).
- muss fächerübergreifendes Unterrichtsprinzip sein,
- muss situations- und handlungsorientiert, auf aktuelle Anlässe hin im Sachunterricht und nicht als bloße verbale Belehrung erfolgen, damit in einer Notsituation richtig gehandelt wird,
- findet auch bei → *Projekten* und besonderen Veranstaltungen statt, z. B. Sicherheitstag oder -woche.

Sicherheit in der Schule

Beseitigen von Gefahrenquellen: Wenn Sie einen baulichen Mangel im Schulgelände feststellen, melden Sie diesen umgehend der Schulleitung.

- Schulhof (→ *Pause*): Sturz, Zusammenstoß beim Rennen, Raufereien, Sturz bei Glatteis; Verletzungen durch vereiste Schneebälle, durch → *aggressives Verhalten* und bei Streit (→ *Erkrankung*)
- Turnhalle: Verletzung beim Aufstellen und Aufräumen von Geräten, durch mangelnde oder falsche Hilfestellung, durch Zusammenstöße und Prellen gegen die Wand; Einüben eines sicheren Verhaltens beim Umkleiden, auf dem Sportplatz (→ *Sport*)
- → *Klassenzimmer*: Sturz vom (weggezogenen) Stuhl, mit der Schere, aufgrund von Stolperfallen (→ *Schultasche*); Verletzung durch Bleistiftstich, Einklemmen des Fingers in der Tür, Stoß an die Heizung; Einüben des richtigen Umgangs mit Schulmöbeln (→ *Sitzen*), mit → *Arbeitsmitteln* wie z. B. Schere, Messer, Nadeln; Verhalten bei → *Feueralarm*
- Treppen und Gänge: Sturz beim Drängeln, mit der Glasflasche, auf glatten Böden, über ein gestelltes Bein oder wegen einer Bananenschale; richtiges Tragen von Regenschirmen mit der Spitze nach unten; nicht mit den Turnbeuteln schleudern
- richtiges Verhalten im Schulgarten, bei → *Ausflügen* und → *Unterrichtsgängen*

Darüber hinaus sind Themen zu behandeln zur Sicherheit im Haushalt und in der Wohnung, im Verkehr, beim Spielen und in der Freizeit, in der Natur.

Schwierigkeiten

- Sicherheitserziehung als „Situationstraining" vor Ort ist zeitlich sehr aufwendig.
- Manche Themen könnten Kinder erst auf die Idee bringen, Risiken einzugehen (z. B. Feuerwerkskörper, Umgang mit Feuer).
- Das Fehlverhalten mancher Erwachsener begünstigt unachtsames und leichtfertiges Verhalten von Kindern.

Was Eltern wissen sollten

- Erziehung zur Rücksicht anstatt „Lass dir nichts gefallen. Hau zurück."
- Hinweis auf erforderliches Vorbildverhalten und Gefahrenquellen (Sicherheitscheck der eigenen Wohnung)
- Abschluss einer Haftpflichtversicherung
- Erfordert ein Schulunfall eine ärztliche Behandlung, so ist dies dem Arzt anzugeben und der Schule zu melden, die der gesetzlichen Unfallversicherung eine Unfallmeldung machen muss.

E. Bosch / R. Rabenstein / G. Schorch: Sicherheitserziehung in der Praxis. In: Bayerische Schule, Teil I in Heft 16/1988, Teil II in Heft 17/1988. Hrsg. vom Bayerischen Lehrer- und Lehrerinnenverein München

Bundeszentrale für gesundheitliche Aufklärung, Hrsg.: Kinder und Unfälle. Unterrichtswerk für die Grundschule (1. - 4. Klasse). Stuttgart: Ernst Klett Verlag 1982

Dieter Strecker: Kinderunfälle. Erkennen, vorbeugen, helfen. Weinheim: Beltz 1994

Sitzen

Sitzmöbel

Gestühl

Ergonomisch gestaltete, höhenverstellbare Einzeltische mit Stühlen sind optimal, aber die Ausnahme.

Wünschenswert: Stehpult, das einzelne Kinder nach Wunsch zum Schreiben zwischendurch benutzen können oder auch für einen Bericht vor der Klasse.

Stühle und Tische sind auf die Körpergröße der Kinder abzustimmen: Die Füße stehen auf dem Boden, auf einer Fußbank oder mit einem Klebeband zusammengehaltenen Telefonbüchern, wenn das Kind den Fußboden nicht erreichen kann. Die Oberschenkel berühren nicht die Tischunterseite. Nach einem halben Jahr wird überprüft, ob das Gestühl noch passt.

- Lassen Sie sich zusätzlich zu den benötigten etwa drei weitere Tische und sechs Stühle bringen für „Gäste" bei → *Erkrankung* von Kollegen.
- Einüben des rücksichtsvollen Tragens eines Stuhls, z. B. beim Bilden eines Sitzkreises: Eine Hand fasst den Stuhl unter der Sitzfläche, die andere unter der Lehne, die vom Kind weg zeigt.
- Vormachen: Wenn ein Kind auf einen Stuhl steigen muss, immer die Lehne zur Wand drehen, damit es nicht beim Absteigen über die Lehne fällt.

Hilfe zur Körperwahrnehmung für unruhige Kinder (auch zu Hause): Zwei kleine (etwa 10 cm x 4 cm), mit Reis oder Aquariumsteinen gefüllte Stoffsäckchen werden unter den Po oder den Oberschenkel gelegt. Das Kind kann sie auch mit den Händen kneten und drücken. Diese Sinnesreize bauen Unruhe ab und neue Energien auf. Solche Säckchen sollten griffbereit unter dem Tisch liegen. (vgl. *R. Defersdorf* S. 57 f.)

Sitzbälle

Das Sitzen auf einem Sitzball erfordert ein ständiges Suchen des Gleichgewichts und fördert durch diese Bewegung Muskelkraft (Bauch, Rücken), Koordination der Bewegungen und Körperwahrnehmung. Dadurch kommt das Kind auch ins innere Gleichgewicht und kann besser lernen. „Gerade unruhige Kinder ... suchen durch ihre Bewegungen die verstärkte Körperwahrnehmung, die sie wegen der Wahrnehmungsstörungen beim Stillsitzen nicht haben." (*R. Defersdorf* S. 47)

- Der Einsatz von Sitzbällen erfordert die Beratung durch Ärzte, Krankengymnasten oder das Gesundheitsamt, die auch ein Sitztraining durchführen.
- Das schriftliche Einverständnis der Eltern ist einzuholen. Es empfiehlt sich die Information an einem Elternabend.
- Der Durchmesser des Balls ist je nach Körpergröße zu wählen.
- Bei der Reinigung des Zimmers werden die Bälle auf einen entsprechend großen Blumenuntersetzer auf den Tisch gelegt. Zwischendurch sollten die Bälle mit Seifenlauge gesäubert werden.
- Die Bälle lassen sich auch für Übungen zur → *Entspannung* und im Sport nutzen, z. B. sich mit dem Bauch darauf legen, darauf wippen, hin- und herschaukeln, ihn hin- und herwerfen.

Der Sitzball darf jedoch nicht die einzig mögliche Sitzgelegenheit sein. Denn: „Nach einiger Zeit reicht den Kindern vielleicht die Anregung ihres Gleichgewichts, und sie brauchen den klaren Widerstand eines Stuhls." (*R. Defersdorf* S. 47)

Sitzhaltung

Die → *Aufmerksamkeit* ist am besten, wenn das Kind richtig sitzt: Körper und Oberschenkel sowie Oberschenkel und Unterschenkel sollten jeweils einen Winkel von 90 Grad bilden (→ *Schreiben*). Die Füße stehen flach auf dem Boden. Die Unterarme stützen den Oberkörper ab. Bei nach vornüber gebeugtem Sitzen ist die Bandscheibenbelastung um 50 % größer als bei aufrechtem Sitzen. Da jedoch jede länger andauernde Haltung belastend wirkt, wird empfohlen:

Variables, dynamisches, bewegtes Sitzen

Keine Sitzhaltung ist gut genug, um die einzige zu sein. Deshalb die Kinder bewusst zu verschiedenen Sitzpositionen hinführen:
* Sitzbälle
* Sitzkeile lassen das Becken nach vorne kippen bei geradem Rücken.
* Beim Malen und → *Schreiben* rittlings auf dem Stuhl sitzen mit der Rückenlehne zum Tisch oder knien.
* Beim Singen und Chorsprechen auf dem Tisch sitzen und mit den Füßen baumeln.
* Zeitweiliges „Lümmeln" über den Tisch dulden, allerdings nicht beim Schreiben.
* Im Schneidersitz auf Teppichfliesen auf dem Fußboden im Kreis sitzen.
* Bodenarbeit: Gerade auf Kinder mit → *Verhaltensauffälligkeiten* wirkt sich Malen, Bauen, Lesen, aber auch Schreiben und Rechnen auf dem Boden günstig aus (Erdnähe), evtl. Packpapier, Betttuch als Unterlage.
* Zur → *Entspannung* auf dem Boden liegen.
Weitere Regeln zur Vorbeugung von Rückenschäden: den Rücken gerade halten, beim Bücken in die Hocke gehen, Gewicht der → *Schultasche* beachten, nichts Schweres tragen, beim Liegen die Beine anziehen, viel → *Bewegung*.

Was Eltern wissen sollten

Für die → *Hausaufgaben* ist ein Bürostuhl mit Rollen ungeeignet, da das Kind keinen richtigen Halt findet.
Hilfen für unruhige Kinder beim Sitzen: Auflage aus dicken Holz- oder Plastikperlen für Autositze auf dem Stuhl; Rolle zur Massage der Fußreflexzonen; kleiner Kissenbezug, der mit Kastanien, Kirsch- oder Bohnenkernen gefüllt ist.

Roswitha Defersdorf: Ach, so geht das! Wie Eltern Lernstörungen begegnen können. Freiburg i. Br.: Herder 1993

Sitzordnung ist einerseits die Anordnung des Gestühls, andrerseits die Position des einzelnen Kindes.

Grundsatz: Die Sitzordnung muss alle wichtigen Sozialformen ohne großes Umräumen ermöglichen wie → *Gruppenarbeit*, Gesprächskreis und einen freien Mittelraum zum Zeigen von Modellen und Materialien. Außerdem muss genug Platz im →*Klassenzimmer* sein, dass die Kinder Bewegungsübungen durchführen können und an die im Raum verteilten Arbeitsmittel herankommen (→ *Freiarbeit*). Weitere Aspekte:

- Beachten, dass große Kinder niemandem im Blickfeld sitzen.
- Kinder, die schlecht sehen oder hören, sitzen vorne.
- Leicht ablenkbare, unkonzentrierte Kinder sitzen alleine vorne beim Lehrerpult.
- Kinder, die dauerhaft hinten sitzen, fühlen sich „zurückgesetzt" und nicht genügend beachtet. Deshalb dazwischen die Sitzplätze wechseln lassen.
- Kinder, die häufig stören und andere ablenken, sitzen hinten.
- → *Linkshänder* sitzen immer an der linken Tischseite.
- Unselbstständige Kinder sollten neben selbstständigen Kindern sitzen, weniger beliebte Kinder neben beliebten etc., damit die einen durch das Modell des anderen profitieren.
- Beachten des Lichteinfalls
- Sitzplatzwechsel: Einerseits muss jedes Kind ein Gefühl für „seinen" Platz entwickeln, wo es „hingehört", wo es seinen → *Nachbarn* trifft und wo es seine Sachen deponieren kann. Andererseits sind zum Aufbau einer → *Klassengemeinschaft* vielfältige Kontakte wünschenswert. Deshalb kein zu häufiger Sitzplatzwechsel, sondern nach Wunsch der Kinder z. B. jeweils nach den → *Ferien*. Grundsatz: Alle betroffenen Kinder müssen einverstanden sein.

Frontale Sitzordnung

Die in Verruf gekommene Frontalsitzordnung muss noch keinen Frontalunterricht bedeuten. Sie ermöglicht eine effektive → *Einzel-* und *Partnerarbeit* und auch → *Freiarbeit* ist durchaus möglich.

Vorteile

- Kein Kind braucht sich zu verdrehen, wenn es an die Tafel sieht. Vor allem im 1./2. Schuljahr günstig.
- Bei → *Gruppenarbeit* drehen sich die vorderen Kinder zum Tisch hinter ihnen.

Nachteile
- Beim Sprechen sehen sich die Kinder nicht gegenseitig.
- Die Klasse ist im Gegensatz zur Gruppensitzordnung unstrukturiert. Das Entwickeln eines Gruppenbewusstseins wird nicht gefördert.
- Der Gesprächskreis muss um die Tische herum gebildet werden, wenn bei großen Klassen nicht genug Platz für einen freien Mittelraum bleibt.

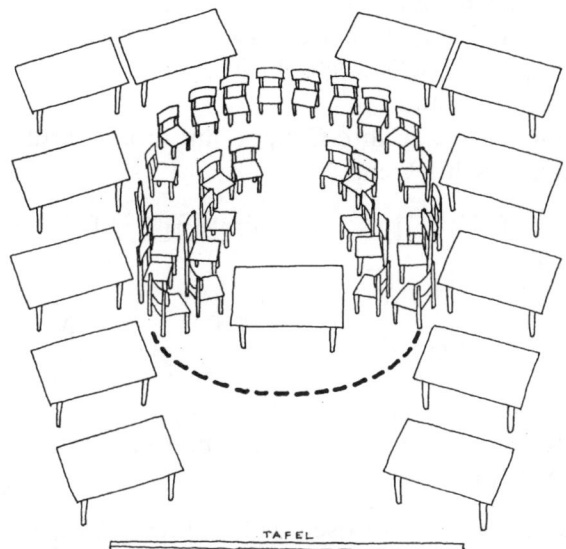

Günstige Frontalsitzordnung mit freiem Mittelraum

Hufeisensitzordnung

Wenn die Größe des Klassenzimmers und die geringe Anzahl der Kinder ein einfaches Hufeisen ermöglichen, ist die Sitzordnung günstig, da sich alle sehen können. Für Gruppenarbeit setzen sich einige Kinder nach innen. Um Platz für die Schultaschen zu schaffen sollten die Tische etwas auseinander gerückt werden.

Gruppensitzordnung

Viergruppen sind im 1./2. Schuljahr überschaubar. Sechsergruppen im 3./4. Schuljahr. (→ Gruppenarbeit)
Vorteile
- Entwickeln eines Gruppenbewusstseins
  Das → Lob für einzelne Gruppen spornt die anderen an.
- Rasches Überblicken der strukturierten Klasse
- Organisation: Das gruppenweise Austeilen und Einsammeln von Mate-

rialien geht schnell. Durch gruppenweises Verlassen des Klassenzimmers wird Gedrängel an der Tür vermieden.

Nachteile

- Die Kinder müssen sich beim Nach-Vorne-Sehen verdrehen. Abhilfen: Konsequent einüben, dass die Kinder ihren Stuhl so drehen oder sich so stellen, dass ihre Schultern parallel zur Tafel sind. An jedem Montagmorgen rücken die Kinder jeweils einen Platz weiter, um Haltungsschäden zu vermeiden. Nach vier bzw. sechs Wochen kann auch die gesamte Gruppe die Tische wechseln, damit jeder einmal in den Genuss günstiger Plätze kommt.
- Einzelne Kinder stecken ihre Gruppe mit ihrer Unruhe an. Abhilfe: An einen Einzeltisch setzen.

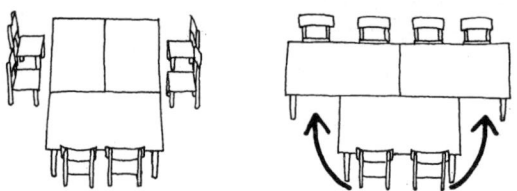

Abb. links: Häufige Form des Sechsertisches
Nachteil: Die Kinder sitzen für Gruppenarbeit zu weit auseinander. (vgl. *H. Bartnitzky* S. 179)

Abb. rechts: Günstiger Sechsertisch (vgl. *G. Ritz-Fröhlich* S. 62)
Bei Gruppenarbeit setzen sich nur zwei Kinder um, sodass zwei Dreiergruppen entstehen. (s. Abb. 2) Die Sechsertische sollten in Kreisform aufgestellt werden. Zum Gesprächskreis rücken die „Innenkreiskinder" zu den „Außenkreiskindern" bzw. auch umgekehrt.
Günstig für die → *Ordnung*: Alle → *Schultaschen* können an den Haken gehängt werden.

Sitzkreis

Pädagogische Intention: Jedes Kind sieht das andere und nimmt es in seiner Befindlichkeit wahr (→ *emotionales Lernen, Morgenkreis, Tagesbeginn*).

Formen

- Die Kinder bringen ihren Stuhl von ihrem Platz mit. Einüben des rücksichtsvollen Tragens des Stuhls (→ *Sitzen*)
- Die Kinder sitzen auf einem Sitzkissen oder einer Teppichfliese auf dem Fußboden.
- Für kurze Zeit (nicht länger als fünf Minuten), z. B. für kurze, wichtige Ansagen, kommen die Kinder zum Stehkreis.

Organisation

Das zeitsparende, geordnete Bilden des Kreises ohne großen Lärm ist im 1. Schuljahr und ggf. auch später einzuüben (Stoppuhr):

- Jeder Platz ist mit einem farbigen Klebepunkt auf dem Boden markiert. Die Lehrerin ruft ganz leise jedes Kind namentlich zum Kreis oder „mit den Augen" durch Zuzwinkern oder Zunicken. Analog wird der Sitzkreis aufgelöst.
- Stuhlkreislied nach der Melodie „Fuchs, du hast die Gans gestohlen...". Komm und nimm den Stuhl geschwind, setz dich in den Kreis, setz dich in den Kreis. Wenn du angekommen bist, sei ganz still und leis - wenn du angekommen bist, sei ganz still und leis. (*Birgit Pilz* in: Flohs Ideenkiste Nr. 4, München: Domino Verlag 1994)
- Schlag auf dem Tambourin als Signal zur Kreisbildung: Die Kinder kommen in einer festgelegten Reihenfolge (Sitzreihen oder Gruppentische) und auf einem festgelegten Weg zum Kreis. Dabei beginnen die ersten Kinder den Kreis dort, wo sie die nachfolgenden nicht behindern. Analog lösen nach einem Tamburinschlag die Kinder zuerst den Kreis auf, die sich zuletzt hingesetzt haben.

Weitere Versammlungsformen

- Halbkreis

Wenn Sie etwas an der Tafel oder Magnettafel zeigen wollen, lassen Sie einen Halbkreis bilden, bei großen Klassen einen doppelten Halbkreis. Dabei sitzt die vordere Reihe auf dem Boden, die hintere auf Stühlen. Bei kurzen Demonstrationen kann eine dritte Reihe auch stehen.

- Karussell

Doppelkreis mit paarweise einander zugewandten Stühlen für kurze Partnergespräche; auf ein Signal rücken die Kinder eines Kreises weiter und kommen zu einem neuen Partner. Günstig für das Erzählen im → *Morgenkreis*.

- Traube

Wenn Sie etwas erzählen, vorlesen oder erklären, auch auf einem Unterrichtsgang, so stellen oder setzen sich die Kinder nahe vor Sie.

Horst Bartnitzky: Sitzordnungen - so oder so? In: Horst Bartnitzky / Reinhold Christiani: Die Fundgrube für jeden Tag. Frankfurt a. M.: Cornelsen Scriptor 1995

Gertrud Ritz-Fröhlich: Das Gespräch im Unterricht. Bad Heilbrunn: Klinkhardt 1977

Soziales Lernen

Toleranz ist der Verdacht, dass der andere Recht hat.
Kurt Tucholsky

Angestrebte Haltungen und Verhaltensweisen

„Freiwillige soziale Kooperation und soziale Einordnung - Sinnvoller Gebrauch von Freiheit - Selbstdisziplin - Spontane Initiative - Freiwillige Übernahme von Verantwortung - Freiwillige Arbeit und Opfer für Gruppenziele - Bereitschaft und Fähigkeit zu Gruppenentscheidungen unter Zurücksetzung eigener Interessen - Größeres Ausmaß der Erfahrung von individueller Freiheit, verbunden mit sozialer Ordnung und Leistungsfähigkeit - Nicht-Angewiesensein auf häufige äußere Führung und straffe Organisation - Verzicht auf physische und psychische Gewalt bei der Lösung sozialer Konflikte - Fähigkeit zum Ertragen von Misserfolgen und Ungewissheiten ... - Toleranz gegenüber Andersdenkenden und Minoritäten - Aktiver, mutiger Einsatz gegen Unrecht und Fehler, ohne Verletzung der Würde anderer und ohne in tendenziösem Kritizismus und Negativismus zu verharren - Fähigkeit zu konstruktiver Kritik, zu kreativen, realisierbaren Vorschlägen zur Beseitigung von Fehlern, Missständen und Durchführung notwendiger Reformen." (*Tausch* S. 25)

Ziele sozialen Lernens

Sozialfähigkeit als „Miteinanderauskommen" umfasst personale, emotionale und kommunikative Lernziele, vor allem:
- Integration von sachkundigem und sozialeinsichtigem Verhalten, also das Lernen, mit anderen leistungseffektiv und persönlich befriedigend zu kooperieren, auch unter Einbezug gegenseitiger Kritik
- soziale und kommunikative Kompetenz
  umfasst Einfühlungsvermögen und soziale Sensibilität, angemessenes Rollenverhalten, Anwenden von → *Gesprächsregeln*, Rücksicht, Achtung vor der Würde der Menschen und Toleranz (→ *Werte*).
- Fähigkeit zur Selbststeuerung, Selbstdarstellung und Selbstverwirklichung (→ *emotionales Lernen, Selbstbild*), also das Erkennen, Ertragen und Aufarbeiten von Gefühlen sowie das Entwickeln von Eigeninitiative, Kreativität, Spontaneität und Fantasie.
- Umgang mit Macht, Über- und Unterordnung, Rivalität und → *Konflikten*, Entscheidungen und Solidarität, also Identität als Balance zwischen den Ansprüchen anderer und denen des eigenen Ichs; Ertragen

von Frustrationen ohne mit Aggression oder Regression zu reagieren; Verantwortlichkeit als Selbst- und Mitverantwortung (→ *Verantwortung*)

„Sozialer Wochenplan" als „Methode der kleinen Schritte"

Legen Sie ausgehend von Verhaltensdefiziten der Kinder eine Liste mit einfachen Zielen an, die Sie schwerpunkthaft anstreben wollen. Dabei werden zuerst Basisverhaltensweisen eingeübt (z. B. um etwas bitten, für etwas danken), bevor komplexere Ziele angegangen werden (z. B. in angemessener Form etwas ablehnen, Kritik annehmen können).
Schreiben Sie den Vorsatz für die Woche an eine Seitentafel, z. B.: Ich helfe anderen Kindern. Immer wenn ein Kind den Vorsatz realisiert hat, darf es vom Ende aus einen Buchstaben wegwischen. Wenn der ganze Vorsatz nicht mehr an der Tafel, sondern „im Kopf" ist, wird ein neuer Vorsatz angeschrieben. (nach *Renate Hader* in : Flohkiste Nr. 9, München: Domino Verlag 1995)

Maßnahmen im Unterricht

• → *Modellverhalten* der Lehrerin (→ *Lehrerverhalten*)
Da soziale Verhaltensformen „vor allem in den beiden ersten Lebensjahrzehnten durch fortlaufende <u>konkrete Erfahrungen</u> gelernt werden, müssen ... in der Schule entsprechende Verhaltensmodelle vorgelebt werden. Denn die Eltern sind des Öfteren nicht in der Lage ihren Kindern entsprechende Erfahrungen zu vermitteln." (*Tausch* S. 25)
Außerdem sollten Sie prosoziale Verhaltensweisen der Kinder und bereits erste Schritte dazu möglichst oft → *verstärken* und → *loben*.

• Nutzen von pädagogischen Situationen
Der Schulalltag und das → *Schulleben* bieten eine Fülle von Anlässen, die bei den Kindern emotionale Betroffenheit und einsichtiges Lernen bewirken können: → *Streit*, → *Beleidigen*, → *aggressives Verhalten*, mangelndes → *Helfen*, Übertreten von → *Regeln*, Verhalten in der → *Pause*, Aufnehmen von → *neuen Kindern* u.v.a.m.
Nachdem sich nach einem Streit die betroffenen Kinder geäußert haben, kann das Wort zweimal im Kreis herumgehen. Reihum sagt jeder seine Meinung dazu, ohne dass Sie diese kommentieren. Wer nichts sagen will, gibt das Wort an den Nächsten weiter. Bei der zweiten Runde hat jeder Gelegenheit sich auf eine vorausgegangene Äußerung zu beziehen. Auch wenn sich Erfolge nur langsam einstellen, erfahren die Kinder allemal: Die Lehrerin nimmt unsere Probleme ernst und hält unsere Meinung für wichtig.

- Darbieten von Modellverhalten durch Medien

„Erwünschtes Sozialverhalten ... kann vermutlich weit gehend gefördert werden, wenn ... mithilfe von Videorekordern, Filmen, Bildern, Erzählungen und Texten unangemessenes Modellverhalten neben angemessenem Modellverhalten dargeboten und in seinen Konsequenzen diskutiert wird." (*Tausch* S. 72)

Günstig ist eine Kartei oder eine Mappe mit Konfliktgeschichten, aus der die Kinder im Anschluss an einen realen Konflikt eine passende Geschichte heraussuchen und sich aus der Distanz dazu äußern (z. B. die „Aggressi-Geschichten" von *A. Stein*: Wenn Kinder aggressiv sind. München: Kösel 1984)

Im Gegensatz zu den pädagogischen Situationen ist der Medieneinsatz planbar, kann die oft komplexen Zusammenhänge elementarisieren und ermöglicht die zur Reflexion von Konflikten nötige Distanz.

- Lernen beim und durch Spielen

Alle Spiele mit mindestens zwei Spielpartnern fördern soziales Lernen: → *Interaktions-, Rollen-, Handpuppen-, Lernspiele*, Spiele zur → *Wahrnehmung* und im Sport, alle Formen des darstellenden Spiels, freies Spielen.

- Soziale Arbeitsformen und Gemeinschaftsarbeiten

Kooperatives Verhalten und soziales Lernen werden unterstützt durch das häufige Anwenden von → *Partner-* und *Gruppenarbeit*, durch handlungsorientiertes Lernen, → *Projekte, offenen Unterricht, Freiarbeit*, gemeinsame Gespräche, durch Gemeinschaftsaufgaben wie das In-Ordnung-Halten des → *Klassenzimmers* (→ *Klassendienste*) und durch gemeinsam erstellte Arbeiten z. B. in Kunst und Werken.

- Mitsprache und Mitverantwortung der Kinder in altersgemäßem Umfang

Erarbeiten einer Klassenordnung nach den Grundsätzen: In der Klasse sollen sich alle wohl fühlen. Jedem soll es gut gehen. Es geht uns gut, wenn wir zueinander gut sind.

Gemeinsames Planen und Gestalten des Klassenzimmers, → *Klassenrat*, Auswählen eines Ausflugsziels, Einbringen von Unterrichtsthemen, Gestalten einer Klassenzeitung u.v.a.m.

- Feed-back über soziales Verhalten

Ein Fragebogen kann Ihnen über die → *Schülerbeobachtung* hinaus zusätzliche Hinweise zum Sozialverhalten der Kinder geben, regt diese beim Beantworten zum Nachdenken darüber an und gibt zugleich Impulse für weiteres soziales Lernen.

Wie geht's dir in der Klasse?

1. Wie fühlst du dich in der Klasse?

                                 sehr wohl – wohl – nicht wohl

2. Wie verstehst du dich mit den anderen Kindern?

                                 sehr gut – gut – nicht gut

3. Wie verhalten sich die anderen dir gegenüber?

  Hilft dir jemand, wenn du Hilfe brauchst?

                                 oft – manchmal – selten

  Hast du Angst, dass dich jemand auslacht?

                                 selten – manchmal – oft

  Tröstet dich jemand, wenn du Trost brauchst?

                                 oft – manchmal – selten

  Ist jemand wirklich gemein zu dir?

                                 selten – manchmal – oft

  Lassen die anderen dich in der Pause mitspielen?

                                 immer – oft – manchmal – selten – nie

4. Wie verhältst du dich zu den anderen?

  Hilfst du jemandem, wenn er Hilfe braucht?

                                 oft – manchmal – selten

  Lachst du andere aus?

                                 selten – manchmal – oft

  Tröstest du andere?

                                 oft – manchmal – selten

  Bist du gemein zu anderen?

                                 selten – manchmal – oft

  Lässt du andere in der Pause mitspielen?

                                 oft – manchmal – selten

5. Wie verstehst du dich mit deiner Lehrerin?

                                 Sehr gut – gut – nicht gut

6. Schreibe auf, was du mir schon immer mal sagen wolltest.

(nach *Christl Bucher*: Viele Wege führen zum Ziel. Möglichkeiten zur Prävention störenden und aggressiven Schülerverhaltens. In: Die Grundschule Heft 10/1994)

Was Eltern wissen sollten

Viele Kinder sind bei Schuleintritt nicht ausreichend sozial erzogen und können sich deshalb schlecht in eine Schulklasse integrieren. Fehlformen sozialer Erziehung:

- Zu große Verwöhnung (overprotection)
  Deshalb: gelegentliche Trennung des Kindes von den Eltern, Übertragen von altersgemäßen Arbeiten und Aufgaben, Vertrauen in die Fähigkeiten des Kindes (*„Ich kann nicht!"* - *„Ich bin sicher, das schaffst du."*)
  Grundsatz: Man soll nichts für Kinder tun, was diese selbst tun können. (*J. Nelsen* S. 368 ff.)
- Inkonsequente Pendelerziehung
  Heute wird etwas gedankenlos oder nach insistierendem Drängen des Kindes erlaubt, was morgen brüllend verboten oder bestraft wird. Planmäßiges Handeln dagegen erspart fruchtlose Auseinandersetzungen. Es bedeutet, „sich für eine Handlungsweise zu entscheiden und sich dann an die Entscheidung zu halten, ohne zu predigen und zu strafen und ohne ... (das Kind) unnötig bloßzustellen." (*J. Nelsen* S. 25)

Bernd Badegruber / Friedrich Pirkl. Geschichten zum Problemlösen. Für Kindergarten, Schule und Zuhause. Linz: Veritas 1994
Jane Nelsen u.a.: Der große Erziehungsberater. München: dtv 1995
Gerd E. Schäfer, Hrsg.: Soziale Erziehung in der Grundschule. Weinheim/München: Juventa 1994
Reinhard u. Anne-Marie Tausch: Erziehungspsychologie. 5. gänzl. neu gestaltete Auflage, Göttingen: Verlag für Psychologie Dr. C. J. Hogrefe 1970

Spielen

Das kint spilete und waz fro.
Graf Rudolf 1170

Technisches Spielzeug, Automaten- und Telespiele haben die alten Spiele vom Straßen- bis zum Fadenspiel verdrängt. Erstere mögen die Kinder zwar kurzzeitig faszinieren, fördern jedoch kaum „Erlebnistiefe, Spielausdauer, soziales Miteinander, Kreativität und Selbstorganisation". (*P. Kapustin*)

Formen

Es gibt viele Theorien, was als Spiel gelten darf und was nicht. Doch werden die Kinder nur solche Handlungen als Spiel empfinden,
- die ihnen Spaß machen,
- die das Tun und weniger das Ergebnis und den Zweck betonen,
- die „im Sinne eines So-tun-als-ob von realen Lebensvollzügen abgesetzt" sind und vom gewohnten Unterricht abweichen. (*Wolfgang Ein-*

siedler: Das Spiel der Kinder. Zur Pädagogik und Psychologie des Kinderspiels. Bad Heilbrunn: *Klinkhardt* 1991, S. 32)

Ordnungskriterien für Spiele
- Sozialform: Einzel-, Partner-, Kreis-, Gruppen-, Mannschaftsspiel
- Spielinhalt: → *Interaktions-, Rollen-*, Friedens-, Umweltspiel ...
- Spieltätigkeit: → *Bewegungs-, Lern-*, Schreib-, Rechenspiel ...
- verwendete Materialien: Spiel mit → *Handpuppen*, Karten-, Ballspiel

Beim freien Spielen, das nicht nur im → *Anfangsunterricht* wichtig ist, wählen die Kinder selbst ein Spiel aus (→ *Freiarbeit*).

Gründe für regelmäßiges Spielen in der Schule

Primär (kurzfristig):
- Die Schule darf sich nicht nur an künftigen Aufgaben des Kindes ausrichten, sondern muss auch seine gegenwärtigen → *Bedürfnisse* beachten.
- Eine ganzheitliche Erziehung und ein Lernen und Spielen mit „Herz, Kopf und Hand" verhindert die Verkopfung der Schule, dient der → *Entspannung* und fördert die Kreativität.
- Beim Spielen gewinnen Sie einen guten Einblick in den Entwicklungsstand des Kindes (→ *Schülerbeobachtung*).

Sekundär (mittelfristig):
- Spielen ermöglicht das Erlernen und kompetente Umgehen mit spieltechnischen, aber auch sozialen → *Regeln*. So lernen die Kinder zu teilen, zu führen, zu folgen, nachzugeben, sich in andere einzufühlen u.v.a.m.
- Spielen fördert wichtige Lernvoraussetzungen wie → *Aufmerksamkeit* und → *Konzentration*.
- Spielen ist eine handelnde Auseinandersetzung mit sich, mit Dingen und anderen Menschen und fördert damit Selbst-, Sach- und Sozialkompetenz. (→ *emotionales, soziales Lernen, Selbstbild*)

Tertiär (langfristig)
- Anregen zu einer sinnvollen Freizeitgestaltung
- Spielen kann dazu beitragen, → *aggressives Verhalten* zu verringern.

Spielen lernen Kinder durch Spielen

Kinder, die spielen können, lernen besser als die, die nicht bzw. kaum spielen. Viele Kinder können heute nicht mehr spielen und müssen früher selbstverständliche Verhaltensweisen in der Schule erst lernen wie

- Spielideen aufnehmen, weitergeben und den situativen Bedingungen entsprechend verändern;
- neue Spielvarianten finden, neue Spiele erfinden, Rollen übernehmen und ihre Gefühle ausdrücken ;
- Spiele spannend gestalten und mit einfachen Materialien kreativ sein;
- Spiele organisieren und leiten;
- Chancengleichheit durch Regelveränderungen sichern;
- Regelabsprachen einhalten und Regelverletzungen bestrafen;
- Spieleifer entwickeln und den Spielfluss fördern;
- Spieltaktik entwickeln. (vgl. *P. Kapustin*)

Damit das Spielen gelingt

- Spielauswahl
- Auch zweckfreies Spielen - ohne Bezug auf Lernziele - ist keine nutzlose Spielerei. Beachten Sie die → *Bedürfnisse*, Interessen und Wünsche der Kinder.
- Verzichten Sie auf sog. „ ‚Ätsch-Spiele‘, bei denen sich ein Kind auf Kosten der Gruppe blamieren kann." (*G. Klauke* S. 278)
- Einüben eines festen Spielrepertoires: Spiele für drinnen (Einrichten einer Spieleecke), für die → *Pause* und für draußen (Spielekartei)

- Spielecke
Wenn die Spielecke auch genutzt werden soll, wenn die anderen arbeiten, so ist auf geräuscharme Spiele zu achten. (Bei Würfelspielen ein kleines Gästehandtuch unterlegen, um das Klappern zu dämpfen.) Schuleigentum und von Kindern entliehene Spiele kennzeichnen, Ordnung bei den Spielen halten: Vorsichtiger Umgang, Nachzählen der Teile, Aufräumen.

- → *Lehrerverhalten*
- Zeigen Sie durch Mimik, Gestik und eine entsprechende Ankündigung, dass Sie selbst gerne spielen und spielen Sie gelegentlich auch mit, wenn bei einer Gruppe das Spielen nicht gelingen will oder wenn bei Paarspielen ein Kind alleine bleibt.
- Das Ansagen eines Spiels: Entwickeln Sie ein neues Spiel „spielend" und spielen Sie es mit einem Kind oder einer Gruppe an. Dabei müssen das Ziel und der einfache Spielverlauf klar werden. Vermeiden Sie bei der Ansage den Wettkampf anheizende Superlative wie „Wer kann am besten, schnellsten, schönsten ...?"
- Zwingen Sie niemanden zum Mitspielen.
- Helfen Sie bei freier Gruppenwahl denen, die nur schwer Mitspieler oder eine Gruppe finden.

* Problemkinder durch eine Führungsrolle stärken.
* Fördern der Selbstorganisation durch die Kinder, z. B. durch Vorgabe nur eines Regelrahmens, freie Wahl, Vorstellen, Herstellen eines Spiels
* Drängen Sie den Konkurrenzgedanken zurück (z. B. häufiger Wechsel der Gruppierungen, Wettkampfstimmung nicht anheizen, kein Punktesammeln über längere Zeit).

Wie auch beim Unterrichten besteht die Schwierigkeit darin, „die Balance zwischen notwendiger Einwirkung und erforderlicher freier Entfaltung der eigenen Kräfte der Spieler zu finden." (*G. Klauke* S. 278)

* Spielende

Genug Zeit zum Spielen geben, damit sich Lern- und Gruppenprozesse entfalten können. Andrerseits sind Spiele vor dem „Umkippen" zu beenden. Halten Sie Zusatzaufgaben bereit, wenn manche das Spiel beendet haben, aber andere noch weiterspielen. Das kann im 3./4. Schuljahr auch ein mehrfach verwendbarer Fragebogen zum Nachdenken über das Spiel sein, z. B.:

---

1. Was hast du gespielt? ...
2. Mit wem hast du zusammengespielt? ...
3. Hat dir das Spiel gefallen? Ja/Nein/Ich weiß nicht. Warum? ...
4. Hast du dich an die Regeln gehalten?
5. Haben die anderen sich an die Regeln gehalten? ...
6. Welche Probleme gab es? ...
7. Was hättest du bei diesem Spiel besser machen können? ...
8. Was ist dein Lieblingsspiel? ... Warum? ...

Peter Kapustin: Kinderspiele von gestern. In: Die Grundschule Heft 3/1989

Gunter Klauke: Spielen in der Schule. In: Eckhard Kohls, Hrsg.: Grundbegriffe zur Erziehung, zum Lernen und Lehren in der Grundschule. Heinsberg: Agentur Dieck 1994

Silvia Regelein: Spielen in Unterricht und Freizeit. 3. Aufl. München: Oldenbourg 1991

In vielen Unterrichtsvorbereitungen ist immer wieder zu lesen: Die Kinder sollen spontan auf einen Impuls reagieren, spontan ihre Erlebnisse mitteilen, sich spontan zum Gedicht äußern, spontan ein Rollenspiel durchführen ...

Kritik an der Spontaneitätsideologie

- Spontaneität ist kein Wert an sich. „Sondern der Wert einer spontanen Handlung hängt immer davon ab, was man spontan tut." (*J. Grell* S. 81) Denken Sie nur an spontanes Lehrerbrüllen oder spontane Prügeleien.
- Spontan handeln heißt freiwillig, aus eigenem Antrieb handeln, ohne ersichtlichen Grund und ohne auslösenden Reiz. Das Reagieren „auf den ‚Aufforderungscharakter' von bestimmten Reizen im Sinne des Lehrplans" ist deshalb keine Spontaneität (ebd. S. 82).
- „Spontan sein heißt nichts weiter als: Handlungsprogramme ablaufen lassen, die wir schon so lange beherrschen, dass wir ganz vergessen haben, dass wir sie früher auch einmal gelernt haben." Beim Lernen dagegen müssen wir „ein uns bekanntes Verhaltensprogramm verändern oder ein anderes, neues erwerben." Deshalb: „Solange wir nur spontan sind, können wir nichts lernen." (*Grell* S. 83)
- Ein Unterricht, der wie der → *Erarbeitungsunterricht* auf „spontane" Kinderäußerungen baut, ist sehr zufallsabhängig und damit störanfällig. Spontaneität ist nicht machbar, und schon gar nicht bei mehreren Kindern gleichzeitig. Offensichtlich wird Spontaneität mit Kreativität verwechselt.

Reaktion auf „ungewollte" Spontaneität der Kinder

Reagieren dagegen manche Kinder wirklich spontan (*„Die Geschichte kenn ich schon!"* - *„Ich weiß, heute lernen wir das A/a!"* - *„Darf ich im Arbeitsheft schon die nächste Nummer machen?"*), stößt dies oft auf wenig Verständnis der Lehrerin. Auch eine vorzeitige, spontane Erkenntnis wird häufig barsch zurückgewiesen (*„Das kommt erst später."*). Tipps zum Umgang mit „ungewollter", uns überraschende und hilflos machende Spontaneität:

- Ein Kind kennt den Lerninhalt (Geschichte, Text, Film, Lied ...) schon: Fügen Sie nach der Ankündigung gleich von sich aus dazu: *„ Und wer ... schon kennt, den bitte ich nichts zu verraten. Das ist jetzt unser Geheimnis."* Oder Sie nützen das spontane Mitteilungsbedürfnis des Kindes

und lassen es den Inhalt erzählen. Daraus wird für die Klasse und auch für das Kind selbst der Auftrag abgeleitet: *„Überprüft selbst, ob Sonja uns das richtig erzählt hat."*
Lob für das spontane Kind, z. B.: *„Ich finde es gut, dass du von selbst im Lesebuch liest."*

- Ein Kind will vorarbeiten oder hat eine Fleißarbeit zu Hause gemacht: Auch hier ist ein dickes Lob angebracht. Denn das Lernen aus eigenem Antrieb ist doch genau das, was wir kunstvoll und mühevoll erreichen wollen! Ich halte auch das Verhindern des Vorarbeitens für nicht sinnvoll, indem z. B. Arbeitshefte zerlegt werden und Blatt für Blatt ausgeteilt wird.
- Vorwegnahme von angestrebten Gesprächsergebnissen: Bauen Sie in Ihren Unterrichtsplan immer Puffermaßnahmen ein. Ansonsten freuen Sie sich, dass ein Kind Ihnen und der Klasse einen Umweg erspart hat, und stellen Sie die Äußerung deutlich heraus, dass auch alle sie mitkriegen (Wiederholen durch dasselbe Kind und andere Kinder, Tafelanschrift, kritisches Überprüfen: *„Kann das auch stimmen?"*). Und wiederum ein großes Lob.

Jochen und Monika Grell: Unterrichtsrezepte. München: Urban und Schwarzenberg 1979

Sport

Schulsport ist mehr als Spaß und → *Bewegung*
- Er fördert die → *Gesundheit*, ist ein Ausgleich für langes → *Sitzen* und beugt durch geeignete Übungen Haltungs-, Organleistungs- und Koordinationsschwächen vor.
- Durch die Vielfalt der Bewegungsanforderungen werden Bewegungssicherheit und koordinative Fähigkeiten trainiert, die auch für schulisches Lernen (→ *Teilleistungsstörungen*) und das Verhalten im Straßenverkehr (→ *Schulweg*) wichtig sind wie z. B. → *Wahrnehmung,* Orientierung, schnelle Reaktion, Halten des Gleichgewichts, → *Konzentration.*
- Neben dem Training motorischer Grundfertigkeiten wie Laufen, Klettern, Werfen, Fangen, Rollen werden auch die Abläufe von Alltagsbewegungen bewusst gemacht im Blick auf Ergonomie und Sicherheit, z. B. Fallen, Aufstehen, Heben, Tragen, Sitzen, Gehen auf Treppen.
- → *Soziales Lernen* wird gefördert.

Grundsätze für den Unterricht (nach *U. Faust*, 2. Schuljahr S. 68)

- Den Kindern ausreichend Zeit geben zum Sammeln von Bewegungserfahrungen und zum Üben von Bewegungsformen.
- Die Anforderungen abwechslungsreich „verpacken"
- Die unterschiedlichen physischen Voraussetzungen der Kinder beachten. Alle Kinder sollen Erfolgserlebnisse und Freude an der Bewegung haben können.
- Leiten Sie die Kinder zu sicherheitsbewusstem Handeln an.
- Motivieren Sie die Kinder, auch außerhalb der Schule Sport zu treiben.

Hinweise zu Übungen (nach *U. Faust*)

Gymnastik - aber richtig!
Zu beachten ist: Manche gewohnten Übungen entsprechen nicht mehr den neuesten sportmedizinischen Erkenntnissen (z. B. Liegestütz, Brücke, Kopfkreisen u.a.)
Vgl. dazu: *Peter Michler*: Gymnastik - aber richtig! Funktionsgerechte Übungen für Wirbelsäule und Gelenke nach neuesten sportmedizinischen Erkenntnissen. 3. neu überarb. Auflage 1991, Bestelladresse: *Peter Michler*, Im Winkel 1, A-6971 Hard, Tel. 05574/38391

Richtiger Gerätetransport und Aufbau (→ *Sicherheit*)
- Transport der Matten durch acht Kinder, je vier an einer Seite
- Transport der Langbank durch sechs Kinder, je drei an einer Seite
- Transport und Aufbau des Kastens: Drei bis vier Kinder schieben (nicht ziehen!) den Kasten an der Stirnseite, vier Kinder und die Lehrerin heben das Kastenoberteil ab, je zwei Kinder heben ein weiteres Kastenoberteil ab. Beim Zusammenbauen auf die Markierungsstriche achten!
- Sicherung der Barrenholme und Reckstangen immer durch die Lehrerin.

Der Auf- und Abbau vieler Geräte ist oft in einer Schulstunde sehr aufwendig. Deshalb: Sprechen Sie sich mit dem Kollegium ab, sodass aufgebaute Geräte mehrfach genutzt werden.
Die Kinder dürfen erst nach dem Startzeichen der Lehrerin an die Geräte.

Häufige Bewegungsformen
- Laufen: Laufstrecken begrenzen und auf Sicherheitsabstände zur Wand achten. Erholungsphasen einbauen. Bei Gruppenläufen bestimmt der Langsamste das Tempo.
- Werfer und Fänger müssen zueinander Blickkontakt haben. Ggf. muss der Werfer den Fänger durch Zuruf aufmerksam machen.

350

- Richtige Fangtechnik: Die Kinder bilden mit den Händen ein Körbchen, gehen dem Ball mit den Händen entgegen und holen ihn dann an den Körper heran.
- Richtige Wurftechnik: Einüben mit einem vierfach geknoteten Seil, das am langen Ende gefasst wird. Möglichst hohe Wurfziele auswählen.
- Beim Seilspringen auf einen ausreichenden Abstand zwischen den Kindern achten.
- Übungen zur Fußkräftigung barfuß durchführen.
- Rolle: Nicht zu viele Rollen! Keine Schubhilfe durch die Lehrerin!
- Klettern: Nie um die Wette klettern lassen. Jeder klettert nur so hoch wie er kann und klettert wieder hinunter. Nicht herunterspringen.
- Springen: Den Absprung immer beidseitig üben; Landung mit beiden Beinen. Sportplatz: Nur in eine freie Grube springen! Halle: Als Grube dient ein Mattenberg oder eine Weichbodenmatte.

Organisatorische Hinweise

- Damit die Sportbeutel nicht vergessen werden, werden sie in der Garderobe aufbewahrt und nur zwischendurch zum Waschen mit nach Hause gegeben.
- Führen Sie die Klasse gemeinsam zur Turnhalle und wieder zurück.
- Gerade im 1. Schuljahr toben sich manche Kinder beim Umkleiden aus. Ich kleide mich deshalb an Sporttagen so, dass ich bei den Kindern bleiben kann und sie im Blick habe. Das Singen bekannter Lieder beim Umkleiden lenkt den Lärm in Bahnen (→ *Ruhe*).
- Überprüfen Sie die sportgerechte Kleidung der Kinder (kein Schmuck!).
- Wenn nur noch einige wenige, verlässliche Kinder mit dem Umkleiden noch nicht fertig sind, gehe ich schon mit dem Großteil der Klasse in die Halle. Ggf. wird dabei das richtige Hinabsteigen der Treppe geübt: Einer geht hinter dem anderen, die rechte Hand am Geländer.
- In der Halle setzt sich die Klasse im Kreis.
- Einfache Beobachtungsaufgaben für Kinder, die aus gesundheitlichen Gründen nicht mitturnen (Eintrag der Eltern im → *Mitteilungsheft;* Schreibzeug mitnehmen):
  Male (1. Schuljahr) / Schreibe auf, was die Kinder tun.
  Ab 2. Schuljahr: Wer ist besonders rücksichtsvoll? Wer strengt sich an? (Auswertung beim Umkleiden) Weiterhin: Punkte zählen, Zeit messen etc.

Aufbau einer Sportstunde (nach *U. Faust*, 2. Schuljahr S. 67)

- Erwärmung (ca. 5 Minuten): lockern - dehnen - kräftigen
- Hauptteil (ca. 20 Minuten): Nur <u>einen</u> Schwerpunkt setzen und ihn den Kindern mitteilen.
- Abschluss (ca. 6 Minuten): z. B. Spiel
- Ausblick (ca. 1 Minute): Was haben wir gelernt? Wie geht es in der nächsten Stunde weiter?

Was Eltern wissen sollten

- Information der Schule über dauerhafte oder vorübergehende gesundheitliche und körperliche Beeinträchtigungen wie Asthma, Herzfehler, Zuckerkrankheit, Infekte, Chlorallergie, Trommelfellverletzungen etc. Ausreichenden Impfschutz beachten, z. B. gegen Wundstarrkrampf.

- Die richtige Sportkleidung im Sportbeutel
Kurzärmeliges Sporthemd, kurze Sporthose oder Gymnastikanzug für Mädchen (keine zu weiten Ärmel und Hosenbeine, hautfreundliches und temperaturausgleichendes Material, ohne komplizierte Verschlüsse), weiche, Schweiß aufsaugende Socken; Hallen-Sportschuhe mit Klettverschluss: Stolpergefahr bei zu großen Schuhen, zu kleine Schuhe drücken! „Ballettschuhe" sind nicht rutschfest, bieten keinen Halt für die Füße. Die Schuhe dürfen nur in der Turnhalle getragen werden, nicht auf der Straße. Die Kinder können nicht barfüßig oder in Strümpfen mitturnen, da dies unhygienisch ist und zu Erkältungen und Verletzungen führen kann. Waschzeug, evtl. Trainingsanzug bei Sport im Freien, Badehose bzw. Badeanzug und Badekappe.
Die Sportkleidung muss regelmäßig gewaschen werden.

- Zur → *Sicherheit* und → *Gesundheit* des Kindes
An Sporttagen wegen Verletzungsgefahr ohne Schmuck (Ohrstecker, Uhren, Kettchen, Zöpfchen etc.) in die Schule! Lange Haare zusammenbinden. Sportbrille für Brillenträger. Im Winter dem Kind eine Mütze mitgeben, damit es sich nach dem Schwimmen mit evtl. noch etwas feuchten Haaren nicht erkältet.

Faltblatt „Unser Kind beim Schulsport. Hinweise für Eltern", hrsg. vom Bayerischen Staatsministerium für Unterricht, Kultus, Wissenschaft und Kunst und den Trägern der gesetzlichen Schülerunfallversicherung in Bayern, München 1993

Ursula Faust/Norbert Hauf/Karin Lossow: Sport unterrichten - für das 1. Schuljahr, für das 2. Schuljahr, für das 3. Schuljahr, für das 4. Schuljahr, Donauwörth: Auer o. J.

Udo Haupt u. a.: Praxis des Sportunterrichts an der Grundschule. 6. Auflage. München: Oldenbourg 1994

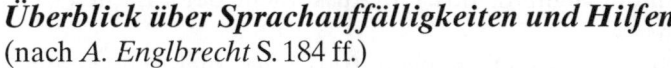

Sprachauffälligkeiten

Überblick über Sprachauffälligkeiten und Hilfen
(nach *A. Englbrecht* S. 184 ff.)

Sprachhemmungen
Ermutigen Sie schüchterne Kinder durch einen freundlichen Blick oder eine Aufforderung zu einer Äußerung (*„Möchtest du dazu etwas sagen?"*), aber akzeptieren Sie, wenn ein Kind nichts sagen will. (→ *Aufrufen, Gesprächsregeln*) Bei → *Partner-* und *Gruppenarbeit* tauen manche Kinder auf.

Verzögerte Sprachentwicklung
Verglichen mit der Sprache Gleichaltriger ist die Sprechweise deutlich zurückgeblieben: geringerer Wortschatz, kürzere und einfachere Satzbildung, oft auch gestörte Aussprache und fehlerhafte Grammatik.

Dysgrammatismus (Unvermögen zur grammatisch korrekten Satzbildung)
- Hochgradig: Das Kind kann weder Sätze selbstständig bilden noch nachsprechen; es spricht nur Einwortsätze oder im Telegrammstil.
- Mittelgradig: Es kann zwar Sätze nachsprechen, aber nicht selbst bilden; Wörter werden nicht gebeugt, Verben nur im Infinitiv verwendet.
- Leichtgradig: Es werden kürzere und einfachere Sätze gebildet als altersüblich; Fehler beim Artikel, beim Deklinieren und Konjugieren.

Einige Hilfen, z. B.:
- Einwandfreies Sprachvorbild (→ *Lehrersprache,* Vorlesen, Kassetten)
- Bilden von Satzreihen: Die Katze liegt auf dem Sofa, auf dem Teppich ...
- Rhythmische Hilfen beim Sprechen (Musik, Trommeln, Klatschen, Wiegen, Tanzen) und Lieder

Gestörte Aussprache
1) Stammeln: Dyslalie; Unfähigkeit, Laute oder Lautverbindungen richtig auszusprechen
- Vokal- oder Konsonantenstammeln: Bestimmte Laute können nicht gebildet werden und werden ausgelassen oder durch einen anderen ersetzt.
- Silbenstammeln: Isoliert gelingen zwar die Laute (z. B. g), nicht aber in Verbindungen (z.B. ‚da' statt ‚ga').
- Wortstammeln: Laut und Silbe gelingen, nicht aber das Wort (z. B. ‚Dabel' statt ‚Gabel').

- Satzstammeln: Richtiges Aussprechen einzelner Wörter, aber Fehler im Satz.
- Lispeln, S-Stammeln, Sigmatismus: Die Aussprache der s-Laute (s, z, x, sch) gelingt nicht.
- R-Stammeln, Rhotazismus: Die einwandfreie Aussprache von r gelingt nicht.

Hilfen: Gezielte Sprechübungen

2) Näseln: Sprechen durch die Nase, Rhinolalie, Beeinträchtigung von Stimmklang und Artikulation

Gestörte Redefähigkeit

1) Stottern: Störung des Redeflusses
- Klonisches Stottern: Wiederholen von Einzellauten oder Silben (z. B. 'gu-guten T-t-tag')
- Tonisches Stottern: Das Kind hat Schwierigkeiten „Wörter aus sich herauszubekommen" oder bringt nur unter starkem Pressen ein Wort heraus.

Hilfen:
- Nur um kurze Antworten bitten.
- Vorzugsweise schriftliches Arbeiten an der Tafel.
- Flüssig ausgesprochene Antworten regelmäßig verstärken; gestotterte Beiträge gelassen und ruhig aufnehmen.
- Lieder wirken entkrampfend.

2) Poltern
  Laute, Silben und Wörter werden verschluckt, verstellt und verstümmelt (sich überstürzendes Reden).

Hilfen:
- Im Unterschied zum Stottern kann Wiederholen und bewusstes konzentriertes Sprechen verbessernd wirken.
- Langsames Vorsprechen mit ausgeprägter Artikulation.
- Das Kind nicht zur Eile drängen.
- Rhythmische Gymnastik und Übungen zur Entspannung.

Stimmschwierigkeiten
Zu hohe oder zu tiefe Tonhöhe; monotone, zu schwache, zu laute, in ihrem Klang unangenehme oder heisere Stimme.

Sprechfehler aufgrund einer Hörbehinderung
Besonders sind Kinder zu beachten, die häufig über Ohrenschmerzen klagen, zu laut oder zu schwach sprechen, häufig um Wiederholung des Gesagten bitten, den Sprechenden mit gespannter Aufmerksamkeit

beachten, beim Diktat ungewöhnlich viele Fehler machen, schriftliche Anweisungen erfolgreicher als mündliche bearbeiten.

Folgen einer Sprachauffälligkeit:
- Lese- oder Rechtschreibschwäche
- Einschränkung der individuellen Entfaltung
- Eingeschränkte Kommunikationsmöglichkeiten und soziale Kontakte
- Eingeschränkte kognitive Entwicklung, da sowohl Handeln als auch Denken an Sprache gebunden sind.

Allgemeine Maßnahmen

Sprachliche Toleranz
- klare und deutliche, einfache → *Lehrersprache*
- angstfreie Atmosphäre
- Fördern der Mitteilsamkeit (*„Stottern ist besser als schweigen."*) und Wecken der Redefreude z. B. im Spiel
- Das Kind nicht unterbrechen, sondern seine Äußerung geduldig abwarten, auch wenn sie fehlerhaft ist. Das sprechende Kind dabei nicht anstarren, sondern unbefangen wegsehen.
- Behutsame Sprachverbesserungen in der Reihenfolge der kommunikativen Bedeutung, d. h. zuerst nur die Mängel ansprechen, die das Verständnis der Äußerung am stärksten beeinträchtigen.
- Gelungene Äußerungen sofort → *verstärken* und → *loben*.
- Gleichwertigkeit der Mundart
- Fördern einer landschaftlich gefärbten Hochsprache

Fördern der Selbstsicherheit bei Kindern mit Sprachstörungen (→ *Selbstbild*): Kein Verspotten, Auslachen oder Nachäffen durch andere Kinder!

Systematische Sprachförderung als Unterrichtsprinzip u. a. durch → *Erzählen,* Vorlesen, Sprechspiele, Arbeit mit dem Kassettenrekorder

Was Eltern wissen sollten

Ermuntern Sie die Eltern Ihnen eigene Beobachtungen mitzuteilen. Geben Sie ihnen Hinweise, wie sie mit ihrem Kind umgehen sollen. Was für den Unterricht gilt, gilt auch für das Sprechen in der Familie (s. o.).
- Nicht mit übermäßiger Sorge reagieren, damit das Kind nicht den Eindruck bekommt, dass seine Sprachauffälligkeit etwas Schlimmes ist.
- Ermahnungen wie *„Reiß dich doch zusammen."* oder *„Wiederhole das noch einmal."* sind sinnlos und machen dem Kind nur Angst vor neuem Versagen.

- Wenn ein Kind ein Wort nicht aussprechen kann, das Wort nicht selbst nennen.

Kontaktaufnahme zu Sprachbehindertenpädagogen und Fachärzten zur Klärung, ob eine ambulante, logopädische Therapie ausreicht oder ob das Kind einer intensiven Förderung in der Sprachheilschule bedarf.

Arthur Englbrecht/Hans Weigert: Lernbehinderungen verhindern. Frankfurt/Main: Diesterweg 1991

Ingeborg Milz: Sprechen, Lesen, Schreiben. Teilleistungsschwächen im Bereich der gesprochenen und geschriebenen Sprache. 3. Aufl. Heidelberg: Edition Schindele 1994

Stille

Es ist erforderlich, die Kinder Stille zu lehren.

Maria Montessori

Lärm hilft Unsicherheit und Angst zu überwinden; Lärm macht Mut; Lärm überbrückt das „Vakuum des Nichtkönnens, des Nichtgeliebtwerdens, des Nichtserwartens." (*Rolf-Herbert Erdmann:* Stille, Entspannung, Meditation: Wider den Sog des Lärms. In: Unterrichten / erziehen Heft 6/1988, Regensburg: Wolf Verlag)

Stille ist mehr als äußere, verordnete → *Ruhe,* als → *Entspannung* oder konzentriertes → *Wahrnehmen.* „Stille verstehen wir als (nicht religiös motivierte) innere Haltung, als eine grundlegende und erlernbare Disposition, in der der (junge) Mensch sich auf sich selbst zurückziehen, sammeln, zu Wahrheit kommen und Wurzeln schlagen kann." (*M. Reichgeld,* S. 11)

Zugleich ist Stille auch ein Sich-Öffnen für Personen(→ *soziales Lernen*) und Dinge, das das Hintergründige erfahren lässt. Sie „muss nicht in Schweigen enden, sondern wird sich oft fortsetzen im Mitteilen des Erlebten. Stille kann so gemeinschaftsfördernd sein." (Hans *Joachim Jenchen:* Vom Morgenkreis zum Tagesausklang. Sich in der Stille öffnen. In: Grundschulmagazin Heft 12/1992)

„Stille .. entsteht
- durch die innere Ruhe der Lehrerin/des Lehrers,
- durch erfahrungsorientierte Lernsituationen,
- durch mehr schweigendes Denken und Handeln
- und durch offene Unterrichtsformen." (*M. Reichgeld* S. 13)

Die Bereitschaft der Kinder zur Stille stellt sich ein, wenn ihre motorischen und emotionalen → *Bedürfnisse* beachtet werden.

Situationen der Stille

Sie können außerhalb oder innerhalb des Unterrichts zufällig entstehen oder geplant werden. Sie sprechen das Kind ganzheitlich an und fordern es erst zum Innehalten auf und dann zum bewussten Lauschen, Spüren, Sehen und Betrachten, Bewegen und Tanzen oder Riechen. Beispiele: Bilder und Kunstwerke → *betrachten*, Hören von → *Musik*, → *Fantasiereisen*, stilles Lesen und Vorlesen durch die Lehrerin, stilles Malen, stilles Schreiben (auch bei langsamer Barockmusik), → *Rituale* als feste stille Bräuche, u.v.a.m.

Probieren Sie zunächst aus, ob es die Kinder schaffen, eine Minute still zu sein, und wiederholen Sie dies täglich. Oft fordern Kinder von selbst, die wohltuende Ruhe auszudehnen.

Auch bei der Unterrichtsgestaltung sollten Phasen der Stille (Stillarbeit, → *Einzelarbeit*) bewusst eingeplant werden. Viel zu oft dominieren kleinschrittige, gängelnde Methoden (→ *Erarbeitungsunterricht*).

Stilleübungen als Wege nach innen

„Stilleübungen haben zum Ziel durch entsprechende Angebote (Inhalte und Formen) zu mehr innerer Ruhe, Gleichmaß und Nachdenklichkeit anzuleiten, d. h. die mehr oder minder großen Defizite auszugleichen, die der personalen Entwicklung des Kindes (‚bei sich selbst ankommen') im Wege stehen." (*M. Reichgeld*, S. 115)

„Einfache, natürliche ‚Inhalte' ... führen näher ans Ziel als häufig wechselnde Angebote oder unterrichtsähnliche Verfahren, mit denen die Übungen methodisch überfrachtet werden." (*Reichgeld* S. 83) Anfangs sind auch kurze Phasen der Stille wirkungsvoller (eine Minute Stille), da längere Phasen oft nur mit Mühe durchgehalten werden können. Man kann die Stilleübungen durch ein wiederkehrendes Lied einstimmen und evtl. ein Plakat „Zeit für Ruhe, Zeit für Stille ..." an die Tafel hängen. Die Gespräche danach sind kurz, um nichts unnötig zu zerreden.

Sinnesübungen: Stille als Voraussetzung für wache Sinne

Durch den Einbezug eines Sinnes wird aus einer passiven Stille eine aktive. Es kommt hierbei nicht wie bei manchen Spielen zur → *Wahrnehmung* auf das Unterscheiden oder Erraten von Gegenständen an, sondern darauf, sich schweigend auf eine Sinneswahrnehmung zu konzentrieren, einen Eindruck auf sich wirken zu lassen. Dieser kann durch eine anschließende → *Fantasiereise*, durch ein von der Lehrerin vorgetragenes Gedicht oder einen Prosatext, durch Musik oder durch stilles Schreiben oder Malen vertieft werden.

Günstig ist eine Sitzhaltung mit aufgerichteter Wirbelsäule, bei der einerseits der Atem gut fließen kann und andererseits eine ausgewogene Körperspannung gegeben ist.

- Hören

  Auf den eigenen Atem lauschen (aber nicht die Atemzüge zählen.); eine Tiefseemuschel ans Ohr halten und im Kreis herumgeben; ein Kästchen mit chinesischen Klangkugeln behutsam herumgeben; einem verklingenden Ton, den Regentropfen, dem Wind nachlauschen ...

- Sehen

  Stilles Betrachten eines Bildes oder eines Naturgegenstandes, einer Kerzenflamme ...

- Tasten und Fühlen

  Steine, Muscheln, Rindenstücke, Federn, Früchte, Getreidekörner, Blätter, kleine Zweiglein u.v.a. mit geschlossenen Augen befühlen und schweigend im Kreis herumgeben.

  Evtl. Gespräch im Anschluss: Was könnte der Stein ... erzählen, wenn er sprechen könnte?

  Einstieg in Objektbetrachtungen: Die Kinder sitzen mit geschlossenen Augen im Kreis und formen mit ihren Händen auf dem Schoß eine Schale. Jedem Kind, das zur Stille gefunden hat, legt die Lehrerin einen auf den Unterricht bezogenen Gegenstand in die Hand zu einem ersten stummen Gespräch mit ihm.

- Riechen

  Jedes Kind erhält eine duftende Frühlingsblume, ein prägnant riechendes Gewürzkraut und nimmt mit geschlossenen Augen den Duft auf.

Christina Buchner: Stillsein ist lernbar. Konzentration - Meditation - Disziplin in der Schule. Freiburg i. Br.: VAK Verlag für Angewandte Kinesiologie 1994

Gabriele Faust-Siehl/Eva-Maria Bauer/Uta Wallaschek: Mit Kindern Stille entdecken. Frankfurt: Diesterweg 1990

Manfred Reichgeld: Wege zur Stille. Kinder finden zu sich selbst. München: Oldenbourg 1995

Gründe für den Verzicht auf Strafen

Durch strafendes Verhalten wie z. B. Beschimpfen, Blamieren (psychische Strafen) soll das Kind negative emotionale Erfahrungen machen und dadurch gezwungen werden, sein Verhalten zu ändern. Aber:

- „Strafende Erzieher sind ... Modelle für Aggression, für Gebrauch von Gewalt, für Geringschätzung der Würde des Menschen, für unsoziales Verhalten, für geringe Selbstkontrolle ..." (nach *R. u. A. Tausch* S. 109)
- Strafen führen meist zu einer Verschlechterung des Klimas zwischen Erzieher und Kind. (vgl. *Tausch* S. 110)
- Strafen vermindern die Selbstachtung des Kindes (→ *Selbstbild*).
- „Strafen führen meist nicht zu einer Auslöschung unangemessener Verhaltensweisen, sondern sie binden nur ihre Realisierung. Folgen den Verhaltensweisen eines Tages keine Strafen, so wirkt dies als Reinforcement (Bekräftigung) und sie werden wieder realisiert." (*Tausch* S. 110)
- Wenn ein leistungsschwaches Kind mit geringer Intelligenz sein Verhalten nicht ändern kann, kann Bestrafung zu verstärkter Angst und zu verminderter Kontrolle führen.

Keine Strafen - was dann?

Eine Strafe löst das Problem nicht (→ *aggressives Verhalten, Disziplin*). Aber: Ein Ignorieren unangemessenen Verhaltens ist nicht immer möglich. Wenn Kinder „sich jeder Einsicht verschließen, wenn sie auf Gespräch und Zuwendung nicht reagieren, dann sollten wir uns nicht scheuen, auch Strafen als letztes Mittel anzuwenden" ... im Sinne von „Grenzziehungen mit den dazugehörigen, wohl durchdachten Konsequenzen, um den Schulfrieden zu gewähren." (*J. Korte* S. 99)
Vor der Strafverhängung ist zu bedenken,

- „wie aufgerissene Gräben wieder zugeschüttet werden können, um neuen, positiven Kontakt herzustellen." (*J. Korte* S. 99)
- „dass Sanktionen in angemessenem Verhältnis zum Fehlverhalten stehen müssen." (ebd.)
- dass sich die Strafe nicht gegen die Person des Schülers, sondern gegen ein bestimmtes Verhalten wendet.
- dass die Bestrafung unmittelbar auf das negative Verhalten folgen und sofort aufhören soll, wenn sich das Verhalten ändert.
- dass die Strafe zu begründen ist, um Einsicht zu fördern.

- welche Formen der Wiedergutmachung möglich sind (s. u.).
- wie die Strafe mit Maßnahmen zum Aufbau erwünschten Verhaltens verbunden werden kann, z. B. Vormachen und Helfen beim Einüben positiven Verhaltens: Die Zukunft ist wichtiger als die Vergangenheit.

Abzulehnen sind
- hartes, unkontrolliertes Bestrafen im Affekt (*„Ich zeig's dir!“*);
- körperliche Züchtigung;
- Kollektivstrafen für eine Gruppe oder Klasse, wenn z. B. ein Schuldiger nicht festgestellt werden kann;
- unangemessene Strafen ohne Zusammenhang mit der Tat;
- inkonsequentes Strafen, d. h. angekündigte Strafen werden nicht durchgeführt, da sie nicht realisierbar sind.

Natürliche und logische Folgen

Werden bekannte → *Regeln* nicht eingehalten, so soll das Kind Unangenehmes oder den Entzug von etwas Angenehmem als Folge seines Handelns erfahren, soweit dies ohne Gefahr möglich ist.
Eine natürliche Folge tritt von selbst ein, z. B.: Ein Kind, das mit allen zerstritten ist, ist isoliert.
Eine logische Folge dagegen wird arrangiert, z. B.: Schwätzen zwei Kinder dauernd, müssen sie sich auseinander setzen. Das ist weit sinnvoller als z. B. 20-mal den Satz „Ich muss bei Einzelarbeit ruhig sein.“ schreiben zu lassen. Kennzeichen logischer Folgen:
- Die Folge muss in ihrer Folgerichtigkeit und Offensichtlichkeit erkennbar sein.
- Die Folge darf niemanden bloßstellen oder kränken.
- Sie muss in einem angemessenen Verhältnis zum Verhalten stehen. (vgl. *J. Nelsen* S. 21)
Weitere logische Folgen:
- Wegnehmen von störenden Gegenständen.
- Wer etwas beschmutzt hat, muss es wieder säubern.
- Raufer gehen in der → *Pause* nicht in den Schulhof, sondern bleiben unter Aufsicht im Haus.
- Wer auffallend trödelt, muss seine Arbeit zu Hause beenden.
- Wer im → *Sport* nicht die Anweisungen zur → *Sicherheit* beachtet, kann nicht mitmachen.
Teilen Sie den Kindern die logischen Folgen von Verhaltensweisen mit oder überlegen Sie gemeinsam, was passieren könnte, wenn ... Damit bereiten Sie das Kind darauf vor, sein Leben in der Zukunft zu meistern.

Auszeit als logische Folge

Bei einem Konflikt verhärten sich oft die Fronten: Weder Kind noch Lehrerin können sich von den momentan negativen Gefühlen lösen. Eine räumliche Trennung (deshalb auch „Room-out") lässt beide abkühlen und gibt Zeit zum Überlegen. Möglichkeiten:

- Setzen Sie das Kind weit weg von sich, allein in eine ruhige Ecke (→ *emotionales Lernen*), wo es sich wieder sammeln kann.
- Schieben Sie seinen Tisch in den Gang, geben Sie dem Kind eine Arbeit (z. B. aufschreiben, warum es sich so verhalten hat) und unterrichten Sie bei geöffneter Tür weiter.
- Bringen Sie das Kind in eine andere Klasse oder schicken Sie es zusammen mit zwei anderen Kindern dorthin. Im Kollegium absprechen!

Es wäre jedoch eine Vernachlässigung der → *Aufsichtspflicht*, wenn Sie das Kind im Gang oder in einem Zimmer alleine lassen.

Erklären Sie der Klasse den Sinn und Modus der Auszeit bereits vor ihrer Anwendung. Wenn das Kind bereit ist sein Verhalten zu ändern, kann es von selbst zurückkommen.

Wiedergutmachung als logische Folge

bedeutet

- Anerkennen des Fehlverhaltens,
- Wiedergutmachen durch eine Entschuldigung,
- Lösen des Problems durch gemeinsames Suchen nach einem Ausweg. (vgl. *J. Nelsen* S. 41)

Ein Schadensersatz für entwendete, beschädigte oder zerstörte Sachen ist durch Neubeschaffung, Reparatur, Reinigung oder finanziellen Ausgleich leicht zu organisieren, oder auch durch gemeinnützige Arbeiten. Dagegen sind körperliche und psychische Schäden schwerer gutzumachen. Eine öffentliche Entschuldigung ist nötig, aber noch zu wenig. Schmerzensgeld kann auch im übertragenen Sinne geleistet werden bei einem Täter-Opfer-Ausgleich, bei dem der Täter mit den Folgen seiner Tat konfrontiert wird:

- Anhörung des Opfers durch den Täter,
- Anhörung eines Stellvertreters des Opfers durch den Täter,
- Lesen eines schriftlichen Opferberichts durch den Täter,
- Krankenbesuch.

Dabei werden nicht Rache und Vergeltung angestrebt, sondern der Täter soll betroffen werden und als Folge prosoziales Handeln anstreben. (nach *Christoph Gallschütz*: Zum Umgang mit Tätern und ihren Taten. In: *H. Knopf*, S. 144 ff.)

Strafarbeiten

Strafarbeiten sind offiziell verboten und werden deshalb oft als Übungs- oder Extraarbeiten deklariert. Nacharbeit von versäumtem Lernstoff in der Schule oder zu Hause ist nicht verboten.

Das mehrfache Schreiben von Sätzen wie „Ich darf nicht ..." bewirkt keine Verhaltensänderung und zeigt keine positiven Verhaltensmodelle. Dagegen kann ein Bericht das Kind zum Nachdenken anregen und den Grundsatz „Erst denken, dann handeln." fördern. Dazu beschreibt das Kind in einem Vordruck:

- Was ist passiert? (Ort, Zeit, beteiligte Personen, Geschehen) ...
- Warum ich das getan habe: ...
- So denke ich jetzt darüber: ...
- So will ich meinen Fehler wiedergutmachen: ...
- Was ich in der Zukunft anders machen will: ...

Erziehungs- und Ordnungsmaßnahmen nach dem Schulrecht

Vergleichen Sie dazu die Schulordnung und Schulgesetze Ihres Bundeslandes. Allgemein gilt: „Die Erziehungsmaßnahmen liegen in der pädagogischen Verantwortung der Schule." (Schulordnung Bayern S. 31) Vor jeder Maßnahme ist das Kind anzuhören.

- Schriftlicher Hinweis an die Erziehungsberechtigten
Die Schule ist verpflichtet die → *Eltern* über wesentliche Vorgänge schriftlich zu unterrichten und ihnen ein Gespräch anzubieten.
- Nacharbeit unter Aufsicht eines Lehrers
Termin und Dauer den Eltern mindestens am Tag zuvor schriftlich mitteilen gegen Unterschrift.
- Schriftlicher Verweis durch den Lehrer (per Post)
Geben Sie die Pflichtwidrigkeit konkret an. Der Verweis ist kein Verwaltungsakt, deshalb können Eltern keinen Widerspruch einlegen. Im Gespräch mit dem Kind erkläre ich den Sinn des „Strafzettels".
- Verschärfter Verweis durch die Schulleitung
bei wiederholtem Fehlverhalten
- Versetzung in eine Parallelklasse der gleichen Schule durch die Schulleitung
Wenn ein Kind fortgesetzt stört, kann das Ändern des Umfeldes sich positiv auswirken. Vorher sind die Eltern anzuhören. Ihre Zustimmung ist nicht erforderlich, da dies ebenfalls kein Verwaltungsakt ist.
- Ausschluss vom Unterricht für drei bis sechs Unterrichtstage durch die Schulleitung

Vorher schriftliche Mitteilung an die Eltern; der Ausschluss ist kein Verwaltungsakt. Er ist gegenüber einem Kind nur einmal im Schuljahr zulässig.

• Zuweisung an eine andere Schule auf Vorschlag der Lehrerkonferenz durch das Schulamt (Verwaltungsakt)

Schulrechtlich ist keine Reihenfolge der Maßnahmen einzuhalten, sondern jede Maßnahme richtet sich nach der Schwere der Verfehlung. Sichern sie jedoch die letzten Maßnahmen durch vorausgegangene Hinweise und Verweise in den Schülerpapieren ab.

Hans-Dieter Göldner, Hrsg.: Schwierige Schüler - was tun? München: Oldenbourg 1992

Hartmut Knopf, Hrsg.: Aggressives Verhalten und Gewalt in der Schule. Prävention und Umgang mit Konflikten. München: Oldenbourg 1996

Jochen Korte: Faustrecht auf dem Schulhof. Über den Umgang mit aggressivem Verhalten in der Schule. 2. erg. Aufl. Weinheim/Basel: Beltz 1993

Jane Nelsen, Lynn Lott, H. Stephen Glenn: Der große Erziehungsberater. München: dtv 1995

Reinhard u. Anne-Marie Tausch: Erziehungspsychologie. Göttingen, 5. gänzl. neu gestaltete Auflage: Verlag für Psychologie Dr. C. J. Hogrefe 1970

Schulordnung der Volksschule. Schulordnung für die Volksschulen in Bayern - Volksschulordnung VSO mit Bayer. Erziehungs- und Unterrichtsgesetz BayEUG. Carl-Link-Vorschriftensammlung Kronach 1996

Streit

Die meisten Kinder überwinden Streit schnell - wenn sich Erwachsene nicht voreilig einmischen. Oft will ein Kind Sie nur in seine Streitigkeiten mit hineinziehen in der Hoffnung, dass Sie sich auf seine Seite schlagen, ihm das Gefühl von Macht vermitteln und das andere Kind zurechtweisen.

Die alltäglichen Streitereien

Vor allem nach der → *Pause* brennen viele Kinder darauf, mir mitzuteilen, dass jemand sie → *beleidigt,* geschubst hat, sie nicht mitspielen hat lassen, ihnen die Mütze vom Kopf gezogen hat u.v.a.m. Gespräche (→ *soziales, emotionales Lernen*) arten oft in sich gegenseitiges Übertrumpfen und Rechtfertigen aus. Übungen zur → *Entspannung* helfen oft besser Distanz zu gewinnen.

• Wer einen Zuhörer braucht,
kann zu mir kommen, wenn ich am Pult sitze und die Klasse für sich arbei-

tet. Dabei behandle ich den Beschwerdeführer nicht als armes Opfer, damit das Kind nicht lernt, sich selbst so zu sehen. Ich hüte mich vor Belehrungen, Vorwürfen, dem Partei-Ergreifen und dem Anbieten von Lösungen, sondern sage, um die mitunter übersensible Haltung sich selbst gegenüber abzubauen und Vertrauen in die eigene Handlungsfähigkeit zu fördern: *„Ich weiß, dass das weh tut. Aber ich weiß auch, dass du damit fertig werden kannst. ... Ich kann nur noch sagen, was mir dazu einfällt. Vielleicht kannst du damit etwas anfangen."* (vgl. J. Nelsen S. 327)

- Streitzettel (nach *J. Walker*)

Wenn Kinder sich gestritten haben, nehmen sie ein ausliegendes Formular, füllen es sofort oder zu Hause aus und geben es je nach Wunsch dem „Gegner", der Lehrerin, legen es in den Kummerkasten oder geben es dem → *Klassenrat*. Bereits beim Ausfüllen (auch während der Unterricht weiterläuft) verebbt der erste Zorn und hilft, Abstand zu gewinnen.

Streitzettel (2. Schuljahr)   Name: ...
Wann: ...   Wo: ...
Mit wem: ...
Warum: ...
So denke ich jetzt darüber: ...

Streitzettel (ab 3. Schuljahr)   Name: ...
Mit wem hast du dich gestritten?
Wann war der Streit?
Wo fand der Streit statt?
Worum ging es bei dem Streit?
Wer hat den Streit begonnen?
Welche Gründe könnte es für den Streit geben?
Habt ihr durch den Streit euer Problem gelöst?
Was könntest du probieren, wenn es wieder mal zu einem Streit kommt?
Was möchtest du dem Kind noch sagen, mit dem du gestritten hast?

(nach *Jamie Walker:* Gewaltfreie Konfliktlösung im Klassenzimmer. Eine Einführung. Pädagogisches Zentrum Berlin 1991, S. 58)

- Streit um Sachen

Wenn zwei Kinder sich um etwas streiten, was keinem der beiden gehört, nehme ich es ihnen ab und sage: *„Ihr könnt es wiederhaben, wenn ihr euch einig seid und nicht mehr darum streitet."*

Streiten lernen: Richtig und falsch streiten

Im Unterricht, in → *Handpuppen-, Rollen-* und → *Interaktionsspielen* wird richtiges und falsches Streiten thematisiert. Dazu sprechen die Kinder über Äußerungen und ordnen sie, z. B.:

- Ich bleibe höflich. / Ich schimpfe fest auf den anderen.
- Ich sage ruhig, was ich will. / Wenn ich streite, schreie ich laut.
- Ich schlage nicht. / Ich haue den anderen, wenn er eine andere Meinung hat.
- Ich höre genau hin, was der andere sagt, und lasse ihn ausreden. / Was der andere sagt, ist mir egal. Ich höre gar nicht genau hin.
- Wenn ich im Unrecht bin, kann ich auch einmal nachgeben. / Ich gebe auf keinen Fall nach.

Außerdem wird betont, dass meist beide Kinder für den Streit verantwortlich sind. Denn: Mit einem einlenkenden, freundlichen Wort lässt sich jeder Streit rasch beenden.

An der Klassenzimmertür wird zur steten Erinnerung beim Verlassen des Zimmers ein Plakat befestigt: Wir reden nicht mit der Faust, sondern mit dem Mund. (→ *Aggressives Verhalten*)

Streitgeschichten
Vorlesen, Malen, Spielen, auch mit musikalischer Begleitung, z. B. „Wie die Streitgeister überlistet wurden" in *Irmingard Philipow*: Kommt, lasst uns tanzen! Regensburg 1993: Wolf Verlag (Buch und Tonkassette)

Jane Nelsen u.a.: Der große Erziehungsberater. München: dtv 1995
Jamie Walker: Gewaltfreier Umgang mit Konflikten in der Grundschule. Frankfurt a. M.: Cornelsen Scriptor 1995

Stundenbeginn und Stundenende

Anfang gut, alles gut.

Der Grundlegende Unterricht im 1./2. Schuljahr (→ *Anfangsunterricht*) kennt keine zeitlich starre Einteilung. Vielmehr entscheiden Sie in pädagogischer Verantwortung über die zeitliche Anordnung und Ausdehnung der Lernaufgaben ungeachtet des Klingelzeichens. Dabei ist vor allem der Wechsel

- von → *Lenkung* und Freiheit zu beachten (straffe und locker geführte Phasen wechseln einander ab),
- von Anspannung und → *Entspannung*, von Eindruck und Ausdruck, von produktiven und rezeptiven Verhaltensweisen, von Aktion und

Kontemplation, von Laut- und Stillsein, von körperlicher (→ *Bewegung*) und geistiger Betätigung, von Arbeits- und Sozialformen.

Damit Lernen sich entfalten kann, wird der Tag nicht - wie ein „Häppchenstundenplan" - in zu kurze Lernabschnitte eingeteilt. Wenn möglich werden zwischen den Lernbereichen Querverbindungen hergestellt. Auch im 3./4. Schuljahr muss trotz Fachunterrichts keineswegs immer im 45-Minuten-Takt gelernt werden. → *Offener Unterricht*, Projekte oder andere Lernanlässe können den gewohnten Zeittakt aufbrechen.

Vermitteln einer positiven Grundstimmung

zu → *Tagesbeginn* oder zu Stundenbeginn, wenn Sie eine Klasse nur stundenweise unterrichten. Besonders wichtig ist Ihre eigene Ausstrahlung, Ihr Optimismus und Ihre ansteckende Aktivität. (→ *Unterrichtsrezepte, Lehrerverhalten*)

Möglichkeiten:
- Begrüßung im Stehkreis mit Handfassung (→ *Rituale*)
- gemeinsames Lied
- Einmal das Wort reihum: Ich freue mich auf die Stunde, weil ... (positives Denken). Mit Ihrer Äußerung können Sie entweder die Kinder „aufbauen" („... *weil ihr in der letzten Stunde so gut mitgearbeitet habt.* ") oder sich auf die Stunde beziehen („... *weil ich finde, dass ich für die Stunde eine gute Idee habe.* "). Jedoch: Keine Effekthascherei, sondern bei der Wahrheit bleiben.
- Übungen zur → *Entspannung*, Bewegung, Edukinestetik
- Ein auf die Stunde bezogenes Rätsel (Pantomime der Lehrerin, Bild, Gegenstand ...), über dessen Lösung die Kinder nachdenken, während sie an ihren Platz gehen.

Die „Anwärmzeit" (etwa fünf Minuten) ist keine verlorene Zeit. Sie brauchen viel mehr Zeit und Energie, wenn Sie im Chaos beginnen und ständig Ablenkungen und Störungen regulieren müssen.

Organisatorisches wie das Einsammeln von Geld (während → *Einzelarbeit*), das Bekanntgeben von Stundenplanänderungen etc. sollten Sie auf später verlegen, ohne es allerdings in die letzten Minuten hineinzuquetschen.

Zielgerichteter Einstieg

Grundsatz: Bei der Wahrheit bleiben und Echtheit des → *Lehrerverhaltens*. Daraus folgt:

Ausgefallener und aufwendiger „Motivationszauber" kostet viel Zeit. (→ *Motivation*) Besser ist eine klare altersgemäße Zielstellung,

- die auf die natürliche Lernbereitschaft der Kinder vertraut. (Etwas lernen und leisten zu wollen ist ein menschliches Grundbedürfnis.)
- die beim Kind die Aussicht auf Erfolg weckt und weder zu schwierig noch zu leicht erscheint.

Ich halte es für verschwendete Zeit, die Kinder mühsam durch → *Impulse* das Ziel selbst formulieren zu lassen (→ *Erarbeitungsunterricht*), es sei denn, es liegt klar auf der Hand, weil es sich z. B. aus der vorausgegangenen Stunde ergibt.

Der Einstieg darf keinesfalls zu lange dauern, da die selbsttätige Auseinandersetzung mit dem Lerninhalt den Schwerpunkt jeder Stunde bilden sollte (→ *Lernen, Lernaufgabe, Unterrichtsrezepte*).

Nach der Zielangabe an der Tafel werden die benötigten → *Arbeitsmittel* hergeräumt. Dies geschieht wortlos, wenn Sie an die Tafel schreiben: Für diese Stunde brauchst du ...

Abwechslungsreiche Formen des Einstiegs

- Die häufige Formel „ *Heute wollen wir...* " heißt im Klartext: „ *Heute sollt ihr lernen, ...* ". Sie kann gelegentlich ausreichen, darf jedoch nicht die einzige Form des Einstiegs sein.
- Den persönlichen Bezug der Kinder zum Lerninhalt nutzen bzw. herstellen!
  Anknüpfen an Erfahrungen, Erlebnisse und Vorwissen der Kinder: Mitteilen im → *Partner-, Gruppen-* oder *Unterrichtsgespräch*, Schreiben von Stichpunkten an die Tafel oder auf Folie; vorbereitete Hausaufgaben: Schreiben eines kurzen Berichts, Malen eines Bildes, Sammeln von → *Fragen*.
  Wenn Kinder im 1. Schuljahr in der Fibel vorgeblättert haben und sagen „ *Heute lernen wir das M!* " so dränge ich sie nicht unwirsch über den Vorgriff zurück, sondern bestätige und lobe sie und lasse sie berichten, was sie sich gemerkt haben. (→ *Spontaneität*)
- Reale Sachbegegnung: „Nicht über die Sache reden, sondern die Sache selbst sprechen lassen." (*H. Göldner*)
- Sachbegegnung durch Medien
  Mitunter zeigt ein Medium die Wirklichkeit besser. Aber kein unnötiger Medienzauber, sondern die Verhältnismäßigkeit zwischen Aufwand und Wirkung bedenken!
- Vergleich von Anfangs- und Endzustand
  Naturgesetzliches Wachsen, z. B. Zeigen eines Zweiges mit Apfelblüten und eines Apfels, einer Kastanie und eines Baumbildes.
  Menschliches Schaffen: Zeigen eines gebastelten Gegenstands, die

Kinder benennen die verwendeten Materialien und leiten die Arbeitsschritte ab.

- Sachbegegnung durch Texte: Vorlesen, → *Erzählen*, selbstständiges Lesen
- Sachbegegnung durch Vormachen von zu erlernenden Tätigkeiten
- Problematisieren
  Nur kindgemäße Situationen können „trockene" Aufgaben beleben, auf gekünstelte Einkleidungen können Sie verzichten.
- Anknüpfen, Wiederholen und Fortführen von vorausgegangenen Inhalten.

Das Stundenende

Lassen Sie sich nicht durch den Gong überraschen, sondern behalten Sie die Zeit immer im Blick. Für das Stellen, Besprechen und Notieren der → *Hausaufgabe* ist ausreichend viel Zeit einzuplanen (mindestens fünf Minuten).

Brechen Sie die Stunde auch nicht abrupt ab, sondern machen Sie den Kindern ihren Erfolg, aber auch aufgetretene Schwierigkeiten als Anlass zum Weiterlernen bewusst. (→ *Unterrichtsrezepte, Tagesbeginn*) Falls zu Stundenende noch etwas Zeit bleibt: Singen eines Liedes, Erzählen eines Witzes, Vorlesen einer Kurzgeschichte u.v.a.m. Ein pünktliches Beenden ist unabdingbar, wenn die → *Pause* naht, eine Kollegin die Klasse übernimmt oder bei Unterrichtsende.

Vermeiden Sie ein unbefriedigendes Auseinandergehen, denn: Das Ende einer Stunde wirft seine Schatten auf die nächste.

Hans-Dieter Göldner: Anfang gut, alles gut? Die ersten Minuten im Unterricht. In: Lehrer Journal Heft 2/1981, München: Ehrenwirth/Oldenbourg

Suchtprävention

Auf die Unterscheidung zwischen Genussmitteln (legalen Drogen) und Rauschmitteln (illegalen Drogen) wird hier ebenso verzichtet wie auf eine Darstellung der Wirkungsweise der verschiedenen Drogen oder der gesellschaftlichen Ursachen. Drogensucht ist nur eine Form der Sucht, d. h. der physischen und psychischen Abhängigkeit (→ *Fernsehen*, Computerspiele, → *Konsum*, Süßigkeiten → *Gesundheit*). Über Persönlichkeitsmerkmale allein lässt sich keine Anfälligkeit für Drogenmissbrauch nachweisen. Allerdings: „Die Mehrzahl der drogenabhängigen Kinder und Jugendlichen erlebt die Sozialbeziehungen innerhalb der Familie als negativ. Neben ... der gestörten Kommunikation und dem Mangel an intensiver Beziehung gibt es weitere familiale Ursachen, so z. B. das Negativvorbild der Eltern ..." Auch das Mitmachen und Dazugehören zu einer Gruppe sowie schulische Probleme und der Wunsch, sich dem Leistungsdruck zu entziehen sind vorherrschende Motive. (*G. E. Becker* S. 277 f.) Doch haben Drogenkonsum und Sucht meist mehrere Ursachen.

Ziele und Leitlinien pädagogischen Handelns

Die Kinder sollen lernen
- „angemessen und selbstverantwortlich mit persönlichen und sozialen Problemen, Konflikten und Realitätsanforderungen umzugehen." (→ *Soziales Lernen*)
- „gesundheitlich und rechtlich angemessen sowie selbstverantwortlich mit Drogen umzugehen, d. h.: vollkommene Abstinenz im Hinblick auf illegale Rauschmittel, verantwortlicher und selbst kontrollierter Umgang mit Alkohol und Tabakerzeugnissen" mit dem Ziel weit gehender Abstinenz, bestimmungsgemäßer Gebrauch von Medikamenten." (*G. Israel/B. Priebe* S. 212 f.)
- „Vermeiden Sie generelle Verbote."
  Sie sind unglaubwürdig, da sie sich mit den Erfahrungen der Kinder in Familie und Umwelt nicht decken.
- „Vermeiden Sie Überreaktionen bei geringfügigen Übertretungen oder Provokationen." Kinder möchten in die Erwachsenenwelt hineinwachsen und würden Ihre Entrüstung als Heuchelei empfinden.
- „Klären Sie möglichst sachlich über die Gefahren auf."
  Ein Dramatisieren der negativen Folgen kann die gegenteilige Wirkung erzielen.
- Suchen Sie - wenn nötig - Experten der Drogenberatungsstelle auf. Informieren Sie nicht sofort die Eltern, da diese dem Kind meist hilflos und ohne Verständnis begegnen, sondern finden Sie vorsichtig heraus, mit welcher Hilfe das Kind rechnen kann. (*G. E. Becker* S. 278 f.)

Suchtprävention durch alternative Angebote gegen die Flucht aus der Realität

Stärken des Selbstbewusstseins (→ *Selbstbild*), z. B. durch angemessenes Berücksichtigen der kindlichen → *Bedürfnisse* wie z. B. nach → *Bewegung* und → *Entspannung*, → *emotionales Lernen*, kreatives Engagement bei → *Festen* und *Feiern*, *Projekten* in der Schule, Anregungen zur sinnvollen Freizeitgestaltung (→ *Spielen*), aber auch durch Erlernen von → *Verantwortung* (z. B. sich Gruppendruck widersetzen) und des Einhaltens von → *Regeln*.

Bewusstmachen von „Wellness" und des Sich-Wohl-Fühlens
Suchtprävention ist Teil der Gesundheitsförderung (→ *Gesundheit*), die
positive Sinnes- und Körpererfahrungen als Schutzfaktoren betont
anstatt Fehlverhalten zu verteufeln. Denn: Aufklärung vermittelt zwar
Wissen, beeinflusst aber kaum das Verhalten. Abschreckung durch
schockierende Bilder macht labile Kinder erst neugierig.

Was Eltern wissen sollten

- „Abhängig zu sein bedeutet, das ganze Leben um eine bestimmte Sache
  herum auszurichten und diese wichtiger zu nehmen als irgend etwas sonst."
  (*J. Nelsen* S. 61) Dem Kind den Unterschied erklären zwischen Übertreiben und Maßhalten und es ermutigen, sich selbst Grenzen zu setzen.
- Dem Kind regelmäßig Zeit widmen und Zuwendung und Wertschätzung zeigen. Das Kind muss wissen, dass die Zuneigung der Eltern
  bedingungslos ist, auch wenn es Schwierigkeiten hat. Im Kind Vertrauen entwickeln, dass es auch Schwierigkeiten und Enttäuschungen
  meistern kann (Frustrationstoleranz stärken) und ihm nicht über-
  behütend alle Probleme aus dem Weg räumen (→ *Selbstständigkeit*).
- Die Kinder auch bei Festen nicht am Glas Sekt nippen lassen.
- „Gut informierte und selbstsichere Kinder sind weniger als andere in
  Gefahr." (*J. Nelsen* S. 64)
  Deshalb: mit dem Kind das Neinsagen üben; ihm erklären, dass es
  Menschen gibt, die Kinder drogenabhängig machen wollen; es ermun-
  tern, es den Eltern zu sagen, wenn jemand etwas gegen den Willen des
  Kindes tun will (→ *Sexualität*).
- Moralpredigten vermeiden, aber klar die Meinung sagen, wie man über
  Drogen denkt.
- Medikamente sind kein Mittel zur Problemlösung, deshalb: Verant-
  wortungsbewusster Gebrauch von Medikamenten, kein Einsatz zur
  Leistungssteigerung.
- Bei Verdacht auf ein Drogenproblem des Kindes oder bei eigenen
  Suchtproblemen sich an eine Beratungsstelle wenden, da das alleinige
  Bewältigen einer solchen Situation äußerst schwierig ist.

Georg E. Becker: Lehrer lösen Konflikte. Ein Studien- und Übungsbuch. 3. Aufl.
   Weinheim/Basel: Beltz 1985
Georg Israel / Botho Priebe: Lehrerfortbildungsmodell zu Qualifizierung von
   „Beraterinnen und Beratern für Suchtvorbeugung" in den Schulen Nordrhein-
   Westfalens. In: *Botho Priebe u.a.:* Gesunde Schule. Weinheim / Basel: Beltz 1993
Jane Nelsen u. a.: Der große Erziehungsberater. München: dtv 1995
Karl-Adolf Noack u. a.: Thema Arzneimittel. Unterrichtsmaterialien für die
   Grundschule (1. - 4. Klasse), hrsg. von der Bundeszentrale für gesundheitliche
   Aufklärung Köln. Stuttgart: Klett 1992

Tafel

Schulbücher, Overheadfolien, → *Arbeitsblätter*, Film und Videos vom Schulfernsehen haben die Bedeutung der „guten alten Wandtafel" zwar einschränken, aber nicht ersetzen können. Denn die Tafel ist schnell, ohne Vorbereitung und flexibel einsetzbar, auch in Kombination mit anderen Lehrmitteln, und damit eine unersetzliche Lernhilfe, die die → *Aufmerksamkeit* der Kinder zentriert.

Was soll an die Tafel geschrieben werden?

Der Grundsatz alles Wichtige zu „visualisieren" ist nicht neu. Je nach Fähigkeiten der Kinder (Lesefähigkeiten!) und Lerninhalten kann dies sein:
* Impulse zum Denken
  Wörter, Stichwörter, Fragen, Überschriften, Meinungen, zusammenhängende Texte (z. B. Gedicht), Bilder, Symbole usw.
* Strukturieren des Lernwegs
  Zielangabe
  Teilziele und Arbeitsplan, auch mit Lücken zum Festhalten von Teilergebnissen
* schrittweises Darstellen von Lernergebnissen
  grafisches Aufzeigen von Beziehungen durch Gliederung, Akzentuierung (Unterstreichen, Einrahmen, → *Farbe*, verschiedene Schriften wie Schreib- und Druckschrift, große Druckbuchstaben, verschiedene Schriftgrößen), Pfeile;
  Festhalten von Fachbegriffen, Ergebnissen („Merkskelett"), Symbolen, Skizzen, Zeichnungen und zusammenhängenden Texten (z. B. „Tafelgeschichten" zum Sachunterricht)

Die Tafel als methodische und organisatorische Lernhilfe:
* Anweisungen und Arbeitsaufträge, auch für → *Gruppenarbeit* oder zur Organisation der Arbeit z. B.: Das brauchst du in dieser Stunde (→ *Stundenbeginn, Arbeitsmittel*);
  Zusatzaufgaben (→ *Differenzierung*)
* „Feste" Plätze zum Anschreiben von → *Hausaufgaben* und Stundenplanänderungen (→ *Erkrankung*)

Anforderungen an das Tafelbild

- Formal-ästhetische Gesichtspunkte
- Regelmäßige, sorgfältige Reinigung der Tafel (→ *Klassendienste*)
- Vorbildhafte Lehrerschrift (Kreide im Faust- oder Pfötchengriff);
Datumsangabe, Überschrift, Striche mit Lineal ziehen
Tipp: Hilfen zur Einteilung und grafische Elemente vorher mit dunkel-
grüner Kreide (für die Kinder unsichtbar) vorschreiben bzw. vorzeichnen.

- Inhaltliche Gesichtspunkte
Der beschränkte Platz zwingt zu einer durchdachten Auswahl und über-
sichtlichen Anordnung der Anschrift. Entwerfen Sie deshalb Inhalt und
Form des Tafelbildes in der Unterrichtsvorbereitung.
Ein umfangreiches Tafelbild sollten Sie vor der Stunde vorbereiten, um
Leerlauf zu vermeiden, oder auf Folie schreiben, wobei die Regeln für das
Tafelbild ebenfalls gelten.
Ein vorgefertigtes Tafelbild lässt sich durch Aufdecken von mit Papier
überklebten Teilen schrittweise entwickeln.

Vorteile des Tafelbildes

- Dynamik
Die Kinder können das allmähliche Entstehen des Tafelbildes mitverfol-
gen. Die kurzen Pausen, die beim Anschreiben entstehen, können das
Verarbeiten des Stoffs unterstützen (Verschnaufpause). Damit daraus
keine Disziplinprobleme entstehen, geben Sie vor dem Anschreiben
gezielte Aufträge, z. B.: Die Kinder wiederholen mit eigenen Worten, was
sie anschreiben, lesen leise mit, lesen das bisher Angeschriebene vor oder
lernen die zu einem Rechtschreibfall angeschriebenen Wörter oder einen
Merksatz auswendig. Drehen Sie sich ab und zu zur Klasse um.

- Flexibilität: Kinderäußerungen können berücksichtigt werden.

- Modellfunktion
Ein strukturiertes Tafelbild zeigt den Kindern, wie sich Zusammenhänge
als elementare Aussagen darstellen lassen und führt sie damit zu → *Lerntechniken* hin. Zugleich ist das Tafelbild Vorbild für den eigenen Hefteintrag.

- Gedächtnisstütze
Das Tafelbild, vor allem auch das unvollständige (Löschen wesentlicher
Elemente), ist ein Anlass zum → *Wiederholen* und *Üben* der Lerninhalte,
auch in der folgenden Stunde.
Tipp: Ein großer roter Punkt zeigt, dass die Tafelanschrift nicht gelöscht
werden soll; ein grüner Punkt fordert zum Löschen auf. (nach *H. Bauer*)

- Kombination mit anderen Medien
- Soll das Tafelbild als Merkhilfe länger sichtbar sein, so kleben Sie Pack-papier auf die Tafel, schreiben Sie darauf und hängen das Poster im Klassenzimmer aus.
- Bilder: Wer selbst nicht gut zeichnen kann, kann aus Zeitschriften aus-geschnittene oder kopierte und vergrößerte Abbildungen von Gegen-ständen und Personen (in Klarsichthüllen) in das Tafelbild kleben oder auf eine Styroporplatte stecken. Die Styroporplatte wird mit einem um den Mittelteil der Tafel gespannten Gummi aufrecht gehalten und kann nach der Arbeit an anderer Stelle aufgestellt werden. (vgl. *Ulrike Thoe-nes* in Flohs Ideenkiste Nr. 10, München: Domino Verlag 1996)

Tafel und Tageslichtprojektor im Vergleich

Vorteile der Arbeit mit Folien:
- Lange Texte und schwierige Zeichnungen können zu Hause angefer-tigt werden.
- Reiches, allerdings kritisch zu prüfendes Angebot an Folienvorlagen und Overlays.
- Zum Vorstellen von Einzel- oder Gruppenarbeiten reicht oft der Platz an der Tafel nicht. Die Kinder beschriften Folien oder Folienstücke und zeichnen darauf.

Nachteile:
- Langes Projizieren ermüdet die Kinder.
- Ungünstiger Lichteinfall erschwert die Lesbarkeit und begünstigt Feh-ler beim Abschreiben.
- Störende Ablenkung beim Auf- und Abbauen, bei technischen Pannen (z. B. durch die empfindlichen Lampen).

Kinder mit Wahrnehmungs- und Orientierungsproblemen sollten weder von der Tafel noch von der Folie abschreiben, da das Übertragen von der Vertikalen in die Horizontale Fehlerquellen birgt. Besser ist das Abschreiben vom Buch oder einem Blatt.

Kinder schreiben gerne an die Tafel!

Dazu die richtige Stellung (nicht zu nahe an der Tafel, leicht gegrätschte Beine) und das Halten der Kreide im Faust- oder Pfötchengriff einüben.
- Erstlesen: Die Kinder fahren den analysierten Buchstaben farbig nach.
- Erstschreiben: Einzelne Kinder spuren zum Einüben des Bewegungs-ablaufs den zu erlernenden Buchstaben oder die Ziffer mehrmals far-big nach, während die Zuschauer sie beobachten und ggf. berichtigen.

Geben Sie schwierige Formen im Großformat einige Zeit auf Packpapier vor, damit die Kinder sie wiederholt üben können.

- Rechtschreiben: Während Sie z. B. beim Herumgehen die → *Hausaufgaben* kontrollieren, schreiben Kinder geübte Lernwörter an die Tafel.
- Mathematik: Während die Kinder in Partner- oder Einzelarbeit eine Lösung suchen, lösen zwei Kinder verdeckt auf den ausgeklappten Tafelflügeln eine Aufgabe. Beide Lösungswege werden dann verglichen.

Gerade Kinder mit besonders großem Bewegungsdrang arbeiten an der Tafel besser als auf dem Stuhl.

Während eines → *Unterrichtsgesprächs* dagegen sollten Kinder nicht an die Tafel schreiben, da

- das Aufrufen eines Kindes, das Vorkommen an die Tafel und das Schreiben selbst unverhältnismäßig viel Zeit beanspruchen und den Unterrichtsfluss unterbrechen;
- falsch geschriebene Wörter vom eigentlichen Lerninhalt ablenken.

Sicherheit
- Überprüfen Sie ab und zu, ob die Tafelhalterung noch fest ist.
- Kleine Kinder schreiben an den unteren Teil der Tafel. Wenn das Steigen auf einen Stuhl unbedingt nötig ist, die Lehne des Stuhls zur Tafel drehen (Sturzgefahr beim Absteigen.) (→ *Sitzen*)
- Beim Gesprächskreis darauf achten, dass die Kinder nicht direkt unter der Tafel sitzen (Verletzungsgefahr).

Hans Bauer: Kein Mauerblümchen - aber dennoch Stiefkind! Vom Wert des Tafelbildes für den Unterrichtsalltag. In: Pädagogische Welt Heft 10/1989, Donauwörth: Auer Verlag
Rainer Maras: Das Tafelbild im Unterricht. Gestaltung - Grundlegung - Anwendung. München: Lurz 1979

Tagebuch

Das Aufschreiben von Erlebnissen, Erfahrungen, Gedanken und Wünschen sowie das grafische Ausgestalten
- helfen dem Kind beim Verarbeiten von Erlebtem (→ *emotionales Lernen*),
- fördern sein Zeitbewusstsein,
- sind ein sinnerfüllter Schreibanlass,
- regen es zu selbstständigem Schreiben in der Freizeit an.

Persönliches Tagebuch der Kinder

- 1. Schuljahr: Mein Ich-Heft
Jedes Kind hat ein DIN A4-Heft ohne Linien, in das es malen, kleben, stempeln oder schreiben kann, was ihm wichtig ist. Daneben finden sich auch gemeinsame Klasseneinträge, z. B. „Meine liebsten Spielsachen, Meine Wohnung".

- Ab 2. Schuljahr
Um die Kinder zum Führen eines Tagebuchs anzuregen schreiben sie anfangs zu festen Zeiten ihre Einträge auf, z. B. Wochenenderlebnisse am Montagmorgen, Wochenrückblick am Freitagmittag. (→ *Tagesbeginn*) Natürlich lese ich die Einträge nicht, es sei denn, ein Kind wünscht dies. Im 3./4. Schuljahr schreibt jedes Kind seinen persönlichen Wochenrückblick in der → *Freiarbeit* oder zu Hause auf und liest ihn je nach Wunsch der Klasse vor.

- Tagebuch für Kinder mit → *Lernbeeinträchtigungen* und → *Verhaltensauffälligkeiten*
Zum Stärken des → *Selbstbildes* trage ich am Tagesende eine positive Verhaltensweise in ein eigens dazu angelegtes kleines Heft ein. (→ *Verstärkung*) Das schärft zugleich bei mir den Blick für Positives.

- Lerntagebuch aus den gesammelten → *Wochenplänen*

Klassentagebuch

- Mutmachbuch
In ein frei ausliegendes Heft tragen die Kinder mit Namen und Datum ein, was ihnen am Verhalten von anderen Kindern in irgendeiner Weise positiv aufgefallen ist.

- Wochentagebuch (ab 1. Schuljahr)
Beim Wochenrückblick am Freitagmittag notiere ich die Äußerungen der Kinder über gemeinsame Erlebnisse der Klasse oder nehme sie mit dem Kassettenrekorder auf und schreibe sie zu Hause mit dem Computer auf. Am Montagmorgen lese ich oder ein Kind liest den Text vor. Ein Kind kann freiwillig zu dem Text etwas dazumalen oder ihn grafisch ausschmücken. Dann wird er in einer Prospekthülle im Tagebuchordner gesammelt. Ab dem 2 .Schuljahr gestaltet nacheinander jedes Kind eine Wochenseite.

- Fotoalbum
Während des Unterrichts, in der Pause, auf Unterrichtsgängen und natürlich auch bei Spiel und Feier fotografiere ich viel. Diese Fotos klebe ich

fortlaufend in ein Fotoalbum zusammen mit kurzen Texten. Nach und nach liefern auch Eltern Fotos bei mir ab.

Damit auch alle Eltern es bewundern können, nimmt reihum jedes Kind das Album für ein bis zwei Tage mit nach Hause.

Pädagogisches Tagebuch der Lehrerin

Tragen Sie möglichst viel in Ihr stets auf dem Pult liegendes Tagebuch ein, z. B. Erlebnisse, Kinderäußerungen, eigene Erfolge zur Selbstbestätigung, konkrete Vorsätze für pädagogisches Handeln und auch → *Schülerbeobachtungen*, wenn es einmal schnell gehen soll.

Tagesbeginn und Tagesausklang

Der Stundenplan gibt den Tages- und Wochenrhythmus vor. Am Montagmorgen zeigen die Kinder meist nur ein geringes Leistungsvermögen, während Dienstag, Mittwoch und Donnerstag Tage mit höchster Leistungsfähigkeit sind. Am Freitag sinkt die Leistungskurve wieder ab. Ermüdung tritt ein.

Kinder haben ihre höchste Leistungsfähigkeit nicht gleich um acht Uhr, sondern etwa zwischen neun und elf Uhr (→ *Probearbeiten*) und dann wieder am Nachmittag zwischen 16 und 18 Uhr.

Der Schultag sollte in einer entspannten Atmosphäre, mit einer positiven Grundstimmung beginnen, die dem Kind Anerkennung und Geborgenheit vermittelt und ihm dabei hilft, mögliche Sorgen (Ärger in der Familie, Streit auf dem Schulweg) auszusprechen oder zu vergessen.

Offener Beginn

Ich bin eine Viertelstunde vor Unterrichtsbeginn in der Klasse (→ *Aufsichtspflicht*), während die Kinder nach und nach hereinkommen. Zuerst begrüßen sie mich, zeigen mir die → *Hausaufgaben* und sprechen mit mir darüber, auch über Freuden und Sorgen. Es werden Aufgaben für die → *Freiarbeit* oder den → *Wochenplan* gemeinsam überlegt. Je nach Lust und Laune sprechen die Kinder zu zweit oder in Gruppen leise miteinander, ziehen sich in die Leseecke zurück, arbeiten an ihrer Arbeit vom → *Wochenplan* oder beschäftigen sich mit Freiarbeitsmaterialien oder Spielen.

Dieser individuelle, gleitende Tagesbeginn gibt den Kindern die Möglichkeit ihren eigenen Arbeitsrhythmus zu finden. Wer eine längere Anlaufzeit am Morgen braucht, kann sich allmählich in den Unterricht

376

hineinfinden. Wer frisch und tatendurstig ist, kann gleich mit einer frei gewählten Arbeit beginnen.

Dieser offene Beginn kann von einer halben Stunde bis zu einer Stunde dauern. Ein vereinbartes Zeichen beendet ihn.

Gemeinsamer Beginn

- Gemeinsame Begrüßung im → *Morgenkreis* mit Handfassung
  Flüsterpost: Ein Kind flüstert seinem Nachbarn einen Morgengruß ins Ohr, der ihn weitersagt. Das letzte Kind sagt den Gruß laut.
- Berichten über während des offenen Beginns geleistete Arbeiten und Mitteilen aufgetretener Probleme
- Jeder Tag ist ein besonderer Tag: Nennen und Anschreiben des Datums, Hinweis auf „besondere" Tage (z. B. Frühlingsanfang, Tag des Kindes ...); kurze Wettergespräche (Das Klima beeinflusst unsere Stimmung!)
- Erzählen, Vorlesen, Vortragen eines Gedichtes, Vorstellen eines Buches evtl. passend zum Tag, zu Sachthemen oder zum sozialen Wochenthema (→ *soziales Lernen*)
- gemeinsames Lied
- → *Stille-Übung, Meditation* oder Gebet (→ *Religiöse Erziehung*)
- Besprechen des → *Tagesplans* und Auflösen des Morgenkreises
  Ein regelmäßig sich wiederholendes → *Ritual* zu Beginn gibt den Kindern Sicherheit und schafft zugleich Raum für inhaltliche Abwechslung.

Montagmorgen: Sammlung nach dem Wochenende

Am Montag brauchen die Kinder mehr Anlaufzeit als an den anderen Tagen. Denn: Erhöhte Erzähllust über Wochenenderlebnisse, Überreizung, aber auch „Abgeschlafftheit" durch langes Fernsehen oder Stillsitzen bei weiten Autofahrten, Relikte von Familienkonflikten u. a. wirken nach.

Nach dem offenen Beginn und der Begrüßung
- können Kinder der Klasse Wochenenderlebnisse mitteilen und Mitbringsel zeigen, Wochenenderlebnisse in ihrem Tagebuch aufschreiben oder im Bild festhalten und verarbeiten;
- kann die Woche geplant werden: Einteilen der → *Klassendienste*, Besprechen des → *Wochenplans*;
- bereiten wir uns auf den Unterricht vor, entweder mit einer → *Stilleübung* zum Sammeln, mit einem bekannten, anregenden Tanz zum Munterwerden oder mit dem Aufschreiben eines guten Vorsatzes wie z. B. „Ich schaffe es, heute schön zu schreiben."

Tagesausklang

Vermeiden Sie ein hektisches Auseinanderstürmen, sondern lassen Sie den Tag in Ruhe ausklingen. Was bisher nicht gelernt wurde, wird auch in der letzten Viertelstunde nicht gelernt.

- Aufräumen des Arbeitsplatzes (→ *Ordnung*) und des → *Klassenzimmers*
- Wiederholen der → *Hausaufgabe* und Erinnern an organisatorische Dinge
- Schlussblitzlicht
  Was haben wir heute gelernt? Wiederholen mit dem → *Tagesplan*.
  Was habe ich nicht verstanden? Unverstandenes wird in den morgigen Tagesplan aufgenommen.
  Was hat uns Freude gemacht, was hat uns geärgert?
  Komplimente machen, z. B.: „Ich habe mich über ... gefreut, weil ...“
- Schlusskreis
  gemeinsames Lied und evtl. Gebet
  Verabschiedung, gute Wünsche für den Tag bzw. das Wochenende

Um Gedrängel in der Garderobe zu vermeiden lässt jedes Kind seine Schultasche am Platz, holt seine Jacke an den Platz, zieht sich dort an und setzt die Tasche auf.

Die Kinder verlassen gruppenweise das Zimmer. Im 1. Schuljahr wiederhole ich dabei die Buchstaben: „Es dürfen alle Kinder gehen, die in ihrem Namen ein N/n haben, deren Namen mit M beginnt, mit ... endet.“

Tagesausklang am Freitagmittag

- Mündlicher Wochenrückblick oder schriftlicher Eintrag in ein → *Tagebuch*
- feste Ordnungsstunde (→ *Ordnung*): Aufräumen des → *Klassenzimmers*, Einordnen von → *Arbeitsblättern*, Nachholen von fehlenden Arbeiten u. Ä.
- Mitteilen von Wochenendplänen.

Almuth Bartl: Guten Montag, liebe Kinder! München: Oldenbourg 1995

Michaela Halter / Reinhard Schlereth u. a.: Unterricht mit Pfiff in der Grundschule. Gestaltungshilfen für den Unterrichtsbeginn, die Übergänge zwischen den Unterrichtsstunden, die Beruhigungsphasen nach den Pausen, zum Ausklang des Schultages. München: Oldenbourg 1994

Ludwig Lambrecht: Gestaltung des Unterrichtsbeginns in der Grundschule. Puchheim: PB Verlag 1988

Tagesplan für die ganze Klasse

Zusätzlich zum Stundenplan stimmt ein → *Tagesplan* die Kinder auf das Lernen ein und zeigt ihnen jeweils, welche konkreten Arbeiten heute anstehen. Er gliedert für die Kinder überschaubar den Tag, hebt → *Rituale* hervor und erinnert an Ordnungsformen.

Bereits am → *ersten Schultag* können die Kinder einfache Symbole für verschiedene Unterrichtsphasen kennen lernen. Wollen Sie z. B. die Kinder in den Sitzkreis (→ *Sitzordnung*) rufen, so heften Sie mit der verbalen Aufforderung das entsprechende Symbol an die Tafel. Am Ende des ersten Schultages können Sie einen Ausblick auf die Arbeit am nächsten Tag geben und dabei den Tagesplan an einem gleich bleibenden Ort (z. B. Pinnwand neben der Tafel) festhalten. Dadurch nehmen Sie den Kindern Unsicherheit und geben ihnen eine sichtbare Orientierungshilfe für den Schultag. Zugleich macht der Tagesplan neugierig auf den nächsten Tag und regt die Kinder an das eine oder andere → *Arbeitsmaterial* mitzubringen.

Beispiele für Piktogramme und Symbole für den Tagesplan im →*Anfangsunterricht:*

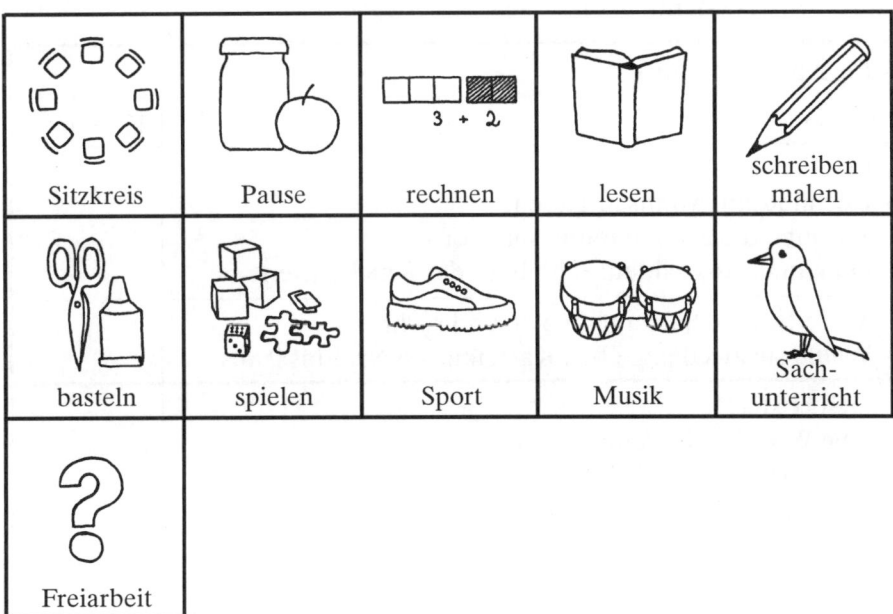

Sitzkreis	Pause	rechnen	lesen	schreiben malen
basteln	spielen	Sport	Musik	Sach-unterricht
Freiarbeit				

Später wird der Tagesplan in Kurzform täglich an die Tafel geschrieben, auch mit Angabe der Uhrzeiten, z. B.:

FA	(FA Freiarbeit)
MAT 1 x 4	
SU Blumen auf unserer Schulwiese suchen	(SU Sachunterricht)
DEU Wiesenblumen-Rätsel schreiben	
KUN Wiesenblumen malen	

Ich lasse den Tagesplan jeweils zu → *Tagesbeginn* von einem Kind vorlesen. Erledigtes wird abgehakt.

Individueller Tagesplan

Als Schritt auf dem Weg zum → *Wochenplan* und zum → *offenen Lernen* erhält jedes Kind einen eigenen Tagesplan und bestimmt selbst, in welcher Reihenfolge, auf welche Art, in welcher Sozialform und wie lange es die Aufgaben bearbeitet. Im Gesprächskreis werden vorher die Aufgaben geklärt, nachher die Ergebnisse gewürdigt und aufgetretene Schwierigkeiten besprochen. Da der Tagesplan überschaubarer als der Wochenplan ist, arbeiten manche Kinder lieber damit.

Beispiel 3. Schuljahr (nach *Margarete Götz*: Wege zum offenen Unterricht. In: Lehrer Journal - Grundschulmagazin Heft 2/1991, München: Ehrenwirth/Oldenbourg):

Tagesplan (Datum)	
Name:	Erledigt:
MATHEMATIK Rechne zehn Minusaufgaben. Schreibe die Zahlen untereinander. Du kannst auswählen: Schieber oder Knickkarten	
Schreibe eine Sachaufgabe ab und rechne sie. Wähle sie aus den gelben Karteikarten Nr. 1 bis 9 aus.	
DEUTSCH Übe Wörter mit Dehnungs-h. Du kannst auswählen: Rechtschreibkartei Nr. 60, 61, 62 , 63 oder Setzleisten oder Dosenwörter	
Suche dir einen Satz an der Tafel aus und erweitere ihn. Du sollst den Satz dreimal neu anfangen.	

Lies eine Geschichte aus der Lesekartei. Am Donnerstag ist Lesekreis.	
SACHUNTERRICHT Arbeitsblatt Nr. … Bestimme die Himmelsrichtungen. Wenn du Schwierigkeiten hast, kannst du in den Schulhof gehen.	
DAS HABE ICH NOCH GEMACHT:	

Tanzen

Das Tanzen mit seinen vier Merkmalen Bewegung, Rhythmus, Ausdruck und Form

- erfasst das Kind in seiner Ganzheit, seinen Körper, seinen Verstand und sein Gemüt (→ *emotionales Lernen*);
- fördert Körperbeherrschung und Körperausdruck;
- schult das räumliche und zeitliche Anpassen der Bewegungen an den oder die Partner (→ *soziales Lernen*);
- vermittelt Arbeitstugenden wie Aufmerksamkeit und Konzentration, genaue Wahrnehmung, Gedächtnis und Ausdauer;
- fördert → *Entspannung* und macht vor allem auch Spaß.

Sing- und Tanzspiele

Im 1. Schuljahr wird an vom Kindergarten her bekannte Sing- und Tanzspiele mit einfachen Bewegungen angeknüpft, z. B. „Brüderchen, komm tanz mit mir, … Machet auf das Tor …“.
In der Turnhalle oder im Schulhof üben wir erste Aufstellungsformen und leichte Schritte: Wir gehen mit Handfassung zu einem gesungenen Lied im Kreis mit Richtungswechsel. Wichtig: Wenn gezogen und gezerrt wird, einfach einen Schritt in die Mitte gehen und den Kreis etwas verkleinern. Wir gehen mit kleinen Stampfschritten (vormachen) langsam in die Mitte, heben dabei die Arme und senken sie beim Zurückgehen.
Besonders gerne übe ich die Kette ein, bei der die Kinder gegenläufig im Kreis gehen, sich fortgesetzt die Hand reichen und dazu ein Lied singen. Die verflochtenen Hände und das rhythmische Gehen sind ein Gegenpol zum oft beziehungslosen Umgang der Kinder miteinander. (vgl. dazu *Silvia Regelein*: Spielen in Unterricht und Freizeit. München: 3. Aufl. Oldenbourg 1991)

So wechseln die Paare :

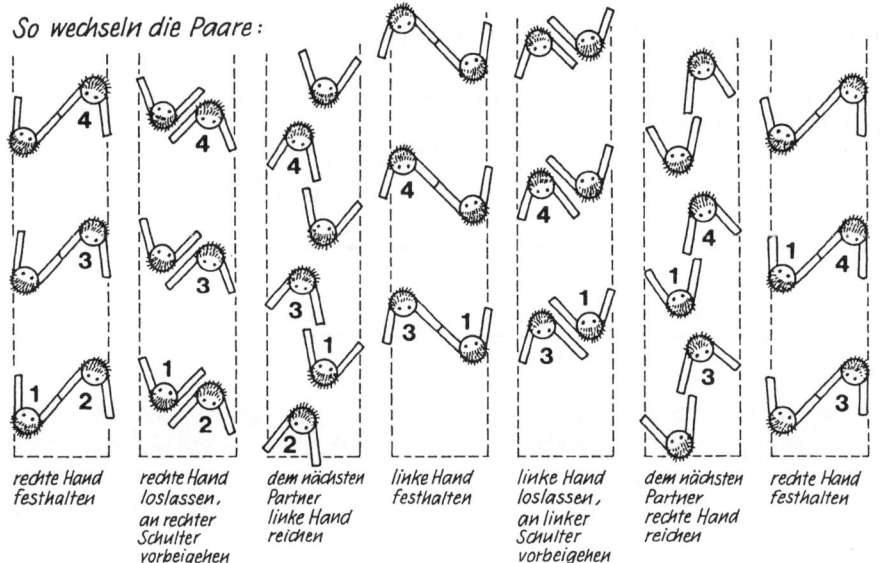

| rechte Hand festhalten | rechte Hand loslassen, an rechter Schulter vorbeigehen | dem nächsten Partner linke Hand reichen | linke Hand festhalten | linke Hand loslassen, an linker Schulter vorbeigehen | dem nächsten Partner rechte Hand reichen | rechte Hand festhalten |

Freier Ausdruckstanz mit und ohne Material

- Tanzende Hände: Zu Musik vom Kassettenrekorder oder mit Orff-Instrumenten lassen die Kinder ihre Hände (Füße) in der Luft tanzen.
- Bauchtanz: Die Kinder bewegen Bauch und Becken.
- Körpertanz: Alle Körperteile tanzen. Beachten: Besser weniger Bewegungen machen, dafür diese um so deutlicher und ausdrucksstärker.
- Darstellen von Gefühlen: Löwentanz (mutig), Hasentanz (ängstlich), Freudentanz ...
- Tanz mit geschlossenen Augen in der Turnhalle
- Tanz in der Turnhalle mit Luftballons, Bändern, Bällen ...
- Schlangentanz: Die Kinder stehen hintereinander und legen die Hände auf die Schultern des Vordermanns. Das erste Kind führt die Schlange zu Musik in Schlangenlinien durch den Raum. (vgl. *Ludwig Lambrecht:* Gestaltung des Unterrichtsbeginns in der Grundschule. Puchheim: PB Verlag 1988, S. 70 u. 72)

Einfache Tänze zu Musik

- Einüben leichter Volkstänze, beziehen Sie die ausländischen Kinder und evtl. ihre Eltern ein.
- Tanzen zu klassischer Barockmusik
- Fortgeschrittene erarbeiten einen Klassentanz, mit dem Aufführungen eingeleitet werden.

382

Hilda-Maria Lander: Tanzen will ich. Bewegung und Tanz in Gruppe und Gottesdienst. München 1983
Eva Mrosek/Eva Schäfer: Lieder im 3. und 4. Schuljahr. Kopiervorlagen mit Begleitkassette. München: Oldenbourg 1993
Irmingard Philipow: Kommt, lasst uns tanzen (Buch mit Kassette) Regensburg: Wolf Verlag 1993

Teilleistungsstörungen (Teilleistungsschwächen, TLS)

• TLS als Defizite basaler Funktionen

Die Leistungsfähigkeit eines Kindes setzt sich aus einer Vielzahl komplexer psychischer Funktionen zusammen, die sich wiederum aus einer Reihe von einfacheren Einzelelementen (Teilleistungen) aufbauen. „Können diese Teilleistungen nicht erbracht werden, sind höhere kognitive Funktionen nicht möglich. ... Teilleistungsstörungen lassen sich ... beschreiben als spezifische Defizite im Bereich motorischer, perzeptiver, sprachlicher und kognitiver Funktionen, die unabhängig vom Intelligenzniveau auftreten. Teilleistungen meinen also nicht komplexe Phänomene wie Lesen, Schreiben oder Rechnen, sondern die diesen Fertigkeiten zugrundeliegenden basalen Funktionen."
(A. Englbrecht S. 19 f.)

• TLS als Integrationsstörung

„Eine wesentliche Voraussetzung für eine adäquate Auseinandersetzung mit der Umwelt (ist) die Integration verschiedener Wahrnehmungssysteme. ... Integrationsstörungen erfolgen dann, wenn das Zentralnervensystem nicht in der Lage ist, die über die Sinne einlaufenden Informationen exakt aufzunehmen, weiterzuleiten, zu speichern, mit bereits vorhandenen Reizen zu vergleichen, sie zu ordnen und zu koordinieren, sie zu verarbeiten und schließlich eine den Gegebenheiten angepasste Reaktion zu organisieren."
(A. Englbrecht S. 23 f.)

• Ursachen

Hirnorganische Schädigungen, gravierende ererbte und soziokulturelle Belastungen (*Ingrid Zoller*: Diagnostische Verfahren zur Erfassung von Teilleistungsschwächen. In: *I. Milz* S. 175)

Hinweise auf Teilleistungsstörungen

„Teilleistungsschwache Kinder sind seelisch meist wenig belastbar... Sie kompensieren ihre Lernprobleme mit → *Verhaltensauffälligkeiten* in vielfältiger Weise, z. B. mit motorischer Unruhe, Kaspereien, Angebereien u.

a. m. Oder sie reagieren mit psychosomatischen Störungen wie ‚Schulkopfschmerzen und Schulbauchschmerzen', u. U. mit Mutismus, mit Regressionen und Depressionen." (*I. Zoller* S. 181)

Weitere Verhaltensauffälligkeiten:

- leichte Ablenkbarkeit, auch „normale" Reize stören das Kind beim Arbeiten;
- äußerst langsames Arbeitstempo;
- mangelnde → *Ordnung* am Arbeitsplatz, umständliches Suchen nach Arbeitsmitteln;
- Verstehen und Behalten nur <u>einer</u> Anweisung und <u>eines</u> Arbeitsschrittes;
- Vermeiden von Körperkontakt;
- grobes Verhalten anderen Kindern gegenüber;
- geringe Frustationsschwelle: häufiges Weinen, Wutausbrüche;
- Unsicherheit beim Sprechen, z. B. Verwechseln von ähnlichen Lauten (m/n) und Wörtern, Sätze mit falscher Wortstellung;
- Schwierigkeiten beim Lesen, z. B. Verwechseln von ähnlichen Buchstaben und Wörtern, das Lesen von der Tafel gelingt schlechter als aus dem Buch;
- Schwierigkeiten beim Schreiben, z. B. ungünstige Schreibhaltung, sehr verkrampfte oder zu kraftlose Stifthaltung, zittrige oder sehr ausfahrende Schrift, häufiges Absetzen beim Schreiben, das Abschreiben von der Tafel fällt schwer;
- Schwierigkeiten in Mathematik, z. B. das Kind rechnet nicht von links nach rechts, ist im Kopfrechnen schlechter als beim schriftlichen Rechnen;
- handwerkliche Schwierigkeiten, z. B. ungeschickter Umgang mit einfachem Werkzeug, geringe Fingerbeweglichkeit, Probleme beim Falten, Reißen, Schneiden, Kneten einfacher Formen und beim altersentsprechenden Malen eines Menschen;
- Auffälligkeiten bei Sport und Spiel, z. B. sehr langsames Umkleiden, ungeschickte Bewegungen, häufiges Hinfallen, rhythmisches Gehen, Klatschen, Sprechen und Hüpfen gelingen nicht.

Je eher das Kind bei Verdacht auf TLS überprüft und eine entsprechende Therapie eingeleitet wird, umso größere Erfolgsaussichten bestehen.

Fördermaßnahmen

- Üben und nochmals Üben sind sinnlos und führen bei Kind und Eltern nur zu Frustration und Resignation.
- Auch eine Klassenwiederholung nützt wenig, wenn nicht zusätzliche

Fördermaßnahmen angesetzt werden.

- Feststellen der Ebene der Beeinträchtigung durch die schulpsychologischen Dienste und Ansetzen mit der Therapie auf der darunter liegenden Entwicklungsstufe
- Schulische Fördermaßnahmen (→ *Fördern*):
Abbau des Drucks durch ständige Überforderung und Fördern des → *Selbstbilds*;
→ *Lehrerverhalten*: Geduld, Loben kleiner Fortschritte;
Einhalten wiederkehrender Formen der → *Ordnung* und gleich bleibender → *Regeln*;
Schulen einfacher, wiederkehrender Bewegungsformen, z. B. des Überkreuzens (→ *Edukinestetik*);
Übungen zur → *Wahrnehmung* und „Lernen mit allen Sinnen";
individuelle Hilfen, z. B. nicht von der → *Tafel* abschreiben lassen, sondern von einem vor dem Kind liegenden Blatt; größere Zeilen beim → *Schreiben* verwenden; ruhiger Einzelplatz zur besseren → *Konzentration* (→ *Sitzordnung*).

Was Eltern wissen sollten

- Beziehungsstörungen zwischen Eltern und Kind verstärken die emotionale Belastung und die partiellen Lernstörungen. Ein angenehmes Familienklima, Liebe und Anerkennen des Kindes sind wichtig.
- Die Diagnose „Teilleistungsschwäche" nimmt den Makel vom Kind „dumm" zu sein. Neben den beeinträchtigten Teilbereichen gibt es meist auch solche, in denen das Kind „normale" Leistungen erbringen kann. (vgl. *I. Zoller* S. 181) Sie gilt es herauszufinden und anzuerkennen.
- Der Rückgriff auf kompetente Hilfe durch Schulpsychologen, Kinderärzte, Krankengymnasten, Beschäftigungstherapeuten u. a. m. erfordert auch konsequente elterliche Unterstützung beim Durchführen von Übungen und Spielen zu Hause.

A. Jean Ayres: Bausteine der kindlichen Entwicklung. Berlin: Springer Verlag 1984
Roswitha Defersdorf: Ach, so geht das! Wie Eltern Lernstörungen begegnen können. Freiburg i. Br.: Herder 1993 (geeignet für Eltern)
Arthur Englbrecht/Hans Weigert: Lernbeeinträchtigungen verhindern. Frankfurt a. M.: Diesterweg 1991
Ingeborg Milz: Sprechen, Lesen, Schreiben. Teilleistungsschwächen im Bereich der gesprochenen und geschriebenen Sprache. 3. erw. Aufl. Heidelberg: *Ed. Schindele* 1994

Übertritt aufs Gymnasium

In den Bundesländern sind die Voraussetzungen für den Übertritt ans Gymnasium unterschiedlich. Der Übertritt nach dem 4. Schuljahr bewirkt einen bedenklichen Auslesedruck auf Kinder, Lehrer und Eltern. Kinder, die in Bayern die Durchschnittsnote von 2,33 in den Fächern Deutsch, Mathematik und Sachunterricht nicht erreichen, können an einem Probeunterricht teilnehmen, was voraussetzt, dass der Stoff dieses Schuljahrs etwa bis Anfang Juni abgeschlossen ist. Berücksichtigen Sie die Regelungen Ihres Bundeslandes bei der Stoffplanung.

Bei Kindern mit nicht deutscher Muttersprache darf die Durchschnittsnote um eine Notenstufe überschritten werden, wenn dies auf die Deutschleistungen zurückzuführen ist (vorausgesetzt, das Kind kann dem deutschsprachigen Unterricht folgen).

Im Kampf um gute Noten wird die Lehrerin von Eltern oft unter Druck gesetzt. Sichern Sie deshalb Ihre → *Noten* gut ab, z. B. durch gleiche → *Probearbeiten* in Parallelklassen. (→ *Zeugnis*)

„Schwachstellen aller Übergangsverfahren blieben bis heute ihre Treffsicherheit .... Mit keinem Verfahren konnten die zutreffenden Prognosen wesentlich über 66 % gesteigert werden. Etwa gleich groß ist der Anteil der Kinder, die sich entgegen ihrer Eignungsprognose in der gewünschten Schulform bewähren konnten." (*R. Portmann* S. 294) Aus diesen und anderen Gründen wird vielfach die sechsjährige Grundschule gefordert.

Beratungsgespräche

Informationen der Eltern über die Anforderungen und Übergangsmöglichkeiten der weiterführenden Schulen (Elternabend im November).

Einzelgespräche, wenn Sie im Gegensatz zum Elternwunsch die Eignung eines Kindes für das Gymnasium in Frage stellen. Bitten Sie die Eltern um ehrliche Antworten, hören Sie ohne Einwände und Kommentare zu (→ *aktives Zuhören*) und machen Sie sich Notizen:

- Warum möchten die Eltern, dass ihr Kind das Gymnasium besucht?
- Welche Stärken und Schwächen haben die Eltern am Kind beobachtet?
- Wie macht das Kind seine → *Hausaufgaben*?
- Lernt es gerne etwas auswendig?
- Macht es freiwillig zusätzliche Aufgaben für die Schule?
- Liest es zu Hause viel?
- Lernt das Kind für → *Probearbeiten*? Hat es Angst vor Probearbeiten?
- Wie verhält es sich bei einer schlechten Note, bei Misserfolg?
- Was will das Kind?

Beschreiben Sie nun sachlich Ihre Eindrücke anhand der → *Schülerbeobachtung.*

Das Übertrittszeugnis

Auf Antrag der Erziehungsberechtigten ist ein Übertrittszeugnis zu erstellen, das feststellt, ob das Kind für die Hauptschule oder das Gymnasium geeignet ist. Beim Verfassen des Gutachtens sind die gleichen Grundsätze wie beim → *Zeugnisbericht* zu beachten. Inhaltlich sind Anlagen, Neigungen und Fähigkeiten des Kindes zu beschreiben:

- Allgemeines Lernverhalten (kognitive Fähigkeiten), z. B. Auffassen und Aufgabenverständnis, Behalten, Abstrahieren, Kombinieren, mündlicher und schriftlicher Ausdruck, reproduktives und produktives, logisches Denken, Übertragen, Flexibilität, Kreativität;
- Lernbereitschaft, z. B. → *Arbeitsverhalten*, Selbstständigkeit, Anstrengungsbereitschaft, Aufmerksamkeit, → *Konzentration*, Ausdauer, Arbeitstempo, Sorgfalt, besondere Interessen;
- Individual- und Sozialverhalten, z. B. Kontaktfähigkeit, Verhalten in der Gruppe, Ertragen von Kritik, emotionale Stabilität, Ängstlichkeit, Durchsetzungsvermögen, Anpassungsfähigkeit, Verlässlichkeit.
- Besonderheiten der körperlichen und gesundheitlichen Verfassung, sofern sie für den Schulerfolg wichtig sind;
- Leistungsstand in den für den Übertritt relevanten Fächern.

Zusammenarbeit zwischen den Schulen

Um den Kindern den Übertritt zu erleichtern ist eine Kooperation von Lehrern der abgebenden mit den aufnehmenden Schulen anzustreben vergleichbar der Zusammenarbeit zwischen Kindergarten und Grundschule. Möglichkeiten:
- Unterrichtshospitationen der Lehrer
- „Tag der offenen Tür" an den aufnehmenden Schulen
- Ehemalige „Grundschüler" berichten von der „neuen Schule" und beantworten vorher gesammelte Fragen.
- Unterricht im 4. Schuljahr:
In manchen Bundesländern werden ohnehin die lateinischen Bezeichnungen für Wortarten und Rechenoperationen eingeführt. Auch dort, wo dies nicht vorgeschrieben ist, sollten Sie deutsche und lateinische Bezeichnungen parallel verwenden, damit die Kinder nach dem Übertritt nicht geballt mit Fremdwörtern konfrontiert werden - auch wenn die Grundschule kein Zubringer für das Gymnasium ist.

Andreas Langer / Hannelore Langer / Helga Theimer: Lehrer beobachten und beurteilen Schüler. München: Oldenbourg 1983
Rosemarie Portmann: Übergänge in die weiterführenden Schulen. In *Eckhard Kohls*, Hrsg.: Grundbegriffe zur Erziehung, zum Lernen und Lehren in der Grundschule. Heinsberg: Agentur Dieck 1994

Umwelt

Umweltbewusstes Verhalten ist nicht nur ein wiederkehrendes Thema für den Unterricht (Unterrichtsprinzip!), sondern muss auch den Schulalltag durchdringen.

Naturerfahrung

Das Entdecken und Erleben der Natur setzt ein Lernen vor Ort voraus. Beim Wahrnehmen von Eindrücken mit allen Sinnen, beim gezielten Betrachten und Beobachten von Pflanzen und Tieren, bei Naturerfahrungsspielen, beim Erkunden von Lebensräumen und bei einfachen Experimenten und in → *Projekten* lernen die Kinder die Natur nicht nur kennen, sondern schätzen.

Möglichkeiten im Klassenzimmer und im Schulgelände: Monats- oder Jahreszeitentische, Kistengärtchen, Regenwurmkiste, Terrarium, Aquarium, Schulgarten, Komposthaufen, Teich (PVC-Folie?) u. a.

Auch das Malen und Zeichnen von Naturobjekten und das Basteln mit Pflanzen, Steinen, Federn etc. unterstützen die Naturerfahrung.

Umweltbewusstes Verhalten im Klassenzimmer

- Energie sparen.
  Kein Licht bei Sonnenschein (Lichtdienst)! Heizung beim Lüften zurückdrehen. Leuchtstoffröhren erst bei Unterrichtsende ausschalten, da das Schalten z. B. vor und nach der Pause mehr Strom kostet als das Brennenlassen. Noch mehr Strom als die Beleuchtung verbraucht der Tageslichtprojektor.
- Papier sparen.
  Manches → *Arbeitsblatt* lässt sich durch einen Hefteintrag ersetzen. Unzerbrechliche Kunststofftafeln sind nicht nur für Schulanfänger praktisch, sondern können den Notizblock ersetzen.
- Vermeiden von gefährlichen und giftigen Stoffen
  Keine Tintenkiller und Filzstifte, lösungsmittelfreie Klebstoffe (→*Arbeitsmittel, Schultasche*)

- Umsichtiges Verhalten erspart das Reinigen!
  Schuhe beim Betreten des Schulhauses abstreifen, Pausenfrühstück nur eingepackt auf dem Tisch ablegen, Malen auf Zeitungspapier ...
- Restekiste
  Beim Basteln Reste aller Art (auch Ton- und Transparentpapier) sammeln und später wieder verwenden; Basteleien aus Abfallmaterialien herstellen.

Umweltschutz im Schulleben

- Umweltbewusstes Handeln: Sammeln und Trennen des wiederverwertbaren Mülls, Befreien der Grünanlagen der Schule von Unrat ...
- Regelmäßige → *Unterrichtsgänge* und → *Ausflüge* zur Naturerfahrung
- Vorstellen von Büchern zum Thema in der Klassen- oder Schulbücherei
- Malen von Plakaten (z. B. Lärmschutzplakat)
- Umweltecke (Tisch und Pinnwand) in der Schule, die jeweils eine Klasse für einen Monat gestaltet (z. B. „Die Pflanze der Woche" ausstellen mit Informationskarte)
- Musisches Lernen: Herstellen eines Umweltkalenders für die Klasse, für die Eltern, für das Schulhaus mit Bildern und Sprüchen, Lieder (z. B. Kassetten von Rolf Krenzer / Ludgar Edelkötter: Mit Kindern unsere Umwelt schützen. Drensteinfurt: Impulse Musikverlag), Theater spielen, Verfassen von Umwelttexten
- Beiträge in der Klassen- oder Schulzeitung, auch Mitteilen von Anschriften der Kindergruppen umweltnaher Vereine
- Wandzeitung und Ausstellung zur Dokumentation von erarbeiteten Inhalten
- Umweltwoche

Umweltprobleme: Mit Widersprüchen und Ängsten umgehen lernen

Medien tragen Umweltprobleme an die Kinder heran, die sie oft nicht verstehen und einordnen können. Belastende Gedanken und Gefühle, diffuse und unterdrückte Ängste bedrücken die Kinder jedoch mehr als klare Informationen.
- Reden Sie deshalb mit den Kindern über ihre Ängste. Allein schon Ihre Offenheit vermittelt den Kindern Sicherheit.
- → *Malen* und Zeichnen sind eine Hilfe beim Ausdrücken von Gefühlen und zum Einstieg in solche Gespräche.
- Geben Sie eigene Unsicherheit und Ängste zu und geben Sie auch zu, wenn Sie etwas nicht wissen.

- Versuchen Sie nicht den Kindern ihre Angst „wegzureden", sondern ermutigen Sie sie zu gemeinsamem, wenigstens im Kleinen wirkungsvollem Handeln (Prinzip Hoffnung!).
- Geben Sie den Kindern als Gegenpol Gelegenheit zum Kennenlernen der „schönen" Seite der Natur und nutzen Sie die Sehnsüchte nach der „heilen", grünen Welt als Triebfeder für umweltbewusstes Handeln. Führen Sie auch in → *Fantasiereisen* die Kinder in idyllische Landschaften. (vgl. Ulrike Unterbruner: Wenn Umweltzerstörung Angst macht. In: Die Grundschule Heft 3/1995, Braunschweig: Westermann)

Was Eltern wissen sollten

Trinkflaschen für das Pausenfrühstück verwenden, keine Tetrapacks oder Dosen. (→ *Pause*)

Umweltfreundliche → *Schultasche*;

Umweltbewusstes Verhalten im Haushalt einüben:
- Strom sparen, z. B. elektrische Geräte (Lampen, Fernseher) nicht unnötig anschalten, Kühlschrank nicht auflassen, Heizung um ein Grad zurückdrehen ...
- Wasser sparen, z. B. duschen statt baden, beim Einseifen und Zähneputzen Wasserhahn zudrehen ...
- Verzicht auf unnötige Dinge, z. B. sparsames Verwenden von Reinigungsmitteln, kein mit Batterien betriebenes Elektronikspielzeug, Verzicht auf Modetrends wie gefärbte Haare bei Kindern ... (→ *Konsum*)

Ein sorgfältiger Umgang nicht nur mit den Schulsachen erspart manchen Neukauf.

Die Eltern sind ein wichtiges Vorbild: Einkaufskorb statt Plastiktüte, Pfandflaschen statt Dosen, keine aufwendig verpackten Dinge kaufen, Autofahrten beschränken ...

Sigrid Bairlein: Umwelterziehung im 1. und 2. Schuljahr. München: Oldenbourg 1992

Sigrid Bairlein: Umwelterziehung im 3. und 4. Schuljahr. München: Oldenbourg 1994

Alfons Miethaner: Umwelterziehung in der Grundschule: Wasser, Wald und Wiese. Informationen - Aktionen - Materialien. München: Oldenbourg 1991

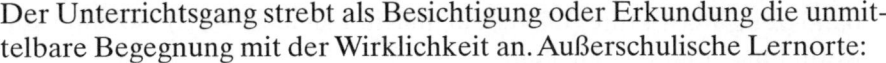

Der Unterrichtsgang strebt als Besichtigung oder Erkundung die unmittelbare Begegnung mit der Wirklichkeit an. Außerschulische Lernorte:
- Natur bzw. die natürlichen und gestalteten Lebensräume (z. B. Wald, Park, Neubausiedlung),
- Arbeitswelt und ihre Produktionsverhältnisse bzw. Dienstleistungen (z. B. Bäcker, Feuerwehr, Post)
- Kulturwelt und ihre Funktionen (z. B. Museum, Theater, Bibliothek),
- menschliche Beziehungswelt (z. B. Kirche, soziale Einrichtungen).

(nach *Eiko Jürgens*: Außerschulische Lernorte. In: Grundschulmagazin Heft 7 - 8/1993. München: Ehrenwirth/Oldenbourg)

Didaktischer Ort des Unterrichtsgangs:
- als Einstieg in ein Thema zum Sammeln von Informationen oder Erkennen von Problemen;
- während der Erarbeitung eines Themas zum Gewinnen von Informationen oder Lösen von Problemen;
- als Abschluss eines Themas zur Einsicht in Zusammenhänge.

Vorbereitung

- Frühzeitige Anmeldung und Absprache mit Betrieben, Museen etc.
- Die organisatorische Planung (→ *Ausflug*) richtet sich nach den Lernzielen, der Entfernung und der Dauer.
- Vorheriges Besichtigen des Ortes, Abgehen der Strecke und Festlegen des Weges, evtl. mit einigen wenigen Kindern; Überprüfen von Fahrmöglichkeiten, Aufstellen eines Zeitplans, Einplanen von Haltepunkten zum Erklären oder zum freien Erkunden sowie von Pausen (Sitzmöglichkeit, Toilette). Bei längeren Gängen Spielzeiten einplanen und evtl. Spielgeräte mitnehmen.
- Schriftliche Information der Eltern und der Schulleitung.
- Hinweis der Kinder auf erforderliche Verhaltensweisen:
  Aufstellungsformen vorher einüben,
  verkehrsgerechtes Verhalten (→ *Ausflug*), nichts ohne Erlaubnis berühren, keine Abfälle wegwerfen.
- Information der Kinder: Zielangabe des Unterrichtsganges (z. B. beim Besichtigen eines Bauwerkes anschließend selbst einen Führer für Kinder zusammenstellen), Sammeln des Vorwissens und von Informationsmaterial, Erstellen eines Fragebogens und Zuteilen von Arbeitsaufträgen zum gezielten Betrachten oder Beobachten, Mitnehmen

benötigter Arbeitsmittel und von Schreibzeug.

- Das sollten Sie mitnehmen: Liste mit den Telefonnummern der Eltern (für den Notfall), Foto, Schreibzeug, Ortsplan, ausreichend Geld, Verbandszeug, Plastiktüte (falls es einem Kind schlecht wird), Behälter zur Mitnahme von Fundstücken.

Durchführung, Auswertung und Nacharbeit

- Das Lernen vor Ort ist umso ergiebiger, je mehr die Kinder tätig sein können.
- Mündliches und schriftliches Fixieren der Ergebnisse.
- Ergänzen der Ergebnisse durch weitere Arbeitsmittel (z. B. Sandkasten, Bilder, Filme, Modelle, Diagramme) und Arbeitsweisen um die Primärerfahrungen zu verdeutlichen.
- Dokumentation der geleisteten Arbeit, z. B. Texte, Fotos, Plakat, Mappe, Büchlein, Wandzeitung oder eine Ausstellung für die anderen Klassen und die Eltern.
- Sichern und Übertragen der Ergebnisse.

Rainer Maras: Unterrichtsgestaltung in der Grundschule heute. Donauwörth: Auer 1982, S. 316

Unterrichtsgespräch

Bedeutung des Unterrichtsgesprächs

Jeglicher Unterricht ist ein Miteinander-Sprechen, das durch den jeweiligen Lerninhalt und die angestrebten Lernziele gesteuert wird. Darüber hinaus strebt die Anleitung zum Gespräch das Bewältigen jetziger und künftiger Lebenssituationen an.
Die Unterscheidung zwischen „freiem" und „gebundenem" Gespräch erscheint nicht sinnvoll.

- „Zum einen, weil Gespräche im Unterricht zwar offen, thematisch und von der Zielperspektive her aber immer gebunden sind;
- andererseits jedoch im Rahmen dieser Gebundenheit für den Schüler stets freie Meinungsäußerungen und damit Freiheit der Rede gewährleistet sein müssen." (*G. Ritz-Fröhlich* S. 20)

Als Gesprächsthema eignen sich komplexe und vielschichtige Sachverhalte, die unterschiedliche Sichtweisen zulassen. Durch das Formulieren seiner Gedanken unterstützt das Kind sowohl sein eigenes Lernen als auch das der Zuhörer. „Das Abwägen und Hinterfragen geäußerter Vermutungen, Widerspruch und Kritik halten das Denken in Bewegung und veranlassen zudem neue Denkansätze, auf die der Einzelne allein so wohl nie gekommen wäre." (*G. Ritz-Fröhlich* S. 30) Außerdem gewinnen Sie durch die Gesprächsbeiträge Einblick in den Lernstand sowohl des einzelnen Kindes als auch der Klasse.

Gesprächsfördernde Faktoren

- → *Sitzordnung*: Hufeisen und Sitzkreis begünstigen das Zueinandersprechen.
- Förderliches → *Lehrerverhalten*: Jede Äußerung annehmen, andere Meinungen achten, kein Kind bloßstellen, sprachgehemmte Kinder ermutigen, kein Kind → *aufrufen*, das sich nicht meldet. Häufige Aufforderungen wie „Sprich nicht so leise. Sprich in einem ganzen Satz." verpuffen meist wirkungslos. Hilfreicher sind Ihr konsequentes Vorbild und sachliche Hinweise („*Das war eben nicht zu verstehen.*" → *Körpersprache*). Ständiges Aufzeigen von Fehlern führt nur dazu, dass das Kind eben nichts mehr sagt. Denn Kritik an Äußerungen wird immer zugleich als Kritik an der Person empfunden.
- Um die Kinder allmählich zum selbstständigen Miteinander-Sprechen hinzuführen müssen Sie als Modell das Gespräch anfangs steuern durch das Denken anregende Sprachformen wie Aufforderungen, → *Fragen, Impulse*, Rückmeldungen zur Information und Ermutigung, eingeschobene Erklärungen, Feststellungen und Begründungen. Ihr Geschick zeigt sich dabei in der Beschränkung auf erforderliche → *Lenkung*. (→ *Lehrersprache, Ich-Botschaften*)
- Motivierende Gesprächsthemen aus dem Erfahrungs- und Interessensbereich der Kinder
- Zeit und Gelegenheit für Gespräche einplanen.

Schrittweise Anleitung zum Gespräch
(nach *G. Ritz-Fröhlich* S. 80 - 108)

Für das Ende der Grundschulzeit stellt *G. Ritz-Fröhlich* folgendes Ziel auf: „Die Schüler können ... in relativer Selbstständigkeit und in unterschiedlichen Gesprächsformen geregelte, sach- und problembezogene Gespräche führen." (S. 80)

1. Phase: Einführen in das Miteinander-Sprechen am Schulanfang
Schulanfänger müssen das Zuhören und Einhalten einfacher → *Gesprächsregeln* erst lernen. Hilfen:
- täglicher Erzählkreis (→ *Morgenkreis, Erzählen*);

- Spielformen;
- aufmerksames Zuhören und direkte Anteilnahme der Lehrerin, z. B.: *„Wie schade, dass ... - Da hast du aber Glück gehabt! ...";*
- durch Fragen (*„Wie ist es denn dir ergangen?"*) die Aufmerksamkeit der anderen auf einen Beitrag lenken;
- namentliches Hervorheben von Kindern, die aufmerksam zuhören, aber auch deutliches Erinnern an Gesprächsregeln (*„Jetzt spricht Andreas."*)

2. Phase: Anstöße zum Aufeinander-Eingehen
Über die gegenseitige Zuwendung beim Sprechen und Hören hinaus sollen die Kinder lernen durch Bestätigungen (*„Wir machen das auch so ..."*), Erkundigungen (*„Ich wüsste gerne noch, ob ..."*) und Rückfragen auf den Vorredner einzugehen (→ *Gesprächsregeln*). Hilfen:
- Vorbild der Lehrerin, z.B.: „Ich möchte gern wissen, was ihr dazu denkt. - Über das, was Sonja gesagt hat, muss ich erst mal kurz nachdenken ..."
- Rätsel und Ratespiele

3. Phase: Sach- und partnerbezogenes Sprechen
Etwa ab Mitte des 2. Schuljahrs sollten die Kinder allmählich lernen
- beim Thema zu bleiben (*„Davon sprechen wir jetzt nicht. - Das passt nicht dazu. - Ich denke nicht, dass uns Annas Beitrag weiterhilft. ..."*). Pfeile an der Tafel zeigen, ob eine Äußerung zum Thema gehört oder wegführt.
- auf Äußerungen der anderen Kinder zunehmend mit Bestätigungen, Fragen, aber auch Widerspruch einzugehen (*„Das hat Sonja schon gesagt. - Ich bin anderer Meinung ..."*).
- die Äußerungen der anderen miteinander zu vergleichen, zu bewerten und beim eigenen Beitrag einzubeziehen.
- das eigene Gesprächsverhalten zu reflektieren.

4. Phase: Relativ selbstständiges Führen von Gesprächen
Ende des 2. Schuljahres oder im Lauf des 3. Schuljahrs lernen die Kinder das Gespräch durch eigene Initiativen wie Vermutungen, Fragen, Erklärungen, Argumentieren, Vertreten der eigenen Meinung und Beurteilen von Gesprächsbeiträgen voranzubringen und Sachverhalte zu klären ohne ständigen Rückbezug auf die Lehrerin.
Hilfen: Nicht die Lehrerin, sondern die Kinder übernehmen streckenweise die Gesprächsführung.

Gesprächsformen

- Informations- und Lehrformen: Unterrichtsgespräch über Sachthemen, Lesetexte, Lösungswege in Mathematik ...
- Erzählen von Erlebnissen im → *Morgenkreis*, in festen Erzählzeiten.
- Planungsgespräch (Konferenz) z. B. bei → *Freiarbeit, Projekten* und Arbeit mit dem → *Wochenplan*: Nach dem Mitteilen der eigenen Meinung zu einem Problem sprechen die Kinder darüber, ob, wie und auf welches Vorgehen man sich einigen kann.
- Gespräch über Lernerfahrungen, z. B.: Was mir beim Lesen, Schreiben, Rechnen oder sonst in der Schule schwer fällt.
- Blitzlicht: Jedes Kind sagt reihum seine persönliche Meinung zu einem Thema, die von niemandem kritisiert werden darf.
- Streitgespräch: Zwei Kinder bzw. Gruppen vertreten vor der Klasse eine Meinung durch Argumentieren (Pro- und Contra-Diskussion).
- Schreibgespräch

Erste Phase: Auf große Papierbögen auf den Gruppentischen schreibt jedes Kind zu einem brisanten Thema seine Gedanken, Gefühle und Meinungen. Dabei darf nicht gesprochen werden.

Zweite Phase: Lesen und schriftliches Kommentieren des Geschriebenen mit Bestätigung oder Gegenmeinung, mit Ausrufe- oder Fragezeichen, durch Unterstreichen von Wichtigem usw.

Dritte Phase: Gespräch über das „Schriftbild"

Vorteil: Alle sind am schriftlichen Gespräch beteiligt.

(nach *Christine Kretschmer*: Im Kreis erzählen und miteinander sprechen. In: *H. Bartnitzky/Reinhold Christiani*, Hrsg.: Die Fundgrube für jeden Tag. Frankfurt a. M.: Cornelsen Scriptor 1995 S. 355)

- Das Gespräch über das Gespräch (Metakommunikation)

Dabei sollen die Kinder gelungene Gesprächsphasen erfassen, aber auch Fehlformen erkennen und sinnvolle → *Gesprächsregeln* entwickeln. Es soll deutlich werden: Das Führen von Gesprächen kann man lernen. Heben Sie dazu positive Verhaltensweisen einfach, konkret und knapp hervor, z. B. „*Anna hat deutlich gesprochen. Wir konnten sie gut verstehen. - Christian hat sich heute oft gemeldet ...*"

Probleme und Schwierigkeiten beim Unterrichtsgespräch

Vielredner und Schweiger

Nicht alle Kinder haben zur gleichen Zeit das gleiche Interesse zum gleichen Thema zu sprechen. Schweigen ist deshalb zu akzeptieren und nicht vorwurfsvoll zu tadeln.

- Zurückhaltende Kinder nach einer Äußerung → *loben* und ermutigen.

Äußert sich ein Kind fehlerhaft oder unverständlich, so können Sie das vermutlich Gemeinte wiederholen und das Kind um Bestätigung bitten. (→ *Sprachauffälligkeiten*) Besser als nachdrückliche Aufforderungen zum Sprechen sind indirekte Hilfen wie → *Handpuppen*, Masken, Verkleidungen, ein aus einem Karton hergestellter „Fernsehschirm", das Partnergespräch (→ *Partnerarbeit*) u. a. m.

- Dauerredner werden durch Gesten gebremst, z. B. Finger auf den Mund legen, Handflächen aufeinander zu bewegen (→ *Gesprächsregeln*). In einem dem Klassengespräch vorgeschalteten Partnergespräch können die Kinder „Dampf ablassen". Ihre Fähigkeit zum Zuhören wird gefördert, wenn sie im Klassengespräch nicht ihren eigenen Beitrag wiedergeben, sondern den des Nachbarn.

Auch Aufgaben zur Gesprächsbeobachtung veranlassen sie zum Zuhören, z. B. welche Kinder melden sich (Strichliste), lassen die anderen ausreden etc.

Hoher Lärmpegel

- Beachten des Bedürfnisses der Kinder nach → *Bewegung*
- Übungen der → *Stille*
- Festlegen von → *Regeln*, z. B.: Wer einem anderen Kind nicht zuhören kann, darf für eine bestimmte Zeit nicht sprechen. Wer schon etwas gesagt hat, wird erst wieder aufgerufen, wenn die anderen Kinder an der Reihe waren. (→ *Disziplin*)

Das Gespräch kommt nicht in Gang.

- 1./2. Schuljahr: Bevor die Kinder zum Sitzkreis kommen, legen sie nach der Bekanntgabe des Themas ihren Kopf in die Arme auf den Tisch, „schlafen" und denken nach.
- Vor dem Gespräch angefertigte Zeichnungen liefern konkrete Sprechanlässe.
- Partnergespräch vorschalten und im Sitzkreis kurz mit dem Nachbarn Ideen austauschen.
- „Brainstorming" (*H. Steinhorst:* „Kopfsalat"): Jeder sagt, was ihm zum Thema einfällt. Keine Idee oder Assoziation darf mit der sonst üblichen Regel „Beim Thema bleiben!" zurückgedrängt werden. Sie können die Ideen stichpunktartig an der Tafel, auf Folie oder für sich auf einen Zettel notieren. (vgl. *Hanns Steinhorst:* Erziehung zur Toleranz als Weg zur sozialen Kompetenz. In: Grundschulmagazin Heft 12/1992, München: Ehrenwirth/Oldenbourg)
- Den Sitzkreis verlassen und in Gruppen auf dem Tisch sitzend Einfälle sammeln.
- Schreibgespräch s. o.

- Erzählen Sie den Kindern etwas Interessantes zum Thema oder was Sie z. B. an einem Text beeindruckt hat.
- Wenn gar nichts geht: Auf ein Gespräch verzichten.
(→ *Erarbeitungsunterricht*)

Das Gespräch tritt auf der Stelle.
- Wiederholen und Zusammenfassen von wichtigen Äußerungen durch die Lehrerin (*„Das habt ihr bisher herausgefunden."*), auch als Tafelanschrift.
- Zeigen eines Gegenstands, eines Bildes oder Anschreiben eines Stichworts zum Aufzeigen der weiteren Denkrichtung.
- Vorlesen eines kurzen Textes.

Bewerten mündlicher Leistungen → *Noten*

Gertrud Ritz-Fröhlich: Das Gespräch im Unterricht. Bad Heilbrunn: Klinkhardt 1977
Staatsinstitut für Schulpädagogik und Bildungsforschung München, Hrsg: Handreichung zum mündlichen Sprachgebrauch in der Grund- und Hauptschule. München 1990

Unterrichtsrezepte

Unterricht ist ein komplexes Geschehen.
Und genau deshalb brauchen wir Rezepte.
Jochen und Monika Grell (S. 48)

Verpönte Rezepte?

Da Menschen auf dieselben Reize mit unterschiedlichen Empfindungen reagieren, kann es keine Rezepte geben, die in einer bestimmten Situation immer richtig sind. (*Grell* S. 23) Trotzdem stützen wir uns weit gehend auf Rezepte, also auf „Beschreibungen, was man tun kann, wenn man bestimmte Ziele erreichen oder bestimmte Effekte erzielen möchte. Rezepte sind Regeln, Pläne, Vorstellungen darüber, wie etwas gemacht werden kann, aber keine Gesetze, denen jeder gehorchen muss. Ein Rezept ist eine Vorschrift. Aber eine Vorschrift nicht im Sinne von ‚Du darfst nur so und nicht anders handeln', sondern im Sinne eines Handlungsentwurfs, an dem man sich orientiert, wenn man es für vernünftig hält." (*Grell* S. 42)
Solche Handlungsrezepte haben zwei Vorteile:
- „Wir können in vielen Situationen relativ schnell und sicher handeln,

weil wir nicht für jede Situation erst ein völlig neues Rezept erfinden müssen."
- „Unser Handeln bleibt zielorientiert, vernünftig usw., auch wenn wir nicht in jedem Fall vorher überlegen, was wir tun wollen, sondern automatisch reagieren, indem wir ein Rezept abrufen, das wir uns angewöhnt haben. Denn eine Handlungsweise, die ... als sinnvoll erkannt wurde, verliert ihren Sinn ja nicht zwangsläufig dadurch, dass sie zur Gewohnheit wird." (*Grell* S. 43)

Aufbau einer Unterrichtsstunde (*J. u. M. Grell* S. 103 ff.)

Phase 0: Direkte Vorbereitung

Vor dem Unterricht:
- Bereitstellen von Lehr- und Arbeitsmitteln (→ *Tafel*)
- Tafelanschrift zur Orientierung für Lehrerin und Kinder: Plan für die Stunde (→ *Tagesplan*)

Phase 1: Auslösen positiver reziproker Affekte

Die Sprichwortweisheit „Wie man in den Wald hineinruft, so hallt es zurück" umschreibt das Auslösen positiver reziproker Affekte (→ *Lehrerverhalten*). Dieses Prinzip gilt für den gesamten Unterricht, ist jedoch zu → *Tages-* und *Stundenbeginn* besonders wichtig.
- Kündigen Sie in der Überzeugung, dass das, was Sie lehren, wichtig und interessant ist, das Thema und die Lernziele engagiert an um die Kinder anzustecken.
- Verbreiten Sie eine die Lernbereitschaft fördernde Stimmung, loben Sie die Kinder für etwas Vorausgegangenes und äußern Sie positive Erwartungen und Optimismus. Auch Ihre Mimik ist wichtig! (→ *Körpersprache*)

Phase 2: Informierender Unterrichtseinstieg

„Die Schüler müssen wissen, was und wie und warum sie lernen sollen, damit sie ihre willkürliche Lernbereitschaft einschalten können. Ich gebe den Schülern die Ziele des Unterrichts bekannt (mündlich und/oder schriftlich an der Tafel), ich gebe den Schülern eine Übersicht über den geplanten Stundenverlauf und seine Abschnitte, ich begründe, warum die Ziele wichtig sind oder diskutiere dies mit den Schülern (,Warum muss man das lernen?')." (*Grell* S. 106)
Das altersgemäße Begründen der Bedeutung von Lerninhalten wie Lesen oder Schreiben muss nicht in jeder Stunde neu erfolgen.

Vielleicht vermissen Sie „Motivationsgags" (→ *Motivation*). Aber: „Spannung u. Ä. wird beim Informierenden Unterricht allein dadurch erzeugt, dass ich die Schüler darüber aufkläre, was auf sie zukommt. Der Informierende Unterrichtseinstieg beruht auf der Annahme, dass Menschen gern etwas Sinnvolles tun und dass daher mehr Schüler ihre Lernbereitschaft von sich aus einschalten werden, wenn sie Ziel und Sinn der Arbeit kennen." (ebd.)

Phase 3: Informationsinput

Präzise „Informationen sind die Grundlage dafür, dass die Schüler eine → *Lernaufgabe* ausführen und Lernerfahrungen bilden können. Ich biete den Schülern einen Satz von Informationen als ‚Lernreiz' dar (Beispiele: eine Geschichte vorlesen, einen Satz an die Tafel schreiben, ein Bild zeigen); vor der Reizdarbietung gebe ich einen ‚Set', der die Aufmerksamkeit der Schüler auf bestimmte Aspekte des Reizes lenkt und so die Vieldeutigkeit des Reizes verringert oder:
- ich erkläre den Schülern etwas (→ *Erklären*),
- ich zeige *und* erkläre etwas,
- ich demonstriere ein Verfahren,
- ich versorge die Schüler mit Informationsmaterial, aus dem sie die notwendigen Informationen selbst herausholen können u.Ä." (*Grell* S. 108)
„Das A und O beim Informationsinput ist, dass Sie herausfinden, welche Informationen unbedingt nötig sind, damit die Schüler die gewünschten Lernerfahrungen machen und bedeutsame Lernziele erreichen. Beim Bestimmen der notwendigen Informationen müssen Sie scharf kalkulieren, denn ein zu umfangreicher Informationsinput ist fast noch schädlicher als ein zu knapper." (*Grell* S. 184)

Phase 4: Anbieten von Lernaufgaben

„Damit die Schüler selbstständig Lernerfahrungen machen können, bekommen sie eine oder mehrere → *Lernaufgaben*.
- Ich stelle den Schülern eine interessante Lernaufgabe oder biete ihnen mehrere Lernaufgaben zur Auswahl an,
- demonstriere der Klasse auf anschauliche Weise, wie die Aufgabe ausgeführt werden kann, etwa indem ich es an einem Beispiel vorspiele und vordenke oder indem ich es mit Schülern im Zeitraffer durchspiele,
- bitte die Schüler einzeln, zu zweit oder in Gruppen, die Lernaufgabe(n) zu bearbeiten,
- sage den Schülern, wie viel Zeit sie für die selbstständige Arbeit haben und wie das Ergebnis aussehen soll,

- sage den Schülern, wie das Arbeitsergebnis hinterher weiterverarbeitet werden soll." (*Grell* S. 109)

Verlangen Sie nicht, dass jedes Kind alles schafft, sondern bieten Sie ein Minimalpensum mit Zusatzaufgaben an (→ *Differenzierung, Einzelarbeit*).

Phase 5: Selbstständiges Arbeiten und Lernerfahrungen machen

- „Ich sitze an meinem Platz und arbeite selbst (→ *Modellverhalten*)oder
- ich bereite den folgenden Unterrichtsschritt vor ..., oder
- ich gehe leise in der Klasse umher und flüstere mit einzelnen Schülern (um ihnen zu helfen, sie zur Arbeit anzuregen usw.) oder
- ich erlaube den Schülern, zu mir zu kommen, wenn sie etwas fragen oder um Hilfe bitten wollen u.Ä." (*Grell* S. 110)

Diese eigentlich wichtige Phase dauert länger als die anderen Phasen.

Phase 6: Auslöschung

Wenn nach Phase 5 noch eine Weiterverarbeitung folgen soll, müssen die Kinder von der selbstständigen Arbeit wieder auf die Arbeit im Klassenverband umgestellt werden. „Das Bedürfnis weiterzumachen wird ‚ausgelöscht',‟ z. B. indem sich die Kinder wieder auf ihre gewohnten Plätze setzen, indem eine kurze Pause eingeschoben wird oder etwas getan wird, was nicht direkt mit der Lernaufgabe zusammenhängt (organisatorische Arbeiten, eine Geschichte erzählen ...) (*Grell* S. 110)

Phase 7: Feed-back und Weiterverarbeitung oder Rendezvous mit Lernschwierigkeiten

Wenn sich in Phase 5 zeigt, dass die Kinder ihre Lernaufgaben erfolgreich bearbeiten, so können eine oder mehrere Funktionen dieser Phase sein:
- Die Kinder überprüfen oder beurteilen ihre Arbeitsergebnisse selbst. (→ *Selbstkontrolle*)
- Sie erhalten von Ihnen Rückmeldung über den Erfolg ihrer Arbeit.
- Gemeinsames Üben oder praktisches Anwenden des Gelernten.
- Übertragen des Gelernten auf neue Situationen.
- Kritisches Prüfen des Gelernten und Einordnen in einen größeren Rahmen.
- Durchführen oder Vorbereiten eines neuen Lernschritts auf der Basis des Gelernten.

Hat die Mehrzahl der Kinder nicht die erwarteten Lernerfahrungen machen können, so werden sie nun ermutigt freimütig alles zu fragen, was sie nicht verstehen. Diese einfühlsame, taktvolle und verständliche Hilfe bei Lernschwierigkeiten ist wichtiger, als dass der Unterricht „wie geplant verläuft."

Phase 8: Verschiedenes und Gesamtevaluation

Lassen Sie zum Schluss die Kinder zu Wort kommen z. B. zu folgenden Fragen:

- „Wie hat dir die Stunde gefallen?
- Was fandest du schlecht und was gut? ...
- Was sollen wir nächstes Mal anders machen?
- Was sollen wir noch einmal machen?
- Was hast du in dieser Stunde gelernt?
- Woran musst du noch weiter arbeiten?
- Welchen Nutzen hast du davon, dass du dies gelernt hast?
- Wie kannst du das Gelernte anwenden oder üben?
- Was sollten wir noch lernen?
- Welche → *Hausaufgaben* könntest du machen?" (*Grell* S. 114)

Der Unterricht nach diesem Rezept „hat eine deutliche Struktur und ist nicht abhängig von den spontanen Einfällen und wechselnden Wünschen der einzelnen Schüler." Auch wenn der Unterricht lehrerzentriert ist, haben die Kinder doch Möglichkeiten zur Mitsprache. Denn in allen Phasen gilt die Regel „Jeder darf jederzeit jedes sagen," sofern jeweils immer nur einer spricht. (*Grell* S. 108)

Jochen und Monika Grell: Unterrichtsrezepte. München: Urban und Schwarzenberg 1979

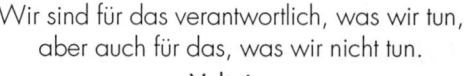

> Wir sind für das verantwortlich, was wir tun,
> aber auch für das, was wir nicht tun.
>
> Voltaire

Verantwortliches Handeln bezieht sich auf drei Bereiche:
- auf die eigene Person (Selbstkompetenz),
- auf sachliche Gegebenheiten (Sachkompetenz),
- auf die Mitmenschen (Sozialkompetenz).

Verantwortungsbewusstes Handeln setzt das Wissen um → *Werte* voraus und erfordert Kritikfähigkeit, auch gegenüber sich selbst, Argumentationsfähigkeit und Empathie, also sich in andere einfühlen können. (nach *T. Hansel*)

Wie kann Verantwortung in der Schule gelernt werden?

Viele Themen im Sachunterricht, in Religion und Ethik, in Deutsch führen zu Gesprächen über Verantwortung. Darüber hinaus muss Verantwortung wie → *Selbstständigkeit* jedoch auf altersgemäße Weise handelnd erfahren, eingeübt und erprobt werden. Anregungen (nach *W. Feiner*):

- Identität fördert Verantwortung

Verantwortung setzt Identifikation voraus, z. B.: Ausgestalten des → *Klassenzimmers,* von Teilen des Schulhauses (Pausenhalle, Gang, Wände) und des Schulhofes, Mitgestalten von → *Schulleben* und Unterricht.

- Kultur fördert Verantwortung

Das → *Klassenzimmer* ist nicht nur „Lernzimmer", sondern auch „Wohnzimmer", das ausgestaltet und gepflegt wird (→ *Ordnung*). Zu warnen ist jedoch vor einer Überfrachtung und „optischen Inflation" (*W. Feiner*), die den Wert der einzelnen Dinge mindern. Auch Esskultur lässt sich einüben: In der → *Pause* wird nicht im Stehen und Laufen gegessen, sondern am Tisch auf einer Serviette.

- Eigentum fördert Verantwortung

„Bei Unklarheit der Besitzverhältnisse kommt es leicht zu sorglosem, oft sogar verantwortungslosem Umgang mit Dingen." (*W. Feiner*) → *Arbeitsmittel* und → *Bücher* jedes Kindes sollten mit seinem Namen beschriftet sein und wenn möglich in einer gekennzeichneten Eigentumslade aufbewahrt werden.

• Partnerschaftliche Mitarbeit fördert Verantwortung
Lassen Sie sich über die → *Klassendienste* hinaus bei ihren Tätigkeiten
von den Kindern → *helfen*, wann immer es geht. Beim Planen, Vorbereiten und Durchführen von → *Projekten* lernen die Kinder verantwortliches Mithelfen, das zuverlässige Mitbringen von benötigten Dingen und
das sach- und termingerechte Übernehmen von Teilaufgaben. Dabei
erfährt das Kind, dass es gebraucht wird, dass sein Tun nützlich und sinnvoll ist.

• Einsicht fordert Verantwortung heraus
Auftretende Konflikte machen die Notwendigkeit von Rücksicht und →
Regeln einsichtig. Das Kind kann nicht für die → *Umwelt* Verantwortung
übernehmen, sondern nur für seine Umwelt. Es kann Müll vermeiden,
mit Arbeitsmitteln sorgsam umgehen, seinen Platz in → *Ordnung* halten
u. a. m.
Bei den → *Hausaufgaben*, der Arbeit mit dem → *Wochenplan*, bei → *Freiarbeit* lernt das Kind, Verantwortung für sein → *Lernen* zu übernehmen.
Nicht nur hier zeigt sich: Ein Mehr an Verantwortung ermöglicht auch ein
größeres Maß Freiheit.

Waldemar Feiner: In der Schule gemeinsam Verantwortung lernen. In: Grundschulmagazin Heft 4/1996, München: Ehrenwirth/Oldenbourg
Toni Hansel: Verantwortung. Zur schulpädagogischen Operationalisierung eines
ethischen Erziehungsziels. In: Grundschulmagazin Heft 4/1996, München:
Ehrenwirth/Oldenbourg

Verhaltensauffälligkeiten

Auffälliges Verhalten umfasst
• dissoziale Verhaltensweisen wie → *aggressives Verhalten*, Kontaktschwierigkeiten (gehemmt - vorlaut, distanzlos), Selbstwertprobleme
  (→ *Angst,* Lügen, Stehlen, Ausreißen…);
• → *Lernbeeinträchtigungen, Teilleistungsstörungen,* Probleme bei →
  Konzentration, Motivation und beim → *Arbeitsverhalten* (unordent-
  lich, vergesslich);
• neurotische und psychomotorische Auffälligkeiten (Nägelbeißen, Nervosität, → *Hyperaktive Kinder*, Tics, Ängste, Überempfindlich-
  keiten …);
• psychosomatische Symptome (Schlaf- und Essstörungen, Bauch- und
  Kopfschmerzen …).
Kinder mit Verhaltensschwierigkeiten weichen „in ihrem Verhalten so
weit von bestimmten gesetzten Normen ab …, dass sie in ihrer inner- und

außerschulischen Umwelt auffallen und innerhalb einer Klasse .... das Zusammenleben mehr oder weniger beeinträchtigen." (→ *Disziplin*) Dabei muss bedacht werden, „dass diese ‚Problemschüler' in der Regel Probleme machen, weil sie Probleme haben." (*A. Englbrecht* S. 162 f.)

Ursachen

Lernprobleme und Verhaltensauffälligkeiten haben selten nur eine Ursache, sondern beruhen auf einer Vielzahl zusammenwirkender und sich gegenseitig verstärkender Faktoren.
Mögliche Ursachen (nach *A. Englbrecht* S. 164 f.):
* Kind: anlagebedingte Faktoren (z. B. Nervensystem), organische Faktoren (z. B. nicht erkannte Defizite oder Funktionsstörungen des Gehirns), Ernährungsfehler, mangelnde soziale Kompetenz, unangemessenes Selbstkonzept.
* Familie: Viele Kinder sind ‚gestört', weil sie unter ‚gestörten' Bedingungen aufwachsen. Dazu zählen auch gravierende Erziehungsfehler wie Unterdrückung, Verwöhnung, Inkonsequenz und Verwahrlosung.
* Schule: Ungünstige Rahmenbedingungen und auch Hektik begünstigen Störungen und verstärken sie.
* Gesellschaft: Die Aufweichung von Normen und die daraus entstehende Orientierungslosigkeit, Konsumorientierung, Ich-Bezogenheit u.v.a.m. spiegeln sich im Verhalten der Kinder wieder.

Unangemessene Interventionsweisen und ihre Auswirkungen

* Verbot des unangemessenen Verhaltens wie z. B. „*Lass das. - Jetzt wird nicht eingepackt! ...*" Stark bedrohende Verbote lenken die Aufmerksamkeit besonders auf das Verbotene. (*Tausch* S. 307)
* Befehl und Anordnung des richtigen Verhaltens, z. B.: „*Aufpassen! - Lauter! - Mund zu! ...*"
* Geringschätzung, Unfreundlichkeit, Verständnislosigkeit, Feindseligkeit, Ausdruck negativer Affekte, z. B.: „*Du Dummkopf! ...*"
* Provokation, Übertreiben des Geschehens oder seiner Folgen, z. B.: „*Das ist das Dümmste, was du sagen konntest! ...*" (*Tausch* S. 297)
Auswirkungen
* Die Kinder erfahren dabei das Lehrerverhalten als Modell, das sie beeinflusst in Konfliktsituationen Geringschätzung und Ungeduld zu zeigen.
* Die Aufmerksamkeit des betroffenen Kindes und der Klasse wird auf das unangemessene Verhalten gelenkt. Diese Zuwendung, selbst wenn sie negativ ist, kann sich als → *Verstärkung* auswirken und andere Kinder zum Nachahmen anregen.

- Die Kinder erhalten keine konstruktiven Vorschläge für angemessenes Verhalten.
- Die Bedingungen, die zu dem unangemessenen Verhalten geführt haben, werden nicht berücksichtigt (z. B. → *Bedürfnisse, Bewegung*)
- Emotional unkontrolliertes Lehrerverhalten löst bei den Kindern negative reziproke Affekte aus und vermindert die Bereitschaft aus Einsicht, Rücksichtnahme oder auf Bitten hin mit dem Konfliktverhalten aufzuhören.

Angemessene Verhaltensweisen bei Störungen

Grundsatz: Das negative Verhalten richtet sich in den seltensten Fällen gegen Sie persönlich. Reagieren Sie deshalb nicht emotional oder beleidigt, sondern überlegt. Dreimal tief durchatmen!
So können Sie die Kinder am ehesten zum Ändern ihres Verhaltens anregen und ihnen zugleich ein Modell anbieten, wie Konflikte ohne Feindseligkeit und Eskalation bereinigt werden können:
- Ignorieren oder nicht?
Entscheiden Sie schnell: Muss ich eingreifen oder kann ich die Störung ignorieren, um das Verhalten nicht zu → *verstärken*? Ignorieren „wirkt bei nur leichtgradigen Normverstößen und nur dann, wenn der Störer für sein Negativverhalten von der Klasse keine Verstärkung bekommt. Möglich ist es, ein Negativverhalten zu ignorieren und den Schüler zu einem späteren Zeitpunkt für ein Positivverhalten zu loben." (*Gustav Keller*: Pädagogische Psychologie griffbereit. Donauwörth 1994: *Auer*, S. 155)
Statt dem Problemkind die von ihm gewünschte Aufmerksamkeit zu schenken, können Sie seinen Nachbarn für dessen gutes Verhalten loben und es so positiv „einkreisen".

- Signale
Manchmal genügen Signale (ernst, aber nicht unfreundlich ansehen; mimische Signale wie das Hochziehen der Augenbrauen; gestische Signale wie das Legen des Fingers auf den Mund; ein kurzes „Nein, Max!" ...), körperliche Nähe oder Berührung (z. B. das Kind an beiden Händen fassen, die Hand ruhig auf die Schulter legen ...) zum Beruhigen und zum Erinnern an erwünschtes Verhalten. Das weit gehend nonverbale Verhalten reizt die Kinder weniger zu Rechtfertigung und Widerspruch. Mitunter ist es wirksam, das Verhalten des Kindes zu spiegeln, d. h. Sie ahmen sein Verhalten ohne Kommentar nach.

- Ändern der Situation
Entkrampfen durch Humor

Umstrukturieren der Situation durch Themen- oder Methodenwechsel (z. B. Singen eines Liedes, Bewegungsübung ...), Umsetzen des Kindes, Wegnehmen von störenden Gegenständen.

- Sozialintegrative Begrenzungen (nach *Tausch* S. 298 ff.)
verletzen die Kinder nicht, zeigen ihnen jedoch, dass ihr augenblickliches Verhalten nicht gebilligt wird. (→ *Regeln*) Ein freundlicher Gesichtsausdruck zeigt emotionale Zuwendung und löst entsprechend positive reziproke Affekte beim Kind aus. Eine optimistische Einstellung und Ihre innere Überzeugung, dass Ihre Maßnahme erfolgreich sein wird, wirken sich positiv aus.

1) <u>Verständnis und</u>→ <u>Wertschätzung</u> zeigen, z. B.: *„Ja, Max, aber man kann nicht einfach so in die Klasse rufen."* Das „Ja" in einem warmen und verstehenden Ton gesprochen, zeigt verständnisvolle Anteilnahme. (Sprache der Akzeptanz)

2) <u>Sachliche, unpersönliche Formen der</u> → <u>Lenkung</u> anstelle direkten persönlichen Ansprechens, also nicht: „Du darfst nicht herumschreien." Sondern: „Es fällt manchmal schwer, leise zu sein. Aber man <u>muss</u> (betonen) leise sein, um die anderen nicht zu stören."

3) Konstruktives Verhalten aufzeigen: <u>Einfache positive Aufforderungen</u> wie *„Bitte nur leise reden."* sind wirkungsvoller als belehrende → *Ermahnungen*, etwa wie: *„Ich habe euch schon oft gesagt, dass ihr den Unterricht durch euer Schwatzen stört."* (*Tausch* S. 306)

4) Das Kind braucht eine gewisse Zeit, um eine Aufforderung zu akzeptieren, die den eigenen Wünschen widerspricht. Warten Sie deshalb <u>ruhig und geduldig</u>.

5) <u>Danken</u> Sie dem Kind, wenn es Ihre Begrenzung beachtet.

- Weitere Möglichkeiten
  * Einzel- oder Klassengespräch je nach Fall (→ *Klassenrat*) Einzelgespräche haben den Vorteil, dass das Kind vor der Klasse nicht „sein Gesicht verliert". Mit dem Kind auch über seine Gefühle sprechen (→ *emotionales Lernen*)
  * Setzen einer unangenehmen Konsequenz im Sinne einer natürlichen oder logischen Folge (→ *Strafe*), z. B. den Tisch eines Kindes langsam auf den Gang schieben und es dort bei leicht geöffneter Zimmertür arbeiten lassen, bei extremen Störungen auch Ausschluss vom Unterricht oder von bestimmten Tätigkeiten (im Kollegium absprechen).
  * Physisches Eingreifen bei Gefahr für das Kind selbst oder andere.

Bei schwerwiegenden und anhaltenden Auffälligkeiten müssen weitere Beratungsstellen (Schulpsychologen, Erziehungs- und Familienhilfe) eingeschaltet werden.

Vorbeugung

- Methodisch gut geplanter Unterricht (→ *Unterrichtsrezepte, Lernaufgaben*): kein zu großer Methoden- und Tätigkeitswechsel; kontinuierlicher Unterricht mit gleich bleibenden Signalen, → *Regeln* und *Ritualen*.
- Klare → *Anweisungen*
- Reizüberflutung vermeiden, z. B. durch ein zu überladenes → *Klassenzimmer*.
- Positive Verhaltensweisen der Kinder wahrnehmen, → *verstärken* *(Tagebuch)* und dem Kind seine Fortschritte bewusst machen.
- Rechtzeitig Hilfen bei Schwierigkeiten geben, z. B. → *Sitzordnung:* Leicht ablenkbare Kinder sitzen möglichst allein in der Nähe des Lehrerpults, aggressive Kinder dagegen hinten.
- Bodenarbeit: Viel auf dem Boden arbeiten lassen. Erdnähe wirkt beruhigend.
- Ventile schaffen durch → *Bewegung, Pausen* ...
- Bewusst → *Ruhe, Stille, Konzentration* fördern (→ *Musik*).
- Übertragen von Sonderaufgaben, z. B. Botengänge.
- Vorbeugende Ermahnungen, z. B.: *„Hört bitte alle gut zu, auch der Max!"*
- Vorbeugendes Ausschließen von Tätigkeiten, z. B. im Sport, wenn ein Kind Anweisungen, die der Sicherheit dienen, mehrfach nicht beachtet.

Gespräche mit den Eltern

Verhaltensauffälligkeiten des Kindes belasten nicht nur Sie, sondern in weit größerem Maß die Eltern und machen sie oft ratlos und hilflos.
- Führen Sie schwierige Gespräche nicht zwischen Tür und Angel, sondern vereinbaren Sie einen Termin. Bereiten Sie sich gut darauf vor.
- Die häusliche Situation: Zuhören und akzeptieren (→ *Gesprächsführung*)
Leiten Sie das Gespräch ohne Anklage mit einer sachlichen Mitteilung ein, z. B.: *„Ich habe den Eindruck, dass sich Ihr Kind in der Schule nicht wohl fühlt. Es wirkt oft traurig, manchmal ist es wütend und es gibt auch Streit mit anderen Kindern. Ich glaube, ... braucht unsere Hilfe. ... Wie ist Ihr Eindruck? ..."* Lassen Sie nun die Eltern erzählen, hören Sie zu und bitten Sie darum, dieses oder jenes noch genauer zu beschreiben. Um den Eltern zu einer Distanzierung zu verhelfen fassen Sie noch einmal zusammen: *„Wenn ich Sie recht verstanden habe, ..."* Dabei können die Eltern ergänzen oder korrigieren. (vgl. *Beate Grabbe*: Gespräche mit Eltern.

Umgang mit verhaltensauffälligen Kindern - 7. Teil. In: Die Grundschule Heft 2/1991, Braunschweig: Westermann)
• Die schulische Situation: Berichten ohne zu entmutigen.
Berücksichtigen Sie die Belastbarkeit und Einsichtsfähigkeit der Eltern: Während Sie ignorante Eltern mit der Realität konfrontieren, sollten Sie verzweifelte Eltern nicht mit allen Einzelheiten belasten, sondern Ihnen nur das Wesentliche schildern. Hilfen: Notizen zur → *Schülerbeobachtung*, Arbeiten des Kindes (Hefte, Zeichnungen). Ziel ist das gemeinsame Bemühen um eine Hilfe für das Kind.
• Was können Lehrerin und Eltern tun?
Wirksamer als das Aufspüren von Fehlern ist es, die Eltern anzuregen, harmonische Familiensituationen zu beschreiben und so günstige Verhaltensweisen herauszustellen.

K.-H. Biller: Unterrichtsstörungen. Stuttgart: Klett 1981
R. Dreikurs / V. Soltz: Kindern fordern uns heraus. Stuttgart: Klett 1988
Arthur Englbrecht / Hans Weigert: Lernbehinderungen verhindern. Frankfurt/Main: Diesterweg 1991
Reinhard u. Anne-Marie Tausch: Erziehungspsychologie. 5. gänzl. neu gestaltete Auflage. Göttingen: Verlag für Psychologie Dr. C. Hogrefe 1970

Verständnis

Verständnisvolles Verhalten zeigt sich im Alltag als Güte, Nachsicht, Einfühlen in die seelische Situation des Partners, Freundlichkeit, Ruhe und Wärme und Verzicht auf Kritik, Bedrohung und Tadel. Ein solches Verhalten löst positive emotionale Vorgänge beim Partner aus, verringert mögliche Widerstände und verbessert die Kommunikation und Zusammenarbeit. *R. u. A. Tausch* setzen Verständnis mit „Sensitivität für die gefühlsmäßigen Erlebnisse des Partners" gleich: „Verstehen ist die Wahrnehmung bzw. vorstellungsmäßige Vergegenwärtigung der subjektiven Welt eines anderen Individuums, also der Art und des Inhalts seiner bewussten Erlebnisse, d. h. Empfindungen, Gefühle, Wahrnehmungen mitsamt den Bedeutungen, Strebungen, Wünschen und Vorstellungen, die von ihm in bestimmter Situation erlebt werden. ... Ansatzpunkte eines derartigen Verstehensvorganges sind dessen Sprachäußerungen sowie dessen sonstiges Verhalten, z. B. Mimik und Gestik." (S. 349)

Verbalisieren von Gefühlen des Kindes

Beispiel: Ein Kind beklagt sich bei der Lehrerin, dass die anderen es in der Pause, im Sport ... nicht mitspielen lassen.

Sie versuchen sich in das Kind hineinzuversetzen (einfühlendes Verstehen), sich Möglichkeiten des Fühlens und Denkens des Kindes zu vergegenwärtigen und das Kind mit dessen Augen zu sehen, z. B.:

„Du fühlst dich so ausgeschlossen.

Du fühlst dich durch die anderen nicht nett behandelt.

Du würdest so gerne mit dabei sein und mitspielen.

Du findest, du kannst genauso gut spielen wie sie.

Du möchtest am liebsten weinen.

Du hast das Gefühl, dass du damit allein nicht fertig wirst.

Du möchtest gerne wissen, warum sie das machen, du denkst, du hast ihnen doch gar nichts getan.

Du machst dir Gedanken darüber, ob sie dich vielleicht nicht leiden mögen, weil ihr arm seid und deine Mutter putzen geht." (*Tausch* S. 352)

Äußern Sie nur die Gefühle, die Sie zu verstanden haben glauben, und zwar in allgemeiner Form, sodass Ihre Äußerungen für mehrere Gedanken zutreffen könnten und Missverständnisse vermieden werden, hier z. B.: „Du fühlst dich ausgeschlossen und möchtest so gerne mitspielen?!"

Oder : „Du möchtest so gerne mitspielen und es bedrückt dich, dass du es nicht kannst!"

Dabei wird nur der Erlebnisinhalt geäußert ohne zu interpretieren, fragen, hinzuweisen, raten, belehren, tadeln, kritisieren oder sonst irgendwie zu lenken (z. B.: *„ Merkst du denn nicht, dass du dich falsch benimmst?"*).

Auch Stimmführung und Mimik müssen Verstehen ausdrücken. Wenn Sie sich über den Inhalt unsicher sind, können Sie vorneweg sagen: *„ Wenn ich dich recht verstehe, ... - Ich glaube zu verstehen, ... War es so, dass du ... Ich weiß nicht, ob ich dich recht verstehe ... Ich versuche mir vorzustellen, was du denken und fühlen könntest ... "* (*Tausch* S. 354)

Das Verbalisieren von Gefühlen durch die Lehrerin bewirkt, dass die Kinder

- sich weiter über die eigenen Gefühle, Gedanken und Beeinträchtigungen äußern (Selbstexploration, → *emotionales Lernen, Selbstbild*);
- verstärkt die Gefühle von anderen wahrnehmen.

Verständnisvolle, gelegentliche Einzeläußerungen über innere Vorgänge bei Kindern

Beispiele: *„Du überlegst / denkst nach, ... (ob alles richtig ist.)"*
„Du möchtest ... (lieber für dich allein arbeiten als in der Gruppe?)"

„Du zweifelst, ob ... (du es schaffst)?"
„Du findest es langweilig / richtig ..."
„Es ist für dich schwierig, ... / Du willst nicht ..."
„Du fühlst dich traurig."
„Du hast vergessen, ..."
„Ist es dir unangenehm, ... (deinen Aufsatz vor der Klasse vorzulesen)?"
„Ihr erinnert euch ... / habt gemeint ... / seid einverstanden ... / möchtet ... /
könnt euch schwer entscheiden ... / wisst nicht, ob ... / seid nicht der Meinung
... / könnt euch vorstellen ..." (vgl. *Tausch* S. 354)

Aufzeichnungen von Kindern als Möglichkeit des Verstehens seelischer Vorgänge

Ältere Kinder können sich schriftlich äußern zu Themen wie „Wie ich wirklich bin. - Was ich gerne werden möchte. - Wie mich andere Menschen sehen. - Worüber ich unglücklich bin. - Was ich nicht mag. - Was mir Schwierigkeiten macht ...". (Selbstexploration der eigenen Gefühle) Diese Darstellungen, in denen oft Kontaktschwierigkeiten, Angsterlebnisse, Schwierigkeiten in der Schule oder Familie angesprochen werden, sind vertraulich zu behandeln und werden nicht korrigiert.

Kinder des ersten Schuljahres können, während die anderen Kinder für sich arbeiten, der Lehrerin ihre „Geschichte" diktieren.

Gerade in Einzelgesprächen mit Kindern lernen Sie diese nicht nur besser kennen und verstehen, sondern vermitteln ihnen zugleich Annahme und → *Wertschätzung*.

Reinhard u. Anne-Marie Tausch: Erziehungspsychologie. 5. gänzl. neu gestaltete
Auflage. Göttingen: Verlag für Psychologie Dr. C. Hogrefe 1970

Verstärkung (Bekräftigung, Konditionieren)

„Eine Verstärkung wird definiert als ein angenehmer Reiz oder Zustand, der auf ein Verhalten folgt. Ein bestimmter Reiz wirkt als Verstärker, wenn er die Wahrscheinlichkeit erhöht, dass ein Verhalten von einer Person häufiger geäußert wird." (J. *Grell* S. 97) Mit dieser Technik können Sie Disziplinschwierigkeiten und → *aggressivem Verhalten* vorbeugen (→ *Disziplin*) und erwünschtes Verhalten aufbauen.

Formen des Verstärkens

Ohne Worte
Freundlich anschauen, lächeln, aufmerksam zuhören, in erwünschter Weise reagieren, Kopfnicken, Interesse, Freude zeigen usw. (*Grell* S. 97)

Mit Worten (→ *Loben*)

- Dem Kind → *Wertschätzung* zeigen: Wirkungsvoller als allgemeine Äußerungen wie *„Gut. - Fein."* usw. sind Mitteilungen wie *„Es hat mir Freude gemacht, mit dir zu arbeiten. - Dein Vorschlag hat uns weiter geholfen."* u. Ä. (nach *Tausch* S. 332) Wichtig: „Nicht die Person, sondern das Verhalten soll verstärkt werden." Also nicht: *„Du warst heute gut."* (*Knopf* S. 147)
- Verbalisieren von Gefühlen und Gedanken: *„Ich habe nicht gedacht, dass ihr so viel schaffen würdet. - Ich freue mich mit dir, dass du jetzt diese Rechenaufgaben kannst. - Ich denke, dass das auch die anderen interessieren wird."* (nach *Tausch* S. 255)
- Für Leistungen und erwünschtes Verhalten danken: *„Ich danke dir, dass du die Blumen so gut versorgt hast. - Vielen Dank, dass du dich bemüht hast heute ruhig zu sein."* (*Tausch* S. 255)
- Positive sachliche Feststellungen: *„Alle Aufgaben waren ohne Fehler. - Du hast deinem Nachbarn geholfen."*

Weniger günstig sind leichtfertig ausgesprochene Zusicherungen wie *„Das kriegst du doch hin. - Sicher schaffst du es."* oder unechte Äußerungen, die im Widerspruch zu Ihren Gedanken stehen. (*Tausch* S. 255)

Mit Gegenständen

Während meistens verbales Verstärken oder Aktivitätsverstärker ausreichen, können bei schweren Verhaltensstörungen auch materielle Verstärker (kleine Spielsachen, Stifte, kleine Bilder, Aufkleber, Gummibärchen, Erdnüsse ...) oder symbolische Verstärker wie Marken, Plättchen, Sternchen im Heft (Tokens) gegeben werden, die nach Erreichen einer festgelegten Anzahl gegen Dinge oder Vergünstigungen eingetauscht werden.

Durch Vergünstigungen (Aktivitätsverstärker)

Eine beliebte Tätigkeit als → *Belohnung* für eine ungeliebte Tätigkeit in Aussicht stellen: *„Wenn du diese Aufgabe gelöst hast, kannst du dir aussuchen, was du tun willst."*

Schriftlich

Bei der → *Korrektur* positive und ermutigende Bemerkungen unter den Arbeiten der Kinder, kurze Briefe an einzelne Kinder, Anschreiben einer Kinderäußerung an die Tafel.

Grundsätze beim Verstärken

- Verhaltensweisen, die häufiger auftreten sollen, werden verstärkt.
- Wenn ein Kind erwünschtes Verhalten oder auch eine Vorstufe dazu

zeigt, muss <u>sofort</u> verstärkt werden.

- Stellvertretende Verstärkung: Das Verstärken eines Kindes regt andere Kinder an dessen Verhalten nachzuahmen. (*J. Grell* S. 100)
- „Eine gewisse Variabilität von Bekräftigungen .. ist .. vorteilhafter als regulär und zeitlich genau fixierte Bekräftigungen." (*Tausch* S. 101)
- „Wenn das erwünschte Verhalten gefestigt ist und häufiger auftritt, sind die Verstärkungen langsam abzubauen. Regelmäßiges Verstärken sollte langsam in unregelmäßiges übergehen, denn dadurch wird das Verhalten langfristig noch mehr gefestigt und gleichzeitig die Abhängigkeit vom Verstärkenden (Lehrer) langsam abgebaut." (*J. Grell* S. 99)
- Viele Verhaltensweisen wie Kooperation, Arbeitseinsatz, Nicht-Aggression werden vom Individuum als befriedigend erlebt und wirken oft mehr bekräftigend als verbales Verstärken. Deshalb möglichst oft solche als angenehm empfundenen Situationen schaffen. (nach *Tausch* S. 99)
- Mitunter muss die Verstärkung durch Mitschüler ausgeschaltet werden. Deshalb muss die Klasse lernen, einem → *verhaltensauffälligen Kind* bei einer Störung durch Nicht-Beachten zu helfen. (*J. Grell* S. 100)
- Vermindern bzw. Auslöschen von Verhaltensweisen durch Nicht-Verstärkung: Wenn unerwünschte Verhaltensweisen nicht bekräftigt werden, werden sie allmählich abgebaut. (*Tausch* S. 107 f.) In der Praxis jedoch fällt es Lehrern wie auch Eltern äußerst schwer, unerwünschtes Verhalten konsequent zu ignorieren.

Kinder zur Selbstverstärkung anleiten

Wenn wir z. B. nach einer Arbeit zu uns selbst sagen *„Gut gelungen! - Viel geschafft! ..."*, spornt uns dies an. Eigenlob stinkt nicht, sofern es nicht mit fehlender Selbstkritik bei schlechten Leistungen verwechselt wird. Damit Kinder lernen sich selbst zu verstärken, sollten wir

- selbst mehr Selbstverstärkungen äußern, um den Kindern ein Modell zu sein (nach *Tausch* S. 94);
- die Kinder sich häufig gegenseitig verstärken lassen (*„Ich finde, das hast du gut gemacht."*);
- die Kinder zur Selbstverstärkung anregen: Sich auf die Schulter klopfen und leise dazu sprechen: *„Das habe ich gut gemacht."* (Vormachen!)

Mein „Ich-kann-es-Buch": In ein DIN A4-Heft tragen die Kinder evtl. mit Ihrer Hilfe ein, was sie sich konkret vornehmen und wann es geglückt ist. Von einer schönen Heftseite oder einer gelungenen → *Probearbeit* wird eine Kopie eingeklebt. In regelmäßigen Abständen berichten die Kinder von ihren Erfolgen und zeigen ihre Bücher. (nach *Wolfgang Classen*:

Kleinformen des Unterrichts. In: Grundschulmagazin Heft 9/1993, München: Ehrenwirth/Oldenbourg)

Auswirkungen des Verstärkens

- Ändern des Sprachverhaltens
  Sowohl das formale als auch inhaltliche Sprachverhalten kann durch mimisches oder sprachliches Verstärken geändert werden. (nach *Tausch* S. 76)
- Fördern sozialen Verhaltens (→ *soziales Lernen*)
  durch Verstärken positiver, auch nur gelegentlich gezeigter Verhaltensweisen und weit gehendes Ignorieren von unsozialem Verhalten.
- Ändern des emotionalen Verhaltens (→ *emotionales Lernen*)
  Kinder, die häufig für freundliche positive Gefühle und für gezeigte Zuneigung zu anderen verstärkt werden, zeigen dieses Verhalten häufiger als darin nicht verstärkte Kinder. (*Tausch* S. 86)
- Fördern des Selbstkonzepts (→ *Selbstbild*)
  Werden positive Äußerungen über die eigene Person verstärkt, so werden dadurch konstruktive Verhaltensweisen gefördert. (nach *Tausch* S. 88)
- Verbessern zwischenmenschlicher Beziehungen.
- Fördern des Leistungsverhaltens.
  Positive Bekräftigungen von Erwachsenen und auch von anderen Kindern führen zu einer Verbesserung künftiger Leistungen (nach *Tausch* S. 90).

Jochen Grell: Techniken des Lehrerverhaltens. Neu ausgestattete Sonderausgabe. Weinheim: Beltz 1995
Hartmut Knopf, Hrsg.: Aggressives Verhalten und Gewalt in der Schule. Prävention und konstruktiver Umgang mit Konflikten. München: Oldenbourg 1996
Reinhard u. Anne-Marie Tausch: Erziehungspsychologie. 5. gänzl. neu gestaltete Auflage. Göttingen: Verlag für Psychologie Dr. C. Hogrefe 1970

Das Vertreten in anderen Klassen z. B. bei → *Erkrankung* von Kollegen, fordert Ideenreichtum und Geschick. Selbst wenn Inhaltsvorgaben vorliegen, ist ein kurzfristiges Einarbeiten und Vorbereiten meist nicht möglich, oft fehlen auch Zielvorgaben.

Phase 1: Aufbau einer positiven Atmosphäre

Schaffen Sie zuallererst eine positive Atmosphäre(→ *Unterrichtsrezepte*), gleichgültig ob Sie zu → *Tagesbeginn* in die Klasse kommen oder zwischendurch „einspringen":

- Wenn Sie noch nie in der Klasse waren, stellen Sie sich kurz vor.
- Erzählen Sie der Klasse etwas Nettes, das sie von Kollegen über sie gehört haben.
- Informieren Sie die Kinder über den heutigen Tag: Wer kommt nach Ihnen in die Klasse? Wann ist Unterrichtsschluss? ... Hängen Sie in der Klasse einen Vertretungsplan aus.
- Lassen Sie evtl. ein Kind die Lehrerrolle übernehmen und den Tagesbeginn wie gewohnt gestalten.
- Herumgehen und Überprüfen, ob die Hausaufgabe vom Vortag erledigt wurde.
- Wenn Sie mehrere Stunden in der Klasse sind, lassen Sie Namensschilder aufstellen oder neu anfertigen. Bei einer Stunde lohnt es dagegen kaum.

Phase 2: Stillarbeit

Um Zeit für eine „Minimumvorbereitung" zu gewinnen brauchen Sie eine Verschnaufpause und für die Kinder eine ohne großes Erklären durchführbare → *Einzelarbeit*. Meiner Erfahrung nach geht dies am besten mit dem Rechnen von Aufgaben aus dem Buch oder dem Abschreiben eines Textes (z. B. Gedicht aus dem Lesebuch). Kinder im 1. Schuljahr, bei denen selbstständiges Weiterarbeiten noch nicht klappt, malen ein Bild oder eine Bildergeschichte, was sie am vorhergehenden Nachmittag getan haben. In der Zwischenzeit können Sie im Lehrnachweis oder Klassenbuch nachsehen, was zuletzt behandelt wurde, oder sich von einem Kind die letzten Hefteinträge zeigen lassen. Entscheiden Sie sich nun für eine Arbeit, die Sie überblicken, und überlegen Sie auch eine sinnvolle → *Hausaufgabe*, um Kindern und Eltern zu signalisieren, dass auch in Vertretungsstunden kompetent gelehrt wird.

Phase 3: Anknüpfen an den vorherigen Unterricht

Da bei Personalmangel die Kinder zwangsläufig verkürzten Unterricht haben, ist vor allem auf eine zielorientierte Weiterarbeit in Mathematik und Deutsch zu achten. Wenn eine aufwendige Einführung in einen neuen Inhalt anstehen würde, ist eine Wiederholung oft sinnvoller, vor allem wenn Sie nur eine Stunde in der Klasse sind. Möglichkeiten: Lesen eines Textes, Einmaleinsreihen, bisher gelernte Wörter aus dem Grundwortschatz, bisher gelernte Begriffe aus der Grammatik.
Selbstverständlich enthalten Sie sich jeglicher Kritik an der Kollegin oder am Lernstand der Klasse (*„Was, ihr seid erst so weit?"*).

Bevor Sie eine Arbeitsweise ansetzen, lassen Sie sich von einem Kind erklären, wie diese sonst ausgeführt wird. Es ist besser, eingeführte → *Rituale* anzuwenden als der Klasse kurzfristig Ihre Regeln und Rituale überzustülpen.
Die konzentrierte Arbeit in den „Kernfächern" wird aufgelockert durch Lernspiele zur allgemeinen geistigen Förderung und durch → *Bewegungsübungen.*

Kurzfristig wirksame Maßnahmen bei → *Disziplinschwierigkeiten*
Geringfügige Störungen ignorieren Sie am besten. Doch bei nachhaltigen Störungen schreibe ich den Namen des Kindes an die Tafel und wische bei jeder Störung einen Buchstaben von seinem Namen weg. Bei Wohlverhalten wird er wieder hingeschrieben (*„Schaffst du es, dass ich deinen Namen wieder ganz machen kann?"*). Wie immer gilt: Lassen Sie sich nicht provozieren, sondern bleiben Sie ruhig und gelassen.

Organisation

Wenn keine feste Vertretungslehrerin (mobile Reserve) kommt, müssen oft mehrere Lehrer in der Klasse vertreten. Dies erfordert eine gute Organisation und ein Mitdenken aller Beteiligten.
• Hängt im Klassenzimmer ein Vertretungsplan aus?
• Sind die Eltern über Stundenplanänderungen informiert? Nachprüfbar ist dies nur durch ihre Unterschrift im → *Mitteilungsheft* oder unter dem ausgeteilten Plan.
• Klassenführungsaufgaben: Führen der Schülerliste und des Lehrnachweises, Einsammeln von Geld, Weitergeben von wichtigen Mitteilungen, Abstimmen von → *Hausaufgaben* etc.
• Ordnung im Klassenzimmer, z. B. Blumen gießen, Stühle hochstellen, Fenster schließen etc.

Almuth und Manfred Bartl: Schnelle Hilfen für Vertretungsstunden in der Grundschule. München Oldenbourg 1990

Michaela Halter / Reinhard Schlereth u. a.: Unterricht mit Pfiff in der Grundschule. Gestaltungshilfen für den Unterrichtsbeginn, die Übergänge zwischen den Unterrichtsstunden, die Beruhigungsphasen nach den Pausen zum Ausklang des Schultages. München : Oldenbourg 1994

Vormachen

Das Vormachen als Form der Informationsvermittlung ist in vielen Fällen ein ökonomischer Weg zum Erwerb von Fähigkeiten, z. B. im Sport, beim Vorsingen eines Liedes oder beim Erlernen eines Spieles.

Das Lernen am → *Modell* lässt sich jedoch weit mehr nutzen als es i. A. geschieht, z. B.:

- Statt eine komplizierte Rechenaufgabe mühsam zu erarbeiten (→ *Erarbeitungsunterricht*), rechnen Sie diese den Kindern demonstrativ vor mit eingeschobenen Erklärungen. Dabei sehen die Kinder das Ziel und behalten den Zusammenhang im Auge, ohne sich in Einzelheiten zu verlieren. (nach *Grell* S. 251)
- Auch Verhaltensregeln (→ *Regeln*) und Arbeitsweisen wie z. B. → *Gruppenarbeit* gewinnen an Anschaulichkeit, wenn sie nicht nur verbal vorgestellt, sondern vorgemacht werden.

Voraussetzungen beim Vormachen

- Die Lehrerin und ihr Tun muss für alle gut sichtbar sein. (→ *Sitzordnung*)
- Beim Handeln erklärt sie begleitend und begründet ihre Vorgehensweise. (→ *Erklären*)

Auch Kinder machen gerne etwas vor und zeigen dabei ihr Können (→ *Selbstbild*), z. B.:

- Im → *Sport* lasse ich Kinder eingeschulte Übungen oder Übungen, die sie aus dem Verein etc. her kennen, vormachen, die wir gemeinsam nachmachen.
- Vorrechnen an der Tafel
- Vormachen von Zauberkunststücken, Aufsagen eines Gedichts u. Ä. im → *Morgenkreis*

Jochen und Monika Grell: Unterrichtsrezepte. München: Urban und Schwarzenberg 1979

Vorrücken und Wiederholen eines Schuljahres

Das Vorrücken in die nächste Jahrgangsstufe setzt gesicherte Mindestleistungen als Basis für den Schulerfolg voraus (→ *Differenzierung, Fördern*). Als Ausnahme ist in begründeten Einzelfällen das Wiederholen sinnvoller als das Verschleppen von umfassenden Lernrückständen in die nächste Jahrgangsstufe.

Schulrechtliche Grundlagen

Wenngleich die Vorschriften in den Bundesländern in Details voneinander abweichen mögen, so lassen sich die wichtigsten Vorgaben wie folgt zusammenfassen:

Das Vorrücken soll nur dann versagt werden, wenn das Kind in seiner Entwicklung oder in seinen Leistungen erheblich unter dem altersgemäßen Stand liegt und nicht erwartet werden kann, dass das Kind am Unterricht im nächsten Schuljahr mit Erfolg teilnehmen kann. Im 3./4. Schuljahr ist dies in der Regel dann der Fall, wenn das Kind folgende Noten hat (X = Note 1 bis 4):

Deutsch	6	5	6	x	5
Mathematik	5	6	x	6	5
Sachunterricht	x	x	5	5	6

Die Formulierung „in der Regel" weist darauf hin, dass als Ausnahme aus pädagogischen Gründen ein Vorrücken trotz der o. a. Noten denkbar ist, wenn erfolgreiches Lernen im nächsten Schuljahr zu erwarten ist.

Wenn ein Kind im 1./2. Schuljahr nicht vorrückt, ist dies im Zeugnis schriftlich zu begründen. Die Gefährdung des Vorrückens muss im Zwischenzeugnis angegeben werden. Jedoch kann aus einem fehlenden Vermerk kein Recht auf das Vorrücken abgeleitet werden.

Bei Kindern mit nicht deutscher Muttersprache sind in den ersten beiden Jahres des Schulbesuchs in der Bundesrepublik Deutschland unzureichende Leistungen in Deutsch beim Vorrücken nicht zu berücksichtigen.

Über das Vorrücken entscheidet der Klassenleiter im Einvernehmen mit den in der Klasse unterrichtenden Lehrern.

Auf Antrag der Erziehungsberechtigten kann ein Kind freiwillig wiederholen oder spätestens im Anschluss an die Ausgabe des Zwischenzeugnisses in die vorherige Jahrgangsstufe zurücktreten. Die Entscheidung trifft die Lehrerkonferenz.

Besonders befähigte Kinder können auf Antrag der Erziehungsberechtigten einmal eine Jahrgangsstufe am Schuljahresende überspringen, im 1./2. Schuljahr auch zum Schulhalbjahr. Die Entscheidung trifft das Schulamt auf Vorschlag des Schulleiters.

Das Wiederholen ist nicht zulässig für Kinder, die
- dasselbe Schuljahr zum zweiten Mal wiederholen müssten,
- nach der Wiederholung eines Schuljahrs auch das nächstfolgende wiederholen müssten.

In diesen Fällen ist eine sonderpädagogische Überprüfung zu veranlassen.

Kann ein Kind wegen langer Krankheit nicht vorrücken, so kann das Vorrücken auf Probe gestattet werden, wenn zu erwarten ist, dass die Wissenslücken geschlossen werden können.

Pädagogische Überlegungen zum Vorrücken und Wiederholen

- Der Unterricht in jedem Schuljahr ist so zu gestalten, dass jedes altersgemäß entwickelte Kind die Lernziele erreichen und ins nächste Schuljahr vorrücken kann.
- Auf Grund einer kontinuierlichen → *Schülerbeobachtung* und regelmäßiger Leistungsnachweise (→ *Probearbeiten, Noten*) kennt die Lehrerin den Lernstand jedes Kindes und teilt den Eltern Leistungsschwächen mit.
- Ein evtl. notwendig werdendes Zurücktreten oder Wiederholen wird mit den Eltern rechtzeitig besprochen: Überforderung und steter Misserfolg untergraben nicht nur die Leistungsbereitschaft, sondern auch das → *Selbstbild*. Sowohl Kind als auch Eltern sollen das Wiederholen als sinnvolle Maßnahme verstehen.
- Die Lehrerin achtet darauf, dass andere Kinder das wiederholende Kind nicht verspotten. Durch Erklären, Vormachen und → *Helfen* lassen sich sein Selbstbild und seine Anerkennung in der Klasse stärken.

Das Wiederholen des 1. Schuljahres

Auch das Wiederholen des 1. Schuljahres ist nötig, wenn ein Kind im Unterricht ständig überfordert wird und die für ein erfolgreiches Weiterlernen nötigen Mindestanforderungen nicht erreicht. Denn im 2. Schuljahr kann erfahrungsgemäß nicht nachgeholt werden, was im Vorjahr nicht gelernt wurde. Mindestanforderungen am Ende des 1. Schuljahrs:

- Lesen

Vorlesen eines einfachen, unbekannten Fibeltextes (ca. 40 Wörter) nach stillem Durchlesen; mindestens 80 % der Wörter sollten richtig wiedergegeben werden; Lesetempo und Klanggestaltung bleiben unberücksichtigt.

- Schreiben / Rechtschreiben

Schreiben aller Druckschriftbuchstaben nach Diktat; lautgetreues Schreiben von geübten Wörtern aus dem Grundwortschatz (z. B. „Hant" statt „Hand" ist erkennbar, nicht aber „Hans" statt „Haus"); richtiges Schreiben eines geübten Satzes nach Diktat in Druck - und Schreibschrift; wichtig ist die Lesbarkeit, weniger die Formgenauigkeit.

- Mathematik: Zahlenraum bis 20

Legen und Zeichnen zu Gleichungen: Lösen einfacher Plus- und Minusaufgaben im Kopf (ohne Zehnerübergang, Platzhalter nur am Ende); Lösen von Aufgaben mit Zehnerübergang in zwei Schritten mit Material. Wegen der Bedeutung dieser Lerninhalte legt schon das Nicht-Erreichen der Mindestanforderungen in einem Bereich ein Wiederholen nahe. Kinder, die das 1. Schuljahr wiederholen, sollten nicht am ersten Schultag erscheinen. Günstig: Andere Fibel als im Vorjahr.

Auch im 2. Schuljahr ist kritisch zu überprüfen, ob das Kind die nötigen Mindestleistungen als Voraussetzung für die steigenden Anforderungen im 3. Schuljahr erbringen kann wie

- das Lesen von einfachen Texten in angemessener Geschwindigkeit,
- das Verstehen von schriftlichen Anweisungen,
- das Schreiben geübter Wörter (aus dem Grundwortschatz) und geübter Sätze,
- das Rechnen im Hunderterraum mit Zehnerübergang.

Begründen des Wiederholens im Zeugnis

Da das Nichtversetzen ein Verwaltungsakt ist, gegen den die Eltern Widerspruch einlegen können, sind die Lerndefizite klar zu beschreiben und ist als Folgerung zusammenzufassen: ... Im Fach / In den Fächern sind deshalb erhebliche Leistungsrückstände vorhanden.

Wahrnehmung

Nicht das Auge sieht, nicht das Ohr hört, nicht das Gehirn denkt,
sondern der Mensch mit seinem ganzen Leib
ist Sehender, Hörender, Denkender.

Hugo Kükelhaus

Lernen mit allen Sinnen

Grundlegende Fertigkeiten wie z. B. Bewusstheit des eigenen Körpers, Aufnahme- und Wahrnehmungsfähigkeit sind einmal u. a. die Basis für „Selbst-bewusst-sein" und Selbstwertgefühl und zum andern Vorausset- zungen für schulisches Lernen. Kinder erwerben sie in der Regel in ihrer vorschulischen Entwicklung sozusagen nebenbei. Doch heute finden sich im ersten Schuljahr immer mehr Kinder, denen diese Basisqualifikatio- nen fehlen (→ *Lernbeeinträchtigungen, Teilleistungsstörungen*). (vgl. *A. Englbrecht* S. 116) Eine verzerrte Selbst- und Fremdwahrnehmung spielt auch bei → *Verhaltensauffälligkeiten* eine zentrale Rolle.

Wahrnehmungs- und Sinnesübungen versuchen, dies auszugleichen, las- sen Kinder sich in ihrer Ganzheitlichkeit erfahren und machen sensibel zum Wahrnehmen der Innen-, Mit- und Umwelt (→ *emotionales, soziales Lernen*). Solche Übungen können

- als Einstieg in ein Thema dienen (z. B. Kennenlernen von Wildfrüch- ten: Jedes Kind hat die Augen geschlossen und bekommt in die zur Schale geformten Hände eine Frucht gelegt, die es „zu sich sprechen lassen soll".);
- den Unterricht auflockern (→ *Bewegung, Entspannung*);
- eigenständige Lernphasen sein („Lernen mit allen Sinnen") z. B. in Spielform, bei Themen wie „Meine Hände", bei → *Projekten* (z. B. Aufbauen einer Barfuß-Straße) und bei musischen Tätigkeiten (→ *Malen, Musik*);
- Bestandteil des Förderunterrichts sein (→ *Fördern*).

Körperwahrnehmung und Körperbewusstsein

Die Körperwahrnehmung ist die Grundlage für andere Sinnestätigkeiten und „eine wichtige Basis für die Wachheit und Aufmerksamkeit des Kin- des, .. für den Zugang zur Umwelt und für die Orientierung darin, ... für die Orientierung in Räumen und - auf höherem Niveau - die Orientierung und das Operieren in mathematischen Dimensionen." (*A. Englbrecht* S. 118) Anzeichen für gestörte Körperwahrnehmung sind z. B. unkoordinierter Gang, auffällige Armhaltung beim Schreiben, fehlende Gliedmaßen bei Kinderzeichnungen. (vgl. *I. Milz* S. 125)

Wichtig für den → *Anfangsunterricht*: Bei den 6 - 7-jährigen Kindern ist die Rechts-links-Orientierung vorwiegend „egozentrisch", also am eigenen Körper orientiert. Wenn Sie z. B. das Hochheben der rechten Hand demonstrieren wollen, müssen Sie sich mit dem Rücken zu den Kindern stellen, damit diese Ihre Hand nicht seitenverkehrt wahrnehmen.

Übungen:

- Wärmen (Selbstmassage)
  „Die Kinder sitzen auf dem Boden (Schuhe ausgezogen) und klopfen mit den Fingerkuppen Arme, Schultern, Brust, Becken, Beine und Füße ab." (Aktivierung der Atmung)
- Locker hüpfen
  „Schrittweise wird der Körper locker geschüttelt: Ausschütteln der Finger - der Hand - der Arme - der Schultern - der Knie - des Kopfes - des ganzen Körpers (günstig mit rhythmischer Musikbegleitung)." *A. Englbrecht* S. 118)

Tasten

Was die Hände be-greifen, begreift auch das Gehirn leichter.

- Hautzeichnung (auch als Partnerübung)
  Auf Hand, Rücken, Bauch werden Muster, Figuren, Ziffern oder Buchstaben „gezeichnet", die die Kinder benennen.
- Erkennen von Körperteilen nach Tastreizen
  Die Körperteile, auch Finger und Zehen, werden mit Fingern, der flachen Hand, der Faust, mit einem Ball oder Sandsäckchen, mit Pinseln berührt. Die Kinder benennen den berührten Körperteil und evtl. auch womit er berührt wurde.
- Tastsack / Tasthöhle (Schachtel mit Loch zum Durchgreifen)
  Die Kinder ertasten Stofftiere, Naturmaterialien, Gegenstände, Formen, Zahlen, Buchstaben und benennen sie.
- Turmbau
  Bis zu sechs Kinder sitzen mit geschlossenen Augen um einen Tisch. Im Uhrzeigersinn werden erst alle rechten Hände, dann die linken übereinander gelegt. Dann wird der Turm wieder abgebaut.
- Zungenspiele
  Die Zunge wird an die Backe geführt, an die oberen / unteren Schneidezähne, zwischen die Schneidezähne, auf die Oberlippe usw. Sie wird „wild" hin und her, vor und zurück bewegt.

(nach *A. Englbrecht* S. 123 f.)

Hören

„Wenn das Hören oder die Verarbeitung des Gehörten beeinträchtigt ist, wird sich das immer ... auf den Sprachgebrauch und das Sprachverständnis, unter Umständen aber auch auf das gesamte Verhalten des Kindes auswirken." (*I. Milz* S. 35) (→ *Sprachauffälligkeiten*) Übungen:

* Hör genau
  Die Kinder sitzen mit geschlossenen Augen. Die Lehrerin erzeugt einen Ton. Wie lange wird der Ton gehört? Die Kinder heben den Arm, wenn sie ihn nicht mehr hören.
* Hänschen piep einmal.
  Die Kinder sitzen im Kreis. Ein Kind mit verbundenen Augen geht zu einem Kind, fordert es auf zu piepen und nennt dessen Namen.

Sehen (→ *Betrachten*)

Trotz der Untersuchungen vor der Einschulung werden Sehfehler immer wieder erst im Lauf der Schulzeit erkannt. Hinweise können sein: Zusammenkneifen der Augen beim Sehen in die Ferne, geringer Augenabstand beim Lesen und Schreiben. Auch geringfügige Beeinträchtigungen oder eine Brille erschweren Aufmerksamkeit und Konzentration beim Sehen und Abschreiben von der Tafel. Deshalb sollten diese Kinder frontal direkt vor der Tafel sitzen (→ *Sitzordnung*).
Übungen

* Kim-Spiele
  Gegenstände, Buchstaben, Wörter, Zahlen werden gezeigt und danach mit einem Tuch verdeckt: *„Was hast du gesehen?"* - Die Kinder zählen auf, später können sie auch zeichnen oder schreiben.
* Luftmalen
  Die Lehrerin malt Gegenstände, Buchstaben, Zahlen in die Luft. Die Kinder benennen sie oder malen sie nach.
* Zeichnen auf Kommando
  Die Kinder zeichnen auf Karo-Papier nach Anweisung, z. B. zwei Kästchen nach rechts, eines nach unten usw. Es erleichtert die Kontrolle, wenn dabei geometrische Figuren entstehen.

Arthur Englbrecht / Hans Weigert: Lernbeeinträchtigungen verhindern. Frankfurt a. Main: Diesterweg 1991
Ingeborg Milz: Sprechen, Lesen, Schreiben. Teilleistungsschwächen im Bereich der gesprochenen und geschriebenen Sprache 3. erw. Aufl. Heidelberg: Edition Schindele 1994
Barbara Meister Vitale: Lernen kann fantastisch sein. Offenbach: Gabal 1995

Im Gegensatz zum Tier sagen dem Menschen keine Instinkte,
was er muss, und keine Traditionen mehr, was er soll;
und oft scheint er nicht mehr zu wissen, was er will.
Umso mehr ist er darauf aus, entweder nur das zu wollen,
was die anderen tun, oder nur das zu tun,
was die anderen wollen.

Viktor Frankl

Versuch einer kurzen Begriffsklärung

• Wertvoll, bedeutsam, wünschenswert sind Dinge oder Sachverhalte nicht an sich, sondern bezogen auf den Menschen.

• Nicht empirisch, aber ontologisch real ist der absolute Wert als die „überweltliche Idee des Guten ... als formales Sollen" oder als Verständnis des Seins „unter dem Aspekt seiner wesenhaften Vollendung." (vgl. Der Große Brockhaus, Kompaktausgabe Band 24. Wiesbaden: Brockhaus 1983)

• Das Setzen von Werten und „sinnvolles" Handeln geschieht durch das Bewerten nach bestimmten Maßstäben wie z. B. dem der Nützlichkeit, der praktischen Umsetzbarkeit oder nach ästhetischen Gesichtspunkten. Werte können sowohl auf rationaler Erkenntnis (Wertrationalismus) als auch auf „schauhaftes-emotionales Wertfühlen oder einer Wertliebe" (Wertirrationalismus) gründen. (a.a.O.)

• Ein für alle verbindliches Wertesystem lässt sich nicht aufstellen. Man kann Werte nach den Lebensgebieten einteilen in Sachwerte (Nahrung, Besitz, Wohnung), Lebenswerte (Gesundheit, Entspannung, Lust ...), soziale, geistige (das Schöne, Wahre, sittlich Gute), religiöse Werte (das Heilige). (→ *Bedürfnisse*).

Man kann sie nach ihrem Abstraktionsgrad einteilen:

⁕ Oberste Ebene: Absolute Ideale der demokratischen Gesellschaft wie Achtung vor der Würde des Menschen, Glaubens- und Gewissensfreiheit, Freiheit der Meinungsäußerung und Informationsbeschaffung, die freie Persönlichkeitsentfaltung und körperliche Unversehrtheit (vgl. Art. 1 - 6 Grundgesetz)

⁕ Mittlere Ebene: Werte als Mittel zur Verwirklichung dieser Leitziele wie Gerechtigkeit, Gewaltfreiheit, Solidarität, Toleranz, Zivilcourage, Sinnorientierung (Lebensziele), → *Selbstständigkeit, Verantwortung* u. a.

⁕ Untere Ebene: Eigenschaften, Tugenden („Sekundärtugenden"), Normen und → *Regeln* als konkrete Verhaltensanweisungen zum Verwirklichen der höheren Werte wie Selbstbeherrschung, Verzicht (Neinsagen, → *Konsum*), Rücksicht, Hilfsbereitschaft (→ *Helfen*), Verlässlichkeit, Arbeitsdisziplin, Ehrlichkeit (→ *Lügen*), → *Höflichkeit, Ordnung* u. a. (vgl. *H. Huber / R. Funiok* S. 16 f.)

Heute: Kein Werteverlust, sondern Wertewandel und ein Überangebot an Werten!

- Wertewandel als gesamtgesellschaftliches Phänomen ist eine Auswirkung der Veränderungen in Produktion und → *Konsum*.
- Von „Werteverlust" reden vor allem diejenigen, „die ihre Vorstellungen nicht mehr genügend in der Gesellschaft gewürdigt sehen."
- „Die Pluralität der Gesellschaft verhindert die Dominanz eines Wertesystems." Deshalb versuchen die „Anbieter" (seien es zwanghafte Moralapostel oder Menschen verachtende Fanatiker) von Wertesystemen, möglichst viele Anhänger für ihre Vorstellung zu finden.
- Diese Wertsysteme sind jedoch nicht konsistent, sondern lassen je nach Interessenlage der „Anbieter" Widersprüche erkennen.
- Aus dem Überangebot an Werten muss sich jeder seinen persönlichen Kanon suchen.
- Werte werden vor allem vom Elternhaus, durch Gleichaltrige, Medien und Vorbilder vermittelt.
- Zentrale Inhalte des heutigen Wertewandels sind: Individualisierung, Partizipation (jedoch nicht in den vorgefundenen Formen), Spontaneität und der Wunsch nach schneller Bedürfnisbefriedigung, Authentizität (persönliche Glaubwürdigkeit in der Übereinstimmung von Ideen, Worten und Taten), verstärkte Orientierung an der Kultur der Gleichaltrigen, Vordringen von ökologischen Gedanken.

(*Artur Fischer*: Über Werte und ihren Wandel im Lauf der Zeit. Psydata. Zit. nach *Christliches Jugenddorfwerk Deutschland CJD e. V.*: Vorteile - Vorurteile - Urteile. Ein Handbuch zur Öffentlichkeitsarbeit. 73071 Ebersbach 1996)

Hinweise zur Wertvermittlung in der Grundschule

- Werte werden zunächst ungefragt als emotional verankerte Handlungsorientierung übernommen.

Kinder übernehmen die ihnen „eingeschärften" Regeln und Wertvorstellungen der Eltern durch Nachahmung und Gewöhnung. „Man handelt also zuerst nach Werten, bevor man sie begründen und bevor man rationale Werturteile formulieren lernt." (*R. Funiok* S. 18)
Kognitive Begründungen für → *Regeln* und Verhaltensweisen in der Schule reichen deshalb nicht aus, vielmehr müssen auch die damit ver-

bundenen Emotionen angesprochen und erfahrbar gemacht werden (→ *emotionales Lernen*), z. B. durch Bilder, Lieder, Texte.

- Werte sind in einer Weltanschauung verankert und verweisen auf Transzendenz.

Bei aller Pluralität ist für unsere Gesellschaft das „demokratische Ethos" verpflichtend (→ *religiöse Erziehung, soziales Lernen*): Demnach will moralische Erziehung ein humanes, menschenwürdiges, geordnetes und gerechtes Zusammenleben ermöglichen, bei dem Eigeninteresse und Gesamtinteresse ausbalanciert werden. „Moralische Erziehung muss eine auf Freiheit gründende und zur Freiheit führende Erziehung sein." (*R. Funiok* S. 19) Freiheit dürfen wir jedoch nicht nur von uns fordern, sondern müssen sie auch den anderen ermöglichen.

- Ethisches Handeln erfordert Vorbilder.

Eltern wie Lehrer wirken mehr durch ihr Vorbild (→ *Modellverhalten*) als durch Worte und durch die vorhandene oder fehlende Übereinstimmung zwischen beiden (Kongruenz im → *Lehrerverhalten*). Dazu müssen Erzieher sich zum einen ihrer eigenen Wertvorstellungen bewusst werden, sie beständig überprüfen, erweitern und neu gewichten. Zum anderen müssen sie dem Kind unabhängig von seiner Leistung → *Wertschätzung* und Vertrauen zeigen, damit es die vorgelebten Werte annehmen kann.

- Werte sind konkret erfahrbar zu machen.

„Ehrfurcht vor dem Wahren, Guten und Schönen" setzt voraus, dass Kinder z. B. Kunstwerke sehen, Musik hören, die Natur erleben können u.v.a.m. Damit das Erleben nicht oberflächlich „emotionalistisch" bleibt, muss es durch intensives Betrachten, Hören ... und auch durch kognitives Wissen vertieft werden.

- Konflikte regen Lernprozesse an.

Bei Meinungsverschiedenheiten und Konflikten werden unterschiedliche Antriebe, Vor- und Nachteile von Handlungsalternativen und Wertorientierungen konkret erfahrbar.

Entwicklungsbedingte Grenzen des Kindes (z. B. „Wie du mir, so ich dir!") sind zwar zu beachten, sind jedoch zugleich ein Ansatzpunkt, sie nach dem Prinzip der kleinen Schritte altersgemäß zu erweitern. Dabei wird über rationales und emotionales Vermitteln von Werten hinaus zugleich eine Strategie zur Wertentscheidung angebahnt:

- Wählen: Aus Alternativen unter Bedenken ihrer Folgen eine auswählen.
- Hochschätzen: An der Wahl festhalten, darüber glücklich sein und die Wahl öffentlich vertreten.

● Handeln: Wirklich danach zu handeln beginnen, wiederholt in verschiedenen Situationen danach handeln. (nach *R. Funiok* S. 20)

Was Eltern wissen sollten

Kinder werden heute mit einer ungeheuren Flut von Informationen und Waren überschwemmt. Den inneren Halt für eine positive Entwicklung können sie nur finden, wenn es gelingt, ihnen Orientierung, Lebenssinn und Werte zu vermitteln. Dazu muss das Kind durch elterliche Liebe ein Grundvertrauen zum Leben entwickeln können, das die Achtung der eigenen Person (→ *Selbstbild*) und das Anerkennen anderer einschließt. Auch das Vertrauen in demokratische Institutionen wie die Schule und eine konstruktive Zusammenarbeit sind wichtig. Kritische Äußerungen sollten der Lehrerin vorgetragen werden, nicht aber dem Kind.

Literaturtipps für Eltern:
Wayne Dosick: Kinder brauchen Werte. Ein Ratgeber für den Erziehungsalltag. München: Scherz Verlag Jahr 1996
Jan-Uwe Rogge: Kinder brauchen Grenzen. Reinbek: Rowohlt 1993

Manfred Hahn: Denk-mal-Geschichten für einen wertorientierten Unterricht. München: Oldenbourg 1995
Herbert Huber / Rüdiger Funiok: Medien- und Werterziehung. Sammelwerk Medienzeit, hrsg. vom Bayer. Staatsministerium für Unterricht, Kultus, Wissenschaft und Kunst. München 1996, Vertrieb: Auer Verlag, Donauwörth

Wertschätzung

Mit einer Kindheit voll Liebe
kann man ein halbes Leben hindurch
die kalte Welt aushalten.
Jean Paul

Jede zwischenmenschliche Beziehung wird durch Eigenschaften wie Freundlichkeit (in Stimme, Mimik, Gestik, Sprachäußerungen und Gesamtverhalten), Verständnis, Anerkennung des Partners als Person und soziale Reversibilität, Höflichkeit, Optimismus, liebevolle Wärme, entspannte Ruhe stark geprägt. *Tausch* (S. 323 ff.) fasst diese Verhaltensweisen unter dem Begriff „Wertschätzung" oder auch als ‚positive emotionale Zuwendung' zusammen. Vor allem Kinder haben ein starkes Bedürfnis danach und leiden unter Geringschätzung, Gefühlen der Unterlegenheit, Entmutigung, Beschämung. (→ *Lehrersprache, Lehrerverhalten*)

Erfahrene Wertschätzung bewirkt im Kind folgende Vorgänge:

- positive gefühlsmäßige Erfahrungen (→ *emotionales Lernen*);
- Verbesserung der Beziehung zwischen Kind und Lehrerin;
- reziproke Affekte, also annehmende statt sich widersetzende Reaktionen;
- emotionale Ruhe und Verminderung von → *Angst*, Unsicherheit und seelischer Beeinträchtigung;
- vermehrter Erfolg von positiver → *Verstärkung*;
- Übernahme des von der Lehrerin gezeigten Verhaltensmodells;
- Fördern der seelischen Reife und des Selbstkonzepts (→ *Selbstbild*);
- erhöhte Leistungsbereitschaft.

Außerdem lassen sich durch positive emotionale Zuwendung die negativen Folgen starker → *Lenkung* vermindern. Schließlich ist bei Wertschätzung unsererseits auf der Basis der Gegenseitigkeit die faire Forderung möglich, dass sich Kinder auch uns gegenüber nicht geringschätzig zeigen (*Tausch* S. 340).

Wertschätzung auch in schwierigen Situationen

Wir sollten uns bemühen Wertschätzung ohne Bindung an Bedingungen zu zeigen und unabhängig von dem Verhalten der Kinder. Denn gerade Kinder mit Schwierigkeiten benötigen unsere Wertschätzung (*Tausch* S. 340). Dabei muss uns bewusst sein, dass trotz gleicher Behandlung unsere Wertschätzung von den Problemkindern nicht so umfassend wahrgenommen wird wie von den anderen Kindern (*Tausch* S. 326).

Die Klasse nimmt unangepasste Kinder eher in die Gemeinschaft auf, wenn wir jedem Kind gegenüber im gleichen Ausmaß Wertschätzung zeigen.

Es kann eine Hilfe sein, wenn wir in schwierigen Situationen zu uns selbst sagen: „*Du bist ein Kind und hast große Schwierigkeiten. Deshalb ergeben sich daraus manchmal Verhaltensweisen, die mich beeinträchtigen. Aber ich glaube an dich. Es ist gut, wenn wir zusammen sind. Wenn ich mich richtig verhalte und dir die richtigen Erfahrungen zuteil werden lasse, wird es dir möglich werden, nach einiger Zeit emotional ruhiger und geordneter zu sein.*" (nach *R. u. A. Tausch* S. 342)

Akzeptieren Sie auch das Nichtkönnen. Es ist eine anthropologische Tatsache, dass wir alle, Kinder wie Lehrer, Könner und Nichtkönner zugleich sind. Diffamieren des Nichtkönnens als Dummheit oder Faulheit und Zwang zum Können (*„Eigentlich ist es doch gar nicht so schwer. - Wir versuchen es noch einmal zusammen. - Bitte gib dir wirklich Mühe ... "*) machen Angst vor dem Versagen. Annehmen des Nichtkönnens dagegen macht Mut zur Leistung. (*Rosemarie Köhler*: Über den Zauberspruch „macht nix" - Die Beachtung des Nichtkönnens ermöglicht Können. In: Die Grundschule Heft 9/1995, Braunschweig: Westermann)

Beispiele für Äußerungen der Wertschätzung

„Es hat mir Freude gemacht, mit euch zu arbeiten. "
„Eure Vorschläge haben mir sehr geholfen. "
„Das habe ich gar nicht bemerkt, entschuldigt bitte mein Versehen. "
„Bitte, du wolltest noch etwas sagen. "
„Würdest du bitte anzeichnen, wie du das meinst? "
„Sagt mir bitte, wenn ich euch etwas erklären soll!" (*Tausch* S. 332)
Wenn ich so mit den Kindern spreche, dass sie sich geachtet fühlen – auch wenn es mir schwer fällt – „besteht die Chance, dass sich bei mir achtungsvolle Einstellungen zu den Schülern entwickeln. (Wir lernen, was wir tun!)" (*Grell* S. 245)

Jochen und Monika Grell: Unterrichtsrezepte. München: Urban und Schwarzenberg 1979
Reinhard und Anne-Marie Tausch: Erziehungspsychologie. 5. gänzl. neu gestaltete Auflage. Göttingen: Verlag für Psychologie Dr. C. Hogrefe 1970

Wiederholen und Üben

Üben ist das bewusste und planmäßige Wiederholen bestimmter Verhaltensweisen zum Zweck ihrer Automatisierung. Zwar macht Übung nicht immer den Meister (→ *Teilleistungsstörungen*), doch Lernen ohne Üben gibt es nicht. Auch erwünschte Verhaltensweisen wie das Beachten von → *Regeln* bedürfen der Übung.

Übungsgrundsätze

Sofortiges Wiederholen

Wiederholen und Üben müssen sich gleich an das Erlernen anschließen, da die Gefahr des Vergessens gleich nach dem Erlernen am größten ist.

Deshalb: Zusammenfassung bereits nach dem Erreichen von Teilzielen, Zusammenfassen und Wiederholen am Ende der Unterrichtseinheit.

Wecken der Übungsbereitschaft

- Vorhandenes Können bestätigen und Erfolgsgefühle stärken.
- Dem Kind muss Sinn und Ziel des Übens einsichtig sein.
- Selbsttätiges Üben ist wirksamer als verbales Üben im Klassenverband. Vorausgesetzt wird dabei das Beherrschen von → *Arbeitstechniken.*
- Abwechslungsreiches Üben, bei dem die verschiedenen Lernkanäle (visuell, akustisch, motorisch) berücksichtigt werden und unterschiedliche Sozialformen möglich sind, z. B. bei → *Lernspielen,* durch ansprechendes Arbeitsmaterial (z. B. → *Karteien*), bei → *Freiarbeit, Wochenplan, Lernstationen.*
- Erfolg spornt an, Misserfolg entmutigt. Deshalb angemessene Aufgaben stellen mit steigendem Schwierigkeitsgrad. Nicht die Quantität des Übens bringt Erfolg, sondern gezieltes Üben! (→ *Differenzierung*)

Planmäßiges Üben

- Nur korrektes Üben steigert die Leistung. Deshalb sind die Übungsaufgaben so auszuwählen, dass → *Fehler* möglichst vermieden werden (→ *Selbstkontrolle*). Das sofortige Berichtigen und Besprechen von Fehlern kann manchmal Lernwege bewusst machen.
- Tägliche Übungszeiten von 10 bis 15 Minuten sind lernwirksamer als längere, seltenere Phasen.
- Regelmäßiges Wiederholen von zu automatisierenden Inhalten wie z. B. Einmaleinsreihen;
- Immanentes Wiederholen: Früher Gelerntes wird in anderen Zusammenhängen verwendet, z. B. Grundrechenarten, erlernte Wörter des Grundwortschatzes;
- Wiederholungsstunden, z. B. Quiz, Rätsel im Sachunterricht über mehrere Themen;
- Individuelles Üben: → *Tagesplan, Wochenplan, Freiarbeit.*

Manfred Bönsch: Üben und Wiederholen im Unterricht. München: Ehrenwirth Veritas 1992

Aus dem → *Tagesplan* können Sie die Arbeit nach einem Wochenplan ableiten, der → *Differenzierung* und → *Freiarbeit* erleichtert.

Voraussetzungen

- Die Ausstattung und Gestaltung des → *Klassenzimmers* muss selbstständiges Lernen ermöglichen (Regale als Ablagen, Schränke zur Materialaufbewahrung, Pinnwände für die Arbeitsergebnisse und Ausstellungen, Eigentumsfächer z. B. in einem Hängeordner für die Kinder).
- Vielfältige → *Arbeitsmittel* und Materialien: Anfangs kann mit einer Minimalausstattung begonnen werden, d. h. es steht nur das Material zur Verfügung, das zur Arbeit mit dem aktuellen Wochenplan benötigt wird. Nach und nach werden die Arbeitsmittel ergänzt, auch durch von den Kindern selbst erstelltes Material.
- Die Kinder müssen → *Arbeitstechniken* und → *Regeln* beherrschen: → *Einzel-, Partner-, Gruppenarbeit;* Arbeitsruhe (leise den Platz verlassen, Flüstersprache ...); sorgfältiger Umgang mit den Materialien; genaues Lesen, Verstehen und Befolgen von symbolischen und schriftlichen Anweisungen; Durchführen von → *Selbstkontrolle*.

Vorteile der Wochenplanarbeit: Planvolles Arbeiten in eigener Regie

Durch das organisatorische Zusammenfassen der sonst über eine Woche verteilten Phasen an Einzel- und Partnerarbeit erhalten die Kinder mehr Freiheit beim Lernen (→ *offener Unterricht*):
- Jeder kann nach seinem individuellen → *Arbeitstempo* lernen.
- Sie können die Reihenfolge und das Quantum (Zusatzaufgaben) ihrer Tätigkeiten bestimmen.
- Sie können ihren Lernweg wählen, z. B. Rechnungen anschaulich mit Material legen oder im Kopf lösen.
- Sie können andere Kinder oder die Lehrerin um Hilfe bitten und lernen dabei, ihr Aufgabenverständnis und ihren Lernstand besser einzuschätzen.
- Sie können bei manchen Aufgaben die Sozialform selbst wählen.
- Durch das Überprüfen ihrer Arbeitsergebnisse erfahren die Kinder eine sofortige Rückmeldung.
- Bei offen formulierten Aufgaben (z. B.: Suche Informationen über die

Ente und schreibe einen Bericht.) können sie das Anspruchsniveau ihres Lernens individuell bestimmen.

- Sie lernen übertragbare → *Lerntechniken*, indem sie sich selbst Ziele setzen und eine begonnene Arbeit zu Ende führen.
  (→ *Selbstständigkeit*)

Es empfiehlt sich, mit den Kindern in einfacher Weise über Sinn und Vorteile des Wochenplans zu sprechen, z. B.:

- Der Wochenplan gibt für jedes Kind die Aufgaben für eine Woche vor.
- Jeder kann sich seine Zeit selbst einteilen und muss nicht warten, bis die anderen Kinder fertig sind.
- Die Lehrerin muss nicht mehr so viel dazwischen reden und hat mehr Zeit für einzelne Kinder.

Beginn der Wochenplanarbeit

Im ersten Schuljahr wird zunächst nur eine Aufgabe gestellt (z. B. Rechenblatt oder → *Arbeitsblatt* mit Buchstabenübungen). Der Wochenplan hängt für alle sichtbar an der Wand und jedes Kind macht in einer Liste bei seinem Namen ein Kreuz, wenn es seine Wochenarbeit beendet hat.

Fertig-Liste für Wochenplan Nr.					
	1	2	3	4	...
Anja	x				
Basem	x				
Christian	x				
...					

Eine konsequente Einführung in die Wochenplanarbeit lässt zwar zunächst das Fortschreiten im Lernstoff zurücktreten, doch zahlt sich dies nach kurzer Zeit aus.

Erweiterung des Wochenplans

Im zweiten Schuljahr erhalten die Kinder dann einen umfangreicheren Wochenplan, der mithilfe einer Folie gemeinsam gelesen und erklärt wird. Auch die benötigten Materialien (z. B. Arbeitsblätter, Bücher, Spiele ...) werden gezeigt. Der Wochenplan hängt im Großformat (DIN A4, besser DIN A3) im Klassenzimmer, ein Exemplar im Kleinformat erhalten die Kinder und kleben es in ihr Freiarbeitsheft oder heften es in den Wochenplanordner.

fortlaufende
Nummerierung

Tage mit Wochenplanarbeit
als Hilfe zur Zeitplanung:
Die Kinder streichen vergan-
gene Tage durch.

Name: .... Wochenplan Nr. ① für	Montag 8. Oktober	Mittwoch 10. Oktober	Freitag 12. Oktober
	Material	überprüft	fertig am
Unser neues Diktat Suche eine Übung aus. a) abschreiben b) Partnerdikatat c) Dosendiktat d) zweimal durchwürfeln	AB Nr. .... rotes Heft	L: Die Lehrerin überprüft. K: Andere Kinder überprüfen. S: Selbstkontrolle Die „Überprüfer" unterschreiben hier.	Erst nach dem Überprüfen soll das Kind das Datum eintragen.
Zusatzaufgabe Schreibe das Diktat auf ein Blatt und lasse dabei zehn Lücken. Ein anderes Kind soll die Lücken richtig ausfüllen.	Blockblatt	S K	
Lies das Gedicht auf S .... . Lerne es auswendig und sage es einem Kind auf.	Lesebuch	K	
Zusatzaufgabe Schreibe das Gedicht ab und male dazu.	Gedichtheft	L	

Das Pflichtpensum ist so bemessen, dass auch langsame Kinder es erfüllen können. Für schnell arbeitende Kinder finden sich Zusatzaufgaben als
freiwilliges Angebot. Da so alle Kinder eine „Stunde im Stück" für sich
arbeiten, finden Sie Zeit zum → *Fördern*.

Beim Ausarbeiten von Wochenplänen ist zu beachten:

- Anfangs sollten nur Aufgaben gestellt werden, die die Kinder bisher schon selbstständig durchgeführt haben.
- Die → *Anweisungen* sind klar und einfach zu formulieren. Die Angaben in der Materialspalte geben einen raschen Überblick, was gebraucht wird, und vereinfachen das Formulieren der Anweisungen.
- Die Gliederung des Plans muss erkennen lassen, welche Aufgaben zusammengehören und am besten nacheinander zu bearbeiten sind. Besteht zwischen den zu bearbeitenden Aufgaben kein zwingender Zusammenhang, so können die Kinder die Reihenfolge selbst bestimmen.
- Angefangene, noch nicht beendete Arbeiten (auch Mal- und Bastelarbeiten) können in einem Hängeordner abgelegt werden, in dem jedes Kind ein Fach hat. Dorthin können Sie auch differenzierte Lese- und Schreibkarten oder Rechenblätter legen oder individuelle Lernbriefe an das Kind.
- Die Kontrollspalte erinnert die Kinder daran, ihr Arbeitsergebnis zu überprüfen, z. B. anhand eines Kontrollblatts (Kontrollblätter anfangs aushängen, später in Klarsichthüllen in einem Aktenordner für jeden Lernbereich).

Auch nach einer genauen Einführung in den Wochenplan werden noch nicht gleich alle Kinder reibungslos damit arbeiten können. Manche Kinder gehen nicht sorgfältig genug mit dem Arbeitsmaterial um, andere sind noch sehr von der Hilfe der Lehrerin abhängig, wieder andere überprüfen ihre Arbeitsergebnisse zu oberflächlich oder vertrödeln ihre Zeit. Wenn Sie solche Schwierigkeiten bemerken, können Sie

- diese mit einzelnen Kindern oder bei gehäuftem Auftreten mit Gruppen besprechen.
- die Arbeit abbrechen und mit der Klasse aufgetretene Probleme klären.

Zur Kontrolle der Arbeiten

- gehen Sie immer wieder in der Klasse herum, ermuntern hier und dort, lassen sich eine Arbeit zeigen und fordern zum Fertigstellen auf.
- sitzen Sie zwischendurch am Pult, dann können einzelne Kinder Ihnen ihre fertigen Arbeiten zeigen. (→ *Einzelarbeit*)
- legen die Kinder ihre fertige Arbeit in das Ablagefach der Lehrerin.
- sammeln die Kinder ihre Wochenpläne und legen Arbeitsblätter chronologisch in einen Ordner, sodass Sie sie jederzeit überblicken können.

- können Sie ein Kontrollbuch führen, in dem Sie die Nummern der bearbeiteten Wochenpläne ankreuzen und Schülerbeobachtungen festhalten.

Rückblick auf die Wochenplanarbeit

Während der Woche können Kinder und Lehrerin Probleme auf einen Zettel schreiben und ihn an die Pinnwand heften (z. B.: Ich suche jemanden, der mit mir das Einmaleins übt. Robert).
Am Ende der Woche berichten die Kinder:
- über Probleme, die Sie vielleicht gar nicht bemerkt haben. (*Was ist dir schwer gefallen?*)
- über Aufgaben, die ihnen besonderen Spaß gemacht haben. (*Was hat dir besonders gefallen?*)
- nach einiger Erfahrung mit der Wochenplanarbeit über eigene Ideen und Vorschläge. (*Welche Aufgaben könnten wir in den nächsten Wochenplan aufnehmen?*) Durchführbare Vorschläge werden mit den Namen der Kinder in den Plan eingetragen.

Peter Huschke: Grundlagen des Wochenplanunterrichts. Weinheim/ Basel: Beltz 1996
Eva Kieffer: Wochenplanarbeit. In: Lehrerjournal-Grundschulmagazin. Heft 3/1989, München: Oldenbourg/Ehrenwirth
Joachim Schnabel: Freie Arbeit im 3. und 4. Schuljahr. Praxiserprobte Anregungen, Arbeitshilfen und Tipps für Einsteiger und Fortgeschrittene. München: Oldenbourg 1996

Markus hat ein schlechtes Zeugnis bekommen.
Der Vater ist wütend:
„Du könntest der Beste in der Klasse sein,
wenn du nicht so faul wärst!"
Markus: „Papa, bekommst du in deiner Firma
das höchste Gehalt?"

Das Zeugnis soll zum Teil widersprüchliche Aufgaben erfüllen wie
- Rückmeldung für Kind und Lehrerin,
- Information der Eltern,
- Lenkung der Schullaufbahn und Berechtigung zum sozialen Aufstieg,
- Anreiz und Motivation zum Lernen,
- Information über Leistungsnormen.

1./2. Schuljahr

- → *Zeugnisbericht* als Zwischen- und Jahreszeugnis mit Beobachtungen zum sozialen Verhalten, Lernverhalten und Leistungsstand. Sinnvollerweise verzichten manche Bundesländer auf das Zwischenzeugnis. Denn:
- Das Zwischenzeugnis im 1. Schuljahr verführt zu verfrühten Lernzielkontrollen.
- Die beiden ersten Schuljahre sollten ausreichend lange Zeiträume für das Lernen und die → *Schülerbeobachtung* vorsehen.

Der Zeugnisbericht betont den Aspekt der individuellen Förderung und hat vorwiegend pädagogische Funktion.

3./4. Schuljahr

Je nach Bundesland gibt es Wortberichte (je nach Elternwillen) oder Ziffernnoten mit mehr oder weniger ausführlichen Bemerkungen. Zur Begründung der Ziffernnoten: Aufgrund ihres Entwicklungsstandes und der bisherigen Lernerfahrungen wird es den Kindern nun zugetraut, eine an allgemeinen Maßstäben orientierte Benotung anzunehmen. Vielfach wird allerdings gefordert → *Noten* in der gesamten Grundschule abzuschaffen.

Das Bilden der Gesamtnote

Obwohl meist die Gesamtnote als Mittelwert aus den → *Noten* der einzelnen → *Probearbeiten* errechnet wird, ist dies nach dem Schulrecht nicht erforderlich: „Die Zeugnisnoten werden vom Klassenleiter im Einvernehmen mit den in der Klasse im betreffenden Fach unterrichtenden Lehrern aufgrund der Einzelnoten für schriftliche, mündliche und praktische Leistungsnachweise in pädagogischer Verantwortung festgesetzt. Hat der Schüler in einem Fach keine Leistungsnachweise erbracht, so erhält er anstelle einer Zeugnisnote eine Bemerkung." (Art. 52 Abs. 3 BayEUG) Somit ist der Gesamteindruck der Leistung zu würdigen, auch im Hinblick auf mündliche Leistungen (bei maximal gleicher Gewichtung). Grundlage sind sowohl im mündlichen wie schriftlichen Bereich reproduktive und produktive Leistungen. Maßgeblich sind damit Fragen wie:

- Beherrscht das Kind die im letzten Halb- oder Schuljahr vermittelten Grundkenntnisse in einem ausreichenden Maß (dann Note besser als 6) oder nicht (dann Note 6)?
- In welchem Maß erbringt das Kind über das Anwenden von Grundkenntnissen Denkleistungen? (Noten 1 bis 3)
- Welche Folgen haben die Noten für die Schullaufbahn? (→ *Vorrücken und Wiederholen*)

So ist bei der Gesamtnote Folgendes zu verbinden: „Pädagogische Verantwortung" unter „Berücksichtigung" der einzelnen Leistungsnachweise bei Wahrung der „Gleichbehandlung" aller Schüler (Art. 31 Abs. 3 BayEUG). Führt dies zu einem Abweichen von der errechneten Note, sollte dies in der Zeugnisbemerkung begründet werden (z. B.: NNs mündliche Leistungen waren weit besser als die schriftlichen.)

Bei der Deutschnote ist es gerechtfertigt, aus den Noten aller Lernbereiche, also auch des mündlichen Sprachgebrauchs, den Mittelwert zu bilden unter Einbezug obiger Überlegungen. Je besser mündliche Leistungen anhand von Aufzeichnungen begründet werden können, umso eher ist eine gleichberechtigte Gewichtung von mündlichen Noten zu vertreten.

Steht ein Kind „zwischen zwei Noten", so können auch die Mitarbeit als „mündlicher Leistungsnachweis" und die sachliche Richtigkeit und Vollständigkeit von Hefteinträgen als „schriftlicher Leistungsnachweis" herangezogen werden, nicht aber die formale Heftführung (schöne Schrift). Die Bewertung von Hausaufgaben darf nicht in die Gesamtnote einfließen.

Ein Zeugnis für die Lehrerin

Lassen Sie die Kinder auch ein Zeugnis für Sie schreiben: Das regt zum Nachdenken über eigenes Verhalten im Unterricht an und lässt die Kinder erfahren: Zeugnisschreiben ist umkehrbar. (vgl. dazu *Ursula Bussemer* in: *Gerhard Sennlaub*, Hrsg.: „Guten Morgen, lieber Lehrer!" 77 Geschichten und Berichte aus dem Schulleben. Heinsberg: Agentur Dieck 1983, S. 141)

Bernhard Czinczoll / Roland Hartl: Die Leistungsfeststellung und -bewertung in der Schule .. 1. Teil. In: Pädagogische Welt Heft 5/1989, 2. Teil in PW Heft 6/1989, Donauwörth: Auer

Wolfgang Schwark / Wolfgang W. Weiß / Silvia Regelein: Beurteilen und Benoten in der Grundschule. Bestandsaufnahme und Anregungen für die Praxis. München: Ehrenwirth 1986

„Ich würde mich schämen, meinem Sohn einen derart niedrigen Intelligenzquotienten vererbt zu haben!"

Zeugnisbericht (Berichtszeugnis)

Der Zeugnisbericht (→ *Leistungsbeurteilung*) dient zur Information der Eltern und richtet sich als Dokument <u>nicht</u> an Kinder (dazu gesondertes Zeugnis oder Kinderbrief). Denn die formalen, sachlichen und sprachlichen Anforderungen an den Bericht sind so groß, dass er für Kinder im 1./2. Schuljahr unverständlich sein muss.

Er beschreibt die individuelle Entwicklung eines Kindes und sein Arbeits-, Sozial- und Leistungsverhalten (→ *Schülerbeobachtung*).

Vorteile im Gegensatz zu → *Noten*:

- Lernvoraussetzungen, Lernverhalten, Stärken, Schwierigkeiten, Fortschritte und Lernhilfen können konkret beschrieben und begründet werden.
- Die Leistungen können sowohl individuell als auch im Hinblick auf die amtlich vorgegebenen Anforderungen gewürdigt werden.

Nachteile: In der Praxis zeigt sich, dass Zeugnisberichte

- nicht leicht zu erstellen sind;
- wie auch Noten wenig objektiv und zuverlässig sind;
- von den Eltern oft missverstanden und als nicht aussagekräftig betrachtet werden.

Zum Inhalt

* Keine Typisierung des Charakters

Der Wortbericht soll keine Persönlichkeit schildern, sondern als Bericht nur wahrgenommenes Verhalten und erbrachte Leistungen beschreiben. Verallgemeinerndes Zuweisen von vor allem negativen Eigenschaften ist deshalb zu vermeiden.

Negativbeispiel: „Wolf ist ein launischer, bequemer und manchmal unbeherrschter Schüler ...“ (*G. Stolla*)

* Keine Allgemeinplätze, sondern treffende Formulierungen!

Anhand der Aufzeichnungen zur → *Schülerbeobachtung* ist zu überprüfen: Welche Verhaltensweisen waren kennzeichnend, wurden also mehrmals festgestellt? Vor allem sind positive Verhaltensweisen, individuelles Bemühen, besondere Interessen, Fähigkeiten und Fertigkeiten aufzuspüren und Lernausgangslage und Lernfortschritte zu beschreiben.

Negativbeispiel: „Jans Verhältnis zu seinen Mitschülern blieb ohne Störungen.“ Damit kann viel gemeint sein, z. B.: Jan war sehr rücksichtsvoll und konnte sich gut in andere Kinder hineindenken. - Jan konnte sich gut in die Klasse einfügen und trotzdem seine Meinung sachlich vertreten. - Jan ging anderen Kindern aus dem Weg und lernte und spielte lieber für sich allein.

* Keine unbedeutsamen Teilziele und Detailangaben!

Am Ende des Halbjahres müssen Eltern deutlich erkennen können, ob ihr Kind die zu diesem Zeitpunkt erwarteten Leistungen erbrachte und die Lernziele erreicht hat oder nicht.

So mag die Bemerkung „Nina kann die Buchstaben zu Wörtern zusammenlesen.“ im Halbjahreszeugnis des 1. Schuljahrs sinnvoll sein, nicht aber am Ende des 2. Schuljahres, wo das sinnerfassende Lesen altersgemäßer Texte gefordert ist.

Auch unbedeutsame Details, wie „Lisa erzählt noch weitschweifig und ungenau“ sind überflüssig, da sie das Ausmaß der wesentlichen Leistung „verständliches Erzählen“ nicht erkennen lassen.

Das Erwähnen von vorausgegangenen Zielen ist nur sinnvoll, wenn bei Lernrückständen der Lernstand aufgezeigt werden soll, z. B.: „Dominik hat im Lesen die grundlegenden Ziele noch nicht erreicht, da er die Buchstaben noch nicht zu Wörtern zusammenlesen kann.“

Klare Schlussformeln sind nötig: „Damit hat ... (weit mehr als) die grundlegenden Ziele / die Anforderungen des 1. Schuljahrs (nicht) erreicht / erfüllt.“ (→ *Vorrücken* und *Wiederholen*)

- Fehlverhalten und Lernrückstände

Gravierende negative Verhaltensweisen und Lernrückstände sind überlegt und taktvoll, aber verständlich zu formulieren, damit die Eltern aufgrund „geschönter" Berichte keine überzogenen Erwartungen an ihr Kind stellen, die später nicht mit den Noten übereinstimmen. Mögliche Hilfen sollen aufgezeigt und ggf. in einem Gespräch oder Beiblatt zum Zeugnis erläutert werden.

Diskriminierende Formulierungen und negative Pauschalurteile wie z.B. „Faul, schlampig, aggressiv, uninteressiert, ungezogen" sind zu vermeiden (s. o.)

Negative Verhaltensweisen sind vielmehr eng umgrenzt und operationalisiert darzustellen, z.B. nicht „Sven verhielt sich asozial."Sondern: „Sven wurde anderen Kindern gegenüber oft handgreiflich." (Tatsache) „Er muss lernen sein Anliegen sachlich und höflich mit Worten zu äußern." (Hilfe) Oder: „Es fiel Sven noch schwer, Raufereien zu lassen und sich mit Worten zu äußern. - Wenn Sven die in der Klasse geltende Regel ‚Nicht zuschlagen!' einhält, wird er besser mit den anderen Kindern auskommen."

Drohen Sie nicht mit düsteren Prognosen, wie z.B.: „Wenn Max zu Hause nicht mehr übt, wird er nicht vorrücken können." Besser sachlich bleiben: „Aufgrund der bisherigen Leistungen besteht die Gefahr, dass ..." Der Hinweis auf häusliche Zusatzübungen sollte nicht ins Zeugnis aufgenommen werden, sondern im Gespräch erfolgen. Dabei sollten Sie den Eltern auch die Vorgehensweise erklären.

Hilfen beim Formulieren

Stellen Sie sich bildlich vor, wie die Eltern das von Ihnen geschriebene Zeugnis lesen. Können sie verstehen, was Sie meinen? Hilft ihnen das Zeugnis ihr Kind richtig einzuschätzen, Verständnis für seine Situation in der Schule zu haben und entsprechend zu fördern?

> Grundsatz: „Jedes Zeugnis sollte so formuliert werden, dass der Leser die wohlwollende Haltung dem Kinde gegenüber erspüren kann." Das schließt sachliche Klarheit nicht aus, „die aufgetretene Schwächen benennt, aber auch immer Vorzüge und Stärken (die jedes Kind hat!) deutlich zum Ausdruck bringt." (*G. Stolla*)

- Sprachliche Richtigkeit

Beachten Sie Rechtschreibung und richtige Interpunktion und vermeiden Sie sprachliche und stilistische Ungereimtheiten.

- Verständlichkeit
- Kein „Pädagogendeutsch"!

Nicht:	Sondern:
Lautzeichen	Buchstaben
analysierte Buchstaben	erlernte Buchstaben
Synthese	Zusammenlesen
anschaulich-konkrete Hilfsmittel	Rechenplättchen, Steckwürfel
fehlende Zahlvorstellung	kann die Zahlen nicht mit den Plättchen legen
Rechenoperationen	Grundrechenarten
Addition, Subtraktion etc.	Plus-, Minus-, Mal-, Geteiltaufgaben
Zehnerübergang	Rechnen über den Zehner hinweg

- Kein Soziologendeutsch („Konflikte verbal lösen") und keine unge-bräuchlichen Fremdwörter!
  Negativbeispiel: „Hans-Günther konzentriert sich nur kurze Zeit, ver-lässt oft seinen Platz und provoziert durch destruktive Handlungen, ... ein integrierender Kontakt gelang ihm bisher nicht." (*G. Stolla*)

- Statt geschwollener Formulierungen einfache, anschauliche Wendun-gen!
  Negativbeispiel: „Mit ihren Klassenkameraden pflegte Lena lebhaften Kontakt." Besser: „Sie arbeitete und spielte gerne mit den anderen Kin-dern zusammen."
  „Er zeigte eine gute schriftliche Darstellung..." - „Er konnte gut schrift-lich darstellen ..."

- Vorsicht mit feinsinnigen Abstufungen und Einschränkungen!
Wenn Sie zu einer abgesicherten Aussage kommen, braucht diese nicht unnötig eingeschränkt werden durch Wörter, wie „etwas, ein bisschen, überwiegend, meistens, in der Regel, recht, relativ, manchmal, zeitweise, teilweise, oft nicht..". Mut zum begründeten Lob ohne überkritische Kleinlichkeit! Also nicht: „Jan rechnet überwiegend sicher." Sondern: „Jan rechnet sicher bis 100."
Fragwürdig ist andererseits: „Tina war immer fröhlich." Wer kann schon immer fröhlich sein? Im sozialen und emotionalen Bereich muss diffe-renziert und der soziale Kontext aufgezeigt werden.
Entwerten Sie positive Aussagen nicht durch mit „aber, jedoch" ange-schlossenen kritischen Feststellungen.
Das „Sich-Bemühen, Versuchen, Sich-Anstrengen" legen das Verschlei-ern einer negativen Aussage nahe. Entscheiden Sie sich für eine klare Aus-

sage. Beispiele (*G. Stolla*):
„In seinen schriftlichen Arbeiten bemüht er sich stets um eine ansprechende äußere Form." Dies wird meist so verstanden: „In seinen schriftlichen Arbeiten gelang es ihm trotz seiner Anstrengungen noch nicht, eine ansprechende äußere Form zu erzielen."
Lob: „Seine schriftlichen Arbeiten fertigte er stets in einer ansprechenden äußeren Form an."

- Zur Frage der grammatischen Zeit
Da der Bericht ein zurückliegendes Geschehen beschreibt, ist das Imperfekt angemessen. Der zuletzt erreichte Leistungsstand dagegen wird sinnvollerweise mit dem Präsens beschrieben. Mit dem Wechsel vom Imperfekt zum Präsens lässt sich ein Lernfortschritt aufzeigen, z. B.: „Unter den robusteren Mitschülerinnen reagierte Sabrina sensibel und schnell verzagt. Inzwischen zeigt sie sich meistens heiter und gelöst." (*G. Stolla*)

- Stilistische Merkmale
- Keine verniedlichende Sprache, z. B. nicht „... kann schon kleine Geschichten lesen / .. nette Geschichten schreiben." Sondern: „... kann kurze Texte lesen / ... ansprechende kurze Aufsätze schreiben."
- Superlative wirken oft übertrieben und unehrlich.
- Keine Satzpolypen und Schachtelsätze!
- Das Zeugnis ist ein sachlicher Bericht, deshalb: Keine Modewörter, keine Worthülsen wie „Bravo ...!" und keine „schulterklopfenden" Aufmunterungen wie „Mach weiter so!"
- Streichen Sie (nicht nur bei Platzmangel) überflüssige Füllwörter und Formulierungen wie „verfolgte das Unterrichtsgeschehen, die Unterrichtsarbeit" (folgte dem Unterricht), „im Fach Heimat- und Sachkunde" (im Sachunterricht), „im mathematischen Bereich" (in Mathematik).
- Es ist nicht nötig, krampfhaft alle Zeilen des Formulars zu füllen. Statt die Leerzeilen durchzustreichen, setze ich als Schlusszeichen ./.
Wenn Sie an Ihrem Stil arbeiten wollen, ist zu empfehlen: Wolf Schneider: Deutsch für Kenner. Die neue Stilkunde. Ein STERN-Buch. Hamburg: Gruner und Jahr AG o. J.

Kooperation im Kollegium

Bevor Sie Ihre Wortberichte in der Schulleitung abgeben, sollten Sie im Kollegium die Zeugnisse mit einem Partner austauschen und sie wechselweise lesen. So können Sie sich gegenseitig auf mögliche Ungereimtheiten aufmerksam machen und zugleich voneinander lernen.

Das Zeugnis für die Kinder

Da der Zeugnisbericht für die Kinder unverständlich ist, können Sie einen Kinderbrief oder ein vereinfachtes „Kinderzeugnis" schreiben, z. B.:
So bist du: (meist fröhlich, hilfsbereit, nachdenklich, ...)
Das kannst du:
Rechnen: bis 100 sehr gut - Lesen: Damit es noch besser geht, täglich deinem Kuscheltier 10 Minuten laut vorlesen. - Schreiben: Deine Schrift kann ich gut lesen. - Erzählen: Kannst du gut. - Sport: ... - Malen: ... - Singen: ...

Was Eltern wissen sollten

- Gemeinsam mit dem Kind den Zeugnistext lesen, ihn erklären und dabei vor allem positive Aussagen hervorheben und das Kind loben.
- Sinnvoller als Geldgeschenke sind Anerkennung und „Zeitgeschenke" wie eine Wanderung, ein Zirkusbesuch etc.
- Über negative Aussagen als „Noch-Nicht-Können" ruhig sprechen, Hilfen festlegen (z. B. täglich zehn Minuten laut lesen) und das Kind ermutigen.

Horst Bartnitzky / Reinhold Christiani: Zeugnisschreiben in der Grundschule. Düsseldorf 1979
Andreas Langer / Hannelore Langer / Helga Theimer: Lehrer beobachten und beurteilen Schüler. München: Oldenbourg 1983
Wolfgang Schwark / Wolfgang W. Weiß / Silvia Regelein: Beurteilen und Benoten in der Grundschule. Bestandsaufnahme und Anregungen für die Praxis. München: Ehrenwirth 1986
Günther Stolla: Wie sag ich's... Überlegungen zur Rolle der Sprache beim Zeugnisschreiben. In: Die Grundschule Heft 2/1966, Braunschweig: Westermann (ausführlichere Darstellung in: Staatsinstitut für Schulpädagogik und Bildungsforschung München, Hrsg.: Praxishilfen zur Erstellung von Zeugnishilfen in den Jahrgangsstufen 1 und 2. München, 1994 3. Aufl., Bezugsquelle: Auer Verlag Donauwörth)

Jahreszeitenbücher für einen integrativen Unterricht

Jahrgangs- und fächerübergreifend stellt die Jahreszeiten-Reihe Themen von Frühling bis Winter, um Fasching, Ostern, Advent und Weihnachten, gesunde Ernährung und Umwelterziehung für den Leser anschaulich dar.

Tipps, Anregungen und Materialien sind in zahlreichen Stundenbildern mit entsprechenden, praxiserprobten Kopiervorlagen gestaltet.

Texte, Bilder und Spielideen bereichern den Unterricht nicht nur als motivierende »Verpackung«. Sie erleichtern zugleich die Verknüpfung von Lerninhalten und Sozialformen im Unterricht.

Elfriede Hirschmann, Annemarie Lösch, Renate Schuster
Frühling in der Grundschule
Prögel Praxis 161, Best.-Nr. 98617-1

Manfred Hahn, Monika Moser
Sommer in der Grundschule
Prögel Praxis 158, Best.-Nr. 98614-7

Sigrid Bairlein, Christel Junker, Manfred Reichgeld
Herbst in der Grundschule
Prögel Praxis 160, Best.-Nr. 98616-3

Marga Beckstein, Barbara Regitz, Brigitte Widder
Winter in der Grundschule
Prögel Praxis 167, Best.-Nr. 98623-6

Helga Müller-Bardorff u. a.
Ostern in der Grundschule
Prögel Praxis 159, Best.-Nr. 98615-5

Margarete Kaufmann
Fasching in der Grundschule
Prögel Praxis 157, Best.-Nr. 98610-4

Marga Beckstein, Barbara, Regitz, Brigitte Widder
Advent und Weihnachten in der Grundschule
Prögel Praxis 154, Best.-Nr. 98605-8

Dieter Hell, Jutta Spatz, Herlinde Sporer
Gesunde Ernährung in der Grundschule
Prögel Praxis 168, Best.-Nr. 98624-4

Sigrid Bairlein
Umwelterziehung im 1. und 2. Schuljahr
Prögel Praxis 170, Best.-Nr. 98631-7

Oldenbourg

PRÖGEL PRAXIS –
DIE RATGEBER-REIHE

Aktuelle Analysen anhand *praxisorientierter Unterrichtsbeispiele* helfen dem Lehrer seinen eigenen Unterrichts- und Führungsstil zu entwickeln.

Wenn disziplinäre Schwierigkeiten Unterricht und Schulleben beeinträchtigen, Notengebung und Beurteilungen anstehen oder Vertretungsstunden ein gewisses Unbehagen auslösen: Anregende, spielorientierte und erfolgsbestätigende Stunden wirken für Schüler und Lehrer gleichermaßen motivierend.

Hans-Dieter Göldner u. a.
Schwierige Schüler – was tun?
Neubearbeitung
Prögel Praxis 171, Best.-Nr. 87292-3

Franz-Peter Schimunek
Schülerbeurteilungen
Lehrer schreiben Wortgutachten
Prögel Praxis 164, Best.-Nr. 98620-1

Bruno Stieren
Pausenspiele
Prögel Praxis 156, Best.-Nr. 98608-2

Gisela Breuer
Freie Arbeit im 1. und 2. Schuljahr
Prögel Praxis 132, Best.-Nr. 98571-X

Silvia Regelein
Spielen in Unterricht und Freizeit
Prögel Praxis 121, Best.-Nr. 98541-8

Almuth und Manfred Bartl
Schnelle Hilfen für Vertretungsstunden in der Grundschule
Prögel Praxis 143, Best.-Nr. 98592-2

Almuth und Manfred Bartl
Schnelle Hilfen für Vertretungsstunden in der Hauptschule
Prögel Praxis 151, Best.-Nr. 98599-X

Oldenbourg